Sabine Hauberichs

Haftung für neues Leben im deutschen und englischen Recht

Eine Darstellung am Beispiel der unerwünschten Geburt eines gesunden Kindes

Springer

Dr. Sabine Hauberichs
Auf dem Blocksberg 78
D-53773 Hennef

ISBN 3-540-64309-5 Springer-Verlag Berlin Heidelberg New York

Die Deutsche Bibliothek - CIP-Einheitsaufnahme
Hauberichs, Sabine:
Haftung für neues Leben im deutschen und englischen Recht : eine Darstellung am Beispiel der unerwünschten Geburt eines gesunden Kindes / Sabine Hauberichs. -
Berlin; Heidelberg; New York; Barcelona; Budapest; Hongkong; London; Mailand; Paris; Singapur; Tokio : Springer, 1998
(MedR, Schriftenreihe Medizinrecht)
ISBN 3-540-64309-5

Umschlaggestaltung: Erich Kirchner, Heidelberg

SPIN 10652427 64/2202-5 4 3 2 1 0 - Gedruckt auf säurefreiem Papier

MedR Schriftenreihe Medizinrecht

Springer
Berlin
Heidelberg
New York
Barcelona
Budapest
Hong Kong
London
Mailand
Paris
Singapur
Tokio

„On the one side there were the timorous souls
who were fearful of allowing a new cause of action.
On the other side there were the bold spirits
who were ready to allow it if justice so required."

LORD DENNING, in:
Candler v Crane Christmas & Co [1951] 1 AllER 426 (432 E), CA.

* * *

„It has been said time without number
that the categories of negligence are never closed
and ... I can see no reason
why the categories of loss should be closed either."

SIR JOHN DONALDSON, in:
Hotson v East Berkshire AHA [1987] 2 WLR 287 (296C), CA.

Für meine Eltern
und Martin

Vorwort

Die vorliegende Arbeit wurde im Sommersemester 1997 von der Rechtswissenschaftlichen Fakultät der Rheinischen Friedrich-Wilhelms-Universität Bonn als Dissertation angenommen. Mein besonderer Dank gilt Herrn Prof. Dr. Robert Battes, der mir bei ihrer Erstellung alle Freiheit gelassen hat; sein Vertrauen war mir Ansporn und Verpflichtung zugleich. Herr Prof. Dr. Meinhard Heinze hat dankenswerterweise die Zweitkorrektur übernommen.

Das Material für den englischen Länderbericht habe ich im wesentlichen während eines Forschungsaufenthalts an der Universität Cambridge in England sammeln können. Für seine außerordentliche Hilfsbereitschaft bin ich Herrn Bibliothekar Keith McVeigh von der Squire Law Library sehr verbunden. Herr Prof. Dr. Kurt Lipstein vom Clare College hat mich durch intensive Fachgespräche in besonderer Weise unterstützt und mir wertvolle Kontakte zu einheimischen Rechtsexperten verschafft; außerdem verdanke ich ihm den Zugang zur Datenbank LEXIS®. Die Begegnung mit ihm war für mich menschlich und fachlich ein Erlebnis. Der Deutsche Akademische Austauschdienst (DAAD) hat mich während dieser Zeit durch ein Auslandsstipendium gefördert, wofür ich ihm an dieser Stelle nochmals herzlich danke.

Bedanken möchte ich mich schließlich beim Springer-Verlag, Heidelberg, für die Aufnahme der Dissertation in seine Schriftenreihe „Medizinrecht“ sowie bei der Kölnischen Rückversicherungs-Gesellschaft AG, Köln, und der Deutsch-Britischen Juristenvereinigung e.V., Hamburg, für ihre großzügige Beteiligung an den Druckkosten.

Die Arbeit widme ich meinen Eltern und, last but not least, meinem Mann Martin; durch ihren Zuspruch und ihr Verständnis haben sie wesentlich zum erfolgreichen Abschluß des Vorhabens beigetragen.

Bonn, im Oktober 1997 — Sabine Hauberichs

Inhaltsverzeichnis

Abkürzungsverzeichnis

A & V	aansprakelijkheid en verzekering
a.A.	anderer Ansicht
a.a.O.	an anderem Ort
a.E.	am Ende
a.F.	alte Fassung
Abb.	Abbildung
abgedr.	abgedruckt
abl.	ablehnend
ABlEG C	Amtsblatt der EG, Teil C
Abs.	Absatz
Abschn.	Abschnitt
Abt.	Abteilung
AbzG	Abzahlungsgesetz
ACC	Accident Compensation Commission
AcP	Archiv für die civilistische Praxis
AD	Administrative Division
ADAC	Allgemeiner Deutscher Automobil-Club e.V.
AE	Alternativentwurf zum Strafgesetzbuch
affd	affirmed
AG	Aktiengesellschaft
AGBG	Gesetz über die Allgemeinen Geschäftsbedingungen
AHA	Area Health Authority
ähnl.	ähnlich
AK	Alternativkommentar zum Bürgerlichen Gesetzbuch
ALJ	Australian Law Journal
AllER	All England Reports
allg.	allgemein
allg. M.	allgemeine Meinung
ALRA	Abortion Law Reform Association
Alta CA	Alberta Court of Appeal
Am J Law & Med	American Journal of Law and Medicine
ÄndG	Änderungsgesetz
Anglo-Am	Anglo-American Law Review
Anh.	Anhang
Anm.	Anmerkung
Anm. der Red.	Anmerkung der Redaktion
App Cas	Appeal Cases (Law Reports)
App DC	Appeal Cases, District of Columbia
App.	Appendix
apprvd	approved
AR	Alberta Reports
arg. e	Begründung aus *(argumentum e)*
art.	article

Art., Artt.	Artikel
Ärzteztg.	Ärztezeitung
ArzthaftungsR	Arzthaftungsrecht
ArztR	Arztrecht
Auckland ULR	Auckland University Law Review
Aufl.	Auflage
ausf.	ausführlich
austr.	australisch
Az.	Aktenzeichen
B & S	Best & Smith (Law Reports)
BAFöG	Bundesausbildungsförderungsgesetz
BAG	Bundesarbeitsgericht
BC SC	British Columbia, Supreme Court
Bd.	Band
bearb.	bearbeitet
BerufsO	Berufsordnung
Beschl.	Beschluß
betr.	betreffend; betrifft
BezG	Bezirksgericht
BGB	Bürgerliches Gesetzbuch
BGBl.	Bundesgesetzblatt
BGH	Bundesgerichtshof
BGHSt	Entscheidungen des Bundesgerichtshofs in Strafsachen, Amtliche Sammlung
BGHZ	Entscheidungen des Bundesgerichtshofs in Zivilsachen, Amtliche Sammlung
BK	Berner Kommentar
BKGG	Bundeskindergeldgesetz
BMA	British Medical Association
BMJ	British Medical Journal
BMLE	Butterworths' Medico-Legal Encyclopedia (s. Literaturverzeichnis unter Mason & McCall Smith)
BMLR	Butterworths' Medical Law Reports
BR	Bürgerliches Recht
BR-Drs.	Bundesrats-Drucksache
BSG	Bundessozialgericht
BSGE	Entscheidungen des Bundessozialgerichts
BSHG	Bundessozialhilfegesetz
Bsp.	Beispiel
BT-Drs.	Bundestags-Drucksache
BVerfG	Bundesverfassungsgericht
BVerfGE	Entscheidungen des Bundesverfassungsgerichts, Amtliche Sammlung
BVerfGG	Gesetz über das Bundesverfassungsgericht
BVerwG	Bundesverwaltungsgericht
bzw.	beziehungsweise
C & P	Carrington & Payne (Law Reports)
C.	Command Paper
CA	Court of Appeal
ca.	rund *(circa)*
Cal 3d	California Reports, Third Series
Cal App 2d	California Appelate Reports (Court of Appeals), Second Series

Cal Reptr	(West's) California Reporter
CCA	Criminal Court of Appeal
CCC	Central Criminal Court
CCLT	Canadian Cases on the Law of Torts
CDU	Christlich Demokratische Union
Cert.	Certificate
ch.	Chapter
Ch. Ed.	Chief Editor
Cir	United States Court of Appeals, First etc. Judicial Circuit
CJ	Chief Justice
CJQ	Civil Justice Quarterly
CL	Current Law
CLJ	Cambrigde Law Journal
CLP	Current Legal Problems
CLY	Current Law Yearbook
cm	Zentimeter
Co	Company
Co. Litt.	Coke upon Littleton (s. Literaturverzeichnis unter Coke)
col.	column
Columbia LR	Columbia Law Review
Commn	Commission
Comn	Commandment
Corp	Corporation
CrimLR	Criminal Law Review
CSU	Christlich Soziale Union
d.h.	das heißt
DÄBl.	Deutsches Ärzteblatt
DAVorm	Der Amtsvormund
DC	District Council; District of Columbia
DC Cir	United States Court of Appeals, District of Columbia Circuit
DDR	Deutsche Demokratische Republik
DDR-StGB	Strafgesetzbuch der Deutschen Demokratischen Republik
Denning LJ	Denning Law Journal
Dept	Department
ders.	derselbe
dies.	dieselbe
diff.	differenzierend
Diss. jur.	Dissertation der juristischen Fakultät
Diss. med.	Dissertation der medizinischen Fakultät
DJ	Deutsche Justiz
DJT	Deutscher Juristentag
DLR 3d	Dominion Law Reports, Third Series
DLR 4th	Dominion Law Reports, Fourth Series
DM	Deutsche Mark
DME	Dictionary of Medical Ethics (s. Literaturverzeichnis unter Duncan, Dunstan & Welbourn)
DMW	Deutsche Medizinische Wochenschrift
DRiZ	Deutsche Richterzeitung
dt.	deutsch
Dt. ApZtg.	Deutsche Apothekerzeitung
Ed.; ed.	Editor; edited
EG	Europäische Gemeinschaft

EHRR	European Human Rights Reports
Einf.	Einführung
EinigungsV	Einigungsvertrag
einschr.	einschränkend
EKMR	Europäische Konvention für Menschenrechte
EMK	Europäische Menschenrechtskommission
Eng Rep	England Reports Reprints
engl.	englisch
erl.	erläutert
etc.	und so weiter *(et cetera)*
EU	Europäische Union
EuGRZ	Entscheidungen des Europäischen Gerichtshofs
evtl.	eventuell
Exch	Law Reports, Exchequer
F 2d	Federal Reporter, Second Series
F Supp	Federal Supplement
f., ff.	folgend, fortfolgende
Fam Law	Family Law
FamD	High Court, Family Division
FamRZ	Zeitschrift für Familienrecht
FAZ	Frankfurter Allgemeine Zeitung
FC	Full Court
FDP	Freiheitlich Demokratische Partei
FLR	Family Law Reports
FN	Fußnote
Frankfurt a.M.	Frankfurt am Main
Freiburg i.Br.	Freiburg im Breisgau
FS	Festschrift
FuR	Familie und Recht
g	Gramm
geänd.	geändert
Gegenbsp.	Gegenbeispiel
gem.	gemäß
GEO	(King) George
GFHK	Geburtshilfe und Frauenheilkunde
GG	Grundgesetz
ggf.	gegebenenfalls
Govns	Governors
GP	General Practitioner
grdl.	grundlegend
grds.	grundsätzlich
GSG	Gesundheitsstrukturgesetz
GynPrax	Gynäkologische Praxis
H & C	Hurlstone & Coltman (Law Reports)
H.	Heft
h.L.	herrschende Lehre
h.M.	herrschende Meinung
HA	Health Authority
HaftungsR	Haftungsrecht
Halbbd.	Halbband
Hants.	Hampshire

HB	Health Board (Schottland); Hospital Board (Neuseeland)
HC	Health Circular; High Court (of Justice); Hospital Center
hist.	historisch
HIV	Humane Immundeficiency Virus
HL	House of Lords
HL (Sc)	House of Lords, Scotland
HMC	Hospital Management Committee
Hosp	Hospital
Hrsg.; hrsg.	Herausgeber; herausgegeben
HS.	Halbsatz
i.	in, im
i.d.F.	in der Fassung
i.d.R.	in der Regel
i.e.	das heißt *(id est)*; im einzelnen
i.E.	im Ergebnis
i.e.S.	im engeren Sinne
i.R.	im Rahmen
i.S.	im Sinne
i.V.m.	in Verbindung mit
i.w.S.	im weiteren Sinne
ibid	ebenda *(ibidem)*
ICLQ	International and Comparative Law Quarterly
IECL	International Encyclopedia of Comparative Law (s. Literaturverzeichnis unter Zepos & Christodoulou)
ILP	International Legal Practitioner
infra	unten
insbes.	insbesondere
IsrLR	Israel Law Review
JA	Juristische Ausbildung
JContHealthL & Pol'y	Journal of Contemporary Health Law and Policy
JK	Jura-Kartei
JME	Journal of Medical Ethics
Jr	Junior
JR	Juridical Review; Juristische Rundschau
JSWL	Journal of Social Welfare Law
JuS	Juristische Schulung
JW	Juristische Wochenschrift
JZ	Juristenzeitung
Kan	Kansas Reports
kan.	kanadisch
Kap.	Kapitel
KastrG	Kastrationsgesetz
KB	King's Bench
KBD	High Court, King's Bench Division
KG	Kammergericht
KontrollratsG	Kontrollratsgesetz
KRABl.	Amtsblatt des Kontrollrats
krit.	kritisch
£	Pfund Sterling *(libra [e])*
L	Leitsatz

LFZG	Lohnfortzahlungsgesetz
LG	Landgericht
LH	Lehrheft
Lit	Litigation
Lit.	Literatur
LJKB	Law Journal Reports, King's Bench
LK	Leipziger Kommentar
Lloyd's Rep	Lloyd's List Reports
LM	Lindenmeier-Möhring, Nachschlagewerk des Bundesgerichtshofs
LQR	Law Quarterly Review
LR	Law Reports
LR & I	Liability, Risk and Insurance
LS	Legal Studies
m.	mit
m. Abb.	mit Abbildung
m. Anm.	mit Anmerkung
m. Diff.	mit Differenzierung
m. Disk.	mit Diskussion
m. Nachw.	mit Nachweisen
m. Tab.	mit Tabelle
m. zust. Anm.	mit zustimmender Anmerkung
m.a.W.	mit anderen Worten
m.b.H.	mit beschränkter Haftung
m.w.N.	mit weiteren Nachweisen
Md	Maryland Reports (Maryland Court of Appeals)
MDR	Monatsschrift des Deutschen Rechts
MDU	Medical Defence Union
Med LR	Medical Law Reports
MedSci & Law	Medicine, Science and the Law
med.	medizinisch
MedKlin	Medizinische Klinik
MedR	Medizinrecht
Minn	Minnesota Reports (Supreme Court of Minnesota)
MK	Münchener Kommentar
ml	Milliliter
MLJ	Medico-Legal Journal
MLR	Modern Law Review
mm	Millimeter
MML	Medical Malpractice Law
MMW	Münchener Medizinische Wochenschrift
Mod Rep	Modern Reports
Mot.	Motive zum Bürgerlichen Gesetzbuch
MP	Member of Parliament
MPS	Medical Protection Society
MR	Master of the Rolls (Court of Appeal)
Mr	Mister
Mrs	Misses
N-J & B	Nelson-Jones & Burton
n.F.	neue Fassung
n.r.	nicht rechtskräftig
Nachw.	Nachweis (e)
NB QB	New Brunswick, Queen's Bench

NBR 2d	New Brunswick Reports, Second Series
neuseel.	neuseeländisch
NFCA	National Foster Care Association
NHS	National Health Service
NJW	Neue Juristische Wochenschrift
NLJ	New Law Journal
NLJ LR	New Law Journal, Law Reports
No.	Number
Nr., Nrn.	Nummer (n)
NSW CA	New South Wales, Court of Appeal
NSWLR	New South Wales Law Reports
NW	North Western Reporter, First Series
NW 2d	North Western Reporter, Second Series
NZA	Neue Zeitschrift für Arbeits- und Sozialrecht
NZLR	New Zealand Law Reports
o.ä.	oder ähnlich
o.J.	ohne Jahr
o.V.	ohne Verfasser
OJLS	Oxford Journal of Legal Studies
OLG	Oberlandesgericht
OLG-Rspr.	Rechtsprechung der Oberlandesgerichte
OP	Operation
OR 2d	Ontario Reports, Second Series
Ord	Order
ovrld	overruled
P 2d	Pacific Reporter, Second Series
para.	Absatz *(Paragraph)*
Parl. Deb. H.C.	Parliamentary Debates, House of Commons
PC	Privy Council
per	durch
PILS	Butterworths' Personal Injury Litigation Service
PJ	Presiding Judge
PL	Public Law
plc	public limited company
PMILL	Personal and Medical Injuries Law Letter
PN	Professional Negligence
Pt.	Part
QB	Queen's Bench
QBD	High Court, Queen's Bench Division
QC	Queen's Counsel
Que SC	Quebec Superior Court
Queensland LSJ	Queensland Law Society Journal
R	Queen *(Regina)*; King *(Rex)*
r+s	Recht und Schaden
r.	rule
R/S	Ratajczak/Stegers
rd.	rund
Rdnr., Rdnrn.	Randnummer (n)
RegE	Regierungsentwurf
RegelunterhaltsVO	Regelunterhaltsverordnung

revd	reversed
RG	Reichsgericht
RGBl.	Reichsgesetzblatt
RGRK	Reichsgerichtsrätekommentar
RGZ	Entscheidungen des Reichsgerichts in Zivilsachen
RHA	Regional Health Authority
Rhein. Merkur	Rheinischer Merkur
RIW	Recht der Internationalen Wirtschaft
RSC	Rules of the Supreme Court
Rspr.	Rechtsprechung
RVO	Reichsversicherungsordnung
S.	Satz; Seite
s.	siehe
s.a.	siehe auch
S.I.	Statutory Instruments
s.v.	unter dem Begriff *(sub verbo)*
SALR	South African Law Reports
SASR	South Australian State Reports
Sc	Scotland
SC	Session Cases; Supreme Court
SCC	Supreme Court of Canada
Sched	Schedule
SchKG	Schwangerschaftskonfliktgesetz
SchlHA	Schleswig-Holsteinischer Anzeiger
SchR	Schuldrecht
SCR	Supreme Court Reports
sec., secs.	Abschnitt (e); Paragraph (en) *(Section, s)*
SFHÄndG	Schwangeren- und Familienhilfeänderungsgesetz
SFHG	Schwangeren- und Familienhilfegesetz
SG	Sozialgericht
SGb	Die Sozialgerichtsbarkeit
SGB V	Fünftes Buch Sozialgesetzbuch
SGB X	Zehntes Buch Sozialgesetzbuch
SJ	Solicitors' Journal
SJZ	Schweizerische Juristenzeitung
SK	Systematischer Kommentar
SLT	Scots Law Times
sog.	sogenannt
Sp.	Spalte (n)
SPD	Sozialdemokratische Partei Deutschlands
SSW	Schwangerschaftswoche
St	Sankt *(Saint)*
st. Rspr.	ständige Rechtsprechung
Std.	Stunde (n)
StGB	Strafgesetzbuch
Stichw.	Stichwort (e)
StPO	Strafprozeßordnung
str.	streitig
StrÄndG	Strafrechtsänderungsgesetz
StrEG	Strafrechtsreform-Ergänzungsgesetz
StrRG	Strafrechtsreformgesetz
sub	unter
südafr.	südafrikanisch

Suppl.	Supplement
supra	oben
SydLR	Sydney Law Review
Teilbd.	Teilband
u.	und; unten; unter
u.ä.	und ähnliche(s)
u.a.	unter anderem
u.a.m.	und andere(s) mehr
UK	United Kingdom
unstr.	unstreitig
unveröffentl.	unveröffentlicht
Urt.	Urteil
US	United States
USA	United States of America
v	gegen *(versus)*
v.	vom; von
VEE	Volksaufartung, Erbkunde, Eheberatung
VersR	Versicherungsrecht
vgl.	vergleiche
VICT	(Queen) Victoria
VO	Verordnung
Vol.	Volume
Vor, Vor., Vorbem.	Vorbemerkung
Voraufl.	Vorauflage
vors.	Vorsichtig
VW	Versicherungswirtschaft
WILL	(King) William
WLR	Weekly Law Reports
WWR	Western Weekly Reports
z.B.	zum Beispiel
z.T.	zum Teil
z.Z.	zur Zeit
ZaeF	Zeitschrift für ärztliche Fortbildung
zahlr.	zahlreich
ZBJ	Zeitschrift des Bernischen Juristenvereins
zfs	Zeitschrift für Schadensrecht
ZfV	Zeitschrift für Versicherungswesen
ZGB	Zivilgesetzbuch
ZIAS	Zeitschrift für Internationales und Ausländisches Sozialrecht
zit.	zitiert
ZivilR	Zivilrecht
ZPO	Zivilprozeßordnung
zugl.	zugleich
zust.	zustimmend
ZVersWiss	Zeitschrift für Versicherungswissenschaft
ZVglRWiss	Zeitschrift für Vergleichende Rechtswissenschaften
zw.	zweifelnd

Einleitung

Fortschritte auf medizinisch-naturwissenschaftlichem und technischem Gebiet ermöglichen heute auf der einen Seite eine immer bessere Kontrolle körperlicher Prozesse und menschlicher Defekte. Auf der anderen Seite haben die Errungenschaften der biomedizinischen Revolution nicht nur zur Folge gehabt, den allgemein anerkannten Höchstwert menschlichen Lebens zunehmend in Frage zu stellen. Sie haben auch zu höheren Erwartungen der Gesellschaft an eine rechtliche Sanktion für erlittene Einbußen geführt, die vor einigen Jahren noch als schicksalhaft galten. Deshalb überrascht es nicht, daß die Gerichte immer öfter mit Ansprüchen konfrontiert werden, deren Befriedigung sich vor dem Hintergrund konventioneller Haftungssysteme dogmatisch nur schwer begründen läßt, weil sie die Beantwortung auch außerrechtlicher Fragen erfordert. Als eindrucksvolles Beispiel dieses Phänomens lassen sich Prozesse anführen, welche die unerwünschte Geburt eines Kindes zum Gegenstand haben und – in Anlehnung an ihre Vorbilder aus dem anglo-amerikanischen Rechtskreis – auch im deutschen Recht als Klagen wegen *wrongful conception* (in den USA auch manchmal *wrongful pregnancy* genannt), *wrongful birth* und *wrongful life* bekannt geworden sind. Hierzu hat sich in Deutschland inzwischen überwiegend die Ansicht durchgesetzt, daß die Klage eines behinderten Kindes wegen *wrongful life* abzulehnen ist. Klagen der Eltern eines behinderten Kindes wegen *wrongful birth* und eines gesunden Kindes wegen *wrongful conception* waren dagegen vielfach erfolgreich.

Diese Rechtsprechung, die trotz umfangreicher Kritik lange Zeit als gefestigt gelten konnte, ist durch die Entscheidung des *BVerfG* v. 28.5.1993[1] zur Verfassungsmäßigkeit der Neuregelung des Schwangerschaftsabbruchs erneut in Frage gestellt worden: In seinem Leitsatz Nr. 14 hat das höchste deutsche Gericht nämlich festgestellt, daß eine rechtliche Qualifikation des Daseins eines Kindes als Schadensquelle von Verfassungs wegen (Art. 1 Abs. 1 GG) nicht in Betracht komme und es sich deshalb verbiete, die Unterhaltspflicht für ein Kind als Schaden zu begreifen. Obwohl von der breiten Öffentlichkeit fast unbemerkt geblieben,[2] hat diese unerwartete Äußerung des *BVerfG* nicht nur unter Arztrechtlern für Überraschung gesorgt.[3] Sie ist auch innerhalb des mit dem Urteil befaßt

---

[1] *BVerfG*, BVerfGE 88, 203 = NJW 1993, 1751 = JZ 1993, Anh. im Anschluß an S. 1172 = FamRZ 1993, 899.

[2] Vgl. allerdings DER SPIEGEL v. 22.11.1993, S. 79ff.

[3] Vgl. etwa DEUTSCH, VersR 1995, 609; DERS., NJW 1994, 776; DERS., NJW 1993, 2361; GIESEN, JZ 1994, 286. Zum rechtspolitischen Hintergrund vgl. FRANZKI, ZaeF 1995, 676 (677).

gewesenen Spruchkörpers auf Unverständnis und Ablehnung gestoßen.[4] Da sie nicht durch den Verfahrensgegenstand veranlaßt war und damit trotz ihrer Aufnahme in die Leitsätze des Urteils nicht zu den tragenden Gründen der Entscheidung gehört, handelt es sich bei der Stellungnahme zwar um ein bloßes *obiter dictum*[5], mit der Folge, daß sie nicht gem. § 31 Abs. 2 S. 1 BVerfGG in Gesetzeskraft erwachsen ist und daher auch nicht den *BGH* bindet (vgl. § 31 Abs. 1 BVerfGG). Gleichwohl hat sie die längst für erledigt gehaltene Diskussion um die Ersatzfähigkeit der Unterhaltspflicht für ein Kind neu entfacht und den *BGH* in einer weiteren Grundsatzentscheidung[6] zu der Klarstellung veranlaßt, daß er auch nach der geforderten Überprüfung seiner Rechtsansicht an seiner bisherigen Rechtsprechung festhält.

1 Problemstellung und Abgrenzung des Themas

Die vorliegende Arbeit will diese jüngste Rechtsentwicklung zum Anlaß nehmen, die gegenwärtige Rechtslage zur ärztlichen Haftung für die unerwünschte Geburt eines Kindes in Deutschland mit der Situation in England zu vergleichen.[7] Dort hat dieses neuartige Haftungsproblem eine ähnlich lebhafte Entwicklung durchlaufen wie hierzulande. Ein Blick auf die englische Rechtslage lohnt sich nicht nur, weil dort mit dem *Common Law* – wie in den USA – ein völlig andersartiges Rechtssystem gilt, das dem deutschen Betrachter wichtige Einsichten bei der Anwendung des eigenen Rechts vermitteln kann.[8] Vor allem ist ein Vergleich mit dem englischen Recht deshalb interessant, weil in England – anders als in den USA – weitgehend vergleichbare politische, wirtschaftliche und soziale Verhältnisse wie in Deutschland herrschen. Beide Länder sind nicht nur in geographi-

---

[4] Vgl. die beiden abweichenden Voten der Bundesverfassungsrichter Vizepräsident MAHRENHOLZ u. SOMMER in *BVerfG*, NJW 1993, 1751 (1778).

[5] So auch MAHRENHOLZ *ibid* u. SOMMER *ibid*; zust. PALANDT/HEINRICHS, Vorbem. v. § 249 BGB, Rdnr. 47; GÖPPINGER-WAX/STÖCKLE, Rdnr. 1382; STEFFEN, Entwicklungslinien, S. 92; DEUTSCH, Anm. zu BGH 28.3.1995 - VI ZR 356/93 (Bremen), LM § 249 BGB (A) Nr. 108; DERS., VersR 1995, 609; DERS., NJW 1994, 776 (777); DERS., NJW 1993, 2361; FRANZKI, ZaeF 1995, 676 (677); LANGE, Anm. zu BGH 16.11.1993 - VI ZR 105/92 (Stuttgart), LM § 823 BGB (Aa) Nr. 154; MÖLLER, DRiZ 1993, 409; ROTH, NJW 1994, 2402; DERS., FuR 1993, 305 (312); SCHIEMANN, Anm. zu BGH 27.6.1995 - VI ZR 32/94 (Frankfurt a.M.), LM § 249 BGB (A) Nr. 109; WEISS, JR 1994, 461 (462); ausf. hierzu GIESEN, JZ 1994, 286 (287ff.); s.a. *OLG Düsseldorf*, NJW 1994, 805 (806) = FamRZ 1994, 1247 (n.r.), das sich jedoch *faktisch* an die Auffassung des *BVerfG* gebunden fühlt.

[6] *BGH*, BGHZ 124, 128 = LM § 823 BGB (Aa) Nr. 154 = NJW 1994, 788 = VersR 1994, 425 = MedR 1994, 441 = JR 1994, 456 = JZ 1994, 305 = MDR 1994, 556 = FamRZ 1994, 364 = JuS 1994, 608 Nr. 4 = r+s 1994, 136 (L) = zfs 1994, 154; s.a. *BGH*, LM § 249 BGB (A) Nr. 108 = NJW 1995, 1609 = VersR 1995, 964 = MedR 1995, 398 = MDR 1995, 908 = r+s 1995, 339 (L) (zur Veröffentlichung in BGHZ vorgesehen); LM § 249 BGB (A) Nr. 109 = NJW 1995, 2407 = VersR 1995, 1099 = MDR 1995, 1015 = FamRZ 1995, 1124 = JuS 1996, 71 Nr. 5 = r+s 1995, 339 (L) = zfs 1995, 363; zusammenfassend BACKHAUS, MedR 1996, 201ff.

[7] Krit. zum Aussagegehalt eines Rechtsvergleichs bei neuartigen Haftungsproblemen dieser Art STÜRNER, FamRZ 1985, 753 (761); a.A. MARKESINIS, S. 129.

[8] Zu den Funktionen und Zielen der Rechtsvergleichung s. NEUMAYER, S. 31; ZWEIGERT/KÖTZ, Bd. I, § 2 (S. 14ff.).

scher Hinsicht Nachbarn, sondern auch über die von christlich-abendländischen Kulturvorstellungen beeinflußte Geschichte Europas eng miteinander verbunden.[9] Dafür, daß dies auch in naher Zukunft so bleibt, bürgt nicht zuletzt die gemeinsame Mitgliedschaft in der Europäischen Union.

Damit die Gemeinsamkeiten und Unterschiede in der Problemlösung in beiden Ländern deutlich genug hervortreten, beschränkt sich die Untersuchung bewußt auf die unerwünschte Geburt eines normalen, gesunden Kindes. Dafür spricht auch, daß diese Konstellation gleichsam den Grundfall bildet und aufgrund seines Modellcharakters als Ausgangspunkt für Überlegungen zur Lösung komplizierterer Fallgestaltungen dienen kann.[10] Um die verschiedenen Fallvarianten richtig voneinander abgrenzen zu können, bedarf es zuvor allerdings einer genauen Definition der eingangs erwähnten Klagearten:[11]

Der Begriff *wrongful conception* bezeichnet eine Klage, mit der ein Arzt (bzw. stellvertretend ein Krankenhausträger) für die fahrlässige Nichtverhinderung der Geburt eines normalen, gesunden Kindes haftbar gemacht wird. Diese Konstellation ist nicht auf fehlgeschlagene Sterilisationen beschränkt, sondern deckt eine Vielzahl gleichartiger Situationen ab, wie etwa die sorgfaltswidrige Herstellung oder Ausgabe oraler Kontrazeptiva oder anderer Empfängnisverhütungsmittel, die unterlassene Diagnose einer Schwangerschaft und vor allem den mißlungenen Schwangerschaftsabbruch.

Davon zu unterscheiden sind die beiden übrigen Klagearten, weil sie trotz ihrer Ähnlichkeit mit den *wrongful conception*-Fällen Überlegungen anderer Art erforderlich machen:

Wrongful birth-Klagen können die Eltern eines geschädigten Kindes oder das Kind selbst gegen einen Dritten erheben, dessen fahrlässiges Verhalten die Schädigungen verursacht hat. Anlaß hierzu können Schädigungen des Embryos oder des Fötus auf direktem Weg während der Schwangerschaft (Bsp.: Autounfall) oder in der Geburt (Bsp.: Geburtszange) oder indirektem Weg durch Infektionen (Bsp.: Lues, HIV) oder andere Einwirkungen (Bsp.: Medikamente, Strahlungen) auf die Mutter vor oder nach der Empfängnis geben. Dabei können sich *wrongful*

---

[9] Dies spricht nach GROSSFELD (Macht, S. 99) allg. dafür, eher England als die USA für einen Rechtsvergleich heranzuziehen. – Zur Rechtslage in den USA vgl. den Überblick bei DEUCHLER, S. 35ff.; MASON, S. 86f.; jeweils m.w.N.

[10] Vgl. DUNZ, Anm. zu BGH 18.3.1980 - VI ZR 105/78 (Bamberg) u. 18.3.1980 - VI ZR 247/78 (Karlsruhe), LM § 276 BGB (Fc) Nr. 7 u. 8; s.a. GIESEN, MML, Rdnr. 476; DICKENS, S. 83; NORRIE 35 [1990] JR 205 (207, 221f.); zum Ganzen auch PICKER, AcP (195) 1995, 483ff.

[11] Vgl. GIESEN, MML, Rdnrn. 120, 462; MARKESINIS, S. 133f.; DEUTSCH, MDR 1984, 793; DICKENS, S. 82f.; GRUBB, Conceiving, S. 122ff.; DERS., (1987) 50 MLR 241 (262); REICHMAN (1982) 10 SydLR 568 (569f.); ROBERTSON (1978) 4 AmJ Law & Med 131 (132f.); SYMMONS (1987) 50 MLR 269; TEFF (1985) 34 ICLQ 423 (425f.). Allerdings ist die Terminologie nicht immer einheitlich (vgl. z.B. die neueren Definitionen von DEUTSCH, ArztR, S. 130ff.; DERS., VersR 1995, 609, 614; DERS., NJW 1994, 776; DERS., NJW 1993, 2361, 2363), was das Verständnis der ohnehin schon komplexen Problematik zusätzlich erschwert.

conception- und *wrongful birth*-Fälle manchmal überschneiden, z.B. wenn nach fehlgeschlagener Sterilisation ein behindertes Kind geboren wird. In England sind seit dem Inkrafttreten des CONGENITAL DISABILITIES (CIVIL LIABILITY) ACT 1976 Klagen von nach dem 22.7.1976 geborenen Kindern wegen erlittener Schädigungen gesetzlich ausdrücklich anerkannt.[12]

Eine völlig andersgeartete Kategorie von Fällen wird dagegen unter dem Begriff *wrongful life* diskutiert. Mit dieser Klage macht ein geschädigtes Kind nicht etwa – wie in den *wrongful birth*-Fällen – geltend, daß es in normalem und gesundem Zustand hätte geboren werden müssen. Vielmehr stellt es sein Dasein als Mensch in Frage, indem es behauptet, es wäre besser nicht geboren worden. Deshalb begehrt es mit seiner Klage, so gestellt zu werden, wie wenn es überhaupt nicht existierte. Vor allem aus rechtspolitischen Gründen sind solche Klagen in Deutschland[13] und England[14] gleichermaßen abgewiesen worden.[15] Außerdem soll das CONGENITAL DISABILITES (CIVIL LIABILITY) ACT 1976 durch sec. 4 (5) – wie von der *Law Commission* in ihrem 1974 veröffentlichten *Report on Injuries to Unborn Children* beabsichtigt[16] – die unter dem *Common Law* möglicherweise zulässig gewesene *wrongful life*-Klage endgültig abgeschafft haben.[17]

---

[12] Dies gilt unabhängig davon, ob das Fehlverhalten des Dritten in oder vor der Geburt oder sogar noch vor der Empfängnis stattgefunden hatte. Vgl. sec. 1 (1), (2)(a)(b). – Vor kurzem hat die engl. Rspr. auch eine Haftung nach dem *Common Law* bejaht, vgl. *Burton v Islington HA* [1991] 1 AllER 825, QB; *affd* [1992] 3 AllER 833, CA; *de Martell v Merton and Sutton HA* [1992] 3 AllER 820, QB; *affd* [1992] 3 AllER 833, CA; krit. GLAZEBROOK, 52 [1993] CLJ 20ff.; DERS. 51 [1992] CLJ 226ff. Diese Entscheidungen sind nur relevant für Geburten vor dem 22.7.1976, vgl. TRIBE & KORGAONKAR (1992) 136 SJ 696.

[13] Vgl. *BGH*, BGHZ 86, 240 (250ff.) = NJW 1983, 1371 = JZ 1983, 447 = MDR 1983, 478; 89, 95 (98) = NJW 1984, 658 = JZ 1984, 886; s.a. zuletzt *OLG Düsseldorf*, VersR 1995, 1498 (L); ausf. zum Themenkomplex neuerdings PICKER, EDUARD: Schadensersatz für das unerwünschte eigene Leben – „Wrongful life“, Tübingen 1995 (Tübinger rechtswissenschaftliche Abhandlungen; Bd. 80).

[14] Vgl. *McKay v Essex AHA* [1982] 1 QB 1166, CA. – Zur vergleichbaren Rechtslage in Schottland ausf. NORRIE 35 [1990] JR 205 (215ff.). Allg. rechtsvergleichend s.a. STOLL, Haftungsfolgen, Rdnrn. 233ff.; TEDESCHI (1966) 1 IsrLR 513ff.

[15] Dagegen sind solche Klagen nunmehr in sechs Bundesstaaten der USA unter engen Voraussetzungen anerkannt. Vgl. GIESEN, MML, Rdnr. 125 m.w.N.; s.a. den Überblick bei FAHRENHORST (1986) 11 ILP 62ff.

[16] *Law Commission Report*, para. 89; s.a. *The Pearson Report*, para. 1485.

[17] So die h.M., vgl. *McKay v Essex AHA* [1982] 1 QB 1166 (1177H-1178B *per* Lordrichter STEPHENSON, 1187C-D *per* Lordrichter ACKNER, 1191E *per* Lordrichter GRIFFITHS), CA; FINCH (1982) 132 NLJ 235 (236); GRUBB, Conceiving, S. 123; DERS., (1987) 50 MLR 241 (262); JONES, Negligence II, S. 16; KHAN (1983) 127 SJ 500 (501); NORRIE 35 [1990] JR 205 (207); DERS., 1985 SLT 69; ROBERTSON (1982) 45 MLR 697 (698); DERS., [1979] 2 BMJ 1008 (1009); SLADE (1982) 132 NLJ 874 (875); TEFF (1985) 34 ICLQ 423 (437); a.A. FORTIN [1987] JSWL 306 (311f.); LEWIS (1982) 79 LS Gaz 839; WEIR 41 [1982] CLJ 225 (226); zw. auch DIAS & MARKESINIS, S. 163.

2 Ziel der Arbeit und Gang der Untersuchung

Die vorliegende Arbeit will unter Anwendung der rechtsvergleichenden Methode am Beispiel der unerwünschten Geburt eines normalen, gesunden Kindes untersuchen, ob, wann und inwieweit ein Arzt den Eltern wegen durchkreuzter Familienplanung haftet. Ausgangspunkt der Untersuchung ist dabei die These, daß die Beantwortung dieser Frage aufgrund der ähnlichen Ausgangslage in beiden Ländern annähernd gleich ausfallen wird. Anhand der aufgezeigten Gemeinsamkeiten, aber auch der Unterschiede in der Lösung des Haftungsproblems soll diese These im einzelnen auf ihre Haltbarkeit überprüft werden.

Zu diesem Zweck gliedert sich die nachfolgende Untersuchung in drei Teile mit insgesamt sechs Abschnitten: Im ersten Teil werden die medizinischen und juristischen Grundlagen erörtert, deren Kenntnis unerläßlich ist, um die komplexe Problematik der durchkreuzten Familienplanung und ihre Lösung nach den Haftungssystemen Deutschlands und Englands vollständig zu erfassen. Da sich in der Praxis Sterilisation und Schwangerschaftsabbruch als besonders haftungsträchtig erwiesen haben, werden in einem ersten Kapitel beide Eingriffe als besondere Maßnahmen der Familienplanung und Geburtenregelung vorgestellt. Um die Erwägungen der Rechtsprechung beider Länder nachvollziehen zu können, liegt dabei der Schwerpunkt auf dem jeweiligen medizinischen Hintergrund. In einem zweiten Kapitel folgt eine Darstellung der in Deutschland und England geltenden Arzthaftungssysteme, der sich ein Überblick über die Entwicklung der Rechtsprechung zu diesem neuartigen Haftungsproblem in beiden Ländern anschließt. Im zweiten Teil widmen sich insgesamt drei Kapitel den einzelnen Haftungselementen, nämlich der ärztlichen Pflichtverletzung, dem Kausalzusammenhang und dem Schaden. Besondere Aufmerksamkeit gilt hier praktisch relevanten Fragen wie der Beweislastverteilung oder der Berechnung des Schadens. Im dritten und letzten Teil werden die Ergebnisse der einzelnen Vergleiche zusammengefaßt und gewürdigt, um abschließend die oben aufgestellte These belegen zu können.

Erster Teil: Grundlagen

1 Sterilisation und Schwangerschaftsabbruch als besondere Maßnahmen der Familienplanung und Geburtenregelung

Gleich zu Anfang dieses Kapitels soll der Leser vor einem möglichen Mißverständnis bewahrt werden: Wenn hier Sterilisation und Schwangerschaftsabbruch nebeneinander behandelt werden, so ist dies selbstverständlich nicht im Sinne einer Gleichwertigkeit gemeint. Im Gegenteil: Während es sich bei einer Sterilisation noch um die Verhütung einer Empfängnis handelt, geht es beim Schwangerschaftsabbruch um die Tötung bereits vorhandenen, lediglich ungeborenen (nicht: werdenden!) Lebens. Dennoch werden beide Maßnahmen oft miteinander verbunden oder als Alternativen diskutiert. Umso wichtiger ist es, die fundamentalen Unterschiede in den medizinischen und rechtlichen Voraussetzungen und Folgen bewußt zu machen.

1.1 Die Sterilisation

Sterilisation bedeutet künstliche Unfruchtbarmachung, nicht etwa Kastration.[1] Bei der Kastration wird die Funktion der Keimdrüsen *(Gonaden)*, d.h. der Eierstöcke und Hoden, ausgeschaltet. Dies führt nicht nur zur Unfruchtbarkeit, sondern hat auch hormonelle Auswirkungen. Demgegenüber werden bei der Sterilisation im Regelfall lediglich die möglichen Wege für ein Zusammentreffen weiblicher und männlicher Keimzellen *(Gameten)*, also von Ei- und Samenzellen, versperrt oder entfernt. Nur ausnahmsweise wird bei entsprechender Indikation der Fruchthalter, die Gebärmutter, weggenommen. Damit bleibt – anders als bei

---

[1] Statt aller HIRSCH, Sterilisation, S. 24.

der Kastration – die wesentliche Aufgabe der Gonaden vollauf erhalten, d.h. es werden weiterhin Ei- bzw. Samenzellen gebildet.[2]

1.1.1 Medizinischer Hintergrund

1.1.1.1 Die Sterilisation der Frau: Die Regel

Es gibt zahlreiche Verfahren zur (operativen) Unfruchtbarmachung der Frau – ein Indiz dafür, daß keine der Methoden vollständig befriedigt.[3]

Einteilung der Sterilisationsverfahren Bei den Sterilisationsverfahren kann man den Zeitpunkt der Sterilisation, den Angriffsort des Sterilisationsvorgangs, den Zugangsweg und die eigentliche Sterilisationsmethode unterscheiden:[4]

- Die Sterilisation kann nach vaginalen oder (Kaiser-) Schnittgeburten, im Zuge eines Schwangerschaftsabbruchs oder unabhängig von einer Schwangerschaft durchgeführt werden.[5] Der Zeitpunkt hat Einfluß auf den Zugangsweg und die Wahl der Methode.

- Der sterilisierende Eingriff wird i.d.R. an den Eileitern (Tuben) durch deren Entfernung oder Unterbindung (Salpingektomie), ausnahmsweise bei Erkrankung des betreffenden Organs auch an der Gebärmutter (Uterus) oder an den Eierstöcken (Ovarien) durch deren Entfernung (Hysterektomie bzw. Ovarektomie) vorgenommen.[6]

- Der Zugang zum Ort der Sterilisation ist bisher von der Bauchhöhle aus (abdominal) oder auf vaginalem Weg, jeweils durch Spiegelung (endoskopisch), i.d.R. der Bauchhöhle (laparoskopisch), oder auf chirurgische Weise möglich.[7] Sowohl die Zuverlässigkeit der Sterilisation als auch ihre Komplikationen werden durch den Zugangsweg entscheidend beeinflußt.[8]

---

[2] Vgl. dazu HIRSCH *ibid*; LINDEMANN, MMW 118 (1976) 903; PETERSEN, MMW 118 (1976) 917; s.a. FRICK-BRUDER, 47.

[3] So auch SCHNEIDER-KAULHAUSEN/HEIDENREICH, S. 93.

[4] Vgl. HIRSCH, Sterilisation, S. 24.

[5] *Ibid.*

[6] HIRSCH *ibid*; s.a. LEHMANN, MedKlin 1980, 747.

[7] HIRSCH *ibid*; s.a. LINDEMANN, MMW 118 (1976) 903 (904). – Die *transzervikale* oder *transuterine* Sterilisation erfolgt nur endoskopisch, nämlich durch Gebärmutterspiegelung *(hysteroskopisch)*, vgl. HIRSCH *ibid* 25; LEHMANN, MedKlin 1980, 747 (748). Die Variationsbreite beim chirurgischen Vorgehen reicht von der Eröffnung der Bauchhöhle durch die Vagina *(Kuldotomie)* über die regelrechte Eröffnung derselben durch die Bauchdecke *(Laparotomie)* bis hin zur sog. Minilaparotomie, die im Wochenbett durch einen kurzen Nabelschnitt durchgeführt wird (vgl. HIRSCH *ibid* 25).

[8] HIRSCH, Sterilisation, S. 25.

- Die – noch unausgereifte und daher noch nicht routinemäßig angewandte – transzervikale Sterilisation kann elektrisch, thermisch oder chemisch durch Verätzung oder Gewebekleber erreicht werden.[9] Dagegen kann die Tubensterilisation durch Gewebezerstörung (Koagulation), teilweise oder ganze Entfernung der Tuben oder mechanisch geschehen,[10] wobei die Koagulation der Tuben heute die bevorzugte Methode der laparoskopischen Sterilisation ist.[11] Sie erfolgt mittels Stromeinsatz entweder hochfrequent auf konventionellem („uni-" oder „monopolarem") oder „bipolarem" Weg oder aber auf bloß thermische Weise durch Verwendung von Schwachstrom.[12] Die teilweise oder vollständige Entfernung der Tuben haben die chirurgischen Methoden zum Ziel.[13] Zu den neueren Methoden zählen verschiedene mechanische (Eileiter-) Verschlußmethoden (Okklusionsmethoden) (Clips/elastische Ringe aus Kunststoff), die nur einen kleinen Teil der Tube zerstören und daher ungefährlicher und vor allem reversibel sein sollen.[14]

Zuverlässigkeit Unerwünschte Schwangerschaften nach Sterilisationen (sog. Sterilisationsversager) kommen nach allen Sterilisationsmethoden vor.[15] Sie lassen sich folgendermaßen kategorisieren:[16]

- Die trotz offensichtlich richtig und sorgfältig ausgeführter Operation auftretenden Versager sind methodenimmanent und somit weitgehend unvermeidbar.[17] Die anschließende Schwangerschaft verläuft häufiger extra- als intrauterin.[18] Die Häufigkeit methodenimmanenter Versager von 0,9–6 ‰ hängt zwar von verschiedenen Faktoren ab.[19] Die von Methode zu Methode wech-

---

[9] *Ibid.*

[10] *Ibid.*

[11] Vgl. SCHNEIDER-KAULHAUSEN/HEIDENREICH, S. 93; LINDEMANN, MMW 118 (1976) 903 (905).

[12] HIRSCH, Sterilisation, S. 25f.; LINDEMANN, MMW 118 (1976) 903 (905).

[13] Näher HIRSCH, Sterilisation, S. 27ff.

[14] Näher HIRSCH, Sterilisation, S. 29ff., 37.

[15] Vgl. nur HIRSCH, DÄBl. 78 (1981) 1669 m.w.N. Selbst nach einer Hysterektomie, der relativ zuverlässigsten Sterilisationsmethode, kann noch eine Schwangerschaft auftreten, die dann (naturgemäß) extrauterin verläuft und oftmals schon vor der Operation empfangen wurde (sog. Lutealphasen-Schwangerschaft). Das einzig absolut sichere Verfahren ist damit die beidseitige Ovarektomie, d.h. die Kastration *(ibid)*. Von den übrigen (eigentlichen) Sterilisationsmethoden sind nur die Versagerquoten der Tubensterilisation praktisch relevant. Die laparoskopische Elektrokoagulation ist mit einer Versagerrate von 1–3 ‰ am sichersten. Bei den chirurgischen Methoden hängt die Sicherheit von der jeweiligen Technik ab. Bei den mechanischen Verfahren zeichnen sich Versagerquoten ab, die denen der Koagulation und der chirurgischen Methoden vergleichbar sind. Vgl. dazu statt aller HIRSCH, Sterilisation, S. 33.

[16] So auch HIRSCH, DÄBl. 78 (1981) 1669; s.a. DERS., Sterilisation, S. 33; LEHMANN, MedKlin 1980, 747 (749).

[17] HIRSCH, DÄBl. 78 (1981) 1669.

[18] Vgl. HIRSCH, DÄBl. 78 (1981) 1669 (1671) m.w.N.

[19] Als wichtigste sind die jeweilige Sterilisationsmethode, die technischen Details bei den verschiedenen Methoden und die Erfahrung des Operateurs zu nennen. Vgl. näher dazu HIRSCH, DÄBl. 78 (1981) 1669 (1670f.) m.w.N.

selnden Ursachen der Sterilisationsversager haben allerdings gemeinsam, daß sie alle mit bestimmten Reaktionen des Körpers (z.B. Regeneration der Tube) einhergehen.[20]

- Bei der Lutealphasen-Schwangerschaft hat die Konzeption bereits vor der Sterilisation stattgefunden. Gewöhnlich ist sie am kurzen zeitlichen Abstand zur Sterilisation eindeutig erkennbar.[21] Je nachdem, ob das befruchtete Ei sich bei der Sterilisation noch in der Tube oder schon im Uterus befindet, spricht man von einer extra- oder intrauterinen Schwangerschaft. Die Häufigkeit von Lutealphasen-Schwangerschaften liegt mit 2,2–3 ‰ noch über der von methodenimmanenten Versagern.[22] Das Auftreten dieser Art von Sterilisationsversagern ist von der Sterilisationsmethode unabhängig.[23] Es werden unterschiedliche Verfahren zu ihrer Verhütung diskutiert, von denen allerdings keines uneingeschränkt akzeptabel oder realisierbar, geschweige denn immer wirksam ist.[24]

- Technische Fehler i.e.S. werden auch als Fehler des Operateurs *(surgical errors)* bezeichnet.[25] Man unterscheidet im wesentlichen das Nichterkennen der Tube *(Mißidentifikation)*, wobei der Eingriff irrtümlich an anderen, ähnlichen Strukturen (z.B. am Eierstockband) vorgenommen wird, und die Sterilisation nur einer Seite.[26] Als Folge davon kann es, wie auch bei den beiden anderen Versagerarten, sowohl zu einer intra- als auch zu einer extrauterinen Schwangerschaft kommen. Bemerkenswert ist, daß die technischen Fehler i.e.S. mit einer Häufigkeit von 0,5–2,4 ‰ unter allen Sterilisationsversagern relativ selten auftreten.[27] Technische Fehler in Gestalt der Mißidentifikation sind von der eigentlichen Sterilisationsmethode unabhängig, werden jedoch durch den Zugangsweg beeinflußt.[28] Andere technische Fehler, die auf einer unsorgfältigen, fehlerhaften oder nicht indizierten Operationstechnik beruhen, sind von den unvermeidbaren, methodenimmanenten Versagern oft nicht zu unterscheiden. Dazu gehören etwa die ungenügende Koagulation der Tube mit Entstehung einer nur oberflächlichen oder zu schmalen Koagulationszone und der unvollständige Verschluß der Tube *(Okklusion)* oder die Abstoßung eines nicht optimal applizierten oder applizierbaren Clips oder Rings.[29]

---

[20] Vgl. HIRSCH, DÄBl. 78 (1981) 1669 (1671).
[21] *Ibid.*
[22] *Ibid.*
[23] HIRSCH, DÄBl. 78 (1981) 1669.
[24] Näher HIRSCH, DÄBl. 78 (1981) 1669f.
[25] HIRSCH, DÄBl. 78 (1981) 1669 (1670).
[26] *Ibid.*
[27] Vgl. HIRSCH, DÄBl. 78 (1981) 1669 (1670f.) m.w.N.
[28] Näher HIRSCH, DÄBl. 78 (1981) 1669 (1670).
[29] *Ibid.*

Komplikationen Die Sterblichkeitsrate *(Letalität)* beträgt bei allen Hysterektomien etwa 1–2 ‰.[30] Von den wenigen transzervikalen Sterilisationen, die bis heute durchgeführt wurden, ist kein tödlicher Ausgang bekannt.[31] Bei der laparoskopischen Elektrokoagulation beläuft sich die Letalitätsrate auf 0,02–0,1 ‰ mit stetig fallender Tendenz.[32] Damit liegt das einmalige Letalitätsrisiko dieser Sterilisationsmethode in derselben Größenordnung wie das der Ovulationshemmer oder Intrauterinpessare pro Jahr.[33]

Frühkomplikationen[34] können durch den Zugang zum Sterilisationsort und durch den eigentlichen Sterilisationsvorgang entstehen und sind dementsprechend von Verfahren zu Verfahren sehr unterschiedlich.[35] Bei der laparoskopischen Elektrokoagulation treten sie in nur 1,3 % aller Fälle auf und machen sie damit zur komplikationsärmsten Sterilisationsmethode überhaupt.[36] Unter den Spätkomplikationen[37] nehmen die Bauchhöhlenschwangerschaften *(Extrauteringraviditäten)* eine herausragende Stellung ein, da sie unter den Sterilisationsversagern relativ häufiger vorkommen als „normale" Schwangerschaften.[38] Sie sind durch spermiendurchlässige Fisteln im koagulierten Tubenabschnitt bedingt[39] und eine ernstzunehmende Komplikation[40]. Weitere Spätkomplikationen stellen neben Blutungsstörungen[41] psychische Folgen dar, über die jedoch widersprüchlich berichtet wird[42].

---

[30] Vgl. HIRSCH, Sterilisation, S. 33f.; s.a. SCHNEIDER-KAULHAUSEN/HEIDENREICH, S. 94. Dabei sind Eingriffe anläßlich der Geburt anscheinend riskanter als solche, die eigens zur Sterilisation vorgenommen werden (HIRSCH *ibid*).

[31] Vgl. HIRSCH, Sterilisation, S. 34; LEHMANN, MedKlin 1980, 747 (749); WILLE, MMW 118 (1976) 913 (914); s.a. SCHNEIDER-KAULHAUSEN/HEIDENREICH, S. 93.

[32] *Ibid.* Die Hauptursachen der Todesfälle sind Herzstillstand, Verletzungen größerer Gefäße durch Operationsinstrumente und unerkannte Darmverletzungen bzw. -verbrennungen.

[33] HIRSCH, Sterilisation, S. 34; LEHMANN, MedKlin 1980, 747 (749).

[34] D.h. Komplikationen, die während oder kurze Zeit nach der Operation auftreten.

[35] Näher HIRSCH, GFHK 37 (1976) 297. Bsp.: Blutungen aus kleineren und größeren Gefäßen, Darmverbrennungen und -verletzungen, Hautverbrennungen sowie Herzrhythmusstörungen und -stillstand *(ibid)*.

[36] *Ibid.*

[37] D.h. Komplikationen, die erst einige Zeit nach der Operation auftreten.

[38] Vgl. HIRSCH, Sterilisation, S. 36. Der Anteil an der Gesamtzahl der Versager wird unterschiedlich, nämlich mit 19–59 %, angegeben (HIRSCH *ibid*; s.a. LEHMANN, MedKlin 1980, 747, 749).

[39] LEHMANN *ibid.*

[40] HIRSCH, Sterilisation, S. 36.

[41] Näher HIRSCH *ibid*; s.a. LEHMANN, MedKlin 1980, 747 (749).

[42] Ausf. HIRSCH *ibid.* Nach neueren Untersuchungen sind etwa 1–1,5 % der Frauen später mit dem Eingriff unzufrieden; jedoch nur bei 0,5–1 % besteht ein ernsthafter Kinderwunsch, vgl. SCHNEIDER-KAULHAUSEN/HEIDENREICH, S. 94. Ein günstiges Ergebnis der Sterilisation auch in psychischer Hinsicht wird durch einen eindeutigen und freien Entschluß zur Operation gewährleistet, der nach fachkundiger Beratung in Übereinstimmung mit dem Partner aus kontrazeptiver Motivation getroffen worden ist, ohne daß chronische Persönlichkeitsstörungen oder Partnerschaftskonflikte vorliegen, vgl. HIRSCH, Sterilisation, S. 37; zum Ganzen auch SCHNEIDER-KAULHAUSEN/HEIDENREICH *ibid*; MENDE, MMW 118 (1976) 909 (911f.); PETERSEN, MMW 118 (1976) 917 (919ff.).

Reversibilität Grundsätzlich ist die Sterilisation eine nicht wieder rückgängig zu machende Kontrazeptionsmethode.[43] Die Wiederherstellung der Fruchtbarkeit *(Refertilisierung)* erfordert nämlich einen größeren operativen Eingriff mit Eröffnung der Bauchhöhle und entsprechendem Risiko und Komplikationen.[44]

1.1.1.2
Die Sterilisation des Mannes: Die Ausnahme

Die sicherste Methode der Antikonzeption ist nach der (operativen) Sterilisation der Frau die des Mannes *(Vasektomie[45])*.[46] Während sie in vielen (vor allem angloamerikanischen) Ländern immer größere Bedeutung erlangt, wird sie in Deutschland nach wie vor relativ selten durchgeführt.[47]

Sterilisationsverfahren Ziel des Eingriffs ist es, den Austritt von Spermien dauerhaft und endgültig zu unterbinden.[48] Die Vasektomie erreicht dies im Prinzip durch Unterbrechung des Samentransports vom Nebenhoden zur Harnröhre.[49] Dies ist naturgemäß nur auf chirurgischem Weg möglich. Dabei wird folgendes, in zahlreichen technischen Details variierendes[50] operatives Verfahren angewendet: Unter den bei operativen Eingriffen üblichen sterilen Bedingungen wird der Samenleiter *(Ductus deferens)* im seitlichen Hodenbereich aufgesucht und in einer Hautfalte fixiert. Nach Injektion eines Lokalanästhetikums und Freilegung des Ductus deferens über einen kleinen Hautschnitt wird eine ca. 1,5 cm lange Strecke herausgeschnitten. Die Enden des Ductus werden durch Ligatur, Metallclips oder Elektrokoagulation verschlossen. Eine Hautnaht schließt die Wunde. Über einen zweiten Schnitt wird der Ductus deferens der Gegenseite herausgeschnitten.[51]

---

[43] Vgl. SCHNEIDER-KAULHAUSEN/HEIDENREICH, S. 92; LEHMANN, MedKlin 1980, 747 (749f.); PETERSEN, MMW 118 (1976) 917 (918).

[44] Vgl. statt aller HIRSCH, Sterilisation, S. 37.

[45] Synonyma: Vasoresektion, Vasoligatur, freiwillige oder stellvertretende (vikariierende) Sterilisation. Vgl. ALKEN, S. 40.

[46] KLOSTERHALFEN, MMW 118 (1976) 907.

[47] Näher ALKEN, S. 40; FRICK-BRUDER, S. 47; KÖNIG, S. 5; SCHNEIDER-KAULHAUSEN/HEIDENREICH, S. 92; jeweils unter Angabe von (bekanntermaßen unzuverlässigen) Gesamtzahlen.

[48] KLOSTERHALFEN, MMW 118 (1976) 907.

[49] ALKEN, S. 41.

[50] Technische Varianten des Verfahrens werden hauptsächlich angegeben, um die Komplikation der spontanen Rekanalisation zu vermeiden, vgl. ALKEN, S. 43.

[51] Vgl. zum Ganzen ALKEN, S. 41ff. Zu den am häufigsten geübten Verfahren gehören die Unterbindung *(Ligatur)* der Samenleiterstümpfe, ggf. unter Doppelung der Stumpfenden, die Bedekkung der Stumpfenden nach der Ligatur durch den umgebenden Bindegewebsmantel mittels einer Naht und die Elektrokoagulation der Stumpfenden ohne Verschluß mit Ligatur. Am erfolgreichsten hat sich die Methode der Elektrokoagulation der Stumpfenden erwiesen; diese Technik bietet außerdem unter Verzicht auf die Entnahme eines Samenleiterstücks die günstigsten Erfolgschancen für eine evtl. später gewünschte Refertilierungsoperation (ALKEN *ibid* 43).

Ungleich wichtiger als bei der Sterilisation der Frau[52] ist hier die Dokumentation des Operationserfolgs, die durch den fehlenden Nachweis von Spermien im Ejakulat *(Azoospermie)*[53] geführt wird.[54] Dieser Zustand wird je nach Anzahl der Ejakulationen nach dem Eingriff unterschiedlich schnell erreicht. Sind bei der ersten Untersuchung nach sechs bis acht Wochen noch Spermien vorhanden (in 13–86 % der Fälle), werden Kontrollen in monatlichen Abständen vorgenommen.[55] Die Dokumentationspflicht wird vervollständigt durch die Pflicht, den Patienten vor und nach dem Eingriff darauf hinzuweisen, daß er erst bei nachgewiesener Azoospermie auf andere kontrazeptive Maßnahmen verzichten kann und sich solange regelmäßigen Spermiogramm-Kontrollen unterziehen muß.[56]

Zuverlässigkeit In 6 % aller Fälle ist damit zu rechnen, daß der Patient zeugungsfähig bleibt.[57] Ursachen sind – nach Häufigkeit – die spontane Rekanalisation (vergleichbar den methodenimmanenten Versagern bei der Sterilisation der Frau), die inkorrekte Identifizierung des Ductus deferens bei der Operation (entspricht der Mißidentifikation bei der Sterilisation der Frau und ist damit ein technischer Fehler) und in sehr seltenen Fällen das Vorliegen eines angeborenen doppelten Samenleiters (vergleichbar der Situation bei Lutealphasen-Schwangerschaft bei der Sterilisation der Frau, da der Eingriff auch bei korrekter Technik keine Wirkung entfalten kann).[58]

Komplikationen Die Komplikationsrate beträgt ebenfalls 6 %.[59] Als spezifische Komplikation der Vasektomie ist die Entstehung eines Spermagranuloms zu nennen, das eine spontane Rekanalisation verursachen und damit zum Mißerfolg der Vasektomie beitragen kann.[60] Weitere Komplikationen gefährden zwar nicht direkt den Operationserfolg, machen jedoch unter Umständen eine operative Revi-

---

[52] Zu den weitgehend nicht mehr empfohlenen Verfahren zur Kontrolle und Dokumentation der erfolgreichen Sterilisation der Frau (Exzision eines Tubensegments zur histologischen Untersuchung/röntgenologische Kontrastmitteldarstellung der Tuben) näher HIRSCH, DÄBl. 78 (1981) 1669 (1972).

[53] Die Ejakulation des weiterhin produzierten Samenblasen- und Prostatasekrets bleibt auch nach dem Eingriff aufrechterhalten, nur mit dem Unterschied, daß sich darin keine Samenzellen mehr befinden, s. KLOSTERHALFEN, MMW 118 (1976) 907.

[54] ALKEN, S. 41; KLOSTERHALFEN *ibid*; SCHIRREN/SCHOLZ-JORDAN, MMW 118 (1976) 899 (902).

[55] Um den Zeitpunkt der Azoospermie früher zu erreichen, werden als technische Variante bei der Operation die Durchspülung des Ductus deferens-Anteils mit Kochsalzlösung oder einer spermienabtötenden Lösung empfohlen. Dadurch werden die in Einzelfällen bis zu sechs Monaten nach der Operation im Ejakulat noch nachweisbaren Spermien, die primär schon in den ableitenden Samenwegen vorhanden waren, ausgeschwemmt oder zerstört, vgl. ALKEN, S. 43.

[56] ALKEN *ibid*; KLOSTERHALFEN, MMW 118 (1976) 907; SCHIRREN/SCHOLZ-JORDAN, MMW 118 (1976) 899 (902).

[57] ALKEN *ibid*; KLOSTERHALFEN *ibid;* jeweils bezugnehmend auf eine Untersuchung von LEADER aus dem Jahre 1974.

[58] *Ibid.*

[59] ALKEN, S. 44 m.w.N.

[60] *Ibid.* Die Häufigkeit eines Spermagranuloms beträgt 5–18 %, die der spontanen Rekanalisation allerdings nur 0–6 % *(ibid)*.

sion erforderlich.[61] Auch die Sterilisation des Mannes kann psychische Folgen haben.[62]

Alternativen Bis heute sind weder operative noch medikamentöse[63] Alternativverfahren entwickelt worden, die eine reversible Sterilisation ermöglichen.[64] Die „Qual der Wahl" zwischen mehreren Methoden (abgesehen vom „Coitus interruptus" und „Coitus condomatus") entfällt damit für den männlichen Partner, der die Verantwortung für die Familienplanung übernehmen möchte.

Reversibilität In 80–90 % der Fälle kann zwar ein operationstechnisch einwandfreies Resultat erzielt werden; die Zahl der den definitiven Erfolg bestätigenden Schwangerschaften liegt jedoch nur bei 20–40 %.[65]

1.1.2 Rechtliche Bewertung

1.1.2.1 Deutsches Recht

In Deutschland ist die rechtliche Bewertung der freiwilligen Sterilisation[66] theoretisch unsicher, da es trotz wiederholter Appelle an den Gesetzgeber[67] immer noch an einer ausdrücklichen, gesetzlichen Regelung fehlt[68]. Nach der gegenwärtigen Rechtsprechung ist aber nicht mit strafrechtlicher Verfolgung zu rechnen,[69] so

---

[61] Dazu zählen Abszesse im Wundbereich (2,8 %), vom Samenleiter ausgehende Fisteln (0,5 %) und Hämatome (18 %). Nebenhodenentzündungen (6 %) sind unbedenklicher, Hodenentzündungen und Wasserbrüche *(Hydrocele)* seltener *(ibid)*.

[62] Vgl. ALKEN, S. 45 m.w.N. Zu den möglichen Gründen näher FRICK-BRUDER, S. 53.

[63] Z.B. Hormone, antispermatogen, immunologisch oder antienzymatisch wirkende Substanzen zur Verabreichung (vgl. ALKEN *ibid*).

[64] *Ibid.*

[65] Vgl. ALKEN *ibid*; s.a. KLOSTERHALFEN, MMW 118 (1976) 907, 908; vors. dagegen KÖNIG, S. 4. Als Ursachen werden Auswirkungen der im Blut vasektomierter Männer nachgewiesenen Antispermien-Antikörper oder Innovations- und Motilitätsstörungen des Samenleiters nach Vasektomie diskutiert (vgl. ALKEN *ibid*).

[66] Im Hinblick auf Artt. 1 u. 2 GG verfassungsrechtlich eindeutig unzulässig und nach §§ 223, 224, 225 StGB als „beabsichtigte schwere Körperverletzung" strafbar ist die durch eine Einwilligung nicht gedeckte, behördlich oder gerichtlich angeordnete Sterilisation (sog. Zwangssterilisation), und zwar – im Gegensatz zu dem bis 1945 geltenden Gesetz zur Verhütung erbkranken Nachwuchses v. 14.7.1933 (RGBl. I 529) – auch bei eugenischer Indikation (h.M., vgl. DREHER/TRÖNDLE, § 224 StGB, Rdnr. 7).

[67] Zuletzt durch *OLG Hamm*, FamRZ 1983, 310 (312); s.a. ESER, Sterilisation, S. 67f.; HANACK, S. 309, 312; SCHÖNKE-SCHRÖDER/ESER, § 223 StGB, Rdnr. 64; zurückhaltend dagegen neuerdings WIESENBERG, S. 206ff. – Der Gesetzgeber scheint nicht von einer Gesetzeslücke auszugehen, da er mehrere Gelegenheiten zur gesetzlichen Regelung (KastrG 1969, 5. StrRG 1974) ungenutzt hat verstreichen lassen.

[68] An Entwürfen hat es nicht gemangelt. Näher dazu ESER, Sterilisation, S. 64ff.; WIESENBERG, S. 197ff., 200ff.

[69] Vgl. LK/HIRSCH, § 226a StGB, Rdnr. 41; SCHMITT, S. 269; s.a. *BGH*, BGHZ 67, 48 = NJW 1976, 1790 = FamRZ 1976, 609; vors. dagegen NARR, Rdnr. 825, u. SPANN, GFHK 35 (1975)

daß sich die Rechtslage für den behandelnden Arzt unproblematisch und damit jedenfalls praktisch eindeutig darstellt: Danach wird die freiwillige Sterilisation heute nahezu einhellig für rechtlich zulässig gehalten. Von Rechtsprechung und Lehre werden hierfür allerdings gegensätzliche Begründungen geliefert:

Nachdem er bereits die Strafbarkeit der freiwilligen Kastration abgelehnt hatte,[70] verneinte der *BGH* in seinem „Dohrn-Urteil"[71] auch die Strafbarkeit der freiwilligen Sterilisation. Nach historischer und teleologischer Auslegung der strafrechtlichen Vorschriften über die Körperverletzung (§§ 223ff. StGB) kam er zu dem Schluß, daß heute keine deutsche Strafvorschrift mehr die freiwillige Sterilisation bedrohe und diese Gesetzeslücke nur der Gesetzgeber schließen könne (sog. Vakuumtheorie). Zum einen folgerte er dies aus der ersatzlosen Streichung des zwischenzeitlich die Sterilisation regelnden, durch VO v. 18.3.1943 (RGBl. I 169) eingeführten § 226b StGB durch das KontrollratsG Nr. 11 v. 30.1.1946 (KRABl. Nr. 3 S. 55).[72] Zum anderen hielt er es für ausgeschlossen, daß der Kontrollrat den deutschen Nachkriegsgerichten mit der Überlassung der Bestrafung freiwilliger Sterilisationen ausgerechnet auf einem Teilgebiet des durch NS-Gesetze abschließend geregelten Gesamtkomplexes der Sterilisierungen „die Machtvollkommenheit einräumen wollte, die sie durch die [Wieder-] Anwendbarkeit der Körperverletzungsbestimmungen einschließlich des § 226a StGB erlangt hätten".[73]

Demgegenüber meint die h.L., der frühere § 226b StGB habe nur die Fälle erfaßt, bei denen der Eingriff nicht sittenwidrig war und deshalb §§ 223, 224, 225 StGB wegen § 226a StGB ausschieden, so daß nach Aufhebung dieser Spezialregelung wieder der alte Rechtszustand gelte, dem zufolge eine freiwillige Sterilisation zu ihrer Strafbarkeit der Rechtfertigung durch Einwilligung bedarf und nur bei Vorliegen einer bestimmten Indikation als nicht sittenwidrig i.S. von § 226a StGB zu betrachten ist.[74] Als allgemein anerkannt gelten heute die medizi-

---

501ff. u. 36 (1976) 197ff., auf deren Äußerungen die Ärzteschaft erheblich unsicher reagiert hat. Vgl. hierzu WILLE/ALBRECHT, GFHK 36 (1976) 293ff.

[70] *BGH*, BGHSt 19, 201 = NJW 1964, 1190; zur alten Rechtslage *OLG Hamburg*, JZ 1963, 374; *OLG Frankfurt*, NJW 1967, 687; *OLG Stuttgart*, NJW 1968, 1200. Seit dem 15.2.1970 richtet sich die Zulässigkeit der freiwilligen Kastration nach dem KastrG v. 15.8.1969 (BGBl. I 1143; III 453–16), ÄndG v. 23.11.1973 (BGBl. I 1725), als gegenüber § 226a StGB speziellere Regelung.

[71] *BGH*, BGHSt 20, 81 = NJW 1965, 355.

[72] *BGH*, BGHSt 20, 81 (84f.); krit. dazu etwa DREHER/TRÖNDLE, § 226a StGB, Rdnr. 11; LK/HIRSCH, § 226a StGB, Rdnr. 38 m.w.N.

[73] *BGH ibid.*

[74] Vgl. von den heutigen Vertretern LACKNER, § 226a StGB, Anm. 18; LK/HIRSCH, § 226a StGB, Rdnrn. 39f.; MAURACH/SCHROEDER/MAIWALD, Rdnr. 41; HANACK, JZ 1965, 221 (223ff.). Vgl. andererseits die sich von der Indikationsabhängigkeit lösenden Versuche von ROXIN, JuS 1964, 373 (380ff.); URBANCZYK, NJW 1964, 425; WULFHORST, NJW 1967, 649 und § 112 Abs. 2 AE; s.a. WILLE, MMW 118 (1976) 913. – Zur Frage der Verfassungsmäßigkeit des § 226a StGB SCHÖNKE-SCHRÖDER/ESER, § 226a StGB, Rdnr. 6 m.w.N.

nisch[75], die medizinisch-sozial[76] und die eugenisch[77] indizierte freiwillige Sterilisation[78]. In der früher streitigen Frage, ob auch rein soziale Gründe (hohe Kinderzahl, wirtschaftliche Enge, Beruf) zur Indizierung ausreichen können, hat sich inzwischen ebenfalls die zustimmende Auffassung durchgesetzt.[79] Problematisch bleibt dagegen weiterhin die sog. Gefälligkeitssterilisation, die keinen der vorgenannten Gründe für sich in Anspruch nehmen kann, sondern allein zur Ausschaltung jeglichen Schwangerschaftsrisikos vorgenommen wird.[80] Da sich angesichts der heutigen Meinungsvielfalt kein derart eindeutiges Urteil mehr über die Sittenwidrigkeit der Sterilisation mehr fällen lasse, wird auch diese Indikation der Sterilisation heute für durchweg zulässig gehalten.[81]

Zur Sittenwidrigkeit der freiwilligen Sterilisation äußerte sich auch der sechste Zivilsenat des *BGH* in einer Grundsatzentscheidung[82] aus dem Jahr 1976. Im zugrundeliegenden Fall hatte die 34jährige Mutter dreier Kinder gegen den Arzt auf Zahlung eines angemessenen Schmerzensgelds mit der Begründung geklagt, die an ihr vorgenommene Tubenligatur sei ohne ihre rechtswirksame Einwilligung durchgeführt worden. Über die Tragweite und die Risiken des Eingriffs war sie ausführlich aufgeklärt worden. Im Hinblick auf Artt. 1, 2 Abs. 1 GG betonte der *BGH* zunächst den Grundsatz der Selbstbestimmung des Patienten, der auch bei der Beurteilung der Rechtmäßigkeit einer Sterilisation zu beachten sei und nur dann eine Ausnahme erfahre, wenn der Eingriff trotz Einwilligung gegen die guten Sitten verstoße.[83] Ohne auf die Strafwürdigkeit der freiwilligen Sterilisation näher einzugehen, stellte das höchste deutsche Zivilgericht fest, daß nach den herrschenden Moralvorstellungen weder Empfängnisverhütung als solche noch ärztliche Mithilfe dazu verwerflich seien.[84] Zwar betreffe die Sterilisation als ein die Fortpflanzungsfähigkeit dauernd ausschließender Eingriff die Persönlichkeit

---

[75] *Medizinisch* indiziert ist die Sterilisation, wenn sie Lebens- oder Gesundheitsgefahren von der Frau abwenden soll (SCHÖNKE-SCHRÖDER/ESER, § 223 StGB, Rdnr. 61).

[76] Bei der *medizinisch-sozialen* Indikation ergibt sich die gesundheitliche Gefährdung nicht unbedingt aus somatischen oder psychischen, sondern auch aus dem Zusammenwirken mit sozialen Faktoren *(ibid)*.

[77] *Eugenisch* indiziert ist die Sterilisation, wenn sie der Verhinderung von möglicherweise erbgeschädigtem Nachwuchs dient *(ibid)*.

[78] Vgl. die Nachw. bei ESER, Sterilisation, S. 58f.; LK/HIRSCH, § 226a StGB, Rdnrn. 39f.; SCHÖNKE-SCHRÖDER/ESER *ibid.*

[79] Vgl. ESER, Sterilisation, S. 59; LK/HIRSCH § 226a Rdnr. 41; SCHÖNKE-SCHRÖDER/ESER *ibid;* jeweils mit m.w.N.

[80] Abl. die frühere h.L. sowie neuerdings u.a. ENGISCH, S. 416; KOFFKA, S. 358ff.; SCHWALM, S. 236f.; SPANN, GFHK 35 (1975) 501 (503) u. 36 (1976) 197 (199); dagegen zust. u.a. LK/HIRSCH *ibid*; SK/HORN, § 226a StGB, Rdnr. 18.

[81] Vgl. ESER, Sterilisation, S. 59; LK/HIRSCH *ibid*; SCHONKE-SCHRÖDER/ESER, § 223 StGB, Rdnr. 61. Daß § 6 BerufsO für Ärzte nur die medizinische, eugenische und schwerwiegende soziale Indikation zuläßt, steht dem nicht entgegen: Für die Auslegung des § 226a StGB kann das Standesrecht lediglich Indikator sein, da es nicht unbedingt das gesamtgesellschaftliche Rechtsbewußtsein widerspiegelt. Vgl. hierzu ESER *ibid* 60f.; SCHÖNKE-SCHRÖDER/ESER *ibid.*

[82] *BGH*, BGHZ 67, 48 = NJW 1976, 1790 = FamRZ 1976, 609.

[83] *BGH*, BGHZ 67, 48 (49f.).

[84] *BGH*, BGHZ 67, 48 (51).

in ihren Grundlagen, da sich der Betroffene damit durchweg der Möglichkeit begebe, sich später für Kinder zu entscheiden; aus verfassungsrechtlichen Gründen sei jedoch für die Beurteilung, inwieweit die Gesellschaftsordnung die mit der Sterilisation verbundene Verkürzung der Persönlichkeit hinzunehmen habe, der Entscheidungsfreiheit des Betroffenen besonderes Gewicht einzuräumen.[85] Sie müsse im Einzelfall abgewogen werden mit dem, was der Betroffene nach Lebensalter und -gestaltung durch den irreversiblen Verzicht auf seine Fortpflanzungsfähigkeit aufgebe.[86] Im konkreten Fall kam der *BGH* zu dem Ergebnis, daß der freiwillige irreversible Verzicht auf die Fortpflanzungsfähigkeit die Persönlichkeit der Klägerin nicht derart verkürze, daß dies für die Sittenordnung nicht mehr tragbar wäre.[87] Hier könne der Arzt davon ausgehen, daß die nach eingehender Aufklärung über Bedeutung und Folgen der Sterilisation ergangene Entscheidung der Betroffenen sittliche Geltung beanspruchen könne und daher der Eingriff nicht gegen die guten Sitten verstoße.[88]

Vor dem Hintergrund dieser höchstrichterlichen Rechtsprechung wird die rechtliche Zulässigkeit der freiwilligen Sterilisation heute nicht mehr bezweifelt. In seinen Entscheidungen zur ärztlichen Haftung für fehlgeschlagene Sterilisationen ging der *BGH* denn auch auf diese Frage nicht mehr ein.[89]

1.1.2.2
Englisches Recht

Auch in England ist die künstliche Unfruchtbarmachung auf freiwilliger Basis, gleich aus welchem Grund, zu einer alltäglichen Angelegenheit geworden, weshalb die Rechtmäßigkeit solcher Operationen heute nicht mehr bezweifelt wird.[90] Dabei herrschte auch hier lange Zeit eine erhebliche Rechtsunsicherheit, da nie ein Gesetz existiert hatte, das die Frage der rechtlichen Zulässigkeit ausdrücklich regelte.[91] Allerdings gab es bereits Ende der 20er Jahre, also noch vor HITLERS

---

[85] *BGH*, BGHZ 67, 48 (53).

[86] *Ibid.*

[87] *BGH*, BGHZ 67, 48 (53f.).

[88] *BGH*, BGHZ 67, 48 (54).

[89] Vgl. *BGH*, BGHZ 76, 249 = LM § 276 BGB (Fe) Nr. 7 = NJW 1980, 1450 = VersR 1980, 555 = JR 1980, 366 = JZ 1980, 406 = MDR 1980, 744 = FamRZ 1980, 654 = R/S, Rdnr. 637; BGHZ 76, 259 = LM § 276 BGB (Fc) Nr. 8 = NJW 1980, 1452 = VersR 1980, 558 = JZ 1980, 409 = MDR 1980, 745 = FamRZ 1980, 657 = R/S, Rdnr. 638; VersR 1980, 719; NJW 1981, 630 = VersR 1981, 278; NJW 1981, 1318 = VersR 1981, 481 = MDR 1981, 746; NJW 1981, 2002 = VersR 1981, 730 = JR 1981, 499 = R/S, Rdnr. 642; NJW 1984, 2625 = VersR 1984, 864 = FamRZ 1984, 982.

[90] Vgl. HALSBURY'S, Vol. 11 (1) (1990), para. 23, note 8; Vol. 30 (1992), para. 44, note 2; CROSS & JONES, S. 129; SMITH & HOGAN, Law, S. 409; s.a. HUBER, S. 649, 652.

[91] Vgl. HANACK, S. 52f.; MÜLLER, S. 44f.; ausf. zur hist. Entwicklung HAVARD (1983) 23 MedSci & Law 157f. – Das NATIONAL HEALTH SERVICE (FAMILIY PLANNING) ACT 1967 i.d.F. des NATIONAL HEALTH SERVICE (FAMILIY PLANNING) AMENDMENT ACT 1972 hat mit der Erweiterung des Leistungskatalogs des Nationalen Gesundheitsdienstes *(National Health Service,* im folgenden: *NHS)* um die Beratung über und die Durchführung von (freiwilligen) Vasektomien die rechtliche Zulässigkeit solcher Eingriffe lediglich vorausgesetzt.

Machtergreifung und der Verabschiedung des nationalsozialistischen Erbgesundheitsgesetzes, ernsthafte Bestrebungen, ein Sterilisationsgesetz für England einzuführen: So wandte sich die Englische Eugenische Gesellschaft 1929 vergeblich mit einer entsprechenden Initiative an den Gesundheitsminister.[92] Nachdem ein 1931 im Unterhaus eingebrachter Gesetzesentwurf über die Sterilisierung geistig „Minderwertiger" gescheitert war,[93] setzte das Gesundheitsministerium 1932 einen Ausschuß von Fachleuten ein, der in seinem 1934 herausgegebenen Arbeitsbericht empfahl, freiwillige eugenische Sterilisationen gesetzlich einzuführen.[94] Wohl bedingt durch den Ausbruch des Zweiten Weltkriegs kam es dazu aber nicht mehr.

Die eingangs erwähnte Rechtsunsicherheit konnte auch die Rechtsprechung nicht beheben, da sie nie die Gelegenheit erhielt, eine richtungsweisende (Vor-) Entscheidung *(precedent)* in dieser Frage zu fällen. Dies gilt gleichermaßen für die Frage der rechtlichen Zulässigkeit der freiwilligen Kastration, zu der sich das erkennende Gericht im Fall *R v Cowburn*[95] nur am Rande (wegen des ungewissen Ausgangs der Operation übrigens zweifelnd) äußern konnte, weil es allein über das Strafmaß des angeklagten Sittlichkeitsverbrechers zu entscheiden hatte, der sich aus therapeutischen Gründen einer Kastrationsoperation unterziehen wollte. Nur zu einem *obiter dictum* reichte es auch in der zivilrechtlichen Entscheidung *Bravery v Bravery*[96] aus dem Jahr 1954: Dort hatte eine Frau die Scheidung wegen seelischer Grausamkeit eingereicht, und zwar u.a. mit der Begründung, ihr Ehemann habe sich sterilisieren lassen, ohne sie vorher zu fragen. Dabei hätte sie eigenen Angaben zufolge gerne weitere Kinder bekommen. Der Court of Appeal entschied, daß es für eine Operation gegen ihren Willen keinen Beweis gäbe und sie damit den Nachweis seelischer Grausamkeit schuldig geblieben sei. In seinem abweichenden Urteil *(dissenting vote)* sah sich Lordrichter DENNING veranlaßt, auf die Frage der rechtlichen Zulässigkeit der freiwilligen Sterilisation näher einzugehen.[97] Im Wege einer Analogie zum Strafrecht der Heileingriffe kam er zu dem Ergebnis, daß eine gewöhnliche Operation, die zum Wohl des Patienten mit dessen Einwilligung vorgenommen wird, rechtmäßig sei.[98] Wenn es allerdings keinen vernünftigen Grund für die Operation gebe, sei diese trotz Einwilligung rechtswidrig. Als „klassisches Beispiel" nannte Lordrichter DENNING einen von LORD COKE berichteten Fall[99] aus dem Jahr 1604 (!). Dort hatte ein junger, kräftiger und vitaler „Spitzbube" seinen Kumpanen dazu angestiftet, ihm die linke Hand abzuschlagen, um guten Gewissens jegliche Arbeit ablehnen und nur noch der Bettelei nachgehen zu können. Beide wurden wegen einer Straftat angeklagt. Als zweites Beispiel zitierte Lordrichter DENNING einen Fall aus den alten Tagen des Viktorianischen Zeitalters, als die Soldaten noch lernen mußten, Patronen

[92] Vgl. TIETZE, VEE 4 (1929) 5, mit dem Wortlaut der Entschließung.
[93] BÖHR, S. 31; s.a. SCHMIDT, S. 85.
[94] HANACK, S. 52f.; s.a. BÖHR *ibid*; BLASBALG, ZStW 52 (1932) 477 (487).
[95] [1959] CrimLR 590, CCA.
[96] [1954] 3 AllER 59, CA.
[97] [1954] 3 AllER 59 (67f. *per* Lordrichter DENNING), CA; s.a. SMITH & HOGAN, Cases, S. 410f.
[98] [1954] 3 AllER 59 (67 *per* Lordrichter DENNING), CA; s.a. SMITH & HOGAN, Cases, S. 410.
[99] Vgl. Co. Litt. 127a u. 127b (Verstümmelung zur Herstellung der Arbeitsunfähigkeit).

mit den Zähnen zu öffnen, und ein Soldat einen Zahnarzt dazu überredet hatte, ihm die Vorderzähne zu ziehen, um diesem Drill zu entgehen. Nach Ansicht von Richter STEPHEN waren beide einer Straftat schuldig.[100] Als drittes Beispiel führte Lordrichter DENNING eine Abtreibung an, die nach dem Gesetz[101] unrechtmäßig sei, solange sie nicht durchgeführt werde, um ernsthaften Gefahren für die Gesundheit der Schwangeren zu begegnen.[102] Gleiches müsse für eine Sterilisation gelten, deren Vornahme nur rechtmäßig sei, wenn sie z.B. die Übertragung einer Erbkrankheit verhindern soll. Für rechtswidrig hielt Lordrichter DENNING dagegen eine Sterilisation, die dem Patienten nur ermöglichen soll, sich bedenkenlos dem Geschlechtsverkehr hingeben zu können, ohne die damit verbundene Verantwortung tragen zu müssen.[103] Eine solche Operation laufe dem öffentlichen Interesse zuwider, entwürdige den Patienten selbst und verletze seine Frau und mögliche künftige Ehefrauen. Im übrigen leiste sie dem Sittenverfall (!) Vorschub und lasse keinen Raum mehr für einen späteren Sinneswandel. Unter Hinweis auf das von Richter STEPHEN in *R v Coney*[104] aufgestellte Prinzip zur Rolle der Einwilligung bei Körperverletzungen, das in *R v Donavan*[105] herangezogen worden sei und auch auf Sterilisationen Anwendung finde, stellte Lordrichter DENNING abschließend fest, daß selbst eine mit Einwilligung vorgenommene Sterilisation aus reiner Gefälligkeit rechtswidrig sei.[106] Die übrigen Lordrichter teilten seine Auffassung nicht und wiesen die Berufung der Ehefrau aus den genannten Gründen ab.[107]

In den 60er Jahren wurde dann auch in medizinischen Kreisen die Tendenz erkennbar, die Sterilisation nicht nur aus medizinischen, sondern auch aus eugenischen und anderen Gründen zuzulassen.[108] Begünstigt wurde diese Entwicklung noch durch die von Lordrichter DEVLIN in einer öffentlichen Rede geäußerte Ansicht, daß eine rechtliche Regelung der Sterilisation durch ein spezielles Gesetz, nicht durch eine richterliche Fortbildung des Rechts der Körperverletzungen *(law of assault)* vorgenommen werden sollte.[109]

---

[100] STEPHEN, S. 142 (Verstümmelung zur Herstellung der Wehrunfähigkeit).

[101] OFFENCES AGAINST THE PERSON ACT 1861, sec. 58; vgl. aber jetzt ABORTION ACT 1967.

[102] [1954] 3 AllER 59 (67H *per* Lordrichter DENNING), CA.

[103] [1954] 3 AllER 59 (68A *per* Lordrichter DENNING), CA; s.a. SMITH & HOGAN, Cases, S. 411.

[104] (1882) 8 QBD 534 (539).

[105] [1934] 1 AllER 207, CCA; s.a. SMITH & HOGAN, Cases, S. 407ff.

[106] [1954] 3 AllER 59 (68 *per* Lordrichter DENNING), CA.; s.a. SMITH & HOGAN, Cases, S. 411. Zur Bedeutung der Einwilligung der Ehefrau äußerte sich Lordrichter DENNING nur i.R. der Frage, ob auch in einem solchen Fall seelische Grausamkeit i.S. des Scheidungsrechts vorliegen könne *(ibid)*.

[107] [1954] 3 AllER 59 (63E–64G *per* Lordrichter SIR RAYMOND EVERSHED, MR, u. HODSON), CA. Zur Bedeutung der Einwilligung der Ehefrau äußerten sich die übrigen Lordrichter weder in familien- noch in strafrechtlicher Hinsicht *(ibid)*.

[108] Vgl. WILLIAMS [1962] CrimLR 74ff., 154ff. (158) unter Hinweis auf eine Stellungnahme der britischen Ärzte-Vereinigung *(British Medical Association,* im folgenden: *BMA)* von 1960; s.a. SMITH & HOGAN, Cases, S. 411.

[109] Zit. nach WILLIAMS *ibid.*

Inzwischen hat sich die Auffassung durchgesetzt, daß das öffentliche Interesse[110] nicht den Einsatz des Strafrechts gebiete, wenn erwachsene Menschen sich freiwillig einer Operation unterziehen, die keinen dauernden, sichtbaren Schaden hinterlasse; in diesem Fall sei der Einwilligung des Betroffenen ihre gewöhnliche (rechtfertigende) Wirkung nicht abzusprechen.[111] Damit stellt heute auch in England keiner die Rechtmäßigkeit freiwilliger Sterilisationen mehr in Frage,[112] weshalb wohl in den einschlägigen Entscheidungen kein Wort darüber verloren wurde.[113]

1.2 Der Schwangerschaftsabbruch

Schwangerschaftsabbruch bedeutet künstliche Beendigung einer intakten Schwangerschaft.[114] Davon zu trennen sind spontane Fehlgeburten[115], Fehlgeburten nach ärztlichen Maßnahmen, welche die Schwangerschaft nicht beendigen sollten[116], Entfernen einer bereits abgestorbenen *(missed abortion)* oder gestörten Schwangerschaft (d.h. beginnende oder unvollständige Fehlgeburt) sowie ärztliche Maßnahmen zur Behebung einer sekundären Amenorrhö *(Menostase)*[117].

---

[110] Zum Einfluß des „öffentlichen Interesses" *(public policy)* auf juristische Wertungen und zur Wandelbarkeit des Begriffs auch im engl. Strafrecht s. CROSS & JONES, S. 129; SMITH & HOGAN, Law, S. 409.

[111] Vgl. WILLIAMS [1962] CrimLR 74ff., 154ff. (158); s.a. SMITH & HOGAN, Cases, S. 412; SKEGG [1974] CrimLR 693 (699f.).

[112] Vgl. hierzu die Nachw. in Anm. 90; s.a. NATIONAL HEALTH SERVICE (FAMILY PLANNING) AMENDMENT ACT 1972, der in sec. 1 vorsieht, daß die örtlichen Gesundheitsbehörden die Durchführung freiwilliger Sterilisationen in gleichem Maße anbieten müssen wie die Bereitstellung lediglich temporärer Maßnahmen der Familienplanung gem. sec. 1 des NATIONAL HEALTH SERVICE (FAMILY PLANNING) ACT 1967.

[113] Vgl. *Waters v Park* [1961] The Times 15 July, QB; *Udale v Bloomsbury AHA* [1983] 1 WLR 1098, QB; *Thake v Maurice* [1986] 1 QB 644, QB & CA; *Emeh v Kensington, Chelsea and Westminster AHA* [1983] The Times 3 January, QB; *revd* [1985] 1 QB 1012, CA; *Eyre v Measday* (unreported) 3 July 1984, QB; *affd* [1986] 1 AllER 488, CA; *Venner v North East Essex AHA* (unreported) [1987] QBD transcript 19 February, QB; *Gold v Haringey HA* [1987] 1 FLR 125, QB; *revd* [1987] 3 WLR 649, CA; *Palmer v Eadie* (unreported) 17 April 1986, QB; *affd* [1987] CA transcript 18 May, CA.

[114] Statt aller HIRSCH, Methoden, S. 80. Subjektiv ist die Absicht zur Beendigung der Schwangerschaft erforderlich *(ibid)*.

[115] Damit ist der Abgang der Frucht vor der 28. SSW aus unbekannter oder bekannter (evtl. externer) Ursache (z.B. Fieber) gemeint *(ibid)*.

[116] Bsp.: Fruchtwasserpunktion zur Chromosomenbestimmung (bis 1 % Fehlgeburten) *(ibid)*.

[117] Gemeint sind ärztliche Maßnahmen zur Auslösung einer Blutung aus der Gebärmutter beim Ausbleiben der Menstruation aus nicht schwangerschaftsbedingten Gründen *(ibid)*.

1.2.1 Medizinischer Hintergrund

Auch der Schwangerschaftsabbruch läßt sich am besten anhand der verschiedenen Methoden, der Zuverlässigkeit und der Komplikationen vorstellen.

1.2.1.1 Methoden

Zum Schwangerschaftsabbruch sind chirurgische und medikamentöse Verfahren einzeln oder in Kombination geeignet.[118] Die Wahl des Vorgehens im Einzelfall hängt – neben anderen Faktoren[119] – vor allem vom Schwangerschaftsalter *(Gestationsalter)*[120] ab.[121]

Bis zur 6. SSW: Sog. Frühstabort[122] Mit Frühstabort bezeichnet man den Abbruch einer noch nicht oder gerade erst implantierten Schwangerschaft, der sowohl chirurgisch als auch medikamentös hervorgerufen werden kann.[123]

Bei der chirurgischen Methode wird mit Hilfe einer flexiblen Plastikkanüle mit einem Durchmesser von 4–6 mm[124], die hinter der abgerundeten Spitze zwei seitliche Öffnungen besitzt[125], der Gebärmutterinhalt abgesaugt, wobei der Unterdruck mit einer 50 ml-Spritze oder einer elektrischen Pumpe erzeugt wird (sog. Vakuumaspiration).[126] Der nur wenige Minuten dauernde Eingriff erfordert im allgemeinen keine oder nur eine örtliche Narkose und kann auch ambulant durchgeführt werden.[127] Nur gelegentlich muß der Gebärmutterkanal vorher etwas geweitet werden.[128]

---

[118] Statt aller KREBS/SCHMIDT-GOLLWITZER, S. 200.

[119] Dies sind: Vorhandensein von vorbestehenden Erkrankungen (z.B. Bronchialasthma), gleichzeitiges Vorliegen anderer behandlungsbedürftiger Krankheiten (z.B. Gebärmuttergeschwulst) und Gegenanzeigen für abortauslösende Substanzen (z.B. hypertone Kochsalzlösung) sowie nicht zuletzt die Erfahrung des behandelnden Arztes *(ibid)*.

[120] Das Gestationsalter wird nach med. Definition vom Beginn der letzten Menstruation ab gerechnet, vgl. HIRSCH, Methoden, S. 80; SCHMIDT-MATTHIESEN, S. 215. Die nachfolgend angegebenen Schwangerschaftszeiten gehen von dieser Berechnungsgrundlage aus.

[121] HIRSCH *ibid*; s.a. KREBS/SCHMIDT-GOLLWITZER, S. 200.

[122] Zu anderen Bezeichnungen vgl. KREBS/SCHMIDT-GOLLWITZER, S. 205.

[123] *Ibid.*

[124] Die Größe ist abhängig von der Dauer der Amenorrhö (KREBS/SCHMIDT-GOLLWITZER, S. 201).

[125] Allg. ist die sog. Karman-Saugkürette in Gebrauch, vgl. HIRSCH, Methoden, S. 82.

[126] *Ibid.*

[127] *Ibid.*

[128] In 5–10 % aller Fälle *(ibid)*.

Bei der medikamentösen Methode werden (natürliche oder synthetische) Prostaglandine eingesetzt.[129] Ähnlich einem kompletten Spontanabort wird kurze Zeit später[130] die Frucht ausgestoßen.[131] Da dies nicht immer vollständig geschieht,[132] muß der Erfolg des Eingriffs unbedingt chirurgisch nachkontrolliert werden.[133]

Erstes Schwangerschaftsdrittel (7.–12. SSW) Zwischen der 7. und 12. SSW ziehen die meisten Ärzte die chirurgischen Methoden in Form der Saugkürettage oder der klassischen Kürettage der Anwendung von Prostaglandinen wegen der damit verbundenen Nebenwirkungen vor.[134] Dabei ist unabhängig von der Entscheidung für eine bestimmte Methode zu beachten, daß nach der 6. SSW eine Erweiterung des Gebärmutterkanals *(Dilatation)* fast immer unumgänglich ist.[135] In Abhängigkeit vom Schwangerschaftsalter (Grenze: 10.–12. SSW) und der Anzahl der Schwangerschaften stehen zur Durchführung der Dilatation ein- und mehrzeitige Verfahren bzw. die Kombination mit Prostaglandinen, die den Muttermund zusätzlich erweichen sollen (sog. softening), zur Verfügung.[136] Die bei der Dilatation auftretenden erheblichen Dehnungsschmerzen machen den Einsatz von Lokal- oder Allgemeinanästhesie erforderlich.[137]

Im Anschluß an die Dilatation wird bei der Saugkürettage der Gebärmutterinhalt mit Hilfe einer mit bis zu 10 mm Durchmesser relativ grobkalibrigen Aspirationskanüle aus Plastik oder Metall, die an ein Vakuumsystem (evakuierte Flasche, Vakuumpumpe) angeschlossen sind, abgesaugt.[138] Zur Tonisierung des Uterus wird ein Kontraktionsmittel verabreicht, das den Eingriff erleichtert und die

---

[129] Vgl. KREBS/SCHMIDT-GOLLWITZER, S. 206. Mit Sexualsteroiden (Östrogene, Gestagene) läßt sich dagegen kein Frühstabort auslösen *(ibid)*. – Zur Verwendung von Sexualsteroiden bei der postkoitalen Kontrazeption („morning after-pill") näher SCHINDLER, S. 71ff.

[130] Es liegen keine Angaben zur Reaktionszeit beim Frühstabort vor. In Abhängigkeit von der Schwangerschaftsdauer, der Anzahl der Schwangerschaften und der Dosierung zeigt sich bei Verwendung im zweiten und dritten Schwangerschaftsdrittel die abortauslösende Wirkung nach 10–24 Std. (vgl. KERN, S. 253; STEGNER, S. 233).

[131] Vgl. zum Wirkungsprinzip KREBS/SCHMIDT-GOLLWITZER, S. 206; SCHMIDT-MATTHIESEN, S. 211; STEGNER *ibid.*

[132] Ziemlich häufig ist mit einem inkompletten Abort (40 %) zu rechnen (KREBS/SCHMIDT-GOLLWITZER *ibid*).

[133] *Ibid.* Trotz der Notwendigkeit dieser Nachkontrolle stellt der medikamentös induzierte Frühstabort eine Alternative zur Vakuumaspiration dar und wird besonders häufig in Nordamerika und Schweden angewendet *(ibid)*.

[134] Vgl. KREBS/SCHMIDT-GOLLWITZER, S. 206f.; s.a. HIRSCH, Methoden, S. 84. Auf die Darstellung der medikamentösen bzw. kombiniert medikamentös-mechanischen Methode wird daher im folgenden verzichtet und wegen der Einzelheiten auf HIRSCH *ibid* verwiesen. Nur erwähnt werden soll an dieser Stelle noch der Abbruch mittels einer vaginalen oder abdominalen Hysterektomie, die lediglich in bestimmten Fällen bei einer klaren Indikation zum Schwangerschaftsabbruch vorgenommen wird. Näher KREBS/SCHMIDT-GOLLWITZER *ibid* 207.

[135] HIRSCH, Methoden, S. 83; KREBS/SCHMIDT-GOLLWITZER, S. 201.

[136] Näher HIRSCH *ibid*; KERN, S. 251f.; SCHMIDT-MATTHIESEN, S. 211; STEGNER, S. 232.

[137] Vgl. HIRSCH *ibid*; STEGNER *ibid.*

[138] Näher KREBS/SCHMIDT-GOLLWITZER, S. 203.

Komplikationen verringert.[139] Wegen der evtl. unvollständigen Entleerung beim Absaugen wird teilweise eine schonende Nachkürettage angeschlossen.[140] Die Saugkürettage wird wegen ihrer zahlreichen Vorteile (minimale Zervixdilatation, Schnelligkeit der Methode, seltene Gerinnungsstörungen, geringer Blutverlust und kleines Perforationsrisiko) heute gegenüber der klassischen Kürettage bevorzugt.[141]

Bei der klassischen Kürettage wird nach Dehnung des Gebärmutterkanals bis auf 8–12 mm die Gebärmutter mit einer stumpfen Kürette, evtl. unter Zuhilfenahme einer Polypenzange, ausgeschabt.[142] Die früher gebräuchlichen Abortzangen haben sich als weniger geeignet erwiesen und werden kaum noch verwendet.[143] Auch bei dieser Methode ist der Einsatz eines Kontraktionsmittels hilfreich und unter Umständen die Durchführung einer Nachkürettage notwendig.[144] Die Nachteile (längere Dauer des Eingriffs, Aktivierung des Gerinnungssystems und als Folge verstärkte Blutungen) und Risiken (partielle Zervixrisse nach zu schneller Dilatation, Perforation des Uterus und postoperative entzündliche Aszension) dieser Methode sind allerdings nicht zu übersehen.[145] Letztlich hat jedoch das Ausmaß der Erfahrung des Operateurs einen wesentlichen Anteil am Auftreten von Komplikationen.[146]

Zweites Schwangerschaftsdrittel (13.–24. SSW) Zwischen der 13. und 16. SSW, vor allem aber bei noch weiter fortgeschrittenen Schwangerschaften ist die Anwendung von Prostaglandinen zur Induktion des Schwangerschaftsabbruchs die (medikamentöse) Methode der Wahl.[147] Applikationsformen sind – wie beim Frühstabort – das Einspritzen in die Gebärmutter inner- und außerhalb der Fruchtwasserblase *(intra- und extraamniale Instillation)* sowie die intravenöse oder intramuskuläre Injektion.[148]

---

[139] HIRSCH, Methoden, S. 83; KERN, S. 251.

[140] KREBS/SCHMIDT-GOLLWITZER, S. 203; SCHMIDT-MATTHIESEN, S. 211.

[141] Vgl. HIRSCH, Methoden, S. 83; KERN, S. 251; STEGNER, S. 232. Weitere Vorteile bei KREBS/SCHMIDT-GOLLWITZER *ibid.* Als einziger Nachteil wird angeführt, daß Nachkürettagen häufiger sind als bei herkömmlichen Abortausräumungen (vgl. KERN *ibid*).

[142] HIRSCH *ibid*; KERN *ibid*; STEGNER *ibid.*

[143] Vgl. nur HIRSCH *ibid.*

[144] KERN, S. 251.

[145] KREBS/SCHMIDT-GOLLWITZER, S. 203f.

[146] KREBS/SCHMIDT-GOLLWITZER, S. 204.

[147] Vgl. HIRSCH, Methoden, S. 85; KERN, S. 251ff.; KREBS/SCHMIDT-GOLLWITZER, S. 207f.; SCHMIDT-MATTHIESEN, S. 211; SCHNEIDER-KAULHAUSEN/PONNATH, S. 99; STEGNER, S. 233. Näher LIPPERT, S. 96ff. Die früher übliche Verwendung anderer medikamentöser Methoden (z.B. hypertone Kochsalz- oder konzentrierte Zuckerlösung, Harnstoff u.a.) ist heute obsolet; eine chirurgische Intervention (z.B. auch die vaginale oder abdominale Hysterektomie – „kleiner Kaiserschnitt"), ggf. nach vorhergehender Dilatation, erscheint nur noch bei Versagern oder bestehender Gegenindikation gerechtfertigt, vgl. näher KREBS/SCHMIDT-GOLLWITZER *ibid;* SCHNEIDER-KAULHAUSEN/PONNATH *ibid.*

[148] Vgl. nur STEGNER *ibid.*

1.2.1.2
Zuverlässigkeit

Hinsichtlich der Zuverlässigkeit bestehen zwischen den verschiedenen Methoden geringfügige Unterschiede. Insgesamt betrachtet führen alle Verfahren ziemlich sicher zum Ziel. Die Gefahr des Fortbestands der Schwangerschaft ist besonders bei der sehr frühen Schwangerschaft gegeben,[149] für deren Abbruch – wie bereits gezeigt – sich der Frühstabort nach der KARMAN-Methode empfiehlt. Im Hinblick auf den vorbeugenden Charakter der Maßnahme sind zwar nicht alle Frauen tatsächlich schwanger;[150] bei bestehender Schwangerschaft ist deren Fortdauer nach dem Eingriff aber eine typische Komplikation, deren Häufigkeit mit 0,1–12 % angegeben wird.[151] Mit Prostaglandinen sind mit 90 % ähnliche Erfolgsraten wie bei der Vakuumaspiration zu erreichen, jedoch ist häufiger mit einem inkompletten Abort (40 %) zu rechnen.[152] Über die Zuverlässigkeit der übrigen Methoden werden in der medizinischen Fachliteratur keine näheren Angaben gemacht, woraus gefolgert werden kann, daß es hierbei um nicht nennenswerte Prozentsätze geht. In jedem Fall macht sich eine unvollständige Ausräumung der Gebärmutter entweder sofort in der postoperativen Phase oder einige Tage später aufgrund von Sekundärerscheinungen (z.B. Blutungen) bemerkbar.[153] Der gewünschte Erfolg kann dann immer noch erzielt werden, indem man eine weitere Kürettage anschließt.[154] Problematischer ist der Fortbestand der Schwangerschaft, der nur von der Patientin selbst und erst erhebliche Zeit nach dem erfolglosen Eingriff wahrgenommen werden kann.[155] Denn Patientin und Arzt müssen dann entscheiden, ob der Eingriff wiederholt werden soll. Unabhängig von der primären Indikation stellt sich in diesem Zusammenhang vor allem die Frage, ob der mißlungene Schwangerschaftsabbruch die Frucht verletzt hat.[156] Auch wenn eine derartige Verletzung der Frucht unter Berücksichtigung der anatomischen Verhältnisse eher unwahrscheinlich ist, wird in der medizinischen Fachliteratur empfohlen, nach Möglichkeit durch eine Ultraschalluntersuchung das Vorliegen eines kindlichen Traumas auszuschließen.[157]

---

[149] KREBS/SCHMIDT-GOLLWITZER, S. 213.

[150] In durchschnittlich 25 % der Fälle läßt sich bei der Gewebsuntersuchung keine Schwangerschaft nachweisen, wobei der Prozentsatz umso kleiner wird, je länger die letzte Periode zurückliegt, vgl. HIRSCH, Methoden, S. 82 m.w.N.

[151] Vgl. KREBS/SCHMIDT-GOLLWITZER, S. 205. Die durchschnittliche Versagerquote beträgt jedoch nur 1–2 % (HIRSCH *ibid*). Wie bei der Rate der vorbestehenden Schwangerschaften läßt sich ein Zusammenhang mit der Schwangerschaftsdauer nachweisen (HIRSCH *ibid*).

[152] Vgl. nur KREBS/SCHMIDT-GOLLWITZER, S. 206. Wahrscheinlich aus diesem Grunde wird dieses Verfahren in der Bundesrepublik – im Vergleich etwa zu Nordamerika und Schweden – selten angewendet *(ibid)*.

[153] KREBS/SCHMIDT-GOLLWITZER, S. 213.

[154] So KREBS/SCHMIDT-GOLLWITZER, S. 214.

[155] KREBS/SCHMIDT-GOLLWITZER, S. 213.

[156] *Ibid.* In der med. Lit. sind z.B. Geburten von Kindern mit fehlendem Schultergürtel beschrieben worden, vgl. etwa STADLER/HARDT, GFHK 36 (1976) 685.

[157] So KREBS/SCHMIDT-GOLLWITZER, S. 213.

1.2.1.3 Komplikationen

Nach Ergebnissen nationaler und internationaler Statistiken liegt die Letalität als folgenschwerste Komplikation bei *legalem* Schwangerschaftsabbruch zwischen 0,04 und 0,28 %[158] und ist damit doppelt so hoch wie etwa bei der laparoskopischen Sterilisation. Die Letalität hängt maßgeblich vom Gestationsalter und von der Art des Eingriffs ab.[159]

Unter den sonstigen Komplikationen sind – wie auch bei der Sterilisation – (primäre und sekundäre) Früh- und Spätkomplikationen zu unterscheiden,[160] wobei relative Häufigkeit und Art der Komplikation vor allem von den bereits genannten Faktoren abhängig sind.[161] Frühkomplikationen treten in 5–15 % der Fälle auf.[162] Jenseits der 12. SSW steigt die Komplikationsrate rapide an.[163] Daß die heute bevorzugt benützte Saugkürettage zu einer erkennbaren Senkung der Frühkomplikationen führte, scheint nachgewiesen.[164] Unter den Frühkomplikationen ist die Geburt eines lebenden oder lebensfähigen Kindes[165] im zweiten Schwangerschaftsdrittel (13.–24. SSW), besonders nach Prostaglandininstillation oder Hysterektomie (1–2 %), hervorzuheben.[166] Die bisher veröffentlichten Daten über Spätkomplikationen sind vergleichsweise unzuverlässig, zum Teil spekulativ und sogar widersprüchlich.[167] Gleiches gilt in bezug auf die psychischen Folgen nach Abbruch einer Schwangerschaft.[168]

---

[158] Vgl. den Überblick bei HIRSCH, Methoden, S. 89. Bei *illegalem* Abbruch ist das Risiko ungleich höher, vgl. KREBS/SCHMIDT-GOLLWITZER, S. 169; SCHMIDT-MATTHIESEN, S. 212.

[159] Auch der (intakte oder gestörte) Status der Schwangerschaft, Risikofaktoren bei der Schwangeren und die Erfahrung des Operateurs spielen eine Rolle, vgl. HIRSCH *ibid*; KERN, S. 253; KREBS/SCHMIDT-GOLLWITZER, S. 168, 209; SCHMIDT-MATTHIESEN *ibid*; STEGNER, S. 234.

[160] Vgl. KREBS/SCHMIDT-GOLLWITZER, S. 209.

[161] Vgl. die Nachw. in Anm. 159.

[162] Vgl. zu den Zahlenangaben STEGNER, S. 234; s.a. KREBS/SCHMIDT-GOLLWITZER, S. 209 m. Diff. zwischen den einzelnen Methoden. An primären Frühkomplikationen (Sofortkomplikationen) sind zu nennen: Verletzungen (Zervixriß, Perforation, Darmaffektion), Blutungen, Schock, Narkose- und Prostaglandinnebenwirkungen; sekundäre Frühkomplikationen (Komplikationen in den ersten post-operativen Tagen) treten in Form von Nachblutungen und Infektionsfolgen (z.B. Endometritis) auf. Näher HIRSCH, Methoden, S. 87f.; KERN, S. 253; SCHNEIDER-KAULHAUSEN/PONNATH, S. 100.

[163] Vgl. KERN, S. 251 m. Abb. 105 auf S. 252.

[164] Statt aller SCHNEIDER-KAULHAUSEN/PONNATH, S. 100 m. Tab. 7.1. auf S. 101.

[165] Die unterste Grenze der extrauterinen Lebensfähigkeit, die früher bei der 28. SSW (Länge: ca. 35 cm, Gewicht: ca. 1000 g) gezogen wurde, kann heute aufgrund der verbesserten Erstbetreuung durchaus früher angesetzt werden (vgl. SCHMIDT-MATTHIESEN, S. 190 m. Abb. 75). Deshalb kann ein ungeborenes Kind mittlerweile auch einen lebensbedrohenden Eingriff wie den Schwangerschaftsabbruch überleben.

[166] Vgl. HIRSCH, Methoden, S. 88.

[167] So KREBS/SCHMIDT-GOLLWITZER, S. 211. Diskutiert werden als manifeste Komplikationen Blutungen, Plazentareste, Entzündungen im kleinen Becken sowie sekundäre Sterilität (z.B. infolge einer Eileiterentzündung) und als latente Komplikationen vor allem ein erhöhtes Risiko an Fehlgeburten, Bauchhöhlenschwangerschaften *(Extrauteringraviditäten)*, Zervixinsuffizienzen

1.2.2 Rechtliche Bewertung

1.2.2.1 Deutsches Recht

Seit der Jahrhundertwende entwickelte sich in Deutschland[169] der Schwangerschaftsabbruch immer mehr von einem Rand- zu einem Zentralproblem der Gesellschaft. Dementsprechend war seine rechtliche Bewertung zunehmend umstritten[170] und bereits vor der Wiedervereinigung im Jahr 1990 Gegenstand zahlreicher Reformen bzw. Reformversuche.[171] In der Kernfrage, inwieweit zur Senkung der Zahl der Schwangerschaftsabbrüche und damit auch zum Schutz des ungeborenen Lebens in das Selbstbestimmungsrecht der Frau eingegriffen werden darf, entbrannte in den 60er Jahren eine äußerst kontroverse rechtspolitische Diskussion.[172] In einem einzigartig gebliebenen parlamentarischen Verfahren wurde schließlich das 5. Strafrechts-Reformgesetz (5. StrRG) v. 18.6.1974 (BGBl. I 1297) verabschiedet, dessen Kernstück die sog. Fristenlösung bildete, die den Abbruch der Schwangerschaft auch ohne zwingenden Grund *(Indikation)* innerhalb der ersten drei Monate unter bestimmten Voraussetzungen für straflos erklärte. Gleichwohl konnte diese Regelung nicht in Kraft treten, da sie vom *BVerfG* in seinem sog. Ersten Fristenurteil v. 25.2.1975[173] (endgültig[174]) für verfassungswidrig und nichtig erklärt wurde. Mit dem Ziel, den vom *BVerfG* für eine verfassungskonforme Lösung gelassenen Rahmen „voll auszuschöpfen"[175], regelte der Gesetzgeber den Schwangerschaftsabbruch im 15. Strafrechts-Änderungs-

---

und drohenden Frühgeburten sowie Geburt von unterentwickelten Kindern infolge Plazentainsuffizienz, gesteigerte perinatale Sterblichkeit und Nachgeburtskomplikationen, vgl. HIRSCH, Methoden, S. 88f. m.w.N.

[168] Vgl. DIEDERICHS, S. 100; SCHNEIDER-KAULHAUSEN/PONNATH, S. 100. Unter psychischen Folgen sind dabei Depressionen, Selbstmordgedanken, Schlafstörungen, Weinkrämpfe, Angstzustände, Schuldgefühle, Sexual- und psychosomatische Störungen zu verstehen (DIEDERICHS *ibid*). Sie treten – ebenso wie bei der Sterilisation – besonders häufig auf, wenn bereits primär eine derartige Störung bestand oder wenn nachträglich Zweifel an der Indikationsstellung angemeldet werden (KERN, S. 253f.).

[169] Das Recht der ehemaligen DDR zum Schwangerschaftsabbruch wird an dieser Stelle nicht weiter betrachtet. Vgl. dazu LAMMICH, S. 325ff.

[170] KOCH, S. 79 („Jahrhundertthema § 218"). Auf die geschichtlichen, sozialen, psychologischen, ethischen und theologischen Aspekte des Schwangerschaftsabbruchs kann hier nicht weiter eingegangen werden. Vgl. zur Dimension der Problematik LENCKNER, Sp. 3083f.; NAAF, Sp. 1120; NEUBAUER, Sp. 1118ff., 1120ff.; WILKENS, Sp. 3090ff.

[171] Einen Überblick verschafft KOCH, S. 66ff., 271ff., 280f.

[172] Vgl. KOCH, S. 78.

[173] *BVerfG*, BVerfGE 39,1 = NJW 1975, 573 = JZ 1975, 205.

[174] Bereits am 21.6.1974 hatte das *BVerfG* (BVerfGE 37, 324ff.) die Fristenregelung per einstweiliger Anordnung vorläufig suspendiert und vorübergehend eine Indikationenregelung (ohne „Notlagen"-Indikation) in Kraft gesetzt, mit der „nicht mehr als unbedingt geboten" von der gesetzgeberischen Entscheidung abgewichen werden sollte, um besondere Härten zu vermeiden.

[175] Umstritten ist, ob dieser Rahmen eingehalten wurde, vgl. dazu DREHER/TRÖNDLE, Vor. § 218 StGB, Rdnr. 3b m.w.N.

gesetz (15. StrÄndG) v. 18.5.1976 (BGBl. I 1213) in strafrechtlicher Hinsicht[176] zunächst im wesentlichen wie folgt:

Abtreibung stand – wie auch heute (vgl. § 218 StGB n.F.) – grundsätzlich unter Strafe (§ 218 StGB a.F.). Nach § 218a StGB a.F. war der Abbruch einer Schwangerschaft durch einen Arzt jedoch ausnahmsweise straflos, wenn die Schwangere einwilligte (Abs. 1 Nr. 1) und der Schwangerschaftsabbruch eine Gefahr für das Leben oder die Gefahr einer schwerwiegenden Beeinträchtigung des körperlichen oder seelischen Gesundheitszustands abwandte und dies nicht auf andere, der Schwangeren zumutbare Weise erreicht werden konnte (Abs. 1 Nr. 2, sog. medizinisch-soziale Gesamtindikation)[177]. Die Voraussetzungen des Absatzes 1 Nr. 2 „[galten] auch als erfüllt"[178], wenn „dringende Gründe"[179] dafür sprachen, daß das Kind infolge einer Erbanlage oder schädlicher Einflüsse vor der Geburt an einer nicht behebbaren Schädigung leiden würde, so daß der Schwangeren das Austragen der Schwangerschaft nicht abverlangt werden konnte (§ 218a Abs. 2 Nr. 1 StGB a.F., sog. eugenische Indikation[180]). Das gleiche galt, wenn dringende Gründe für die Annahme sprachen, daß die Schwangerschaft auf einem Sexualdelikt (§§ 176–179 StGB) beruhte (§ 218a Abs. 2 Nr. 2 StGB a.F., sog. kriminologische Indikation[181]). Schließlich war ein Schwangerschaftsabbruch gem. § 218a Abs. 2 Nr. 3 StGB a.F. auch dann erlaubt, wenn die Gefahr einer nicht auf andere, zumutbare Weise behebbaren Notlage bestand, die

---

[176] Andere Teilbereiche des „Abtreibungsrechts" i.e.S. waren außerhalb des StGB in Spezialgesetzen geregelt, etwa die Vornahme eines Schwangerschaftsabbruchs außerhalb einer geeigneten Einrichtung in Art. 3 des 5. StrRG i.d.F. des 15. StrÄndG oder die praktische Durchführung von erlaubten Abbrüchen in den jeweiligen landesrechtlichen Vorschriften. Dazu zählten auch die durch das StrEG v. 28.8.1975 (BGBl. I 2289) eingeführten Schutz- und Förderungsmaßnahmen auf dem Gebiet des Versicherungs-, Sozialhilfe- und Arbeitsrechts, durch die ein Beitrag zur Eindämmung legaler und illegaler Schwangerschaftsabbrüche geleistet werden sollte (sog. flankierende Maßnahmen). Näher zum Ganzen KOCH, S. 86f.

[177] Bei den folgenden, in § 218a Abs. 2 StGB a.F. umschriebenen Voraussetzungen soll es sich lediglich um Unterfälle dieser medizinisch-sozialen Indikation gehandelt haben. Vgl. DREHER/TRÖNDLE, § 218a StGB, Rdnr. 1; SCHÖNKE-SCHRÖDER/ESER, § 218a StGB, Rdnr. 3.

[178] Diese Eingangsklausel des § 218a Abs. 2 StGB a.F. wurde überwiegend als unwiderlegbare Vermutung, nicht als (bloße) Fiktion interpretiert, vgl. LAUFHÜTTE/WILKITZKI, JZ 1976, 329 (331); a.A. SAX, JZ 1977, 326 (333); TRÖNDLE, Jura 1987, 66 (72).

[179] In der Lit. wurden Wahrscheinlichkeiten zwischen 10 % und 65 % diskutiert (vgl. die Übersicht bei SCHROMBGENS, S. 228ff.); krit. dazu etwa SCHÖNKE-SCHRÖDER/ESER, § 218a StGB, Rdnr. 24.

[180] Zur Kritik an diesem Begriff LK/JÄHNKE, § 218a StGB, Rdnr. 52; SCHÖNKE-SCHRÖDER/ESER, § 218a StGB, Rdnr. 26; KAISER, NJW 1969, 538. Andere Bezeichnungen, z.B. „kindliche" Indikation (so SK/RUDOLPHI, § 218a StGB, Rdnrn. 27ff.) hatten sich nicht durchsetzen können. – Zur grundsätzlichen Kritik an dieser Indikation s. den Überblick bei KOCH, S. 122f. m.w.N.

[181] Noch heftiger wurde dieser Ausdruck kritisiert, vgl. STRUTZ, S. 16. Andere Bezeichnungen, z.B. „ethische" Indikation (so WESSELS, § 4 IV, S. 50) waren weniger üblich. – Diese Indikation war und ist trotz ihrer geringen Bedeutung in ihrer sachlichen Berechtigung allg. anerkannt, vgl. dazu *BVerfG*, BVerfGE 37, 324 (325); 39, 1 (49).

so schwer wog, daß die Fortsetzung der Schwangerschaft von der Schwangeren nicht verlangt werden konnte (sog. (allgemeine) Notlagenindikation[182]).

Neben der Erforderlichkeit einer Indikation mußten folgende formale Voraussetzungen erfüllt sein: Zunächst war der Eingriff nach § 218a Abs. 3 StGB a.F. nur innerhalb einer bestimmten Frist zulässig, die bei der eugenischen Indikation 22 Wochen[183], bei der kriminologischen und der Notlagenindikation dagegen nur 12 Wochen *post conceptionem*[184] betrug. Lediglich bei gegebener medizinischer Indikation konnte die Schwangerschaft theoretisch jederzeit beendet werden. Mindestens drei Tage vor Durchführung des Schwangerschaftsabbruchs mußte die Schwangere durch eine anerkannte Beratungsstelle oder einen Arzt, der den Eingriff nicht selbst vornahm, über die zur Verfügung stehenden öffentlichen und privaten Hilfen, welche die Fortsetzung der Schwangerschaft erleichtern konnten, beraten worden sein (§ 218b Abs. 1 Nr. 1, Abs. 2 StGB a.F.). Diese sog. Sozialberatung entfiel nur bei einer medizinisch-sozialen Indikation (§ 218b Abs. 3 StGB a.F.). Darüber hinaus mußte ein Arzt die Schwangere über die medizinisch bedeutsamen Gesichtspunkte des Schwangerschaftsabbruchs aufgeklärt haben („ärztliche Beratung") (§ 218b Abs. 1 Nr. 2 StGB a.F.).[185] Anschließend mußte gem. § 219 StGB a.F. von einem anderen als dem behandelnden Arzt die schriftliche Feststellung getroffen werden, daß die Voraussetzungen eines straflosen Schwangerschaftsabbruchs vorlägen („Feststellungssystem"). Der den Abbruch vornehmende Arzt war an diese Feststellung allerdings nicht gebunden, d.h. die „Letztverantwortlichkeit" lag beim abbrechenden Arzt.[186]

Da die vorbeschriebene sog. Indikationenlösung allein auf die Zumutbarkeit des Austragens der Schwangerschaft für die Schwangere abstellte,[187] war die Entscheidung über die Vornahme eines Schwangerschaftsabbruchs zwar das alleini-

[182] Mißverständlich und daher zu Recht abgelehnt wurde dagegen der Begriff der „sozialen" Indikation (so ARZT/WEBER, Rdnr. 387), vgl. DREHER/TRÖNDLE, § 218a StGB, Rdnr. 24; ESER, Indikation, S. 160; abl. z.B. auch WILKITZKI/LAURITZEN, S. 61. – Die Anerkennung dieser Indikation war und ist rechtspolitisch umstritten, vgl. KOCH, S. 131 m.w.N. Auf diese Indikation entfielen 1977 noch etwa 58 % aller (erlaubten) Abbrüche, während der Anteil 1987 schon rd. 87 % betrug, vgl. *Statistisches Bundesamt* (Hrsg.), Fachserie 12 (Gesundheitswesen), Reihe 3: Schwangerschaftsabbrüche, 1977ff.

[183] Bis zum Ende der 22. SSW griff auch der persönliche Strafausschließungsgrund nach § 218 Abs. 3 S. 2 StGB a.F. ein, woraus einige Autoren wiederum verfassungsrechtliche Bedenken („verkappte Fristenlösung") ableiteten (so z.B. DREHER/TRÖNDLE, Vor. § 218 StGB, Rdnr. 3d u. § 218 StGB, Rdnr. 8c; SK/RUDOLPHI, vor § 218 StGB, Rdnrn. 18f.; LACKNER, NJW 1976, 1233, 1236; SCHREIBER, FamRZ 1975, 669, 673).

[184] Nach § 219d StGB a.F. begannen die Fristen mit dem Abschluß der Einnistung des befruchteten Eis in die Gebärmutter *(Nidation)* zu laufen, d.h. erst 1–2 Wochen nach der eigentlichen Empfängnis, vgl. statt aller HIRSCH, Methoden, S. 80.

[185] Zur Kritik am früheren Beratungssystem zusammenfassend LK/JÄHNKE, vor § 218 StGB, Rdnr. 28.

[186] Vgl. DREHER/TRÖNDLE, Rdnr. 4 zu §§ 218a, 219 StGB (dort auch zur Kritik an dieser Regelung).

[187] Vgl. WILKITZKI/LAURITZEN, S. 49.

ge Recht der betroffenen Frau, d.h. die Einwilligung des Vaters des ungeborenen Kindes war entbehrlich.[188] Die Zurücknahme der Strafandrohung bei Vorliegen der gesetzlichen Voraussetzungen hatte jedoch nicht zugleich einen Rechtsanspruch auf Durchführung eines Abbruchs zur Folge.[189] In rechtlicher Hinsicht wurde dies durch Art. 2 des 5. StrRG (i.d.F. des 15. StrÄndG) verdeutlicht, dem zufolge (außer im Fall der medizinischen Indikation) niemand verpflichtet war, an einem Schwangerschaftsabbruch mitzuwirken. Außerdem bestanden in finanzieller Hinsicht starke Zweifel an einer Pflicht der gesetzlichen Krankenkassen zur Kostenübernahme nach § 200f RVO,[190] nachdem die Rechtsnatur der Indikationen als Rechtfertigungsgründe[191] und damit auch die Rechtmäßigkeit eines indizierten Schwangerschaftsabbruchs immer öfter in Frage gestellt worden war.[192]

Verschiedene Versuche, diese im 15. StrÄndG getroffene Regelung ebenfalls gerichtlich überprüfen zu lassen, um den Gesetzgeber erneut über den Umweg der Feststellung der angeblichen Verfassungswidrigkeit zu einer „Reform der Reform" zu zwingen, schlugen fehl.[193] Erst die Wiedervereinigung Deutschlands gab

---

[188] Vgl. SCHÖNKE-SCHRÖDER/ESER, § 218a StGB, Rdnr. 59. Davon zu trennen ist die – hier nicht weiter zu vertiefende – Frage, ob und inwieweit der Kindesvater als Ehemann oder nichtehelicher Partner der Schwangeren einen geplanten Schwangerschaftsabbruch, sei er indiziert oder nicht, rechtlich verhindern kann. Vgl. dazu den Fall *AG Köln*, NJW 1985, 2201; s.a. SCHÖNKE-SCHRÖDER/ESER, § 218 StGB, Rdnr. 23; BIENWALD, FamRZ 1985, 1096; COESTER-WALTJEN, NJW 1985, 2175 (2176); LAUFHÜTTE/WILKITZKI, JZ 1976, 329 (331 FN 47); MITTENZWEI, AcP 187 (1987) 247 (280f.); STÜRNER, Jura 1987, 75 (80f.) und zuletzt BELLING, S. 91f., 144, 148.

[189] Unstr., näher dazu *Kommissionsbericht*, S. 22; SCHÖNKE-SCHRÖDER/ESER, § 218a StGB, Rdnr. 68; GITTER/WENDLING, S. 198ff.; GRUPP, NJW 1979, 329 (332f.); TRÖNDLE, Jura 1987, 66 (72).

[190] Die Vorschrift war vor allem deshalb außerordentlich umstritten, weil sie nach h.M. auch die Fälle der allgemeinen Notlagenindikation umfaßte („Abtreibung auf Krankenschein"). Auch wurde ihre Verfasssungsmäßigkeit, zumindest die ihrer damaligen Handhabung in der Praxis, einhellig angezweifelt. Im Rahmen der vorliegenden Arbeit kann diese auf verfassungs- und sozialrechtlicher Ebene angesiedelte Problematik nicht weiter vertieft werden, grdl. ESSER, SGb 1987, 453; ISENSEE, NJW 1986, 1645; PHILIPP, NJW 1987, 2275; s.a. schon *BVerfG*, BVerfGE 39, 1 (54); OSSENBÜHL, in: ARNDT/ERHARD/FUNCKE (Hrsg.), S. 252. Zusammenfassend GEIGER, Jura 1987, 60 (65); TRÖNDLE, Jura 1987, 66 (73ff.).

[191] So die früher herrschende sog. Rechtfertigungsthese (vgl. die Nachw. bei DREHER/TRÖNDLE, Vor. § 218 StGB, Rdnr. 8b). Das *BVerfG* ließ die Frage der Rechtsnatur der Indikationen zunächst offen (so ausdrücklich in BVerfGE 39, 1, 53).

[192] Nachw. des unüberschaubar gewordenen Schrifttums *gegen* die Rechtfertigungsthese bei DREHER/TRÖNDLE *ibid.* Vgl. umfassend zum Meinungsstand BELLING, S. 91f., 144, 148, und GROPP, S. 52ff.

[193] Vgl. *BVerfG*, NJW 1977, 31; s.a. *EKMR*, EuGRZ 1978, 186 (199); NJW 1981, 1141 Mehrere Versuche, wenigstens die Sozialversicherer zur Einhaltung bestimmter Grenzen der Finanzierung zu zwingen, scheiterten aus prozessualen Gründen, vgl. *BVerfG*, BVerfGE 67, 26 = NJW 1984, 1805; NJW 1988, 2289; *BSG*, NZA 1985, 405; BSGE 60, 248 = NJW 1987, 517; *SG Dortmund*, NJW 1983, 360 (L) = FamRZ 1982, 1011; NJW 1985, 702. Dagegen war eine an sich zulässige abstrakte Normenkontrolle i.S. des Art. 93 Abs 1 Nr. 2 GG trotz eines vom *BVerfG* selbst gegebenen Hinweises in BVerfGE 67, 26 (37) von den hierzu berufenen Ver-

wieder Anlaß zu neuen Reformüberlegungen, da Art. 31 Abs. 4 EinigungsV dem nunmehr gesamtdeutschen Gesetzgeber den Auftrag erteilt hatte, spätestens bis zum 31.12.1992 eine bundeseinheitliche Regelung zu treffen, „die den Schutz vorgeburtlichen Lebens und die verfassungskonforme Bewältigung von Konfliktsituationen schwangerer Frauen vor allem durch rechtlich gesicherte Ansprüche für Frauen, insbesondere auf Beratung und soziale Hilfe besser gewährleistet, als dies in beiden Teilen Deutschlands derzeit der Fall ist". Dahinter stand offensichtlich nicht nur das Streben nach einer Rechtseinheit auch im Bereich des Schwangerschaftsabbruchs, sondern auch die Erkenntnis, daß keine der beiden Regelungen[194] befriedigen konnte und daher nach einer insgesamt besseren Lösung des Konflikts gesucht werden sollte.[195]

Erwartungsgemäß fielen die Ansichten über die Neuregelung des Rechts des Schwangerschaftsabbruchs äußerst konträr aus: Die im Jahr 1991 dem Bundestag von allen darin vertretenen Parteien und Gruppen vorgelegten Entwürfe zu einer gesamtdeutschen Neuregelung des Schwangerschaftsabbruchs reichten von einer Verschärfung des bis dahin geltenden Rechts über weitere Lockerungen der Indikationenregelung und verschiedene Arten der Fristenregelung bis hin zu einer völligen Legalisierung unter Einräumung eines Rechtsanspruchs der Frau auf den Abbruch der Schwangerschaft.[196] Da keiner von ihnen eine parlamentarische Mehrheit auf sich vereinigen konnte, wurden sie alle an den neu eingesetzten Sonderausschuß „Schutz des ungeborenen Lebens" überwiesen, wo sich aber keine Annäherung der Standpunkte erzielen ließ. Überparteiliche Verhandlungen von Abgeordneten der SPD und FDP, denen sich später auch Mitglieder anderer Bundestagsfraktionen anschlossen, führten dann zu einem ersten „Gruppenantrag", der nach Überweisung an den Sonderausschuß und weiteren Verhandlungen mit der CDU/CSU in einer zweiten Fassung in die Bundestagssitzung v. 25./26.6.1992 eingebracht und als „Schwangeren- und Familienhilfegesetz"[197] (im folgenden: SFHG) verabschiedet wurde.[198]

Dieses erste gesamtdeutsche Gesetz auf dem Gebiet des Schwangerschaftsabbruchs konnte jedoch nicht wie vorgesehen in Kraft treten, da sein strafrecht-

---

fassungsorganen des Bundes und der Länder nicht beantragt worden, näher dazu KOCH, S. 275f.

[194] Zu den wesentlichen Unterschieden zwischen West und Ost vgl. SCHÖNKE-SCHRÖDER/ESER, Vorbem. §§ 218ff. StGB, Rdnrn. 4a, 41ff.; KOCH, S. 109ff.

[195] So zutreffend ESER, NJW 1992, 2913.

[196] Vgl. ESER, NJW 1992, 2913 (2914); weitere Einzelheiten bei KRAHL, Jura 1992, 393 (397ff.).

[197] Der vollständige Titel lautet: „Gesetz zum Schutz des vorgeburtlichen/werdenden Lebens, zur Förderung einer kinderfreundlicheren Gesellschaft, für Hilfen im Schwangerschaftskonflikt und zur Regelung des Schwangerschaftsabbruchs (Schwangeren- und FamilienhilfeG)", BT-Drs. 12/2605 (neu), nach neuer Durchnumerierung der Artikel in BR-Drs. 451/92 und nach Unterzeichnung durch den Bundespräsidenten am 27.7.1992 veröffentlicht am 4.8.1992 in BGBl. I 1398.

[198] Vgl. zum Verfahren ausf. ESER, NJW 1992, 2913 (2914) m.w.N.

licher Teil (Art. 13 Nr. 1 SFHG)[199] wiederum vom *BVerfG* zunächst im Wege einer einstweiligen Anordnung vorläufig suspendiert wurde.[200] Bis zur Entscheidung in der Hauptsache blieb es damit bei der Zweiteilung des Abtreibungsstrafrechts in Deutschland, also bei der temporären Fortgeltung der §§ 218ff. StGB a.F. in den „alten" Bundesländern einerseits und der §§ 153ff. DDR-StGB sowie der dazu ergangenen Gesetze und Durchführungsbestimmungen als partielles Bundesrecht in den „neuen" Bundesländern andererseits. In seinem sog. Zweiten Fristenurteil v. 28.5.1993[201] billigte das *BVerfG* im Prinzip die geplante Fristenregelung mit Pflichtberatung („Beratungskonzept"), erklärte jedoch u.a. die §§ 218a Abs. 1 und 219 StGB in ihrer neuen Fassung für verfassungswidrig und nichtig. Außerdem ordnete es die Fortgeltung des zweigeteilten Abtreibungsrechts bis zum 15.6.1993 und für die Zeit danach bis zum Inkrafttreten einer gesetzlichen Neuregelung eine näher beschriebene Übergangsregelung an.[202]

Nach weiteren monatelangen Auseinandersetzungen zwischen Vertretern von CDU/CSU, FDP und SPD wurde mit dem „Schwangeren- und Familienhilfeänderungsgesetz (SFHÄndG)" v. 21.8.1995 (BGBl. I 1050) eine Neufassung der vom *BVerfG* monierten Strafvorschriften verabschiedet, die in Verbindung mit zahlreichen flankierenden Maßnahmen[203] endlich eine bundesweite dauerhafte Lösung für die betroffenen Frauen bringen soll.[204] Im Kern bleibt das Beratungskonzept unangetastet: Ein Schwangerschaftsabbruch ist danach rechtswidrig, aber straffrei, wenn „1. die Schwangere den Schwangerschaftsabbruch verlangt und dem Arzt durch eine Bescheinigung nach § 219 Abs. 2 S. 2 nachgewiesen hat, daß sie sich mindestens drei Tage vor dem Eingriff hat beraten lassen, 2. der Schwangerschaftsabbruch von einem Arzt vorgenommen wird und 3. seit der Empfängnis nicht mehr als zwölf Wochen vergangen sind" (§ 218a Abs. 1 StGB n.F.). Auch in Zukunft soll ein Schwangerschaftsabbruch aus medizinischer und kriminologischer Indikation „nicht rechtswidrig" sein (vgl. § 218a Abs. 2, 3 StGB n.F.). Dagegen sollen die Tatbestände der eugenischen und der Notlagenindikation keine Abtreibung mehr rechtfertigen; im Grenzfall dürfte hier aller-

---

[199] Ein Abdruck der wesentlichen Vorschriften in vollem Wortlaut findet sich bei LAUFS, Rdnr. 345.

[200] *BVerfG*, BVerfGE 86, 390 = NJW 1992, 2343.

[201] *BVerfG*, BVerfGE 88, 203 = NJW 1993, 1751 = JZ 1993, Anh. im Anschluß an S. 1172 = FamRZ 1993, 899.

[202] Vgl. *BVerfG*, NJW 1993, 1751 (1752f. *sub* 1.–9.).

[203] Hierzu zählen u.a. die Ausdehnung der Strafbarkeit auf weitere Personen durch eine Ergänzung der bisherigen §§ 170b, 240 StGB sowie die Sicherstellung einer finanziellen Unterstützung sozial bedürftiger Frauen bei Schwangerschaftsabbrüchen nach der Beratungsregelung, deren Kosten die gesetzlichen Krankenkassen nicht mehr übernehmen müssen (vgl. hierzu i.e. § 24b Abs. 3, 4 SGB V und das in Art. 5 neu eingeführte „Gesetz zur Hilfe für Frauen bei Schwangerschaftsabbrüchen in besonderen Fällen").

[204] Die Neuregelung gilt im wesentlichen bereits seit dem 1. Oktober 1995; nur einige wenige Bestimmungen treten erst am 1. Januar 1996 in Kraft. Vgl. i.e. Art. 11 SFHÄndG. Ausf. zur neuen Rechtslage TRÖNDLE, NJW 1995, 3009ff.

dings eine medizinische Indikation in Betracht kommen.[205] Die geplante 12-Wochen-Frist gilt dem Gesetzestext zufolge nicht für die medizinische Indikation, d.h. auch künftig darf in einem solchen Fall die Schwangerschaft theoretisch bis zum Tag vor der Geburt abgebrochen werden. Der Arzt muß die Frau über die Bedeutung des Eingriffs aufklären und darf – wie bisher – die vorangegangene Beratung nicht selbst vorgenommen haben (§ 218c StGB Abs. 1 Nrn. 2, 4 n.F.). Die vorgeschriebene Beratung kann nur eine staatlich anerkannte Schwangerschaftskonfliktberatungsstelle leisten; sie ist „ergebnisoffen" zu führen und dient dem Schutz des ungeborenen Lebens (§ 219 Abs. 1, 2 StGB n.F. i.V.m. §§ 1–11 SchKG[206]).

In seinen Entscheidungen zu den Haftungsansprüchen wegen unterbliebenen oder mißlungenen Schwangerschaftsabbruchs nahm der *BGH* anfangs auch zu der Diskussion um die Rechtsnatur der Indikationen Stellung und qualifizierte sie regelmäßig als Rechtfertigungsgründe, ohne sich allerdings mit den verfassungsrechtlichen Fragen näher auseinanderzusetzen.[207] Nach dem Zweiten Fristenurteil des *BVerfG*[208] hat er seine Rechtsansicht jedoch dahin modifiziert, daß im Hinblick auf die verfassungsgerichtlichen Vorgaben ein strenger Maßstab für den Nachweis einer Indikation gelte und deshalb in Zukunft eine Rechtfertigung des Schwangerschaftsabbruchs nur ausnahmsweise in Betracht komme.[209]

1.2.2.2. Englisches Recht

Die nicht minder komplizierte Rechtslage in England ist durch das Vorhandensein mehrerer einschlägiger Gesetze bedingt, deren Zweck und Systematik nur mit Blick auf die Rechtsgeschichte verständlich werden:[210]

In England war der Abbruch der Schwangerschaft zum ersten Mal Gegenstand parlamentarischer Gesetzgebung im Jahre 1803 mit der Verabschiedung des Gesetzes 43 GEO III C. 58 (LORD ELLENBOROUGH'S ACT)[211], das die Fremdabtreibung unter Strafe stellte, um laut Präambel einen Zustand zu beenden, der die Verhinderung oder Bestrafung derartiger Handlungen nicht gewährleistete. Dem-

---

[205] Krit. hierzu TRÖNDLE, NJW 1995, 3009 (3015).

[206] „Schwangerschaftskonfliktgesetz", vorher: „Gesetz über Aufklärung, Verhütung, Familienplanung und Beratung" v. 27.7.1992 (BGBl. I 1398) (vgl. Art. 1 Nr. 1 SFHÄndG).

[207] Vgl. *BGH*, BGHZ 86, 240 (245) = NJW 1983, 1371 = MedR 1983, 101 = JZ 1983, 447 (sog. Röteln-Fall); 89, 95 (102) = NJW 1984, 658 (sog. Mongolismus-Fall); NJW 1985, 671f. = VersR 1985, 240 = JZ 1985, 331 = FamRZ 1985, 779; NJW 1985, 2749 (2750) = VersR 1985, 1068 = MedR 1985, 272 = JZ 1986, 137, 586 (L).

[208] Vgl. Anm. 201.

[209] *BGH*, NJW 1994, 788; NJW 1995, 1609f.

[210] Ausf. zur hist. Entwicklung HAVARD (1983) 23 MedSci & Law 157 (158f.).

[211] Zur Rechtslage unter Geltung des kanonischen Rechts und des *Common Law* vgl. HUBER, S. 667f.

gegenüber war die Selbstabtreibung weiterhin nur nach *Common Law* strafbar.[212] Beiden Formen des Schwangerschaftsabbruchs gemeinsam war die unterschiedliche Behandlung früher und später Abbrüche,[213] die für die Fremdabtreibung durch das Gesetz 7 WILL IV & 1 VICT C. 85 aus dem Jahre 1837 und für die Selbstabtreibung erst 1861 durch den noch heute geltenden OFFENCES AGAINST THE PERSON ACT aufgehoben wurde.

Durch den 1929 verabschiedeten INFANT LIFE (PRESERVATION) ACT sollten endlich auch Vorgänge während des Geburtsverlaufs strafrechtlich erfaßt werden.[214] Zwar war die Phase zwischen Geburtsbeginn und Geburtsende schon durch sec. 60 OFFENCES AGAINST THE PERSON ACT 1861, der die Verheimlichung der Geburt *(concealment of birth)* unter Strafe stellte, teilweise geschützt; jedoch erwies sich diese Lösung als unbefriedigend.[215] Das neue Gesetz beschränkte sich denn auch nicht auf den Schutz des Kindes in der Geburt, sondern bezog auch das in den letzten Wochen der Schwangerschaft bereits lebensfähige Kind *(child capable of being born alive)* mit ein. In dieser Spätphase überschneiden sich somit das Abtreibungsverbot des sec. 58 OFFENCES AGAINST THE PERSON ACT 1861 und sec. 1 des INFANT LIFE (PRESERVATION) ACT 1929,[216] der ebenfalls heute noch in Kraft ist. Gleichzeitig sah das Gesetz von 1929 in sec. 1 (1) vor, daß derjenige straflos bleibt, der das Kind allein zu dem Zweck tötet, das Leben der Mutter zu retten. Damit wurde erstmals der Notstandsgedanke gesetzlich festgeschrieben, auch wenn er lediglich im Spätstadium der Schwangerschaft ab Lebensfähigkeit des Kindes Berücksichtigung finden sollte.

Die weiterbestehende Rechtsunsicherheit in bezug auf die Rechtmäßigkeit von Notoperationen zur Rettung des mütterlichen Lebens wurde erst 1939 durch die Entscheidung *R v Bourne*[217], zumindest teilweise, beseitigt: Der angesehene Gynäkologe und Geburtshelfer BOURNE wurde von der Anklage nach sec. 58 OFFENCES AGAINST THE PERSON ACT 1861 mit der Begründung freigesprochen, daß ein Abbruch der Schwangerschaft auch dann nicht „ungesetzlich" i.S. dieser Vorschrift sei, wenn er nur eine Gefahr für die körperliche oder seelische Gesundheit der Mutter abwenden soll. Daß der Freispruch des Arztes keine

[212] Vgl. FLETA, ch. 23; s.a. *Lane Report*, S. 197.

[213] Vgl. für die Fremdabtreibung die unterschiedlichen Strafandrohungen in sec. 1 (Todesstrafe für Abbruch einer fortgeschrittenen Schwangerschaft) und sec. 2 (Deportation bis zu 14 Jahren oder Peitschenhiebe für Abbruch im Frühstadium), für die Selbstabtreibung BLACKSTONE, S. 129; s.a. *Lane Report*, S. 197. Maßgebend für die Unterscheidung war in beiden Fällen, ob die Schwangere bereits erste Bewegungen des Fötus verspürt hatte (sog. woman being quick with child).

[214] Näher zum Gesetzeszweck HUBER, S. 670.

[215] Zur heutigen Bedeutung dieser Bestimmung HUBER, S. 680.

[216] SMITH & HOGAN, Law, S. 384; WILLIAMS, Textbook, S. 251.

[217] [1939] 1 KB 687, CCC.

umfassende Liberalisierung der Praxis zur Folge hatte,[218] lag an der gleich doppelten Begründungsschwäche, unter der das Urteil litt: Zum einen war die im INFANT LIFE (PRESERVATION) ACT 1929 enthaltene Ausnahmeregelung einfach für die Auslegung des sec. 58 des OFFENCES AGAINST THE PERSON ACT 1861 herangezogen worden, zum anderen wurde bereits die Gefahr schwerer geistiger oder körperlicher Schädigung als Gefahr für das Leben gewertet. Endgültig wurde die Gefährdung der Gesundheit derjenigen des Lebens erst in der 1958 ergangenen Entscheidung *R v Newton and Stungo*[219] gleichgestellt.

Trotz dieser neuen und liberalen Auslegung der Gesetze von 1861 und 1929 setzte sich bald die Auffassung durch, daß die betroffenen Ärzte und Frauen genau wissen sollten, wann ein Schwangerschaftsabbruch zulässig war. Erste Reformbemühungen waren schon vor Ausbruch des Zweiten Weltkriegs in Gang gekommen, als 1937 ein interministerieller Ausschuß (Inneres und Gesundheit) eingesetzt wurde, um „die Verbreitung der Abtreibung und die einschlägigen Reformbestimmungen zu untersuchen, geeignete Maßnahmen zu einer wirksameren Gesetzesanwendung vorzuschlagen oder die daraus resultierende Müttersterblichkeitsziffer und die Müttererkrankungsziffer zu senken".[220] Der Ausschuß empfahl 1939 eine der Entscheidung im Fall BOURNE entsprechende Gesetzesänderung[221], die jedoch weder die damalige noch eine spätere Regierung überzeugte.[222] Deshalb brachten verschiedene Abgeordnete Gesetzesvorlagen zur Änderung der einschlägigen Vorschriften ein,[223] zuletzt LORD SILKIN 1965 im Oberhaus[224]. Seine Vorlage wurde 1966 durch die „Medical Termination Bill"[225], eine Gesetzesvorlage des Abgeordneten DAVID STEEL, abgelöst, die nach einigen Änderungen[226] letztlich als ABORTION ACT 1967 verabschiedet wurde und am 27.4.1968 in Kraft trat.

Anders als die deutsche Regelung des Schwangerschaftsabbruchs in §§ 218ff. StGB a.F. und n.F. enthält der ABORTION ACT 1967 also nur die Voraussetzungen, unter denen ein Schwangerschaftsabbruch rechtmäßig durchgeführt werden darf.[227] Dazu gehören nach sec. 1 (1) regelmäßig das Vorliegen eines gesetz-

---

[218] Zur med. Praxis nach der Entscheidung *Bourne* s. WILLIAMS, Sanctity, S. 187ff.
[219] [1958] CrimLR 469.
[220] Zit. nach *Lane Report*, S. 199.
[221] Wortlaut der Empfehlung auszugsweise abgedr. im *Lane Report ibid.*
[222] *Lane Report ibid.*
[223] Zu ihrem Schicksal vgl. ausf. HINDELL & SIMMS, S. 81ff., 126ff., 132ff.
[224] Zur Resonanz seiner Vorlage HINDELL & SIMMS, S. 151ff.
[225] Näher zum Inhalt HUBER, S. 637 FN 203; zum vollständigen Wortlaut siehe HINDELL & SIMMS, S. 159 u. App. I.
[226] Hierzu i.e. HUBER, S. 675.
[227] Weitere wichtige Bestimmungen sind die Ermächtigung des Gesundheitsministers für England und Wales sowie desjenigen für Schottland zum Erlaß von Verordnungen (ABORTION REGULATIONS 1968, S.I. 1968 No. 390), welche die Form der ärztlichen Gutachten und die Meldung der Eingriffe regeln, in sec. 2 und die Formulierung des Ablehnungsrechts aus Gewissensgründen in sec. 4 des Gesetzes.

lich anerkannten Grundes *(Indikation)* nach dem in gutem Glauben gewonnenen Urteil zweier zugelassener Ärzte und die Durchführung des Abbruchs von einem ebenfalls zugelassenen Arzt.

Die in sec. 1 (1)(a) ABORTION ACT 1967 geregelte medizinische Indikation umfaßt die Gefahr für das Leben der schwangeren Frau, die der Schädigung ihrer körperlichen oder seelischen Gesundheit und die der Schädigung der körperlichen oder seelischen Gesundheit bereits vorhandener Kinder, vorausgesetzt, daß die Schwangerschaft nicht älter als 24 Wochen alt ist und die jeweilige Gefahr bei Fortdauer der Schwangerschaft größer ist als die mit dem Abbruch verbundene Gefahr. Obwohl mit dieser Klausel der Güterabwägungsgedanke eindeutig zum Ausdruck kommt,[228] erlaubt die gesetzliche Fassung auch bei wörtlicher Auslegung praktisch einen uneingeschränkten Abbruch bis zur 12. SSW.[229,230] Erleichtert wird dies noch durch die gesetzliche Auslegungshilfe in sec. 1 (2), der zufolge bei der Beurteilung der Frage, ob eine Gesundheitsgefährdung der Frau oder ihrer Kinder zu befürchten ist, die tatsächlichen oder vernünftigerweise vorhersehbaren Lebensumstände der Schwangeren mitberücksichtigt werden können.[231] Ist die in sec. 1 (1)(a) genannte Zeitgrenze überschritten, kann eine Schwangerschaft nur noch unter den in sec. 1 (1)(b), (c) genannten Voraussetzungen, die ungleich enger sind, abgebrochen werden. Daneben wird in sec. 1 (1)(d) ABORTION ACT 1967 die fötale Indikation als Abbruchgrund anerkannt. Sie setzt eine erhebliche Gefahr voraus, daß das Kind im Fall der Geburt an einer körperlichen oder geistigen Abnormität leiden könnte, die es schwer behindern würde.[232] Anders als in Deutschland ist die kriminologische Indikation zwar nicht

---

[228] HUBER, S. 689. – Eine dogmatische Einordnung der Indikationen findet nicht ausdrücklich statt. Im Verfahren führt eine entsprechende Einrede zum Freispruch, weil es an der „rechtswidrigen" Benutzung von Gegenständen oder Beibringung von abortauslösenden Mitteln i.S. des sec. 58 OFFENCES AGAINST THE PERSON ACT 1967 und damit an der Rechtswidrigkeit fehlt (HUBER *ibid* 684).

[229] Vgl. HUBER, S. 689; s.a. *BVerfG*, BVerfGE 1, 39 (64, 94); v. HIPPEL, in: FAZ v. 1.6.1988, S. 10 („verkappte Fristenlösung").

[230] Der Grund dafür ist, daß dank der Fortschritte der Medizin die Auswirkungen des legalen Schwangerschaftsabbruchs generell weniger schwer wiegen als diejenigen eines nicht durchgeführten Aborts, vgl. HUBER, S. 689. Zu den jeweiligen Auswirkungen s.a. *Lane Report*, S. 37ff., 56ff., der die bisherige med. Praxis und ihre Argumentation heftig kritisiert (*ibid* 68ff.). Deshalb sind bereits die formellen Anforderungen an den Nachweis einer Untersuchung der Schwangeren verschärft worden, vgl. ABORTION (AMENDMENT) REGULATIONS 1976 r. 2 i.V.m. Cert. A.

[231] Allerdings ist damit nicht etwa die Notlagenindikation eingeführt worden; es soll lediglich das soziale Umfeld der Frau als gesundheitsbestimmender Faktor in die Entscheidung miteinbezogen werden, ohne auch die finanzielle Lage oder sonstige Umstände (z.B. Ausbildungsstand) allein als Abbruchgrund anzuerkennen, vgl. HUBER, S. 689f. – Nachdem der Gesetzgeber es bewußt der Praxis überlassen hat, die Abbruchgründe zu konkretisieren, haben die ärztlichen Standesorganisationen die wesentlichen Krankheiten aufgelistet, die eine Indikation rechtfertigen, vgl. die Aufzählung bei HUBER *ibid* 691f. im Anschluß an *ALRA*, S. 9f.

[232] Die Kriterien „substantial risk" und „seriously handicapped" sind im Gesetz nicht näher definiert und waren bisher nicht Gegenstand der Rspr.; ob der Fall hinreichend schwerwiegend ist,

ausdrücklich im Gesetz berücksichtigt;[233] der Abbruch einer durch strafbare Handlung entstandenen Schwangerschaft läßt sich aber ohne weiteres medizinisch-sozial i.S. des sec. 1 (1)(a) ABORTION ACT 1967 begründen.[234]

Im übrigen müssen wie im deutschen Recht bestimmte Voraussetzungen formeller Art erfüllt sein: Seit seiner Änderung durch sec. 37 des HUMAN FERTILISATION AND EMBRYOLOGY ACT 1990 verlangt der ABORTION ACT 1967 für einen Schwangerschaftsabbruch nach sec. 1 (1)(a) die Einhaltung einer Frist von 24 Wochen als obere[235] zeitliche Grenze.[236] Allerdings ist eine Beratung der Schwangeren nach wie vor rechtlich entbehrlich, d.h. auch ein ohne vorherige Beratung durchgeführter Abbruch ist rechtmäßig.[237] Wie bereits gesagt, müssen nach sec. 1 (1) ABORTION ACT 1967 außerdem zwei eingetragene Allgemeinärzte *(registered medical practitioners)* bestätigen, daß sie der Ansicht sind, eine oder mehrere der gesetzlich vorgesehenen Gründe für den Abbruch der Schwangerschaft lägen vor.[238] Jedoch müssen nach englischem Recht weder beide Ärzte ihre Meinung unabhängig voneinander bilden, noch brauchen feststellender Arzt und Abbrucharzt überhaupt personenverschieden zu sein.[239] Selbst letzterer braucht nur praktisch ausgebildet zu sein (vgl. sec. 1 (1)). Im übrigen ist der Schwangerschaftsabbruch nur legal, wenn er in einem Krankenhaus des

---

um einen Abbruch zu rechtfertigen, hat allein der Arzt zu entscheiden, vgl. HUBER, S. 693. Die Gefahr der Schädigung muß den Empfehlungen der *ALRA* zufolge über dem normalen Risiko liegen, braucht aber nicht Gewißheit zu sein (vgl. *ALRA*, S. 14). Eine Aufzählung der in Betracht kommenden Krankheiten findet sich bei HUBER *ibid* 694 (nach *ALRA ibid* 12).

[233] Sowohl der Entwurf SILKIN als auch der von STEEL enthielten diesen Grund für einen Abbruch, die Klausel wurde nur aus politischen Gründen fallengelassen, s. HINDELL & SIMMS, S. 160, 185.

[234] Vgl. HUBER, S. 695; s.a. die Entscheidung *R v Bourne* [1939] 1 KB 687, CCC.

[235] Die untere zeitliche Grenze, also der Beginn des Schutzes des ungeborenen Lebens, ist mangels gesetzlicher Regelung und einschlägiger Rspr. unsicher. Die h.M. in der Lit. hält den Zeitpunkt der Befruchtung für maßgeblich, vgl. KEOWN [1984] CrimLR 604; a.A. vor allem WILLIAMS, Textbook, S. 294 (Zeitpunkt der Einnistung); unentschieden neuerdings SMITH & HOGAN, Law, S. 391. – Die Anwendung der „morning after-pill“ ist vom Obersten Ankläger des Landes ausdrücklich für rechtlich zulässig erklärt worden, vgl. die schriftliche parlamentarische Antwort des Attorney General v. 10.5.1983, Parl. Deb. H.C. Vol. 42, col. 238f. (zit. nach [1983] The Times 10 May).

[236] Dagegen sah die alte Regelung eine Frist von 28 Wochen vor, vgl. WILLIAMS, Textbook, S. 303; s.a. *Lane Report*, S. 89. – Nach Fristablauf darf ein Abbruch nur noch unter der engen Voraussetzung des sec. 1 (1) des INFANT LIFE (PRESERVATION) ACT 1929, nämlich zur Rettung des mütterlichen Lebens, vorgenommen werden.

[237] Seit dem *Lane Report* (1974) gelten jedoch sowohl die medizinische als auch die soziale Beratung als wichtige Fürsorgemaßnahmen (vgl. *Lane Report*, S. 94f.) und sind Gegenstand der 1977 vom Gesundheitsministerium erlassenen Richtlinien für die Gesundheitsbehörden sowie die sonstigen, meist kommunalen Sozialeinrichtungen, vgl. für England: Dept of Health and Social Security, HC (77) 26 (abgedr. in SIMMS, secs. 26f.).

[238] Daß die Indikation nicht tatsächlich gegeben sein muß, sondern der gute Glaube an ihr Vorliegen rechtlich ausreicht, ist seit *R v Bergman and Ferguson* (1948) 1 BMJ 1008, CCC, klar.

[239] WILLIAMS, Textbook, S. 302. – Weitere Erleichterungen sind im Fall einer Notindikation nach sec. 1 (4) des ABORTION ACT 1967 vorgesehen.

nationalen Gesundheitsdienstes oder einer anerkannten Einrichtung durchgeführt wird (ABORTION ACT 1967, sec. 1 (3) und (3A) i.V.m. NATIONAL HEALTH SERVICE ACT 1977).[240]

Zwar enthalten weder der ABORTION ACT 1967 noch die ABORTION REGULATIONS 1968 Regelungen über die Einwilligung. Wie zu jedem ärztlichen Eingriff ist aber auch zum Abbruch einer Schwangerschaft die Einwilligung der Betroffenen notwendig.[241] Die Frage der Beteiligung des Erzeugers am Entscheidungsprozeß ist mittlerweile gerichtlich geklärt: Danach ist die Zustimmung des Ehemannes der Frau oder des Vaters des Kindes nicht erforderlich.[242] Auch wenn der ABORTION ACT 1967 eine weitgehende Liberalisierung des Schwangerschaftsabbruchs in England zur Folge hatte, begründet er für die Schwangere bis heute jedoch keinen Anspruch auf Vornahme des Abbruchs *(abortion on demand)*.[243]

Seit dem Inkrafttreten sind zahlreiche Versuche, das Gesetz einzuschränken, gescheitert.[244] Eine der wenigen erfolgreichen und umso wichtigeren Änderungen brachte der HUMAN FERTILISATION AND EMBRYOLOGY ACT 1990, der die frühere 28-Wochen-Frist auf 24 Wochen verkürzte. Dahinter stand die medizinische Erkenntnis, daß heute auch Föten, die vor diesem Zeitpunkt abgetrieben werden, häufig eine Überlebenschance außerhalb des Mutterleibs haben.[245]

Zu Fragen der Rechtmäßigkeit des Schwangerschaftsabbruchs nach dem ABORTION ACT 1967 nahmen die englischen Gerichte Stellung, wenn ein Ab-

---

[240] Auch diesbezüglich gelten für den Notabbruch Besonderheiten, vgl. sec. 1 (4). – Späte Abbrüche werden in speziellen Krankenhäusern durchgeführt, vgl. HUBER, S. 710, 712.

[241] SPELLER, S. 16, 36 (FN 56), 37; s.a. HUBER, S. 698.

[242] *Paton v British Pregnancy Advisory Service Trustees* [1979] 1 QB 276, QB. Der Kläger hatte ebensowenig Erfolg bei der *EMK*, die seinen Antrag für unzulässig hielt und sich *obiter* zur Sache selbst auch ablehnend äußerte: *Paton v United Kingdom* [1980] 3 EHRR 408. – Konsequenterweise hat nach Ansicht der Rspr. der Kindesvater auch keine rechtlichen Mittel (z.B. einen Unterlassungsanspruch gegen die Kindesmutter), um die geplante Abtreibung zu verhindern, vgl. zuletzt *C v S* [1988] 1 QB 135, [1987] 2 WLR 1108, [1987] 1 AllER 1230, [1987] 2 FLR 505 u. 518, N-J & B 174, QB, CA & HL; s.a. DE CRUZ (1987) 17 Fam Law 319 (322); KENNEDY (1979) 42 MLR 324 (325); KODWO BENTIL (1984) 128 SJ 288 (289); LYON & BENETT (1979) 32 CLP 217 (219f.); DIES. (1979) 9 Fam Law 35ff.

[243] HUBER, S. 688, 713; s.a. *Lane Report*, S. 64ff. – Zum Anspruch auf Kostenübernahme vgl. NATIONAL HEALTH SERVICE ACT 1977 sec. 1 (2).

[244] Näher HUBER, S. 675f. – Eine verfassungsrechtliche Überprüfung des Gesetzes scheidet von vornherein aus, da es kein Verfassungsgericht gibt und die ungeschriebene Verfassung des Landes auch keine Grundrechte, sondern lediglich Grundfreiheiten kennt, zu denen das Recht auf Leben und auf körperliche Unversehrheit nicht gehören, weil zum Schutz menschlichen Lebens die Strafgesetze als ausreichend gelten, vgl. HUBER *ibid* 681. Im übrigen besteht auch kein richterliches Prüfungsrecht der Verfassungsmäßigkeit ordnungsgemäß erlassener Gesetze oder der Vereinbarkeit ihres Inhalts mit fundamentalen Grundsätzen des ungeschriebenen Rechts, vgl. GRUNHUT, S. 177.

[245] HUBER, S. 686, 696f., 740ff. m.w.N. – Zur Lebensfähigkeit von Föten vgl. bereits Anm. 165.

bruch der Schwangerschaft zwar angezeigt, aber wegen fehlenden Hinweises des behandelnden Arztes unterblieben war.[246] Dagegen beschränkten sie sich bei einem (bloß) fehlgeschlagenen Schwangerschaftsabbruch auf die Feststellung, daß dieser (da offensichtlich indiziert) rechtmäßig i.S. des Gesetzes gewesen sei.[247]

1.3 Zusammenfassender Vergleich

Sterilisation und Schwangerschaftsabbruch stellen beide dauernde und i.d.R. endgültige Maßnahmen der Familienplanung bzw. der Geburtenregelung dar. Das unterscheidet sie von den üblichen Empfängnisverhütungsmitteln und macht ihren besonderen Charakter aus. Man darf sie deshalb nicht mit herkömmlichen Empfängisverhütungsmitteln vergleichen. Das gilt insbesondere für den Schwangerschaftsabbruch, der definitionsgemäß keine Empfängnis mehr verhüten, sondern nur noch die Geburt eines bereits empfangenen Kindes verhindern kann. Damit ist er keine Methode einer verantwortungsbewußten Familienplanung mehr, sondern kann (bei Erfüllung der gesetzlichen Voraussetzungen) allenfalls als ein Eingriff zum Zweck der Geburtenregelung betrachtet werden. Beiden Eingriffen ist außerdem gemeinsam, daß sie sich nur mit Hilfe eines Arztes (legal) vornehmen lassen, der damit am erstrebten Ziel der Geburtenkontrolle wesentlichen Anteil hat.

Vom medizinischen Standpunkt aus gelten beide Maßnahmen inzwischen als relativ unproblematisch, da sie heute routinemäßig durchgeführt werden, wenn auch die Sterilisation als präventives Mittel der Geburtenregelung leider noch ungleich geringere Verbreitung als der Schwangerschaftsabbruch findet, der nur noch repressiv wirken kann. Dies gilt für Deutschland noch mehr als für England. Die relativ häufige Anwendung beider Maßnahmen hat jedoch nichts an der Tatsache geändert, daß nach wie vor verschiedene Verfahren zur Auswahl stehen, von denen keines völlig komplikationslos ist. In diesem Zusammenhang ist besonders bemerkenswert, daß sich vor allem psychische Folgen bei den Betroffenen nicht immer ausschließen lassen. Außerdem ist für beide Eingriffe typisch, daß sie nicht absolut sicher sind. Deshalb kann es trotz ihrer Vornahme immer noch zur Geburt eines (gesunden oder behinderten) Kindes kommen, des-

---

[246] Vgl. *McKay v Essex AHA* [1982] 1 QB 1166, CA; *Gregory and Gregory v Pembrokeshire HA* (unreported) [1989] CA transcript 31 January, CA; *Salih v Enfield AHA* [1989] The Times 7 December, QB; *revd* [1991] 3 AllER 400, CA; *Rance v Mid-Downs HA* [1990] 2 WLR 159, QB. Hierbei handelte es sich jeweils um die unerwünschte Geburt eines *behinderten* Kindes. Zur ungeplanten Geburt eines *gesunden* Kindes vgl. *Gardiner v Mounfield and Lincolnshire AHA* [1990] 1 Med LR 205, QB.

[247] Vgl. *Sciuriaga v Powell* (1979) 123 SJ 406, QB; *revd in part* (unreported) [1980] CA transcript 24 July, CA.

sen Empfängnis oder Zeugung die Sterilisation bzw. dessen Geburt der Schwangerschaftsabbruch gerade verhindern sollte.

Aus rechtlicher Sicht stellen beide Maßnahmen besondere Anforderungen an den Arzt. Der Überblick über die medizinischen Grundlagen hat gezeigt, daß es sich nicht um gewöhnliche Heileingriffe handelt. Deshalb muß die Aufklärung des Patienten im Vordergrund stehen. Sie darf sich nicht auf mögliche Komplikationen beschränken, sondern muß auch Zuverlässigkeit und Alternativen hinreichend berücksichtigen. Beide Eingriffe setzen zu ihrer rechtlichen Zulässigkeit sowohl in Deutschland als auch in England eine wirksame Einwilligung voraus. Hinzutreten muß theoretisch das Vorliegen einer Indikation (kein „abortion on demand"), auf die in der Praxis allerdings zunehmend verzichtet wird („Gefälligkeitsterilisation", „Fristenregelung"). Daß im Gegensatz zur Sterilisation der Schwangerschaftsabbruch in beiden Ländern eine gesetzliche Regelung erfahren hat, erklärt sich aus dem Umstand, daß beim Schwangerschaftsabbruch bereits eine Empfängnis stattgefunden hat, also neues Leben entstanden ist. Mit der Einbeziehung eines anderen Rechtsgutträgers, des ungeborenen Kindes, gilt der Grundsatz der Freiheit und Eigenverantwortlichkeit der Mutter (theoretisch) nur noch beschränkt auf die gesetzlich genannten Ausnahmefälle (Indikationen) bzw. (praktisch) zeitlich befristet. Dem tragen die gesetzlichen Vorschriften in beiden Ländern in durchaus vergleichbarer Weise Rechnung (vgl. einerseits §§ 218ff. StGB a.F. und n.F. und andererseits ABORTION ACT 1967).

2 Die Rechtsentwicklung in Deutschland und England

Um die Entwicklung der Rechtsprechung zur ärztlichen Haftung für die unerwünschte Geburt eines gesunden Kindes in Deutschland und England besser beurteilen zu können, soll das allgemeine Arzthaftungsrecht beider Länder vorab in seinen Grundzügen dargestellt werden.

2.1 Grundzüge der zivilrechtlichen Arzthaftung

2.1.1 Deutsches Recht

Da für die Arzthaftung keine besonderen gesetzlichen Vorschriften existieren,[1] haben die deutschen Gerichte das geltende Arzthaftungsrecht aus den allgemeinen Haftungsbestimmungen des Bürgerlichen Gesetzbuchs (BGB) entwickelt.[2] Hat ein Patient im Zusammenhang mit einer ärztlichen Behandlung einen Schaden erlitten, können sich seine Ansprüche deshalb sowohl aus vertraglicher als auch aus deliktischer Haftung ergeben.[3] Beide Ansprüche haben ihre eigenständige Bedeutung, da nach der Systematik des BGB für Eingriffe in reine Vermögensinteressen grundsätzlich nur aus Vertrag gehaftet wird, während ein Schmerzensgeldanspruch nach §§ 253, 847 BGB wiederum nur bei Eingreifen einer deliktischen Anspruchsgrundlage besteht.[4] Andererseits sind die tatbestandlichen Voraussetzungen vertraglicher und deliktischer Haftung nahezu identisch,[5]

---

[1] Der EG-Richtlinienvorschlag zur Dienstleistungshaftung (ABlEG C 12 v. 18.1.1991, S. 8ff.), der vor allem eine Beweislastumkehr für das Verschulden zugunsten des Dienstleistungsnehmers vorsah, ist inzwischen von der EU-Kommission zurückgenommen worden. Ob er auch für Ärzte gelten sollte, war unklar. Vgl. die Nachw. der zahlr. Stellungnahmen aus der Lit. bei TAUPITZ, S. 1 FN 1. Bei der dt. Ärzteschaft war er mit beachtlichen Gründen auf Widerstand gestoßen (ausf. hierzu die Entschließung des 94. Dt. Ärztetages, MedR 1991, 165f.).

[2] Vgl. RGRK/NÜSSGENS, § 823 BGB Anh. II, Rdnr. 1; GIESEN, ArzthaftungsR, S. 1; DERS., Jura 1981, 10.

[3] In Not- und Sondersituationen können statt vertraglicher Ansprüche solche aus Geschäftsführung ohne Auftrag (§§ 677ff. BGB) bestehen, vgl. MK/MERTENS, § 823 BGB, Rdnr. 360; SOERGEL/KRAFT, § 611 BGB, Rdnr. 94; WEYERS, S. A 15.

[4] Weitere Unterschiede zwischen beiden Haftungsgrundlagen bestehen in der Regelung der Verjährung (§§ 195, 852 BGB), der Haftung für Hilfspersonen (§§ 278, 831 BGB) und der Beweislast (vgl. § 282 BGB), vgl. RGRK/NÜSSGENS, § 823 BGB Anh. II, Rdnr. 4; s.a. BRÜGGEMEIER, Rdnr. 68.

[5] Vgl. statt aller RGRK/NÜSSGENS, § 823 BGB Anh. II, Rdnr. 5.

so daß der Patient seine Klage regelmäßig auf beide Anspruchsgrundlagen stützen kann.[6]

2.1.1.1. Haftung des alleinbehandelnden Arztes

Vertragliche Haftung Im Regelfall liegt dem Verhältnis zwischen Arzt und Patient ein Vertrag zugrunde, in dem der Arzt dem Patienten verspricht, ihn gegen Bezahlung einer Vergütung[7] fachgerecht zu behandeln. Unterläuft dem Arzt ein Behandlungsfehler, haftet er bei Verschulden nach allgemeiner Ansicht wegen positiver Verletzung des Behandlungsvertrags,[8] der überwiegend als Dienstvertrag i.S. der §§ 611ff. BGB qualifiziert wird.[9] Nur für Grenzfälle (kosmetische Operationen, zahnprothetische Maßnahmen, etc.) sollen die Regeln des Werkvertrags (§§ 631ff. BGB) Anwendung finden.[10] Dabei geht man davon aus, daß der Arzt zwar zu sachgemäßer, den Regeln der ärztlichen Kunst entsprechenden Heilbehandlung verpflichtet ist, nicht aber den Heilerfolg garantieren kann, da die Heilung einer Krankheit nicht nur von der Tätigkeit des Arztes, sondern von vielen Faktoren abhänge, die noch heute lediglich zum Teil durch die Medizin beherrschbar seien.[11] Dementsprechend wird eine Mindermeinung in der Literatur, die zumindest auf Operationen werkvertragliche Regelungen angewendet wissen will,[12] nur mit der Einschränkung akzeptiert, daß dann als „Werk" lediglich die sachverständige Ausführung der Operation, nicht dagegen der Heilerfolg geschuldet sei.[13]

Deliktische Haftung Regelmäßig liegt bei der Arzthaftung in der vertraglichen Pflichtverletzung gleichzeitig eine unerlaubte Handlung, so daß der geschädigte

---

[6] Allg. M., vgl. aus der älteren Lit.: RABEL, S. 5; RÜMELIN, S. 35; aus der neueren Lit.: ERMAN/SCHIEMANN, § 823 BGB, Rdnr. 131; MK/MERTENS, § 823 BGB, Rdnr. 361; GEIGEL/SCHLEGELMILCH, Kap. 14, Rdnr. 211.

[7] Bei Kassenpatienten ist Schuldner des Vergütungsanspruchs die Krankenkasse. Ob zwischen Kassenarzt (seit 1.1.1993: Vertragsarzt) und Kassenpatient überhaupt ein Vertragsverhältnis besteht, ist umstritten (dazu ausf. RGRK/NÜSSGENS, § 823 BGB Anh. II, Rdnrn. 19ff. m.w.N.). Davon abgesehen haftet der Kassenarzt dem Kassenpatienten gegenüber ebenfalls nach den Vorschriften des bürgerlichen Rechts (vgl. § 76 Abs. 4 SGB V).

[8] *BGH*, BGHZ 5, 321 (324); ERMAN/BATTES, § 276 BGB, Rdnr. 99; PALANDT/HEINRICHS, § 276 BGB, Rdnr. 109; LARENZ, SchR II/1, § 52 II a (S. 315); LUIG, S. 244; krit. DEUTSCH/MATTHIES, S. 18f.

[9] Vgl. ERMAN/SEILER, Vor § 631 BGB, Rdnr. 26; PALANDT/PUTZO, Einf. v. § 611 BGB, Rdnr. 18; MK/SÖLLNER, § 611 BGB, Rdnr. 47.

[10] *BGH*, BGHZ 63, 306; *OLG Köln*, VersR 1986, 300; MK/SÖLLNER *ibid*; RGRK/NÜSSGENS, § 823 BGB Anh. II, Rdnr. 12; DEUTSCH/MATTHIES, S. 10f.

[11] Vgl. DUNZ, Praxis, S. 24f.; GAUPP, S. 65f.; STOLL, FS v. Hippel, S. 553f.

[12] So JAKOBS, NJW 1975, 1437 (1438).

[13] So etwa ERMAN/SEILER, Vor § 631 BGB, Rdnrn. 4, 26; MK/SÖLLNER, § 611 BGB, Rdnr. 44; LARENZ, SchR II/1, § 52 I (S. 311); LAUFS, Rdnr. 100. – Nach DEUTSCH/MATTHIES (S. 9f.) paßt die Unterscheidung zwischen Dienst- und Werkvertrag nur unvollkommen auf die ärztliche Tätigkeit, weshalb sie für eine Sonderform „ärztlicher Behandlungsvertrag" plädieren; s.a. DEUTSCH/GEIGER, S. 1049ff.; MEDICUS, SchR II, § 98 (S. 154f.); LUIG, S. 227, der nach Art der Leistung differenziert; BUNTE, JZ 1982, 279ff.

Patient auch Ansprüche aus Deliktsrecht (§§ 823ff. BGB) geltend machen kann. Im Vordergrund steht die ärztliche Haftung für erlittene Körper- und Gesundheitsverletzungen[14] gem. § 823 Abs. 1 BGB:

Nach st. Rspr., der sich der überwiegende Teil des – zivilrechtlichen – Schrifttums angeschlossen hat, stellt jede fehlerhafte Behandlung durch den Arzt, selbst wenn sie zu Heilzwecken *lege artis* und erfolgreich durchgeführt wird, eine Körperverletzung dar.[15] Danach hängt im Fall einer fehlerhaften Behandlung die Haftung des Arztes vom Nachweis eines Behandlungsfehlers (sog. Kunstfehlers[16]) ab. Hat ein Arzt dagegen einen Patienten ohne dessen Einwilligung behandelt, haftet er unabhängig vom Nachweis eines Behandlungsfehlers für seine Eigenmacht. Rechtsprechung und h.L., die den Heileingriff tatbestandsmäßig als Verletzung der körperlichen Integrität sehen, nehmen in diesen Fällen eine Körperverletzung i.S. des § 823 Abs. 1 BGB an, da der Eingriff nicht durch eine Einwilligung des Patienten gerechtfertigt sei.

Demgegenüber meint ein Teil der Lehre, daß die ärztliche Behandlung deshalb nicht als Eingriff in die körperliche Integrität angesehen werden könne, weil sie auf Heilung und Verbesserung des körperlichen Zustands statt auf Verschlechterung abziele.[17] Diese Auffassung betrachtet daher nur die fehlerhafte Behandlung durch den Arzt als Verletzung der körperlichen Integrität, sieht dagegen in der fehlerfreien, aber ohne die erforderliche Einwilligung vorgenommenen Behandlung eine Verletzung des Selbstbestimmungsrechts des Patienten, das als Teil des allgemeinen Persönlichkeitsrechts über § 823 Abs. 1 BGB *(sonstiges Recht)* geschützt werde.

Unabhängig von der dogmatischen Einordnung des ärztlichen Heileingriffs besteht jedoch in Rechtsprechung und Literatur Einigkeit darüber, daß sich die Anforderungen an den Umfang der ärztlichen Sorgfaltspflicht bei vertraglichen und deliktischen Anspruchsgrundlagen decken, so daß der Patient gleichermaßen vertraglich und deliktisch geschützt wird.[18] Die unterschiedlichen Voraussetzungen der Anspruchsgrundlagen treten damit der Sache nach weitgehend hinter einer einheitlichen Haftung des Arztes für die Erfüllung seiner beruflichen

---

[14] Zur Unterscheidung vgl. statt aller DEUTSCH/MATTHIES, S. 24f. m.w.N.

[15] Vgl. aus der Rspr. der Zivilgerichte *RG*, RGZ 68, 431 (433); 163, 129 (131); *BGH*, BGHZ 29, 46 (49) = NJW 1959, 811; NJW 1984, 1395 (1397); zust. JAUERNIG/TEICHMANN, § 823 BGB, Anm. II A 2 a; RGRK/NÜSSGENS, § 823 BGB Anh. II, Rdnr. 65; SOERGEL/ZEUNER, § 823 BGB, Rdnr. 17; STAUDINGER/SCHÄFER, § 823 BGB, Rdnr. 22; DEUTSCH, NJW 1965, 1985 (1989); i.E. auch MK/MERTENS, § 823 BGB, Rdnrn. 372ff.; s.a. WEYERS, S. A 20ff. m.w.N.

[16] Vgl. statt aller GIESEN, ArzthaftungsR, S. 5.

[17] So ERMAN/EHMANN, Anh. zu § 12 BGB, Rdnr. 23; ERMAN/SCHIEMANN, § 823 BGB, Rdnrn. 135, 137; ENNECCERUS/NIPPERDEY, § 212 II 3 (S. 1315); ESSER/WEYERS, § 55 I 1 (S. 544f.); LAUFS, Rdnr. 176.

[18] Vgl. PALANDT/THOMAS, § 823 BGB, Rdnr. 66; RGRK/NÜSSGENS, § 823 BGB Anh. II, Rdnrn. 4, 37; STEFFEN, Entwicklungslinien, S. 1f.; GIESEN, Jura 1981, 10, 14; s.a. *BGH*, NJW 1985, 2749; NJW 1989, 767 (768).

Pflichten zurück.[19] Diese richtet sich auf eine den Regeln der ärztlichen Kunst entsprechende Versorgung des Patienten mit dem Ziel der Heilung seiner Krankheit oder Linderung seines Leidens.

2.1.1.2 *Mehrere Beteiligte an der medizinischen Behandlung*

Wird der Patient in einem Krankenhaus stationär[20] behandelt, kommt neben der Haftung des behandelnden Arztes auch eine Haftung des Krankenhausträgers in Betracht, die ebenfalls zweispurig verläuft:

Vertragliche Haftung Grundlage der vertraglichen Haftung bildet der sog. Krankenhausaufnahmevertrag, der mit der Einlieferung des Patienten in die Klinik zustandekommt. Dieser Vertrag folgt ebenso ausschließlich privatrechtlichen Regeln, unabhängig davon, ob es sich bei dem Patienten um einen Selbstzahler (d.h. Privatpatienten) oder um einen Kassenpatienten handelt[21] und ob das Krankenhaus eine Anstalt mit öffentlichrechtlicher Trägerschaft (z.B. Städtisches Krankenhaus) oder selbst Teil einer Körperschaft des öffentlichen Rechts (z.B. Universitätsklinik) ist.[22] Dabei ist für die Beantwortung der Frage nach dem richtigen Gegner eines eventuellen Schadensersatzanspruchs die rechtliche Ausgestaltung des Krankenhausaufnahmevertrags entscheidend:

In der überwiegenden Anzahl der Fälle handelt es sich um einen sog. totalen Krankenhausaufnahmevertrag, der den Krankenhausträger dem Patienten gegenüber zu umfassender ärztlicher und pflegerischer Betreuung sowie zu Unterbringung und Verpflegung verpflichtet.[23] Der Kassenpatient erhält dabei – im Ergeb-

---

[19] Vgl. *BGH*, BGHZ 8, 138 = NJW 1953, 257; MK/MERTENS, § 823 BGB, Rdnr. 362; STEFFEN, Sitzungsbericht, I 22; DEUTSCH, NJW 1976, 2289 (2291f.).

[20] Die ambulante Versorgung von Patienten gehörte vor Inkrafttreten des seit 1.1.1993 geltenden Gesundheitsstrukturgesetzes (GSG) vom 21.12.1993 (BGBl. I 2266) – von Notfällen abgesehen – nicht zu den Aufgaben eines Krankenhauses. Daher trat der zur ambulanten Behandlung in ein Krankenhaus überwiesene Kassenpatient grundsätzlich nicht in vertragliche Beziehungen zum Krankenhaus, sondern nur zu dem die Ambulanz kraft kassenärztlicher (seit 1.1.1993: vertragsärztlicher) Beteiligung betreibenden Chefarzt (vgl. nur LAUFS, Rdnrn. 88, 565). Zur neuen Rechtslage nach §§ 115a, 115b SGB V vgl. STEFFEN, Entwicklungslinien, S. 17, 23.

[21] Vgl. Anm. 7.

[22] Vgl. *BGH*, BGHZ 9, 145 (146f.) = NJW 1953, 778; BGHZ 89, 250 = NJW 1984, 1820; RGRK/NÜSSGENS, § 823 BGB Anh. II, Rdnrn. 9, 32; LAUFS, Rdnr. 87; GIESEN, ArzthaftungsR, S. 49; DERS., Jura 1981, 10. – I.d.R. handelt es sich ebenfalls um einen Dienstvertrag, dem Elemente der Miete (Unterbringung) und des Werkvertrags (Verpflegung) innewohnen, die aber hinter dem dienstvertraglichen Charakter (ärztliche Behandlung/Krankenpflege) stark zurücktreten (vgl. *BGH*, BGHZ 2, 94 = NJW 1951, 596; STAUDINGER/RICHARDI, vor §§ 611 ff. BGB, Rdnr. 1606).

[23] Vgl. MK/SÖLLNER, § 611 BGB, Rdnrn. 73f.; RGRK/NÜSSGENS, § 823 BGB Anh. II, Rdnr. 25; SOERGEL/KRAFT, § 611 BGB, Rdnr. 96; LAUFS, Rdnr. 89; STEFFEN, Entwicklungslinien, S. 10ff. – Daneben kann der Privatpatient ärztliche Leistungen durch den zur Selbstliquidation berechtigten leitenden Arzt wählen. Ob dieser hinsichtlich seiner Leistungen – wie der Belegarzt – allein Vertragspartner des Patienten wird (sog. gespaltener Vertrag) oder ob er neben den zur Gewährung seiner Leistung verpflichteten Krankenhausträger dem Krankenhausvertrag neu bei-

nis ebenso wie der Privatpatient – eigene vertragliche Ansprüche aus einem zwischen dem Krankenhausträger und der Krankenkasse abgeschlossenen echten Vertrag zugunsten Dritter gem. § 328 BGB.[24] Diese vertraglichen Ansprüche richten sich jedoch nicht gegen den behandelnden Arzt, sondern allein gegen den Krankenhausträger, der als Schuldner des gesamten Behandlungsprogramms für dessen Verhalten nach § 278 BGB ohne Entlastungsmöglichkeit haftet.[25] Ist der behandelnde Arzt als „verfassungsmäßig berufener Vertreter" des Krankenhausträgers anzusehen (z.B. Chefarzt mit selbständiger Entscheidungsbefugnis), kommt auch eine Organhaftung nach §§ 31, 89 BGB in Betracht.[26]

Nur der Privatpatient kann dagegen auch einen sog. gespaltenen Krankenhaus- und Arztvertrag abschließen, dem zufolge der Krankenhausträger in der Regel nur Unterkunft, Verpflegung und nachgeordnete ärztliche Dienste schuldet, während für die notwendigen Operationen und sonstigen Eingriffe ein zweiter Vertrag unmittelbar mit dem behandelnden Arzt (sog. Belegarzt) zustandekommt oder bereits vor der Krankenhauseinweisung bestanden hat.[27] Da in diesem Fall zwei selbständige Verträge vorliegen, scheidet eine Haftung des Krankenhausträgers für den behandelnden Arzt aus, weil dieser nicht Erfüllungsgehilfe (vgl. § 278 BGB) des Krankenhausträgers ist. Dafür kann sich dessen Haftung wiederum erweitern, da er nun seinerseits für das Verhalten seiner Erfüllungsgehilfen gem. § 278 BGB einzustehen hat. Dabei hängt es von den tatsächlichen Umständen des Einzelfalls ab, ob ein etwaiges Fehlverhalten auf Seiten der im Krankenhaus tätigen nachgeordneten Ärzte (z.B. Assistenzärzte) oder des sonstigen Personals dem in medizinischen Fragen weisungsberechtigten (Beleg-) Arzt bzw. dem Krankenhausträger gem. § 278 BGB zuzurechnen ist.[28] Die Rechtsprechung tendiert dazu, den Arzt im Zweifel zu entlasten, so daß letztlich der Krankenhausträger allein haftet.[29] Dagegen wird in den Fällen, in denen sich die Pflichtenkreise bei einem gespaltenen Krankenhaus- und Arztvertrag tatsächlich überschneiden, davon ausgegangen, daß sowohl der Arzt als auch der Kranken-

---

tritt (sog. Arztzusatzvertrag), beurteilt sich nach der individuellen Vereinbarung; der *BGH* nimmt regelmäßig einen Arztzusatzvertrag an (vgl. BGHZ 95, 63, 67f. = NJW 1985, 2189 = VersR 1985, 1043, 1044; s.a. RGRK/NÜSSGENS, § 823 BGB Anh. II, Rdnrn. 27f.; DEUTSCH/MATTHIES, S. 8f.).

[24] So die h.M., vgl. *BGH*, BGHZ 1, 383 = NJW 1951, 798 im Anschluß an das *RG*, s. die Nachw. bei EBERHARDT, AcP 71 (1971) 289 (296 FN 25, 298 FN 29). Neuerdings wird auch bei Krankenhausbehandlung des Kassenpatienten ein Vertragsschluß des Patienten selbst mit dem Krankenhausträger erwogen (vgl. STEFFEN, Entwicklungslinien, S. 20f. m.w.N.). DEUTSCH/MATTHIES (S. 8) gehen ohne weiteres von einem solchen Vertragsschluß aus.

[25] Vgl. *BGH*, BGHZ 5, 321 (323) = NJW 1952, 658; BGHZ 95, 63 (71); MK/SOLLNER, § 611 BGB, Rdnr. 74; RGRK/NÜSSGENS, § 823 BGB Anh. II, Rdnr. 25; LAUFS, Rdnr. 559.

[26] Vgl. *BGH*, NJW 1980, 1901; JAUERNIG/TEICHMANN, § 823 BGB, Anm. VIII D 1b; DEUTSCH/MATTHIES, S. 8 m.w.N.

[27] Vgl. MK/SÖLLNER, § 611 BGB, Rdnrn. 72, 75; RGRK/NÜSSGENS, § 823 BGB Anh. II, Rdnr. 26; SOERGEL/KRAFT, § 611 BGB, Rdnr. 96; DEUTSCH/MATTHIES, S. 9.

[28] Vgl. dazu *BGH*, NJW 1975, 1463 (1465); *LG Aachen*, NJW 1976, 1155; MK/SÖLLNER, § 611 BGB, Rdnr. 75; RGRK/NÜSSGENS *ibid*; ausf. LAUFS, Rdnrn. 560ff.

[29] Vgl. *BGH*, VersR 1957, 806; NJW 1962, 1763; *OLG Hamm*, VersR 1980, 585; LUIG, S. 255ff.

hausträger als Gesamtschuldner (vgl. § 421 BGB) der Heilbehandlung für das Verschulden der Hilfsperson haften.[30]

Deliktische Haftung Da der Krankenhausaufnahmevertrag auch in einem öffentlichen Krankenhaus privatrechtlicher Natur ist, scheidet eine Staatshaftung des Krankenhausträgers nach Art. 34 GG, § 839 BGB aus.[31] Jedoch haftet der Krankenhausträger für die angestellten Ärzte und das sonstige Personal nach § 831 BGB, sofern er sich nicht durch den Nachweis der sorgfältigen Auswahl seiner Verrichtungsgehilfen zu exkulpieren vermag (vgl. § 831 Abs. 1 S. 2 BGB). Dabei braucht der Träger eines größeren Krankenhauses nach der Rechtsprechung zum sog. dezentralisierten Entlastungsbeweis bei Großbetrieben lediglich nachzuweisen, daß er die mit der Personalaufsicht betrauten höheren Angestellten sorgfältig ausgewählt hat.[32] Andererseits haftet der Krankenhausträger bei nicht ausreichender Organisation des Krankenhauses unabhängig von den Voraussetzungen des § 831 BGB unmittelbar aus § 823 Abs. 1 BGB wegen eigenen Organisationsverschuldens.[33]

Der selbstliquidierende angestellte Arzt haftet, sofern er Beamter im staatsrechtlichen Sinne ist, ausschließlich nach § 839 BGB, kann sich aber unter Hinweis auf die gleichfalls gegebene vertragliche Haftung des Krankenhausträgers meist auf die Subsidiarität seiner Haftung (vgl. § 839 Abs. 1 S. 2 BGB) berufen.[34] Im übrigen haftet der Arzt selbst nach den bereits beschriebenen allgemeinen Regeln des Deliktsrechts.

2.1.1.3 Voraussetzungen der Arzthaftung

Ohne Rücksicht auf die Anspruchsgrundlage hängt damit eine Haftung des Arztes bzw. des Krankenhausträgers vom Nachweis einer Pflichtverletzung und eines dadurch versachten Schadens ab.

Pflichtverletzung Ausgangspunkt jeder ärztlichen Haftung ist eine Pflichtverletzung. Dabei haben sich in der Rechtsprechung zwei Grundtypen herausgebildet:

---

[30] Vgl. z.B. *OLG Hamburg*, VersR 1954, 125 (Aufziehen einer Spritze mit falschem Mittel durch OP-Schwester während Operation); LUIG, S. 255f.; weitergehend KLEINEWEFERS/WILTS (NJW 1965, 332, 334; DIES., VersR 1964, 205), die beim gespaltenen Krankenhaus- und Arztvertrag stets gesamtschuldnerische Haftung annehmen; ähnl. UHLENBRUCK, NJW 1964, 2187 (2190).

[31] RGRK/NÜSSGENS, § 823 BGB Anh. II, Rdnr. 257; LAUFS, Rdnr. 566; LUIG, S. 253; DANIELS, NJW 1972, 305 (307); KERN, VersR 1981, 316.

[32] GIESEN, Jura 1981, 10 (12f.). – Vgl. zur Entwicklung des dezentralisierten Entlastungsbeweises *BGH*, BGHZ 4, 1ff.; 11, 151ff.; VersR 1964, 297.

[33] Näher dazu RGRK/NÜSSGENS, § 823 BGB Anh. II, Rdnrn. 210ff. m.w.N. – Zur Entwicklung der Haftung für Organisationsverschulden vgl. *RG*, RGZ 87, 1 (4); *BGH*, NJW 1968, 247.

[34] *BGH*, BGHZ 85, 63 (67ff.) = NJW 1985, 2139; BGHZ 85, 393 = NJW 1983, 1374; BGHZ 89, 263 = NJW 1984, 1400; RGRK/NÜSSGENS, § 823 BGB Anh. II, Rdnr. 257; LAUFS, Rdnrn. 578ff.; GIESEN, Wandlungen, S. 4; DEUTSCH/MATTHIES, S. 9 m.w.N.

- Unter dem Begriff des Behandlungsfehlers versteht man jede ärztliche Maßnahme, die nach dem jeweiligen Stand der medizinischen Wissenschaft unsachgemäß ist.[35] Danach kann der Behandlungsfehler in unterschiedlicher Form auftreten, insbesondere in der Vornahme einer medizinisch nicht sachgemäßen oder in der Nichtvornahme einer medizinisch gebotenen Behandlung, in diagnostisch oder therapeutisch unsachgemäßen Entscheidungen oder Methoden des Arztes vor, bei und nach der Behandlung liegen.[36] Das ärztliche Verhalten wird grundsätzlich nicht an der üblichen, sondern an der im Verkehr erforderlichen Sorgfalt (vgl. § 276 BGB) gemessen, d.h. es ist auf das von einem gewissenhaften und aufmerksamen Arzt bzw. Gebietsarzt (früher: Facharzt) erwartete Verhalten abzustellen.[37] Dabei kommt es allein auf den Stand der medizinischen Wissenschaft an, der dem Arzt z.Z. der Behandlung – nicht etwa zum späteren Zeitpunkt der Beurteilung (vgl. etwa § 286 Abs. 1 ZPO) – zumutbar zugänglich gewesen ist.[38] Um überhaupt den jeweiligen Stand der Wissenschaft zu kennen, muß sich der Arzt ständig beruflich fortbilden.[39] In diesem Rahmen schuldet der Arzt dem Patienten die zu seinem Wohl erforderlichen medizinischen Maßnahmen nach den Regeln der ärztlichen Kunst. Demgemäß ist der Arzt verpflichtet, den Patienten rechtzeitig und gewissenhaft zu untersuchen, eine sachgerechte Diagnose zu erstellen und über die gewählte Therapie zu beraten. Dabei muß die Diagnose mittels anerkannter Untersuchungsmethoden erstellt werden.[40] Unter Umständen muß der Arzt dem Patienten oder dem Personal erforderliche Verhaltensanweisungen geben, um eine verspätete Stellung der Diagnose zu vermeiden.[41] Hinsichtlich der Therapiewahl ist der Arzt i.R. des wissenschaftlich Vertretbaren grundsätzlich

---

[35] RGRK/NÜSSGENS, § 823 BGB Anh. II, Rdnr. 177; GEIGEL/SCHLEGELMILCH, Kap. 14, Rdnr. 240; GIESEN, Wandlungen, S. 45; DERS., Jura 1981, 10 (14).

[36] GIESEN, ArzthaftungsR, S. 5ff. m.w.N. Zum weiten Behandlungsfehlerbegriff vgl. auch RGRK/NÜSSGENS, § 823 BGB Anh. II, Rdnr. 175. Stattdessen spricht MK/MERTENS (§ 823 BGB, Rdnrn. 379ff.) von einer Verletzung der Pflicht zu sorgfältiger Behandlung und meint damit dasselbe. – Eine Fehlertypologie findet sich bei MK/MERTENS, § 823 BGB, Rdnrn. 383ff.; s.a. die Realtypen der Fahrlässigkeit bei DEUTSCH/MATTHIES, S. 34ff.

[37] Vgl. *RG*, RGZ 126, 329 (331); 119, 397 (400); *BGH*, BGHZ 8, 138 (140) = NJW 1953, 257; NJW 1961, 600; RGRK/NÜSSGENS, § 823 BGB Anh. II, Rdnr. 179; MK/MERTENS, § 823 BGB, Rdnr. 379.

[38] *BGH*, NJW 1962, 1780; NJW 1983, 2080 = VersR 1983, 729; RGRK/NÜSSGENS *ibid.* – Zur Feststellung des maßgeblichen Stands der Wissenschaft vgl. KRIELE, NJW 1976, 355ff.

[39] Es handelt sich hierbei nicht um eine bloße Standesobliegenheit, sondern um eine Rechtspflicht. Vgl. *BGH*, NJW 1968, 1181; VersR 1981, 131; ERMAN/SCHIEMANN, § 823 BGB, Rdnr. 132; MK/MERTENS, § 823 BGB, Rdnr. 382; LAUFS, Rdnrn. 157, 481. Zum zumutbaren Umfang der Fortbildungspflicht vgl. RIEGER, Rdnrn. 629ff.

[40] *BGH*, VersR 1983, 983; 1985, 886; MK/MERTENS, § 823 BGB, Rdnrn. 386ff.; RGRK/NÜSSGENS, § 823 BGB Anh. II, Rdnrn. 188f. – Diagnose- und Therapiefehler lassen sich nicht immer genau trennen, vgl. ERMAN/SCHIEMANN, § 823 BGB, Rdnr. 133. Vgl. aber die Typologie bei BRÜGGEMEIER, Rdnrn. 645ff. einerseits, Rdnrn. 655ff. andererseits.

[41] Vgl. *BGH*, NJW 1985, 2749; 1986, 2367 = VersR 1986, 60; RGRK/NUSSGENS, § 823 BGB Anh. II, Rdnr. 190.

frei.[42] Stehen mehrere anerkannte Behandlungs- oder Operationsmethoden zur Verfügung oder haben sich umgekehrt noch keine allgemein anerkannten Regeln durchgesetzt, darf der Arzt nicht Opfer eines Schulenstreits werden.[43] Vielmehr kann er in diesem Fall auch eine von der Schulmedizin abweichende, nach seiner Auffassung aber bessere Methode (sog. Außenseitermethode) anwenden.[44] Sein Ermessensspielraum wird jedoch insoweit durch das „Prinzip des sichersten Wegs" eingeschränkt. Danach muß der Arzt im Zweifel die Heilungschancen gegen die mit Diagnose und Behandlung verbundenen Risiken abwägen, um zwischen den verschiedenen Methoden im Einvernehmen mit dem Patienten pflichtgemäß wählen zu können.[45] Die Durchführung der gewählten Behandlung oder Operation muß wiederum den anerkannten Regeln der ärztlichen Kunst entsprechen. Reichen die eigenen Möglichkeiten des Arztes zur Diagnose und Therapie nicht aus, muß er fachkundigen Rat einholen oder den Patienten an einen Spezialisten bzw. ein Krankenhaus überweisen.[46] Umgekehrt darf der Arzt die notwendigen Maßnahmen auf Hilfspersonen nur dann übertragen, wenn diese dafür ausreichend qualifiziert sind.[47] Vorhandene Spezialkenntnisse hat der Arzt zugunsten eines von ihm zu betreuenden Patienten auch einzusetzen.[48] Soweit erforderlich, ist der Arzt darüber hinaus zur postoperativen Behandlung und Beratung verpflichtet. Zum Nachweis einer Pflichtverletzung ist die besondere Feststellung einer subjektiv-individuell vorwerfbaren Nachlässigkeit nicht erforderlich. Vielmehr haftet der Arzt nach einem objektiv-typisierenden Maßstab für die Sorgfalt eines ordentlichen Arztes, mit der Folge, daß er sich nicht erfolgreich auf fehlende oder mangelhafte Kenntnisse und Fähigkeiten berufen kann.[49]

- Die andere Erscheinungsform ärztlicher Pflichtverletzung ist die Eigenmacht des Arztes, d.h. wenn entweder eine Einwilligung in die ärztliche Maßnahme (Behandlung) überhaupt fehlt oder die erteilte Einwilligung jedenfalls nicht

---

[42] *BGH*, NJW 1982, 2121; ERMAN/SCHIEMANN, § 823 BGB, Rdnr. 133; MK/MERTENS, § 823 BGB, Rdnr. 391.

[43] *BGH*, VersR 1955, 573; LAUFS, Rdnrn. 484ff.; DEUTSCH, NJW 1976, 2289 (2291); GIESEN, Jura 1981, 10 (15).

[44] Vgl. RGRK/NÜSSGENS, § 823 BGB Anh. II, Rdnr. 193.

[45] Vgl. MK/MERTENS, § 823 BGB, Rdnrn. 387, 395; einschr. neuerdings *BGH*, NJW 1987, 2927; STAUDINGER/SCHÄFER, § 823 BGB, Rdnr. 364.

[46] *RG*, JW 1938, 2203; *BGH*, VersR 1966, 853; BGHZ 72, 132 = NJW 1982, 637; *OLG Oldenburg*, VersR 1983, 888; ERMAN/SCHIEMANN, § 823 BGB, Rdnr. 133; RGRK/NÜSSGENS, § 823 BGB Anh. II, Rdnrn. 190, 192; STAUDINGER/SCHÄFER, § 823 BGB, Rdnrn. 363f.; GEISS, S. 72. Zum Übernahmeverschulden vgl. bereits RABEL, S. 12; RÜMELIN, S. 12f. Zur Problematik des ärztlichen Berufsanfängers vgl. *BGH*, NJW 1988, 2298.

[47] Vgl. *BGH*, BGHZ 88, 248; ERMAN/SCHIEMANN *ibid.*

[48] *BGH*, NJW 1987, 1479; ERMAN/SCHIEMANN *ibid.*

[49] Vgl. RGRK/NÜSSGENS, § 823 BGB Anh. II, Rdnr. 182; LAUFS, Rdnr. 539; GIESEN, ArzthaftungsR, S. 16; DEUTSCH/MATTHIES, S. 33.

rechtswirksam ist.[50] Wirksam ist eine Einwilligung rechtlich gesehen nur dann, wenn der Arzt den Patienten vor der Einwilligung über die beabsichtigte Maßnahme hinreichend aufgeklärt hat.[51] Dabei sind mit Blick auf die Funktion der Aufklärung des Patienten insbesondere zwei Gruppen von ärztlichen Aufklärungspflichten zu unterscheiden:

Im Vordergrund steht die ärztliche Pflicht, den Patienten über Wesen und Risiken der bevorstehenden Behandlung aufzuklären, um ihm eine sinnvolle Ausübung seines durch Art. 1 und 2 GG verfassungsrechtlich geschützten Selbstbestimungsrechts zu ermöglichen.[52] Der Sinn dieser sog. Selbstbestimmungs- oder Eingriffsaufklärung[53] besteht darin, dem Patienten eine Grundlage für seine Entscheidung, ob er die Behandlung vornehmen lassen oder von ihr Abstand nehmen will, zu liefern.[54] Dementsprechend müssen dem Patienten in einer für den medizinischen Laien verständlichen Form zunächst Art, Umfang und Durchführung des Eingriffs in groben Zügen vermittelt werden.[55] Zu dieser „Verlaufsaufklärung" ist der Arzt ohne Rücksicht auf das Risiko des Eingriffs verpflichtet.[56] Darüber hinaus trifft den Arzt vor allem die Pflicht zur Aufklärung über die Risiken der ärztlichen Maßnahme, wobei Art und Umfang dieser „Risikoaufklärung" weitgehend von den Umständen des konkreten Falls abhängen.[57] Die Aufklärung soll den Patienten in die Lage versetzen, Wesen, Bedeutung und Tragweite der geplanten Maßnahme in ihren Grundzügen zu erkennen, um das Für und Wider der Behandlung verständig abwägen zu können.[58] Dazu gehört, daß der Patient über mögliche Alternativen zur vorgesehenen Behandlung, über die wesentlichen Risiken und über die zu er-

---

[50] RGRK/NÜSSGENS, § 823 BGB Anh. II, Rdnr. 43; GIESEN, ArzthaftungsR, S. 19; DERS., Jura 1981, 10 (16). Zur Entbehrlichkeit der Einwilligung vgl. RGRK/NÜSSGENS, § 823 BGB Anh. II, Rdnr. 139.

[51] Allg. M., vgl. die Nachw. in Anm. 50.

[52] Vgl. *BVerfG*, BVerfGE 52, 131 (165ff.); *BGH*, BGHZ 29, 176 (181); RGRK/NÜSSGENS, § 823 BGB Anh. II, Rdnr. 49, SOERGEL/ZEUNER, § 823 BGB, Rdnr. 203; GIESEN, Jura 1981, 10 (16); einschr. ERMAN/SCHIEMANN, § 823 BGB, Rdnr. 137 (Schutz des Körpers des Patienten); enger noch SCHIEMANN, JuS 1983, 649 (654) (rein vertragliche Pflicht ohne Schmerzensgeldsanktion).

[53] So etwa STEFFEN, Entwicklungslinien, S. 123; ähnl. BRÜGGEMEIER, Rdnr. 704 („Risiko- oder Selbstbestimmungsaufklärung").

[54] RGRK/NÜSSGENS, § 823 BGB Anh. II, Rdnrn. 49, 63; BRÜGGEMEIER *ibid.* Zur Aufklärung über sonstige Umstände, insbes. zur Belehrungspflicht über Behandlungsfehler und zur sog. wirtschaftlichen Aufklärungspflicht vgl. RGRK/NÜSSGENS, § 823 BGB Anh. II, Rdnrn. 51ff.

[55] *BGH*, BGHZ 29, 43 (54); VersR 1988, 493; RGRK/NÜSSGENS, § 823 BGB Anh. II, Rdnr. 109 m.w.N.

[56] Vgl. DUNZ, Fragen, S. 40; a.A. DEUTSCH/MATTHIES, S. 56f. (nur bei erheblichem Risiko).

[57] *BGH*, VersR 1981, 456 (457ff.); RGRK/NUSSGENS, § 823 BGB Anh. II, Rdnrn. 110f.

[58] *BGH*, BGHZ 29, 176 (180); NJW 1956, 1106 = VersR 1954, 496; ERMAN/SCHIEMANN, § 823 BGB, Rdnr. 138; JAUERNIG/TEICHMANN, § 823 BGB, Anm. VIII D 3 c, aa; GIESEN, ArzthaftungsR, S. 19ff., 171ff. m.w.N.

wartenden Folge- und Nebenwirkungen der Behandlung unterrichtet wird.[59] Lediglich wenn die Besorgnis besteht, der Patient werde die Information nur schwer verkraften, darf der Arzt die Aufklärung nach Ansicht der Rechtsprechung unterlassen, sofern die Gefahr eines schweren seelischen oder körperlichen Schadens besteht.[60] Dagegen gesteht ein Teil der Literatur in diesem Fall dem Arzt ein sog. therapeutisches Privileg zu.[61] Im übrigen richten sich Art und Umfang der Aufklärung einmal nach Bildung, Erfahrung und Verhalten des Patienten.[62] Zum anderen bestimmen Komplikationsdichte, Dringlichkeit der Maßnahme und Schwere der Auswirkungen das Maß der Aufklärung.[63] Nachdem die Rechtsprechung bei Risiken und Nebenfolgen zunächst allein auf die prozentuale Komplikationsrate abstellt hat,[64] kommt es nunmehr vor allem darauf an, ob die Risiken für eine verständige Person in der Situation des betroffenen Patienten ernsthaft ins Gewicht fallen.[65] Dies erlaubt einerseits eine Abstufung nach der Dringlichkeit der Behandlung oder Operation,[66] andererseits nach der Schwere der Auswirkungen.[67]

Daneben muß der Arzt den Patienten darüber belehren, wie er sich zur Sicherung des Heilerfolgs therapiegerecht zu verhalten hat.[68] Da sie die Heilung des Patienten sicherstellen soll und seinem Schutz vor Schäden dient, wird insoweit auch von einer „Sicherungs-"[69] oder „therapeutischen Aufklärung"[70] gesprochen. Anders als die eigentliche Aufklärungspflicht ist diese Belehrungspflicht jedoch keine Haupt-, sondern eine Nebenpflicht des Behandlungs-

---

[59] ERMAN/SCHIEMANN, § 823 BGB, Rdnrn. 138f., SOERGEL/ZEUNER, § 823 BGB, Rdnrn. 205f.; jeweils m.w.N.; s.a. DEUTSCH/MATTHIES, S. 36.

[60] Vgl. *BGH*, BGHZ 29, 46 (56f.); 90, 103 (109f.) = NJW 1984, 1397; so auch die h.L., z.B. SOERGEL/ZEUNER, § 823 BGB, Rdnr. 210; GIESEN, Jura 1981, 10 (18f.).

[61] DEUTSCH/MATTHIES, S. 65f.; DEUTSCH, NJW 1980, 1305 (1306); TEMPEL, NJW 1980, 609 (614); s.a. BRÜGGEMEIER, Rdnrn. 732f.

[62] Vgl. *BGH*, BGHZ 80, 68; JAUERNIG/TEICHMANN, § 823 BGB, Anm. VIII D 3 c, bb; näher dazu SOERGEL/ZEUNER, § 823 BGB, Rdnr. 207.

[63] ERMAN/SCHIEMANN, § 823 BGB, Rdnr. 138; SOERGEL/ZEUNER, § 823 BGB, Rdnr. 205; TEMPEL, NJW 1980, 609 (611f.).

[64] Vgl. *BGH*, VersR 1961, 1039. Zur Komplikationsdichte („Zwischenfallsdichte") näher RGRK/NÜSSGENS, § 823 BGB Anh. II, Rdnrn. 114ff.; BRÜGGEMEIER, Rdnrn. 723f.

[65] *BGH*, NJW 1984, 1398; JAUERNIG/TEICHMANN, § 823 BGB, Anm. VIII D 3 c, bb.

[66] Vgl. *BGH*, NJW 1972, 335 (337); 1981, 633; SOERGEL/ZEUNER, § 823 BGB, Rdnr. 205 m.w.N. der Rspr. Zur Dringlichkeit des Eingriffs näher RGRK/NÜSSGENS, § 823 BGB Anh. II, Rdnrn. 117ff.; BRÜGGEMEIER, Rdnr. 727.

[67] Vgl. *BGH*, NJW 1963, 393 (394); 1980, 1905 (1907) = VersR 1981, 456 (457); SOERGEL/ZEUNER *ibid*; s.a. *BGH*, BGHZ 90, 103 (106) = NJW 1984, 1397 (1398) mit Anm. DEUTSCH; NJW 1980, 633 (635) = VersR 1980, 68 (69). Zur Schwere der Auswirkungen näher RGRK/NÜSSGENS, § 823 BGB Anh. II, Rdnr. 126; BRÜGGEMEIER, Rdnr. 726.

[68] *BGH*, VersR 1954, 98 (99); BGHZ 85, 327 = NJW 1983, 328; RGRK/NÜSSGENS, § 823 BGB Anh. II, Rdnr. 45; STEFFEN, Entwicklungslinien, S. 77; s.a. BRÜGGEMEIER, Rdnr. 703; DEUTSCH/MATTHIES, S. 57 („nachwirkende Aufklärung").

[69] So EBERHARDT, S. 4f.; NÜSSGENS, S. 287f.; s.a. GEISS, S. 106.

[70] So BRÜGGEMEIER, Rdnr. 703; LAUFS, Rdnrn. 163, 633; KERN/LAUFS, S. 2; s.a. GEISS *ibid.*

vertrags.[71] Sie wird insbesondere dann aktuell, wenn der Patient sich einer erforderlichen ärztlichen Maßnahme nicht unterziehen will.[72] Dabei kann die Grenze zwischen Belehrungs- und Aufklärungspflicht fließend sein.

Kausalzusammenhang Nach deutschem Zivilrecht haftet der Schädiger für alle Schäden, die er durch sein Verhalten (Handeln, Dulden oder Unterlassen) adäquat verursacht hat.[73] Ausgehend von der Prämisse, daß alle für den Erfolg (Schaden) ursächlichen Bedingungen gleichwertig („äquivalent") sind, ist nach der Äquivalenztheorie jedes Verhalten kausal, das nicht hinweggedacht werden kann, ohne daß auch der Erfolg entfiele *(conditio sine qua non)*.[74] Nach der Adäquanztheorie, die dem Schädiger nur solche Schäden zurechnen will, deren Eintritt nicht auf einem völlig unwahrscheinlichen Kausalverlauf beruht, ist haftungsrechtlich nur ein solches ursächliches Verhalten von Bedeutung, das generell geeignet („adäquat") ist, die Möglichkeit eines Erfolgs der eingetretenen Art nicht unerheblich zu erhöhen.[75]

Indessen führt das Prinzip der adäquaten Kausalität im Arzthaftungsrecht kaum zu einer Haftungsbegrenzung. Bei einem Behandlungsfehler des Arztes liegt der Eintritt gesundheitlicher Schäden und dadurch verursachter finanzieller Aufwendungen und Einbußen durchweg im Bereich der allgemeinen Lebenserfahrung.[76] In gleicher Weise werden dem Arzt alle adäquaten Folgen einer Behandlung zugerechnet, die zwar *lege artis* durchgeführt worden ist, in die der Patient aber nicht (wirksam) eingewiligt hatte.[77] Bei der Verletzung von Aufklärungspflichten wird dem Patienten nicht einmal der Nachweis abverlangt, daß er bei richtiger und vollständiger Aufklärung seine Einwilligung nicht gegeben hätte.[78] Dafür darf umgekehrt der Arzt in solchen Fällen nach überwiegender An-

---

[71] *BGH*, VersR 1972, 153 (154); RGRK/NÜSSGENS, § 823 BGB Anh. II, Rdnr. 45; GEIGEL/SCHLEGELMILCH, Kap. 14, Rdnr. 217; BRÜGGEMEIER *ibid.*

[72] Vgl. *BGH*, VersR 1954, 98 (99); RGRK/NÜSSGENS, § 823 BGB Anh. II, Rdnr. 46; DEUTSCH/MATTHIES, S. 57 („Aufklärung vor Verweigerung"). Zur Sicherungsaufklärung bei der Medikation vgl. RGRK/NUSSGENS, § 823 BGB Anh. II, Rdnr. 47.

[73] So die st. Rspr. des *RG* u. des *BGH*, vgl. RGZ 133, 126 (127); 170, 136; BGHZ 261, 266ff.; NJW 1976; 1143 (1144), sowie die h.L., vgl. die Nachw. bei MK/MERTENS, § 823 BGB, Rdnr. 41 FN 126.

[74] Allg. M., vgl. *BGH*, BGHZ 2, 138 (141) = NJW 1951, 711; 25, 84; PALANDT/HEINRICHS, Vorbem. v. § 249 BGB, Rdnr. 57; ESSER/SCHMIDT, § 33 I (S. 211); KÖTZ, Rdnrn. 147ff.; LANGE, § 3 III (S. 79); LARENZ, SchR I, § 27 III (S. 433).

[75] Vgl. *RG*, RGZ 69, 59; *BGH*, BGHZ 3, 266; 57, 255; PALANDT/HEINRICHS, Vorbem. v. § 249 BGB, Rdnr. 58. Zur Entwicklung der durch V. BAR (1871) u. V. KRIES (1888) begründeten Adäquanztheorie ausf. LANGE, § 3 VI 1 (S. 83ff.).

[76] Vgl. statt aller LAUFS, Rdnr. 536.

[77] So die h.M., die in einer ohne Einwilligung vorgenommenen Behandlung, selbst wenn sie zu Heilzwecken *lege artis* durchgeführt wird, eine Körperverletzung sieht, vgl. EBERHARDT, S. 209ff.; GIESEN, ArzthaftungsR, S. 24, 32; DEUTSCH, NJW 1965, 1985; a.A. z.B. LAUFS, Rdnrn. 540f.

[78] Es genügt die plausible Darlegung, daß er in einen Entscheidungskonflikt geraten wäre, vgl. *BGH*, BGHZ 90, 103 (111f.) = LM § 823 BGB (Eh) Nr. 48 = NJW 1984, 1397; NJW 1991, 1543 (1544).

sicht einwenden, daß der betroffene Patient sich nicht „aufklärungsrichtig" verhalten hätte, d.h. der Behandlung auch bei ordnungsgemäßer Aufklärung zugestimmt haben würde.[79] Nicht einheitlich beantwortet wird dabei die Frage, wie ein solcher Einwand rechtlich einzuordnen ist: Überwiegend wird die Auffassung vertreten, es fehle dann nicht an der Kausalität der Pflichtwidrigkeit,[80] sondern der Arzt berufe sich auf ein rechtmäßiges Alternativverhalten.[81]

Daß die Adäquanztheorie nur in seltenen Ausnahmefällen eine Zurechnung entfernter Schadensfolgen ausschließt und damit nicht zu einer sinnvollen Haftungsbegrenzung führen kann, hat in neuerer Zeit zunehmend Kritik hervorgerufen.[82] In der Literatur ist daher die Lehre vom Schutzzweck der Norm entwickelt worden, die mittlerweile auch Eingang in die Rechtsprechung gefunden hat.[83] Nach dieser Lehre ist für die Zurechnung des eingetretenen Schadens nicht auf den statistischen Wahrscheinlichkeitsgrad des Erfolgseintritts abzustellen, sondern der Haftungsumfang über den durch Auslegung ermittelten Schutzzweck der verletzten Vertragspflicht bzw. Haftungsnorm zu bestimmen. Danach haftet der Schädiger nur unter der Voraussetzung, daß die betreffende Vorschrift auch dem Schutz des verletzten Interesses dient. Dabei reicht es aus, wenn das betroffene Rechtsgut neben anderen unter den Schutzzweck der Norm fällt.

Im Arzthaftungsrecht kommt der Schutzzwecklehre jedoch keine besondere Bedeutung zu, solange Ärzte für Körperverletzungen und dadurch verursachte Aufwendungen und Einbußen haftbar gemacht werden.[84] Denn unbestritten ist der Patient sowohl nach dem Schutzzweck des Behandlungsvertrags wie nach dem Normzweck des § 823 Abs. 1 BGB vor Körperverletzungen geschützt. Dieser Schutz umfaßt auch Aufwendungen für Heilbehandlungen und Verdienstausfälle. Dagegen kann für die Frage, ob dem Arzt darüber hinaus weitere Schäden zugerechnet werden können, die Lehre vom Schutzzweck der Norm unter Umständen eine wichtige Entscheidungshilfe sein.

---

[79] So die Rspr. u. h.L, vgl. *BGH*, BGHZ 29, 176 (187) = LM § 276 BGB (Ca) Nr. 9 = NJW 1959, 814; 90, 103 (111) = NJW 1984, 1397 (1399); RGRK/NÜSSGENS, § 823 BGB Anh. II, Rdnr. 154 m.w.N.

[80] So etwa BRÜGGEMEIER, Rdnrn. 747ff.

[81] Vgl. *BGH*, BGHZ 89, 95 (103); ERMAN/SCHIEMANN, § 823 BGB, Rdnr. 140; MK/MERTENS, § 823 BGB, Rdnr. 423d; SOERGEL/ZEUNER, § 823 BGB, Rdnr. 216; DEUTSCH/MATTHIES, S. 64; offengelassen in RGRK/NÜSSGENS, § 823 BGB Anh. II, Rdnr. 153. Zur Abgrenzung vgl. RGRK/STEFFEN, § 823 BGB, Rdnr. 101.

[82] Vgl. z.B. AK/RÜSSMANN, vor §§ 249–253 BGB, Rdnrn. 50, 55; MK/GRUNSKY, Vor § 249 BGB, Rdnr. 42; KÖTZ, Rdnrn. 151ff.; LANGE, § 3 VI 5 (S. 92ff.).

[83] Zur Stellungnahme von Rspr. u. Lit. hierzu s. LANGE, § 3 IX 4 (S. 107f.).

[84] Vgl. aber zuletzt *BGH*, BGHZ 90, 96 = NJW 1984, 1395 = JR 1984, 369 = JZ 1984, 629: Der allein wegen der Schmerzhaftigkeit eines Eingriffs aufklärungspflichtige Arzt haftet trotz unterlassener Aufklärung nicht für die Verwirklichung eines nicht aufklärungsbedürftigen Risikos, *weil* es am Rechtswidrigkeitszusammenhang fehlt. Zum Verhältnis von Rechtswidrigkeitszusammenhang und Schutzzweck der Norm vgl. MK/GRUNSKY, Vor § 249 BGB, Rdnr. 44. Zu den Einschränkungen der ärztlichen Haftung für Aufklärungsfehler vgl. den Überblick bei RGRK/NÜSSGENS, § 823 BGB Anh. II, Rdnrn. 165ff.

Schaden Der Arzt haftet selbstverständlich nur, wenn der Patient auch tatsächlich einen Schaden erlitten hat.[85] Der Haftungsumfang richtet sich im deutschen Recht nach der Haftungsgrundlage:

Wegen Vertragsverletzung ist der gesamte materielle Schaden zu ersetzen. Ob der Schaden am Rechtsgut selbst eingetreten ist oder materielle Aufwendungen zur Wiederherstellung des Rechtsguts, etwa der beeinträchtigten Gesundheit, gemacht worden sind, ist unerheblich. So kann der Patient bei Gesundheitsschädigungen nach § 249 S. 1 BGB zunächst Wiederherstellung der Gesundheit durch Heilbehandlung fordern.[86] Stattdessen kann er gem. § 249 S. 2 BGB auch den für eine Heilbehandlung erforderlichen Geldbetrag verlangen, dessen Höhe sich danach richtet, welche Behandlung medizinisch geboten ist.[87] Soweit die Heilbehandlung mit unverhältnismäßig hohen Kosten verbunden ist, wird der Anspruch durch die Vorschrift des § 251 Abs. 2 BGB beschränkt.[88] Kann der Gesundheitsschaden nur teilweise behoben werden, besteht bezüglich des Restschadens ein Anspruch auf Naturalrestitution, der nach § 251 Abs. 1 BGB in Geld auszugleichen ist.[89] Daneben kann der Patient jedoch kein Schmerzensgeld verlangen, da immaterielle Schäden infolge von Vertragsverletzungen nicht ersatzfähig sind.[90] Eine Reserveursache ist zu berücksichtigen, so daß sich der Ersatzanspruch mindert, wenn der Schaden auch ohne Fehlbehandlung alsbald eingetreten wäre.[91] Somit steht dem Patienten für die durch eine Pflichtverletzung des Arztes verursachten Heilungskosten und anderen Aufwendungen ein Schadensersatzanspruch zu. Zusätzlich kann er gem. § 252 S. 1 BGB Ersatz seines Verdienstausfalls verlangen.[92]

Demgegenüber gewährt der deliktische Anspruch neben dem Ersatz des materiellen Schadens, sei er unmittelbar, sei er mittelbar, nach § 253 BGB i.V.m. § 847 BGB auch eine Entschädigung in Geld für den erlittenen Nichtvermögensschaden *(Schmerzensgeld)*. Damit reicht der deliktische Anspruch weit über den vertraglichen hinaus und wird deshalb regelmäßig im Arzthaftungsprozeß geltend gemacht. Der Schmerzensgeldanspruch ist höchstpersönlicher Natur und geht nicht auf den Sozialversicherungsträger über, so daß er zum „Anspruch des kleinen Mannes" geworden ist.[93] In erster Linie hat der Anspruch auf Schmer-

---

[85] Vgl. PALANDT/HEINRICHS, Vorbem. v. § 249 BGB, Rdnrn. 1ff. m.w.N.; s.a. GIESEN, ArzthaftungsR, S. 18; DERS., Liability, S. 410.

[86] Vgl. statt aller MK/GRUNSKY, § 249 BGB, Rdnr. 6.

[87] Näher dazu MK/GRUNSKY, § 249 BGB, Rdnrn. 6f.

[88] *BGH*, BGHZ 63, 295 (298f.) = NJW 1975, 640; MK/GRUNSKY, § 251 BGB, Rdnr. 18.

[89] MK/GRUNSKY, § 249 BGB, Rdnr. 6.

[90] Der 45. DJT hat empfohlen, in den Fällen der Körper- und Gesundheitsverletzung einen Anspruch auf angemessene Geldentschädigung wegen des immateriellen Schadens auch bei schuldhafter Vertragsverletzung zu gewähren (vgl. *Sitzungsbericht*, S. C127).

[91] Vgl. *BGH*, VersR 1985, 60; *OLG Hamm*, VersR 1985, 1072; *OLG Köln*, VersR 1986, 198; BRÜGGEMEIER, Rdnrn. 687, 751; DEUTSCH/MATTHIES, S. 20f. Zur Reserveursache vgl. MK/GRUNSKY, Vor § 249 BGB, Rdnrn. 78ff.

[92] PALANDT/HEINRICHS, Vorbem. v. § 249 BGB, Rdnr. 41; MK/GRUNSKY, Vor § 249 BGB, Rdnrn. 23ff.; KÖTZ, Rdnr. 530.

[93] Vgl. nur DEUTSCH/MATTHIES, S. 26.

zensgeld Ausgleichsfunktion; nur bei schwerem Verschulden, also etwa grober Fahrlässigkeit, kommt auch eine Genugtuungsfunktion hinzu.[94] Dabei können auch Schmerzen, die erst im weiteren Verlauf der durch fehlerhaftes ärztliches Verhalten ausgelösten Kette entstehen, ersatzpflichtig sein.[95] Je nach Art und Schwere der Verletzung schwanken die Schmerzensgeldsummen erheblich. In der Praxis gewinnt der deutsche Richter eine erste Orientierung über die Höhe des festzusetzenden Schmerzensgelds oft aus den sog. Schmerzensgeldtabellen, die neben Art und Schwere der Verletzung oft auch Alter, Geschlecht und berufliche Stellung des Verletzten und insbesondere den vom Gericht zuerkannten Schmerzensgeldbetrag angeben.[96] Sie sollen jedoch nur einen ungefähren Anhaltspunkt bieten, so daß die besonderen Umstände des einzelnen Falls eine Abweichung nach oben oder unten gebieten können.[97] Grundsätzlich ist ein Kapitalbetrag als Schmerzensgeld auszuwerfen. Bei schweren Dauerschäden kann auch, entweder allein oder zusätzlich, eine Rente gewährt werden.[98]

Beweislast Gerade in Arzthaftungsprozessen ist die Beweissituation für den Patienten wegen der teilweise nicht beherrschbaren und auch nicht aufklärbaren physiologischen Vorgänge schwierig. Grundsätzlich gelten auch im Arzthaftungsprozeß die allgemeinen Regeln über die Verteilung der Beweislast.[99] Danach trägt für anspruchsbegründende Tatsachen derjenige die Beweislast, der den Anspruch geltend macht; dagegen werden Einwendungen, seien sie anspruchshindernd oder -vernichtend, und Einreden zur Beweislast des Gegners geschlagen.

Der Patient, der seinen Anspruch auf einen ärztlichen Behandlungsfehler stützt, muß somit das Vorliegen eines Behandlungsfehlers, dessen Ursächlichkeit für den eingetretenen Schaden und das Verschulden des Schädigers beweisen.[100] Aus verschiedenen Gründen (Multikausalität körperlicher Abläufe, mangelnde Information und fehlendes Wissen sowie Abhängigkeitssituation des Kranken, u.a.m.) befindet sich der Patient insoweit jedoch häufig in Beweisnot.[101] Denn

---

[94] Vgl. grdl. *BGH*, BGHZ 18, 149 (154ff.); 80, 384 (386); KÖTZ, Rdnrn. 520ff.; krit. KONDGEN, S. 83ff.; LORENZ, S. 95ff.; jeweils m.w.N. – Zur neuen „Würdefunktion" des Schmerzensgelds für die Fallgruppe der weitgehenden Zerstörung der Persönlichkeit vgl. *BGH*, BGHZ 120, 1 = LM § 847 BGB Nr. 89 m. Anm. SCHMIDT-SALZER = NJW 1993, 781 m. Anm. DEUTSCH = VersR 1993, 327 = JZ 1993, 516 m. Anm. GIESEN; MÜLLER, FS Steffen, S. 371; DIES., VersR 1993, 909 (912f.).

[95] DEUTSCH/MATTHIES, S. 26.

[96] Vgl. HACKS/RING/BÖHM, S. 49ff.

[97] KÖTZ, Rdnr. 526. Ein höheres Schmerzensgeld kann z.B. wegen Verminderung der Heiratsaussichten zugebilligt werden (vgl. z.B. *BGH*, NJW 1959, 1031; *OLG Celle*, NJW 1968, 1677).

[98] JAUERNIG/TEICHMANN, § 847 BGB, Anm. 3b.

[99] GIESEN, ArzthaftungsR, S. 123; DERS., Jura 1981, 10 (19); s.a. *BGH*, NJW 1978, 1681 (1682) = VersR 1978, 542 (544). Einen ausf. Überblick hierzu bietet LAUFS, Rdnrn. 589ff. Vgl. zu den allg. Grundsätzen statt aller JAUERNIG/TEICHMANN, § 823 BGB, Anm. VII.

[100] Allg. M., vgl. *BGH*, BGHZ 24, 21 (29); 61, 118 (120); ERMAN/SCHIEMANN, § 823 BGB, Rdnr. 141; MK/EMMERICH, Vor § 275 BGB, Rdnr. 363; GIESEN, ArzthaftungsR, S. 124; DERS., Jura 1981, 10 (19); DEUTSCH/MATTHIES, S. 44.

[101] So LAUFS, Rdnr. 592; BAUMGÄRTEL/WITTMANN, JA 1979, 113 (114); ausf. dazu FRANZKI/FRANZKI, NJW 1975, 2225ff.; GIESEN, JZ 1982, 448.

vom bloßen Mißerfolg einer ärztlichen Behandlung läßt sich noch nicht auf einen Verstoß gegen die Sorgfaltspflicht schließen.[102] Um die verfassungsrechtlich gebotene Waffengleichheit auch im Arzthaftungsprozeß zu gewährleisten,[103] hat die Rechtsprechung deshalb dem Patienten in gewissem Rahmen beweisrechtliche Erleichterungen eingeräumt:

Zum einen darf sich der klagende Patient bei typischen Geschehensabläufen auf die Grundsätze des Anscheinsbeweises berufen.[104] Steht also ein Tatbestand fest, der nach allgemeiner Lebenserfahrung typischerweise auf eine bestimmte Ursache hinweist, hat der Patient lediglich diesen Ausgangstatbestand zu beweisen. Der an sich zu beweisende Behandlungsfehler, seine Ursächlichkeit und das Verschulden des Arztes werden dann vorläufig als gegeben unterstellt. Dieser Beweis des ersten Anscheins führt aber nicht zu einer endgültigen Beweislastumkehr, sondern nur zu einer Herabsetzung des Beweismaßes. Gelingt es dem Arzt etwa, Tatsachen darzulegen, die auf die wirklich ernsthafte Möglichkeit eines atypischen Geschehensablaufs hinweisen, so liegt die Beweislast doch wieder beim klagenden Patienten. In der Praxis wird der Anscheinsbeweis meist durch den Hinweis erschüttert, daß ein anderer Geschehensablauf als der erfahrungsmäßige in den Bereich ernstlich zu erwägender Möglichkeiten fällt.[105]

Zum anderen kann das Gericht im Einzelfall eine Umkehr der Beweislast zu Lasten des Arztes annehmen.[106] Zwar lehnt die Rechtsprechung trotz der unbestritten ungünstigen Ausgangsposition des Patienten und gegen sich mehrende Stimmen in der Literatur[107] eine generelle Beweislastumkehr, insbesondere die Anwendbarkeit der gesetzlichen Beweislastregel des § 282 BGB, noch ab, weil der Arzt keinen Erfolg, sondern lediglich eine reine Tätigkeit schulde, und weil die Vorgänge im lebenden Körper nach wie vor weithin nicht beherrscht werden könnten.[108] In der Rechtsprechung haben sich jedoch verschiedene Fallgruppen herausgebildet, in denen schon heute eine Beweislastumkehr nach Gefahren- oder Verantwortungsbereichen vorgenommen wird. Die älteste und bekannteste Gruppe ist die der „groben" Behandlungsfehler.[109] Hat der Arzt schuldhaft einen

---

[102] LAUFS, Rdnr. 479; s.a. GIESEN, ArzthaftungsR, S. 124 m.w.N.

[103] Vgl. dazu *BVerfG*, BVerfGE 52, 131 = NJW 1979, 1925; s.a. ERMAN/SCHIEMANN, § 823 BGB, Rdnr. 142; LAUFS, Rdnr. 593.

[104] *BGH*, NJW 1956, 1835; VersR 1978, 82 (85) = JZ 1978, 275 (277); SOERGEL/ZEUNER, § 823 BGB, Rdnrn. 291ff. m.w.N. Zur OLG-Rspr. aus neuester Zeit MK/MERTENS, § 823 BGB, Rdnr. 413 FN 716. Grds. zum Beweis des ersten Anscheins *(prima-facie-Beweis)* vgl. SOERGEL/ZEUNER, § 823 BGB, Rdnr. 288; ausf. hierzu im Kontext von Arzthaftungsprozessen UHLENBRUCK, NJW 1965, 1057ff. m.w.N.

[105] Zu nennen sind z.B. die Konstitution oder eigenes Verschulden des Patienten, vgl. FRANZKI, DRiZ 1977, 36; FRANZKI/FRANZKI, NJW 1975, 2225.

[106] Vgl. dazu SOERGEL/ZEUNER, § 823 BGB, Rdnrn. 281ff. m. Nachw. der Rspr.

[107] Vgl. die Nachw. bei PALANDT/HEINRICHS, § 282 BGB, Rdnr. 18.

[108] St. Rspr., vgl. *RG*, RGZ 128, 121 (123); *BGH*, NJW 1981, 2004; zust. etwa UHLENBRUCK, NJW 1965, 1057 (1064); WEYERS/MIRTSCHING, JuS 1982, 317 (319).

[109] Ausf. zur Beweislastumkehr beim „groben" Behandlungsfehler BAUMGARTEL/WITTMANN, JA 1979, 113 (114) m.w.N. Weitere Fallgruppen sind die der schuldhaften Vereitelung der Beweisführung, insbes. der Verletzung der ärztlichen Dokumentationspflicht (vgl. grdl. *BGH*, BGHZ

grob regelwidrigen Behandlungsfehler begangen, der geeignet ist, einen Schaden der tatsächlich eingetretenen Art herbeizuführen, kehrt sich die Beweislast hinsichtlich der haftungsbegründenden Kausalität um: Wenn der Patient einen solchen Behandlungsfehler dargetan hat, muß der Arzt beweisen, daß es auch ohne diesen Fehler zu dem eingetretenen Schaden gekommen wäre, andernfalls haftet er.[110] Allerdings setzt die Annahme eines groben Behandlungsfehlers den Nachweis voraus, daß der behandelnde Arzt eindeutig gegen die anerkannten Regeln der ärztlichen Kunst verstoßen hat.

Damit kommt dem Sachverständigenbeweis im Behandlungsfehlerprozeß („Kunstfehlerprozeß") erhebliche Bedeutung zu.[111] Denn regelmäßig wird es dem Patienten an der notwendigen Sachkunde fehlen, um den Sachverhalt vom medizinischen Standpunkt beurteilen und überhaupt einen Behandlungsfehler darlegen zu können. In den meisten Fällen erhebt das Gericht den Sachverständigenbeweis denn auch auf Beweisantrag einer Partei (§ 403 ZPO). Analog § 244 Abs. 4 S. 1 StPO darf es den Beweisantrag nur ablehnen, wenn es die nötige Sachkenntnis selbst hat. Eine über die allgemeine Lebenserfahrung hinausgehende Sachkenntnis muß das Gericht vor dem Urteilsspruch mitteilen und in den Entscheidungsgründen nachweisen.[112] Sind schwierige medizinische Fragen zu beantworten, ist der Tatrichter nach Ansicht des *BGH* verpflichtet, von sich aus Sachverständigenbeweis zu erheben (vgl. §§ 144 Abs. 1, 273 Abs. 2 Nr. 4, 287 Abs. 1 S. 2, 372 Abs. 1 ZPO).[113]

Wer medizinischer Sachverständiger sein soll, bestimmt das Gericht (vgl. § 404 Abs. 1 ZPO).[114] Die Parteien dürfen zwar gem. § 404 Abs. 3 ZPO Sachverständige vorschlagen, aber nach § 404 Abs. 4 HS. 1 ZPO wird das Gericht nur durch den übereinstimmenden Vorschlag beider Parteien gebunden. Bereits daran wird deutlich, daß der medizinische Sachverständige wie der Richter, dessen Gehilfe er ist,[115] unparteiisch zwischen den Parteien stehen und kein eigenes Interesse am Ausgang des Verfahrens haben soll.[116] Deshalb kann auch er wegen Besorgnis der Befangenheit abgelehnt werden (§ 406 ZPO). Hierfür kann bereits ausreichend sein, daß er schon dem Prozeßgegner oder dessen Haftpflichtversicherer ein entgeltliches Privatgutachten erstattet hat.[117] Im übrigen haben die Gerichte die Pflicht, das Gutachten des Sachverständigen mit größter Sorgfalt

---

72, 132, 139), und der Verletzung beherrschbarer Nebenpflichten (vgl. dazu *BGH*, NJW 1978, 584 = VersR 1978, 82 = JR 1978, 372 = JZ 1978, 275).

[110] PALANDT/HEINRICHS, § 282 BGB, Rdnr. 19.

[111] Vgl. zum Sachverständigenbeweis im Arzthaftungsprozeß LAUFS, Rdnrn. 635ff.

[112] *BGH*, VersR 1958, 545; VersR 1993, 749; *OLG Stuttgart*, VersR 1991, 229; LAUFS, Rdnr. 654.

[113] *BGH*, VersR 1969, 615; NJW 1974, 1248; s.a. *BGH*, VersR 1986, 545; NJW 1987, 591.

[114] Näher dazu *BVerwG*, NJW 1984, 2645; *LSG Essen*, NJW 1983, 260; SCHELLHAMMER, Rdnr. 659.

[115] LAUFS, Rdnr. 647; LAUFS-UHLENBRUCK/SCHLUND, § 118 Rdnr. 2; s.a. BGHZ 23, 213; 62, 59; SCHELLHAMMER, Rdnr. 646.

[116] ULSENHEIMER (Der Frauenarzt 1989, 673) spricht insoweit vom „Gebot der Unparteilichkeit, strikter Neutralität und persönlicher Unabhängigkeit" des med. Sachverständigen.

[117] Vgl. SCHELLHAMMER, Rdnr. 651 m. Nachw. der Rspr.

kritisch zu würdigen.[118] Insbesondere müssen sie berücksichtigen, daß ärztliche Sachverständige oftmals aus falsch verstandener Kollegialität dazu neigen, sich über etwaige Kunstfehler anderer Ärzte nur sehr zurückhaltend zu äußern.[119] Daraus folgt eine gesteigerte Hinweis- und Aufklärungspflicht (§§ 139, 286 ZPO) der deutschen Richter in Arzthaftungsprozessen. Bleiben Zweifel an der Objektivität des Sachverständigen, ist das Gutachten nicht mehr verwertbar.[120]

Eine für den Patienten wesentlich günstigere Beweissituation entsteht dagegen, wenn er sich auf einen ärztlichen Aufklärungsfehler beruft: Stützt sich der Patient auf eine Verletzung der Aufklärungspflicht seitens des Arztes, trägt nach allgemeiner Ansicht nämlich der Arzt die Beweislast dafür, daß er seiner Aufklärungspflicht genügt hat.[121] Denn eine ausreichende Aufklärung ist Voraussetzung für eine wirksame Einwilligung und teilt damit beweisrechtlich deren Charakter als Rechtfertigungsgrund für den überwiegend als Körperverletzung qualifizierten ärztlichen Heileingriff.[122] Gelingt es dem Arzt danach nicht, eine wirksame Einwilligung des Patienten zu beweisen, haftet er auch ohne Verschulden für den gesamten, durch den rechtswidrigen Eingriff adäquat verursachten Schaden. Erhebt der Arzt den nach überwiegender Auffassung zulässigen Einwand, der betroffene Patient hätte sich nicht „aufklärungsrichtig" verhalten, werden an den Beweis dieser Behauptung strenge Anforderungen gestellt: So muß feststehen, daß der Patient in den vorgenommenen Eingriff gerade zur fraglichen Zeit durch eben jenen Arzt zugestimmt hätte.[123] Da dieser Beweis vom Arzt zu erbringen ist, trägt dieser das Risiko, daß sich nachträglich nicht mehr feststellen läßt, ob der Patient auch bei ordnungsgemäßer Aufklärung in die Behandlung eingewilligt hätte.[124] Beweisrechtlich hat der Patient mit der Rüge einer Verletzung der Aufklärungspflicht daher oft eher Erfolg als mit der Behauptung eines Behandlungsfehlers. Das hat dazu geführt, daß sich das Schwergewicht der Arzthaftungsprozesse zunehmend auf den Vorwurf einer Verletzung der Aufklärungs-

---

[118] Vgl. MK/EMMERICH, Vor § 275 BGB, Rdnr. 369; DUNZ, Praxis. S. 27; s.a. *BGH*, NJW 1975, 1463 (1464); VersR 1979, 939 (940).

[119] LAUFS, Rdnrn. 588, 637 m.w.N.; s.a. LAUFS-UHLENBRUCK/SCHLUND, § 122 Rdnr. 14. Zu den Ursachen vgl. STEFFEN, ZVersWiss 1990, 31 (35f.)

[120] Vgl. statt aller MK/EMMERICH, Vor § 275 BGB, Rdnr. 369.

[121] St. Rspr., vgl. *RG*, RGZ 168, 431; *BGH*, JZ 1986, 241; JAUERNIG/TEICHMANN, § 823 BGB, Anm. VIII D 5d; MK/EMMERICH, Vor § 275 BGB, Rdnr. 365; GIESEN, ArzthaftungsR, S. 124, 132f.; DERS., Jura 1981, 10 (20); DEUTSCH/MATTHIES, S. 61f.; i.E. auch ERMAN/SCHIEMANN (§ 823 BGB, Rdnr. 141), der jedoch den materiellen Grund der Aufklärungspflicht in der Wahrung des Selbstbestimmungsrechts des Patienten sieht.

[122] DEUTSCH, HaftungsR, S. 209; a.A. der Teil der Lehre, der in der eigenmächtigen Behandlung eine Verletzung des Selbstbestimmungsrechts des Patienten sieht und deshalb dem Patienten die Beweislast für das Fehlen einer wirksamen Einwilligung auferlegt (vgl. die Nachw. bei ERMAN/SCHIEMANN *ibid*).

[123] Grdl. *BGH*, LM § 282 BGB Nr. 31 = NJW 1980, 1333; NJW 1984, 1397; MK/MERTENS, § 823 BGB, Rdnrn. 457f.

[124] Anders verhält es sich nur dann, wenn auch eine andere Entscheidung als die vom Arzt anzuratende vernünftig und nachvollziehbar erscheint, weil es für sie gute Gründe geben kann: In einem solchen Fall trägt ausnahmsweise der Patient die Beweislast dafür, daß er sich „aufklärungsrichtig" verhalten hätte. Vgl. hierzu ANKERMANN, S. 16f. m. Nachw. der Rspr.

pflicht verlagert hat, insbesondere in den Fällen, in denen die Behauptung eines Behandlungsfehlers beweismäßig nicht zum Ziel geführt hat.[125]

2.1.2
Englisches Recht

Auch in England steigt die Anzahl der Klagen gegen Ärzte und Krankenhausträger ständig,[126] ohne daß deshalb die Arzthaftung eine eigenständige gesetzliche Regelung erfahren hätte.[127] Als mögliche Haftungsgrundlagen konkurrieren vertragliche und deliktische Anspruchsgrundlagen miteinander, wobei der Schwerpunkt der Arzthaftung allerdings auf den deliktischen Ansprüchen liegt.

2.1.2.1
Haftung des alleinbehandelnden Arztes

Deliktische Haftung (tort) Das englische Deliktsrecht *(law of torts)* setzt sich aus einer Vielzahl verschiedener Einzeltatbestände zusammen, die jeweils bestimmte Interessen vor ungerechtfertigter Beeinträchtigung schützen und in ihren Voraussetzungen alle ihren eigenen Regeln folgen.[128] Für die Haftung des Arztes wegen vorsätzlichen Handelns ist neben den Tatbeständen des *false imprisonement*[129] (Freiheitsberaubung), der *misrepresentation* (Falschdarstellung) und des *deceit*[130] (in den USA *fraud*) (Betrug) vor allem der Tatbestand der *battery*[131] (Körperver-

---

[125] Vgl. ERMAN/SCHIEMANN, § 823 BGB, Rdnr. 132 („Ersatzhaftungsgrund"); LAUFS, Rdnr. 591 („Auffangtatbestand"). Dementsprechend wurde die Rüge der mangelnden Aufklärung vom *BGH* (NJW 1978, 588; JZ 1979, 530, 531) mehrfach als mißbräuchlich zurückgewiesen.

[126] Vgl. LEWIS, S. 2ff.; s.a. GIESEN, MML, S. 46 FN 78 m.w.N. Zur Kostenentwicklung ausf. JONES PN 3 (1987) 43ff. Zur weitaus dramatischeren Situation in den USA vgl. LEWIS *ibid* 10f.; HARLAND & JANDOO (1984) 24 MedSci & Law 123; zur Lage in beiden Ländern s.a. *The Pearson Report*, paras. 1318 (England), 1319 (USA); DE HAAN (1986) 136 NLJ 506f.

[127] Die 1973 eingesetzte *Royal Commission on Civil Liability and Compensation for Personal Injury* unter Vorsitz von LORD PEARSON empfahl in ihrem 1978 veröffentlichten Bericht, die herkömmliche, auf dem Verschuldensprinzip aufbauende Deliktshaftung für Personenschäden im wesentlichen beizubehalten, und riet im übrigen von der gesetzlichen Einführung eines verschuldensunabhängigen Entschädigungssystems *(no-fault compensation scheme)* für im Verlauf med. Behandlung auftretende Personenschäden ab (vgl. *The Pearson Report*, paras. 1348–1371). Bisher gibt es solche Systeme nur in Skandinavien und Neuseeland, und zwar in Form von privaten oder öffentlichen Versicherungen (näher dazu GIESEN, MML, Rdnrn. 1098ff., 1120ff.; KOEHLER, ZIAS 1994, 175ff.). Neuerdings mehren sich auch in England wieder die Stimmen, die ein *no-fault compensation scheme* befürworten, vgl. z.B. PEYSNER (1991) 135 SJ 1316.

[128] Trotz dieses Umstands hat man aus den Einzeltatbeständen ein übergeordnetes Prinzip zu entwickeln versucht, das mittlerweile unter der Bezeichnung *law of torts* als einheitliches Rechtsgebiet behandelt wird (vgl. statt aller STREET, S. 4f., 7). – Zu den Grundzügen des engl. Deliktsrechts vgl. HENRICH, Einführung, S. 71ff.; NEWTON, S. 153ff.; ZWEIGERT/KÖTZ, Bd. II, § 17 III (S. 342ff.).

[129] Näher zu *false imprisonement* im med. Bereich vgl. SPELLER, S. 96f.

[130] Näher zu *deceit* im med. Bereich vgl. SKEGG, S. 93ff.

[131] *Battery* tritt regelmäßig zusammen mit *assault* als Begriffspaar auf, wobei *assault* zunehmend als Oberbegriff verwendet wird (z.B. bei WILLIAMS, Textbook, S. 173, der *battery* als *physical*

letzung) von Bedeutung. Mit Rücksicht auf die Besonderheiten des Arzt-Patienten-Verhältnisses[132] haben die englischen Gerichte den Anwendungsbereich dieser Tatbestände, die dem klagenden Patienten durchweg prozessuale Vorteile bieten,[133] auf seltene Ausnahmefälle beschränkt.[134] Daher geht es in der weitaus überwiegenden Anzahl der Fälle um die Haftung des Arztes für fahrlässige Schädigung *(negligence)*.[135]

Negligence ist eine rechtsgeschichtlich gesehen relativ junge Anspruchsgrundlage. Die ältesten Klagen des *Common Law* sind *trespass to land or chattels* (Verletzung des Besitzes an einem Grundstück oder beweglichen Sachen) und *trespass to the person*[136] (Verletzung der körperlichen Unversehrtheit). Beide Anspruchsgrundlagen gewährten Schadensersatz nur bei direkten Angriffen auf die Person oder Sache, ohne daß es auf ein Verschulden des *trespassers* oder auf den Eintritt eines konkreten Schadens ankam.[137] In Analogie zur *trespass*-Klage wurde im 14. Jahrhundert für nur mittelbar verursachte Schäden und für Unterlassungen die *trespass on the case* genannte Klage entwickelt,[138] aus der im 19. Jahrhundert der Tatbestand der *negligence* entstand.[139] Dieser übernahm zunächst nur eine Funktion der früheren *trespass on the case*-Klage, indem er Ersatz von

---

assault betrachtet). *Assault and battery* sind zwar ursprünglich Straftatbestände, haben jedoch ebenso zivilrechtliche Bedeutung (vgl. OFFENCES AGAINST THE PERSON ACT 1861, sec. 45). Während *assault* jede unmittelbare rechtswidrige Gewaltandrohung bezeichnet, erfaßt *battery* die tatsächliche Gewaltausübung gegenüber einer Person (vgl. SALMOND & HEUSTON, S. 133, 135; STREET, S. 28). Da jeder med. Eingriff eine potentielle Körperverletzung darstellt, haftet der Arzt wegen *battery*, sofern eine rechtfertigende Einwilligung des Patienten fehlt (so DUGDALE & STANTON, para. 11.64; JACKSON & POWELL, para. 6.52; BRAZIER, S. 55; SKEGG, S. 38ff., 76ff.).

[132] Ausf. hierzu *The Pearson Report*, para. 1304.

[133] Vgl. GRUBB (1985) 1 JContHealthL & Pol'y 75 (83); DERS., 43 [1984] CLJ 240 (242).

[134] Die *battery*-action bleibt relevant in den Fällen, in denen überhaupt keine Einwilligung vorlag bzw. diese durch Arglist erlangt wurde, die Einwilligung die Behandlung nicht mehr deckte oder aufgrund unzureichender Informationen gegeben wurde, vgl. GIESEN, MML, Rdnr. 36. Vgl. *Chatterton v Gerson* [1981] 1 AllER 257 (265f–g), QB; s.a. *Hills v Potter* [1983] 3 AllER 716 (758e), QB, u. *Freeman v Home Office* [1983] 3 AllER 589 (593d), QB, *affd* [1984] 1 AllER 1036, CA, *apprvd* in *Sidaway v Bethlem Royal Hosp Govns* [1985] 1 AllER 643 (650f–g *per* LORD SCARMAN), HL. Ähnliches gilt für einen Anspruch aus *misrepresentation* bzw. *deceit*, vgl. SKEGG, S. 94; GRUBB, Conceiving, S. 132.

[135] CLERK & LINDSELL, paras. 10.01ff.; SALMOND & HEUSTON, S. 214ff.; STREET, S. 3.

[136] Aus der *trespass to the person*-action haben sich später *assault and battery* und alle weiteren personenbezogenen Tatbestände (z.B. *false imprisonment*) entwickelt, vgl. SALMOND & HEUSTON, S. 133. Während die ältere *trespass*-action sowohl vorsätzliches als auch fahrlässiges Verhalten erfaßte, ist der Anwendungsbereich des *battery*-Tatbestands heute auf vorsätzliches Verhalten beschränkt, vgl. NEWTON, S. 190; ZWEIGERT/KÖTZ, Bd. II, § 17 III (S. 345); s.a. Anm. 134.

[137] Vgl. statt aller SALMOND & HEUSTON, S. 6f.

[138] STREET, S. 17; ZWEIGERT/KÖTZ, Bd. II, § 17 III (S. 344). Dementsprechend war die *trespass on the case*-action die richtige Klageart für Schadensersatzansprüche gegen Ärzte, solange es den Tatbestand der *negligence* noch nicht gab, vgl. DUGDALE & STANTON, S. 90 m. Nachw. aus der älteren Rspr.

[139] Zur hist. Entwicklung i.e. WINFIELD (1934) 34 Columbia LR 41ff.; DERS., (1926) 42 LQR 184ff.

Schäden gewährte, die Angehörige sog. freier Berufe *(common callings)*[140] durch sorgfaltswidriges Verhalten verursacht hatten. Da man ihre Dienste gerade im Vertrauen auf ihre allgemein bekannte Sorgfalt und Redlichkeit sowie ihre besonderen Kenntnisse und Fähigkeiten in Anspruch zu nehmen pflegte, wurden die Mitglieder solcher Berufsstände für verpflichtet gehalten, den Standard ihres Berufs zu wahren.[141] Blieb ihre Tätigkeit im konkreten Fall hinter dem erwarteten Standard zurück, hafteten sie im Interesse der Allgemeinheit für den durch die Pflichtverletzung entstandenen Schaden.[142] Damit bezeichnete *negligence* anfangs nur die Begehungsart von bestimmten Delikten.[143] Später hat sich daraus ein eigener Deliktstatbestand entwickelt, der für ein nicht standardgemäßes Verhalten haften läßt.[144] Dabei ist Haftungsgrundlage nicht etwa das subjektive Verschulden des Einzelnen, sondern die Nichteinhaltung eines objektiven Standards, nach dem ein vernünftiger Mensch mit durchschnittlicher Vorsicht *(a reasonable man of ordinary prudence)* sein Verhalten unter den gegebenen Umständen ausgerichtet hätte.[145]

Um die Haftung für nicht standardgemäßes Verhalten auf einen vertretbaren Umfang zu beschränken, haben die englischen Gerichte folgende Tatbestandsmerkmale der *negligence* entwickelt:[146] Zunächst muß der Schädiger gegenüber dem Geschädigten eine Sorgfaltspflicht *(duty of care)* gehabt haben, um diesen durch standardgemäßes Verhalten vor Schaden zu bewahren. Ferner muß das Verhalten des Schädigers im Einzelfall dem Standard nicht entsprochen haben *(breach)*. Schließlich muß der Geschädigte einen Schaden *(injury* oder *damage)* erlitten haben, der sich als dem Schädiger vernünftigerweise zurechenbare Folge seines sorgfaltswidrigen Verhaltens darstellt.[147] Erst wenn diese Voraussetzungen kumulativ erfüllt sind, ist der Schädiger dem Geschädigten zum Schadensersatz *(damages)* verpflichtet.

---

[140] Dazu zählten damals höchst unterschiedliche Professionen, z.B. neben den Ärzten auch Metzger (!), Gastwirte und Fährleute. Zum Ursprung der *negligence*-Klage vgl. HOLDSWORTH, Vol. 8, S. 449; ZWEIGERT/KÖTZ, Bd. II, § 17 III (S. 347); speziell in bezug auf Ärzte vgl. NATHAN, S. 6; s.a. GIESEN, MML, Rdnr. 2.

[141] HOLDSWORTH, Vol. 3, S. 385f. Zu den besonderen Merkmalen der freien Berufe näher JACKSON & POWELL, para. 1.01.

[142] HOLDSWORTH *ibid.*

[143] Zu den verschiedenen Bedeutungen, die der Begriff *negligence* heute noch hat, vgl. CHARLESWORTH & PERCY, paras. 1.01ff.; HENRICH, Einführung, S. 77; NEWTON, S. 155, 169.

[144] FLEMING, Law, S. 102; SALMOND & HEUSTON, S. 216; ZWEIGERT/KÖTZ, Bd. II, § 17 III (S. 347).

[145] FLEMING, Law, S. 105; SALMOND & HEUSTON, S. 247; ZWEIGERT/KÖTZ, Bd. II, § 17 III (S. 348f.).

[146] Vgl. JACKSON & POWELL, para. 1.13; FLEMING, Introduction, S. 20f.; UNDERWOOD & HOLT, S. 1; WILLIAMS & HEPPLE, S. 95f.; WINFIELD & JOLOWICZ, S. 72; ZWEIGERT/KÖTZ, Bd. II, § 17 III (S. 348). Zur hist. Entwicklung vgl. HOLDSWORTH, Vol. 8, S. 450ff.

[147] Nimmt man die Kausalität als eigenständige Haftungsvoraussetzung hinzu, sind die notwendigen Elemente einer *Common Law negligence*-action *duty*, *breach*, *remoteness* und *damage*, vgl. *Hotson v East Berkshire AHA* [1987] 2 AllER 909 (919g–h *per* LORD ACKNER), HL; LEAHY TAYLOR, Doctor, S. 3.

Mit der Schaffung eines eigenständigen Tatbestands für sorgfaltswidriges Verhalten ist die Entwicklung des *law of torts* indes nicht stehengeblieben. Vielmehr wird sein Anwendungsbereich ständig erweitert. In England geschieht dies allerdings weniger durch die Bildung neuer Deliktstatbestände,[148] als durch die laufende Ausdehnung der Haftung für *negligence*, indem man sowohl höhere Anforderungen an das Verhalten setzt als auch den Kreis der geschützten Interessen immer weiter zieht.[149]

Vertragliche Haftung (contract) Neben der Haftung aus *negligence* kommt grundsätzlich auch eine Haftung aus Vertrag *(contract)* in Frage. Jedoch wird in den wenigsten Fällen zwischen Arzt und Patient gleichzeitig ein Vertrag vorliegen, da sich die überwiegende Mehrheit der Bevölkerung in medizinischen Fragen vom *NHS*[150] betreuen läßt. Hinsichtlich der vertraglichen Haftung unterscheidet das *Common Law* Englands streng zwischen der medizinischen Versorgung durch den *NHS* und privater ärztlicher Behandlung: Zwischen einem *NHS*-Patienten und seinem Arzt bestehen keine vertraglichen Beziehungen.[151] In *Pfizer Corp v Minister of Health*[152] entschied das House of Lords, daß es an einem Vertragsverhältnis fehle, wenn der Staat in Erfüllung seiner gesetzlichen Verpflichtung dem Bürger besondere Dienste zur Verfügung stelle. Der einer staatlichen Versorgung innewohnende Zwang lasse sich nicht mit der für einen Vertragsschluß typischen Gleichordnung beider Parteien vereinbaren, selbst wenn der Patient einen gewissen Beitrag für die Inanspruchnahme der staatlichen Dienste zu entrichten habe.[153] Damit bleibt der Abschluß eines Behandlungsvertrags Privatpatienten vorbehalten.

---

[148] Ein seltenes Bsp. bildet die Entwicklung einer Gefährdungshaftung für gefährliche Anlagen in *Rylands v Fletcher* (1868) LR 3HL 330. – Die Entwicklung in den USA schreitet allerdings ungleich schneller voran als in England, dessen Gerichte traditionell konservativer sind. Vgl. zu den neuen Deliktstatbeständen *infliction of mental distress* und *invasion of privacy* PROSSER & KEETON, S. 54ff., 849ff.

[149] Zur Ausdehnung der Haftung von Angehörigen freier Berufe vgl. JACKSON & POWELL, para. 1.16; FLEMING (1984) 4 OJLS 235 (237).

[150] Der *NHS* wurde aufgrund des NATIONAL HEALTH SERVICE ACT 1947 eingerichtet. In der Folgezeit gab es zahlr. Änderungs- und Erweiterungsgesetze, die im NATIONAL HEALTH SERVICE ACT 1977 zusammengefaßt wurden. Zu den Aufgaben und zur Struktur des *NHS* vgl. HALSBURY'S, Vol. 33, paras. 1ff.; LEWIS, S. 17ff.

[151] Vgl. JACKSON & POWELL, para. 6.03; BRAZIER, S. 70, 83, 243; BELL (1982) 4 LS 175; s.a. GIESEN, MML, Rdnr. 10. Allerdings wird teilweise ein Vertragsschluß angenommen, wenn sich ein *NHS*-Patient von einem Arzt für Allgemeinmedizin *(General Practitioner*, kurz: *GP)* in dessen Behandlungsliste aufnehmen läßt und damit dessen Anspruch auf Vergütung erhöht, weil darin die erforderliche Gegenleistung *(consideration)* liege (so etwa JACKSON & POWELL *ibid* FN 7; MARTIN, S. 244; SPELLER, S. 4f.; a.A. wohl *Hotson v East Berkshire AHA* [1987] 1 AllER 210, CA, *revd* [1987] 2 AllER 909, HL; *The Pearson Report*, para. 1313; BRAZIER *ibid* 70).

[152] [1965] AC 512, HL.

[153] *Ibid* 536B, 544G, 522G, HL.

Die vertragliche Haftung des Arztes richtet sich nach dem Inhalt des Behandlungsvertrags.[154] Wenn sich der Arzt über den allgemeinen Behandlungsvertrag hinaus zur Herbeiführung eines bestimmten Heilungserfolgs oder Operationsergebnisses verpflichtet und dafür eine besondere Gegenleistung *(consideration)* erhält, kommt ein sog. express contract zustande, der dem Arzt eine besondere vertragliche Pflicht auferlegt, das vereinbarte Behandlungsziel zu erreichen.[155] Bleibt der Erfolg aus, haftet der Arzt dem Patienten[156] auch ohne Verschulden wegen Vertragsbruchs *(breach of an express contract)*.[157] Im Regelfall wird allerdings vermutet, daß der Arzt kein derartiges Erfolgsversprechen abgeben wollte.[158] Stattdessen wird in den Behandlungsvertrag lediglich ein sog. implied contract hineingelesen, der den Arzt zur Einhaltung der üblichen Sorgfalt verpflichtet.[159] Handelt der Arzt sorgfaltswidrig, haftet er dann zwar ebenfalls wegen Vertragsbruchs *(breach of an implied contract)*, allerdings nur bei nachgewiesenem Verschulden.[160]

In welchem Verhältnis vertragliche und deliktische Haftung des Arztes zueinander stehen, ist dogmatisch noch nicht endgültig geklärt.[161] Einerseits herrschte bis Mitte der 70er Jahre noch die Auffassung vor, daß das Vorhandensein einer vertraglichen Beziehung zwischen dem Angehörigen eines freien Berufs und seinem Klienten eine davon unabhängige deliktische Haftung nicht begründen kön-

---

[154] Vgl. JACKSON & POWELL, para. 1.10; BRAZIER, S. 243; UNDERWOOD & HOLT, S. 47. Zur vertraglichen Haftung freier Berufe allg. vgl. JACKSON & POWELL *ibid* 1.08ff. – Zu den Grundzügen des engl. Vertragsrechts NEWTON, S. 225ff., und speziell zum *breach of contract ibid* 285ff.

[155] DUGDALE & STANTON, para. 4.02; JACKSON & POWELL, para. 6.05; NATHAN, S. 16; UNDERWOOD & HOLT, S. 5; s.a. GIESEN, ArzthaftungsR, S. 2; DERS., MML, Rdnr. 20.

[156] Vertragliche Ansprüche Dritter scheiden allein schon wegen der Lehre von der *privity of contract* aus, der zufolge Rechte und Pflichten eines Vertrags lediglich für und gegen die Vertragspartner begründet werden. Vgl. *Tweddle v Atkinson* (1861) 1 B & S 393; *Dunlop Pneumatic Tyre v Selfridge & Co* [1915] AC 847, HL; ZWEIGERT/KÖTZ, Bd. II, § 11 IV (S. 172f.); ausf. GIESEN, MML, Rdnrn. 15ff.

[157] Ein vertraglicher Haftungsausschluß verstieße gegen den UNFAIR CONTRACT TERMS ACT 1977, sec. 2.

[158] *Greaves & Co (Contractors) Ltd v Baynham, Meikle & Partners* [1975] 3 AllER 99 (103h *per* Lordrichter DENNING, MR), CA; BUCKLEY, para. 15.13; BRAZIER, S. 83; NATHAN, S. 22; BELL (1982) 4 LS 175f.; s.a. GIESEN, MML, Rdnr. 21. Es kommt nicht auf die Vorstellungen der Parteien an, sondern darauf, wie das Gericht unter Berücksichtigung der besonderen Umstände des Einzelfalls den Behandlungsvertrag auslegt, vgl. GIESEN *ibid* 23 m.w.N. – Zur strikten Haftung des Arztes bei Anfertigung von Hilfsmitteln (z.B. Zahnprothese) und Anwendung von Medikamenten (z.B. Spritzen) vgl. BELL *ibid* 176ff.; s.a. JACKSON & POWELL, para. 1.12; GIESEN *ibid* 24f.

[159] BUCKLEY *ibid*; DUGDALE & STANTON, para. 6.12; JACKSON & POWELL, paras. 1.11, 6.03; NATHAN, S. 10; STREET, S. 3; UNDERWOOD & HOLT, S. 5. Dieses Prinzip des *Common Law* Englands ist mittlerweile in secs. 13 u. 16 des SUPPLY OF GOODS AND SERVICES ACT 1982 gesetzlich verankert. Vgl. dazu näher BELL (1982) 4 LS 175 (177f.).

[160] Vgl. i.e. BURROWS, S. 4f.

[161] In bezug auf andere freie Berufe hat das Problem der Anspruchskonkurrenz *(concurrent liability)* weitaus größere Kontroversen hervorgerufen, vgl. z.B. JACKSON & POWELL, paras. 4.05ff (Rechtsanwälte); s.a. SCHWICHTENBERG, ZVglRWiss 91 (1992) 290ff.

ne, also Haftungsgrundlage allein der Vertragsbruch sei.[162] Zwar wurde diese Ansicht im Zuge der generellen Ausweitung der deliktischen Haftung in den 70er Jahren allmählich aufgegeben.[163] Seit den 80er Jahren ist die Entwicklung jedoch wieder rückläufig.[164] Andererseits wurde bereits Anfang dieses Jahrhunderts festgestellt, daß die Existenz eines Vertrags über die Gewährung medizinischer Behandlung einen Anspruch wegen Verletzung der im Vertrag stillschweigend enthaltenen Pflicht zur Sorgfalt nicht ausschließe, auch wenn eine eventuelle Pflichtverletzung als ihrem Wesen nach deliktisch einzustufen sei.[165] Dementsprechend wird die Haftung eines Arztes für eine Pflichtverletzung heute meistens deliktisch und nicht vertraglich begründet.[166] Der Kläger kann sich aber in den Fällen, in denen auch ein Vertrag abgeschlossen wurde, auf beide Ansprüche stützen und sie gleichzeitig einklagen.[167] Hinsichtlich des Umfangs der ärztlichen Sorgfaltspflicht besteht nach einmütiger Ansicht kein Unterschied zwischen der vertraglichen und deliktischen Anspruchsgrundlage.[168]

---

[162] JACKSON & POWELL, para. 1.17. Zur hist. Bedeutung des Vertragsrechts als Instrument zur Überwachung der freien Berufe vgl. JACKSON & POWELL *ibid* 1.08.

[163] So *Esso Petroleum Co Ltd v Mardon* [1976] QB 801 (819C–D *per* Lordrichter DENNING, MR), CA; *Batty v Metropolitan Realisations Ltd* [1978] QB 554 (566F–567A *per* Lordrichter MEGAW), CA; *Midland Bank Trust Co Ltd v Hett, Stubbs & Kemp* [1979] Ch 384 (417A–E, 433 *per* Richter OLIVER).

[164] Vgl. vor allem die Entscheidung des Privy Council in *Tai Hing Cotton Mill Ltd v Lin Chong Hing Bank Ltd* [1986] AC 80 (107B–D *per* LORD SCARMAN), die jedoch nur für bestimmte Berufsgruppen relevant ist. Vgl. JACKSON & POWELL (para. 1.18), welche die „reine Vertragslösung" nur in solchen Fällen für angemessen halten, in denen ein ausdrücklicher Vertrag zwischen dem Professional und seinem Klient vorliegt, was im med. Bereich äußerst selten vorkommen dürfte. Krit. auch GIESEN, MML, Rdnr. 9 FN 22. Auch in *Murphy v Brentwood DC* ([1991] 1 AC 398, HL) hat sich das House of Lords nicht eindeutig gegen eine Anspruchskonkurrenz ausgesprochen. Vgl. ausf. HUTCHISON/ZIMMERMANN, ZVglRWiss 94 (1995) 42ff.

[165] Vgl. *Edwards v Mallan* [1908] 1 KB 1002 (1005 *per* Lordrichter VAUGHAN WILLIAMS), CA; DUGDALE & STANTON, para. 6.12; s.a. GIESEN, MML, Rdnr. 9.

[166] NATHAN, S. 7; XI IECL: Torts (1983) ch. 6 secs. 15ff.; GIESEN, MML, Rdnr. 30; s.a. *Hedley Byrne & Co Ltd v Heller & Partners Ltd* [1963] 2 AllER 575, HL. Der tatsächliche Grund hierfür liegt darin, daß die Bevölkerung mehrheitlich vom *NHS* versorgt wird (vgl. § 2 A II 1 b), S. 60, *supra*).

[167] Ganz h.M., vgl. CHARLESWORTH & PERCY, paras. 8.17, 8.87; CLERK & LINDSELL, paras. 1.03ff.; DUGDALE & STANTON, para. 6.12; JACKSON & POWELL, para. 6.08; XI IECL: Torts (1983) ch. 12 secs. 47ff.; NATHAN, S. 11; SALMOND & HEUSTON, S. 11ff.; STREET, S. 3; s.a. GIESEN, MML, Rdnr. 46.

[168] Vgl. *Hotson v East Berkshire AHA* [1987] 1 AllER 210 (216b *per* SIR JOHN DONALDSON, MR, 222g *per* Lordrichter CROOM-JOHNSON), CA, *revd* [1987] 2 AllER 909, HL; *The Pearson Report*, para. 1313; HALSBURY'S, Vol. 30, para. 38; CHARLESWORTH & PERCY, para. 8.87; JACKSON & POWELL, para. 6.13; BRAZIER, S. 70; NATHAN *ibid*; s.a. GIESEN, MML, Rdnrn. 8, 109. – Der einzige Unterschied liegt im Ursprung der jeweiligen *duty*, die im Fall eines Vertrags dem Vertragsinhalt entnommen wird *(implied)*, während sie im Fall einer unerlaubten Handlung vom Gesetz auferlegt worden ist *(imposed)*, vgl. GIESEN *ibid* 110 m.w.N. Wegen der unterschiedlichen materiellen und prozessualen Regeln ist es allerdings manchmal für den Kläger günstiger, sich auf die vertragliche Anspruchsgrundlage zu stützen (so auch GIESEN *ibid* 44f.).

2.1.2.2
Mehrere Beteiligte an der medizinischen Behandlung

In England stellt sich dem stationär behandelten Patienten angesichts der Vielzahl der an seiner Behandlung beteiligten Personen ebenso die Frage, wen er im Schadensfall am besten in Anspruch nehmen soll. In prozessualer Hinsicht mag es durchaus vorteilhaft sein, als Arbeitgeber des behandelnden Arztes den Krankenhausträger *(employing authority)*, also im Fall einer Behandlung in einem *NHS*-Krankenhaus[169] die jeweilige Gesundheitsbehörde auf der *district*-Ebene *(district area health authority)*[170] (mit) zu verklagen: Am Ende eines stationären Aufenthalts kann der Patient möglicherweise nicht mehr genau sagen, welches Mitglied des Ärzteteams den aufgetretenen Fehler tatsächlich zu verantworten hat. Diese Schwierigkeit tritt nicht mehr auf, wenn er einfach (auch) die entsprechende Gesundheitsbehörde[171] verklagt, die als Arbeitgeber für das Verhalten des gesamten Teams die Verantwortung trägt. Bis zur Einführung der sog. NHS indemnity Anfang 1990[172] mußten sich Krankenhaus-Ärzte laut den Bedingungen ihres Arbeitsvertrags darüber hinaus regelmäßig für den „Ernstfall" finanziell wappnen und versicherten sich deshalb über ihre Mitgliedschaft in den beiden Berufsverbänden der *Medical Defence Union (MDU)* oder der *Medical Protection Society (MPS)* gegen ihr Berufshaftpflichtrisiko; von der vertraglichen Versicherungspflicht ausgenommen waren nur medizinische Hilfskräfte sowie die meisten Krankenschwestern und -pfleger.[173] Im übrigen darf der Patient ohnehin mehr als eine Partei verklagen, also etwa neben dem behandelnden Arzt die verantwortliche Gesundheitsbehörde, auch wenn namhafte Arztrechtler Englands diese Vorgehensweise nur ausnahmsweise als vorteilhaft beurteilen.[174] In der Pra-

---

[169] Da sich im Vereinigten Königreich 97 % der Krankenhausbetten in (zentral-) staatlicher Trägerschaft, zumeist in das *NHS*-Programm eingebunden, befinden (vgl. NATIONAL HEALTH SERVICE ACT 1977; für Schottland: NATIONAL HEALTH SERVICE (SCOTLAND) ACT 1978; GIESEN, MML, Rdnr. 69), konzentrieren sich die nachfolgenden Ausführungen auf die Haftung der *NHS*-Krankenhäuser.

[170] Vgl. NATIONAL HEALTH SERVICE ACT 1977, Sched. 5, para. 15; s.a. CLERK & LINDSELL, para. 11.24 FN 51; JACKSON & POWELL, para. 6.66; BRAZIER, S. 87; DIAS & MARKESINIS, S. 154; LEWIS, S. 177. Lediglich im Einzelfall ist statt der *district health authority* das Krankenhaus selbst oder sein Vorstand passivlegitimiert. Auch die *regional health authority* kommt nur bei besonderer Fallgestaltung als Klagegegner in Betracht (LEWIS *ibid*).

[171] Vor Inkrafttreten des HEALTH SERVICES ACT 1980 war der *NHS* durch die *regional, area* und *district health authority* noch dreistufig aufgebaut. Danach ging die *area health authority* in der *district health authority* auf, so daß die heutige Struktur des *NHS* nur noch durch zwei Verwaltungsebenen gekennzeichnet ist. Außerdem hat die *district health authority* nunmehr den Status einer juristischen Person. Vgl. i.e. NATIONAL HEALTH SERVICE ACT 1977, sec. 8, i.d.F. des HEALTH SERVICES ACT 1980, sec. 1, u. des NATIONAL HEALTH SERVICE AND COMMUNITY CARE ACT 1990, sec. 1; LEWIS, S. 17ff.

[172] Vgl. das Rundschreiben des Dept of Health HC (89) 34 von 1989. Zur neuen Rechtslage und den rechtspolitischen Hintergründen ausf. BRAZIER (1990) 6 PN 88ff.; JACOB [1991] PL 255 (264f.).

[173] BRAZIER, S. 86; NELSON-JONES & BURTON, S. 9.

[174] Krit. z.B. BRAZIER, S. 86f.; LEWIS, S. 177f.; NELSON-JONES & BURTON *ibid.*

xis wird in der überwiegenden Anzahl der Arzthaftungsfälle aus prozeßtaktischen Gründen allein die jeweilige Gesundheitsbehörde verklagt.[175]

Interessanterweise herrschte noch Anfang dieses Jahrhunderts in der englischen Rechtsprechung die Auffassung vor, daß Krankenhausträger lediglich für Schäden einzustehen hätten, die im rein verwaltungstechnischen Bereich (Unterbringung, Verpflegung etc.) eingetreten waren.[176] Dagegen schreckten die Gerichte zunächst davor zurück, den Krankenhausträgern die Haftung für ein Fehlverhalten ihres medizinisch geschulten Personals aufzuerlegen, sofern dieses sorgfältig ausgesucht worden war.[177] Dieses Haftungsprivileg erstreckte sich auf die Ärzteschaft und die mit der medizinischen Pflege des Patienten betrauten Krankenschwestern und galt für alle im Laufe der Dienstausübung begangenen Behandlungsfehler.[178] Mit Erfolg verteidigten sich die Krankenhausträger damals mit dem Argument, daß sie die Behandlung nicht selbst vornähmen, sondern den Patienten nur in die Hände ihrer dafür besonders ausgebildeten Angestellten gäben.[179] Rechtlich wurde das Haftungsprivileg der Krankenhausträger damit begründet, daß Chirurgen und vergleichbare Fachkräfte ihren Dienst unabhängig von irgendwelchen Weisungen des Krankenhausträger ausübten und dementsprechend aufgrund eines Dienstvertrags *(contract for services)* und nicht nur eines Arbeitsvertrags *(contract of services)* tätig wären. Damit fehlte es an dem für die stellvertretende Haftung *(vicarious liability)* traditionell erforderlichen Element der Aufsicht *(control)*[180], welche der Krankenhausträger als „Herr" *(master)* der Behandlung hätte ausüben müssen, mit der Folge, daß seine medizinisch geschulten Angestellten wie Ärzte und Krankenschwestern nicht als seine „Diener" *(servants)* gelten konnten.[181] Heute wird vermutet, daß das frühere Haftungsprivileg der Krankenhausträger allein rechtspolitische Gründe hatte: Vor der Einführung des *NHS* dienten viele Krankenhäuser als Einrichtungen der Wohlfahrtspflege den Kranken und Bedürftigen, die dort kostenlos behandelt und gepflegt wurden. Solange solche Krankenhäuser auf freiwillige Spenden angewiesen waren, sollte

---

[175] Vgl. nur MASON & MCCALL SMITH, S. 164. Inzwischen besteht sogar eine allg. Tendenz, im Schadensfall allein den Krankenhausträger in Anspruch zu nehmen. Näher dazu XI IECL: Torts (1983) ch. 6 sec. 77; GIESEN, MML, Rdnrn. 80ff. – Zur Haftungsverteilung im Innenverhältnis vgl. wiederum das Rundschreiben des Dept of Health HC (89) 34 von 1989, das nunmehr die Gesundheitsbehörden verpflichtet, Krankenhausärzte des *NHS* von der Haftung für *negligence* vollständig freizustellen, vgl. JACKSON & POWELL, para. 6.68; krit. BRAZIER (1990) 6 PN 88, 89f. Zur alten Rechtslage vgl. LEWIS, S. 178; MARTIN, S. 95f.; LEE (1979) 8 Anglo-Am 313 (326ff.).

[176] Vgl. statt aller MARTIN, S. 388.

[177] Als *leading case* für diese – inzwischen überholte – Ansicht gilt *Hillyer v St Bartholomew's Hosp* [1909] 2 KB 820, CA; krit. LEE (1979) 8 Anglo-Am 313 (314) unter Hinweis auf die noch ältere Entscheidung *Evans v Liverpool Corp* [1906] 1 KB 160, KBD. Vgl zur Entwicklung der Rspr. ausf. MARTIN, S. 388ff.

[178] CHARLESWORTH & PERCY, para. 8.103; NELSON-JONES & BURTON, S. 10.

[179] Vgl. NELSON-JONES & BURTON *ibid.*

[180] Zu den Voraussetzungen der *vicarious liability* näher CHARLESWORTH & PERCY, paras. 2.226ff.

[181] Vgl. *Hillyer v St Bartholomew's Hosp* [1909] 2 KB 820 (825 *per* Lordrichter FARWELL), CA; XI IECL: Torts (1983) ch. 6 sec. 78.

ihr ohnehin bescheidenes Budget davor bewahrt werden, durch Schadensersatzleistungen für angebliche Behandlungsfehler ihres medizinischen Personals aufgezehrt und letztlich zweckentfremdet zu werden.[182]

In einer Reihe von Entscheidungen weitete die englische Rechtsprechung allmählich die stellvertretende Haftung der Krankenhausträger aus, wobei der Fall *Gold v Essex County Council*[183] aus dem Jahre 1942 den Anfang machte. Mit der Verstaatlichung und Umstrukturierung des Gesundheitswesens im Jahre 1948 setzte bei den Gerichten ein Umdenken ein, so daß fortan Krankenhausträger nach den Grundsätzen der *vicarious liability* für die angestellten Ärzte und Chirurgen hafteten. In der Entscheidung *Cassidy v Ministry of Health*[184], die als *leading case* für die Begründung der modernen Theorie der Krankenhaushaftung gilt, wurde eine stellvertretende Haftung des Krankenhausträgers für die Behandlungsfehler seiner Angestellten, ob sie nun der Ärzteschaft oder dem Pflegepersonal angehörten, bejaht. Hinter der Entscheidung verbarg sich ein Wechsel vom klassischen *control*-Test zum modernen *organizational*-Test.[185] Danach kommt es für eine stellvertretende Haftung weniger auf die Aufsicht über das Personal als auf die Organisation des Krankenhausbetriebs durch den Krankenhausträger an. Ärzte und Krankenschwestern werden also als Teil der Krankenhausorganisation betrachtet, welche die einwandfreie Behandlung des Patienten zu gewährleisten hat. Dagegen wurde im Fall *Roe v Ministry of Health*[186] die Grundlage der Krankenhaushaftung wohl eher im Recht der Stellvertretung *(law of agency)* gesehen.

Heute kommt es für die stellvertretende Haftung des Krankenhausträgers auf die Rechtsbeziehung des Patienten zu der fahrlässig handelnden Person an:[187]

Behandelt der Chirurg oder Krankenhausarzt den Patienten aufgrund eines nur zwischen ihm und dem Patienten geschlossenen Vertrags, ist der Krankenhausträger lediglich für die sonstige Pflege verantwortlich und folglich nicht für Behandlungsfehler des Arztes haftbar. Dabei macht es keinen Unterschied, ob der Arzt Angestellter des Krankenhauses ist oder nicht. Da der Patient hinsichtlich der medizinischen Behandlung allein mit dem Arzt kontrahiert hat, sind etwaige Fehler in diesem Bereich nicht im Laufe der Tätigkeit des Arztes für den Krankenhausträger entstanden. Allerdings steht eine solche Vertragskonstellation nur dem Privatpatienten offen, unabhängig davon, ob dieser sich in einem *NHS*- oder einem Privatkrankenhaus behandeln läßt.[188] Bei einem Behandlungs-

---

[182] DIAS & MARKESINIS, S. 381; MARTIN, S. 384; NELSON-JONES & BURTON, S. 10; XI IECL: Torts (1983) ch. 6 sec. 82; krit. auch insoweit LEE (1979) 8 Anglo-Am 313 (326ff.).

[183] [1942] 2 KB 293, CA.

[184] [1951] 2 KB 343, CA.

[185] So KAHN-FREUND (1951) 14 MLR 504; BETTLE (1987) 137 NLJ 573; XI IECL: Torts (1983) ch. 6 sec. 79; a.A. DIAS & MARKESINIS, S. 382. – Die Verantwortung des Krankenhausträgers für seine Organisation wurde auch in *Jones v Manchester Corp* [1952] 2 KB 852, CA, betont.

[186] [1954] 2 QB 66, CA.

[187] Mißverständlich insoweit XI IECL: Torts (1983) ch. 6, sec. 80.

[188] So CLERK & LINDSELL, para. 11.24; BRAZIER, S. 88.

fehler kann der Privatpatient also nur den jeweiligen Arzt, bei einem Fehler im Bereich der sonstigen Pflege nur den Krankenhausträger verklagen. Unter Umständen bedeutet dies für den Privatpatienten einen Nachteil, weil er erst einmal herausfinden muß, welchem Bereich die erlittene Pflichtverletzung zuzurechnen und wer dafür im einzelnen verantwortlich ist.

Schließt der Patient dagegen mit dem Krankenhausträger einen Vertrag, der sowohl die medizinische Behandlung als auch die sonstige Pflege umfaßt, haftet der Krankenhausträger für jegliche Fehler seines Personals. Dies ist vor allem für den *NHS*-Patienten von Bedeutung, der sich in einem *NHS*-Krankenhaus behandeln läßt.[189] Nach langer Ungewißheit steht nämlich nunmehr fest, daß das Krankenhauspersonal zu den „Dienern" *(servants)* des Krankenhausträgers i.S. der Grundsätze der *vicarious liability* gehört.[190] Privatpatienten gegenüber haftet der Krankenhausträger in einem solchen Fall dagegen nicht stellvertretend, sondern direkt wegen Vertragsbruchs *(breach of contract)*.[191] Vergleichbar der jüngsten Entwicklung im deutschen Recht wird eine direkte Haftung des Krankenhausträgers gegenüber einem *NHS*-Patienten, abgesehen von den Fällen eines bloßen Organisationsverschuldens[192], neuerdings auch für Fehler im Bereich der medizinischen Behandlung und sonstigen Pflege befürwortet.[193]

2.1.2.3
Voraussetzungen der Arzthaftung

Die Voraussetzungen der Arzthaftung sind somit in materieller Hinsicht das Vorliegen einer Pflichtverletzung *(breach of duty)* und eines Schadens *(damage)* sowie ein ausreichender Kausalzusammenhang zwischen diesen beiden Haftungselementen *(remoteness of damage,* in den USA *proximate cause)*.

Pflichtverletzung (breach of duty) Da jede Pflichtverletzung begrifflich das Bestehen einer Sorgfaltspflicht voraussetzt, kommt es zunächst darauf an, ob der Schädiger die Verletzung der geschützten Interessen gerade des Betroffenen vorhersehen konnte *(duty)*.[194] Im Verhältnis eines Arztes zu seinem Patienten ist dies

---

[189] Vgl. statt aller BRAZIER, S. 86f.

[190] Vgl. STREET, S. 487f. m.w.N.

[191] So BRAZIER, S. 88f.; vors. dagegen LEWIS, S. 179.

[192] *Wilsher v Essex AHA* [1988] 1 AllER 871, HL.

[193] Vgl. CLERK & LINDSELL, para. 11.24; BRAZIER, S. 87f.; LEWIS, S. 180ff.; SALMOND & HEUSTON, S. 469; STREET, S. 493f.; WINFIELD & JOLOWICZ, S. 565; alle im Anschluß an die Äußerungen insbes. von Lordrichter DENNING in *Cassidy v Ministry of Health* [1951] 2 KB 343 (359f.), CA, u. *Roe v Ministry of Health* [1954] 2 QB 66 (82), CA; ausf. hierzu GIESEN, MML, Rdnr. 86ff.; BETTLE (1987) 137 NLJ 573ff.; MONTGOMERY (1987) 137 NLJ 703ff.

[194] Vgl. die berühmte Entscheidung *Donoghue v Stevenson* [1932] AC 562, HL (Sc), mit der klassischen Definition der *duty* anhand des Kriteriums der Schadensnähe *(proximity)* durch LORD ATKIN (*ibid* 579). Inzwischen spricht man insoweit auch vom Nachbarschaftsprinzip *(neighbour principle)*, in Anlehnung an den berühmten Ausspruch von LORD ATKIN (*ibid* 580). Eine neuere Definition formulierte LORD WILBERFORCE in *Anns v London Borough of Merton* [1978] AC 729 (751G–752B), HL, einer Synopsis der Entscheidungen *Donoghue v Stevenson ibid*, *Hedley Byrne & Co Ltd v Heller & Partners Ltd* [1963] 2 AllER 575, HL, u. *Home Office*

allgemein anerkannt.[195] Ob auch gegenüber dem nur finanziell betroffenen (Ehe-) Partner des Patienten eine derartige Pflicht besteht, ist allerdings noch ungeklärt.[196] Im Mittelpunkt der Arzthaftung steht damit die Frage, an welchem objektiven Standard das ärztliche Verhalten zu messen ist und ob der Arzt diesem Standard im Einzelfall genügt hat *(breach)*. Dabei sind es hauptsächlich zwei Gründe, welche die ärztliche Haftung tatsächlich auslösen können: Zum einen eine *contra legem artis* vorgenommene Behandlung *(treatment malpractice)*, zum anderen eine Behandlung, in die der Patient nicht eingewilligt hatte *(disclosure malpractice)*.[197]

- Unter *treatment malpractice* fällt jede schlechte, falsche oder unterlassene Behandlung eines Patienten durch seinen Arzt.[198] Dazu gehören zunächst die relativ seltenen Fälle vorsätzlichen Handelns, für die dem Patienten vor allem ein Anspruch wegen *battery* zusteht. Den überwiegenden Teil der Arzthaftungsklagen machen jedoch auch in England die Fälle tatsächlicher oder angeblicher Pflichtverletzungen aus, für die der Arzt wegen *negligence* bzw. *breach of an implied contract* haftet. Dabei hängt das Vorliegen einer Pflichtverletzung davon ab, ob sich der Arzt im konkreten Fall den Regeln der ärztlichen Kunst entsprechend verhalten hat. Die englische Rechtsprechung hat hierzu folgende Grundsätze aufgestellt:

  Während der *reasonable man*, also der vernünftige und umsichtige Mensch, für jedes menschliche Verhalten den maßgeblichen Standard setzt, gilt für den Arzt hinsichtlich der Ausübung seiner beruflichen Pflichten ein strengerer Maßstab, da der Patient gerade auf seine besonderen Kenntnisse und Fähigkeiten vertraut.[199] Ob sich ein Arzt im Einzelfall sorgfältig verhalten hat, ist deshalb daran zu messen, wie der *reasonably skilled and experienced doctor*, also der durchschnittlich ausgebildete und erfahrene Arzt, sich an seiner Stelle

---

v Dorset Yacht Co Ltd [1970] 2 AllER 294, HL. Neuer *leading case* in England ist jetzt allerdings *Murphy v Brentwood DC* [1991] 1 AC 398, HL. – Allg. zur *duty of care* vgl. SALMOND & HEUSTON, S. 219ff.; STREET, S. 171ff., 193ff.; WILLIAMS & HEPPLE, S. 96ff., 101ff; WINFIELD & JOLOWICZ, S. 72ff.

[195] *Lanphier and Wife v Phipos* (1938) 8 C & P 475; *R v Bateman* (1925) 94 LJKB 791, CCA; BRAZIER, S. 70; HAWKINS, S. 168; SPELLER, S. 2ff.; GRUBB (1985) 1 JContHealthL & Pol'y 75 (83); s.a. GIESEN, MML, Rdnr. 118.

[196] GIESEN (MML, Rdnrn. 120, 124) nimmt dies an, obwohl die von ihm zitierten Entscheidungen seine Ansicht gerade nicht belegen. Nach dem jetzigen *leading case Murphy v Brentwood DC* ([1991] 1 AC 398, HL) dürfte eine *duty of care* gegenüber einem Dritten im Zweifel eher zu verneinen sein.

[197] Vgl. GIESEN, MML, Rdnr. 108.

[198] In den USA hat sich dafür die Bezeichnung *medical malpractice* eingebürgert, die i.w.S. auch Disziplinarvergehen erfaßt, während der Begriff in England synonym für *medical negligence* verwendet wird (vgl. BMLE, s.v. „Malpractice"; DME, s.v. „Malpractice, medical"; DEUCHLER, S. 27; GIESEN, ArzthaftungsR, S. 5ff.; 160ff.).

[199] Vgl. NATHAN, S. 20; UNDERWOOD & HOLT, S. 2, 41.

verhalten hätte.[200] Hat sich der Arzt auf ein bestimmtes Fachgebiet spezialisiert, gilt auch ein spezieller Verhaltensmaßstab, nämlich der des *reasonable specialist.*[201] Da das Gericht den maßgeblichen Standard mangels ausreichender Sachkunde in den meisten Fällen nicht kennt, muß es ihn durch Anhörung eines Mitglieds der Ärzteschaft als Sachverständigen ermitteln.[202] Ein standardgemäßes Verhalten wird das Gericht bejahen, wenn die Beweisaufnahme ergibt, daß der Arzt sich auf eine medizinisch anerkannte Praxis berufen kann *(if he acts in accordance with a practice accepted as proper by a responsible body of medical oppinion).*[203]

Der sog. Bolam-Test gilt sowohl für die medizinische Behandlung selbst[204] als auch für die vorausgehende Diagnose[205]. Obwohl er nicht allein der Beurteilung ärztlichen Verhaltens dient, sondern das Verhalten aller Angehöriger freier Berufe überprüfen soll, wenden die Gerichte ihn gegenüber Ärzten besonders großzügig an.[206] Handelt der Arzt in Übereinstimmung mit der allgemein anerkannten Praxis, setzt er sich normalerweise nicht dem Vorwurf der *negligence* aus.[207] Auch wird eine solche Praxis kaum jemals *per se* als *negligent* beurteilt.[208] Selbst wenn der Arzt von einer allgemein anerkannten Praxis abweicht, reicht dies allein selten aus, um ihm zumindest die Beweislast für die Richtigkeit der Abweichung zu übertragen.[209] Stehen ihm mehrere Methoden der Diagnose und Behandlung zur Verfügung, genügt es, daß er sich für

---

[200] JACKSON & POWELL, para. 6.13; BRAZIER, S. 71; HAWKINS, S. 168; NATHAN *ibid.* – Auf den Status des Patienten kommt es nicht an (vgl. GIESEN, MML, Rdnr. 127 m.w.N.), so daß hinsichtlich des Sorgfaltsmaßstabs für die ärztliche Behandlung zwischen *NHS*- sowie Privat- und sonstigen Patienten (z.B. kostenlos behandelten Personen) kein Unterschied besteht.

[201] JACKSON & POWELL, para. 6.18; BRAZIER *ibid*; HAWKINS *ibid*; NATHAN, S. 22; s.a. GIESEN, MML, Rdnr. 135.

[202] Zur Funktion des Sachverständigen im engl. Arzthaftungsprozeß vgl. näher JACKSON & POWELL, paras. 6.41ff.

[203] Vgl. *Bolam v Friern HMC* [1957] 1 WLR 582 (587 *per* Richter MCNAIR), QB, der bis heute in England als *leading case* gilt. – Zur vergleichbaren Rechtslage in Schottland vgl. *Hunter v Hanley* 1955 SC 200, Scotland, First Division; HOWIE 28 [1983] JR 193 (212ff.).

[204] Vgl. *Whitehouse v Jordan* [1981] 1 AllER 267, HL. In dieser Entscheidung wurde die subjektive Sichtweise, daß „in a professional man, an error of judgement is not negligent" (so Lordrichter DENNING, MR, in der Vorinstanz, vgl. [1980] 1 AllER 650, 658, CA) endgültig aufgegeben.

[205] Vgl. *Maynard v West Midlands RHA* [1985] 1 AllER 635, HL.

[206] Allg. zur Rücksichtnahme der Gerichte gegenüber der Ärzteschaft vgl. BUCKLEY, para. 15.05; JACKSON & POWELL, para. 6.26; BRAZIER, S. 69f.

[207] DUGDALE & STANTON, para. 15.18; JACKSON & POWELL, para. 6.30; WINFIELD & JOLOWICZ, S. 117; GRUBB (1985) 1 JContHealthL & Pol'y 75 (91f.); s.a. GIESEN, MML, Rdnr. 148.

[208] Vgl. nur BUCKLEY, para. 15.07.

[209] BUCKLEY *ibid*; ELSEY (1983) 2 Lit 319 (320); s.a. *Wilsher v Essex AHA* [1987] 1 QB 730, CA; a.A. *Clark v MacLennan* [1983] 1 AllER 416 (424j–425c *per* Richter PETER PAIN), QB; *Hunter v Hanley* 1955 SC 200 (206 *per* LORD CLYDE), Scotland, First Division; krit. auch GIESEN, MML, Rdnr. 149; NORRIE (1985) 11 JME 135 (136).

eine der anerkannten Methoden entscheidet.[210] In solchen Fällen sollen die Gerichte nur in Übereinstimmung mit der praktischen Erfahrung der Ärzteschaft zu einer Entscheidung gelangen, nicht mit theoretischen Argumenten für und wider diese oder jene Schule.[211]

Wenn damit auch die Ärzteschaft selbst ihre Standards setzt und auf diese Weise Art und Umfang der zur Diskussion stehenden Sorgfaltspflicht bestimmt, bleibt es dem englischen Richter unbenommen, ausnahmsweise eine von der medizinischen Profession geübte Praxis als offensichtlich unvertretbar zu verwerfen.[212] Der *Bolam*-Test erfährt deshalb insoweit eine Einschränkung, als die allgemein anerkannte Praxis den Arzt nur entlastet, wenn sie *rightly accepted as proper by a responsible body of skilled and experienced medical men* ist.[213]

Da die Medizin eine Wissenschaft ist, in der Erkenntnisse aus der Forschung das vorhandene Wissen unaufhörlich erweitern und erneuern, wird die maßgebliche Praxis zwangsläufig durch den aktuellen Kenntnisstand bestimmt.[214] Für die Frage der *accepted practice* kommt es jedoch – wie in Deutschland – nicht auf den Zeitpunkt des Gerichtsverfahrens, sondern auf den der Behandlung an.[215] Hat sich allerdings die herkömmliche Praxis erst einmal als überholt erwiesen, kann sich der Arzt nicht mehr auf sie berufen. Daher muß er die neuen Entwicklungen der Medizin verfolgen und sie bei seiner täglichen Arbeit berücksichtigen, wobei er sich auf sein Fachgebiet beschränken darf.[216]

Da der erwartete Standard objektiv ist, entlastet es den Arzt im allgemeinen nicht, wenn es ihm persönlich an Können, Wissen oder Erfahrung fehlt.[217] So wird ein Arzt, der gerade erst seine Ausbildung abgeschlossen hat oder sich auf ein Fachgebiet zu spezialisieren beginnt, an den gleichen Standards ge-

---

[210] *Leading case* ist *Maynard v West Midlands RHA* [1985] 1 AllER 635, HL; s.a. JACKSON & POWELL, para. 6.31; NATHAN, S. 28f.

[211] BUCKLEY, para. 15.09; WINFIELD & JOLOWICZ, S. 117; s.a. GIESEN, MML, Rdnr. 158.

[212] DUDGALE & STANTON, para. 15.22 („final arbiters"); BRAZIER, S. 74; NATHAN, S. 26; s.a. GIESEN, MML, Rdnrn. 130, 161ff.

[213] So Lordrichter SIR DONALDSON, MR, in *Sidaway v Bethlem Royal Hosp Govns* [1984] 1 QB 493 (514A–B), CA; *affd* [1985] 2 WLR 480 (505C *per* LORD BRIDGE), HL; s.a. *Hills v Potter* [1983] 3 AllER 716 (728c *per* Richter HIRST), QB; DEUTSCH (1983) 57 ALJ 674 (678); NORRIE (1985) 11 JME 135 (136).

[214] Vgl. statt aller GIESEN, MML, Rdnr. 151 m.w.N.

[215] Vgl. *Roe v Ministry of Health* [1954] 2 QB 66 (77 *per* Lordrichter SOMERVELL, 86 *per* Lordrichter DENNING u. 92 *per* Lordrichter MORRIS), CA; s.a. BUCKLEY, para. 15.02; JACKSON & POWELL, para. 6.16; FINCH, S. 144; NATHAN, S. 25; GIESEN, MML, Rdnr. 152.

[216] JACKSON & POWELL *ibid*; BRAZIER, S. 74f.; NATHAN, S. 27f.; SPELLER, S. 64ff.; GIESEN, MML, Rdnr. 153. Zu den Grenzen der Weiterbildungspflicht induktiv *Crawford v Charing Cross Hosp Govns* [1953] The Times 8 December, CA; s.a. BUCKLEY, para. 15.03; BRAZIER *ibid* 75f.; HAWKINS, S. 168; LEWIS, S. 277; NATHAN *ibid* 27 (Übersehen eines Fachaufsatzes keine Sorgfaltswidrigkeit).

[217] Vgl. statt aller GIESEN, MML, Rdnr. 131.

messen wie seine erfahrenen Kollegen.[218] Entsprechendes gilt für den älteren Arzt, der sein medizinisches Abschlußexamen längst hinter sich hat.[219] Ist der Arzt nicht hinreichend ausgebildet oder erfahren, muß er entweder einen erfahreneren Kollegen hinzuziehen oder den Patienten an einen Spezialisten bzw. in ein Krankenhaus überweisen.[220] Praktiziert er wissentlich auf einem bestimmten Gebiet, in dem er nicht ausgebildet ist, sichert er die Einhaltung des dort geltenden Standards zu.[221]

Daß der Arzt selbst gesundheitlich beeinträchtigt, übermüdet oder überlastet ist, ändert zwar den maßgeblichen Standard nicht.[222] Die besonderen Umstände des Einzelfalls haben jedoch Einfluß auf den Grad der anzuwendenden Sorgfalt.[223] So wird etwa berücksichtigt, welche Einrichtungen dem Arzt gerade zugänglich waren, wieviel Zeit ihm für eine anstehende Entscheidung blieb und welche Informationsquellen ihm zur Verfügung standen.[224] Außerdem sind die der konkreten Operation innewohnenden Schwierigkeiten, der präoperative Zustand des Patienten und ähnliche Faktoren von Bedeutung.[225] Vor allem ändert sich der Grad der anzuwendenden Sorgfalt im Verhältnis zum Ausmaß der mit der Behandlung verbundenen Risiken für den Patienten: Wenn eine Behandlung vorgenommen wird, die bekannte Risiken mit sich bringt, müssen umfassendere Sicherheitsmaßnahmen getroffen werden als bei einer Routinemaßnahme, bei der entlegene Risiken vernünftigerweise nicht vorausgesehen werden können.[226] Derartige Risiken müssen jedoch in Betracht gezogen werden, wenn der Patient im Hinblick auf die Besonderheit der Operation nicht unbedingt Heilung oder vollständige Besserung erwarten kann.[227]

- Mit *disclosure malpractice* läßt sich ein zweiter großer Bereich der Arzthaftung bezeichnen, nämlich die Haftung des Arztes für eine ohne wirksame Einwilligung des Patienten vorgenommene Behandlung.[228]

---

[218] Vgl. *Jones v Manchester Corp* [1952] 2 KB 852, CA; *Wilsher v Essex AHA* [1987] 1 QB 730, CA; s.a. BRAZIER, S. 72; GIESEN, MML, Rdnr. 132; BRAHAMS (1987) 137 NLJ 60 (61).

[219] Vgl. *Roberts v Ramsbottom* [1980] 1 AllER 7 (15g *per* Richter NEILL), QB (betr. alten, unsicheren Autofahrer); s.a. BRAZIER *ibid*; NATHAN, S. 26; GIESEN *ibid.*

[220] JACKSON & POWELL, para. 6.20; BRAZIER *ibid*; NATHAN, S. 33; UNDERWOOD & HOLT, S. 43; GIESEN, MML, Rdnr. 131.

[221] Vgl. statt aller GIESEN, MML, Rdnr. 132.

[222] BRAZIER, S. 81f.; GIESEN *ibid.*

[223] NATHAN, S. 23 („It is the degree of care which varies, not the standard."); STREET, S. 231; WINFIELD & JOLOWICZ, S. 111f.; s.a. BUCKLEY, para. 15.06.

[224] NATHAN, S. 22f.; UNDERWOOD & HOLT, S. 41; GIESEN, MML, Rdnr. 133.

[225] Vgl. statt aller NATHAN, S. 23.

[226] NATHAN, S. 24f.; GIESEN, MML, Rdnrn. 144f., 147. – Der sog. Foresight-Test beruht auf dem Prinzip, daß jedes Risiko, das einer Diagnose oder Behandlung innewohnt, durch die für den Patienten zu erwartenden Vorteile gerechtfertigt sein muß (vgl. WINFIELD & JOLOWICZ, S. 118).

[227] WINFIELD & JOLOWICZ, S. 119; GIESEN, MML, Rdnr. 146.

[228] In den USA und Kanada wird die Problematik unter dem Stichwort „Informed Consent" behandelt (vgl. BMLE s.v. „Informed Consent"); krit. zum Begriff FENG (1987) 7 LS 149 (150 FN 5); WILLIAMS (1985) 129 SJ 195 (198); s.a. BRAZIER (1987) 7 LS 169 (172).

In England wurde die Einwilligung des Patienten in eine ärztliche Behandlung zunächst nur als Rechtfertigungsgrund betrachtet, der den Arzt von der Haftung für eine Körperverletzung des Patienten *(trespass)* freisprach.[229] Voraussetzung hierfür war, daß der Patient über den Eingriff aufgeklärt wurde. Die englischen Gerichte knüpften insoweit an die Rechtsprechung in den USA und Kanada an, die Ende der 50er Jahre damit begonnen hatte, die ärztliche Haftung für Aufklärungsfehler unter dem Gesichtspunkt der *trespass* auszuweiten, indem sie jeden Aufklärungsfehler als Mangel wertete, der die Einwilligung des Patienten unwirksam machte: Erst wenn der Arzt den Patienten umfassend über die medizinische Behandlung aufgeklärt hatte, war die Einwilligung des Patienten als sog. aufgeklärte Einwilligung *(informed consent)* wirksam.[230] In den 60er Jahren wurde die rechtliche Verfolgung ärztlicher Aufklärungsfehler als *trespass* in vielen Fällen als unpassend abgelehnt und stattdessen die mangelhafte Aufklärung des Patienten als besondere Erscheinungsform des Behandlungsfehlers *(medical malpractice)* eingestuft, für die der Arzt aus *negligence* haftete.[231] Daraus entwickelte sich allmählich eine eigenständige Pflicht des Arztes zur Aufklärung des Patienten, die damit begründet wurde, daß der Patient ein Recht habe zu wissen, worin er einwillige (sog. doctrine of informed consent).[232] Die Lehre vom *informed consent* betrifft also weniger das Problem der Behandlung ohne Einwilligung als vielmehr die Verletzung des Rechts des Patienten auf Information, auf deren Grundlage er seine Entscheidung über die Vornahme einer ärztlichen Behandlung treffen kann. Dementsprechend ist heute allgemein anerkannt, daß die *trespass*-Klage in Fällen fehlerhafter Aufklärung nur noch einen begrenzten Anwendungsbereich hat.[233] Stattdessen wird die ärztliche Haftung für Aufklärungsfehler durch die Anwendung der Prinzipien der *negligence* erklärt. Diese Grundsätze gelten mittlerweile auch in England.[234] In *Sidaway v Bethlem Royal Hosp Govns*[235] hat das House of Lords diese Sichtweise bestätigt und sich damit im Prinzip der Lehre vom *informed consent* angeschlossen.[236]

Nach englischem Recht hat der Arzt also ebenfalls grundsätzlich die Pflicht, den Patienten über seinen Gesundheitszustand zu informieren, ihn über geeignete Behandlungsformen zu beraten und gleichzeitig vor behandlungsimma-

---

[229] NATHAN, S. 156ff.

[230] Vgl. z.B. *Salgo v Leland Stanford Jr University Board of Trustees* (1957) 154 Cal App 2d 560; PROSSER & KEETON, S. 190.

[231] Vgl. z.B. *Natanson v Kline* (1960) 186 Kan 393; PROSSER & KEETON *ibid.*

[232] Vgl. *Canterbury v Spence and Washington HC* (1972) 464 F 2d 772, DC Cir; *Cobbs v Grant* (1972) 502 P 2d 1; ausf. zur Entwicklung der Lehre vom *informed consent* in den USA und Kanada CLEMENTS PN 1 (1985) 136f.; ROBERTSON (1981) 97 LQR 102 (104ff.); TEFF (1985) 101 LQR 432 (436ff.).

[233] S. dazu bereits § 2 A II 1 a) (S. 57f.), *supra*.

[234] Zur vergleichbaren Rechtslage in Schottland vgl. NORRIE 1985 SLT 289 (290f.); 1984 SLT 237 (238); s.a. DERS., (1983) 32 ICLQ 229ff.

[235] [1985] AC 871, HL.

[236] A.A. dagegen diejenigen Autoren, welche die Lehre vom *informed consent* von vorneherein i.e.S., nämlich in der in den USA und Kanada vertretenen Version, verstehen (so z.B. KHAN (1985) 4 Lit 267, 270f.; SAMUELS (1985) 129 SJ 819f.).

nenten Risiken zu warnen.[237] Der Patient muß unter solchen Umständen aufgeklärt werden, daß ihm eine wohlüberlegte Entscheidung ermöglicht wird.[238] Dabei soll sich jedoch der an die ärztliche Aufklärungspflicht anzulegende Maßstab nach Ansicht der englischen Rechtsprechung wiederum allein nach der von der Ärzteschaft ausgeübten Praxis bemessen. Demnach regelt der am *reasonable doctor* ausgerichtete *Bolam*-Test auch Art und Umfang ärztlicher Informations-, Beratungs- und Warnpflichten. Das House of Lords hat damit der am Patienten orientierten Bestimmung der Aufklärungspflicht, wie sie in einigen Staaten der USA in der objektiven[239] oder subjektiven[240] Variante vorherrscht, eine klare Absage erteilt. Es bleibt also auf dem wichtigen Gebiet der Aufklärung zunächst der medizinischen Profession überlassen, den maßgeblichen Standard zu setzen.[241] Der Richter soll aber auch hier wieder das letzte Wort haben und eine unangemessene Praxis ablehnen dürfen.[242]

Entsprechend der allgemein anerkannten Praxis braucht der Arzt nicht vor den üblichen Risiken medizinischer Behandlung zu warnen.[243] Wie im deutschen Recht darf mit Rücksicht auf den Zustand des Patienten in dessen eigenem Interesse ausnahmsweise eine Aufklärung sogar völlig oder zumindest teilweise unterbleiben (sog. therapeutisches Privileg).[244] Umgekehrt können Fragen des Patienten an den Arzt eine Aufklärungspflicht begründen bzw. erweitern.[245] Über die mit einer Behandlung oder Operation verbundenen wesentlichen Risiken *(material risks)* muß der Arzt stets aufklären, wobei jedoch noch unklar ist, was überhaupt ein wesentliches Risiko ausmacht.[246] Dabei ist die ärztliche Aufklärungspflicht nicht auf den der Behandlung oder Operation vorausgehenden Zeitraum beschränkt, sondern bleibt die gesamte Zeit über bis zum endgültigen Abschluß der Maßnahme bestehen.[247]

---

[237] Vgl. statt aller DUGDALE & STANTON, para. 17.28.

[238] *Ibid.*

[239] D.h. die Erwartungen des *reasonable patient*, also des durchschnittlichen Patienten, sind für den Standard der Aufklärung maßgeblich (sog. prudent patient-Test).

[240] D.h. die Erwartungen des *particular patient*, also des individuellen Patienten, sind ausschlaggebend.

[241] So auch DUGDALE & STANTON, para. 17.28. Man spricht insoweit auch vom *medical standard* in Abgrenzung zum *patient standard*, der in den USA und Kanada vorherrscht, vgl. ARGENT (1985) 25 MedSci & Law 136 (141); LEWIS PN 2 (1986) 38; DERS., (1984) 81 LS Gaz 1827.

[242] Vgl. DUGDALE & STANTON *ibid*; s.a. DIES., para. 15.22. Das von LORD BRIDGE in der *Sidaway*-Entscheidung ([1985] AC 871, 900F, HL), angeführte Bsp. erscheint allerdings weltfremd.

[243] Vgl. statt aller DUGDALE & STANTON, para. 17.29. Solche Risiken sind z.B. die allgemeine Infektionsgefahr oder bestimmte Folgen der Narkose.

[244] Vgl. statt aller DUGDALE & STANTON *ibid* unter Aufzählung von Beispielen.

[245] BUCKLEY, para. 15.11; DUGDALE & STANTON *ibid*; GRUBB (1987) 50 MLR 241 (251f.); s.a. *obiter dicta* in der *Sidaway*-Entscheidung [1985] AC 871 (895C *per* LORD DIPLOCK, 898B *per* LORD BRIDGE), HL.

[246] Zum einen wird eine Wahrscheinlichkeit von zwischen 1 und 10 % gefordert, zum anderen ein Risiko von der Schwere, daß kein Arzt es versäumen würde, den Patienten darüber aufzuklären (vgl. BMLE, s.v. „Informed Consent").

[247] DUGDALE & STANTON, para. 17.30 m.w.N.

Kausalzusammenhang (remoteness of damage) Unabhängig von der Anspruchsgrundlage muß der Patient als Folge der ärztlichen Pflichtverletzung einen Schaden erlitten haben. Ob dies zutrifft, wird in zwei Schritten geprüft:

In einem ersten Schritt wird der natürliche Ursachenzusammenhang *(causation in fact)* mit Hilfe des sog. but for-Tests ermittelt.[248] Danach muß feststehen, daß die Pflichtverletzung des Arztes wesentliche Bedingung für den Schadenseintritt gewesen ist.[249] Am erforderlichen Kausalzusammenhang fehlt es, wenn der Schaden des Patienten ohnehin eingetreten wäre.[250] In diesem Fall ist eine deliktisch begründete Schadensersatzklage von vornherein zum Scheitern verurteilt.[251] Stützt der Patient seine Klage dagegen auf einen Vertrag, kann ihm immer noch ein symbolischer Schadensersatz *(nominal damages)* zugesprochen werden.[252]

Herrscht Unsicherheit über die zum Schadenseintritt führenden Ereignisse, genügt es, wenn nach überwiegender Wahrscheinlichkeit *(on the balance of probabilities)* die Fahrlässigkeit des Arztes den Schaden verursacht hat.[253] Dafür kann es ausreichen, daß die Sorgfaltswidrigkeit das Risiko des Schadenseintritts wesentlich erhöht hat *(materially increased the risk)*, so daß auf einen wesentlichen Schadensbeitrag *(material contribution to the damage)* geschlossen werden kann.[254] Beziehen sich die Zweifel auf die Ereignisse, die eingetreten wären, wenn sich der Arzt sorgfältig verhalten hätte, wird der Kausalzusammenhang darin gesehen, daß der Patient die Chance auf Genesung verpaßt hat *(loss of the chance of recovery)*.[255]

---

[248] Allg. M., vgl. DUGDALE & STANTON, para. 18.04; JACKSON & POWELL, paras. 6.137f.; DIAS & MARKESINIS, S. 168ff.; FLEMING, Law, S. 192ff.; STREET, S. 252; GRUBB (1985) 1 JContHealthL & Pol'y 75 (85). – Zur Kausalität allg. vgl. MCGREGOR, paras. 134ff. (Bereich „tort"), 232ff. (Bereich „contract").

[249] *Leading case* ist *Barnett v Chelsea and Kensington HMC* [1969] 1 QB 428, QB („But for the defendant's negligence the damage would not have been suffered."); s.a. DUGDALE & STANTON *ibid*; BURROWS, S. 26f.; DIAS & MARKESINIS, S. 168; FLEMING, Law, S. 194; GRUBB *ibid* m.w.N.

[250] Vgl. z.B. JACKSON & POWELL, para. 6.138. Besonderheiten gelten bei mehreren möglichen Schadensursachen, vgl. dazu näher DIAS & MARKESINIS, S. 169f.; FLEMING, Law, S. 196ff.; HART & HONORE, S. 235ff.

[251] Vgl. DUGDALE & STANTON, para. 18.01; JACKSON & POWELL *ibid*; jeweils mit der Begründung, daß ein Schaden notwendiger Bestandteil der Anspruchsgrundlage sei.

[252] *Ibid.* Näher zu *nominal damages* MCGREGOR, paras. 396ff.; UNDERWOOD & HOLT, S. 11 (dort auch zum Gegenstück der *real damages*).

[253] *Leading case* ist *Hotson v East Berkshire AHA* [1987] AC 750, HL; s.a DUGDALE & STANTON, para. 18.05; KHAN (1985) 14 Anglo-Am 155f., 163; SAMUELS (1985) 129 SJ 843f.

[254] *Leading case* ist *McGhee v National Coal Board* [1972] 3 AllER 1008, HL; s.a. DUGDALE & STANTON, para. 18.12. Daß die Wesentlichkeit eines Schadensbeitrags der Schadensverursachung gleichkommt, wurde in *Bonnington Castings Ltd v Wardlaw* [1956] AC 613, HL, entschieden. Zur Frage, welche Anforderungen insoweit an die Risikoerhöhung zu stellen sind, vgl. *Wilsher v Essex AHA* [1988] 1 AllER 871, HL; DUGDALE & STANTON, paras. 18.13f.; GRUBB 47 [1988] CLJ 350 (352).

[255] Vgl. DUGDALE & STANTON, para. 18.06; JACKSON & POWELL, para. 6.140. Die Größenordnung der verpaßten Gelegenheit wird erst bei der Schadensberechnung berücksichtigt, vgl.

Steht der natürliche Kausalzusammenhang fest, ist in einem zweiten Schritt festzustellen, ob die ärztliche Pflichtverletzung auch rechtlich zurechenbare Ursache des eingetretenen Schadens ist *(remoteness of damage)*.[256] Während es hierfür früher ausreichte, daß der erlittene Schaden sich als direkte Folge des sorgfaltswidrigen Verhaltens darstellte *(direct consequence test)*,[257] kommt es seit der berühmten Entscheidung des Privy Council in *The Wagon Mound*[258] darauf an, ob der Schadenseintritt vernünftigerweise vorhersehbar war *(foreseeability test)*.[259] Trifft dies nicht zu, liegt der erlittene Schaden außerhalb des Bereichs, für den der Schädiger noch haften soll *(too remote)*.[260] Im Bereich der Arzthaftung wird deshalb der Kausalzusammenhang verneint, wenn ein außergewöhnliches Ereignis zwischen die ärztliche Pflichtverletzung und den vom Patienten erlittenen Schaden tritt, mit dem nicht gerechnet zu werden brauchte *(nova causa interveniens)*.[261] So kann etwa die Weigerung des Patienten, sich einer notwendigen, medizinisch angezeigten Behandlung zu unterziehen, den Kausalzusammenhang unterbrechen,[262] wenn das Verhalten des Patienten in hohem Maße unvernünftig und nicht mehr nachvollziehbar ist.[263]

Wird die Klage deliktisch begründet, bedeutet das Erfordernis der Vorhersehbarkeit, daß der Schaden z.Z. der Pflichtverletzung vernünftigerweise vorausgesehen werden konnte.[264] Wird dagegen aus Vertrag geklagt, muß der Schaden z.Z. des Vertragsschlusses von den Parteien als mögliche Folge einer Vertragsverletzung vernünftigerweise bedacht worden sein.[265] Die Erwägungen der Parteien können dabei auf ihrer subjektiven Kenntnis der Position ihres Vertragspartners beruhen oder aber darauf, was der vernünftige Durchschnittsmensch in ihrer Position objektiv erwogen hätte.[266] Obwohl damit deliktischer und vertraglicher Vorhersehbarkeitstest sowohl ihrer Art nach als auch bezüglich des maßgeb-

---

DUGDALE & STANTON *ibid.* Zur Abgrenzung zum mutmaßlichen Verhalten des Patienten bei ordnungsgemäßer Aufklärung im Fall des ärztlichen Aufklärungsfehlers vgl. *Hotson v East Berkshire AHA* [1987] AC 750 (762A–D *per* SIR JOHN DONALDSON, MR), HL; DUGDALE & STANTON *ibid* 18.07.

[256] JACKSON & POWELL, para. 6.137; FLEMING, Law, S. 202ff.; STREET, S. 252.

[257] Vgl. *Re Polemis & Furness Withy & Co* [1921] 3 KB 560, CA.

[258] Die Entscheidung lautet vollständig: *Overseas Tankership (UK) Ltd v Morts Dock & Engeneering Co Ltd, The Wagon Mound* [1961] AC 388, PC.

[259] JACKSON & POWELL, para. 6.154; s.a. *Hughes v Lord Advocate* [1963] AC 837, HL.

[260] Vgl. statt aller UNDERWOOD & HOLT, S. 12f.

[261] JACKSON & POWELL, para. 6.148; UNDERWOOD & HOLT, S. 13f. Vgl. allg. zur Kausalität im Kontext der Berufshaftung *(professional negligence)* DUGDALE & STANTON, paras. 18.17ff. und besonders für Ärzte CLERK & LINDSELL, paras. 11.25ff.

[262] JACKSON & POWELL, para. 6.150. Der Grundsatz gilt auch für vertragliche Ansprüche, vgl. UNDERWOOD & HOLT, S. 14.

[263] DUGDALE & STANTON, para. 18.25.

[264] *Leading case* ist *The Wagon Mound* [1961] AC 388, PC; s.a. DUGDALE & STANTON, para. 18.29; JACKSON & POWELL, para. 6.154; ausf. MCGREGOR, paras. 136ff.

[265] *Leading case* ist *Hadley v Baxendale* (1894) 9 Exch 341; s.a. *Koufos v C Czarnikow Ltd, The Heron II* [1969] 1 AC 350, HL; DUGDALE & STANTON *ibid*; JACKSON & POWELL *ibid*; ausf. MCGREGOR, paras. 243ff.

[266] Vgl. statt aller DUGDALE & STANTON *ibid.*

lichen Zeitpunkts differieren, ist die Rechtsprechung darauf bedacht, die Entscheidung eines Falls nicht von solchen Unterschieden abhängig zu machen.[267] In keinem Fall ist erforderlich, daß der genaue Schadenseintritt und das Ausmaß des Schadens vorhersehbar gewesen sind; es genügt, wenn der Schaden seiner Art nach vorausgesehen werden konnte.[268]

Während nach dem Grundsatz der *remoteness of damage* die Haftung auf bestimmte Schadenstypen beschränkt ist, wird das Ausmaß der (vertraglichen und deliktischen) Haftung für einen Schaden innerhalb einer anerkannten Schadenskategorie durch das Prinzip der *mitigation* bestimmt.[269] Danach ist der Kläger verpflichtet, vertretbare Schritte zu unternehmen, um seinen Schaden gering zu halten, sobald er von der Pflichtverletzung des Beklagten erfährt.[270] Allgemein beantworten die englischen Gerichte die Frage, ob danach das klägerische Verhalten noch als vernünftig eingestuft werden kann, eher großzügig als streng.[271] Im Zusammenhang mit der Verweigerung medizinischer Behandlung wird neuerdings darauf abgestellt, wie sich der durchschnittliche Patient in der besonderen Situation des Klägers verhalten hätte.[272] Dabei kommt neben der Ansicht des Arztes vor allem der Persönlichkeit und dem individuellen Hintergrund des Patienten (z.B. Krankengeschichte, Bildungsniveau etc.) Bedeutung zu.[273] Noch ungeklärt ist das Problem, ob und ggf. inwieweit bei einer Herabsetzung des Schadensersatzes unter dem Gesichtspunkt der *mitigation* die Erfolgsaussicht der verweigerten Behandlung berücksichtigt werden muß.[274]

Schaden (damage) Neben der ärztlichen Pflichtverletzung und deren Kausalität ist für einen Ersatzanspruch des Klägers weiter erforderlich, daß diesem ein ersatzfähiger Schaden entstanden ist. Dabei ist auch im englischen Recht Ziel des Schadensersatzes in erster Linie die Wiedergutmachung des vom Kläger erlitte-

---

[267] Näher dazu DUGDALE & STANTON, paras. 18.03, 18.29ff.

[268] *Leading case* ist *Hughes v Lord Advocate* [1963] AC 837, HL; s.a. DUGDALE & STANTON, para. 18.32. Zur Anwendung der beiden Vorhersehbarkeitstests auf im Laufe med. Behandlung auftretende Schäden JACKSON & POWELL, para. 6.155. Zur sog. egg shell skull-Regel vgl. *Smith v Leech Brain & Co Ltd* [1962] 2 QB 405, QB; DUGDALE & STANTON *ibid.*

[269] Vgl. statt aller DUGDALE & STANTON, para. 18.39; ausf. MCGREGOR, paras. 272ff.

[270] DUGDALE & STANTON *ibid.*

[271] So DUGDALE & STANTON, para. 18.40. – Zur Ablehnung eines Angebots auf Wiedergutmachung des Schadens vgl. DIES., para. 18.42.

[272] „Whether in all the circumstances including particularly the medical advice received, the plaintiff acted reasonably in refusing the surgery", vgl. *Selvanayagam v University of the West Indies* [1983] 1 AllER 824 (827f *per* LORD SCARMAN), PC (sog. mixed subjective/objective test). Anders noch *Marcroft v Scruttons Ltd* [1954] 1 Lloyd's Rep 395, CA; s.a. DUGDALE & STANTON, para. 18.39; HUDSON (1983) 3 LS 50 (52ff.). Die Beweislast für die Voraussetzungen der *mitigation* trägt der Beklagte, vgl. *Steele v Robert George & Co (1937) Ltd* [1942] AC 497, HL; *Richardson v Redpath, Brown & Co Ltd* [1944] AC 62, HL. Insoweit kann die *Selvanayagam*-Entscheidung, die hierzu die Gegenansicht vertritt, als Entscheidung *per incuriam* betrachtet werden, vgl. DUGDALE & STANTON *ibid*; HUDSON (1983) 46 MLR 754 (757f.); MCGREGOR (1983) 46 MLR 758; SCOTT (1984) 3 CJQ 2 (6f.).

[273] Vgl. statt aller DUGDALE & STANTON, para. 18.43.

[274] Näher dazu DUGDALE & STANTON, para. 18.44 m.w.N.

nen Schadens *(compensation)*, nicht die Bestrafung des Beklagten für sein Verhalten.[275] Deshalb soll der Schadensersatz den Kläger soweit wie möglich in die Situation versetzen, in der er sich befinden würde, wenn es nicht zu dem Sorgfaltsverstoß gekommen wäre.[276] Bei Vertragsverletzungen umfaßt der Schadensersatz den Wert der ordnungsgemäßen Vertragserfüllung abzüglich des Werts etwaiger bereits erbrachter Leistungen *(expectation interest)*.[277] Daher kann der vertragliche Schadensersatzanspruch grundsätzlich über das Wiederherstellungsinteresse *(reliance interest)* hinausgehen. Bei deliktischen Rechtsverletzungen beträgt der Schadensersatz dagegen stets nur die Summe, die den Geschädigten soweit wie möglich in die Position versetzt, in der er sich ohne Rechtsverletzung befände.[278] In Arzthaftungsfällen, in denen es um einen Ausgleich für erlittene Gesundheitsschäden geht, die durch ärztliche Pflichtverletzungen verursacht, verschlimmert oder nicht behoben werden konnten, ist der Umfang des zu ersetzenden Schadens bei beiden Anspruchsgrundlagen gleich.[279] Der Patient ist so zu stellen, als ob der Arzt seine Sorgfaltspflichten erfüllt und die Behandlung oder Operation ordnungsgemäß durchgeführt hätte.

In Fällen der Körperverletzung gewährt das englische Recht ebenfalls Schadensersatz für Vermögens- *(financial losses)* und Nichtvermögensschäden *(personal losses)*.[280] Die Unterscheidung ist insofern von Bedeutung, als materielle Schäden bei entsprechendem Nachweis in vollem Umfang ersetzt werden *(special damages)*, während für immaterielle Schäden, deren Ausmaß naturgemäß nicht exakt berechnet werden kann, nur eine angemessene Entschädigung gewährt wird *(general damages)*.[281] In der modernen Praxis obliegt die Lösung der mit der Schadensberechnung verbundenen Probleme allein dem Richter,[282] der im Normalfall Schadensersatz in Form einer kapitalisierten Summe zuspricht, deren

---

[275] Vgl. *British Transport Commn v Gourley* [1956] AC 185 (208 *per* LORD GODDARD), HL; MCGREGOR, para. 9; HAWKINS, S. 168; WILLIAMS & HEPPLE, S. 28. Zum Schadensersatz mit Strafcharakter *(punitive damages)* näher MCGREGOR *ibid* 406ff.

[276] DUGDALE & STANTON, para. 19.01; JACKSON & POWELL, para. 1.42; BURROWS, S. 16; UNDERWOOD & HOLT, S. 11; s.a. GIESEN, MML, Rdnr. 8.

[277] *Leading case* ist *Robinson v Harman* (1848) 1 Exch 850 (855 *per* Richter PARKE); s.a. DUGDALE & STANTON *ibid*; GIESEN *ibid*.

[278] *Leading case* ist *Livingstone v Rawyards Coal Co* (1880) 5 App Cas 25 (39 *per* LORD BLACKBURN), HL; s.a. DUGDALE & STANTON *ibid*; GIESEN *ibid*.

[279] Vgl. statt aller NATHAN, S. 184f.; s.a. BURROWS, S. 186 (allg. zur fahrlässigen Ausführung von für den Kläger vorteilhaften Diensten).

[280] *Leading cases* sind *British Transport Commn v Gourly* [1956] AC 185, HL, u. *H West & Son Ltd v Shephard* [1964] AC 326, HL; s.a. DUGDALE & STANTON, para. 19.02; JACKSON & POWELL, para. 6.157; MCGREGOR, paras. 1450ff., 1514ff.

[281] DUGDALE & STANTON *ibid*; JACKSON & POWELL *ibid*. Zur Unterscheidung zwischen *special damages* und *general damages* s.a. UNDERWOOD & HOLT, S. 12; ausf. MCGREGOR, paras. 19ff., 1755ff.

[282] Zur seltenen Möglichkeit der Einschaltung einer *jury* (ähnlich wie in den USA) vgl. LEWIS, S. 7 FN 3. In Arzthaftungsprozessen sind *juries* weitgehend abgeschafft (*The Pearson Report*, para. 1322; HAWKINS, S. 166). – Zur Rolle des *consulting actuary* vgl. MORGAN (1985) 129 SJ 199f.

Höhe nach Rechtskraft des Urteils grundsätzlich nicht mehr abgeändert werden kann.[283]

Bei den materiellen Schäden stehen der Verdienstausfall und erhöhte Ausgaben der verletzten Person im Vordergrund:[284]

Die Ermittlung des Verdienstausfalls vollzieht sich in zwei Schritten:[285] Zunächst wird der zwischen dem Zeitpunkt der Körperverletzung und der Gerichtsverhandlung eingetretene, vorprozessuale Verdienstausfall berechnet, was selten Schwierigkeiten bereitet.[286] Anschließend wird der nachprozessuale, künftige Verdienstausfall hinzuaddiert, der sich wiederum aus dem entgangenen Verdienst während der voraussichtlichen Lebensdauer und während der Zeit, um die sich das Leben des Verletzten nunmehr verkürzt hat *(lost years)*, zusammensetzt.[287] Dabei ergibt sich der Verdienstausfall während der voraussichtlichen Lebensdauer aus der Multiplikation des Netto-Jahreseinkommens des Verletzten z.Z. der Gerichtsverhandlung *(multiplicand)* mit der mutmaßlichen Anzahl der Lebensjahre *(multiplier)*.[288] Für den *multiplier* hat die Rechtsprechung eine Obergrenze von 18 gewählt.[289] Die Anzahl der *lost years*, die gleichfalls als *multiplier* dient, hängt vom erwarteten Zeitpunkt des Todes des Verletzten bzw. seiner Pensionierung ab, je nach dem, welches Ereignis zuerst eintritt.[290]

Demgegenüber ist die Ermittlung der erhöhten Ausgaben im Normalfall unproblematisch. Künftige Ausgaben werden – ähnlich der Berechnung des künftigen Verdienstausfalls – durch Multiplikation der jährlich zu erwartenden Ausgaben mit einem bestimmten *multiplier* berechnet.[291] Besondere Ausgaben (z.B. spezielle Unterkunft) werden nur unter Berücksichtigung durchschnittlicher Verhältnisse erstattet.[292] Kommt der Verletzte durch das Schadensereignis gleichzeitig in den Genuß (staatlicher oder privater) Vorteile, kann dies im Wege der Vorteilsausgleichung bei der Schadensberechnung berücksichtigt werden.[293]

---

[283] *Leading case* ist *Fitter v Veal* (1701) 12 Mod Rep 542; s.a. *Buckland v Palmer* [1984] 3 AllER 554, CA; DUGDALE & STANTON, para. 19.03; BURROWS, S. 99; MUNKMAN, S. 7f.

[284] Näher dazu DUGDALE & STANTON, paras. 19.05ff.

[285] Ausf. dazu MUNKMAN, S. 56ff.

[286] DUGDALE & STANTON, para. 19.07.

[287] DUGDALE & STANTON, paras. 19.08f.

[288] DUGDALE & STANTON, para. 19.08. Bei der Festsetzung des *multipliers* finden zwei Faktoren Berücksichtigung, nämlich einerseits die vorzeitige Fälligkeit des Schadensersatzes gegenüber dem entgangenen Verdienst *(acceleration)* und andererseits etwaige Einkommensausfälle während der voraussichtlichen Lebensdauer *(contingencies)*.

[289] DUGDALE & STANTON *ibid*; krit. zur Bestimmung des *multipliers* dagegen *The Pearson Report*, paras. 648f.; s.a. KHAN (1985) 129 SJ 198 (199).

[290] Näher dazu DUGDALE & STANTON, para. 19.09; krit. zum gegenwärtigen System DIES., para. 19.10.

[291] DUGDALE & STANTON, para. 19.13.

[292] *Ibid.*

[293] DUGDALE & STANTON, para. 19.15. Zur Vorteilsausgleichung i.e. DIES., paras. 19.16ff.

Als immaterielle Schäden des Verletzten gelten nicht nur körperliche Leiden und seelische Belastungen *(pain and suffering)*, sondern auch die Beeinträchtigung der Lebensfreude *(loss of amenity)*.[294] Das zum Zwecke der Wiedergutmachung gezahlte Schmerzensgeld wird wie im deutschen Recht auf subjektiver Basis berechnet.[295] Die Entschädigung für beeinträchtigte Lebensfreude soll einen alternativen Lebensstil, insbesondere zusätzliche Freizeitvergnügen, ermöglichen.[296] Ziel ist es, dem Verletzten eine angemessene Summe zuzusprechen, die alle Umstände des Einzelfalls berücksichtigt, sich an bereits zugesprochenen Schadensersatzbeiträgen für Personen mit vergleichbaren Verletzungen orientiert und dennoch in einem vertretbarem Rahmen bleibt.[297] Die Entschädigungssumme wird in einem einzigen Geldbetrag gezahlt.[298]

Beweislast (burden of proof) Hinsichtlich der Beweislast ist zwischen Behandlungs- und Aufklärungsfehlern zu differenzieren:

Bei einer Klage wegen *treatment malpractice* trägt wie im deutschen Recht der klagende Patient die Beweislast dafür, daß sein Schaden auf einer Pflichtverletzung des Arztes beruht.[299] Demnach muß er beweisen, daß der Arzt im konkreten Fall den maßgeblichen Standard nicht erfüllt hat, weil er entweder von der zur Behandlungszeit allgemein anerkannten Praxis abgewichen ist[300] oder – falls mehrere Diagnose- und/oder Behandlungsmethoden zur Auswahl standen – die von ihm gewählte Methode kein anderer Arzt angewandt hätte. Daß ein bestimmtes ärztliches Verhalten nachweislich ein Schädigungsrisiko für den Patienten geschaffen hat, beweist dagegen allein noch nicht das Vorliegen einer Pflichtverletzung.[301]

Da das sachunkundige Gericht den maßgeblichen Standard meistens nicht selbst kennt, muß es ihn mit Hilfe eines medizinischen Sachverständigen ermitteln.[302] Insoweit ergeben sich zwar keine Unterschiede zur Rechtslage in Deutschland. Jedoch ist der Sachverständigenbeweis im englischen Recht aus zwei Gründen problematischer als im deutschen Recht: Zunächst ist der Sachverständige *(expert witness)* nicht unabhängig, da er regelmäßig von der klagenden Partei

---

[294] Vgl. DUGDALE & STANTON, para. 19.02 m.w.N.

[295] DUGDALE & STANTON, para. 19.26.

[296] DUGDALE & STANTON, para. 19.27. *Loss of amenity* schließt auch Entschädigung für Entstellungen sowie verminderte Aussichten auf Heirat und Elternschaft ein *(ibid)*.

[297] DUGDALE & STANTON, paras. 19.24f.; MUNKMAN, S. 5f.; UNDERWOOD & HOLT, S. 11f.

[298] Vgl. DUGDALE & STANTON, para. 19.25.

[299] DUGDALE & STANTON, para. 15.24; JACKSON & POWELL, para. 6.142; BRAZIER, S. 95.

[300] Der Versuch, den maßgeblichen Standard als unzureichend hinzustellen, verspricht wenig Erfolg. Vgl. BUCKLEY, para. 15.07.

[301] *Leading case* ist *Hotson v East Berkshire AHA* [1987] AC 750, HL. Ist das Risiko nur eine von mehreren potentiellen Ursachen der Verletzung, muß der Kläger beweisen, welche Ursache(n) verantwortlich war(en), vgl. *Wilsher v Essex AHA* [1988] 1 AllER 871, HL; *Clark v MacLennan* [1983] 1 AllER 416, QB, *ovrld*; DUGDALE & STANTON, para. 15.24; JACKSON & POWELL, para. 6.142.

[302] Vgl. hierzu bereits Anm. 202.

statt vom Gericht[303] bestellt wird, wobei es dem Prozeßgegner allerdings freisteht, zu seiner Entlastung ebenfalls einen Sachverständigen zu benennen.[304] Dadurch erhält der Richter zwangsläufig widersprüchliche Aussagen zum maßgeblichen Standard und zur Ursächlichkeit der angeblichen Pflichtverletzung für den eingetretenen Schaden und spricht deshalb auf der Grundlage eines Wahrscheinlichkeitsurteils *(on the balance of probabilities)* den Arzt im Zweifel vom Vorwurf des Behandlungsfehlers frei.[305] Außerdem werden die von den Sachverständigen vorbereiteten Gutachten regelmäßig vom Rechtsbeistand der jeweiligen Partei noch einmal „überarbeitet", so daß die Unterschiede in der Beantwortung einzelner Fragen umso deutlicher hervortreten.[306]

Weil der Kläger in einem englischen Arzthaftungsprozeß[307] somit ebenfalls erhebliche Beweisprobleme hat, wendet die Rechtsprechung zu seinen Gunsten in bestimmten Fällen die Beweisregel *res ipsa loquitur* an.[308] Danach ist der Patient vom Nachweis der ärztlichen Pflichtverletzung befreit, wenn der erlittene Schaden im Laufe einer Behandlung eingetreten ist, über die der Arzt die alleinige Kontrolle hatte, sofern nur Fahrlässigkeit die Ursache gewesen sein und der Patient selbst durch sein Verhalten nicht zur Schadensentstehung beigetragen haben kann.[309] Der Effekt dieser Beweisregel ist sehr umstritten und variiert innerhalb der verschiedenen Länder des anglo-amerikanischen Rechtskreises,

---

[303] Von der in Ord 40 RSC 1965 vorgesehenen Möglichkeit, die Bestellung eines Sachverständigen durch das Gericht zu beantragen, machen die Parteien in der Praxis selten Gebrauch (vgl. HALL & SMITH (1993) 137 SJ 38, 39).

[304] BRAZIER, S. 95; GRUBB (1985) 1 JContHealthL & Pol'y 75 (92); s.a. ZWEIGERT/KÖTZ, Bd. I, § 20 V (S. 316f.); KÖTZ, JA 1991, 257 (258).

[305] Anschaulich ist der Fall *Whitehouse v Jordan* [1981] 1 AllER 267, HL. Zu den Schwierigkeiten, einen geeigneten Sachverständigen zu finden, vgl. BRAZIER *ibid*; JONES (1984) 134 NLJ 7; LEWIS (1983) 80 LS Gaz 1647. Allg. zur Kritik am geltenden Recht, das auch mehrere Sachverständige auf Seiten einer Partei zuläßt, vgl. BRAZIER, S. 97; JONES *ibid*; LEWIS *ibid*; HAVARD (1983) 23 MedSci & Law 157 (161ff.).

[306] Vgl. JACKSON & POWELL, para. 6.45; BRAZIER, S. 96f. In der *Whitehouse*-Entscheidung wurde sowohl vom Court of Appeal ([1980] 1 AllER 650, 655 *per* Lordrichter DENNING, MR) als auch vom House of Lords ([1981] 1 WLR 247, 256H–257A *per* LORD WILBERFORCE, 265B–C *per* LORD FRASER) festgestellt, daß Sachverständigengutachten zwar nicht von Juristen entworfen werden sollten, dennoch „eine gewisse Beratung" („some degree of consultation") erlaubt sein müsse. Vgl. dazu näher JACKSON & POWELL *ibid*; krit. BRAZIER *ibid* 97; HALL & SMITH (1993) 137 SJ 38.

[307] Einzelheiten des Ablaufs bei POWER & HARRIS, S. 350ff.; zur praktischen Vorbereitung vgl. PRITCHARD, S. 206ff.

[308] *Leading case* im Arzthaftungsrecht ist *Mahon v Osborne* [1939] 2 KB 14, KBD; s.a. DUGDALE & STANTON, para. 15.27; JACKSON & POWELL, para. 6.46; BRAZIER, S. 98. *Res ipsa loquitur* läßt sich angemessen mit „die Tatsachen sprechen für sich" übersetzen. Die klassische Definition findet sich in *Scott v The London & St Katherine Docks Co* (1865) 3 H & C 596 (601 *per* ERLE CJ). Typisch sind die sog. Swab-Fälle, bei denen nach Abschluß einer Operation Mulltupfer, Operationsinstrumente o.ä. im Körper des Patienten verbleiben. Ein weiteres Anwendungsbsp. bildet die Behandlung durch mehrere Personen, vgl. *Cassidy v Ministry of Health* [1951] 2 KB 343, CA; DUGDALE & STANTON *ibid* 15.26; JACKSON & POWELL *ibid* 6.50; BRAZIER *ibid* 98f.

[309] DUGDALE & STANTON, paras. 15.25ff.; JACKSON & POWELL, para. 6.48; BRAZIER, S. 98.

wobei in England noch nicht endgültig geklärt ist, ob die Anwendung der Grundsätze der *res ipsa loquitur* nur eine widerlegbare Fahrlässigkeitsvermutung begründet oder zu einer Beweislastumkehr führt.[310] Indessen darf der Nutzen der *res ipsa loquitur*-Regel in Arzthaftungsfällen nicht überschätzt werden, da die Gerichte nur selten darauf zurückgreifen.[311] Denn auch in England gilt der Erfahrungssatz, daß nicht jedes, im Laufe einer medizinischen Behandlung auftretende Mißgeschick die Vermutung der Fahrlässigkeit begründet.[312] Dementsprechend ist für die Beweisregel kein Raum mehr, sobald die fragliche Operation selbst bei ordnungsgemäßer Vornahme nachweislich in einer kleinen Zahl von Fällen fehlschlagen kann.[313]

Bei einer Klage wegen *disclosure malpractice* muß der Patient nicht nur nachweisen, daß der Arzt ihn nicht ausreichend aufgeklärt hat, sondern auch, daß er bei ordnungsgemäßer Aufklärung seine Einwilligung in die Behandlung oder Operation verweigert hätte.[314] Anders als in den Fällen der Behandlung aus nichttherapeutischen Gründen (z.B. Schönheitsoperationen) gestaltet sich dieser Nachweis bei einer medizinisch indizierten Behandlung oftmals als sehr schwierig.[315] Dennoch ist es für den Patienten immer einfacher, nachträglich zu behaupten, er hätte sich der Behandlung oder Operation nicht unterzogen, wenn der Arzt ihn ordnungsgemäß aufgeklärt hätte.[316] Ob die Frage, welche Entscheidung der Patient bei entsprechender Aufklärung getroffen hätte, deshalb eher aus der Sicht des vernünftigen und vorsichtigen Patienten *(prudent patient-* oder *objective test)* als aus der persönlichen Sicht des jeweiligen Patienten *(subjective test)* beantwortet werden sollte, ist im englischen Recht noch nicht abschließend geklärt.[317] Da Art und Umfang der ärztlichen Aufklärungspflicht durch die Anwendung des *Bolam*-Tests bereits objektiv bestimmt werden, wird bei der Bestim-

---

[310] Vgl. näher zum Meinungsstand HART & HONORÉ, S. 425f. In England tendiert man neuerdings zu einer widerlegbaren Fahrlässigkeitsvermutung, vgl. *Ng Chun Pui v Lee Chuen Tat* [1988] The Times 25 May, PC; *The Pearson Report*, para. 68.

[311] Vgl. GRUBB (1985) 1 JContHealthL & Pol'y 75 (89f.) m.w.N. (dort auch zu den möglichen Gründen).

[312] JACKSON & POWELL, paras. 6.21ff., 6.48.

[313] Vgl. DUGDALE & STANTON, para. 15.27; JACKSON & POWELL, para. 6.48; BRAZIER, S. 99; s.a. UNDERWOOD & HOLT, S. 49f.

[314] BUCKLEY, para. 15.12; DUGDALE & STANTON, para. 18.09; JACKSON & POWELL, para. 6.143 m.w.N.

[315] Vgl. nur DUGDALE & STANTON *ibid.*

[316] *Ibid.*

[317] In *Hills v Potter* ([1984] 1 WLR 641, 653E–F, QB) ließ Richter HIRST offen, ob man der objektiven oder subjektiven Theorie folgen sollte; s.a. DUGDALE & STANTON, para. 18.09; JACKSON & POWELL, para. 6.144. – In Kanada wurde bis vor kurzem der *objective test* bevorzugt (vgl. *Reibl v Hughes* (1980) 114 DLR 3d 1, SCC), während neuerdings der *subjective test* oder ein gemischter *subjective/objective test* angewandt wird. Näher dazu DUGDALE & STANTON *ibid* m.w.N. der kan. Rspr. Das gleiche gilt für Australien, vgl. *Ellis v Wallsend District Hosp* (1989) 17 NSWLR 553 (581 *per* SAMUELS JA, 560 *per* KIRBY P), NSW CA.

mung der hypothetischen Entscheidung des Patienten die subjektive Theorie favorisiert.[318]

2.1.3 Vergleich

Während in Deutschland das Arzthaftungsrecht auf dem BGB und damit entsprechend der Rechtstradition eines kontinentaleuropäischen Landes auf einer Kodifikation beruht, hat es sich in England aufgrund von Präjudizien entwickelt. Gleichwohl haben die unterschiedlichen Rechtsquellen im Prinzip nicht zu unterschiedlichen Haftungssystemen geführt, die mangels einer spezifischen Regelung durch den jeweiligen Gesetzgeber beide stark durch Richterrecht geprägt sind.

2.1.3.1. Anspruchskonkurrenz (concurrent liability)

In beiden Ländern existieren Vertrags- und Deliktshaftung gleichberechtigt nebeneinander, wobei sich für die Arzt- und Krankenhaushaftung lediglich unterschiedliche Schwerpunkte ergeben: Anders als im englischen Recht liegt in Deutschland das Gewicht auf dem vertraglichen Bereich. Nur wegen des praktisch wichtigen Schmerzensgelds (vgl. § 847 BGB) tritt das Deliktsrecht ergänzend hinzu. Dies hat den rechtspolitischen Hintergrund, daß das deutsche „Recht der unerlaubten Handlungen" eine Reihe von Unzulänglichkeiten aufweist (kein Schutz reiner Vermögensinteressen, vor allem Dritter; beklagtenfreundliche Beweislastregelung; Entlastungsbeweis gem. § 831 Abs. 2 S. 2 BGB; kürzere Verjährungsfrist gem. § 852 BGB), die sich für den Patienten im Streitfall materiellrechtlich und prozessual negativ auswirken können. Demgegenüber leitet das englische Recht die Haftung des Arztes nahezu ausschließlich aus dem Deliktsrecht her, das mit dem Tatbestand der *negligence* eine ursprünglich eigens für bestimmte Berufsgruppen entwickelte Haftungsgrundlage bereithält, die den Anwendungsbereich des alten *battery*-Anspruchs auf praktisch seltene Ausnahmefälle beschränkt hat. Daß die Vertragshaftung dagegen eine vergleichsweise geringe Rolle spielt, liegt vor allem am sozialpolitischen Institut der staatlichen Gesundheitsversorgung, die dem im Dienst des *NHS* tätigen Arzt eine gesetzliche Pflicht zur medizinischen Versorgung des Bürgers auferlegt. Da man hierin einen Widerspruch zur geltenden Vertragsfreiheit sieht, fehlt es an einem Vertragsschluß zwischen Arzt und *NHS*-Patient, so daß Raum für eine vertragliche Haftung nur im privaten Sektor[319] bleibt.

---

[318] Vgl. *Bolam v Friern HMC* [1957] 1 WLR 582 (590f. *per* Richter McNAIR, *obiter*), QB; *Chatterton v Gerson* [1981] QB 432 (442A *per* Richter BRISTOW, *obiter*), QB; BUCKLEY, para. 15.12; DUGDALE & STANTON *ibid*; JACKSON & POWELL *ibid*; KENNEDY (1984) 47 MLR 454 (471).

[319] Aus einer aktuellen Studie geht hervor, daß der Markt für private Krankenversicherungen in Großbritannien wächst: Während heute bereits 11 % der Briten privat krankenversichert sind, soll ihr Anteil bis zum Jahr 2000 auf 14 % steigen, vgl. den Bericht in der Ärzteztg. v. 07.11.1996, S. 10. Zu den Gründen vgl. STRIEGLER, Ärzteztg. v. 13.10.1994, S. 2.

Trotz der unterschiedlichen Haftungsgrundlagen für den Arzt gilt in beiden Ländern die Regel, daß im Fall einer stationären Behandlung der Träger des Krankenhauses für Fehler des behandelnden Arztes oder des betreuenden Pflegepersonals stellvertretend haftet *(vicarious liability)*. Der entscheidende Grund hierfür ist in beiden Rechtsordnungen darin zu sehen, daß der Krankenhausträger im Regelfall über die üblichen Nebenleistungen der Beherbergung (Unterkunft, Verpflegung) dem Patienten vor allem die ärztliche Behandlung und pflegerische Betreuung schuldet. Damit ist er gegenüber dem Arzt- und Pflegepersonal weisungsbefugt und haftet als übergeordnete Stelle nach dem Prinzip *respondeat superior*. Dagegen kommt ausnahmsweise eine getrennte Haftung des Krankenhausträgers auf der einen und des Arzt- bzw. Pflegepersonals auf der anderen Seite in Betracht, wenn Haupt- und Nebenleistungen nicht gemeinsam vom Krankenhausträger geschuldet werden, was nur beim Privatpatienten möglich ist. Da es für die Haftung allein auf die Gestaltung des Rechtsverhältnisses zwischen Krankenhausträger und Patient ankommt, macht es keinen Unterschied, ob das Krankenhaus privat oder staatlich betrieben wird. Daneben wird in beiden Ländern zu Recht auch eine direkte Haftung des Krankenhausträgers für Organisationsfehler angenommen, weil im organsatorischen Bereich allein der Klinikbetreiber Weisungen erteilt und deren Ausführung überwacht.

2.1.3.2 Haftungselemente

Unabhängig von der Haftungsgrundlage müssen in beiden Ländern drei Voraussetzungen für eine Haftung des Arztes erfüllt sein, nämlich eine Pflichtverletzung *(breach of duty)*, ein Schaden *(damage)* und ein hinreichender Kausalzusammenhang zwischen diesen beiden Haftungselementen *(remoteness of damage)*. Darüber hinaus haftet der Arzt grundsätzlich nur verschuldensabhängig. Jedoch spielt das subjektive Verschulden eine vergleichsweise geringe Rolle, da nach § 276 BGB bzw. dem *Bolam*-Test ein objektivierter Sorgfaltsmaßstab gilt, der auf die Kenntnisse und Fähigkeiten eines durchschnittlich ausgebildeten und erfahrenen Arztes abstellt. Damit liegt im Fall einer Pflichtverletzung regelmäßig auch ein schuldhaftes Verhalten des Arztes vor, das deshalb nicht mehr eigens festgestellt zu werden braucht. Maßgeblicher Zeitpunkt für die Feststellung einer ärztlichen Pflichtverletzung ist in beiden Ländern die Behandlung des Patienten, weil der Arzt nur für eine Sorgfaltswidrigkeit verantwortlich gemacht werden kann, wenn er zur fraglichen Zeit auch Adressat einer Norm war, die ihm ein entsprechend sorgfältiges Verhalten abverlangte.

2.1.3.3 Sorgfaltsmaßstab

In beiden Rechtsordnungen ist anerkannt, daß der Arzt nicht die Pflicht hat, den Patienten zu heilen oder sein Leiden zu lindern, was besonders im Vertragsrecht beider Länder deutlich wird: Das englische Recht verneint im Zweifel das Vorliegen eines *express contract* und nimmt stattdessen einen *implied contract* an, der den Arzt nur zur Einhaltung des medizinischen Standards verpflichtet. In gleicher Weise qualifiziert das deutsche Recht den Arztvertrag richtigerweise nicht gem. § 631 BGB als Werk-, sondern als Dienstvertrag i.S. des § 611 BGB, aus dem der Arzt wegen Schlechterfüllung haftet.

Dabei besteht jedoch ein wesentlicher Unterschied zwischen beiden Arzthaftungssystemen darin, daß in England der medizinische Standard nicht nur für die Diagnose und Behandlung, sondern auch für die Aufklärung des Patienten gilt. Darin liegt eine erhebliche Benachteiligung des Patienten, der nach dem maßgeblichen *Bolam*-Test lediglich über solche Risiken aufgeklärt zu werden braucht, die ein verantwortungsbewußter Teil der Ärzteschaft für relevant hält. Daß damit die medizinische Profession in diesem wichtigen Bereich des Arzt-Patienten-Verhältnisses selbst den maßgeblichen Standard setzen darf, liegt nicht nur an der konservativen Einstellung vieler englischer Richter, welche die im Arztbereich zunehmend überholten Konzepte des Traditionalismus und Paternalismus unbedingt aufrechterhalten wollen.[320] Hinter dieser Entscheidung verbirgt sich vor allem die Angst vor US-amerikanischen Verhältnissen im Arzthaftungsbereich: Mit einer Theorie des *informed consent*, die allein auf das Informationsbedürfnis des Patienten abstellt, so die Befürchtung, könnte in England die Zahl der Arzthaftungsprozesse sprunghaft steigen[321] und als Folge davon die in den USA weitverbreitete, als zeit- und kostenintensiv geltende sog. Defensivmedizin Einzug halten[322], die den medizinischen Berufsstand in seiner Gesamtheit demoralisieren und am Ende den staatlichen Gesundheitsdienst in seinem Bestand gefährden würde.[323] Die Frage, ob und inwieweit solche Vermutungen zutreffen, soll an dieser Stelle nicht weiter verfolgt werden.[324] Diese Interpretation der Lehre des *informed consent* führt jedenfalls zu einer wesentlichen Schlechterstellung des Patienten in England, weil die Beseitigung seines Informationsdefizits damit (abgesehen von dem Fall, daß er ausdrücklich nach den Risiken der Behandlung fragt) allein von der Kommunikationsbereitschaft des Arztes abhängt. Die Maßgeblichkeit des medizinischen Standards auch im Bereich der Aufklärung führt nicht nur zu einer Herabwürdigung der Persönlichkeit des Patienten, indem sein Recht auf Information beschnitten wird. Auch sein latent vorhandenes Unterlegenheitsgefühl wird im Endeffekt eher verstärkt und als Folge davon sein für die Genesung unerläßliches Vertrauen zum Arzt beeinträchtigt.

---

[320] STREET (S. 240) spricht insoweit von einer „brüderlichen Nachsicht", welche die Richter gegenüber den Ärzten übten; ähnl. BUCKLEY, para. 15.05.; SCHWARTZ & GRUBB (1985) 15 Hastings Center Report 19 (22).

[321] Vgl. hierzu BUCKLEY *ibid*; STREET *ibid*.

[322] Einen Überblick über das Ausmaß der Defensivmedizin in England geben HAVARD (1983) 23 MedSci & Law 157 (163ff.) und zuletzt QUICK, Lloyd's List v. 05.11.1996, S. 5.

[323] Vgl. hierzu und zu weiteren möglichen Motiven CLEMENTS PN 1 (1985) 136 (140f.); KENNEDY (1984) 47 MLR 454 (465ff.); SCHWARTZ & GRUBB (1985) 15 Hastings Center Report 19 (21ff.).

[324] Krit. äußern sich z.B. DIAS & MARKESINIS, S. 172; CLEMENTS *ibid*; JONES (1984) 100 LQR 355 (359f.); KENNEDY (1984) 47 MLR 454 (463f.); LEWIS (1985) 82 LS Gaz 2645 (2646f.); DERS., (1983) 80 LS Gaz 2667 (2671); TEFF (1985) 101 LQR 432 (434ff.); WILLIAMS (1985) 14 Anglo-Am 169 (179f.).

Vorzugswürdig erscheint deshalb die Lehre von der aufgeklärten Einwilligung nach deutschem Vorbild, die den Arzt verpflichtet, den Patienten über den Verlauf der Behandlung und die damit verbundenen Risiken aufzuklären.[325] Die sog. Pflicht zur Selbstbestimmungs- oder Eingriffsaufklärung wird dabei auf doppelte Weise abgesichert: In materiellrechtlicher Hinsicht wird auf das Informationsbedürfnis des individuellen, nicht eines vorsichtigen Patienten abgestellt. In prozessualer Hinsicht muß die Erfüllung dieser Pflicht der Arzt beweisen. Deshalb sollte eine Verletzung dieser Pflicht auch *de lege lata* als Körperverletzung i.S. des § 823 Abs. 1 BGB gewertet werden, weil dann die Beweislast aus rechtsdogmatischen Gründen beim Arzt liegt. Wegen der Schutzrichtung der Selbstbestimmungsaufklärung wäre es zwar konsequenter, in einem solchen Fall eine Verletzung des Persönlichkeitsrechts als sonstigen Rechts i.S. des § 823 Abs. 1 BGB anzunehmen. Damit eine solche Qualifikation nicht zu Lasten des Patienten geht, müßte allerdings *de lege ferenda* eine ähnlich patientenfreundliche Beweislastverteilung sichergestellt sein. Angesichts der Tatsache, daß das Recht des Patienten auf Selbstbestimmung in Deutschland sogar den Schutz der Verfassung genießt, sollte ein etwaiger Mißbrauch der Rüge mangelnder oder unzureichender Aufklärung bei nicht nachweisbarem Diagnose- oder Behandlungsfehler ruhig in Kauf genommen werden.

Während damit das deutsche Recht an die Sorgfalt des Arztes vor allem im Aufklärungsbereich strengere Anforderungen stellt als das englische Recht, wird dieser Vorsprung durch die weiteren Haftungselemente, die Kausalität und den Schaden, nur unwesentlich relativiert:

2.1.3.4 Kausalität

Hinsichtlich der erforderlichen Kausalität zwischen Pflichtverletzung und Schaden wenden die Richter Englands mit dem *but for*-Test letztlich die dem deutschen Juristen unter dem Begriff der Äquivalenztheorie bekannte Kausalitätslehre an. Dabei kommen sie dem klagenden Patienten jedoch entgegen, indem sie mit dem Beweismaß *on the balance of probabilities* prozessual nur eine überwiegende Wahrscheinlichkeit der angeblich den Schaden verursachenden Ereignisse verlangen. Dafür kann es ausreichend sein, daß die fragliche Ursache das Risiko eines Schadens erheblich erhöht hat. Die in Deutschland im Strafrecht vieldiskutierte Risikoerhöhungslehre wird also in England zumindest im Zivilprozeß längst praktiziert. Außerdem hilft das englische Recht dem Patienten bei der Feststellung des hypothetischen Geschehensablaufs mit der auch aus dem französischen Recht bekannten Figur der „Verlust der Chance auf Genesung", die das deutsche Recht nicht kennt. Als einziger „Filter" für die Zurechenbarkeit eines Schadens dient das Kriterium der vernünftigen Voraussehbarkeit *(foreseeability test)*, das sich aber lediglich auf die Art des erlittenen Schadens bezieht und daher nicht völlig mit der deutschen Adäquanztheorie übereinstimmt. Demgegenüber verlangt das deutsche Recht darüber hinaus eine Zurechnung über den

---

[325] Ebenso aus engl. Sicht SHAW (1986) 35 ICLQ 864 (888).

Schutzzweck der verletzten Norm. Überlegungen dieser Art finden sich in englischen Entscheidungen höchstens als zusätzliche Argumentationshilfe, wenn die Klage ohnehin begründet ist, nicht jedoch als eigenständiges Kriterium zur Verneinung eines Kausalzusammenhangs und damit letztlich einer Haftung. Die Einführung einer Schutzzwecktheorie nach deutschem Verständnis läßt bislang noch auf sich warten.

2.1.3.5
Schaden

Bei der Bemessung des Schadens finden sich noch die meisten Übereinstimmungen zwischen beiden Rechtsordnungen. Auch das englische Recht geht vom Grundsatz der Totalreparation aus. Gemeinsames Ziel ist die Kompensation des Schadens durch den Schädiger, nicht dagegen die Genugtuung des Opfers, die im deutschen Recht bei der Bemessung des Schmerzensgelds auch nur am Rande eine Rolle spielt. Immaterielle Schäden sind ebenfalls in beiden Rechtsordnungen in Form einer Entschädigung ersatzfähig. Allerdings kann ein Schmerzensgeld nach deutschem Recht wegen § 253 BGB nur über den Umweg des Deliktsrechts (vgl. § 847 BGB) gewährt werden. Demgegenüber braucht das englische Recht unter dem Aspekt des Schadensumfangs nicht zwischen vertraglicher und deliktischer Haftung zu differenzieren.

2.1.3.6
Beweisfragen

Stellt das englische Recht den Patienten damit vor allem im Bereich der ärztlichen Sorgfaltspflichten und hier insbesondere auf dem Gebiet der Aufklärung schlechter als das deutsche Recht, so wird dieser Effekt in prozessualer Hinsicht noch durch eine für den Patienten ungünstige Beweisregelung verschärft:

Erstens trägt der Patient nach englischem Recht auch für Aufklärungsfehler die Beweislast, so daß er sowohl die fehlende bzw. unzureichende Aufklärung durch den Arzt als auch die hypothetische Verweigerung seiner Einwilligung bei ordnungsgemäßer Aufklärung beweisen muß. (Allerdings wird diese Beweislastverteilung nur relevant, wenn und soweit überhaupt eine ärztliche Aufklärungspflicht angenommen wird, was wegen des *Bolam*-Tests eher selten der Fall ist.) Zweitens kennt man in England außer der *res ipsa loquitur*-Regel, die mit dem deutschen Anscheinsbeweis vergleichbar ist, keine weiteren Beweiserleichterungen für den regelmäßig in Beweisnot befindlichen Patienten. Von „Waffengleichheit" im Rechtsstreit zwischen Arzt und Patient kann daher kaum die Rede sein. Und drittens obliegt die Entscheidung über das Vorliegen einer ärztlichen Pflichtverletzung nicht einem vom Gericht bestellten Sachverständigen, dessen Unabhängigkeit und Neutralität immerhin für eine gewisse Objektivität seines Gutachtens bürgt. Stattdessen engagieren im englischen Arzthaftungsprozeß Kläger und Beklagter jeweils einen eigenen Sachverständigen, der damit nicht mehr

Gehilfe des Richters, sondern der jeweiligen Partei ist.[326] Diese Regelung führt dazu, daß es dem Arzt mit Hilfe seines Prozeßvertreters im Zweifel gelingt, das Gericht von der Richtigkeit seines Handelns zu überzeugen, so daß die Klage des Patienten regelmäßig abgewiesen wird.

2.1.3.7
Fazit

Insgesamt bewegt sich das Arzthaftungsrecht in Deutschland damit auf einem weitaus höheren Niveau als in England,[327] wo die Patienten Klagen gegen Ärzte und Krankenhausträger denn auch sehr viel seltener anhängig machen.[328] Gleichwohl ist auch dort eine wachsende Klagebereitschaft der Patienten zu verzeichnen,[329] die angesichts der bislang völlig fehlenden Deckung der Kosten eines Rechtsstreits durch private Rechtsschutzversicherungen einerseits[330] und der nur begrenzt erhältlichen staatlichen Prozeßkostenhilfe *(legal aid)*[331] andererseits umso beachtlicher ist.[332] Da die Erfolgsquote der Arzthaftungsklagen mit rund 27 % in beiden Ländern relativ gering ist, kann jedoch bisher von einer „Krise" der Arzthaftung nicht ernsthaft die Rede sein.[333] Daran hat auch die Entwicklung der Rechtsprechung zur ärztlichen Haftung für die unerwünschte Geburt eines gesunden Kindes *(wrongful conception)* bislang nichts geändert.

---

[326] Mißverständlich insoweit REYNOLDS/RINDERKNECHT, ZVglRWiss 92 (1993) 215ff.

[327] So auch DIAS & MARKESINIS, S. 5, 173; DEUTSCH, EG-Recht, S. 282; DERS., in: KLINGMÜLLER (Hrsg.), Karlsruher Forum 1992, S. 46; s.a. BUCKLEY, para. 15.12.

[328] Vgl. hierzu das Zahlenmaterial von MARKESINIS (49 [1990] CLJ 233, 256ff.). Danach ist die absolute Anzahl der Verfahren vor den ärztlichen Gutachter- und Schlichtungsstellen *und* den Prozessen vor den staatlichen Gerichten in Deutschland doppelt oder dreifach so hoch wie in England und erreicht damit das Niveau in den USA.

[329] Vgl. hierzu bereits SAMUELS (1983) 23 MedSci & Law 31 (34) und zuletzt QUICK, Lloyd's List v. 05.11.1996, S. 5.

[330] Hierzu FLESCH, VW 1996, 1452ff.

[331] Hierzu LEAHY TAYLOR, Negligence, S. 41f.

[332] Einen weiteren Anstieg von Arzthaftungsklagen verspricht die unter dem Schlagwort „no win, no fee" bekannte, seit dem 5. Juli 1995 geltende Neuregelung, der zufolge englische Rechtsanwälte („barristers" und „solicitors") nunmehr u.a. für Klagen wegen Körperschäden *(personal injury)* eine Art Erfolgshonorar *(conditional fee)* mit ihren Mandanten vereinbaren dürfen. Anders als das US-amerikanische System, das dem Klägeranwalt für den Fall des Obsiegens einen bestimmten Prozentsatz der zugesprochenen Schadensersatzsumme garantiert *(contingency fee)*, orientiert sich das englische Modell an den Anwaltsgebühren, die um bis zu 100 % erhöht werden dürfen („uplift"). Vgl. hierzu COURTS AND LEGAL SERVICES ACT 1990, sec. 58 (1) i.V.m. CONDITIONAL FEE AGREEMENTS ORDER 1995, art. 2; GRAEF, RIW 1995, 549 (550). Weitere Einzelheiten regeln die CONDITIONAL FEE AGREEMENTS REGULATIONS 1995.

[333] So auch JONES PN 3 (1987) 43 (45f.); MARKESINIS 49 [1990] CLJ 233 (262); SAMUELS (1983) 23 MedSci & Law 31 (34) sowie – aus versicherungstechnischer Sicht – KOCHS, ZaeF 1995, 575 (578), der sich jedoch über die Entwicklung der Schadenaufwendungen besorgt zeigt (*ibid* 579).

2.2 Die Entwicklung der Rechtsprechung zur ärztlichen Haftung für die unerwünschte Geburt eines gesunden Kindes *(wrongful conception)*

2.2.1 Deutsches Recht

In Deutschland hatten sich die Gerichte mit der Frage der ärztlichen Haftung für fehlgeschlagene Sterilisationen erstmals Mitte der 70er Jahre zu befassen. Das Problem ärztlicher Verantwortung für mißlungene Schwangerschaftsabbrüche trat sogar erst Mitte der 80er Jahre auf. Dagegen war die Streitfrage, ob wegen der unerwünschten Geburt eines gesunden (d.h. geistig und körperlich „normalen“) Kindes dessen Eltern überhaupt Schadensersatz beanspruchen können, bereits Gegenstand der sog. Pillenfälle gewesen, die Ende der 60er Jahre sowohl in medizinischen als auch in juristischen Fachkreisen großes Aufsehen erregt hatten.

2.2.1.1 Die sog. Pillenfälle

Mit dem ersten Fall dieser Art war das *LG Itzehoe*[1] konfrontiert worden. Die Ehefrau des Klägers hatte in einer Apotheke ein auf das hormonale Empfängnisverhütungsmittel „Eugynon“ ausgestelltes Rezept vorgelegt, dafür aber versehentlich das Magenpräparat „Enzynorm“ erhalten. Neun Monate später wurde den Eltern ein sechstes Kind geboren. Wegen schuldhafter Verletzung des Kaufvertrags wurde der beklagte Inhaber der Apotheke gem. §§ 433, 276, 278, 1357, 249f. BGB dazu verurteilt, den klagenden Vater bis zum 18. Lebensjahr seines Kindes von der Unterhaltszahlung freizustellen. Da die verlangte „Anti-Baby-Pille“ eine Empfängnis mit einer an Sicherheit grenzender Wahrscheinlichkeit von 99,8 % verhindert hätte, sei die von dem Angestellten begangene Medikamentenverwechslung ursächlich für die planwidrige Schwangerschaft und Geburt des Kindes sowie den daraus resultierenden Vermögensschaden gewesen. Der Vermögensschaden des Klägers bestehe in der ungewollten Belastung mit einer Verbindlichkeit, weil der Kläger als Vater dem Kind gem. §§ 1601ff. BGB zum Unterhalt verpflichtet sei. Diesen Vermögensnachteil habe das Ehepaar mit dem Kauf des Medikaments gerade verhindern wollen. Anhaltspunkte für mit der ungewollten Geburt des Kindes verbundene Vermögensvorteile, die sich ganz oder teilweise schadensmindernd auswirken könnten, konnte das Gericht nicht er-

---

[1] *LG Itzehoe*, VersR 1969, 265 = FamRZ 1969, 90. Auf die Berufung beider Parteien hin wurde der Rechtsstreit vor dem *OLG Schleswig* mit einem Vergleich beigelegt, in dem sich der Beklagte verpflichtete, eine einmalige Abfindungssumme in Höhe von DM 5.000 an das betroffene Ehepaar zu zahlen, vgl. FAZ v. 12.6.1969 (S. 7); s.a. LANKERS, FamRZ 1969, 384 (FN 78).

kennen. Umgekehrt konnte es seiner Ansicht nach dem Kläger nicht als Mitverschulden angelastet werden, daß er das Kind aus Gründen der Familienbande nicht zur Adoption freigegeben hatte. Dagegen mußte er sich jedoch ein Mitverschulden seiner Ehefrau anrechnen lassen, weil diese das Versehen hätte bemerken müssen.

Als ersatzfähiger Vermögensschaden wurde der Unterhaltsaufwand auch vom *LG Limburg*[2] anerkannt, das streng zwischen der Geburt des Kindes als Verwirklichung eines „höherrangigen Wertes" und der damit verbundenen Unterhaltsverpflichtung als ersatzfähigem Schaden trennte. In diesem Fall hatte ein Ehepaar den Hersteller des Präparats „Eugynon" mit der Behauptung auf Schadensersatz verklagt, das hormonale Empfängnisverhütungsmittel sei wider Erwarten nicht zuverlässig gewesen. Nur aus tatsächlichen Gründen wurde die Klage abgewiesen.

In einem weiteren Fall der Medikamentenverwechslung verneinte dagegen das *LG München I*[3] eine Schadensersatzpflicht des beklagten Apothekers. Das Gericht stellte darauf ab, daß Folge der Pflichtverletzung die Konzeption und Geburt des Kindes sei. Dieser Erfolg könne nicht mehr beseitigt werden, da er von der Rechtsordnung geschützt werde, so daß eine Naturalrestitution des „unmittelbaren Schadens" unzulässig sei. Dann könne auch die Unterhaltspflicht als indirekte Folge der Existenz des Kindes kein ersatzfähiger „mittelbarer Schaden" sein.

Diese ersten drei Entscheidungen riefen in der Literatur eine lebhafte Diskussion des neuartigen Haftungsproblems hervor. Dabei wurde die Begründung des *LG München I* durchweg zurückgewiesen, da es nicht auf die Zulässigkeit der Naturalrestitution oder auf die Unmittelbarkeit des Schadens ankomme.[4] Stattdessen sah man das grundlegende Problem in der Beantwortung der Frage, ob die Belastung mit der Unterhaltspflicht ein ersatzfähiger Vermögensschaden sein kann oder ob der enge Bezug zur Existenz des Kindes und die familienrechtliche Natur der Unterhaltspflicht zwangsläufig den Ersatz solcher Aufwendungen ausschließen.

Die von der Lehre *pro et contra* angeführten Argumente blieben nicht ohne Einfluß auf die Rechtsprechung. So kam das *LG Duisburg*[5] in einer Entscheidung aus dem Jahr 1974 zu dem Schluß, daß die Unterhaltsaufwendungen nicht ersatzfähig seien, da das Kind selbst kein Schaden sei. Menschliches Leben müsse stets

---

[2] *LG Limburg*, NJW 1969, 1574.

[3] *LG München I*, VersR 1970, 428 = FamRZ 1970, 314 (n.r.).

[4] Vgl. STAUDINGER/MEDICUS, § 249 BGB, Rdnr. 14; DEUTSCH, HaftungsR, S. 442; SIGEL, S. 70ff; GIESEN, FamRZ 1970, 565 (566f.); KLIMKE, VersR 1975, 1083 (1085); LOWE, VersR 1970, 430 (431); REINELT, FamRZ 1970, 572f.; SELB, JZ 1971, 201 (203).

[5] *LG Duisburg*, VersR 1975, 432 (n.r.).

als Wertverwirklichung angesehen werden, selbst wenn es im Einzelfall aus persönlichen, wirtschaftlichen oder sozialen Gründen „unerwünscht" sei. Bei einer wertenden Betrachtung könnten deshalb auch die seine Existenz sichernden Leistungen keinen Schaden darstellen. Letztlich gingen die Aufwendungen der Eltern auf deren familienrechtliche Unterhaltspflicht gegenüber den Nachkommen zurück, die von der Rechtsordnung vorgegeben sei. Mit dieser Begründung wies das *LG* die Schadensersatzklage einer Mutter von zwei Kindern ab, die nach einer Hysterektomie ein weiteres Kind bekam, obwohl sie sich für dauernd unfruchtbar gehalten hatte. Auf die Berufung der Klägerin bestätigte das *OLG Düsseldorf*[6] die Entscheidung der Vorinstanz nur im Ergebnis. Weder habe der Behandlungsvertrag eine Pflicht des Beklagten umfaßt, die Klägerin darüber zu belehren, welche Empfängnisverhütungsmaßnahmen sie auch nach dem Eingriff weiterhin treffen mußte, noch hätten die Parteien einen Vertrag geschlossen, der auf die Erteilung einer entsprechenden Auskunft gerichtet gewesen war.

2.2.1.2 *Fehlgeschlagene Sterilisationen*

Zu einer anderen Bewertung der Ersatzfähigkeit des Unterhaltsschadens war das *OLG Düsseldorf*[7] bereits im Jahr 1974 gekommen, als es den ersten Fall einer fehlgeschlagenen Sterilisation zu entscheiden hatte. Dort hatte der beklagte Arzt den Kläger mittels Unterbindung beider Samenleiter vasektomiert. Trotz einer Nachuntersuchung des Klägers wurde seine Ehefrau schwanger und gebar ein gesundes Kind. Wegen eines vermeintlichen Behandlungsfehlers hatte die Vorinstanz der Schadensersatzklage in vollem Umfang stattgegeben. Auf die Berufung des Beklagten erklärte das *OLG* die Klage jedoch teilweise für unbegründet und wies im übrigen den Rechtsstreit zur weiteren Verhandlung an das *LG* zurück, wo er letztlich durch Vergleich beendet wurde. Zum Ersatz der Unterhaltskosten bemerkte das Gericht, daß in der ungewollten Geburt und Existenz des Kindes kein Schaden liege. Dafür stelle die Belastung mit der Unterhaltspflicht einen Vermögensschaden dar, den der beklagte Arzt unmittelbar verursacht habe. Diese Folge habe der Kläger durch die Vornahme der Sterilisation gerade vermeiden wollen. Der Ersatzfähigkeit dieses Schadens stünden auch etwaige Vermögensvorteile aus den familienrechtlichen Beziehungen zu dem Kind nicht entgegen, solange diese Vorteile dem Kläger noch nicht tatsächlich erwachsen seien.

Zu dem gleichen Ergebnis kam das *LG Freiburg*[8] in einem Fall, in dem die Sterilisation einer Mutter von sechs Kindern fehlgeschlagen war, weil der Chirurg nur einen Eileiter durchtrennt hatte. Etwa zwei Jahre später gebar die Frau ein weiteres Kind und ließ den Eingriff wiederholen. Zusammen mit ihrem Ehe-

---

[6] *OLG Düsseldorf*, VersR 1975, 432.
[7] *OLG Düsseldorf*, NJW 1975, 644 (L) = FamRZ 1975, 100 = ArztR 1976, 46 = DMW 15 (1975) 2657 = R/S, Rdnr. 832.
[8] *LG Freiburg*, NJW 1977, 340 (n.r.).

mann verklagte sie den Krankenhausträger mit Erfolg auf Erstattung des Unterhaltsschadens und Zahlung eines angemessenen Schmerzensgelds. Das *LG* stellte fest, daß der behandelnde Arzt den Behandlungsvertrag schuldhaft verletzt hatte, wodurch die Kläger einen Vermögensschaden in Höhe der Unterhaltspflicht erlitten hätten, der nicht von der in der Erzeugung menschlichen Lebens liegenden Wertverwirklichung abhänge. Denn es sei durchaus denkbar, daß die Eltern ein weiteres Kind gewollt hätten, wenn von vornherein ein Dritter seinen Unterhalt übernommen hätte. Im Rahmen einer Vorteilsausgleichung sei aber auf den Schaden eines Elternteils in analoger Anwendung des § 1615g BGB das Kindergeld zur Hälfte anzurechnen. Beide Kläger könnten ihren jeweiligen Unterhaltsschaden ersetzt verlangen, weil es nicht darauf ankomme, ob sie beide oder nur einer von ihnen Vertragspartner des Beklagten geworden seien. Der nicht in den Vertrag mit dem Krankenhausträger einbezogene Elternteil könne seinen Schaden nach den Regeln des Vertrags mit Schutzwirkung für Dritte beanspruchen, wobei der Anspruch zeitlich unbegrenzt sei. Darüber hinaus sah das Gericht in der Herbeiführung der Schwangerschaft durch den Behandlungsfehler eine Körperverletzung der Mutter, für die der Beklagte gem. § 831 Abs. 1 S. 1 BGB auch deliktsrechtlich hafte. Im Hinblick auf die durch die erneute Schwangerschaft verursachten körperlichen und seelischen Beschwerden sprach das Gericht der Mutter deshalb zusätzlich ein Schmerzensgeld zu.

Dieser Begründung widersprach das *OLG Bamberg*[9] in einem ähnlichen Fall. Durch eine Verwechslung mit dem Mutterband war der Klägerin ebenfalls nur der linke Eileiter durchtrennt worden, was die Geburt von gesunden Zwillingen zur Folge hatte. Die Vorinstanz hatte der Klage auf Freistellung von den Unterhaltsansprüchen der Kinder stattgegeben. Auf die Berufung des beklagten Krankenhausträgers wies das *OLG* die Klage ab, weil es an einem Schaden i.S. des § 249 BGB fehle. Es liege nämlich keine äquivalentlose Belastung mit einer Verbindlichkeit vor, da die Unterhaltspflicht nicht von der sie auslösenden Existenz des Kindes getrennt werden könne. Aus dem Gesamtkomplex der durch die Geburt eines Menschen begründeten familienrechtlichen Sonderbeziehungen könne die Verpflichtung der Eltern zur Unterhaltsleistung nicht isoliert werden, „weil hierdurch die personale Ganzheit des Kindes geleugnet und ein Verbund gegenseitig verzahnter Rechte und Pflichten willkürlich aufgesprengt würde“. Zumindest bestehe aber nach der geltenden Rechtsordnung wegen der familienrechtlichen Ausgestaltung des Eltern-Kind-Verhältnisses und des darin wurzelnden Unterhaltsanspruchs keine Möglichkeit, die Erfüllung der ehelichen Unterhaltspflicht im Wege des Schadensersatzes auf einen Dritten abzuwälzen, der die ungewollte Geburt schuldhaft verursacht habe. Nicht zuletzt laufe das Kind selbst Gefahr, schwerste seelische Schäden, ein „Jugendtrauma“, zu erleiden, wenn

---

[9] *OLG Bamberg*, NJW 1978, 1685, 2340 (L) = VersR 1978, 846 = JR 1978, 332 = JZ 1978, 529 = r+s 1978, 207.

durch die Abwälzung der Unterhaltskosten auf einen Dritten „seine Unerwünschtheit fixiert" werde.

Dagegen entschieden im weiteren Verlauf des Jahres 1978 die Oberlandesgerichte von Celle, Zweibrücken und Karlsruhe in Übereinstimmung mit dem *LG Freiburg*, daß die Belastung mit der Unterhaltspflicht wegen einer fehlgeschlagenen Sterilisation einen ersatzfähigen Vermögensschaden darstelle:

So sprach das *OLG Celle*[10] den Eltern von drei Kindern Ersatz der Unterhaltsleistungen für ihr viertes Kind nach den Grundsätzen der positiven Forderungsverletzung zu, nachdem die aus gesundheitlichen Gründen vorgenommene Sterilisation der Mutter wegen eines Behandlungsfehlers fehlgeschlagen war. In einem solchen Fall berühre eine Ersatzpflicht des beklagten Krankenhausträgers nicht die komplexe Eltern-Kind-Beziehung, da das Kind nicht an einen „Schadensersatz-Vater" verwiesen werde, sondern allein die Ersatzberechtigung der Eltern festgestellt werde. Weil die Ersatzpflicht nur das Außenverhältnis zwischen Drittem und Eltern betreffe, spiele auch deren Einstellung zum Kind keine Rolle. Durch die Erstattung der Unterhaltsaufwendungen von dritter Seite könne die Eltern-Kind-Beziehung eher begünstigt als belastet werden. Ebensowenig stehe der Schutzzweck des Vertrags einem Ersatz der Unterhaltskosten entgegen, da es den Eltern zumindest auch um die Vermeidung wirtschaftlicher Nachteile gegangen sei. Selbst wenn die Sterilisation vornehmlich aus gesundheitlichen Gründen vorgenommen worden sei, so hätten die Vertragspartner den Ersatz der Unterhaltskosten nicht ausdrücklich ausgeschlossen. Daß die Eltern weder die Schwangerschaft unterbrechen ließen noch das Kind zur Adoption freigaben, bedeute kein mitwirkendes Verschulden, da ein derartiges Verhalten keinem Elternteil von Rechts wegen zugemutet werden könne.

Der Argumentation des *OLG Celle* zur Ersatzfähigkeit des Unterhaltsschadens schloß sich später bei anderer Gelegenheit das *OLG Zweibrücken*[11] im wesentlichen an. Im konkreten Fall wies es die Schadensersatzklage des vasektomierten Vaters jedoch ab, weil seiner Ansicht nach dem beklagten Arzt im Hinblick auf die spontane Rekanalisation eines Samenleiters des Klägers weder ein Behandlungsfehler noch eine Verletzung der Aufklärungspflicht vorzuwerfen war.

Schließlich bestätigte das *OLG Karlsruhe*[12] in dem Berufungsurteil zur Entscheidung des *LG Freiburg* zunächst die Einbeziehung auch des Ehemannes in den Schutzbereich des Vertrags nach den Regeln des Vertrags mit Schutzwirkung für Dritte, wenn und soweit er vor den finanziellen Nachteilen bewahrt werden sollte, die mit einem weiteren Kind verbunden sind. Dies ergebe sich aus der

---

[10] *OLG Celle*, NJW 1978, 1688, 2340 (L) = VersR 1978, 924 = JZ 1978, 528 = r+s 1978, 207.

[11] *OLG Zweibrücken*, NJW 1978, 2340 = VersR 1979, 166 (L).

[12] *OLG Karlsruhe*, NJW 1979, 599 (n.r.); s.a. die unveröffentl. Entscheidung des *OLG Karlsruhe*, (21.9.1978 - 4 U 3/77) (zit. nach R/S, Rdnr. 636).

Auslegung des Vertrags, falls die Sterilisation der Frau aus Gründen der Familienplanung und insbesondere aus finanziellen Gründen vorgenommen worden sei und beide Eheleute durch ihre Einwilligung in die Operation ihr gemeinsames Interesse an einer sicheren Empfängnisverhütung bekundet hätten. Das Vorliegen eines Vermögensschadens ergebe sich daraus, daß der Belastung mit der Unterhaltspflicht kein äquivalenter Gegenwert gegenüberstehe. Während Vorteile immaterieller Art für die Ermittlung eines Schadens außer Betracht bleiben müßten, seien materielle Vorteile noch nicht erkennbar. Ebensowenig beeinflusse die spätere subjektive Einstellung der Eltern zum Kind die Annahme eines Schadens. Zwar liege bei einer freiwilligen Übernahme einer Verbindlichkeit kein Schaden vor. Nach einer fehlgeschlagenen Sterilisation, welche die Erzeugung von Nachwuchs und die damit verbundenen finanziellen Belastungen endgültig verhindern sollte, könne aber von einer freiwilligen Übernahme der Unterhaltspflicht keine Rede sein. Im Gegensatz zur Vorinstanz verneinte das *OLG* jedoch einen Schmerzensgeldanspruch der Ehefrau, da Schwangerschaft und nachfolgende Geburt nicht als Gesundheitsverletzung betrachtet werden könnten, auch wenn sie mit körperlichen und seelischen Beschwerden einhergingen. Eine Entschädigung sei jedenfalls nicht mehr „billig" i.S. des § 847 BGB, weil das Kind als Verwirklichung eines immateriellen Werts die Mühen von Schwangerschaft und Geburt aufwiege.[13]

Auf die Revision gegen das Urteil des *OLG Bamberg* stellte der *BGH*[14] fest, daß die einer Ehefrau nach einer fehlgeschlagenen Sterilisation erwachsende Unterhaltsbelastung für ihr aus Gründen der Familienplanung „unerwünschtes" Kind einen Schadensersatzanspruch rechtfertigen könne. Familienrechtliche Regelungen stünden diesem Haftungsprinzip nicht entgegen. Wenn ein haftungsbegründendes Verschulden eines Dritten zur Geburt eines Kindes geführt habe, die beide Eltern hätten vermeiden wollen, drohe kein Übergriff auf den dem Familienrecht vorbehaltenen Bereich. An einem ursächlichen Zusammenhang zwischen dem Versagen des Dritten und dem tatsächlichen Eintritt der Empfängnis bestehe kein Zweifel. Die Gefahr eines späteren seelischen Traumas hielt der *BGH* für unwahrscheinlich und im übrigen für einen Einwand, auf den sich der Schädiger nicht berufen dürfe. Allerdings könne diesem der Unterhaltsaufwand

[13] Zum Schmerzensgeld vgl. bereits die Entscheidung des *LG Duisburg*, VersR 1978, 262. In diesem Fall hielt das Gericht die behandelnden Ärzte sowie den Krankenhausträger für ihre Behauptung beweispflichtig, daß die gebotene Nachuntersuchung im Anschluß an eine mittels Hysteroskopie vorgenommene Sterilisation der Klägerin ordnungsgemäß durchgeführt worden sei. Das Gericht sprach der Klägerin DM 1.760 für ihre schwangerschaftsbedingte Arbeitsunfähigkeit und ein Schmerzensgeld von DM 10.000 zu, da sie während der Schwangerschaft und Geburt von Zwillingen, die später verstarben, erhebliche körperliche Schmerzen und nachhaltige seelische Belastungen erlitten habe.

[14] *BGH*, BGHZ 76, 249 = LM § 276 BGB (Fe) Nr. 7 = NJW 1980, 1450 = VersR 1980, 555 = JR 1980, 366 = JZ 1980, 406 = MDR 1980, 744 = FamRZ 1980, 654 = JuS 1980, 757 Nr. 3 = R/S, Rdnr. 637. Zur Zulässigkeit einer Feststellungsklage in diesem Fall vgl. *BGH*, VersR 1982, 68.

für das gezeugte Kind rechtlich nur zugerechnet werden, wenn tatsächlich eine Familienplanung durchkreuzt worden, „wenn also die Empfängnis nicht nur angesichts der vermeintlich wirksamen Sterilisation unerwartet, sondern den Eltern aus diesen Gründen unerwünscht" gewesen sei. Diese Voraussetzung sei nicht nur erfüllt, wenn die Sterilisation gerade zur Vermeidung weiteren Nachwuchses vorgenommen werden sollte, sondern auch wenn – wie im konkreten Fall – vornehmlich gesundheitliche Gründe die Sterilisation notwendig gemacht und die Eltern sich in ihrem Lebenszuschnitt darauf eingestellt hätten, keine weiteren Kinder mehr zu bekommen. Dagegen lasse die Verweigerung eines Schwangerschaftsabbruchs keinen Schluß auf die Unerwünschtheit des Kindes zu, da die Vernichtung werdenden Lebens keine selbstverständliche Alternative zur Empfängnisverhütung darstelle. Aus dem gleichen Grund könne von den Eltern auch nicht die Freigabe des Kindes zur Adoption verlangt werden. Offen ließ der *BGH*, unter welchen Umständen ein „unerwünschtes" Kind nachträglich zu einem „erwünschten" werden kann, stellte aber ausdrücklich klar, daß dazu elterliche Liebe und Zuwendung allein noch nicht ausreichten.

Zum Umfang der Ersatzpflicht nahm der *BGH*[15] in seiner Revisionsentscheidung gegen das Urteil des *OLG Karlsruhe* ausführlich Stellung. Vorab stellte er jedoch fest, daß nicht erst die Notwendigkeit einer Wiederholung des Eingriffs, sondern bereits die Herbeiführung einer Schwangerschaft und Geburt gegen den Willen der betroffenen Frau einen Schmerzensgeldanspruch begründe, auch wenn es sich dabei um einen normalen physiologischen Ablauf ohne Komplikationen handele. Jeder unbefugte Eingriff in die körperliche Integrität stelle eine Körperverletzung i.S. des § 823 Abs. 1 BGB dar, weil sonst das Recht am eigenen Körper als Teil des allgemeinen Persönlichkeitsrechts nicht ausreichend geschützt sei. Im Anschluß daran bestätigte der *BGH*, daß auch ein durch die fehlgeschlagene Sterilisation entstandener Vermögensschaden des Ehemannes ersatzfähig sei, ohne daß dieser Vertragspartner sein müsse. Denn eine der wirtschaftlichen Familienplanung dienende Arztleistung schütze jeden Ehegatten vertraglich gegen Schlechterfüllung, soweit er durch seine Unterhaltsleistung betroffen sei. Für die Bemessung des auf Ersatz der Unterhaltskosten gerichteten Schadensersatzanspruchs wies der *BGH* sodann auf den zwischen Haftungs- und Unterhaltsrecht bestehenden Gegensatz hin. Danach könne ein familienrechtlich bedingter Unterhaltsaufwand nicht schlechthin einem Schaden gleichgesetzt werden, für den ein für die mißlungene Empfängnisverhütung verantwortlicher Drit-

---

[15] *BGH*, BGHZ 76, 259 = LM § 276 BGB (Fc) Nr. 8 = NJW 1980, 1452 = VersR 1980, 558 = JZ 1980, 409 = MDR 1980, 745 = FamRZ 1980, 657 = R/S, Rdnr. 638. Vgl. außerdem die einen ähnl. Sachverhalt betreffende Entscheidung des *BGH* (VersR 1980, 719), in der nicht an die Unterhaltskosten, sondern an die der Mutter entstandene Mehrarbeit angeknüpft wurde. Die Vergütung der Dienstleistungen der Mutter, so stellte der *BGH* fest, bemesse sich nicht einfach nach dem tatsächlichen finanziellen Aufwand des erwerbstätigen Ehegatten, sondern unterliege einer objektiven Bewertung. Andernfalls würde die Arbeit einer Mutter in einem gehobenen Haushalt trotz der dort regelmäßig vorhandenden technischen Ausstattung und anderer Hilfen höher eingestuft als die einer in einfachen Verhältnissen lebenden Mutter.

ter haften müsse. Stattdessen bedürfe es einer gewissen Beschränkung der grundsätzlich anerkannten Ersatzfähigkeit der Unterhaltskosten auf den „eigentlichen Planungsschaden“, der sich in der rein wirtschaftlichen Belastung der Familie ohne Rücksicht auf die Teilhabe des Kindes an der Familiengemeinschaft ausdrücke. Die Schwierigkeit einer solchen Begrenzung mache an sich eine gesetzliche Regelung dringend notwendig, jedoch könne ein Ersatzanspruch deswegen nicht verweigert werden. Die Ersatzpflicht des für die Geburt verantwortlichen Dritten sei allerdings auf einen Betrag zu beschränken, der nach durchschnittlichen Anforderungen an das Auskommen des Kindes erforderlich sei. Denn soweit wirtschaftlich günstiger gestellte Eltern ihrem Kind zu entsprechend höherer Unterhaltsleistung verpflichtet seien, die in der biologisch-wirtschaftlichen Gemeinschaft der Familie wurzele, könne dem Dritten eine Ersatzpflicht billigerweise nicht mehr zugemutet werden. Der Bemessung des Schadensersatzanspruchs sei der Regelunterhalt für nichteheliche Kinder zugrunde zu legen, der durch einen angemessenen tatrichterlichen Zuschlag zu erhöhen sei und ggf. auch besondere Aufwendungen *(Sonderbedarf)* umfasse. Der so ermittelte Entschädigungsbetrag müsse noch um den Wert der Mühewaltung des den Haushalt und das Kind betreuenden Elternteils aufgestockt und gleichzeitig um den Kindergeldbetrag vermindert werden, der gerade durch die Geburt des „ungewollten“ Kindes ausgelöst worden sei. Für den Fall nicht getrennt lebender ehelicher Eltern sei entsprechend dem Rechtsgedanken des § 1360 S. 2 und des § 1606 Abs. 3 S. 2 BGB der vom Verantwortlichen insgesamt geschuldete Betrag den Eltern zu gleichen Teilen zuzusprechen. Als äußerste zeitliche Begrenzung der Ersatzpflicht sah der *BGH* die Vollendung des 18. Lebensjahres an, da eine längere Berufsausbildung entweder Ausdruck einer gehobenen Lebenshaltung der Familie sei oder zumindest überwiegend durch öffentliche Förderungsleistungen abgedeckt werde.

Auch in der neueren Literatur blieb diese Rechtsprechung umstritten.[16] Nachdem der *BGH* einen Schadensersatzanspruch der Eltern grundsätzlich anerkannt hatte,[17] sah er sich wohl unter dem Eindruck dieser Kritik zu einer Beschränkung der Haftung veranlaßt. So ging es in einem Fall etwa um die Frage, ob ein Ehemann auch die Unterhaltszahlungen an seine inzwischen von ihm geschiedene Ehefrau ersetzt verlangen kann, wenn die vor der Scheidung durchgeführte Sterilisation der Frau fehlschlägt und diese deshalb ihren ursprünglichen Unterhaltsverzicht wegen der ungeplanten Geburt des Kindes revidiert. Hier lehnte der *BGH*[18] einen Schadensersatzanspruch des Ehemannes mit der Begründung ab, daß die Unterhaltspflicht gegenüber der geschiedenen Ehefrau nur mittelbar durch die ungeplante Geburt des Kindes verursacht worden sei. Daher überwiege

[16] Vgl. ADOMEIT, Jura 1981, 196 (197ff.); DIEDERICHSEN, VersR 1981, 693ff.; SCHLUND, JR 1980, 369f.; STÜRNER, VersR 1984, 297 (305); ZIMMERMANN, JZ 1981, 86 (88ff.).

[17] Vgl. auch den kostenrechtlichen Beschl. des *BGH*, NJW 1981, 1318 = VersR 1981, 481 = MDR 1981, 746.

[18] *BGH*, NJW 1981, 630 = VersR 1981, 278.

die familienrechtliche Ordnung, die eine Überbürdung der durch sie begründeten Pflichten auf schadensersatzpflichtige Dritte ausschließe. Im übrigen vertrat der *BGH* in dieser und einer weiteren Entscheidung[19] die Ansicht, daß die Belehrung der ungewollten Eltern über die Erfolgsaussicht des angewandten Sterilisationsverfahrens nicht zu der vom Arzt zu beweisenden Aufklärung des Patienten über Wesen und Risiko des geplanten Eingriffs gehöre. Die Beratung über die der Sterilisationsmethode eigentümliche Versagerquote stelle lediglich eine vertragliche Nebenpflicht dar, deren Verletzung nach allgemeinen Grundsätzen die klagenden Eltern zu beweisen hätten. Insbesondere treffe diese auch die Beweislast dafür, daß sie sich bei ordnungsgemäßer Beratung für ein sichereres Verfahren entschieden hätten. Dagegen müsse der beklagte Arzt nach § 282 BGB beweisen, daß er den Eingriff überhaupt vorgenommen hat, wobei jedoch an den Nachweis keine strengen Anforderungen gestellt werden dürften.

Die Judikatur des *BGH* zu den sog. Sterilisationsfällen löste in Deutschland eine Welle von Schadensersatzklagen wegen fehlgeschlagener Sterilisation aus. Dabei teilte die überwiegende Zahl der Oberlandesgerichte die Auffassung des *BGH* und erkannte eine Ersatzfähigkeit des Unterhaltsschadens grundsätzlich an. Dementsprechend stehen in den Entscheidungen dieser Gerichte auch andere Probleme, etwa Fragen der ärztlichen Sorgfaltspflicht, der Ursächlichkeit einer Pflichtverletzung für den eingetretenen Schaden und des Beweisrechts im Vordergrund, auf die später noch ausführlich eingegangen werden soll.

Während damit die Mehrheit der Instanzgerichte dem *BGH* folgte und sich bereits der Aufgabe widmete, die Voraussetzungen der ärztlichen Haftung zu konkretisieren, unternahm das *OLG Frankfurt*[20] in einer vielbeachteten Entscheidung aus dem Jahr 1982 einen letzten Versuch, die durch den *BGH* ausgelöste Rechtsentwicklung aufzuhalten. Im konkreten Fall hatte sich die nicht berufstätige Mutter von zwei Kindern nach Absprache mit ihrem Ehemann, einem Studenten ohne Zuwendungen aus öffentlichen Mitteln, einer laparoskopischen Tubensterilisation mittels Elektrokoagulation unterzogen, die fehlschlug. Wie bereits die Vorinstanz wies auch das *OLG* die Klage der Eltern gegen den behandelnden Arzt sowie den Krankenhausträger auf Schadensersatz für den Unterhalt des ungeplanten dritten Kindes aus Rechtsgründen in vollem Umfang ab. Da Lebensrecht und Menschenwürde des „ungewollten" Kindes von der Rechtsordnung uneingeschränkt anerkannt und geachtet werden müßten, dürfe gegen einen Dritten weder der Vorwurf erhoben werden, er habe das Leben dieses Kindes pflichtwidrig nicht verhindert, noch dürften Sanktionen in Form von Schadensersatzansprüchen verhängt werden. Aus Achtung vor dem Lebensinteresse des Kindes könne auch die Schwangerschaft der Mutter weder als Schaden im Vertragsrecht noch als Körperverletzung im Deliktsrecht geltend gemacht werden, weil sie eine

[19] *BGH*, NJW 1981, 2002 = VersR 1981, 730 = JR 1981, 499 = R/S, Rdnr. 642.
[20] *OLG Frankfurt*, NJW 1983, 341 = MedR 1983, 70 (n.r.).

vom Dasein des Kindes nicht zu trennende Begleiterscheinung sei. Das Gericht führte weiter aus, daß dieser Fall nicht in die hergebrachten Grundsätze des Schadensersatzrechts einzuordnen sei. Der Schaden könne allenfalls durch eine – aus seiner Sicht zumutbare – Freigabe des Kindes zur Adoption gemindert werden; eine Vorteilsausgleichung verbiete sich bereits mit Rücksicht auf eine fehlende Verfügungsberechtigung der Eltern und des „Schädigers" über den aufgedrängten „Gegenstand" in Gestalt des Kindes, sei im übrigen aber im Hinblick auf die Jahrzehnte andauernden Rechtsbeziehungen zwischen Eltern und Kindern auch kaum praktikabel; schließlich werde der Umfang des Ausgleichs durch den *BGH* systemwidrig auf den Regelunterhalt des unehelichen Kindes nebst einen gewissen Zuschlag begrenzt. Im Ergebnis werde der Arzt in die Rolle des unehelichen Vaters gedrängt, ohne dessen Rechte zu erhalten. Damit das „unerwünschte" Kind nicht nachträglich zu einem „erwünschten" werde, müßten sich seine Eltern entsprechend den vom *BGH* entwickelten Grundsätzen fortlaufend von ihm distanzieren, um ihren Schadensersatzanspruch zu erhalten. Dadurch werde aber dem ungestörten Eltern-Kind-Verhältnis entgegengewirkt. Auch müsse bei unterbliebener Belehrung über die Sicherheit einer empfängnisverhütenden Maßnahme festgestellt werden, daß die Betroffenen bei entsprechender Beratung das verbleibende Risiko nicht in Kauf genommen hätten, womit der Tatrichter regelmäßig überfordert wäre. Im übrigen gebe es sonst Fälle, in denen ebenfalls Ansprüche auf Ersatz des Unterhaltsschadens gegen den Arzt zuerkannt werden müßten. Aus diesen Gründen sollten Eltern auch im Zeitalter zugelassener Familienplanung ihre „gewollten" und „ungewollten" Kinder versorgen, ohne – von besonderen Ausnahmefällen abgesehen – diese Last auf Dritte abwälzen zu können.

Auf die Revision der Kläger hob der *BGH*[21] die Entscheidung des *OLG Frankfurt* auf und verwies die Sache zur erneuten Verhandlung und Entscheidung zurück. Ohne auf alle angeführten Kritikpunkte einzugehen, bekräftigte der *BGH* seinen Standpunkt, daß die Eltern eines nach fehlgeschlagener Sterilisation geborenen Kindes in den aufgezeigten Grenzen gegen den dafür verantwortlichen Arzt oder Krankenhausträger Ansprüche auf Ersatz des Unterhaltsschadens geltend machen könnten und die Mutter für die Belastung mit der Schwangerschaft ein Schmerzensgeld fordern könne, auch wenn die Schwangerschaft ohne pathologische Begleitumstände verlaufen sei. Wenn die Eltern eines „unerwünschten" Kindes einen Dritten auf Ersatz ihrer Unterhaltsaufwendungen verklagten, nähmen sie allein ihre Rechte gegen den Vertragsschuldner wahr. Dabei sei es miteinander vereinbar, daß die Eltern zu ihrem Kind eine unbefangene emotionale und soziale Bindung hätten und sich trotzdem von der finanziellen Belastung durch das Kind zu befreien versuchten. Mit der inneren Einstellung der Eltern zu ihrem Kind sei allein die haftungsrechtliche Zurechnung der wirtschaftlichen Belastung zu der Vertragsverletzung des Arztes angesprochen, die bei einem nach-

[21] *BGH*, NJW 1984, 2625 = VersR 1984, 864 = FamRZ 1984, 982.

träglichen Wegfall der Störung der Familienplanung ausnahmsweise fehlen könne. Die vom *OLG Frankfurt* behaupteten rechtlichen Schwierigkeiten der Begründung und Ausgestaltung des elterlichen Schadensersatzanspruchs wies der *BGH* durchweg zurück. In den fraglichen Fällen sei eine „glatte" dogmatische Lösung der auftretenden Rechtsprobleme zwar nicht möglich; jedoch würde es größere Schwierigkeiten bereiten, eine Verneinung von Ansprüchen rechtsdogmatisch zu begründen.

2.2.1.3
Mißlungene Schwangerschaftsabbrüche

Diese Erfahrung mußten die Gerichte auch in ihren Entscheidungen zum mißlungenen Schwangerschaftsabbruch machen. Den ersten Fall dieser Art hatte das *OLG Bremen*[22] im Jahr 1983 zu entscheiden. Bei der ledigen, damals 21 Jahre alten Klägerin hatte ein Arzt eine acht Wochen alte Schwangerschaft festgestellt und deren Abbruch wegen Vorliegens einer sog. Notlage (vgl. § 218a Abs. 2 Nr. 3 StGB a.F.) befürwortet. Deshalb begab sich die Klägerin nach einer Sozialberatung (§ 218b StGB a.F.) zu dem beklagten Frauenarzt, der aber den mittels Kürettage vorgenommenen Eingriff wegen befürchteter Komplikationen nicht zu Ende führte. Nach einiger Zeit stellte sich heraus, daß die Klägerin in der 20. Woche schwanger war. Daraufhin entschloß sie sich, ihr Kind auszutragen, und brachte es gesund zur Welt. Ihre Schadensersatzklage wegen der aus der Geburt ihres nichtehelichen Kindes erwachsenen Unterhaltskosten wies das *OLG Bremen* in vollem Umfang ab. Zwar habe der Beklagte die Klägerin nicht mit der gebotenen Deutlichkeit über das Mißlingen des Schwangerschaftsabbruchs und den Fortbestand der Schwangerschaft unterrichtet, weshalb es die Klägerin versäumt habe, den Eingriff alsbald wiederholen zu lassen. Dennoch hafte der Beklagte der Klägerin nicht auf Schadensersatz, weil der Behandlungsvertrag wegen Verstoßes gegen das Abtreibungsverbot des § 218 StGB a.F. gem. § 134 BGB nichtig und auch sonst keine Rechtsgrundlage für Schadensersatzansprüche der Klägerin ersichtlich sei. Nicht nur für den abbrechenden Arzt stelle die Indikationsfeststellung des untersuchenden Arztes lediglich eine unverbindliche Entscheidungshilfe dar; auch ein Zivilgericht sei nicht daran gehindert, das Vorliegen der Indikation für einen Schwangerschaftsabbruch gem. § 218a StGB a.F. nachzuprüfen. Im konkreten Fall ergebe eine solche Prüfung, daß der Vortrag der Klägerin die Annahme einer Notlagenindikation gem. § 218a Abs. 2 Nr. 3 StGB a.F. nicht rechtfertige. Denn nur eine Notlage von außergewöhnlichem Gewicht könne die Indikation zum Schwangerschaftsabbruch begründen, nicht jedoch allgemein mit einer Schwangerschaft verbundene Belastungen, wie vorübergehende wirtschaft-

---

[22] *OLG Bremen*, VersR 1984, 288 = R/S, Rdnr. 649; s.a. die Entscheidung des *OLG Oldenburg*, VersR 1984, 694 = R/S, Rdnr. 648 betr. die Sorgfaltspflichten eines Arztes bei der Nachuntersuchung einer Frau, die von einem *anderen* Arzt einen – ohne Wissen aller Beteiligten fehlgeschlagenen – Schwangerschaftsabbruch hatte vornehmen lassen. Durch Beschl. v. 28.2.1984 (VI ZR 187/83) hat der *BGH* die Annahme der Revision abgelehnt.

liche Engpässe, bloße Verschlechterung des Lebensstandards u.a.m. Wie die weitere Entwicklung beweise, habe danach für die Klägerin keine Gefahr einer wirtschaftlichen Notlage bestanden. Schadensersatzansprüche aus unerlaubter Handlung könne die Klägerin schon deshalb nicht beanspruchen, weil der Schadenseintritt nur durch eine vom Gesetz verbotene Handlung hätte verhindert werden können.

Noch im gleichen Jahr lag dem *OLG Zweibrücken*[23] ein weiterer Fall eines mißlungenen Schwangerschaftsabbruchs zur Entscheidung vor. Die beklagte Frauenärztin hatte bei der damals 35jährigen, verheirateten Klägerin eine Schwangerschaft in der achten Woche festgestellt und sie zur Durchführung eines Schwangerschaftsabbruchs in ein Krankenhaus überwiesen, wo der Eingriff als medizinisch indiziert vom Stationsarzt vorgenommen wurde. Im Ausschabungsmaterial konnte das pathologische Institut keine „fötalen Gewebsanteile" nachweisen. Das Ergebnis der histologischen Untersuchung wurde der Beklagten wörtlich mitgeteilt. Bei einer Nachuntersuchung wies diese die Klägerin jedoch nicht auf einen möglichen Fortbestand der Schwangerschaft hin. Später wurde im Krankenhaus eine Schwangerschaft im fortgeschrittenen Stadium festgestellt, deren Abbruch der Stationsarzt aus ethischen Gründen verweigerte. Notgedrungen trug die Klägerin das gesunde Kind aus und gebar in der 32. SSW. Das Gericht sprach der Klägerin ein Schmerzensgeld wegen der ungewollten Schwangerschaft und Geburt sowie beiden Eheleuten Schadensersatz wegen ihrer Unterhaltsverpflichtung gegenüber dem „unerwünschten" Kind zu. Die Beklagte habe die Fortdauer der Schwangerschaft und die anschließende Geburt schuldhaft verursacht, indem sie es pflichtwidrig unterlassen habe, die Klägerin unverzüglich über das Ergebnis der histologischen Untersuchung zu informieren, um ihr die Möglichkeit zu geben, innerhalb der Frist des § 218a Abs. 2 Nr. 3 StGB a.F. einen etwaigen Mißerfolg des Eingriffs feststellen und ggf. korrigieren zu lassen. Bei einem entsprechenden Hinweis hätte sich die Klägerin sofort einer Untersuchung und einem erneuten Schwangerschaftsabbruch unterzogen. Die Beklagte sei den Klägern deshalb zum vollen Ersatz des Unterhaltsaufwands für das Kind verpflichtet. Anders als in den „Sterilisationsfällen" komme es dabei nicht darauf an, so das Gericht weiter, ob durch den Fehler des Arztes die Familienplanung durchkreuzt worden sei, denn der behandelnde Arzt sollte durch den Schwangerschaftsabbruch die Eltern aus einer Notlage befreien. Die Frage, ob der Abbruch einer Schwangerschaft überhaupt als Mittel der Familienplanung eingesetzt werden darf, stelle sich deshalb nicht.[24] Da es ausschließlich Aufgabe der Beklagten

[23] *OLG Zweibrücken*, NJW 1984, 1824 = MedR 1985, 77 = R/S, Rdnr. 650.

[24] A.A. insoweit *LG Aachen*, VersR 1981, 443 (Übersehen der Schwangerschaft während Krebsvorsorgeuntersuchung); ROTH, NJW 1994, 2402; s.a. *LG Kiel*, VersR 1984, 451 (Fehldiagnose bei Routineuntersuchung); *LG Berlin*, NJW 1985, 2200 = VersR 1985, 1150 = ArztR 1985, 289 = R/S, Rdnr. 623 (Fehldiagnose trotz Kontrolluntersuchung nach Spiraleinsatz); *OLG Hamburg*, VersR 1987, 1145 = R/S, Rdnr. 651 (Fehldiagnose bei Jugoslawin, die bei Kenntnis rechtzeitig einen erlaubten Abbruch in ihrer Heimat hätte vornehmen lassen). In der letztge-

gewesen sei, die Klägerin bei dem Abbruch der Schwangerschaft zu betreuen, liege der Unterhaltsschaden im vertraglichen Schutzbereich. Nach st. Rspr. des *BGH* stehe ein Ersatzanspruch auch dem Ehemann und Vater des „unerwünschten" Kindes zu. Hinsichtlich der Höhe des Unterhaltsschadens folgte das Gericht den vom *BGH* für die Fälle der fehlgeschlagenen Sterilisation entwickelten Grundsätzen. Darüber hinaus habe die Klägerin Anspruch auf ein Schmerzensgeld, da die Beklagte durch die pflichtwidrige Verursachung der Fortsetzung der Schwangerschaft und der Geburt unmittelbar in deren „körperliche Befindlichkeit" eingegriffen habe.

Anders als zuvor die Oberlandesgerichte von Bremen und Zweibrücken, die grundsätzlich von einer Haftung des Arztes auch für einen mißlungenen Schwangerschaftsabbruch ausgingen, urteilte dagegen das *LG Kassel*[25] in einem Fall aus dem Jahr 1984, in dem es eine Übertragbarkeit der vom *BGH* entwickelten Grundsätze zur ärztlichen Haftung für eine fehlgeschlagene Sterilisation auf den Fall eines mißlungenen Schwangerschaftsabbruchs ablehnte. Beide medizinische Maßnahmen unterschieden sich grundlegend, weil die Sterilisation als Empfängnisverhütungsmittel legal sei, während der Schwangerschaftsabbruch gem. § 218a StGB a.F. nur ausnahmsweise bei Vorliegen bestimmter Indikationen für straffrei erklärt werde. Als Mittel der Familienplanung sei er dagegen verboten und strafbar und stelle deshalb keine selbstverständliche Alternative zur Empfängnisverhütung dar. Daher fehle es bei einem mißlungenen Schwangerschaftsabbruch an dem erforderlichen Rechtswidrigkeits- und Zurechnungszusammenhang zwischen der ärztlichen Fehlbehandlung und den aus Anlaß der Geburt eines gesunden Kindes entstehenden Aufwendungen. Gleiches gelte für einen daraus hergeleiteten Schmerzensgeldanspruch. Mit dieser Begründung wies das *LG* die Schadensersatzklage eines Ehepaares ab, das trotz Vornahme eines medizinisch indizierten Abbruchs einer Zwillingsschwangerschaft ein drittes gesundes Kind bekommen hatte.

In der ersten höchstrichterlichen Entscheidung zur Problematik des mißlungenen Schwangerschaftsabbruchs sprach sich der *BGH*[26] für eine grundsätzliche Haftung des Arztes und ggf. des Krankenhausträgers aus. In diesem Fall hatte der beklagte Arzt bei der ledigen, damals 35jährigen Klägerin einen Schwangerschaftsabbruch aus sog. Notlagenindikation (§ 218a Abs. 2 Nr. 3 StGB a.F.) durchgeführt, den er mit Rücksicht auf in der Gebärmutter vorhandene Myome mittels Kürettage vornahm. Nach eigenen Angaben konnte der Beklagte dabei nicht erkennen, ob der Eingriff zum gewünschten Erfolg geführt hatte, da kein für eine histologische Untersuchung ausreichendes Material gewonnen werden

nannten Sache hat der *BGH* die Annahme der Revision durch Beschl. v. 10.3.1987 (VI ZR 207/86) abgelehnt.

[25] *LG Kassel*, NJW 1984, 1411.

[26] *BGH*, NJW 1985, 671 = VersR 1985, 240 = JZ 1985, 331 = FamRZ 1985, 779 = JuS 1985, 480 Nr. 7.

konnte. Weitere Untersuchungen der Klägerin ließen den Beklagten annehmen, daß keine Schwangerschaft mehr bestand, sondern sich lediglich die Myome vergrößert hatten. Deshalb überwies er die Klägerin zur Weiterbehandlung in ein Krankenhaus. Die Klägerin ließ sich aber erst zwei Monate später erneut untersuchen, wobei sich herausstellte, daß sie doch noch schwanger war. Trotz wiederholter Untersuchungen und Beratungen durch verschiedene Ärzte ließ sie sich nicht mehr operieren und brachte nach Ablauf der Schwangerschaft ein gesundes Kind zur Welt. Die Klägerin verlangte vom Beklagten anteiligen Schadensersatz für den Unterhaltsaufwand sowie ein Schmerzensgeld. Anders als die erste Instanz hatte das *KG Berlin* die Klage abgewiesen, weil sich die Klägerin nach dem mißlungenen Eingriff nicht nur unter dem Druck der Verhältnisse, sondern aufgrund einer grundsätzlichen Änderung ihrer inneren Einstellung zur Austragung des Kindes entschieden habe, obwohl damals noch ein Abbruch der Schwangerschaft möglich gewesen sei. Die Revision der Klägerin hatte Erfolg. Dabei stellte der *BGH* fest, daß die Entscheidung der Klägerin, sich nicht alsbald der vom Beklagten vorgeschlagenen operativen Beseitigung der Myome zu unterziehen, rechtlich unerheblich sei. Zwar könne die Mutter den Anspruch nicht geltend machen, wenn sie eine alsbald mögliche, medizinisch zumutbare und rechtlich noch erlaubte Wiederholung des Eingriffs ablehne, weil sie dann widersprüchlich und damit arglistig i.S. des § 242 BGB handele. Da der Fortbestand der Schwangerschaft bei der Klägerin erst lange nach Ablauf der gesetzlich vorgeschriebenen Frist von zwölf Wochen (vgl. § 218a Abs. 3 i.V.m. Abs. 2 Nr. 3 StGB a.F.) entdeckt worden war, liege ein derartiger Fall jedoch nicht vor. Daß sie einen Schwangerschaftsabbruch aus medizinischer oder eugenischer Indikation wegen der Bedrohung von Mutter und Kind durch die Myome verweigert hatte, könne ihr ebensowenig vorgeworfen werden. Denn sie habe sich nunmehr in einer völlig veränderten Konfliktlage befunden, die zudem vom Beklagten verschuldet gewesen sei. Außerdem habe der Beklagte nicht beweisen können, daß der Zurechnungszusammenhang durch einen neuen Entschluß der Klägerin unterbrochen worden sei, weil diese sich nachträglich entschlossen habe, das Kind auszutragen. Sowohl der Behandlungsfehler des Beklagten als auch die Unterlassung der weiteren gebotenen Eingriffe könnten darüber hinaus eine Körperverletzung darstellen, die wegen der körperlichen und seelischen Belastungen der Klägerin aufgrund der Fortdauer der Schwangerschaft einen Schmerzensgeldanspruch gem. §§ 823 Abs. 1, 847 BGB rechtfertigen könne.

In der Revisionsentscheidung zum Urteil des *OLG Zweibrücken* entwickelte der *BGH*[27] die von ihm aufgestellten Grundsätze zur ärztlichen Haftung für einen mißlungenen Schwangerschaftsabbruch weiter. Er stellte zunächst fest, daß die beklagte Frauenärztin nach Erhalt des histologischen Befunds die Pflicht gehabt habe, die Klägerin unter kurzer Mitteilung des neuen Sachverhalts einzubestellen. Daran habe auch die Tatsache nichts geändert, daß sie die Klägerin bereits

[27] *BGH*, NJW 1985, 2749 = VersR 1985, 272 = MedR 1985, 272 = JZ 1986, 137, 586 (L).

aus anderen Gründen gebeten hatte, sich demnächst wieder bei ihr zu melden. Denn nunmehr habe ein neuer Sachverhalt vorgelegen und deshalb die Gefahr bestanden, die Klägerin werde aus Unkenntnis der veränderten Situation die Bedeutung des angeratenen Arzttermins unterschätzen. Sodann bekräftigte der *BGH* seinen bisherigen Standpunkt, daß den Eltern eines infolge mißlungenen Schwangerschaftsabbruchs geborenen Kindes ein Anspruch auf Ersatz des für dieses Kind entstehenden Unterhaltsaufwands zustehen kann. Voraussetzung für einen solchen Anspruch sei jedoch, daß der Behandlungsvertrag zwischen dem Arzt und der Schwangeren auch bezweckt habe, die Frau und ggf. ihren Ehemann vor der Belastung mit Unterhaltsaufwendungen für das ungeborene Kind nach dessen Geburt zu schützen. Daran fehle es, wenn – wie im Streitfall – nur ein Schwangerschaftsabbruch aus sog. medizinischer Indikation nach § 218a Abs. 1 StGB a.F. in Betracht kommt, da dann die Bewahrung vor den belastenden Unterhaltsaufwendungen nicht zum Schutzgegenstand des Arztvertrags gehöre. Nur wenn und soweit sich die Gefahr für Leben oder Gesundheit der Klägerin auch verwirklicht habe, könne der für einen Mißerfolg des Schwangerschaftsabbruchs mitverantwortliche Arzt für den Schaden der Klägerin haftbar gemacht werden. Ob und inwieweit in den Fällen der medizinischen Indikation überhaupt die Interessen des Ehemannes in den Schutzbereich des Vertrags einbezogen werden können, ließ der *BGH* offen. Da die Sicherung der Familienplanung nicht zu den Gründen gehöre, aus denen das Gesetz einen Schwangerschaftsabbruch erlaubt, komme auch – anders als in den Fällen einer fehlgeschlagenen Sterilisation aus gesundheitlichen Gründen – der Vertrauensgrundsatz nicht zum Tragen.

Auf die Berufung gegen das Urteil des *LG Kassel* entschied auch das *OLG Frankfurt*[28], daß die Eltern weder vertragliche noch deliktische Ansprüche gegen den behandelnden Arzt auf Ersatz des für das Kind zu erbringenden Unterhalts hätten, wenn der mißlungene Eingriff allein medizinisch indiziert war. Daneben hielt das *OLG* im Anschluß an die erste Entscheidung des *BGH* zum mißlungenen Schwangerschaftsabbruch einen Schmerzensgeldanspruch der Mutter nur für diejenige Schmerzbelastung gerechtfertigt, die schadensbedingt die mit einer natürlichen, komplikationslosen Schwangerschaft und Geburt verbundenen Beschwerden übersteigt.

Unter der Geltung des alten Rechts des Schwangerschaftsabbruchs erging die letzte höchstrichterliche Entscheidung zu dieser Problematik auf die Revision gegen das Urteil des *OLG Bremen*, das der *BGH*[29] im wesentlichen bestätigte. Richtigerweise seien die ordentlichen Gerichte nicht an die Beurteilung der Indikationenlage durch die behandelnden Ärzte gebunden, sondern könnten die ärzt-

---

[28] *OLG Frankfurt*, VersR 1987, 416. Durch Beschl. v. 15.4.1986 (VI ZR 194/85) hat der *BGH* die Annahme der Revision abgelehnt.

[29] *BGH*, BGHZ 95, 199 = LM § 823 BGB (Aa) Nr. 80 = NJW 1985, 2752 = JZ 1986, 140 = FamRZ 1985, 1011 = JuS 1986, 154 Nr. 5.

liche Entscheidung jederzeit in vollem Umfang nachprüfen. Dabei müßten sie allerdings berücksichtigen, so der *BGH*, daß das Gesetz in erster Linie auf die ärztliche Entscheidung abstelle. Deshalb müßten die Ärzte bei der Beurteilung der konkreten Situation der Schwangeren im Augenblick des Eingriffs notwendigerweise einen gewissen Beurteilungsspielraum haben. Ob dieser im konkreten Fall überschritten worden sei, könne der Tatrichter daher regelmäßig nur unter Hinzuziehung ärztlicher Sachverständiger beurteilen. Anders sei es nur in Fällen einer eindeutig fehlenden Indikation, etwa wenn die Schwangere die Indikation erschlichen oder wenn es sich um einen sog. Gefälligkeitseingriff gehandelt habe. Die Beweislast treffe dabei den Arzt, weil bei Einhaltung des Beratungs- und Prüfungsverfahrens der §§ 218a und 219 StGB a.F. eine Vermutung für die Zulässigkeit des Eingriffs spreche.[30] Der *BGH* kam danach zu dem Ergebnis, daß im Streitfall nach den gesamten Umständen eine Notlagenindikation nach § 218a Abs. 2 Nr. 3 StGB a.F. nicht von vornherein ausgeschlossen werden konnte, weil der Klägerin zum fraglichen Zeitpunkt der Verlust ihres Arbeitsplatzes drohte, ihre Wohnungsverhältnisse überaus beengt waren und ein Beitrag des Erzeugers zum Kindesunterhalt offen war. Zur Klärung dieser Fragen verwies er den Rechtsstreit an die Vorinstanz zurück. Gleichzeitig stellte der *BGH* klar, daß die Klägerin ggf. nur Schadensersatz für die ersten sechs Monate nach der Geburt des Kindes verlangen könne. Ihre weitergehenden Schadensersatzansprüche seien dagegen unbegründet, da sich spätestens von diesem Zeitpunkt ab ihre wirtschaftlichen und sozialen Verhältnisse unerwartet günstig gestaltet hätten und sich damit tatsächlich nicht die Gefahr verwirklicht habe, welcher der Schwangerschaftsabbruch zulässigerweise begegnen sollte. Damit habe die Klägerin keinen Schaden mehr erlitten und könne deshalb keinen Schadensersatz von dem Beklagten für die nachfolgende Zeit verlangen, selbst wenn sich ihre wirtschaftliche und soziale Lage später einmal wieder verschlechtern sollte.

2.2.1.4
Das obiter dictum des BVerfG im sog. Zweiten Fristenurteil

In der Folgezeit erging eine Reihe von Entscheidungen zu fehlgeschlagenen Sterilisationen und mißlungenen Schwangerschaftsabbrüchen, auf deren Wiedergabe allein aus Raumgründen verzichtet werden soll. Daß die oberinstanzlichen Gerichte der höchstrichterlichen Rechtsprechung folgten und diese sogar weiterentwickelten, wird noch anhand der Darstellung der einzelnen Haftungselemente deutlich werden. Auch der *BGH* schien sich seines Standpunkts sicher zu sein, denn er sah jahrelang keine Veranlassung, nochmals eine Revision der klagenden

[30] Vgl. auch *BGH*, VersR 1986, 869, in einem ähnl. gelagerten Fall. Nach erneuter Verhandlung und Entscheidung wurde in der Sache nochmals Revision eingelegt, die wiederum teilweise Erfolg hatte, vgl. näher *BGH*, LM § 249 BGB (A) Nr. 96 = NJW 1992, 1556 = VersR 1992, 829. Zur dritten (!) Revisionsentscheidung in diesem ungewöhnlichen Fall vgl. *BGH*, LM § 249 BGB (A) Nr. 108 = NJW 1995, 1609 = VersR 95, 964 = MDR 1995, 908 = r+s 1995, 339 (L) (unter 2.2.1.5, S. 106, *infra*).

Eltern oder des beklagten Arztes bzw. Krankenhausträgers anzunehmen. Das änderte sich erst mit der Wiedervereinigung Deutschlands, die eine Neuregelung des Schwangerschaftsabbruchs erforderte und damit erneut das *BVerfG* auf den Plan rief. Völlig unerwartet äußerte sich das höchste deutsche Gericht in seinem Urteil v. 28.5.1993[31] über den eigentlichen Verfahrensgegenstand hinaus auch zur bisherigen Rechtsprechung des *BGH*, die es ohne weitere Begründung als verfassungswidrig wertete und daher für überprüfungsbedürftig erklärte.[32]

2.2.1.5
Die Reaktion des BGH

Der Aufforderung des *BVerfG*, seine bisherige Spruchpraxis einer „Überprüfung" zu unterziehen, kam der *BGH* bei der nächsten sich bietenden Gelegenheit nach. In einem „klassischen" *wrongful birth*-Fall wies er die Kritik an seiner Rechtsauffassung zurück und bestätigte wohl endgültig seine bisherige Rechtsprechung zur ärztlichen Haftung für neues Leben.[33] Im konkreten Fall hatten sich die Eltern eines 1982 geborenen Mädchens, das von Geburt an körperlich und geistig behindert war, wegen des Verdachts einer fehlerhaften vererblichen Anlage genetisch untersuchen und beraten lassen, weil sie vor dem Entschluß zu einem weiteren Kind eine Erbkrankheit ausschließen wollten. In einem Gutachten wurde festgestellt, daß es „äußerst unwahrscheinlich" sei, daß die Schäden der Erstgeborenen genetisch bedingt seien und deswegen Wiederholungsgefahr bestehe. Die damals 35jährige Klägerin wurde daraufhin erneut schwanger und gebar ein Kind, das genau die gleichen Behinderungen aufwies wie das erste. Zusammen mit ihrem Ehemann verklagte sie den Leiter des beauftragten Instituts für Anthropologie und Humangenetik, die tragende Universität sowie den angestellten Arzt, der die Befunde erhoben und ausgewertet hatte, auf Ersatz der Unterhaltsbelastung und Zahlung eines angemessenen Schmerzensgelds. In erster Instanz hatte das *LG Tübingen*[34] die Klage abgewiesen. Auf die Berufung der Kläger hatte das *OLG Stuttgart*[35] zwar die Verpflichtung des beklagten Institutsleiters festgestellt, wegen des Beratungsfehlers den durch die Geburt des Kindes entstandenen materiellen Schaden (vorbehaltlich eines Forderungsübergangs auf die Sozialversicherungsträger) zu ersetzen, und daneben auch den konkret tätig gewordenen Arzt zur Zahlung eines Schmerzensgelds an die klagende Mutter verurteilt. Angesichts der vom *BVerfG* geäußerten Bedenken schien dieser Entscheidung jedoch der Boden entzogen zu sein. Nach eigenen Angaben sah sich

---

[31] *BVerfG*, BVerfGE 88, 203 = NJW 1993, 1751 = JZ 1993, Anh. im Anschluß an S. 1172 = FamRZ 1993, 899.

[32] Vgl. *BVerfG*, NJW 1993, 1751 Leitsatz Nr. 14 u. 1764 *sub* D V 6.

[33] *BGH*, BGHZ 124, 128 = LM § 823 BGB (Aa) Nr. 154 = NJW 1994, 788 = VersR 1994, 425 = MedR 1994, 441 = JR 1994, 456 = JZ 1994, 305 = MDR 1994, 556 = FamRZ 1994, 364 = JuS 1994, 608 Nr. 4 = r+s 1994, 136 (L) = zfs 1994, 154.

[34] *LG Tübingen*, Urt. v. 25.10.1989 (4 O 250/88) (unveröffentl.).

[35] *OLG Stuttgart*, Urt. v. 19.3.1992 (14 U 57/89) (unveröffentl.).

der *BGH* deshalb gezwungen, die vom beklagten Institutsleiter eingelegte Revision, soweit sie den materiellen Schadensersatzanspruch betraf, anzunehmen.

In seiner Urteilsbegründung stellte der erkennende Senat klar, daß er sich durch die verfassungsgerichtliche Entscheidung zwar nicht gebunden fühle und auch seine Rechtsprechung bereits mehrfach kritisch überprüft habe, angesichts der jüngsten Kritik aber eine neuerliche eingehende Prüfung seiner Spruchpraxis für unumgänglich halte.[36] Im Ergebnis konnten die Bundesrichter jedoch keinen verfassungsrechtlichen Grund erkennen, den Arzt von der Haftung wegen Schlechterfüllung eines Vertrags freizustellen, wenn dieser auf ein von der Rechtsordnung erlaubtes Ziel gerichtet sei. Dies gelte auch für Verträge, die ihrem Inhalt nach die wirtschaftliche Belastung durch ein Kind vermeiden sollen. Letztlich sei der haftungsrechtliche Schutz des Vertragspartners des Arztes eine Auswirkung des medizinischen Fortschritts, wenn dieser in Einklang mit der Rechtsordnung derartige Möglichkeiten zur Vermeidung der Geburt[37] eines Kindes eröffne. Daran ändere auch der Umstand nichts, daß es sich bei der wirtschaftlichen Belastung, die der Arzt als Folge seiner mangelhaften Vertragserfüllung übernehmen müsse, der Sache nach um den Unterhalt eines Kindes handele. In diesem Zusammenhang wies der *BGH* wiederholt darauf hin, daß es die Verfassung (Art. 1 GG) selbstverständlich verbiete, die Existenz des Kindes als Schaden anzusehen. Ein Kind bleibe ein unbestreitbarer Wert. Es gehe nur um die Belastung der Eltern mit der gesetzlichen Unterhaltspflicht, die auch gegenüber einem Wunschkind bestehe. Der Senat könne keinen Angriff auf die Würde des Kindes erkennen, wenn ein Arzt an den Unterhaltskosten beteiligt werde. Der Begriff „Schaden" meine im Zivilrecht kein Unwerturteil. Vorrangige Aufgabe des Schadensersatzrechts sei eine gerechte Lastenverteilung, nicht die Sanktion schädlichen Verhaltens. Die Zubilligung von Schadensersatz an die Eltern könne sogar die wirtschaftliche Lage des Kindes verbessern und seine Wertschätzung innerhalb der Familie erhöhen. Im übrigen müsse mit der Inanspruchnahme medizinischer Kompetenz, die nicht gegen die Menschenwürde verstoße, auch eine zivilrechtliche Haftung für die Folgen verbunden sein, in denen das Ausmaß der vom Arzt übernommenen Verantwortung sichtbar werde.

Mit seiner schnellen Reaktion auf die Kritik des *BVerfG* gelang es dem *BGH* gerade noch rechtzeitig, einer nachhaltigen Änderung der bis dahin geltenden zivilgerichtlichen Rechtsprechung zur Ersatzfähigkeit des Unterhaltsschadens wirksam entgegenzutreten. Zwar hatten sich inzwischen schon einige Instanzgerichte der Ansicht des höchsten deutschen Gerichts angeschlossen[38] und damit

[36] Krit. zum Inhalt und Umfang der Prüfung WEISS, JR 1994, 461 (462).

[37] Gemeint ist hier wohl bereits die Zeugung des Kindes (ebenso WEISS *ibid*).

[38] So *OLG Nürnberg*, MedR 1994, 200; s.a. *LG Düsseldorf*, NJW 1994, 805 = FamRZ 1994, 1247 (n.r.); *LG Bonn*, Urt. v. 7.12.1993 (2 O 314/93) (unveröffentl., n.r.). FRANZKI (ZaeF 1995, 676, 677) prophezeit, daß diese Entscheidungen, soweit sie noch nicht rechtskräftig sind, vom *BGH* auf Revision hin aufgehoben werden.

scheinbar Aussagen in der Literatur bestätigt, die Judikatur des *BGH* in dieser Frage sei wohl überholt.[39] *Ex post* betrachtet kann den letztlich vereinzelt gebliebenen Entscheidungen[40] aber keine richtungsweisende Bedeutung mehr beigemessen werden, zumal der *BGH* seinen Standpunkt in zwei neueren Entscheidungen bekräftigt und sich bereits zu weiteren Fragen der ärztlichen Haftung für neues Leben geäußert hat:

In einem von ihm selbst als grundsätzlich eingestuften Urteil formulierte der *BGH*[41] strenge Kriterien für den Nachweis der Rechtmäßigkeit eines Schwangerschaftsabbruchs nach altem Recht. Berufe sich die Schwangere auf eine – in § 218a Abs. 2 Nr. 3 StGB a.F. geregelte – allgemeine Notlage, seien nicht nur vergleichbare Anforderungen wie bei der medizinischen oder embryopathischen Indikation zu stellen; es müsse auch gewährleistet sein, daß diese Anforderungen im konkreten Fall tatsächlich erfüllt seien. Aus der Durchführung des früher gesetzlich vorgeschriebenen Beratungs- und ärztlichen Prüfungsverfahrens allein dürfe das Vorliegen einer Notlagenindikation nicht mehr vermutet werden; angesichts der insoweit bindenden Äußerungen des *BVerfG* in seinem Zweiten Fristenurteil müßten die Gerichte eine solche Ausnahmesituation vielmehr konkret feststellen. Im Streitfall ging der *BGH* mangels entsprechender Feststellungen des Berufungsgerichts davon aus, daß der vom beklagten Arzt durchgeführte Schwangerschaftsabbruch nicht durch eine Notlagenindikation gerechtfertigt und damit lediglich straffrei war. Dabei ließ er offen, ob deshalb der Vertrag nach §§ 134, 138 BGB als nichtig gelten müsse. Jedenfalls könne die Klägerin wegen der Schlechterfüllung des Vertrags keinen Schadensersatz beanspruchen, weil sonst die sozialen und wirtschaftlichen Belastungen durch ein weiteres Kind vermieden und damit der von den Parteien bezweckte, von der Rechtsordnung jedoch mißbilligte Erfolg zumindest in vermögensrechtlicher Hinsicht erreicht würde. Obwohl es hier um einen rechtswidrigen, wenn auch straflosen Schwangerschaftsabbruch nach der inzwischen überholten Indikationenregelung ging, dürften die Ausführungen des *BGH* auch für einen rechtswidrigen, aber straffreien Schwangerschaftsabbruch gemäß dem neuen Beratungskonzept[42] richtungsweisend sein, da sie – wie die Neuregelung des Schwangerschaftsabbruchs selbst

---

[39] So PALANDT/HEINRICHS (53. Aufl.), Vorbem. v. § 249 BGB, Rdnr. 48; GEIGEL/SCHLEGELMILCH, Kap. 14, Rdnr. 250; DEUTSCH, NJW 1993, 2361 (2363); ROTH, FuR 1993, 305 (310); vors. dagegen GÖPPINGER-WAX/STÖCKLE, Rdnr. 1382f.

[40] Inzwischen folgen die Instanzgerichte wohl eher dem *BGH*, vgl. z.B. *OLG Düsseldorf*, NJW 1995, 788 (n.r.); zuletzt *OLG Oldenburg*, NJW 1996, 2432 = VersR 1997, 193 (L); Gegenbsp.: *LG Schwerin*, Urt. v. 9.3.1995 (7 O 264/94) (unveröffentl.).

[41] *BGH*, LM § 249 BGB (A) Nr. 108 = NJW 1995, 1609 = VersR 95, 964 = MedR 1995, 398 = MDR 1995, 908 = r+s 1995, 339 (L) (zur Veröffentlichung in BGHZ vorgesehen). Zu den ersten beiden Revisionsentscheidungen in dieser Sache vgl. Anm. 30.

[42] Vgl. hierzu LANGE, Anm. zu BGH 16.11.1993 - VI ZR 105/92 (Stuttgart), LM § 823 BGB (Aa) Nr. 154. – Die Entscheidung dieser schwierigen und komplexen Rechtsfrage darf nicht in das Nebenverfahren der Prozeßkostenhilfe verlagert werden (*OLG Düsseldorf*, NJW 1995, 1622, 1623).

– an die Vorgaben des *BVerfG* anknüpfen.

In seinem vorläufig letzten Urteil stellte der *BGH*[43] klar, daß die infolge einer fehlgeschlagenen Sterilisation ungewollt schwanger gewordene Frau auch dann Anspruch auf ein Schmerzensgeld habe, wenn der Eingriff nicht an ihr selbst, sondern an ihrem Ehemann vorgenommen worden war. Der Zurechnungszusammenhang zwischen der Pflichtwidrigkeit des beklagten Arztes und dem Eintritt der Körperverletzung werde nicht deshalb unterbrochen, weil der Verletzungserfolg bei der Klägerin erst durch eine zusätzliche Ursache, nämlich den Geschlechtsverkehr mit dem (hier: über die Notwendigkeit eines Spermiogramms) fehlerhaft beratenen Patient eingetreten sei. Dies ergebe sich aus dem Umstand, daß Eheleute im Vertrauen auf den Erfolg der Sterilisationsmaßnahme regelmäßig auf anderweitige Maßnahmen zur Empfängnisverhütung verzichteten. Auch habe die Sterilisation des Ehemannes eine Schwangerschaft der Klägerin aus rein körperlicher Sicht ausschließen sollen. Wenn die Arztleistung von ihrer Schutzrichtung her auf die wirtschaftliche Familienplanung der Eheleute gerichtet gewesen sei, so der *BGH*, habe die Sterilisation des Ehemannes gerade weitere Schwangerschaften der Klägerin verhindern sollen.

Angesichts dieser eindeutigen Reaktion des *BGH* auf das *obiter dictum* des *BVerfG* in seinem Zweiten Fristenurteil kann nunmehr eine echte Trendwende allenfalls noch durch die Verfassungsbeschwerde eines beklagten Arztes bzw. eines Krankenhausträgers o.ä. eingeleitet werden.[44]

---

[43] *BGH*, LM § 249 BGB (A) Nr. 109 = NJW 1995, 2407 = VersR 1995, 1099 = MDR 1995, 1015 = FamRZ 1995, 1124 = JuS 1996, 71 Nr. 5 = r+s 1995, 339 (L) = zfs 1995, 363. Einen ähnl. Sachverhalt betraf der Armenrechtsbeschluß des *OLG Braunschweig*, NJW 1980, 643 = FamRZ 1980, 240. Dort hatte sich die Ehefrau nach einer fehlgeschlagenen Vasektomie ihres Mannes drei Schwangerschaftsabbrüchen unterzogen und wollte wegen der dabei erlittenen Schmerzen u.a. den behandelnden Arzt verklagen. Die Vorinstanz hatte das Armenrecht wegen mangelnder Erfolgsaussicht versagt; die Beschwerde der Ehefrau hatte Erfolg. Die Ursächlichkeit des gescheiterten Eingriffs für die Schmerzen der Frau, so das *OLG*, sei durch den Eintritt weiterer Kausalereignisse – wie des die Schwangerschaft auslösenden Geschlechtsverkehrs und die Entscheidung zu ihrem Abbruch – nicht entfallen. Auch fielen die mit den Eingriffen verbundenen Schmerzen nach Art und Entstehungsweise noch in den Schutzbereich der vom behandelnden Arzt verletzten Norm, so daß es keinen Unterschied mache, bei welchem Ehepartner die Sterilisation vorgenommen worden sei.

[44] Von einer anhängigen Verfassungsbeschwerde des betroffenen Arztes gegen eine (unveröffentl.) Entscheidung des *OLG München* berichtet MÖLLER, DRiZ 1993, 409; s.a. STEFFEN, Entwicklungslinien, S. 93; MÜLLER, FS Steffen, S. 356; FRANZKI, ZaeF 1995, 676 (677). Das wäre sicherlich eine „passende" Gelegenheit für das *BVerfG*, seine Rechtsansicht noch einmal zu überdenken, wie auch GIESEN (JZ 1994, 286, 292) hofft.

2.2.2
Englisches Recht

Die Problematik der *wrongful conception* beschäftigt die englischen Gerichte schon seit geraumer Zeit. Die Anzahl der einschlägigen Urteile ist zwar nicht annähernd so hoch wie in Deutschland; aufgrund der durchweg sehr ausführlichen Auseinandersetzung mit dem Thema liefern die Entscheidungen jedoch hinreichende Informationen über den gegenwärtigen Rechtszustand in England. Wie in Deutschland bildeten am häufigsten fehlgeschlagene Sterilisationen den Gegenstand von Klagen, die bis ins Jahr 1961 zurückreichen:

2.2.2.1
Die Anfänge: Fehlgeschlagene Sterilisationen

In *Waters v Park*[45] war dem klagenden Ehepaar, Eltern von sechs Kindern, aus gesundheitlichen Gründen zur Sterilisation der 42jährigen Klägerin geraten worden. Mit Rücksicht auf deren Herzbeschwerden wandte der beklagte Arzt nicht das damals übliche Verfahren an, sondern entschied sich für eine weniger sichere Methode. Entsprechend seiner persönlichen Übung wollte er die Klägerin über das Risiko eines Mißerfolgs und die Anwendung zusätzlicher Verhütungsmaßnahmen nicht mehr im Krankenzimmer, sondern erst zu einem späteren Zeitpunkt in der Ambulanz der Klinik unterrichten. Im konkreten Fall unterblieb jedoch ein solches Gespräch. Die Sterilisation schlug prompt fehl, mit der Folge, daß die Klägerin rund ein Jahr später ein totes Kind gebar und den Eingriff wiederholen lassen mußte. Richter HAVERS wies die auf *breach of contract* und *negligence* gestützte Schadensersatzklage ab. Mit Rücksicht auf den Zustand der Patientin habe der Beklagte die konkret angewandte Operationstechnik wählen dürfen, so daß ihn kein Auswahlverschulden treffe. Mangels einer allgemein gebilligten Praxis habe der Beklagte die Klägerin auch nicht über das (höhere) Versagerrisiko und die Notwendigkeit weiterer Verhütungsmaßnahmen informieren müssen, auch wenn eine abschließende Beratung seiner persönlichen Übung entsprochen haben sollte. Im übrigen habe er als Chirurg den maßgeblichen Zeitpunkt hierfür selbst bestimmen können. Dementsprechend habe er in Übereinstimmung mit der Krankenhausroutine auf die Einhaltung des vereinbarten Gesprächstermins durch die Klägerin vertrauen dürfen.

Danach verging über ein Jahrzehnt, ohne daß es zu einem vergleichbaren Rechtsstreit kam. Anfang der 70er Jahre wurde dann ein Fall[46] bekannt, in dem ein Mann, Vater von fünf Kindern, gegen den Verwaltungsausschuß eines Krankenhauses auf Schadensersatz klagte, nachdem er sich dort erfolglos hatte vasektomieren lassen. Der Ausgang des Rechtsstreits ist jedoch nicht bekannt.

---

[45] [1961] The Times 15 July, QB.
[46] *Claver v South West Middlesex HMC* [1972] The Times 24 January, QB.

Erst gegen Ende der 70er Jahre gab eine fehlgeschlagene Sterilisation erneut Anlaß zu einer gerichtlichen Auseinandersetzung. In *Williams v St Helens and District HMC*[47] klagte eine Frau, die sich zu kontrazeptiven Zwecken einer Tubenligatur unterzogen hatte, nach dem Scheitern des Eingriffs auf Schadensersatz mit der Begründung, daß sie andere Verhütungsmaßnahmen ergriffen und eine Schwangerschaft verhindert hätte, wenn sie vor der Versagerrate solcher Operationen gewarnt worden wäre. Ihre Klage scheiterte, weil Richter CRICHTON – wie zuvor Richter HAVERS – der Ansicht war, daß das ärztliche Versäumnis nicht sorgfaltswidrig gewesen sei.

2.2.2.2
Exkurs: Mißlungener Schwangerschaftsabbruch – ein Einzelfall?

Mit Beginn der 80er Jahre wurden *wrongful conception*-Klagen plötzlich häufiger. Den Anfang dieser Entwicklung machte allerdings ein mißlungener Schwangerschaftsabbruch, der – soweit ersichtlich – in der englischen Judikatur bis heute einmalig geblieben ist:

In *Sciuragia v Powell*[48] hatte es der beklagte Arzt gegen eine Gebühr von £ 150 übernommen, bei der in der siebten Woche schwangeren Klägerin, einer jungen, ledigen Frau, einen legalen Abbruch vorzunehmen. Als der Eingriff keinen Hinweis auf fötale Gewebsteile lieferte, führte der Beklagte dies irrtümlicherweise auf eine gefährliche Krankheit der Klägerin zurück, ohne diese darauf hinzuweisen oder weitere Untersuchungen durchzuführen. Ein später vom Hausarzt vorgenommener Schwangerschaftstest verlief positiv. Der Beklagte erklärte den Fortbestand der Schwangerschaft mit einem organischen Fehler und erstattete der Klägerin die Gebühr des Abbruchs. Gleichzeitig bot er ihr eine Wiederholung des Eingriffs an, was die Klägerin wegen der damit verbundenen gesundheitlichen Risiken aber ablehnte. Stattdessen setzte sie die Schwangerschaft fort und gebar schließlich mittels Kaiserschnitt einen gesunden Jungen. Erst als sie etwa vier Jahre später erfuhr, daß eigentlich ein sorgfaltswidriges Verhalten des abbrechenden Arztes für die Fortsetzung der Schwangerschaft verantwortlich gewesen war, erhob sie Klage.

Richter WATKINS entschied, daß das Mißlingen des Abbruchs auf mangelnde Sorgfalt des beklagten Arztes zurückzuführen sei, und verurteilte diesen wegen *breach of contract* zum Ersatz des bisherigen und künftigen Verdienstausfalls der Klägerin, der Verminderung ihrer Heiratsaussichten sowie zur Zahlung eines Schmerzensgelds.[49] Statt einen kunstgerechten Schwangerschaftsabbruch durch-

---

[47] (Unreported), 29 April 1977, QB (zit. nach GRUBB, Conceiving, S. 124; s.a. *MPS*, S. 34; HORTON ROGERS (1985) 5 LS 296, 299).

[48] (1979) 123 SJ 406, QB; *revd in part* (unreported) [1980] CA transcript 24 July, CA; s.a. BRAHAMS (1983) 51 MLJ 118f.

[49] (1979) 123 SJ 406, QB. Da gegen den Kindesvater bereits ein Unterhaltsurteil *(affiliation*

zuführen, habe der Beklagte fahrlässigerweise die Gebärmutter umgebendes Gewebe oder außerhalb der Gebärmutter liegende Durchgänge durchstochen und nicht-fötales Material entfernt. Der Beklagte habe sich außerdem schuldhaft verhalten, weil er die Klägerin weder über das Fehlen fötaler Gewebsteile im Ausschabungsmaterial informiert, noch wegen der möglicherweise fortbestehenden Schwangerschaft eine Untersuchung empfohlen habe. Dagegen war die Weigerung der Klägerin, sich einem zweiten, noch dazu riskanten Eingriff zu unterziehen, nach Auffassung von Richter WATKINS nicht der eigentliche Grund für die Fortsetzung der Schwangerschaft gewesen. Da der mißlungene Abbruch legal gewesen sei, könne ein Schadensersatzanspruch auch aus Gründen des öffentlichen Interesses *(public policy)* nicht verweigert werden.

Auf die Berufung des Beklagten bestätigte der Court of Appeal[50] das erstinstanzliche Urteil dem Grunde nach und änderte nur die Höhe der zusprochenen Schadensersatzsumme durch Ermäßigung der einzelnen Schadensposten. *Obiter* äußerte Lordrichter WALLER die Ansicht, daß *public policy*-Erwägungen bei der Berechnung des Schadensersatzes für einen mißlungenen Schwangerschaftsabbruch durchaus eine Rolle spielen könnten: Während die mit Schwangerschaft und Geburt verbundenen Ausgaben und Unannehmlichkeiten noch ersatzfähige Schadensposten darstellen könnten, entstehe nach der komplikationslosen Entbindung eines gesunden Kindes kein weiterer Schaden mehr. Denn die Gefahren, denen der Schwangerschaftsabbruch begegnen sollte, hätten sich nachweislich nicht verwirklicht.

2.2.2.3
Das Problem der Ersatzfähigkeit des Kindesunterhalts

Weil es trotz fehlgeschlagener Sterilisation letztlich nicht zur Geburt des ungeplanten Kindes kam, bot der nächste Fall noch keine Gelegenheit zu einer Entscheidung über die Ersatzfähigkeit des Kindesunterhalts. In *Chaunt v Hertfordshire AHA*[51] sollte sich die 44jährige Klägerin mit einer komplizierten gynäkologischen Krankengeschichte laparoskopisch sterilisieren lassen. Aufgrund eines Versehens wurde sie nicht als „komplizierter Fall" eingestuft und deshalb nur von dem diensthabenden Krankenhausarzt statt von einem Spezialisten operiert. Jener koagulierte anstelle des rechten Eileiters ein anderes Gebilde, so daß die Klägerin etwa 16 Monate später schwanger wurde. Die Schwangerschaft mußte beendet und eine erneute Sterilisation vorgenommen werden, die verschiedene Komplikationen verursachte. Richter PARK sprach der Klägerin ein Schmerzensgeld für die fahrlässig durchgeführte Sterilisation, für die ungewollte Schwangerschaft und offenbar auch für den erforderlich gewordenen Abbruch zu. Es sei ver-

order) ergangen war, sah die Klägerin keine Veranlassung mehr, den Kindesunterhalt vom behandelnden Arzt erstattet zu verlangen.

[50] (Unreported) [1980] CA transcript 24 July, CA.

[51] (1982) 132 NLJ 1054, QB.

nünftigerweise vorhersehbar gewesen, daß die fehlerhafte Sterilisation die beiden weiteren Operationen notwendig machen würde.

Eine erste intensive Auseinandersetzung mit dem Problem der Ersatzfähigkeit des Unterhaltsschadens machte erst der Fall *Udale v Bloomsbury AHA*[52] erforderlich. Die Klägerin, Mutter von vier Kindern, hatte sich aus sozialen Gründen einer laparoskopischen Sterilisation unterzogen, die von einem Chirurgen der Beklagten durchgeführt worden war. Durch einen Sorgfaltsverstoß des Operateurs wurden die an beiden Eileitern zu befestigenden Clips falsch plaziert: Während der eine immerhin noch an einem nahegelegenen Band fixiert wurde, wanderte der andere völlig frei in der Bauchhöhle herum. Nach dem Eingriff hatte die Klägerin mehrere Monate lang Beschwerden und Schmerzen, gegen die sie verschiedene Medikamente erhielt. Die Symptome hielten jedoch an und etwa acht Monate später wurde eine bereits 16 Wochen alte Schwangerschaft festgestellt. Danach lebte die Klägerin in ständiger Angst, die kontraindizierten Arzneimittel könnten das ungeborene Kind geschädigt haben. Sie brachte aber einen gesunden Jungen zur Welt, worüber sie und ihr Ehemann sich besonders freuten, da sie bisher ausschließlich Töchter hatten. Anschließend ließ sich die Klägerin erneut sterilisieren und die Spuren des erfolglosen ersten Eingriffs entfernen. Wegen *negligence* verklagte sie die zuständige Gesundheitsbehörde auf Zahlung eines Schmerzensgelds (insbesondere auch für ihre durch die mißlungene Operation hervorgerufenen Ängste und Sorgen), auf Ersatz ihres durch Schwangerschaft, Geburt und Pflege des Neugeborenen erlittenen Verdienstausfalls, auf Erstattung der Kosten zur erforderlichen Vergrößerung des Familienheims sowie der Kosten der Aufziehung des Kindes bis zu dessen 16. Lebensjahr. Da die Beklagte *negligence* ihrerseits einräumte, war nur noch über die Höhe des zu zahlenden Schadensersatzes zu entscheiden.

Indes gab Richter JUPP der Klage nur teilweise statt, indem er der Klägerin lediglich ein Schmerzensgeld und Ersatz des erlittenen Verdienstausfalls zusprach, jedoch aus Gründen der *public policy* weiteren Schadensersatz unter den beiden zuletzt genannten Klagepunkten ablehnte. Zur Begründung führte er zunächst an, daß ein Kind nicht erfahren sollte, ein Gericht habe öffentlich erklärt, sein Leben bzw. seine Geburt sei ein Fehler und es selbst sei unerwünscht oder werde abgelehnt. Andernfalls würde auch im Wege der Vorteilsausgleichung die unnatürliche Ablehnung der Mutterschaft großzügig entschädigt, während die natürliche Mutterliebe durch Versagung von Schadensersatz bestraft würde. Außerdem wären Mediziner dem unbewußten Druck ausgesetzt, ungewollt schwangere Frauen zu Abtreibungen zu ermutigen, um Klagen wegen Behandlungsfehlern zu entgehen. Schließlich liege unserer Kultur seit undenklicher Zeit die Annahme zugrunde, daß ein neugeborenes Kind ein Segen und ein Anlaß zur Freude sei.

---

[52] [1983] 1 WLR 1098, QB; s.a. BRAHAMS (1983) 51 MLJ 120f.

In späteren Entscheidungen fand diese Ansicht jedoch keine Zustimmung mehr. Bereits kurze Zeit später wurde die *Udale*-Entscheidung in *Thake v Maurice*[53] ausdrücklich mißbilligt. Der beklagte Arzt hatte sich gegen Zahlung von £ 20 gegenüber den Klägern, einem Ehepaar und Eltern von fünf Kindern, bereit erklärt, den Erstkläger aus sozialen Gründen zu vasektomieren. Vor Vertragsabschluß hatte der Beklagte den Klägern die Natur des Eingriffs erklärt, bei dem die Samenleiter durchtrennt werden sollten. Außerdem hatte er die Kläger darauf hingewiesen, daß die Operation – abgesehen von einer chirurgischen Rückgängigmachung – endgültig sei. Dabei hatte er sie allerdings nicht davor gewarnt, daß ein geringes Risiko der Rekanalisation der Samenleiter bestehen bleibe, also der Erstkläger wieder zeugungsfähig werden könne. Die Vasektomie wurde einwandfrei durchgeführt, nachfolgende Untersuchungen belegten die Zeugungsunfähigkeit des Erstklägers und der Beklagte teilte den Klägern mit, sie könnten nunmehr beruhigt auf die Anwendung von Verhütungsmitteln verzichten. Indes wurde der Erstkläger aufgrund einer Rekanalisation der Samenleiter in der Folgezeit wieder zeugungsfähig und die Zweitklägerin schwanger. Da die Zweitklägerin dies im Vertrauen auf die Aussage des Beklagten für unmöglich hielt, ignorierte sie fast fünf Monate lang alle Anzeichen einer Schwangerschaft. Sie gebar ein gesundes Kind, das freudig in die Familie aufgenommen wurde. In einer Klage gegen den behandelnden Arzt wegen *breach of contract*, *breach of collateral warranty*, *misrepresentation* und *breach of a contractual duty of care* verlangten die Kläger ein Schmerzensgeld für die Vereitelung ihrer Familienplanung sowie Ersatz der Kosten der Geburt und des Unterhalts des Kindes bis zu dessen 18. Geburtstag. Darüber hinaus verlangte die Zweitklägerin ein Schmerzensgeld für Schwangerschaft und Geburt sowie Erstattung der von der Geburt des Kindes bis zu dessen Eintritt in die Schule erlittenen Verdienstausfalls. Der Beklagte lehnte eine Haftung unter Berufung auf die in der *Udale*-Entscheidung genannten *public policy*-Gründe ab.

Mit der Begründung, daß das geltende Schadensersatzrecht keinen Schadensersatz für die Geburt eines gesunden Kindes verweigere, gab Richter PETER PAIN der Klage teilweise statt, indem er den Klägern Schadensersatz für die Geburt des Kindes und für den erlittenen Verdienstausfall zusprach. Auch wenn der Beklagte dies nicht beabsichtigt habe, hätten – ohne gleichzeitige Warnung – seine zur Beschreibung der Operation verwendeten Worte in Verbindung mit dem Text der vom Ehepaar zu unterzeichnenden Einwilligungsformulare seinen Vertragspartnern den Eindruck vermitteln müssen, daß der Erstkläger dauerhaft steril werden würde. Dementsprechend sei der Vertrag richtigerweise dahin auszulegen, daß der Beklagte den Erstkläger irreversibel sterilisieren würde. Alternativ habe sich die Behauptung des Beklagten mangels einer gleichzeitigen Warnung zu einer vertraglichen Garantie *(collateral warranty)* verdichtet, welche die Kläger zum Vertragsschluß verleitet habe und die durch dic Refertilisation des Erstklägers

[53] [1986] 1 QB 644, QB & CA.

verletzt worden sei. Dabei bestehe der Schaden im Eintritt der Schwangerschaft der Zweitklägerin. Außerdem habe der Beklagte durch das Unterlassen einer Warnung eine entsprechende vertragliche Pflicht *(contractual duty of care)* verletzt, mit der vorhersehbaren Folge, daß die Kläger einen Schaden erlitten hätten. Denn als sorgfältiger Chirurg habe der Beklagte voraussehen müssen, daß die Zweitklägerin in ihrem Glauben an die dauernde Zeugungsunfähigkeit ihres Mannes ihre Schwangerschaft bis zu einem Zeitpunkt nicht würde erkennen können, an dem es für einen Abbruch zu spät wäre. Im übrigen verweigerte Richter PETER PAIN aber der Zweitklägerin ein Schmerzensgeld für Schwangerschaft und Geburt, da ihre Sorgen, Beschwerden und Schmerzen durch die Freude über die Geburt eines gesunden Kindes bereits ausgeglichen worden seien.

Auf die Berufung des Beklagten zur grundsätzlichen Frage seiner Haftung und die Anschlußberufung der Kläger zur Höhe des Schadensersatzes bestätigte der Court of Appeal[54] im Ergebnis die Entscheidung von Richter PETER PAIN. Zwar seien die Ausführungen des Beklagten gegenüber den Klägern nicht als bindendes Versprechen zu interpretieren, die Vasektomie werde auch ihren Zweck erreichen, den Erstkläger dauernd unfruchtbar zu machen; das Wiedererlangen der Zeugungsfähigkeit bedeute also an sich noch keine Vertragsverletzung.[55] Der Beklagte habe sich aber einer Verletzung der gegenüber den Klägern obliegenden Sorgfalt schuldig gemacht, indem er sie nicht vor dem geringen Risiko gewarnt habe, daß der Erstkläger wieder fruchtbar werden könne. Er hätte bedenken müssen, daß die Zweitklägerin ohne eine solche Warnung darauf vertrauen würde, der Erstkläger sei unumkehrbar steril, und deshalb die ersten Anzeichen der Schwangerschaft solange nicht würde erkennen können, bis es für einen Abbruch zu spät wäre. Daher sei es vernünftigerweise vorhersehbar gewesen, daß die Pflichtverletzung des Beklagten den Schaden der Kläger herbeiführen würde. Die unterlassene Warnung erfülle deshalb sowohl den Tatbestand einer Vertragsverletzung als auch den der fahrlässigen Schädigung („negligence both in contract and tort"). Auch wenn bei der Berechnung des Schadensersatzes für die Geburt eines gesunden Kindes den künftigen Sorgen und Nöten im Zusammenhang mit seiner Pflege und Erziehung die Freude über seine Geburt gegenüberzustellen sei, sollten vorgeburtliche Schmerzen und Leiden nicht durch die Freuden nachgeburtlicher Ereignisse als aufgewogen betrachtet werden. Im Ergebnis sei deshalb auch der Klage auf Schmerzensgeld stattzugeben. Weitere Versuche des Beklagten, an dieser Entscheidung noch etwas zu ändern, scheiterten: Nachdem bereits der Court of Appeal seinen Antrag auf Zulassung zur Revision abgelehnt hatte, wies auch der Revisionsausschuß des House of Lords die hiergegen eingelegte Beschwerde zurück.[56]

---

[54] *Ibid.*
[55] A.A. insoweit allerdings Lordrichter KERR ([1986] 1 QB 644, 678A–B, CA).
[56] [1986] 1 QB 688, HL.

Inzwischen war der Entscheidung von Richter PETER PAIN auch der Court of Appeal in *Emeh v Kensington, Chelsea and Westminster AHA*[57] gefolgt. Auch wenn es in diesem Fall um die Geburt eines *behinderten* Kindes nach einer fehlgeschlagenen Sterilisation[58] ging, verdient das Urteil Erwähnung, weil die dort entwickelten Grundsätze später auch in der Berufungsentscheidung zu *Thake*[59] Anwendung fanden. Im Fall *Emeh* hatte die Klägerin, Mutter von drei gesunden Kindern, in einem Krankenhaus der Beklagten ihre zwischen acht und zwölf Wochen alte Schwangerschaft abbrechen und sich anschließend laparoskopisch sterilisieren lassen. Acht Monate später entdeckte die Klägerin, daß sie etwa in der 20. Woche schwanger war. Obwohl ein Schwangerschaftsabbruch noch möglich gewesen wäre, entschied sich die Klägerin, das Kind auszutragen. Das Kind kam mit angeborenen Mißbildungen zur Welt, die eine dauernde medizinische Betreuung und eine besondere Fürsorge der Eltern erforderlich machten. Die Klägerin unterzog sich einer erneuten Sterilisation und verklagte die zuständige Gesundheitsbehörde sowie die behandelnden Ärzte auf Zahlung eines Schmerzensgelds für die ungewollte Schwangerschaft und die Geburt eines solchen Kindes, wobei auch seine Pflege und Erziehung, sein Unterhalt sowie der künftige Verdienstausfall der Klägerin berücksichtigt werden sollte. Nachdem die Erstbeklagte *negligence* ihrerseits eingeräumt hatte, wurden die Klagen gegen den Zweit- und Drittbeklagten nicht weiter verfolgt.

In erster Instanz[60] hatte Richter PARK der Klägerin nur ein Schmerzensgeld für die mit der Schwangerschaft und der erneuten Sterilisation verbundenen Beschwerden zugesprochen, aber jeden weiteren Schadensersatz im Zusammenhang mit der Geburt des Kindes abgelehnt. Ob eine ungewollte Schwangerschaft eine Verletzung darstelle, so Richter PARK, hänge stets von den Umständen des Einzelfalls ab. Da die Klägerin mangels einer Warnung vor dem Restrisiko zu der fälschlichen Annahme verleitet worden sei, sie brauche keine Empfängnisverhütungsmittel mehr anzuwenden, habe sie mit Eintritt der Schwangerschaft zwar eine Verletzung erlitten; nachdem sie sich aber für die Fortsetzung der Schwangerschaft entschieden habe, sei diese nicht mehr unerwünscht gewesen. Dabei hatte sich Richter PARK vor allem auf die Tatsache berufen, daß die Klägerin bereits einmal hatte abtreiben lassen. Ihrer Aussage, sie habe einen (weiteren) Schwangerschaftsabbruch aus mangelndem Vertrauen zu den Ärzten abgelehnt, wollte er keinen Glauben schenken, da sie sofort nach Feststellung der Schwangerschaft Anwälte aufgesucht, ihre Arbeit aufgegeben und von der Sozialhilfe gelebt habe. Für ihre Behauptung, ihre durch die Schwangerschaft hervorgerufene Übelkeit habe sie arbeitsunfähig werden lassen, sei die Klägerin beweisfällig geblieben. Unter diesen Umständen sei ihre Weigerung, die Schwangerschaft zu be-

---

[57] [1985] 1 QB 1012, CA.

[58] Es handelt sich um einen sog. Mischfall von *wrongful conception* und *wrongful birth* (vgl. bereits unter 1 der Einleitung, S. 3f., *supra*).

[59] Vgl. Anm. 53.

[60] [1983] The Times 3 January, QB; s.a. BRAHAMS (1983) 51 MLJ 119f.

enden, so unvernünftig gewesen, daß sie das Fehlverhalten der Beklagten verdrängt und als *nova causa interveniens* den Kausalzusammenhang unterbrochen habe. Alternativ sei das Verhalten der Klägerin als Verletzung ihrer Schadensminderungspflicht zu bewerten.

Auf die Berufung der Klägerin hob der Court of Appeal[61] die Entscheidung von Richter PARK auf und gab der Klage in vollem Umfang statt. Da die Vermeidung einer weiteren Schwangerschaft und Geburt der Zweck der Sterilisation gewesen sei, habe man angesichts des bereits verstrichenen Zeitraums von der Klägerin keinen Abbruch der Schwangerschaft mehr erwarten können. Deshalb sei ihre Weigerung nicht so unvernünftig gewesen, um das Fehlverhalten des Beklagten in den Hintergrund treten zu lassen. Es verletze schon deshalb nicht das öffentliche Interesse *(public policy)*, Schadensersatz für die Geburt eines (gesunden) Kindes zu gewähren, weil es sonst für manche gerade einen Anreiz gäbe, eine Schwangerschaft noch in einem späten Stadium abbrechen zu lassen. Demgegenüber könne die Gewährung von Schadensersatz Ermutigung und Hilfe für die Eltern bedeuten, ein ungeplantes Kind groß zu ziehen. Im konkreten Fall seien bei einer Wahrscheinlichkeit von zwischen 1:200 und 1:400 auch die Behinderungen des ungewollten Kindes noch vorhersehbar gewesen. Demnach sei die Klägerin zum Ausgleich ihres durch die fehlerhafte Durchführung der Sterilisation verursachten finanziellen Verlustes berechtigt. *Obiter* äußerte Lordrichter SLADE die Ansicht, daß ein Gericht – abgesehen von besonderen Ausnahmefällen – niemals erklären dürfe, eine Frau habe unvernünftigerweise einen Schwangerschaftsabbruch verweigert, sofern es keinen Hinweis auf medizinische oder psychiatrische Gründe für eine Beendigung ihrer Schwangerschaft gebe. Lordrichter PURCHAS sprach sich *obiter* dafür aus, es dem Parlament zu überlassen, das geltende Schadensersatzrecht zu ändern, um bestimmte rechtspolitische Ziele zu verfolgen.

Auf die erstinstanzliche *Thake*-Entscheidung nahm auch der Court of Appeal in *Eyre v Measday*[62] Bezug. Die Klägerin, Mutter von drei Kindern, hatte zusammen mit ihrem Ehemann beschlossen, keine weiteren Kinder zu bekommen, und deshalb den beklagten Arzt um die Vornahme einer Sterilisation ersucht. Der Beklagte hatte dem Paar die Natur des geplanten Eingriffs, einer Laparoskopie, erläutert und deren Irreversibilität betont. Wörtlich hatte er erklärt, daß die Operation „als ein dauernder Eingriff betrachtet werden müsse", ohne jedoch die Klägerin darüber zu unterrichten, daß auch danach noch ein geringes Risiko (weniger als 1 %) einer Schwangerschaft bestünde. Die Klägerin hatte daraufhin eine Einwilligungserklärung unterzeichnet, die auf das Beratungsgespräch Bezug nahm, und geglaubt, absolut unfruchtbar zu werden. Ein Jahr später wurde sie schwanger, entschied sich gegen einen Schwangerschaftsabbruch und gebar ein

[61] Vgl. Anm. 57.

[62] [1986] 1 AllER 488, CA.

gesundes Kind. Anschließend ließ sie sich erneut sterilisieren. Als die Klägerin im Laufe des Prozesses zu der Überzeugung gelangte, daß der Beklagte die Operation sorgfältig ausgeführt hatte, stützte sie ihre Klage nur noch auf Vertragsverletzung *(breach of contract)*. Durch seine Äußerung zur Irreversibilität des Eingriffs und sein Versäumnis, sie vor dem geringen Risiko eines Mißerfolgs zu warnen, hätte der Beklagte eine Vertragsbestimmung bzw. eine dem Vertrag ausdrücklich oder stillschweigend zugrundeliegende Zusicherung, sie irreversibel zu sterilisieren, verletzt.

In erster Instanz[63] hatte Richter FRENCH die Klage abgewiesen, weil die Vereinbarung der Parteien über die vorzunehmende Sterilisation kein Vertrag über die Unfruchtbarmachung der Klägerin gewesen sei. Der geschlossene Vertrag habe keine Bestimmung enthalten, daß die Klägerin unfruchtbar gemacht werde. Auch sei die Klägerin nicht durch die Äußerung des Beklagten, sie werde unfruchtbar gemacht, zum Vertragsschluß veranlaßt worden.

Auf die Berufung der Klägerin bestätigte der Court of Appeal[64] diese Entscheidung mit der Begründung, der vom Beklagten übernommene Vertrag habe eher die Durchführung einer bestimmten Art von Operation zum Gegenstand gehabt, als die absolute Unfruchtbarmachung der Klägerin herbeizuführen. Darüber hinaus habe die Äußerung des Beklagten gegenüber der Klägerin, der Eingriff sei „irreversibel", keine ausdrückliche Garantie bedeutet, daß das anerkannte Ziel der Operation, die Unfruchtbarmachung, auch erreicht werde. Wenn ein Arzt sich zur Vornahme einer bestimmten Operation an einem Patienten bereit erklärt habe, könne das Gericht in den Vertrag zwischen Arzt und Patient zwar eine Bestimmung hineinlesen, den Eingriff mit angemessener Sorgfalt fachgerecht durchzuführen. Nur bedingt würde es ihn jedoch so interpretieren, daß das erwartete Ergebnis auch tatsächlich erzielt werde, da vernünftigerweise kaum ein Mediziner eine Erfolgsgarantie abgeben wolle. Daraus könne ein durchschnittlicher Beobachter folgern, daß der Beklagte der Klägerin nur habe garantieren wollen, sie werde nach *erfolgreicher* Sterilisation absolut unfruchtbar sein. Die Tatsache, daß sie einen solchen Erfolg ohne weiteres erwartet habe, sei irrelevant, da das Gericht bei der Ermittlung des Vertragszwecks und -inhalts eher einen objektiven als einen subjektiven Maßstab anzulegen habe.

Auf einen anderen Gesichtspunkt stützte die Klägerin in *Jones v Berkshire AHA*[65] ihre Klage wegen *negligence*. Sowohl aus medizinischen als auch aus Gründen der Familienplanung hatte sich die Klägerin, Ehefrau und Mutter von zwei Kindern, in einem von der Beklagten getragenen Krankenhaus sterilisieren lassen. Ungefähr ein Jahr nach der Operation litt die Klägerin unter verschiede-

[63] (Unreported), 3 July 1984, QB.
[64] Vgl. Anm. 62.
[65] (Unreported) [1986] QBD transcript 2 July, QB.

nen körperlichen Beschwerden und nahm an Gewicht zu. Da sie früher bereits zeitweise an Amenorrhoe gelitten hatte, maß sie dem erneuten Ausbleiben ihrer Menstruation keine Bedeutung bei. Stattdessen befürchtete sie, an Gebärmutterkrebs zu leiden. Erst einige Zeit später suchte sie ihren Hausarzt auf, der bei ihr eine 28 Wochen alte Schwangerschaft feststellte. Sie brachte ein gesundes Kind zur Welt. Mit ihrer Klage begehrte sie ein Schmerzensgeld für die ungewollte Schwangerschaft, insbesondere für ihre anfängliche Angst vor einer Krebserkrankung und für die wegen eines Kaiserschnitts erschwerte Geburt, sowie Ersatz der Unterhaltskosten für das Kind. Die Klägerin berief sich darauf, daß die Beklagte ihre Pflicht verletzt habe, sie vor dem (mit 3:1.000 bezifferten) Risiko einer nachfolgenden Empfängnis zu warnen. Andernfalls hätte sie ihre Beschwerden sofort mit einer Schwangerschaft in Verbindung gebracht, ihren Hausarzt aufgesucht und die Schwangerschaft noch abbrechen lassen. Die Beklagte räumte das Bestehen einer entsprechenden Warnpflicht ein, bestritt jedoch, daß ihre Ärzte keine Warnung erteilt hätten. Aufgrund der Beweisaufnahme sah Richter OGNALL es jedoch als erwiesen an, daß tatsächlich eine Warnung unterblieben war, und gab deshalb der Klage in vollem Umfang statt, ohne weitere Rechtsausführungen zu machen.

In *Venner v North East Essex AHA*[66] ging es ebenfalls um Bestehen und Umfang ärztlicher Pflichten im Zusammenhang mit der Sterilisation einer Frau. Die Klägerin, Ehefrau und Mutter von drei Kindern, hatte zur Verhütung orale Kontrazeptiva verwendet. Nach der Geburt des dritten Kindes wünschten sie und ihr Ehemann sich keine weiteren Kinder mehr. Der Zweitbeklagte hatte sich zur Sterilisation der Klägerin bereit erklärt und ihr aus medizinischen Gründen geraten, einen Monat vor der Operation die „Pille“ abzusetzen. Am 27. Tag ihres Zyklus, also während der sog. Lutealphase, wurde der Eingriff ohne gleichzeitige Dilatation & Kürettage vorgenommen. Als ihre nächste Menstruation ausblieb, suchte die Klägerin ihren Hausarzt auf, der eine Schwangerschaft feststellte, die mit der Geburt eines gesunden Kindes endete. Die gegen den Zweitbeklagten und die zuständige Gesundheitsbehörde, die Erstbeklagte, gerichtete Klage auf Schadensersatz wies Richter TUCKER ab. Weil es zur fraglichen Behandlungszeit keine entsprechende Praxis der Gynäkologen gegeben habe, sei die Empfehlung des Zweitbeklagten an die Klägerin nicht sorgfaltswidrig gewesen. Die Klägerin sei vom Zweitbeklagten auch angemessen beraten worden. Aufgrund der Beweisaufnahme sah Richter TUCKER es als erwiesen an, daß der Zweitbeklagte in Übereinstimmung mit seiner persönlichen Übung die Klägerin darauf hingewiesen hatte, in der Zwischenzeit entweder enthaltsam zu sein oder alternative Vorkehrungen gegen eine Empfängnis zu treffen. Im übrigen war er davon überzeugt, daß der Zweitbeklagte die Klägerin am Morgen der Operation gefragt hatte, ob die Möglichkeit einer Schwangerschaft bestehe, daß er ihr gegenüber erklärt habe, die Operation würde eine vorbestehende Schwangerschaft nicht beenden, und daß sie

[66] (Unreported) [1987] QBD transcript 19 February, QB.

ihm geantwortet habe, sie sei sicher nicht schwanger. Der Eingriff selbst sei ordnungsgemäß durchgeführt worden. Die Klägerin habe seitdem nicht mehr empfangen, so daß es sich genau genommen überhaupt nicht um eine fehlgeschlagene Sterilisation handele. Die Geburt des bereits empfangenen Kindes habe der Zweitbeklagte nicht verhindern müssen. Die Nichtvornahme einer Dilatation & Kürettage sei im konkreten Fall nicht sorgfaltswidrig gewesen. Die Anwendung des *Bolam*-Tests ergebe nämlich, daß entsprechend einer zur fraglichen Behandlungszeit von Gynäkologen gebilligten Praxis eine Dilatation & Kürettage nur dann angezeigt war, wenn die Patientin weder vor einer zwischenzeitlichen Empfängnis gewarnt worden war, noch eine präoperative Überprüfung stattgefunden hatte. Die Beweisaufnahme habe jedoch beides bestätigt.

Dagegen lag der Entscheidung in *Cronin v Islington AHA*[67] wieder eine fehlgeschlagene Sterilisation einer Frau im üblichen Sinn zugrunde: Die Klägerin, Ehefrau und Mutter von zwei Kindern, hatte sich anläßlich ihrer dritten Schwangerschaft im Mai 1981 von ihrem Geburtshelfer über eine Sterilisation beraten lassen. Ihr war empfohlen worden, sich direkt im Anschluß an die bevorstehende Kaiserschnittentbindung sterilisieren zu lassen. Der Eingriff wurde wie geplant vorgenommen und das Ehepaar traf anschließend keine weiteren Vorkehrungen mehr gegen eine Empfängnis. 1983 brachte die Klägerin ungewollt ein weiteres Kind zur Welt. In ihrer gegen die zuständige Gesundheitsbehörde gerichteten Klage behauptete sie, daß niemand sie vor der Möglichkeit eines Mißerfolgs der Sterilisation gewarnt habe, sonst hätten sie und ihr Mann nach dem Eingriff vorsichtshalber zusätzliche Empfängnisverhütungsmaßnahmen getroffen. Richter CAULFIELD wies die Klage jedoch ab. Aufgrund der Beweisaufnahme sah er es als erwiesen an, daß die Klägerin vor der Operation vor dem Risiko eines Mißerfolgs gewarnt worden war, und zwar sowohl von ihrem Geburtshelfer als auch vom diensthabenden Stationsarzt. Auch schenkte er ihrer Behauptung keinen Glauben, daß sie und ihr Mann auch nach einer Sterilisation noch Maßnahmen gegen das verbleibende Restrisiko einer Empfängnis getroffen hätten. Im übrigen stellte der Richter fest, daß Ärzte 1981 nicht verpflichtet waren, vor einem Mißerfolg einer Sterilisation zu warnen, weil zu jener Zeit ein beträchtlicher Teil der Ärzteschaft unter solchen Umständen anerkanntermaßen keine Warnung ausgesprochen hätte.

Eine vergleichbare Rolle für die Entscheidungsfindung spielte der *Bolam*-Test im Fall *Gold v Haringey HA*[68]. Dort hatten die Klägerin und ihr Ehemann, Eltern von zwei Kindern, anläßlich der dritten Schwangerschaft beschlossen, keinen weiteren Nachwuchs mehr zu bekommen. Nachdem sie verschiedene Methoden der Empfängnisverhütung miteinander diskutiert hatten, einigten sie sich darauf, daß sich der Mann einer Vasektomie unterziehen sollte. Deshalb suchte die Klä-

---

[67] [1987] 1 The Lancet 638, QB.

[68] [1987] 1 FLR 125, QB; *revd* [1987] 3 WLR 649, CA.

gerin ihren Hausarzt auf, der jedoch einwand, es sei günstiger, sie ließe sich während ihres Krankenhausaufenthalts anläßlich der bevorstehenden Entbindung sterilisieren. Zur weiteren Beratung über die Möglichkeiten der Familienplanung wurde sie an die Beklagte überwiesen, die sich auf die Zusage beschränkte, eine Sterilisation werde arrangiert. Einen Tag nach der Entbindung unterzog sich die Klägerin dem Eingriff, der von einem Chirurgen der Beklagten vorgenommen wurde. Die Operation schlug fehl und die Klägerin brachte ein viertes, später sogar noch ein fünftes Kind zur Welt. Ihre u.a. auf *negligence* gestützte Schadensersatzklage gegen die zuständige Gesundheitsbehörde begründete sie zum einen damit, der Chirurg habe die Operation sorgfaltswidrig durchgeführt. Zum anderen habe es die Beklagte fahrlässigerweise versäumt, sie vor der einer (weiblichen) Sterilisation innewohnenden Versagerquote zu warnen und über die Möglichkeit einer Vasektomie zu beraten. Andernfalls hätte sich ihr Ehemann an ihrer Stelle sterilisieren lassen. Die Beklagte räumte ein, die Vornahme einer Vasektomie nicht erörtert zu haben, bestritt jedoch, die Klägerin nicht vor der Versagerrate gewarnt zu haben.

In erster Instanz[69] hatte Richter SCHIEMANN der Klage stattgegeben und der Klägerin ein Schmerzensgeld für die Geburt, Erstattung des Kindesunterhalts sowie Ersatz des Verdienstausfalls zugesprochen. Da die Beweisaufnahme ergeben habe, daß in einer bedeutenden Anzahl von Fällen fachkundige Chirurgen die Clips an der gleichen Stelle der Eileiter befestigt und damit die fragliche Operation in der gleichen Technik durchgeführt hätten wie im konkreten Fall geschehen, habe die Klägerin nicht den Beweis eines Behandlungsfehlers erbracht. Aufgrund der Beweisaufnahme stehe jedoch fest, daß die Klägerin nicht oder nur unzureichend vor der Versagerquote der (weiblichen) Sterilisation gewarnt worden sei. Zwar hätte auch zum Zeitpunkt der Behandlung ein verantwortungsbewußter Teil der Ärzteschaft in einer Beratung über Familienplanung nicht ungefragt erwähnt, daß die Versagerrate einer Sterilisation *post partum* siebenmal höher sei als die absolute Versagerquote einer Vasektomie. Jedoch hätte es zur gleichen Zeit kein Teil der Ärzteschaft unterlassen, das Mißerfolgsrisiko einer Sterilisation *post partum* oder die Vasektomie als Alternative zu erwähnen. Im übrigen komme es in einem kontrazeptiven Zusammenhang überhaupt nicht darauf an, wie sich ein verantwortungsbewußter Teil der Ärzteschaft verhalten hätte. Die Ansicht der Mehrheit des House of Lords in der *Sidaway*-Entscheidung[70], daß in einem therapeutischen Kontext die ärztliche Pflicht zur Beratung Gegenstand desselben Maßstabs sei wie die Pflicht zur Diagnose und Behandlung, nämlich des *Bolam*-Tests, könne im konkreten Fall keine Berücksichtigung finden. Denn es gehe gerade um Beratungspflichten in einem kontrazeptiven Zusammenhang, der von einem therapeutischen Kontext zu unterscheiden sei. Deshalb sei die Anwendung einer derart außergewöhnlichen Regel wie

[69] [1987] 1 FLR 125, QB.

[70] [1985] AC 871, HL.

die des *Bolam*-Tests nicht auf eine kontrazeptive Beratung zu erstrecken. Entscheidend sei allein die Ansicht des erkennenden Gerichts, daß die beratende Person unter den Umständen des Einzelfalls fahrlässig gehandelt habe. Letzteres treffe im konkreten Fall zu.

Auf die Berufung der Beklagten hob der Court of Appeal[71] die erstinstanzliche Entscheidung auf. Zunächst stellte er klar, daß der *Bolam*-Test keine spezielle Regel in dem Sinne darstelle, daß er nur auf ärztliches Handeln Anwendung finde. Vielmehr werde er allgemein bei der Bewertung einer beruflichen Tätigkeit, die ein gewisses Maß an Können und Wissen oder auch nur ausreichende Erfahrung erfordert, berücksichtigt. Die vom Tatrichter getroffene Unterscheidung zwischen therapeutischer und nicht-therapeutischer Beratung sei willkürlich und weiche von dem Prinzip ab, auf dessen Grundlage der *Bolam*-Test entwickelt worden sei. Dieses Prinzip stelle darauf ab, ob jemand über das Können und Wissen eines bestimmten Berufs oder Gebiets verfüge, das über dasjenige hinausgehe, welches der normale Durchschnittsmensch besitze. Dagegen komme es nicht darauf an, in welchem Zusammenhang eine Handlung vorgenommen oder ein Rat erteilt werde. Daß die kontrazeptive Beratung eine andere Art von Können und Wissen erfordere als die Durchführung einer Operation, mache den *Bolam*-Test insoweit nicht unanwendbar. Darüber hinaus sei in der *Sidaway*-Entscheidung[72] klargestellt worden, daß eine ärztliche Sorgfaltspflicht in bezug auf Diagnose, Behandlung und Beratung nicht in ihre Bestandteile zerlegt werden dürfe. Die vom Tatrichter getroffene Unterscheidung zwischen therapeutischer und nicht-therapeutischer Beratung sei demnach unzulässig gewesen. Im übrigen sei das Ergebnis der Beweisaufnahme zum Bestehen und Umfang einer Warnpflicht unhaltbar. Die Beweisaufnahme habe nur einen Schluß zugelassen, nämlich daß 1979 ein Teil der verantwortungsbewußten Ärzteschaft nicht vor dem Versagen weiblicher Sterilisationen und den möglichen Alternativen gewarnt hätte, weshalb der Berufung stattgegeben werden müsse. Ähnlich wie in *Thake*[73] blieb die Beschwerde der Klägerin gegen die Nichtzulassung zur Revision erfolglos,[74] so daß der oberste Gerichtshof des Landes auch diesmal die Gelegenheit zu einer Stellungnahme verstreichen ließ.

In zwei weiteren Entscheidungen knüpften die englischen Gerichte an die bisherige Rechtsprechung an, ohne neue Rechtsausführungen zu machen:

In *Williams v Imrie*[75] hatte sich die Klägerin im Juli 1979 im Alter von 32 Jahren erfolglos sterilisieren lassen. Als sie Anzeichen einer Schwangerschaft an sich entdeckte, belastete sie dies seelisch schwer, da sie die Symptome zuerst

[71] [1987] 3 WLR 649, CA.
[72] Vgl. Anm. 70.
[73] Vgl. Anm. 53 u. 56.
[74] [1988] 1 WLR 462, HL.
[75] (1988) PMILL Vol. 4 No. 3, QB.

nicht zu deuten wußte. Ihre Ärzte führten den Mißerfolg der Operation darauf zurück, daß sich ein Clip von ihrem Eileiter abgelöst hatte. Diese Vermutung löste bei der Klägerin noch größere Sorgen aus, weil sie nunmehr um das Wohlbefinden ihres ungeborenen Kindes fürchtete. Sie gebar ein gesundes Kind, das trotz der Umstände seiner Empfängnis von der Familie willkommen geheißen und geliebt wurde. Seine Ankunft bereitete seinen Eltern jedoch finanzielle Probleme, insbesondere weil die Klägerin jetzt drei kleine Kinder hatte und sich fortan außerstande sah, ihre Teilzeitarbeit fortzusetzen. Sofort nach der Geburt ließ sie den Eingriff wiederholen, der eine vier bis fünf Zoll lange sichtbare Narbe auf ihrem Bauch hinterließ. Auf ihre Klage gegen den behandelnden Arzt sprach ihr Richter HUTCHINSON ein Schmerzensgeld, Erstattung des Kindesunterhalts bis zum 17. Lebensjahr des Kindes sowie Ersatz des Verdienstausfalls bis zur Wiederaufnahme ihrer Tätigkeit zu.

Ohne auf die *Gold*-Entscheidung Bezug zu nehmen, stützte der Court of Appeal seine Entscheidung im Fall *Palmer v Eadie*[76] ebenfalls auf den *Bolam*-Test. Dort hatte das klägerische Ehepaar, Eltern von vier Kindern, beschlossen, keinen weiteren Nachwuchs zu bekommen. Aus diesem Grund ließ sich der Kläger vasektomieren, nachdem er vom Beklagten vor einem Mißerfolg der Operation gewarnt worden war. Indes hatte der Beklagte dem Kläger verschwiegen, daß einige Sterilisationsmethoden sicherer waren als andere. Der üblichen Praxis entsprechend wurden dem Kläger nach dem Eingriff solange Ejakulationsproben abverlangt, bis zwei aufeinanderfolgende Tests ergaben, daß sich keine Spermien mehr im Ejakulat befanden. Trotzdem wurde der Kläger wieder zeugungsfähig, mit der Folge, daß seine Frau rund drei Jahre später ein gesundes Kind gebar. In erster Instanz[77] hatte Richter HOLLINGS die auf *breach of contract* und *negligence* gestützte Klage auf Schadensersatz abgewiesen. Auf die Berufung der Kläger hin bestätigte der Court of Appeal[78] diese Entscheidung. Wie zuvor Richter HOLLINGS verneinte auch er eine Vertragsverletzung. Seiner persönlichen Übung entsprechend habe der Beklagte auch im vorliegenden Fall keine Erfolgsgarantie abgeben wollen. Richtigerweise habe der Tatrichter ebensowenig den Tatbestand der *negligence* als erfüllt angesehen. Aufgrund der Beweisaufnahme stehe nämlich fest, daß es zur fraglichen Behandlungszeit (1980) in Vasektomie-Fällen keine Praxis gegeben habe, mit dem Patienten die Möglichkeiten unterschiedlich sicherer Behandlungsmethoden zu erörtern. Im übrigen sei das möglicherweise vorhandene Risiko zum Behandlungszeitpunkt nicht als solches betrachtet worden. Deshalb habe für den Beklagten keine Notwendigkeit bestanden, mit dem Kläger die anzuwendende Sterilisationsmethode zu diskutieren. Demnach sei eine fehlende Beratung über die im konkreten Fall beste Methode nicht sorgfaltswidrig gewesen. SIR FREDERICK LAWTON berief sich in seinem das Urteil tragen-

[76] (Unreported) 17 April 1986, QB; *affd* (unreported) [1987] CA transcript 18 May, CA.
[77] (Unreported) 17 April 1986, QB.
[78] (Unreported) [1987] CA transcript 18 May, CA.

den Votum allein auf die *Sidaway*-Entscheidung[79] und die dort von LORD BRIDGE, DIPLOCK und TEMPLEMAN geäußerten Ansichten zum entscheidenden Maßstab für Bestehen und Umfang ärztlicher Aufklärungspflichten.

Mit einer völlig neuen Argumentation versuchte die Klägerin in *Worster v City and Hackney HA*[80], ihrer Klage zum Erfolg zu verhelfen. Unmittelbar nach der Geburt des zweiten Kindes hatte sie sich aus medizinischen Gründen sterilisieren lassen sollen. Vor der Operation hatte sie zusammen mit ihrem Ehemann eine Einwilligungserklärung mit folgendem vorformulierten Text unterschrieben: „This is to certify that we, the undersigned, agree to this operation of sterilisation being performed on Kathleen Worster and we understand that this means we can have no more children." Das mit einer Wahrscheinlichkeit zwischen 0,3 und 2 % bezifferte Risiko eines Mißerfolgs der Sterilisation war ihr jedoch verschwiegen worden. Der Eingriff selbst wurde einwandfrei vorgenommen. Trotzdem empfing die Klägerin sieben Jahre später ein weiteres Kind und brachte es gesund zur Welt. Ihre gegen die zuständige Gesundheitsbehörde gerichtete Schadensersatzklage begründete die Klägerin damit, daß die Forderung nach einer Unterzeichnung des Einwilligungsformulars mangels jeglicher Warnung vor dem Scheitern der Operation einer fahrlässigen Falschdarstellung i.S. der *Hedley Byrne*-Entscheidung[81] gleichgekommen sei. Richter GARLAND verneinte jedoch eine Haftung der Beklagten aus diesem Grund und wies die Klage ab. Die Klägerin könne sich nicht auf das *Hedley Byrne*-Prinzip berufen, da dieses nur für die Erteilung einer kostenlosen Auskunft gelte, der keine vertragliche Beziehung zwischen den Parteien zugrundeliege. Demnach entspreche die dort entwickelte Pflicht zur Einhaltung der erforderlichen Sorgfalt derjenigen, welche ein Angehöriger eines Berufsstands aufgrund seines besonderen Wissens bei der Beratung eines Vertragspartners einzuhalten habe. Die Einwilligungserklärung sei aber nicht sorgfaltswidrig formuliert, denn sie könne nicht dahin interpretiert werden, daß mit Sicherheit Unfruchtbarkeit eintreten werde. Es handele sich lediglich um eine Einwilligung in eine Operation, die eine Sterilisierung herbeiführen solle. Gleichzeitig enthalte sie ein Anerkenntnis im Hinblick auf die beabsichtigte Wirkung, daß die Klägerin und ihr Ehemann keine weiteren Kinder mehr haben könnten. Im übrigen stehe aufgrund der Beweisaufnahme nicht fest, daß die Klägerin mit Rücksicht auf irgendeine im Einwilligungsformular enthaltene Äußerung gehandelt habe, als sie sich dem Eingriff unterzog.

In der nachfolgenden Entscheidung stand die ärztliche Pflichtverletzung nicht mehr zur Diskussion; es ging nur noch um den Umfang des konkret zu gewährenden Schadensersatzes. In *Benarr v Kettering HA*[82] hatte sich der Erstkläger, Ehemann und Vater von drei Kindern, aus Gründen der Familienplanung in

[79] Vgl. Anm. 70.
[80] [1987] QBD transcript 19 June, QB.
[81] *Hedley Byrne & Co Ltd v Heller & Partners Ltd* [1963] 2 AllER 575, HL.
[82] [1988] QBD transcript 27 April, QB.

einem von der Beklagten getragenen Krankenhaus vasektomieren lassen. Die Operation schlug fehl, so daß seine Ehefrau, die Zweitklägerin, zwei Jahre später ein gesundes Kind gebar. In einer gegen die zuständige Gesundheitsbehörde gerichteten Klage wegen *negligence* verlangten die Kläger Ersatz des erlittenen Verdienstausfalls der Zweitklägerin und Erstattung der mit der planwidrigen Geburt verbundenen Ausgaben für den Erstkläger. Nachdem sich die Parteien über die Frage der Haftung und die meisten Klagepunkte außergerichtlich geeinigt hatten, war nur noch über die Ersatzfähigkeit der Kosten für den Privatunterricht des Neuankömmlings und der mit dem notwendigen Umzug in ein größeres Familienheim verbundenen Auslagen zu entscheiden. Richter HODGSON gab auch insoweit der Klage statt. Während er die Erstattung der Umzugskosten nicht näher begründete, ging er ausführlich auf die Frage ein, ob die Kläger auch die Kosten der privaten Schulerziehung des ungeplanten Kindes verlangen könnten. Da alle anderen Kinder bereits private Schulen besuchten, sah Richter HODGSON es als erwiesen an, daß die Kläger zum Zeitpunkt der Empfängnis des vierten, ungeplanten Kindes schon fest entschlossen waren, ihren Nachwuchs privat ausbilden zu lassen. Mit Rücksicht auf den finanziellen Status der Familie, die früher einmal zur oberen Mittelklasse gezählt hätte, gehörten die Ausgaben für den Privatunterricht des zusätzlichen Kindes zu den Kosten, die gewöhnlich für ein Kind einer Familie mit entsprechendem Lebenszuschnitt entstünden. In Anwendung und Erweiterung des von Richter PETER PAIN in der erstinstanzlichen *Thake*-Entscheidung entwickelten Maßstabs sei für die Frage der Erstattungsfähigkeit entscheidend, ob es sich nach den familiären Umständen um eine notwendige Ausgabe für das betroffene Kind handele. Im Streitfall treffe dies auf die Kosten der privaten Schulerziehung zu.

2.2.2.4 Einzelfragen

In den weiteren Entscheidungen, denen sämtlich fehlgeschlagene Sterilisationen zugrunde lagen, bestätigte die Rechtsprechung die von ihr entwickelten Grundsätze durch deren konsequente Anwendung und gleichzeitige Erweiterung:

In *Keane v Plymouth HA*[83] hatte sich die Klägerin, eine 34jährige Ehefrau und Mutter von drei Kindern, im Jahr 1980 in einem Krankenhaus der Beklagten nach der Methode POMEROY sterilisieren lassen. Als Folge einer natürlichen Rekanalisation der Eileiter wurde sie wieder schwanger und gebar ein gesundes Kind. Die Klägerin behauptete, sie sei vor dem Eingriff nicht über die geringe Versagerquote der angewandten Sterilisationsmethode informiert worden. Hätten sie und ihr Ehemann gewußt, daß sie auch danach nicht hundertprozentig vor einer Empfängnis geschützt gewesen sei, hätten sie von einer Operation abgesehen und stattdessen weiterhin *coitus interruptus* praktiziert. Richter STEYN

[83] (1989) PMILL Vol. 5 No. 2, QB.

befaßte sich zunächst mit der Frage, ob die Beklagte zur damaligen Zeit (1980) eine entsprechende Warnpflicht gegenüber der Klägerin traf. In Anwendung des *Bolam*-Tests befragte er hierzu medizinische Sachverständige, die bestätigten, daß damals ein verantwortungsbewußter Teil der Ärzteschaft vor dem geringen Versagerrisiko gewarnt hätte. Daraufhin erhob der Richter Beweis über die Frage der Warnpflichtverletzung und gab der Aussage des behandelnden Arztes den Vorzug gegenüber den Aussagen der Klägerin und ihres Ehemannes. Er kam daher zu der Überzeugung, daß der Arzt die Klägerin über die Möglichkeiten der Empfängnisverhütung beraten und ihr anstelle einer Sterilisation eine Vasektomie ihres Ehemannes empfohlen hatte. Nach dem Ergebnis der Beweisaufnahme hatte der Arzt der Klägerin außerdem ein Einwilligungsformular mit der Warnung vor dem Versagerrisiko zur Kenntnisnahme und Unterzeichnung ausgehändigt. Daraufhin wurde die Klage abgewiesen.

Mit einer Klageabweisung endete auch der Prozeß im Fall *McLennan v Newcastle HA*[84]. Dort hatte sich die von ihrem Ehemann getrennt lebende 33jährige Klägerin, die bereits ein Kind hatte, im Oktober 1987 in einem Krankenhaus der Beklagten nach der sog. Clip-Methode sterilisieren lassen. Dabei war sie darüber unterrichtet worden, daß es ein geringes Versagerrisiko gebe und eine Vasektomie ihres Partners sicherer sei. Trotz auftretender Schwierigkeiten war die behandelnde Chirurgin nach der Operation davon überzeugt, die HULKA-Clips an beiden Eileitern sicher befestigt zu haben. Die Sterilisation schlug jedoch fehl und die Klägerin gebar ein gesundes Kind. In ihrer Klageschrift behauptete sie u.a., daß sie auf einem Hysterosalpingogramm bestanden hätte, wenn sie über die aufgetretenen Komplikationen des Eingriffs informiert worden wäre, und daß deshalb die postoperative Beratung sorgfaltswidrig gewesen sei. Richter ALLIOTT stellte zunächst fest, daß die Chirurgin selbst nicht am Erfolg der Operation gezweifelt habe. Sonst hätte sie eine Laparotomie angeschlossen, die ebenso von der vorformulierten Einwilligungserklärung der Klägerin gedeckt gewesen wäre. Zum Behandlungszeitpunkt sei jedoch die routinemäßige Durchführung eines Hysterosalpingogramms zur Kontrolle des Operationserfolgs nicht üblich gewesen. Auch über den Verlauf des Eingriffs habe die Patientin nicht nachträglich unterrichtet werden müssen. Deshalb habe die Beklagte nicht pflichtwidrig gehandelt, als sie die Klägerin in dem Glauben an eine erfolgreiche Sterilisation aus ihrem Krankenhaus entlassen habe.[85]

---

[84] (Unreported) [1991] QBD transcript 24 September, QB.

[85] Dagegen war in *Beal v East Surrey HA* (unreported, 1 October 1991, QB) die Klage einer 45-jährigen Frau und Mutter dreier Kinder, die nach einer fehlgeschlagenen Sterilisation ein weiteres Kind gebar, erfolgreich. Neben dem Kindesunterhalt erhielt sie ein Schmerzensgeld für die gesundheitlichen und ehelichen Belastungen, welche die ungewollte Schwangerschaft und Geburt verursacht hatten, zugesprochen.

In *Allen v Bloomsbury HA*[86] wurden die mit der ungeplanten Geburt eines Kindes verbundenen Einbußen erstmals detailliert berechnet. Dabei knüpfte das Gericht teilweise an frühere Grundsätze an. Im konkreten Fall hatte sich die 35-jährige Klägerin, eine von ihrem Ehemann getrennt lebende Mutter von zwei Kindern, im Juni 1985 aus finanziellen und persönlichen Gründen in einem von der beklagten Gesundheitsbehörde getragenen Krankenhaus einer Dilatation & Kürettage und sofort im Anschluß daran einer Sterilisation unterzogen. Beide Eingriffe waren kunstgerecht durchgeführt worden. Im September 1985, kurz nach der Rückkehr in eine Vollzeitbeschäftigung, entdeckte die Klägerin, daß sie z.Z. der Operationen bereits in der vierten Woche von ihrem damaligen Partner schwanger gewesen war und die Schwangerschaft beide Eingriffe überdauert hatte. Unstreitig hätte sie die Schwangerschaft abbrechen lassen, wenn diese zum fraglichen Zeitpunkt schon festgestellt worden wäre. Da es nunmehr für einen Abbruch zu spät war, trug sie das Kind aus in der ständigen Angst, daß der Fötus traumatisiert worden sein könnte. Im Februar 1986 brachte sie ein gesundes Kind zur Welt und verklagte die zuständige Gesundheitsbehörde auf Ersatz aller mit der Pflege und Erziehung des Kindes bis zu dessen 18. Geburtstag verbundenen Kosten. Da die Beklagte ein Verschulden ihrerseits einräumte, war – ähnlich wie im Fall *Benarr*[87] – nur noch über die Frage zu entscheiden, in welchem Umfang die Klägerin Ersatz ihres Schadens verlangen konnte.

Richter BROOKE gab der Klage im wesentlichen statt und sprach der Klägerin Ersatz des Unterhaltsschadens und der Kosten der Kindesausstattung, eines Babysitters und des Garagenumbaus sowie des Verdienstausfalls zu. Darüber hinaus gewährte er ihr ein Schmerzensgeld für die während der Schwangerschaft erlittenen Ängste wegen einer möglichen Schädigung des Kindes. In Fällen der vorliegenden Art hafteten die Beklagten für alle Ausgaben, die üblicherweise für die Pflege und Erziehung des ungeplanten Kindes entstünden. Dabei seien alle Umstände des Einzelfalls zu berücksichtigen, insbesondere die individuellen Lebensbedingungen des Kindes und seine jeweiligen Bedürfnisse, soweit diese angemessen seien. Insoweit seien mangels einer klaren Richtlinie des Court of Appeal bis zu einer Entscheidung durch das House of Lords oder einer gesetzlichen Regelung durch das Parlament an die in *Thake*[88], *Emeh*[89] und *Benarr*[90] entwickelten Grundsätze anzuknüpfen. Für die Berechnung des Kindesunterhalts bildeten die vom Klägervertreter vorgeschlagenen Durchschnittszahlen der Nationalen Vereinigung für Pflege und Fürsorge *(National Foster Care Association,* im folgenden: *NFCA)* eine angemessene Grundlage. Daß diese nicht den höheren Lebensbedarf in London, dem Wohnort der Klägerin, widerspiegelten, werde durch den Umstand ausgeglichen, daß das ungeplante Kind später wahr-

[86] [1992] 3 Med LR 257, QB.
[87] Vgl. Anm. 82.
[88] Vgl. Anm. 53.
[89] Vgl. Anm. 57.
[90] Vgl. Anm. 82.

scheinlich Ferienjobs annehmen und dadurch zu seinem Unterhalt beitragen werde. Von dem errechneten Betrag sei das Kindergeld in Abzug zu bringen, wobei berücksichtigt werden müsse, daß die Klägerin einige Zeit lang mehr Kindergeld erhalte, wenn nur noch das ungeplante Kind in ihrem Haushalt lebe. Für den vorprozessualen Kindesunterhalt könnten jedoch nur die tatsächlich entstandenen Ausgaben ersetzt verlangt werden, auch wenn diese geringer ausgefallen seien, weil die Klägerin sie habe vorlegen müssen. Das gleiche gelte für die Kosten der Babyausstattung. Bei den Kosten des Garagenumbaus müsse berücksichtigt werden, daß sich der Wert des Hauses durch diese Investition zwar erhöht habe; die Kosten der Umbauarbeiten würden aber durch die Wertsteigerung nicht völlig aufgewogen, so daß sie zumindest teilweise erstattungsfähig seien. Ihren bisherigen Verdienstausfall könne die Klägerin auf der Basis des durchschnittlichen Einkommens einer weiblichen Angestellten ihrer Wohngegend ersetzt verlangen, ohne daß sie sich etwaige Einbußen aufgrund einer zeitweiligen Arbeitslosigkeit infolge eines Stellenwechsels oder einer völligen oder teilweisen Abwesenheit von der Arbeit wegen Krankheit oder bedingt durch die besonders im Südosten Englands spürbare Rezession anrechnen lassen müßte. Denn ihre Klageforderung sei insoweit angesichts ihrer überdurchschnittlichen Kenntnisse und Fähigkeiten bereits relativ niedrig angesetzt. Bei der Berechnung ihres künftigen Verdienstausfalls sei zu berücksichtigen, daß die Klägerin in Abhängigkeit vom Alter ihres Kindes in zunehmendem Umfang auch ohne die dauernde und umfassende Hilfe Dritter wieder eine Beschäftigung aufnehmen könne. Für die während der Schwangerschaft erlittenen Ängste wegen einer möglichen Schädigung des Kindes könne die Klägerin eine Entschädigung beanspruchen, allerdings unter Abzug der mit dem (zu Recht verweigerten) Schwangerschaftsabbruch verbundenen materiellen und immateriellen Einbußen. Dagegen könne sie wegen ihres beeinträchtigten Privatlebens keine Entschädigung verlangen, da diese für die Beklagte nicht vorhersehbar gewesen seien. Gleiches gelte für die mit den Verhaltensstörungen des ungeplanten Kindes verbundenen Schwierigkeiten der Pflege und Erziehung. Die Kosten der Hochzeit seien ebensowenig erstattungsfähig, weil zum einen nicht sicher sei, ob das ungeplante Kind überhaupt jemals heiraten werde, zum anderen durch die Erstattung des bisherigen und künftigen Verdienstausfalls der Klägerin derartige Ausgaben mit abgegolten seien.

Eine andere Basis für die Schadensberechnung wurde dagegen in *Robinson v Salford HA*[91] gewählt. Dort hatte sich die 31jährige Klägerin, Ehefrau und Mutter von drei Kindern, in einem Krankenhaus der Beklagten einer laparoskopischen Sterilisation unterzogen, die unstreitig sorgfaltswidrig durchgeführt worden war. Sie wurde kurze Zeit später schwanger und brachte noch vor Ablauf der ohnehin schon komplizierten Schwangerschaft ein gesundes Kind zur Welt, das aufgrund seiner Frühgeburt allerdings nicht voll entwickelt war und an Untergewicht litt.

---

[91] [1992] 3 Med LR 270, QB.

Nach der Geburt mußte sich die Klägerin zwecks Entfernung der Eileiter erneut operieren lassen. Diese Operation hinterließ eine unsichtbare Narbe und verursachte dauernde Beschwerden. Das ungeplante Kind mußte nach seiner Geburt noch 15 Wochen lang im Krankenhaus bleiben und auch nach seiner Entlassung immer wieder wegen verschiedener gesundheitlicher Probleme für kurze Zeit stationär behandelt werden. Dennoch blieben Sprachschwierigkeiten zurück, die wöchentliche Besuche bei einem Sprachtherapeuten erforderlich machten. Außerdem traten Verhaltensstörungen auf, die einmal monatlich von einem Psychologen behandelt wurden. Da die Beklagte ein Verschulden ihrerseits einräumte, war – wie in *Benarr*[92] und *Allen*[93] – nur noch über die Frage zu entscheiden, in welchem Umfang die Klägerin Ersatz ihres Schadens verlangen konnte. Die Beklagte erkannte ein Schmerzensgeld für die Schwangerschaft und Geburt, für die zweite Sterilisation und ihre Folgen sowie für die zusätzlichen Ängste, Sorgen und Belastungen an, die mit der Pflege und Erziehung des frühgeborenen Kindes voraussichtlich verbunden seien.

Darüber hinaus verlangte die Klägerin von der Beklagten jedoch ihren und ihres Mannes' Verdienstausfall, den Kindesunterhalt und die zusätzlichen Kosten für die Fahrten zum Sprachtherapeuten und zum Psychologen ersetzt. Auch insoweit gab Richter MORLAND der Klage im wesentlichen statt. Bezüglich des Verdienstausfalls der Klägerin ging er davon aus, daß diese kurze Zeit nach der Geburt ihres dritten Kindes eine Teilzeitbeschäftigung aufgenommen hätte, wenn bereits die erste Sterilisation erfolgreich gewesen wäre. Diese Tätigkeit hätte die Klägerin auch bis zum Scheitern ihrer Ehe ausgeübt und sich erst danach wieder ausschließlich um die Pflege und Erziehung ihrer Kinder gekümmert. Durch die frühgeburtlich bedingten Gesundheitsprobleme des vierten, ungeplanten Kindes müsse sie sich nunmehr bis zu dessen Einschulung ausschließlich dessen Pflege und Erziehung widmen. Daß sie mit Rücksicht darauf keinerlei Tätigkeit mehr nachgehe, sei unter diesen Umständen nachvollziehbar und vernünftig. Daher könne die Klägerin insoweit Erstattung ihres bisherigen und künftigen Verdienstausfalls beanspruchen. Darüber hinaus stehe ihr Ersatz des Kindesunterhalts zu, der sich jedoch nach den individuellen Einkommensverhältnissen der Familie bis zur Trennung der Eheleute bemesse. Denn anders als im Fall *Allen*[94] liege mit dem tatsächlichen Familieneinkommen ein konkreter Anhaltspunkt zur Berechnung des Unterhaltsanspruchs vor, so daß nicht auf die Angaben der *NFCA* zurückgegriffen werden müsse, zumal sich auch die persönlichen Verhältnisse und das soziale Umfeld der Kläger im Streitfall bescheidener darstellten. Auf dieser Basis sei der bisherige Unterhalt für das ungeplante Kind zu berechnen, wobei das verminderte Einkommen seit dem Scheitern der Ehe berücksichtigt werden müsse. Davon sei das erhaltene Kindergeld abzuziehen. Ähnlich bemesse

[92] Vgl. Anm. 82.
[93] Vgl. Anm. 86.
[94] *Ibid.*

sich der künftige Unterhalt unter Berücksichtigung des Umstands, daß das ungeplante Kind als Junge nicht die abgelegte Kleidung seiner drei Schwestern tragen könne und mit fortgeschrittenem Alter ein eigenes Zimmer benötige. Die eingeklagten Fahrtkosten seien ebenfalls erstattungsfähig. Dagegen wurde ein Anspruch auf Ersatz des Verdienstausfalls auch des Mannes der Klägerin verneint, weil sein zwischenzeitlicher Wechsel in eine schlechter bezahlte Tätigkeit nicht durch die unerwünschte Geburt des vierten Kindes veranlaßt worden sei.

Ähnlich wie im Fall *Worster*[95] versuchte das klagende Ehepaar in *Danns v Dept of Health*[96] mit einer völlig neuen Strategie ihren vermeintlichen Anspruch auf Schadensersatz durchzusetzen, indem sie einen Klagegegner wählten, der bis dahin in vergleichbaren Fällen noch nicht für die planwidrige Geburt eines Kindes haftbar gemacht worden war. Im konkreten Fall hatte sich der Kläger im August 1983 einer Vasektomie unterzogen. Völlig überraschend wurde die Klägerin acht Jahre später schwanger und gebar ein gesundes Kind. Es stellte sich heraus, daß sich die Samenleiter des Klägers – anders als bei der sog. Spontanrekanalisation – erst Monate oder Jahre nach dem Eingriff rekanalisiert hatten. Über dieses medizinische Phänomen war erstmals in einem Aufsatz berichtet worden, der elf Monate *nach* der Operation des Klägers im *British Medical Journal* erschienen war. Das betroffene Ehepaar verklagte daraufhin das Gesundheitsministerium auf Zahlung eines Schmerzensgelds für die Schwangerschaft und Geburt sowie auf Ersatz des Kindesunterhalts mit der Begründung, ihm und anderen Personen in vergleichbarer Situation sei diese wissenschaftliche Erkenntnis pflichtwidrig vorenthalten worden. In Erfüllung ihrer öffentlichen Aufgabe hätte die Beklagte für eine größere Verbreitung des Fachartikels sorgen müssen. Der Ausgang des Rechtsstreits, den Experten des Arzthaftungsrechts in England als einzigartig bezeichnet haben sollen, ist leider nicht bekannt.

Auf diesen nicht gerade alltäglichen Fall folgten wieder „klassische" *wrongful conception*-Klagen:

In *Cort v Lambeth HA*[97] hatte sich die Klägerin, Ehefrau und Mutter von sechs Kindern, im Alter von 38 Jahren in einem von der Beklagten getragenen Krankenhaus sterilisieren lassen. Aufgrund eines Behandlungsfehlers hatte die Operation nicht den gewünschten Erfolg, und die Klägerin brachte ein weiteres gesundes Kind zur Welt. Anschließend ließ sie den Eingriff wiederholen. Auf ihre Klage sprach Richter SUMMER ihr ein Schmerzensgeld für die anfängliche Angst vor einer möglichen Krebserkrankung, für den durch die Entdeckung ihrer Schwangerschaft erlittenen Schock, für die Enttäuschung und Aufregung, die ihr der Mißerfolg der ersten Sterilisation bereitet hatte sowie für die Beschwerden

---

[95] Vgl. Anm. 80.
[96] [1992] The Guardian 8 October, QB.
[97] [1993] The Times 8 April, QB.

der unerwünschten Schwangerschaft und der erforderlichen Wiederholung des Eingriffs zu. Außerdem gewährte er ihr Ersatz des Kindesunterhalts einschließlich der Kosten der künftigen Erziehung des ungeplanten Kindes. Da sie ihre Tätigkeit als Grundschullehrerin hatte aufgeben müssen, bekam die Klägerin darüber hinaus ihren Verdienstausfall erstattet.

In *Gowton v New Cross Hosp*[98] bekam eine Frau, die sich nach der Vasektomie ihres Ehemannes vor einer weiteren Schwangerschaft sicher fühlte, jedoch zum fünften Mal schwanger wurde, insgesamt £ 41.000 als Schadensersatz zugesprochen.

Der zuletzt bekanntgewordene Fall[99] bot Gelegenheit zur Klärung der Frage, wann Ansprüche wegen der unerwünschten Geburt eines Kindes verjähren. In *Walkin v South Manchester HA*[100] hatte sich die Klägerin nach der Geburt ihres dritten Kindes im September 1986 sterilisieren lassen. Im Februar 1987 stellte sie eine erneute Schwangerschaft fest, die mit der Geburt ihres vierten Kindes endete. Am 12. Juni 1989 reichte sie gegen die zuständige Gesundheitsbehörde Klage auf Schadensersatz wegen der „Körperschäden" („personal injuries") ein, die der fehlgeschlagene Eingriff verursacht habe. Diese Klageschrift wurde jedoch nie zugestellt. In einer zweiten Klageschrift vom 10. Oktober 1991, die der Beklagten auch zugestellt wurde, machte die Klägerin dagegen Erstattung der durch ihre Operation vom September 1986 erlittenen „Einbußen" („losses") geltend. In Bestätigung des erstinstanzlichen Urteils von Richter POTTS[101] wies der Court of Appeal die Klage mit der Begründung ab, daß ein eventueller Anspruch zum Zeitpunkt der Klageerhebung bereits verjährt gewesen sei. Der Anspruch auf Ersatz des Unterhalts eines unerwünschten Kindes, das infolge einer fehlerhaften medizinischen Behandlung zur Welt gekommen sei, verjähre in drei Jahren ab dem Zeitpunkt der Empfängnis. Insoweit handele es sich nämlich um einen Anspruch auf Schadensersatz wegen „Körperschäden" („personal injuries") i.S. des sec. 11 (1) LIMITATION ACT 1980.

2.2.3 Vergleich

In beiden Ländern wurden die Gerichte erstmals in den 60er Jahren mit dem neuartigen Problem der Haftung für neues Leben konfrontiert. Der Zeitpunkt überrascht insofern nicht, als in jenem Jahrzehnt mit der sexuellen Revolution und

[98] [1994] The Daily Telegraph 10 March, QB (zit. nach (1994) LR & I No. 45).
[99] Wie in Deutschland werden inzwischen auch in England zahlr. Fälle außergerichtlich geregelt (vgl. MASON & MCCALL SMITH, S. 81); manchmal wird über derartige Vergleiche jedoch in der Tagespresse berichtet, zuletzt z.B. im Fall *Bell v Basildon & Thurrock HA* [1996] The Daily Telegraph 23 July (zit. nach (1996) LR & I No. 73).
[100] [1995] The Times 3 July, CA.
[101] (Unreported) 20 May 1994, QB.

der Liberalisierung von Empfängnisverhütung und Schwangerschaftsabbruch in weiten Kreisen der Gesellschaft in Fragen der Familienplanung und Geburtenregelung ein Umdenken einsetzte. Parallel dazu löste sich das Arzthaftungsrecht sowohl in Deutschland als auch in England allmählich aus dem Schatten der strafrechtlichen Sanktionen, so daß geschädigte Patienten nun mehr und mehr dazu übergingen, den behandelnden Arzt bzw. den zuständigen Krankenhausträger oder andere auf dem Gesundheitssektor tätige Berufsangehörige (z.B. Apotheker) auch zivilrechtlich zur Verantwortung zu ziehen. So dauerte es nicht lange, bis in den 70er und vor allem in den 80er Jahren auch Klagen wegen der unerwünschten Geburt eines gesunden Kindes (*wrongful conception*) erhoben wurden.

Dabei stand zunächst die grundsätzliche Frage im Vordergrund, ob in solchen Fällen über die üblichen Schadensposten hinaus auch der dem planwidrig geborenen Kind von seinen Eltern geschuldete Unterhalt ein ersatzfähiger Schaden darstellen kann. Hierzu haben sich in beiden Rechtsordnungen bis heute höchst konträre Auffassungen gebildet, zu denen in Deutschland der *BGH* wiederholt Stellung nehmen mußte. Wegen der durch die Wiedervereinigung bedingten Neuregelung des Schwangerschaftsabbruchs konnte sich mit dem *BVerfG* sogar das ranghöchste Gericht des Landes in die Diskussion einschalten, ohne damit allerdings eine wesentliche Korrektur der höchstrichterlichen Rechtsprechung erreicht zu haben. In England blieb dagegen eine Auseinandersetzung auf höchster Ebene aus, weil das House of Lords bis heute keine *wrongful conception*-Klage zur Revision angenommen hat. Die Entwicklung der Rechtsprechung zu diesem Themenkomplex wurde deshalb maßgeblich vom Court of Appeal beeinflußt.

In beiden Ländern wurde nahezu zeitgleich ein Anspruch der Eltern auf Ersatz des Kindesunterhalts dem Grunde nach anerkannt. Ob und inwieweit sich hierbei beide Rechtsordnungen gegenseitig beeinflußt haben, mag an dieser Stelle offenbleiben.[102] Jedenfalls waren in der Folgezeit sowohl die deutschen als auch die englischen Richter geradezu ängstlich darauf bedacht, die „Haftung für neues Leben" nicht ausufern zu lassen. Wie sie hierbei vorgingen und wie die Lehre auf diese Rechtsprechung reagierte, soll im zweiten Teil der Arbeit anhand der einzelnen Haftungselemente gezeigt werden.

---

[102] Vgl. hierzu einerseits MARKESINIS, S. 120ff.; HORTON (1979) 9 Fam Law 156 (betr. Deutschland); andererseits CORNISH, VersR 1985, 898; DERS., VersR 1983, 1117; DERS., Injuries, S. 12f.; LIETZMANN, DRiZ 1983, 68; SIEGER, VersR 1982, 735 (betr. England).

Zweiter Teil: Haftungselemente

3 Die Pflichtverletzung

3.1 Deutsches Recht

Ausgangspunkt der ärztlichen Haftung für die unerwünschte Geburt eines gesunden Kindes ist nach deutschem Recht eine Pflichtverletzung seitens des Arztes.

3.1.1 Realtypen der ärztlichen Pflichtverletzung

Analysiert man das vorhandene Fallmaterial, lassen sich in tatsächlicher Hinsicht folgende Typen der ärztlichen Pflichtverletzung unterscheiden:

3.1.1.1 Behandlungsfehler[1]

Fehlerhafte Durchführung des Eingriffs In den Sterilisationsfällen war häufigster Anlaß für eine Schadensersatzklage, daß der Eingriff selbst fehlgeschlagen war. Der Arzt haftete deswegen jedoch nur, wenn ihm der Mißerfolg zum Verschulden gereichte, d.h. wenn er es bei der Vornahme der Operation an der erforderlichen (äußeren und inneren) Sorgfalt hatte mangeln lassen.

Bei der Sterilisation der Frau ging der Vorwurf meistens dahin, die Patientin versehentlich nur einseitig sterilisiert zu haben, nämlich anstelle der zweiten Tube das Mutterband *(ligamentum rotundum)* oder ein anderes strangförmiges Gebilde durchtrennt zu haben.[2] Aus medizinischer Sicht kann es zu einer solchen Mißidentifikation bei anatomischen Veränderungen im kleinen Becken (z.B. Verwachsungen), inadäquater Operations- und Narkosetechnik (z.B. ungenügende Anhebung des Uterus), anderen schweren und konzentrationsbeeinträchtigen-

---

[1] Insoweit bleiben Entscheidungen, in denen das Verschulden des Arztes nicht spezifiziert worden ist (z.B. *OLG Celle*, NJW 1978, 1688, 2340 (L) = VersR 1978, 924 = JZ 1978, 528 = r+s 1978, 207), außer Betracht. – Als Behandlungsfehler gilt auch eine unterlassene bzw. fehlerhafte Diagnose, vgl. z.B. *LG Aachen*, VersR 1981, 443.

[2] Vgl. z.B. die Grundsatzentscheidungen des *BGH*, BGHZ 76, 249 u. 259 (weitere Fundstellen in Kap. 2.2.1, S. 88ff., *supra*); s.a. *BGH*, VersR 1982, 68; *OLG Saarbrücken*, NJW 1986, 1549 = VersR 1986, 1128 (L); ESER/KOCH, MedR 1984, 6 (11); DIES., DÄBl. 78 (1981) 1673 (1674).

den Komplikationen während der Operation (z.B. Herzstillstand) und unzureichender Erfahrung des Operateurs in der laparoskopischen Technik und im monokularen Sehen kommen.[3] Der Chirurg kann einen solchen *surgical error* nur vermeiden, wenn er die Tube eindeutig identifiziert.[4]

Daneben hatten die Gerichte Fälle zu entscheiden, in denen die Patientin aus Versehen ebenfalls nur einseitig sterilisiert worden war, ohne daß der Operateur dafür jedoch andere Strukturen angegriffen hatte.[5] Wie die Mißidentifikation tritt auch die echte einseitige Sterilisation auf bei anatomischen Veränderungen (z.B. nach Operationen, die den Chirurg annehmen lassen, die andere Tube sei bereits entfernt) sowie Komplikationen und technischen Schwierigkeiten, welche die andere Seite in Vergessenheit geraten lassen (z.B. Verlorengehen eines Instruments im Abdomen).[6] Durch die inkorrekte Identifizierung des Samenleiters bei der Operation und das auf sehr seltene Fälle beschränkte Vorliegen eines angeborenen doppelten Samenleiters ist eine einseitige Sterilisation auch bei der Vasektomie denkbar,[7] auch wenn dieser Vorwurf, soweit ersichtlich, bisher noch von keinem Kläger erhoben worden ist.

Theoretisch vorstellbar, aber noch nicht praktisch geworden ist auch eine ungenügende Koagulation bzw. unvollständige Okklusion der Tube.[8] Dagegen ist dem Arzt schon mehrmals – im Ergebnis ohne Erfolg – vorgeworfen worden, zu kurze Anteile der Samenleiter rezesiert zu haben.[9]

In den Fällen des mißlungenen Schwangerschaftsabbruchs war Ursache des inkompletten Aborts stets eine unvollständige Ausräumung des Uterus der Patientin, also letztlich ebenso eine fehlerhafte Durchführung des Eingriffs selbst, wenn auch der behandelnde oder überweisende Arzt bzw. Krankenhausträger im Ergebnis immer aus einem anderen Grund haftete.[10]

---

[3] HIRSCH, DÄBl. 78 (1981) 1669 (1670).

[4] Mit Sicherheit ist dies nur möglich, wenn die Fransen *(Fimbrien)* am seitlichen Ende des Eileiters zu sehen sind *(ibid)*.

[5] Vgl. z.B. *BGH*, VersR 1980, 719; s.a. *OLG Köln*, VersR 1988, 43 = R/S, Rdnr. 639. In dem vom *OLG Düsseldorf* (VersR 1995, 542 – Tubenresektion) entschiedenen Fall hatte der Operateur die Patientin dagegen bewußt nur einseitig sterilisiert, weil die andere Tube stark verwachsen war.

[6] HIRSCH, DÄBl. 78 (1981) 1669 (1670); s.a. BRAUN/SPANN, GynPrax 1 (1977) 395 (399).

[7] SCHLUND, GFHK 40 (1980) 893.

[8] HIRSCH, DÄBl. 78 (1981) 1669 (1670).

[9] Vgl. *OLG Hamm*, VersR 1993, 484; *OLG Oldenburg*, VersR 1994, 1348 (jeweils Vasoresektion). Durch Beschl. v. 6.10.1992 (VI ZR 64/92) bzw. 5.7.1994 (VI ZR 344/93) hat der *BGH* die Annahme der Revision abgelehnt.

[10] Vgl. z.B. *BGH*, NJW 1985, 2749 u. 2752 (weitere Fundstellen in Kap. 2.2.1, S. 88ff., *supra*); *OLG Oldenburg*, VersR 1984, 694 = R/S, Rdnr. 648; VersR 1993, 1357 (Zwillingsschwangerschaft); NJW 1996, 2432 = VersR 1997, 193 (L) (Zwillingsschwangerschaft); *OLG Frankfurt*, VersR 1987, 416 (Zwillingsschwangerschaft); *OLG Stuttgart*, NJW 1987, 2934 (Zwillingsschwangerschaft).

Methodenauswahl In neueren Entscheidungen zur fehlgeschlagenen Sterilisation stand zunehmend die Frage im Mittelpunkt, ob der Arzt bei im übrigen ordnungsgemäßer Durchführung überhaupt die richtige Sterilisationsmethode ausgewählt hatte. Dabei stellten die Gerichte durchweg auf die Erkenntnisse der medizinischen Wissenschaft z.Z. der Behandlung ab. So sah beispielsweise das *OLG Koblenz*[11] im Jahr 1982 in der ärztlichen Entscheidung für den Einsatz unipolaren Hochfrequenzstroms ohne zusätzliche Durchtrennung der Eileiter der Klägerin keinen Behandlungsfehler der beklagten Ärzte, da dieses Verfahren als zur Behandlungszeit (1975) allgemein angewandte Sterilisationsmethode den anerkannten Regeln der ärztlichen Kunst entsprochen habe und daher einer neueren Art der Koagulation mittels bipolarem Hochfrequenzstrom nicht habe vorgezogen werden müssen.[12] In einem vergleichbaren Fall entschied das *OLG Hamm*[13], daß dem beklagten Arzt die Anwendung der sog. Clipmethode (Tubenblockade durch Aufsetzen von Kunststoffclips nach BEIER) nicht als Behandlungsfehler angelastet werden könne, weil diese Methode z.Z. ihrer Anwendung (1979) im Vergleich zu anderen Verfahren nicht nur als ebenso zuverlässig, sondern sogar als besonders sicher gegolten habe. Vergleichbare Feststellungen trafen das *OLG Düsseldorf*[14] für die Methode MADLENER, die Oberlandesgerichte *Saarbrücken*[15] und *Hamburg*[16] für die Methode POMEROY sowie die Oberlandesgerichte *Hamm*[17] und *Nürnberg*[18] für die Methode LABHARDT.

Postoperative Untersuchung Schließlich wurde dem behandelnden Arzt auch vorgeworfen, eine histologische oder andere Kontrolluntersuchung im Anschluß an den operativen Eingriff unterlassen oder zumindest nicht ordnungsgemäß vorgenommen zu haben.

Bei einem derartigen Vorwurf prüften die Gerichte in den Sterilisationsfällen zunächst, ob eine solche Nachuntersuchung überhaupt medizinisch angezeigt war, wobei sie wiederum den Stand der medizinischen Wissenschaft zum Behandlungszeitpunkt für maßgeblich hielten.[19] War danach eine histologische oder

---

[11] *OLG Koblenz*, VersR 1984, 371 = MedR 1984, 108 = R/S, Rdnr. 627. Durch Beschl. v. 12.6.1983 (VI ZR 197/82) hat der *BGH* die Annahme der Revision abgelehnt.

[12] Ähnl. *OLG Frankfurt*, VersR 1989, 291 (L) (Elektrokoagulation und Eileiterdurchtrennung mittels Laparoskopie statt Laparotomie). Durch Beschl. v. 13.12.1988 (VI ZR 131/88) hat der *BGH* die Annahme der Revision abgelehnt. Vgl. auch *LG Aachen*, VersR 1989, 633 (L) (Tubenkoagulation nach POMEROY nach Schnittentbindung bzw. im Wochenbett).

[13] *OLG Hamm*, r+s 1985, 216 = R/S, Rdnr. 629. Durch Beschl. v. 26.2.1985 (VI ZR 127/84) hat der *BGH* die Annahme der Revision abgelehnt.

[14] *OLG Düsseldorf*, VersR 1987, 412 = R/S, Rdnr. 640. Durch Beschl. v. 3.6.1986 (VI ZR 109/85) hat der *BGH* die Annahme der Revision abgelehnt.

[15] *OLG Saarbrücken*, VersR 1988, 831.

[16] *OLG Hamburg*, VersR 1989, 147.

[17] *OLG Hamm*, VersR 1987, 1146. Durch Beschl. v. 2.6.1987 (VI ZR 228/86) hat der *BGH* die Annahme der Revision abgelehnt.

[18] *OLG Nürnberg*, VersR 1988, 1137 (L).

[19] Vgl. etwa die unveröffentl. Entscheidungen des *OLG Celle* (26.3.1984 - 1 U 35/83), bei R/S, Rdnr. 628 (Hysterosalpingographie nach Tubenligatur); (9.4.1984 - 1 U 45/83), bei R/S, Rdnr. 630 (histologische Untersuchung nach Tubenkoagulation und -resektion); s.a. *OLG*

andere Untersuchung zwecks Nachkontrolle des Behandlungserfolgs vorzunehmen, mußte der Arzt diese – ebenso wie den sterilisierenden Eingriff selbst – nach den Regeln der ärztlichen Kunst durchgeführt haben.[20] Dabei ging es meistens um eine fehlgeschlagene Sterilisation einer Frau. Dagegen war die unterlassene bzw. sorgfaltswidrige Nachuntersuchung eines vasektomierten Mannes bisher kaum Gegenstand einer Entscheidung. Mit Rücksicht auf die medizinische Erkenntnis, daß sich regelmäßig auch nach dem Eingriff noch einige Zeit lang Spermien im Ejakulat befinden, ist für den Erfolg des Eingriffs das Ergebnis einer histologischen Untersuchung des resezierten Samenleitergewebes unerheblich.[21] Vielmehr muß der behandelnde Arzt bis zum positiven Nachweis der Azoospermie regelmäßige Spermiogramm-Kontrollen nach den Regeln der ärztlichen Kunst durchführen. Deshalb kommt auch hier eine Haftung des Arztes in Betracht, wenn er die angezeigte Untersuchung unterläßt oder jedenfalls nicht sorgfältig genug durchführt.[22]

Besondere Bedeutung erlangte die ärztliche Pflicht zur histologischen Nachuntersuchung beim mißlungenen Schwangerschaftsabbruch. In den untersuchten Fällen lautete dabei der gegen den Arzt erhobene Vorwurf, eine postoperative Untersuchung sorgfaltswidrig vorgenommen[23] oder eine solche Maßnahme überhaupt unterlassen zu haben.[24]

3.1.1.2
Aufklärungsfehler i.w.S. (Warn-, Informations- und Beratungsfehler)

Innerhalb der Aufklärungsfehler i.w.S. kann – mehr noch als innerhalb der Diagnose- und Behandlungsfehler – nach dem maßgeblichen Zeitpunkt differenziert werden.

Präoperative Beratung Zum einen kann der Arzt noch vor der Ausführung des Eingriffs einen Aufklärungsfehler i.w.S. begehen. Allerdings hat die Rechtsprechung eine ärztliche Pflicht zur präoperativen Beratung des Patienten im Bereich der Familienplanung und Geburtenregelung bislang nur in den Sterilisationsfällen bejaht. Danach handelt ein Arzt sorgfaltswidrig, wenn er eine sterilisationsbereite Frau vor Durchführung der Operation überhaupt nicht oder nur unzurei-

---

Schleswig, VersR 1987, 419 (421) = R/S, Rdnr. 634 (Hysterosalpingographie nach kombinierter Sterilisationsmethode); *OLG Düsseldorf*, VersR 1987, 412 (413) (CO_2-Pertubation nach Tubenligatur); VersR 1993, 883 (Anschauung nach Tubensterilisation); *OLG Frankfurt*, VersR 1989, 291 (L) (Hysterosalpingographie oder laparoskopische Kontrolle nach laparoskopischer Sterilisation); *OLG Hamm*, VersR 1989, 1298 (Kontrastmittelkontrolle nach laparoskopischer Sterilisation).

[20] Vgl. z.B. *LG Duisburg*, VersR 1978, 262.

[21] *OLG Düsseldorf*, VersR 1992, 317 = MedR 1992, 217.

[22] Offengelassen z.B. in *OLG Düsseldorf*, NJW 1975, 595 (weitere Fundstellen in Kap. 2.2.1, S. 88ff., *supra*).

[23] Vgl. z.B. *BGH*, NJW 1985, 671 (weitere Fundstellen in Kap. 2.2.1, S. 88ff., *supra*).

[24] Vgl. z.B. *OLG Stuttgart*, NJW 1987, 2934 (Zwillingsschwangerschaft); *OLG Frankfurt*, VersR 1988, 637 = R/S, Rdnr. 652.

chend über die Erfolgssicherheit der von ihm angewandten Sterilisationsmethode unterrichtet.[25] Entsprechendes gilt bei der Vasektomie hinsichtlich des Risikos der Früh- und neuerdings auch der Spätrekanalisation.[26]

Postoperative Beratung Zum anderen kann dem Arzt auch noch nach Abschluß der eigentlichen Behandlung ein Aufklärungsfehler i.w.S. unterlaufen. Dies gilt sowohl für Sterilisationen als auch für Schwangerschaftsabbrüche.

Dabei hat die Rechtsprechung in den Sterilisationsfällen bisher stets das Vorliegen einer Pflichtverletzung verneint, wenn der Arzt eine Patientin zwar nicht auf die Notwendigkeit einer Nachuntersuchung zwecks Kontrolle des Behandlungserfolgs hingewiesen hatte, eine derartige Nachschau aber auch nicht medizinisch geboten war.[27] Lediglich für die Fälle der Vasektomie ist wegen des verzögerten Eintritts eines endgültigen Behandlungserfolgs eine entsprechende Hinweispflicht des Arztes bezüglich der Vornahme regelmäßiger Spermiogramm-Kontrollen bis zum Nachweis eingetretener Azoospermie allgemein anerkannt.[28] Allerdings muß der Arzt den Patienten dann auf das verbleibende Risiko einer Empfängnis bzw. Zeugung hinweisen, wenn eine Sterilisation bewußt nicht vollständig durchgeführt wird.[29]

Eine ärztliche Pflicht zur postoperativen Beratung hat die Rechtsprechung auch in den Fällen des mißlungenen Schwangerschaftsabbruchs bejaht. Danach handelt ein Arzt sorgfaltswidrig, der aufgrund des histologischen Befunds am Erfolg des Eingriffs zweifelt, ohne dies der Patientin unverzüglich mitzuteilen und ihr dadurch fristgerecht eine erlaubte Wiederholung des Eingriffs zu ermöglichen.[30] Dasselbe gilt für einen überweisenden Arzt, der seine Patientin[31] oder

---

[25] Vgl. etwa *BGH*, NJW 1981, 630 = VersR 1981, 278; NJW 1981, 2002 = VersR 1981, 730 = JR 1981, 499 = R/S, Rdnr. 642; *OLG Koblenz*, VersR 1984, 371; *OLG Hamm*, r+s 1985, 216; VersR 1987, 1146; *OLG Köln*, VersR 1987, 187; *OLG Düsseldorf*, VersR 1987, 412; *OLG Schleswig*, VersR 1987, 419.

[26] Vgl. etwa *OLG Düsseldorf*, VersR 1992, 317; *OLG Hamm*, VersR 1993, 484; *OLG Oldenburg*, VersR 1994, 1348.

[27] Vgl. z.B. *OLG Bremen*, VersR 1982, 959 = R/S, Rdnr. 625 (röntgenologische Kontrolluntersuchung nach Tubenkoagulation); *OLG Frankfurt*, VersR 1989, 291 (L) (Hysterosalpingographie oder laparoskopische Kontrolle nach laparoskopischer Sterilisation).

[28] *BGH*, NJW 1995, 2407 (2408) (weitere Fundstellen in Kap. 2.2.1, S. 88ff., *supra*); ALKEN, S. 43; KLOSTERHALFEN, MMW 118 (1976) 907; SCHIRRREN/SCHOLZ-JORDAN, MMW 118 (1976) 899 (902). Allerdings lehnte das *OLG Celle* in einem unveröffentl. Prozeßkostenhilfebeschl. v. 24.11.1983 (1 W 29/83) eine sog. Einbestellungspflicht des Arztes bezüglich einer Spermiogrammkontrolle nach Vasektomie ab, (vgl. R/S, Rdnr. 833); a.A. insoweit – wenn auch in einem anderen Kontext – *OLG Frankfurt*, MedR 1987, 187. Dafür kann den Patienten ein Mitverschulden treffen, wenn er sich zu einer solchen Kontrolluntersuchung nicht einfindet, vgl. *BGH*, LM § 823 BGB (Aa) Nr. 140 = NJW 1992, 2961 = VersR 1992, 1229 = MedR 1993, 70 = MDR 1992, 1130.

[29] Vgl. z.B. *OLG Düsseldorf*, VersR 1995, 542 (Tubenresektion).

[30] Vgl. z.B. *BGH*, NJW 1985, 2752 m. zust. Anm. EMMERICH, JuS 1986, 154 Nr. 5.

[31] Vgl. z.B. *BGH*, NJW 1985, 2749, wo darüber hinaus eine sog. Einbestellungspflicht des überweisenden Arztes bejaht wurde.

den nachbehandelnden Kollegen[32] nicht von dem Ergebnis der ihm übermittelten Befunde unterrichtet.

3.1.2 Rechtliche Begründung der Haftung für eine Pflichtverletzung

Im Anschluß an das allgemeine Arzthaftungsrecht kommen nach deutschem Recht im wesentlichen zwei Haftungsgrundlagen in Betracht: Vertragsverletzung und unerlaubte Handlung.

3.1.2.1 Vertragsverletzung

Im Vordergrund steht die Haftung des behandelnden Arztes, die grundsätzlich nicht nur gegenüber dem Privat-, sondern auch gegenüber dem Kassenpatienten besteht, so daß die nachfolgenden Ausführungen im Prinzip für beide Patientengruppen gleichermaßen gelten. Allerdings tritt im Fall stationärer Behandlung beim totalen Krankenhausaufnahmevertrag an die Stelle der vertraglichen Haftung des Arztes die des Krankenhausträgers; demgegenüber haftet beim gespaltenen Krankenhausaufnahme- sowie beim Arztzusatzvertrag, die beide dem Privatpatienten vorbehalten sind, im operativen Bereich allein der Arzt aus Vertrag.

Qualifikation und Wirksamkeit des Behandlungsvertrags[33] Die rechtliche Einordnung des Vertrags über die Vornahme einer Sterilisation bzw. die Durchführung eines Schwangerschaftsabbruchs ist umstritten. Der Meinungsstreit hat durchaus praktische Relevanz: Vom Vertragstyp hängt es nämlich ab, ob man eine verschuldete Unmöglichkeit der Vertragserfüllung (so beim Werkvertrag, §§ 631ff. BGB) oder eine positive Vertragsverletzung (so beim Dienstvertrag, §§ 611ff. BGB) als vertragliche Anspruchsgrundlage annimmt. Die Bedeutung der jeweiligen Anspruchsgrundlage wie auch des konkreten Vertragstyps für die Frage der Schadensersatzpflicht des Arztes wird – wohl im Hinblick auf das im Haftungsrecht ohnehin geltende Verschuldensprinzip – bisweilen jedoch bezweifelt.[34] Beschränkt man sich deshalb bei der Benennung der vertraglichen Anspruchsgrundlage bewußt auf den allgemeinen Begriff der „Vertragsverletzung"[35], spielt die Qualifikation des Behandlungsvertrags für die Frage der ärztlichen Haftung keine entscheidende Rolle mehr.

Anders verhält es sich nur, wenn gegen den Arzt weitergehende Ansprüche geltend gemacht werden,[36] auf die wegen der Konzentration der Darstellung auf

---

[32] Vgl. *OLG Oldenburg*, VersR 1993, 1357 (Zwillingsschwangerschaft).

[33] Fälle, in denen sich der Arzt nicht aufgrund einer zielgerichtet getroffenen Absprache mit dem Patient wirksam verpflichtet hat, die Empfängnis bzw. Zeugung oder die Geburt eines Kindes zu verhindern (vgl. z.B. *OLG Düsseldorf*, NJW 1995, 1620), bleiben hier außer Betracht.

[34] So etwa von GRUNSKY, Jura 1987, 82 (84); s.a. SIGEL, NJW 1978, 2340 (2341).

[35] So etwa *BGH*, NJW 1956, 1834; GIESEN, Wandlungen, S. 5ff. m.w.N.

[36] Vgl. dazu auch SIGEL, S. 12f.; BARNIKEL, GFHK 37 (1977) 888 (889); LÖWE, VersR 1970, 430 (431) (betr. Kaufverträge über Empfängnisverhütungsmittel).

den Unterhaltsschaden nur am Rande eingegangen werden soll. Verlangt beispielsweise ein Privatpatient, der trotz Vornahme einer Vasektomie zeugungsfähig bleibt, vom behandelnden Arzt die gezahlte Vergütung zurück, kommt es wegen der Regelung des § 634 Abs. 1 S. 3 BGB darauf an, ob der zugrundeliegende Behandlungsvertrag als Werkvertrag i.S. des § 631 BGB oder als Dienstvertrag i.S. des § 611 BGB einzustufen ist. Das *OLG Düsseldorf*[37] vertritt die Ansicht, daß in einem solchen Fall nicht Werk-, sondern Dienstvertragsrecht zur Anwendung kommt, da nicht angenommen werden könne, daß sich der Arzt zur Sterilisation des Patienten habe verpflichten wollen. Stattdessen habe er nur einen operativen Eingriff vornehmen müssen, der bekanntermaßen geeignet ist, die Zeugungsfähigkeit des Patienten herbeizuführen. Dafür spreche auch, daß der Arzt die Operation selbst habe vornehmen müssen (§ 613 BGB) und die Vergütung bereits nach der Dienstleistung fällig gewesen sei (§ 614 BGB). Daß der Arzt keine Erfolgsgarantie übernommen habe, ergebe sich schließlich aus der von ihm verfaßten und vom Patienten unterzeichneten Einwilligungserklärung, die auf eine mögliche Rekanalisation der durchtrennten Samenstränge hinweise. Im Anschluß an diese Entscheidung sehen die Gerichte in einem Vertrag über die Vornahme einer Sterilisation überwiegend einen Dienstvertrag i.S. des § 611 BGB;[38] ein Vertrag über die Durchführung eines Schwangerschaftsabbruchs wird entsprechend qualifiziert.[39]

Insbesondere die rechtliche Einordnung des Sterilisationsvertrags als Dienstvertrag (§ 611 BGB) ist in der Literatur vereinzelt auf Kritik gestoßen: Bei einer Sterilisation bestehe der Vertragsinhalt in der Sterilität des Patienten als „herbeizuführendem Erfolg", da sich der Patient der Sterilisationsmaßnahme gerade deshalb unterziehe, weil er – unter Verzicht auf andere Verhütungsmaßnahmen – größtmöglichen Schutz vor einer Schwangerschaft erhalten möchte.[40] Dabei werde die Erfolgsbezogenheit (nicht „Erfolgsgarantie") der Hauptleistungspflicht und damit die Qualifizierung als Werkvertrag durch die gleichzeitig bestehende, aber untergeordnete Verpflichtung zur Vornahme einer Heilbehandlung in Ge-

---

[37] *OLG Düsseldorf*, NJW 1975, 595.

[38] Vgl. etwa *BGH*, BGHZ 76, 249 (250) u. 259 (261); NJW 1981, 630 (631); *OLG Bamberg*, NJW 1978, 1685; *OLG Celle*, NJW 1978, 1688; *OLG Zweibrücken*, NJW 1978, 2340; *OLG Karlsruhe*, NJW 1979, 599; *OLG Bremen*, VersR 1982, 959 (960); *OLG Düsseldorf*, VersR 1985, 457 (458); *OLG Köln*, VersR 1988, 43; offengelassen in *BGH*, NJW 1981, 2002 (2004); *LG Freiburg*, NJW 1977, 340.

[39] Vgl. etwa *BGH*, MedR 1985, 272 (273); *OLG Zweibrücken*, MedR 1984, 77 (78); *OLG Frankfurt*, VersR 1987, 416.

[40] So vor allem STRÖFER (VersR 1981, 796, 804), der die Erfolgsbezogenheit für die spiegelbildliche Entsprechung der Irreversibilität des Zustands hält, der i.d.R. durch die Sterilisation geschaffen werde. BARNIKEL (GFHK 37 (1977) 888, 889) meint, daß die Werkvertragsvorschriften unter Berücksichtigung der Vergütungsregelung, der Gewährleistung und der Beweislastverteilung den schutzwürdigen Interessen des Patienten eher gerecht würden. ADOMEIT (Jura 1981, 196, 197) vertritt sogar die Ansicht, eine fehlerhaft vorgenommene Sterilisation habe „nicht stattgefunden" und sei deshalb eben „keine Sterilisation". Einen Werkvertrag nehmen wohl auch an: FEHN, JuS 1988, 602 FN 5; MICHALSKI, JA 1979, 186; ROTH-STIELOW, MDR 1971, 265 (266).

stalt der Wundversorgung nicht berührt.[41] Im übrigen lägen bei einer Sterilisation als einer rein prophylaktischen Maßnahme die mit einer Krankheit verbundene Unbeherrschbarkeit von Faktoren, die bei einer Operation als Argument gegen die Annahme eines Werkvertrags vorgebracht werden, gerade nicht vor.[42]

Der überwiegende Teil der Lehre nimmt jedoch unter Berufung auf die vom *OLG Düsseldorf* angeführten Argumente, also insbesondere wegen der Unberechenbarkeit organisch-physiologischer Geschehensabläufe, der fehlenden Abgabe einer Erfolgsgarantie durch Arzt und Krankenhausträger und mit Rücksicht auf eine am Empfängerhorizont ausgerichtete Auslegung des Behandlungsvertrags auch im Fall einer Sterilisation einen Dienstvertrag i.S. des § 611 BGB an.[43]

Gegen die Wirksamkeit des Behandlungsvertrags sind vor allem beim Schwangerschaftsabbruch immer wieder Bedenken angemeldet worden. Vor dem Hintergrund der früheren Regelung des Schwangerschaftsabbruchs war nämlich unklar, ob die Indikationen des § 218a StGB a.F. als echte Rechtfertigungs- oder lediglich als Entschuldigungsgründe einzuordnen waren.[44] In seinem Zweiten Fristenurteil hat das *BVerfG* den Rechtfertigungscharakter einer Indikation zwar davon abhängig gemacht, daß das Vorliegen ihrer Voraussetzungen unter staatlicher Verantwortung festgestellt wird, d.h. ohne Feststellung einer Indikation nach der Beratungsregelung vorgenommene Schwangerschaftsabbrüche müssen danach weiterhin als rechtswidrig gelten.[45] Jedoch bedeutet dies nach Ansicht des höchsten deutschen Gerichts nicht zwangsläufig, daß Arzt- und Krankenhausverträge über Schwangerschaftsabbrüche, die nach dem Beratungskonzept lediglich straffrei sind, rechtlich unwirksam sein müssen.[46] Vielmehr erfordert laut *BVerfG* auch das Beratungskonzept, daß der Leistungsaustausch zwischen Arzt und Patientin als Rechtsverhältnis ausgestaltet wird, so daß die Leistungen mit Rechtsgrund erbracht werden. Arzt und Krankenhausträger sollen an dem Schwangerschaftsabbruch also nur aufgrund eines wirksamen Vertrags mitwirken, der die gegenseitigen Rechte sichert und die jeweiligen Pflichten regelt.[47] Unbeschadet der Rechtsfolgen im einzelnen greifen daher nach Auffassung des *BVerfG* die Vorschriften der §§ 134, 138 BGB nicht ein.

---

[41] Vgl. STRÖFER *ibid.*

[42] So STRÖFER, VersR 1981, 796 (805); zw. am Heilcharakter einer Sterilisation auch BARNIKEL, GFHK 37 (1977) 888 (889).

[43] Vgl. ausf. SIGEL, S. 12ff.; s.a. DEUCHLER, S. 107; WAIBL, S. 9ff.; DIES., NJW 1987, 1513f.; DANNEMANN, VersR 1989, 676 FN 4; ESER/KOCH, DÄBl. 78 (1981) 1673 (1674); GIESEN, JZ 1985, 334; zw. JAUERNIG/SCHLECHTRIEM, Anm. 4 vor § 631 BGB; für gemischten Vertrag PALANDT/PUTZO, Einf. vor § 611 BGB, Rdnr. 18; LARENZ, SchR II/1, § 52 I (S. 311).

[44] Vgl. zum Meinungsstand HARRER, Jura 1990, 353f. m.w.N.

[45] *BVerfG*, NJW 1993, 1751 (1764f.).

[46] *BVerfG*, NJW 1993, 1751 (1763f.).; zust. DEUTSCH, NJW 1993, 2361 (2362); ROTH, NJW 1995, 2399; DERS., FuR 1993, 305 (306); krit. dagegen KLUTH, FamRZ 1993, 1382 (1389f.).

[47] Weitere – rechtspolitisch motivierte – Gründe für eine fehlende Sanktion der Rechtswidrigkeit nennt ROTH (NJW 1995, 2399).

Zu diesem Ergebnis war zuvor auch schon der *BGH*[48] gekommen, der früher den Vertrag über einen Schwangerschaftsabbruch unabhängig von der dogmatischen Einordnung der Indikationen des § 218a StGB a.F. ohne weiteres als wirksam behandelt hatte. Dahinter hatte offensichtlich die Überlegung gestanden, daß es mit Sinn und Zweck der Straflosigkeit des indizierten Schwangerschaftsabbruchs, nämlich der Schwangeren innerhalb der strafrechtlichen Grenzen einen Abbruch mit Hilfe eines dazu bereiten Arztes zu eröffnen, nicht zu vereinbaren gewesen wäre, die Vertragsparteien bei Leistungsaustausch auf einen nichtigen Behandlungsvertrag ohne Honoraranspruch des Arztes zu verweisen und der Patientin damit mittelbar den gesetzlich erlaubten Abbruch zu erschweren.[49] Mit Blick auf die Ausführungen des *BVerfG* in seinem Zweiten Fristenurteil sind dem *BGH* in einer neueren Entscheidung zwar Zweifel an seiner bisherigen Ansicht gekommen. Plötzlich ließ er nämlich offen, ob ein Vertrag über die Vornahme eines Schwangerschaftsabbruchs aus Gründen, die der früheren Notlagenindikation (§ 218a Abs. 2 Nr. 3 StGB a.F.) entsprechen, noch als rechtmäßig angesehen werden kann.[50] Abgesehen davon, daß es sich hierbei um ein *obiter dictum* handelte, waren hier die verfassungsgerichtlichen Ausführungen wohl mißverstanden worden.[51] Dementsprechend stellte der *BGH* in einer späteren Entscheidung klar, auch in Zukunft einen Vertrag über die Vornahme eines sozial indizierten Schwangerschaftsabbruchs als wirksam zu behandeln.[52]

Inhalt und Adressaten der Vertragspflichten Die durch den Behandlungsvertrag begründeten Sorgfaltspflichten lassen sich sowohl ihrem Inhalt als auch ihrem Adressatenkreis nach näher umschreiben.

- Mit dem Inhalt der Vertragspflichten ist die vom Arzt bzw. Krankenhausträger erwartete Sorgfalt bei Behandlung und Aufklärung des Patienten angesprochen *(Problem des Sorgfaltsmaßstabs)*. Der Sorgfaltsmaßstab erschließt sich aus einer spiegelbildlichen Betrachtung der eingangs aufgeführten, von der Rechtsprechung als solche anerkannten Arten der ärztlichen Pflichtverletzung.

  Bei der Sterilisation hat der Arzt danach unter den zahlreichen verschiedenen Verfahren zunächst eine Methode auszuwählen, die den Erkenntnissen der medizinischen Wissenschaft z.Z. der Behandlung entspricht.[53] Dabei hat er die

[48] *BGH*, NJW 1985, 671 (672); zust. *BAG*, NZA 1989, 713f.; SCHRAMM, S. 152f. – Zur Behauptungs- und Beweislast bezüglich des Vorliegens einer Indikationslage unter der Geltung alten Rechts vgl. ausf. HARRER, MedR 1989, 178ff., der diese Last den klagenden Eltern auferlegen will; a.A. *BGH*, NJW 1985, 2752 (2754); VersR 1986, 869 (870).

[49] Vgl. LANGE, § 6 IX 7 (S. 330); ENGELHARDT, VersR 1988, 540 (541); FISCHER, JuS 1984, 434 (435); krit. LENZ, VersR 1990, 1209 (1214).

[50] *BGH*, NJW 1994, 788 (790); s.a. PALANDT/HEINRICHS, Vorbem. v. § 249 BGB, Rdnr. 48; STEFFEN, Entwicklungslinien, S. 98.

[51] So auch ROTH, NJW 1995, 2399; DERS., NJW 1994, 2402.

[52] *BGH*, NJW 1995, 1609 (1610) (weitere Fundstellen in Kap. 2.2.1, S. 88ff., *supra*); zust. ROTH, NJW 1995, 2399.

[53] Vgl. *OLG Koblenz*, VersR 1984, 371; *OLG Hamm*, r+s 1985, 216 (217); VersR 1987, 1146

Freiheit, sich für eine Operationsmethode entsprechend seiner theoretischen Ausbildung und praktischen Erfahrung zu entscheiden; unter mehreren gleichwertigen Methoden darf er das nach seinem Ermessen am besten geeignete Verfahren bevorzugen, insbesondere eines, für das er die größte Erfahrung besitzt.[54] Vor der Operation muß der Arzt den Patienten – wie auch sonst – über Art, Umfang und Ausführung des Eingriffs sowie die damit verbundenen Risiken aufklären. Ob er i.R. der Eingriffsaufklärung einen sterilisationsbereiten Patienten auch über mögliche Alternativen zu der gewählten Operationstechnik beraten muß, hängt von den Umständen des Einzelfalls ab: Auszugehen ist von dem Grundsatz, daß die Wahl der Behandlungsmethode primär Sache des Arztes ist.[55] Dementsprechend wird eine Beratungspflicht bezüglich anderer Methoden verneint, wenn sich die gewählte Methode besonders anbietet oder aber das Verfahren dem Patienten ohnehin gleichgültig ist.[56] Gleiches gilt, wenn dem Patienten eine andere Methode bereits bekannt ist.[57] Im übrigen kommt es darauf an, ob zu der gewählten Methode tatsächlich gleichwertige Alternativen bestehen, d.h. solche, die bei gleicher oder höherer Sicherheit nicht mit größeren Komplikationen behaftet sind.[58] Darüber hinaus hat der Arzt i.R. der therapeutischen Aufklärung den Patienten ausreichend über die Erfolgssicherheit der von ihm angewandten Sterilisationsmethode zu informieren.[59] Dabei braucht er zwar den Patienten nicht von sich aus über Versagerquoten im einzelnen zu unterrichten.[60] Gibt er jedoch Prozentzahlen an, müssen diese auch zutreffen, um beim Patienten keine unrichtige Vorstellung über die Sicherheit der Empfängnisverhütung hervorzurufen.[61] Seiner Beratungspflicht hat er erst dann genügt, wenn er nach den Umständen sicher sein darf, daß sich der Patient der konkreten, wenn auch nur geringen Mißerfolgsquote bewußt geworden ist; deshalb muß er sich jedoch weder beim Patienten ausdrücklich rückversichern, noch die genaue statistische Fehlerquote ungefragt angeben.[62] Stattdessen reicht es aus, wenn der Arzt dem Patienten hinreichend deutlich vor Augen führt, daß durch den Eingriff nur eine höchstmögliche, aber keine absolute Sicherheit gegen eine erneute Schwangerschaft erreicht wird.[63] Bei der Ausführung des Eingriffs muß der Arzt – wie auch sonst – die

---

(1147); *OLG Düsseldorf*, VersR 1987, 412 (413); *OLG Saarbrücken*, VersR 1988, 831; *OLG Nürnberg*, VersR 1988, 1137 (L); *OLG Hamburg*, VersR 1989, 147 (148); s.a. *OLG Frankfurt*, VersR 1989, 291 (292); *LG Aachen*, VersR 1989, 633 (L).

[54] *OLG Hamburg ibid*; *OLG Düsseldorf*, VersR 1992, 751. – Nur bei der Sterilisation betreuungsbedürftiger Personen ist seit dem Inkrafttreten des Betreuungsgesetzes nach Möglichkeit eine Methode anzuwenden, die eine Refertilisierung erlaubt (vgl. § 1905 Abs. 2 S. 3 BGB n.F.).

[55] Vgl. *OLG Hamm*, VersR 1987, 1146 (1147).

[56] *OLG Hamm*, r+s 1985, 216 (217).

[57] *OLG Frankfurt*, VersR 1983, 879 (881) (Vasektomie anstelle einer Sterilisation der Frau).

[58] Vgl. *OLG Frankfurt ibid*; *OLG Düsseldorf*, VersR 1987, 412 Leitsatz Nr. 5; *OLG Schleswig*, VersR 1987, 419 (420f.); *OLG Hamm*, VersR 1987, 1146 (1147).

[59] Grdl. *BGH*, NJW 1981, 630 u. 2002.

[60] *BGH*, NJW 1981, 630; *OLG Frankfurt*, NJW 1983, 879 (880); *OLG Hamm*, r+s 1985, 216 (217).

[61] *OLG Köln*, VersR 1987, 187.

[62] *OLG Schleswig*, VersR 1987, 419 (420).

[63] *OLG Frankfurt*, VersR 1983, 879 (881); *OLG Hamburg*, VersR 1989, 147 (148).

anerkannten Regeln der ärztlichen Kunst beachten. Insoweit gelten keine Besonderheiten gegenüber operativen Eingriffen sonstiger Art. Nach der Operation hat der Arzt den Patienten auf die Erforderlichkeit einer Nachuntersuchung hinzuweisen, sofern eine derartige Maßnahme zur Kontrolle des Behandlungserfolgs medizinisch angezeigt ist; die Nachschau selbst hat er gleichfalls *lege artis* durchzuführen.[64]

Vergleichbare Pflichten treffen den Arzt beim Schwangerschaftsabbruch, wobei im Vordergrund die kunstgerechte Ausführung des Eingriffs steht. Bezüglich der Auswahl der anzuwendenden Methode und der präoperativen Aufklärung gelten die allgemeinen Grundsätze des Arzthaftungsrechts. Nach dem Eingriff muß der Arzt eine histologische oder vergleichbare Untersuchung des entfernten Gewebes veranlassen.[65] Nimmt er eine solche Nachuntersuchung selbst vor, hat er sie *lege artis* durchzuführen.[66] Bezweifelt der Arzt aufgrund des Untersuchungsergebnisses den Erfolg des Eingriffs, muß er die Patientin darüber unverzüglich informieren, damit sie den Eingriff ggf. noch fristgerecht wiederholen lassen kann.[67] Bei einer Nachuntersuchung „außer Haus" hat er die Patientin[68] bzw. den nachbehandelnden Kollegen[69] entsprechend von dem Ergebnis der ihm zugesandten Befunde zu unterrichten.

- Mit den Adressaten der Vertragspflichten ist der Personenkreis gemeint, der bei Verletzung der Vertragspflichten Schadensersatz verlangen kann, weil der Arzt bzw. Krankenhausträger ihm gegenüber vertraglich zur Einhaltung des soeben umschriebenen Sorgfaltsmaßstabs verpflichtet ist *(Problem der Aktivlegitimation)*.

Dazu gehört selbstverständlich zunächst die Vertragspartei des Arztvertrags, da sie in jedem Fall vertraglich anspruchsberechtigt ist.[70] Vertragspartei ist im Regelfall der Patient selbst, der sich dem Eingriff unterzogen hat.[71] Ob und inwieweit auch Ehe- bzw. Sexualpartner des Patienten Adressaten der Vertragspflichten sind, ist im deutschen Recht dagegen noch nicht abschließend geklärt. Die Frage wird insbesondere aktuell, wenn ein nicht erwerbstätiger Partner einen Behandlungsvertrag abgeschlossen hat und der andere Partner letztlich die finanziellen Mittel für den Kindesunterhalt bereitstellen muß:

---

[64] Vgl. z.B. *LG Duisburg*, VersR 1978, 262.
[65] Vgl. z.B. *OLG Stuttgart*, NJW 1987 (Zwillingsschwangerschaft); *OLG Frankfurt*, VersR 1988, 637 = R/S, Rdnr. 652.
[66] Vgl. z.B. *BGH*, NJW 1985, 671.
[67] Vgl. z.B. *BGH*, NJW 1985, 2752.
[68] Vgl. z.B. *BGH*, NJW 1985, 2749.
[69] *OLG Oldenburg*, VersR 1993, 1357 (Zwillingsschwangerschaft).
[70] Unstr., vgl. statt aller HARRER, S. 262.
[71] Vgl. *BGH*, BGHZ 76, 259 (261f.); HARRER *ibid*; SIGEL, S. 44. Zur Möglichkeit, daß der nichtbehandelte Sexualpartner einen berechtigenden Vertrag zugunsten des Patienten gem. § 328 BGB abschließt, vgl. HARRER, S. 262, 268.

Für den Ehegatten kommt insbesondere eine Mitberechtigung aus § 1357 BGB in Betracht, der für den unverheirateten Sexualpartner des Vertragsschließenden von vornherein ausscheidet.[72] Nach einhelliger Auffassung fällt der Abschluß eines Vertrags über die Durchführung einer Sterilisation oder eines Schwangerschaftsabbruchs jedoch nicht unter § 1357 BGB: Zum einen handele es sich bei diesen operativen Eingriffen nicht um Geschäfte zur angemessenen Deckung des Lebensbedarfs, weil wegen ihrer Irreversibilität und Tragweite eine Entscheidung über deren Vornahme regelmäßig nicht ohne vorherige Abstimmung der Eltern getroffen werde.[73] Zum anderen könnten die Eingriffe normalerweise auch bis zur gemeinsamen Verständigung der Eltern zurückgestellt werden.[74] Darüber hinaus sieht der *BGH* in der Anwendung des § 1357 BGB die Gefahr einer bedenklichen Ausweitung des Haftungsrisikos, weil die Vorschrift in erster Linie die Vertragspartner der Eheleute und nicht diese schützen solle.[75]

Soweit damit eine Anwendung des § 1357 BGB ausscheidet, wird für die Einbeziehung des Sexualpartners in den Adressatenkreis der Vertragspflichten danach differenziert, ob die unfreiwilligen Eltern verheiratet sind oder nicht:

Bei verheirateten Eltern wird zwar allein aus der – ärztlichem Brauch entsprechenden und rein routinemäßig eingeholten – Einwilligung des Ehemannes in die Sterilisation seiner Frau noch nicht gefolgert, daß dieser damit selbst Vertragspartei habe werden sollen.[76] Doch wird zugunsten des nicht beteiligten Ehegatten regelmäßig ein Vertrag mit Schutzwirkung für Dritte angenommen, da dem operativen Eingriff eine gemeinsame Entscheidung über die Familienplanung zugrundeliege.[77] Dabei könne es für die Ersatzpflicht des Arztes keine Rolle spielen, wie sich die verursachte Belastung im Einzelfall zwischen den Ehepartnern verteile.[78] Die für das Vorliegen eines Vertrags mit Schutzwirkung für Dritte nach h.M. erforderlichen Voraussetzungen[79] seien im Fall eines

---

[72] Vgl. ADOMEIT, Jura 1981, 196 (197); DIEDERICHSEN, NJW 1983, 1017.

[73] So HARRER, S. 264; SIGEL, S. 47; offengelassen hinsichtlich der Sterilisation von *BGH*, NJW 1981, 630 (631); a.A. DEBO, S. 44; HENRICH, Fälle, S. 19.

[74] So HARRER *ibid*; SIGEL, S. 46; WAIBL, S. 46; DIES., NJW 1987, 1513 (1514).

[75] Vgl. *BGH*, NJW 1981, 630 (631). Indessen ist eine Anwendung des § 1357 BGB für die Fälle der Beschaffung von oralen Kontrazeptiva (vgl. zur „Pille“: *LG Itzehoe*, FamRZ 1969, 90; *LG München I*, FamRZ 1970, 315; HARRER, S. 263; SIGEL, S. 46; WAIBL, S. 45; DIES., NJW 1987, 1513, 1514; HELDRICH, JuS 1969, 455, 457; MERTENS, FamRZ 1969, 251, 253) sowie der Inanspruchnahme ärztlicher Leistungen während der Schwangerschaft (vgl. HARRER, S. 264 m.w.N.) bejaht worden.

[76] Vgl. *OLG Celle*, NJW 1978, 1688; KLIMKE, ZfV 1979, 699 (701).

[77] So *BGH*, BGHZ 76, 259 (262); *OLG Celle ibid*; *OLG Karlsruhe*, NJW 1979, 599; *OLG Zweibrücken*, NJW 1984, 1824 (1825); *OLG Köln*, VersR 1988, 43; *LG Freiburg*, NJW 1977, 340; a.A. KLIMKE, ZfV 1979, 699 (700f.). – Die Rechtsansicht des *BGH* soll demnächst vom *BVerfG* überprüft werden (vgl. STEFFEN, Entwicklungslinien, S. 100).

[78] So etwa HARRER, S. 265, unter Bezugnahme auf den Fall *BGH*, JZ 1983, 443, wo der Vater als „Hausmann“ die zeitaufwendige Pflege des (behinderten) Kindes übernommen hatte.

[79] Vgl. dazu allg. PALANDT/HEINRICHS, § 328 BGB, Rdnrn. 16ff.; MEDICUS, BR, Rdnrn. 844ff.

Ehepaares sämtlich erfüllt:[80] Der Ehegatte sei den Gefahren einer ärztlichen Schutzpflichtverletzung in finanzieller Hinsicht ebenso stark ausgesetzt wie der operierte Vertragspartner;[81] ein Interesse am Schutz des Ehepartners ergebe sich daraus, daß sich die Ehegatten wechselseitig zu Schutz und Fürsorge verpflichtet seien und der operierte Ehegatte aufgrund des personenrechtlichen Einschlags gleichsam für „Wohl und Wehe" des anderen Ehegatten Mitverantwortung trage, aber auch daraus, daß ein derartiger Eingriff i.d.R. auf einer gemeinsamen Entscheidung beruhe und ein Mißerfolg sich mittelbar auch auf den anderen Ehegatten auswirke;[82] im übrigen sei die Schutzpflicht des Patienten für den anderen Ehepartner und die Drittbezogenheit der Leistung für den Arzt auch erkennbar.[83]

Ob auch bei unverheirateten Eltern der nichteheliche Vater nach den Grundsätzen des Vertrags mit Schutzwirkung für Dritte in den Vertrag der Mutter einbezogen ist, wird dagegen nicht einheitlich beantwortet. Während früher eine Haftungserweiterung auf den nichtehelichen Sexualpartner grundsätzlich abgelehnt wurde, weil es bei außerehelicher Zeugung an dem besonderen Fürsorge- und Obhutsverhältnis zwischen dem Vertragsgläubiger und dem angeblich Drittbegünstigten fehle,[84] wird die Frage heute zunehmend bejaht:[85] Zwar bestehe keine familienrechtliche Fürsorgepflicht der Mutter gegenüber dem Vater des nichtehelichen Kindes; doch sei der Eingriff regelmäßig auch zugunsten des nichtehelichen Vaters vorgenommen worden, so daß die nach neuerer Rechtsprechung[86] ausreichende Voraussetzung für den erforderlichen Drittschutz erfüllt sei, nämlich daß die Leistung nach dem Vertragsinhalt „bestimmungsgemäß" auch dem Dritten zugute kommen soll oder sich aus den Umständen des Einzelfalls sonstige konkrete Anhaltspunkte für einen auf den Schutz Dritter gerichteten Parteiwillen ergeben. Die Erkennbarkeit ergebe sich für den Arzt unabhängig vom Familienstand der Mutter daraus, daß die materiellen Folgen der fehlerhaften Behandlung und etwaige psychische Belastungen auch deren Sexualpartner träfen und zwischen beiden eine Leistungs- und Gläubigernähe bestehe. Da stets nur ein Vater anspruchsberechtigt sei, bestehe auch keine Gefahr einer Haftungsausuferung.[87]

---

[80] So etwa HARRER, S. 263f.; SIGEL, S. 47f.; WAIBL, S. 46ff.; DIES., NJW 1987, 1513 (1514); s.a. HENRICH, Fälle, S. 21; GIESEN, JZ 1985, 334 (335); DERS., JR 1984, 221 (223 FN 27); LANKERS, FamRZ 1969, 384; SIGEL, NJW 1978, 2340 (2341).

[81] Zum Kriterium der sog. Leistungsnähe, dem zufolge der Dritte bestimmungsgemäß mit der Leistung in Berührung kommen und ähnlich wie der Gläubiger den Gefahren von Schutzpflichtverletzungen ausgesetzt sein muß, vgl. *BGH*, BGHZ 49, 354; 70, 329.

[82] Zum Merkmal der sog. Gläubigernähe, dem zufolge eine Schutzpflicht des Gläubigers auch gegenüber dem Dritten bestehen muß, vgl. *BGH*, BGHZ 51, 96; 56, 273.

[83] Zur Voraussetzung der sog. Erkennbarkeit von Leistungs- und Gläubigernähe für den Schuldner vgl. *BGH*, BGHZ 49, 354; 75, 323.

[84] So etwa von LANKERS, FamRZ 1969, 384.

[85] So etwa von DEBO, S. 48; HARRER, S. 267f.; diff. WAIBL, S. 48f.; s.a. FISCHER, JuS 1984, 434 (438); GRUNSKY, Jura 1987, 82 (85).

[86] *BGH*, NJW 1983, 1053; 1984, 356; 1985, 489.

[87] Zur Haftung des Arztes gegenüber anderen Familienangehörigen der Mutter vgl. ausf. HARRER, S. 273ff.

3.1.2.2
Unerlaubte Handlung (§§ 823ff. BGB)

Neben der Vertragsverletzung kommt nach deutschem Recht auch eine unerlaubte Handlung nach §§ 823ff. BGB als Haftungsgrundlage in Betracht. Beim Unterhaltsschaden handelt es sich zwar um einen Vermögensschaden; als solcher ist er jedoch auch nach § 823 Abs. 1 BGB ersatzfähig, falls eines der dort genannten Rechtsgüter verletzt worden ist, der Schaden als Folge dieser Rechtsgutsverletzung erscheint und im Schutzbereich der verletzten Norm liegt. Da mit dem Schmerzensgeldanspruch nach § 847 BGB ein zusätzlicher Anspruch bereitsteht, den das Vertragsrecht nicht kennt, kommt dem deliktischen Anspruch im deutschen Recht durchaus eine eigenständige Bedeutung zu.

Als Haftungsgrundlage wird vornehmlich § 823 Abs. 1 BGB herangezogen, während die Vorschriften der §§ 823 Abs. 2, 826 BGB in der Diskussion um die deliktsrechtliche Haftung des Arztes nur eine untergeordnete Rolle spielen und deshalb in der vorliegenden Arbeit bewußt vernachlässigt werden.

Rechtsgutsverletzung (§ 823 Abs. 1 BGB) Als Anknüpfungspunkt für eine Rechtsgutsverletzung i.S. des § 823 Abs. 1 BGB zum Nachteil der Patientin werden verschiedene Möglichkeiten erörtert:

- Körperverletzung

  Zum Teil wird bereits in der *Vornahme des operativen Eingriffs selbst* eine rechtswidrige Körperverletzung i.S. von § 823 Abs. 1 BGB gesehen,[88] falls der Arzt dabei einen „Kunstfehler“ begeht[89] oder die Einwilligung der Patientin in den Eingriff unwirksam ist. Dagegen wird mitunter eingewandt, es stelle die Dinge auf den Kopf, wenn man die Erhaltung der natürlichen Empfängnisfähigkeit als Körperverletzung ansehe.[90],[91]

  Bei einer fehlgeschlagenen Sterilisation kommt als Körperverletzung i.S. von § 823 Abs. 1 BGB darüber hinaus die *Herbeiführung von Schwangerschaft und Geburt* gegen den Willen der Frau in Betracht.

  Nach Ansicht des *BGH* ist darin auch dann eine Körperverletzung zu sehen, wenn es sich um einen normalen physiologischen Ablauf ohne Komplikatio-

---

[88] So etwa HARRER, S. 222f.

[89] Der *BGH* (NJW 1980, 1452, 1453; insoweit in BGHZ 76, 259 nicht abgedr.) hat allerdings offengelassen, ob bereits die fahrlässige Nichtunterbindung eines Eileiters deshalb als Körperverletzung zu betrachten ist, weil sie die körperliche Befindlichkeit der Frau ohne ihr Wissen in gefährlicher Weise anders gestaltet, als es ihrem Willen entspricht.

[90] So DEUTSCH, SGb 1981, 78 (79); HAGEN, SchlHA 229 (1982) 2 (6); abl. auch ADOMEIT, Jura 1981, 196 (199).

[91] HAGEN weist im übrigen darauf hin, daß eine solche – seiner Meinung nach ethisch bedenkliche – juristische Konstruktion mindestens in den Fällen versage, in denen die ungewollte Schwangerschaft auf einem „Kunstfehler“ bei der Sterilisation des Ehemannes beruhe *(ibid)*.

nen handelt.[92] Eine Verletzung des Körpers im zivilrechtlichen Sinn müsse nämlich schon in jedem unbefugten Eingriff in die Integrität der körperlichen Befindlichkeit erblickt werden, da anders das Recht am eigenen Körper als gesetzlich ausgeformter Teil des allgemeinen Persönlichkeitsrechts nicht angemessen geschützt wäre. Selbst die normal verlaufende Schwangerschaft und Geburt mit ihren für die betroffene Frau nicht unerheblichen Beschwerden müsse unmittelbar demjenigen als zivilrechtliche Körperverletzung zur Last gelegt werden, der sie gegen den Willen der Mutter schuldhaft verursacht habe. Dabei soll es nicht darauf ankommen, ob die fehlgeschlagene Sterilisation an der Frau selbst oder an ihrem (Ehe-) Partner vorgenommen worden war.[93]

Dagegen wird vorgebracht, die Schwangerschaft sei ein natürlicher Zustand, eine normale biologische Veränderung ohne Krankheitswert,[94] die in die Schaffung neuen Lebens einmünde und damit den wohl höchsten Wert unserer Sitten- und Rechtsordnung verwirkliche.[95] Schwangerschaft und Geburt seien natürliche Konsequenz und Erfüllung freiwilliger Sexualität und damit als typische Vitalitätsfunktion und als Ausfluß physischen und psychischen Wohlbefindens zu betrachten.[96] Bei anderer Beurteilung stelle auch jede mittels Beischlaf herbeigeführte ungewollte Schwangerschaft durch den Ehemann eine Körperverletzung dar, wenn sich dieser abredewidrig nicht „vorsehe".[97]

Der wohl überwiegende Teil des Schrifttums sieht dagegen in Übereinstimmung mit dem *BGH* bei den Sterilisationsfällen in der ungewollten Schwangerschaft und Geburt eine Körperverletzung, da das körperliche Wohlbefinden der Frau und ihre körperliche Unversehrtheit nachhaltig beeinträchtigt werde.[98] Ihr Organismus werde durch die Schwangerschaft schwer belastet; mit der Geburt seien regelmäßig nicht unerhebliche Schmerzen verbunden.[99] Ein naturgegebener biologischer Zustand könne wegen des die Integrität der kör-

---

[92] St. Rspr., vgl. *BGH*, NJW 1980, 1452 (1453); 1981, 2002; 1984, 2625; 1995, 2407 (2408); zust. *OLG Zweibrücken*, MedR 1985, 77 (78f.); *OLG Köln*, VersR 1987, 187; *OLG Düsseldorf*, VersR 1987, 412; ENGELHARDT, VersR 1988, 540 (543f.).

[93] Vgl. zuletzt *BGH*, NJW 1995, 2407 (2408) m. zust. Anm. EMMERICH, JuS 1996, 71 Nr. 5 und NIEPER, A & V 1996, 88; s.a. bereits *OLG Braunschweig*, NJW 1980, 643.

[94] So vor allem SCHIEMANN, JuS 1980, 709f.; abl. auch *BGH*, NJW 1981, 1318; *OLG Frankfurt*, NJW 1983, 340 (342); LAUFS, Rdnrn. 319 FN 24, 354; STIEGLITZ, S. 117; WAIBL, S. 195 FN 3; ADOMEIT, Jura 1981, 196 (199); REINELT, FamRZ 1970, 572 (574); SELB, JZ 1971, 201 (207); STRÖFER, VersR 1981, 796 (803 FN 91).

[95] Vgl. HAGEN, SchlHA 229 (1982) 2 (6).

[96] So STÜRNER, Jura 1987, 75 (78); DERS., JZ 1986, 122 (124f.); DERS., FamRZ 1985, 753 (761).

[97] So HAGEN, SchlHA 229 (1982) 2 (6); ähnl. ADOMEIT, Jura 1981, 196 (199); krit. STÜRNER, Jura 1987, 75 (79). – Zur Haftung des *nichtehelichen* Sexualpartners wegen planwidrig unterlassener Empfängnisverhütung vgl. *BGH*, JZ 1986, 1008.

[98] So MK/MERTENS, § 823 BGB, Rdnr. 62; DEBO, S. 72f.; HARRER, S. 225; einschr. DEUCHLER, S. 121f., 183; SCHRAMM, S. 156f.; DANNEMANN, VersR 1989, 676 (683); SCHÜNEMANN, JZ 1981, 574 (575); offengelassen von FUCHS, S. 14; DERS., NJW 1981, 610 (611); HELDRICH, JuS 1969, 455 (460); MERTENS, FamRZ 1969, 251 (252).

[99] So vor allem HARRER *ibid*; zust. etwa GIESEN, JR 1984, 221 (223 FN 29) unter Hinweis auf *Genesis 3.16*.

perlichen Befindlichkeit sichernden Schutzzwecks des § 823 Abs. 1 BGB ohne weiteres zugleich eine Körperverletzung i.S. dieser Norm darstellen.[100] Wegen der völlig anderen Ausgangslage müsse eine durch ehelichen Geschlechtsverkehr abredewidrig herbeigeführte Schwangerschaft bezüglich der Annahme einer Körperverletzung i.S. von § 823 Abs. 1 BGB anders beurteilt werden als eine infolge ärztlichen Versagens später nur mittelbar verursachte Schwangerschaft.[101] Während nämlich die Ehepartner in einer familienrechtlichen Sonderbeziehung von vorrangig privater Prägung stünden, liege zwischen Arzt und Patient ein rein schuldrechtliches Leistungsverhältnis vor.[102] Abgesehen davon müsse man eine Haftung des Vaters unter dem Gesichtspunkt eines konkludent vereinbarten Haftungsausschlusses, einer „Einwilligung" der Frau in die mögliche Körperverletzung oder eines „Handelns auf eigene Gefahr" infolge eigenverantwortlicher Selbstgefährdung ausschließen.[103] Im übrigen sei die fehlerhafte ärztliche Behandlung auch wertungsmäßig nicht mit der Zeugung eines Kindes durch den Ehepartner vergleichbar.[104]

Bei einem mißlungenen Schwangerschaftsabbruch[105] kommt als Körperverletzung i.S. von § 823 Abs. 1 BGB die *Aufrechterhaltung der Schwangerschaft und spätere Geburt* gegen den Willen der schwangeren Frau in Betracht.

Der *BGH* hat in diesem Zusammenhang die Ersatzfähigkeit des Unterhaltsschadens gem. § 823 Abs. 1 BGB offengelassen und stets nur über Schmerzensgeldansprüche entschieden.[106] Eine Körperverletzung der Frau scheint er aber allenfalls dann anzunehmen, wenn die Geburt unter besonderen Komplikationen verläuft, die auf einer eugenischen Indikation (§ 218a Abs. 2 Nr. 1 StGB a.F.) beruhen.[107] Andernfalls greife der Arzt nicht unmittelbar in die körperliche Befindlichkeit ein, da nicht der Eintritt der Schwangerschaft, sondern nur ihr Fortbestand auf ihn zurückgeführt werden könne.

Zum Teil wird bei bloßer Fortsetzung der Schwangerschaft und nachfolgender Geburt jeder Eingriff in die körperliche Integrität verneint, weil eine andere Beurteilung den Begriff der Körperverletzung überspanne.[108] Die aus vertragswidriger Fortsetzung einer nicht pathologischen Schwangerschaft resultierende Belastung der Frau allein stelle noch keine Körperverletzung dar.[109] Sei die Schwangerschaft und Geburt aus Achtung vor den Lebensinteressen des Kin-

[100] DEUCHLER, S. 183.
[101] DEBO, S. 73.
[102] HARRER, S. 225.
[103] DEUCHLER, S. 183.
[104] *Ibid.*
[105] Gleiches gilt für einen *unterbliebenen* Schwangerschaftsabbruch infolge eines ärztlichen Diagnosefehlers, vgl. dazu HARRER, S. 226ff.
[106] *BGH*, NJW 1985, 671 (673); s.a. schon *BGH*, BGHZ 86, 240 (248) zum Fall eines *unterbliebenen* Schwangerschaftsabbruchs.
[107] Z.B. bei schadensbedingter Notwendigkeit einer Schnittgeburt, vgl. *BGH*, JZ 1985, 331 (334).
[108] DEUCHLER, S. 184; SCHÜNEMANN, JZ 1981, 574 (575).
[109] STÜRNER, Jura 1987, 75 (78); DERS., JZ 1986, 122 (124); DERS., FamRZ 1985, 753 (761).

des nicht als Schaden im Vertragsrecht geltend zu machen, so verbiete es sich auch, sie als zum Schadensersatz verpflichtende Körperverletzung i.S. des Deliktsrechts anzusehen.[110]

Dagegen wird eingewandt, die Körperverletzung könne hier zwar nicht in der Herbeiführung der Schwangerschaft liegen,[111] jedoch im schuldhaft nicht unterbundenen Fortbestehen der Schwangerschaft trotz ärztlicher Garantenstellung.[112] Denn auch wenn die Schwangerschaft ein natürlicher Vorgang sei, dürfe sie unter Einhaltung der strafrechtlichen Vorschriften nicht gegen den Willen der Frau aufrechterhalten werden.[113] Wenn sich der Arzt zur medizinischen Betreuung verpflichtet habe, treffe ihn eine vertraglich begründete Garantiepflicht zur Vornahme des ärztlichen Eingriffs, die sich im Fall einer Berufung auf Gewissensgründe nach Art. 4 Abs. 1 GG[114] zwar nicht auf die Vornahme des Schwangerschaftsabbruchs, aber immer noch auf dessen prinzipielle Ermöglichung durch pflichtgemäße Information der Eltern erstrecke.[115] Sehe man im Fall einer fehlgeschlagenen Sterilisation in der Herbeiführung einer ungewollten Schwangerschaft und der anschließenden Geburt eine Körperverletzung i.S. von § 823 Abs. 1 BGB, müsse man konsequenterweise (bei bestehender Garantenstellung aufgrund ärztlicher Fürsorgepflicht) auch die Aufrechterhaltung der Schwangerschaft und die nachfolgende Geburt des Kindes als Körperverletzung betrachten.[116] Bei diesen Fallkonstellationen könne allerdings nur die betroffene Frau selbst, nicht aber der Kindesvater Schadensersatzansprüche wegen Körperverletzung herleiten, weil i.R. des § 823 Abs. 1 BGB grundsätzlich nur anspruchsberechtigt sei, wer in eigenen Rechtsgütern verletzt sei.[117]

– Gesundheitsverletzung

Teilweise wird unter dem Gesichtspunkt der *Herbeiführung bzw. Aufrechterhaltung der Schwangerschaft und späteren Geburt* des Kindes auch eine Gesundheitsverletzung der Frau angenommen.[118] Selbst bei einer normal verlaufenden Schwangerschaft liege mit den üblichen körperlichen und seelischen

---

[110] So *OLG Frankfurt*, NJW 1983, 341 (342).

[111] So *BGH*, JZ 1983, 449.

[112] HARRER, S. 227.

[113] DEBO, S. 72, 75.

[114] Eine Berufung auf andere Gründe soll dagegen nach Vertragsschluß ausgeschlossen sein. In diesen Fällen habe die Patientin gegen den Arzt einen einklagbaren Anspruch auf Durchführung des Schwangerschaftsabbruchs, der jedoch wegen § 888 Abs. 2 ZPO nicht vollstreckt werden könne, vgl. dazu ausf. HARRER, S. 208ff.

[115] DEBO, S. 75; HARRER, S. 227f. Lehne der Arzt eine weitere Mitwirkung ab, so sei er dem Patienten zumindest zu einem entsprechenden Hinweis und einer Weiterüberweisung an einen anderen Arzt verpflichtet. – Zur Körperverletzung durch Unterlassen eines ärztlichen Eingriffs bei Übernahme einer med. Betreuung vgl. MK/MERTENS, § 823 BGB, Rdnr. 55.

[116] So HARRER, S. 228.

[117] Vgl. auch *BGH*, VersR 1980, 558 (559).

[118] So etwa von HELDRICH, JuS 1969, 455 (460); MERTENS, FamRZ 1969, 251 (252); s.a. *LG Berlin*, NJW 1985, 2200.

Beschwerden eine Störung innerer Lebensvorgänge körperlicher, geistiger oder seelischer Art vor, da hierunter auch die nur vorübergehende Hervorrufung oder Steigerung eines pathologischen Zustands falle.[119] Deshalb sei § 823 Abs. 1 BGB zumindest analog anzuwenden, da die durch die Schwangerschaft ausgelösten Beeinträchtigungen generell „wie" eine Gesundheitsverletzung zu behandeln seien.[120] Nach anderer Ansicht stellen Schwangerschaft und Geburt als natürlicher biologischer Vorgang keine für die Bejahung einer Gesundheitsverletzung notwendige Störung innerer Lebensvorgänge dar.[121,122] Wegen des ausreichenden Schutzes durch Annahme einer Körperverletzung sei dieses Ergebnis auch nicht unbillig.[123]

Mit der *„Aufdrängung der Elternschaft"* ist das Problem angesprochen, ob die psychische oder physische Beeinträchtigung der Eltern durch die Geburt und Pflege eines unerwünschten Kindes eine Rechtsverletzung i.S. von § 823 Abs. 1 BGB in Form einer Gesundheitsverletzung darstellt.[124] Für den Fall der ungewollten Geburt eines gesunden Kindes wird eine nur psychogene Schädigung der Eltern jedoch einhellig ausgeschlossen.[125]

– Freiheitsverletzung

Überwiegend wird es auch abgelehnt, in der Durchkreuzung der Familienplanung durch den Arzt eine Verletzung der Freiheit i..S. von § 823 Abs. 1 BGB zu sehen,[126] da hierunter nicht jede, die freie Willensbestimmung beeinflussende Einwirkung, sondern nur die Entziehung der körperlichen Bewegungsfreiheit falle.[127] Das Rechtsgut „Freiheit" enthalte kein weitergehendes „Recht auf Entschließungsfreiheit".[128]

---

[119] Zum Begriff der Gesundheitsverletzung vgl. *RG*, RGZ 85, 335; 133, 270; *BGH*, BGHZ 8, 248; STAUDINGER/SCHÄFER, § 823 BGB, Rdnr. 24.

[120] So SIGEL, S. 146, 149.

[121] *OLG Karlsruhe*, NJW 1979, 599 (601); DREHER/TRÖNDLE, § 223 StGB, Rdnr. 6. – SELB (JZ 1971, 201, 207) meint, Empfängnis und Geburt seien biologisch gesehen für eine gesunde Frau Erfüllung, nicht Störung von „Baugesetzen der Natur"; ähnl. REINELT, FamRZ 1970, 572 (574).

[122] So auch *OLG Düsseldorf* (NJW 1988, 777), das weder die mit der Schwangerschaft verbundenen seelischen, körperlichen und hormonellen Umstellungen als Gesundheitsschädigungen wertet noch die Schwangerschaft selbst als entschädigungspflichtiges Ereignis i.S. von § 823 BGB betrachtet.

[123] Darauf weist vor allem HARRER (S. 230) hin.

[124] Dafür hat sich das Schlagwort „Gesundheitsverletzung durch Haben eines Kindes" eingebürgert (vgl. etwa *BGH*, JZ 1983, 443; DEBO, S. 78, 86). Da dieser Begriff nicht nur sprachlich mißglückt, sondern auch wenig aussagekräftig sei, soll ihm nach Ansicht von HARRER (S. 231 FN 36) der Ausdruck „Gesundheitsverletzung durch Aufdrängung einer Elternschaft" vorgezogen werden.

[125] Vgl. nur HARRER, S. 232. – Zum Fall der ungeplanten Geburt eines *behinderten* Kindes vgl. *BGH*, JZ 1983, 448; dagegen weitergehend *LG Osnabrück*, NJW 1986, 2377; DEBO, S. 80; DEUCHLER, S. 184f.; HARRER, S. 233; FISCHER, JuS 1984, 434 (437); SELB, JZ 1971, 201 (207).

[126] So etwa von DEUCHLER, S. 187; HARRER, S. 234f.

[127] Zum Begriff der Freiheitsverletzung vgl. ERMAN/SCHIEMANN, § 823 BGB, Rdnr. 23; MK/

– Verletzung der Ungestörtheit der ehelichen Lebensgemeinschaft

Ob und inwieweit die Ehe überhaupt ein Ausschließlichkeitsrecht i.S. von § 823 Abs. 1 BGB begründet, dessen Verletzung Schadensersatz-, Beseitigungs- und Unterlassungsansprüche auslösen kann, ist heftig umstritten. Ebenso ist die Ableitung eines solchen Rechts uneinheitlich. Von der wohl herrschenden Meinung[129] wird es als sonstiges Recht i.S. von § 823 Abs. 1 BGB, teilweise[130] auch als nach § 823 Abs. 2 BGB i.V.m. Art. 6 GG oder eine mittelbare Drittwirkung dieses Grundrechts geschütztes Rechtsgut in Betracht gezogen.[131] Nach st. Rspr. ist nur der räumlich-gegenständliche Bereich der Ehe geschützt.[132] Im Schrifttum wird dagegen ein weitergehender Schutz des sog. absoluten Ehekerns befürwortet, dessen Verletzung jedermann schadensersatzpflichtig mache.[133]

Unabhängig von diesen Meinungsverschiedenheiten besteht jedoch Einigkeit darüber, daß die Durchkreuzung der Familienplanung durch ärztliches Fehlverhalten das „Recht auf Ungestörtheit der ehelichen Lebensgemeinschaft" nicht berührt, da durch die Geburt des Kindes weder der Fortbestand der ehelichen Lebensgemeinschaft noch sonst eine auf die Ehe bezogene Rechtsposition betroffen werde.[134] Zwar bezwecke die Familienplanung auch die inhaltliche Ausgestaltung des ehelichen Lebens; die Gestaltung der Eheverhältnisse im einzelnen falle jedoch nicht in den absolut geschützten Kernbereich der Ehe. Bei der Familienplanung gehe es aber gerade um die Verwirklichung einer bestimmten Lebensentscheidung der Eltern und damit um deren individuelle Entfaltungsfreiheit, die zwar auch die Ehe betreffe, dieser jedoch nicht innewohne.[135]

MERTENS, § 823 BGB, Rdnr. 64; PALANDT/THOMAS, § 823 BGB, Rdnr. 6; STAUDINGER/SCHÄFER, § 823 BGB, Rdnr. 44.

[128] A.A. REINELT, FamRZ 1970, 572 (575). – Zum „vergeistigten" Freiheitsbegriff vgl. HECK, § 148, 3d (S. 450); LEINEMANN, S. 94ff.; V. LISZT, S. 24f.; WOLF, S. 684; HELLE, NJW 1964, 1497. – Zur Nötigung zu einer Handlung durch Drohung, Zwang oder Täuschung als Freiheitsverletzung vgl. *RG*, RGZ 58, 24 (28); 113, 123; MK/MERTENS, § 823 BGB, Rdnr. 64.

[129] *RG*, RGZ 72, 130; *BGH*, BGHZ 57, 231; NJW 1981, 1445; MK/WACKE, § 1353 BGB, Rdnrn. 34ff.; PALANDT/DIEDERICHSEN, Einf. § 1353 BGB, Rdnr. 6; RGRK/STEFFEN, § 823 BGB, Rdnrn. 65f.; STAUDINGER/SCHÄFER, § 823 BGB, Rdnr. 133; GERNHUBER/COESTER-WALTJEN, § 17 I 1, 3 (S. 151f., 153); BOEHMER, AcP 155 (1956) 181.

[130] Vgl. *OLG Celle*, FamRZ 1963, 295.

[131] So etwa von *BGH*, BGHZ 6, 367; FamRZ 1963, 555.

[132] Vgl. nur *BGH*, BGHZ 6, 367.

[133] JAYME, S. 254; SCHWAB, JuS 1961, 142 (143).

[134] Vgl. DEUCHLER, S. 187; HARRER, S. 236f.; SIGEL, S. 158; HELDRICH, JuS 1969, 455 (460); MERTENS, FamRZ 1969, 251 (252); REINELT, FamRZ 1970, 572 (574f.).

[135] So insbes. DEUCHLER *ibid.*

- Verletzung des Rechts auf Familienplanung als Unterfall des allgemeinen Persönlichkeitsrechts („Freiheit zum Kind")

  Das „Recht auf Familienplanung" soll die Selbstbestimmung der Partner über die Frage, ob, wann und wieviele Kinder sie haben wollen, umfassen.[136] Jedoch besteht weder über die Existenz noch über die Bezeichnung eines solchen Rechts Einigkeit. So wird teilweise auch ein „Recht auf Freiheit zum Kind"[137] angenommen, vereinzelt nur ein „Recht auf Entschließungsfreiheit"[138]; mitunter wird von einem „Recht auf Bestimmungsfreiheit bei der Familienplanung"[139] gesprochen. Im Ergebnis sollen alle diese Wortschöpfungen jedoch dasselbe bezwecken, nämlich das Selbstbestimmungsrecht der Eltern hinsichtlich ihrer familienplanerischen Entscheidungen gegen Eingriffe Dritter zu schützen.

  Der *BGH* hat es lange Zeit dahinstehen lassen, ob sich bezüglich der Bestimmungsfreiheit bei der Familienplanung ein besonderes Schutzrecht aus der Verfassungsgarantie der Familie oder dem allgemeinen Persönlichkeitsrecht ableiten läßt.[140,141] In einer neueren Entscheidung hat er sich zur Anerkennung eines solchen Rechts eher ablehnend geäußert, weil zum einen damit der Vergleich mit der Lage ohne die Existenz des Kindes nicht entfiele, zum anderen die wirtschaftlichen Belastungen durch das Kind mittelbar Einfluß auf die Bemessung der Entschädigung gewinnen und dadurch die Unterscheidung zwischen Vermögens- und Nichtvermögensschaden in schadensrechtlich bedenklicher Weise verwischen würde.[142]

  In der Literatur wird ein „Recht auf Familienplanung" teilweise abgelehnt,[143] vielfach wird es aber auch als Ausstrahlung des allgemeinen Persönlichkeitsrechts[144] anerkannt.[145]

---

[136] Vgl. GIESEN, FamRZ 1970, 565 (569); HELDRICH, JuS 1969, 455 (460f.); MERTENS, FamRZ 1969, 251 (252).

[137] SIGEL, S. 160; LANKERS, FamRZ 1969, 384; MERTENS *ibid.*

[138] REINELT, FamRZ 1970, 572 (575).

[139] SCHLUND, ArztR 1982, 64 (68); SCHÜNEMANN, JZ 1981, 574 (576).

[140] *BGH*, NJW 1980, 1452 (1453); ebenso *LG Berlin*, NJW 1985, 2200.

[141] In einer späteren Entscheidung neigte der *BGH* (JZ 1983, 449) zwar zur grundsätzlichen Anerkennung eines deliktischen Anspruchs wegen Verletzung des „Rechts auf Familienplanung", lehnte dies *in concreto* jedoch ab, weil eine die Persönlichkeit betreffende Entscheidung der betroffenen Patientin lediglich faktisch vereitelt worden sei. Krit. dazu DEBO, S. 85.

[142] *BGH*, NJW 1994, 788 (791f.); s.a. *OLG Karlsruhe*, NJW 1979, 599 (601); *OLG Düsseldorf*, NJW 1992, 493 (494) u. 1566 (1567); *OLG Frankfurt*, NJW 1993, 2388 (2389) = VersR 1993, 356 = MedR 1993, 266; zust. DEUTSCH, NJW 1994, 776 (777) („Etikettenschwindel"); krit. dagegen LANGE, Anm. zu BGH 16.11.1993 - VI ZR 105/92 (Stuttgart), LM § 823 BGB (Aa) Nr. 154; SCHIEMANN, Anm. zu BGH 27.6.1995 - VI ZR 32/94 (Frankfurt a.M.), LM § 249 BGB (A) Nr. 109. ROTH (FuR 1993, 305, 309f.) befürwortet eine Klarstellung durch den Gesetzgeber.

[143] Vgl. ERMAN/EHMANN, Anh. zu § 12 BGB, Rdnr. 371; GEIGEL/SCHLEGELMILCH, Kap. 14, Rdnr. 250 a.E.; FIKENTSCHER, Rdnr. 1215; DEUCHLER, S. 188ff.; SIGEL, S. 160; WAIBL, S. 197f.; MERTENS, FamRZ 1969, 251 (252); REINELT, FamRZ 1970, 572 (575); SELB, JZ

Die Gegner wenden ein, daß alle sonstigen Rechte i.S. von § 823 Abs. 1 BGB ein „besonderer Bestandsschutz" verbinde, denn stets solle eine bestimmte, tatsächlich vorhandene und rechtlich anerkannte Position vor Angriffen Dritter besonders geschützt werden.[146] Eine bestimmte Größe oder bestimmte Lebensverhältnisse der Familie stellten jedoch keinen Zustand dar, der rechtlichen Bestandsschutz genieße.[147]

Ein „Recht auf Familienplanung" widerspreche auch der bisherigen Ausgestaltung des allgemeinen Persönlichkeitsrechts,[148] da keine Parallele zu einer der von Rechtsprechung und Lehre bisher entwickelten Fallgruppen bestehe.[149] Zwar schütze das allgemeine Persönlichkeitsrecht einen unantastbaren Lebensraum freier persönlicher Entfaltung und Selbstdarstellung,[150] beschränke sich dabei aber fast ausschließlich auf den Schutz der „Eigensphäre" gegenüber unbefugten Mitteilungen an die Außenwelt.[151] Dagegen gehe es bei der Durchkreuzung der Familienplanung um die Realisierung rein familieninterner Planungsentscheidungen und deren Schutz vor faktischer Einflußnahme durch Dritte.[152]

Außerdem würde mit einem „Recht auf Familienplanung" nicht mehr nur die Integrität bestimmter Rechts- und Lebensgüter des einzelnen geschützt, sondern die allgemeine Handlungs- und Entschließungsfreiheit schlechthin, weil die freie Willensentscheidung als solche betroffen sei.[153] Damit würde aber der Rahmen des vom BGB entworfenen Deliktsrechts gesprengt, denn ein derart weitreichender Schutz im Deliktsrecht habe wegen der Gefahr einer Haftungsausuferung durch die Aufzählung der einzelnen geschützten Rechtsgüter (sog. Enumerationsprinzip) gerade verhindert werden sollen.[154]

1971, 201 (207f.).

[144] Grdl. *BGH*, BGHZ 13, 334 (Schacht-Leserbrief); 15, 249 (Cosima Wagner); 26, 349 (Herrenreiter).

[145] Vgl. ERMAN/SCHIEMANN, § 823 BGB, Rdnr. 18; DERS., Anm. zu BGH 27.6.1995 - VI ZR 32/94 (Frankfurt a.M.), LM § 249 BGB (A) Nr. 109; DERS., JuS 1980, 709 (711); LANGE, § 6 IX 7 (S. 339f.); DERS., Anm. zu BGH 16.11.1993 - VI ZR 105/92 (Stuttgart), LM § 823 BGB (Aa) Nr. 154; DEBO, S. 81; HARRER, S. 240ff.; DERS., DAVorm 63 (1990) 509 (511ff.); STOLL, Haftungsfolgen, Rdnr. 231; DEUTSCH, VersR 1995, 609 (614); DIEDERICHSEN, VersR 1981, 693 (695f.); FISCHER, JuS 1984, 434 (437); GIESEN, FamRZ 1970, 565 (569); HELDRICH, JuS 1969, 455 (460); LANKERS, FamRZ 1969, 384f.; SCHLUND, ArztR 1982, 64 (68); SCHÜNEMANN, JZ 1981, 574 (576).

[146] So DEUCHLER, S. 190; MERTENS, FamRZ 1969, 251 (252).

[147] DEUCHLER *ibid.*

[148] So MK/MERTENS, § 823 BGB, Rdnr. 62.

[149] So DEUCHLER, S. 188; HELDRICH, JuS 1969, 455 (460).

[150] Vgl. dazu MK/SCHWERDTNER, § 12 BGB, Rdnr. 186; PALANDT/THOMAS, § 823 BGB, Rdnr. 176.

[151] So SIGEL, S. 166; SCHIEMANN, JuS 1980, 709 (711).

[152] SIGEL *ibid.*

[153] So WAIBL, S. 197f.; MERTENS, FamRZ 1969, 251 (252); REINELT, FamRZ 1970, 572 (575); SELB, JZ 1971, 201 (207).

[154] So *OLG Karlsruhe*, NJW 1979, 599 (601); zust. SCHLUND, ArztR 1982, 64 (68).

Für den Fall der grundsätzlichen Anerkennung eines „Rechts auf Familienplanung" mangele es im übrigen an einer auf die Verletzung dieses Rechts gerichteten Handlung, weil das Verhalten des Arztes nicht unmittelbar auf eine Störung oder Vereitelung der Familienplanung ziele.[155] Vielmehr beruhe das Vorgehen des Arztes auf einem Vertrag, der gerade der Unterstützung und Verwirklichung der Familienplanung dienen sollte; daher stimme die Zielrichtung des ärztlichen Verhaltens von vornherein mit dem Interesse der potentiell Betroffenen überein und kollidiere nicht mit dieser konkreten Persönlichkeitsausformung.[156]

Dagegen weisen die Befürworter eines „Rechts auf Familienplanung" darauf hin, daß die von Rechtsprechung und Lehre zur Konkretisierung des generalklauselartigen allgemeinen Persönlichkeitsrechts gebildeten Fallgruppen nicht statisch-abschließend, sondern dynamisch-erweiterungsfähig seien.[157] Der gesamte Persönlichkeitsschutz würde unglaubhaft, wenn zwar die Freiheit der eigenen Entscheidung, ob ein Brief veröffentlicht oder ein Bild zu Werbezwecken benützt werden darf, als Bestandteil das allgemeinen Persönlichkeitsrechts Deliktsschutz genieße, nicht aber die fundamentale und im Höchstmaß persönliche Entscheidung, ein Kind zu bekommen.[158] Verstehe man die „Freiheit zum Kind" als „grundlegenden Rechtswert"[159] oder sogar als Grundrecht[160], könne man ihr einen Deliktsschutz nicht versagen.[161] Achtung und Entfaltung der Persönlichkeit der Eltern verlangten, ihre die Intim- und Privatsphäre betreffende Entscheidung über Zeugung und Geburt eines Kindes zu respektieren;[162] die Durchkreuzung der Familienplanung stelle deshalb eine wesentliche Beeinträchtigung ihres Selbstbestimmungsrechts dar[163] und müsse ausreichend sanktioniert werden[164].

Dabei drohe keine Gefahr einer uferlosen Ausweitung, wie sie beim Rahmenrecht des „Rechts am eingerichteten und ausgeübten Gewerbebetrieb"[165] bestehe, weil das „Recht auf Familienplanung" von vornherein ausschließlich den Eltern zustehe und nur vor Schäden schütze, die konkret durch die Be-

---

[155] So DEUCHLER, S. 192; SIGEL, S. 167ff.; DERS., NJW 1978, 2340 (2341).

[156] SIGEL, S. 169.

[157] So PALANDT/THOMAS, § 823 BGB, Rdnr. 177; SCHIEMANN, JuS 1980, 709 (711).

[158] So DEBO, S. 84; GIESEN, FamRZ 1970, 565 (569); LANKERS, FamRZ 1969, 384 (385).

[159] MERTENS, FamRZ 1969, 251 (252).

[160] DÖRING, S. 81.

[161] So HARRER, S. 241; DERS., DAVorm 63 (1990) 509 (512).

[162] So GIESEN, FamRZ 1970, 565 (569); LANKERS, FamRZ 1969, 384 (385); SCHLUND, ArztR 1982, 64 (68).

[163] So DEBO, S. 84; SCHRAMM, S. 158ff.; STIEGLITZ, S. 137. – Ob die Schwere des Eingriffs es sogar gebietet, das „Recht auf Familienplanung" als eine eigene neue Fallgruppe anzuerkennen (so etwa HARRER, S. 241; DERS., DAVorm 63 (1990) 509, 513), wird bezweifelt. Der Schutz der Eltern würde auch erzielt, wenn man es dem Kernbereich des Persönlichkeitsrechts, der Intimsphäre, zuordnete (vgl. etwa SCHRAMM, S. 159f. m.w.N.).

[164] DEBO (S. 83) meint sogar, eine Sanktionslosigkeit würde die Eltern gleichsam „entmündigen".

[165] Das Recht am eingerichteten und ausgeübten Gewerbebetrieb wird neuerdings auch als „Recht am Unternehmen" bezeichnet, vgl. MK/MERTENS, § 823 BGB, Rdnr. 484.

einträchtigung der familienplanerischen Entscheidungsfreiheit eingetreten seien.[166] Das Erfordernis einer zielgerichteten Verletzungshandlung würde im Gegenteil den Anwendungsbereich geradezu unzulässig einengen und das „Recht auf Familienplanung" damit inhaltlich aushöhlen.[167] Außerdem seien geringere Anforderungen an die Verletzungshandlung zu stellen, da im Hinblick auf das Selbstbestimmungsrecht beim „Recht auf Familienplanung" eine größere Eingriffsintensität vorliege als bei einer bloßen Vermögensschädigung beim „Recht am eingerichteten und ausgeübten Gewerbebetrieb".[168]

Das „Recht auf Familienplanung" soll sowohl bei einer fehlgeschlagenen Sterilisation als auch bei einem mißlungenen Schwangerschaftsabbruch verletzt sein;[169] im ersten Fall werde die Entscheidung der Eltern zur Zeugung, im letzten Fall ihre Entscheidung zum Austragen und zur Geburt mißachtet.[170] Anspruchsberechtigt sei nicht nur derjenige Ehegatte, der die erfolglose ärztliche Behandlung an sich vornehmen ließ, sondern auch sein Partner, da auch dessen Persönlichkeitsrecht verletzt worden sei.[171]

Verletzung eines Schutzgesetzes (§ 823 Abs. 2 BGB) und vorsätzliche sittenwidrige Schädigung (§ 826 BGB) Nur ergänzend soll an dieser Stelle auf die Möglichkeit einer ärztlichen Haftung nach §§ 823 Abs. 2, 826 BGB hingewiesen werden.

Nach § 823 Abs. 2 BGB haftet, wer rechtswidrig und schuldhaft gegen ein den Schutz eines anderen bezweckendes Gesetz verstößt und dadurch dem anderen Schaden zufügt. Im Bereich von Sterilisation und Schwangerschaftsabbruch werden als Schutzgesetze überwiegend nur die Körperverletzungsdelikte nach §§ 223ff. StGB in Betracht gezogen.[172] Damit komme aber etwaigen Schadensersatzansprüchen aus § 823 Abs. 2 BGB keine eigenständige Bedeutung zu,[173] da insoweit bereits wegen Vorliegens einer Körper- bzw. Gesundheitsverletzung der Tatbestand des § 823 Abs. 1 BGB erfüllt sei[174]. Dies ergebe sich daraus, daß sich eine Körper- und Gesundheitsverletzung i.S. von § 823 Abs. 1 BGB und eine

[166] So HARRER, S. 243; DERS., DAVorm 63 (1990) 509 (514).

[167] HARRER, S. 243 FN 344.

[168] So HARRER, S. 244; DERS., DAVorm 63 (1990) 509 (514).

[169] Gleiches wird im übrigen für eine fehlerhafte pränataldiagnostische Maßnahme angenommen, vgl. dazu HARRER, S. 245; DERS., DAVorm 63 (1990) 509 (515).

[170] Vgl. SCHÜNEMANN, JZ 1981, 574 (576). Krit. dazu STÜRNER, Jura 1987, 75 (78); DERS., FamRZ 1985, 753 (761).

[171] Vgl. etwa DEBO, S. 85; HARRER, S. 245; DERS., DAVorm 63 (1990) 509 (515); FISCHER, JuS 1984, 434 (438); HELDRICH, JuS 1969, 455 (460); SCHÜNEMANN, JZ 1981, 574 (576); einschr. STOLL, Haftungsfolgen, Rdnr. 231.

[172] Vgl. MK/MERTENS, § 823 BGB, Rdnr. 168; SOERGEL/DREES, § 823 BGB, Rdnr. 112. – Zum Fall wirkungsloser Verhütungsmittel vgl. EBERHARDT, ZfV 1969, 227 (228); KLIMKE, ZfV 1979, 699 (702); LOEWENHEIM, NJW 1969, 1754 (1756); MERTENS, FamRZ 1969, 251 (253); REINELT, FamRZ 1970, 572 (576); ausf. HARRER, S. 325ff.

[173] Vgl. nur HARRER, S. 249.

[174] So MK/MERTENS, § 823 BGB, Rdnr. 138; STAUDINGER/SCHÄFER, § 823 BGB, Rdnrn. 12, 34.

körperliche Mißhandlung und Gesundheitsbeschädigung i.S. von §§ 223ff. StGB jedenfalls in den hier fraglichen Fallkonstellationen voll entsprächen.[175,176]

Für die seltenen Fälle eines vorsätzlichen Verhaltens des Arztes, der aus persönlichen (z.B. weltanschaulichen oder bevölkerungspolitischen) Gründen den Mißerfolg der Sterilisation bzw. des Schwangerschaftsabbruchs beabsichtigt, wird darüber hinaus auch eine ärztliche Haftung nach § 826 BGB erwogen,[177] dem zufolge derjenige, der einem anderen in einer gegen die guten Sitten verstoßenden Weise vorsätzlich Schaden zufügt, dem anderen zum Ersatz verpflichtet ist.

3.1.3 Tatsächlicher Nachweis der Pflichtverletzung

Nach allgemeinem Arzthaftungsrecht trägt der Patient die Beweislast für die objektive Pflichtwidrigkeit, unabhängig davon, welche Anspruchsgrundlage er zur Klagebegründung heranzieht. Bei operativen Eingriffen, wie sie Sterilisation und Schwangerschaftsabbruch darstellen, muß er also eine nicht sachgerechte Durchführung, d.h. einen Behandlungsfehler („Kunstfehler"), nachweisen.[178] Gleiches gilt für die Rüge eines Aufklärungsfehlers, insbesondere für die angeblich unterbliebene oder unzureichende Aufklärung über Versagerquoten: Derartige Aufklärungspflichten betrachtet der *BGH* als Nebenpflichten, für welche die von ihm entwickelten Grundsätze zur Risikoaufklärung für die Einwilligung in ärztliche Eingriffe nicht gelten sollen, d.h. die Beweislast liegt auch insoweit beim Patienten und nicht beim Arzt.[179] Im Hinblick auf diese st. Rspr. empfiehlt es sich bei der Sterilisation daher nicht, allein aus prozeßtaktischen Gründen im Hinblick auf eine vermeintlich günstigere Beweislage die mangelnde Aufklärung über Versagerquoten statt eines Behandlungsfehlers zu rügen.[180] Damit stehen dem Patienten folgende Möglichkeiten offen, einen Diagnose- und Behandlungsfehler bzw. Aufklärungsfehler i.w.S. zu beweisen:

---

[175] Vgl. ERMAN/SCHIEMANN, § 823 BGB, Rdnr. 153; STAUDINGER/SCHÄFER, § 823 BGB, Rdnr. 12; ausf. HARRER, S. 249ff.

[176] Insoweit vom *BGH* (NJW 1980, 1452, 1453) offengelassen, der jedoch bei einer normal verlaufenden Schwangerschaft zumindest eine zivilrechtliche Körperverletzung annimmt.

[177] Vgl. nur SIGEL, S. 170. – Zum Fall wirkungsloser Verhütungsmittel vgl. DEUTSCH, JZ 1978, 532 (533); EBERHARDT, ZfV 1969, 227 (228f.); MERTENS, FamRZ 1969, 251 (253); REINELT, FamRZ 1970, 572 (574, 576); ausf. HARRER, S. 329ff.

[178] *OLG Düsseldorf*, VersR 1992, 317.

[179] *BGH*, NJW 1981, 630 u. 2002; zust. RATZEL, Der Frauenarzt 1989, 789; s.a. STRÖFER, VersR 1981, 796 (801ff.), der darin jedoch eine grundsätzliche, wenn auch versteckte, Änderung der Rspr. zur Beweislastverteilung bei Aufklärungsfehlern sieht. – Nach Ansicht des *OLG Düsseldorf* (VersR 1995, 542) gilt diese Beweislastverteilung auch für postoperative Aufklärungsdefizite im Zusammenhang mit einem Sterilisationseingriff, die das verbleibende Risiko einer unerwünschten Schwangerschaft betreffen.

[180] Gleiches dürfte für den Schwangerschaftsabbruch gelten.

3.1.3.1 Behandlungsfehler

Beweiserleichterungen zugunsten des Patienten, insbesondere der Anscheinsbeweis Die Beweisschwierigkeiten, denen sich ein Patient in einem sog. Kunstfehlerprozeß typischerweise gegenübersieht, wurden besonders in den analysierten Sterilisationsfällen erneut deutlich. Hier stellte sich ebenfalls die Frage, ob dem Patienten mit Rücksicht auf seine spezifische Beweisnot nicht gewisse Beweiserleichterungen zugute kommen sollten. Dabei ging es insbesondere um die Anwendbarkeit der Grundsätze des Anscheinsbeweises.

Bezüglich des Nachweises einer objektiven Pflichtwidrigkeit hat die Rechtsprechung[181] den Anscheinsbeweis für unzulässig erklärt, weil es an einem formelhaft typischen Geschehensablauf fehle, sobald mehrere verschiedene Geschehensabläufe mit nur unterschiedlichen Wahrscheinlichkeitsgraden denkbar seien: Bei der Sterilisation komme aber für den Nichteintritt der Sterilität immer auch eine Früh- oder Spätrekanalisation als Erklärung in Betracht, so daß sich ein „Rückschluß" auf das Vorliegen eines Behandlungsfehlers verbiete.[182] In der Literatur werden darüber hinaus anatomische Unregelmäßigkeiten und postoperatives Fehlverhalten der Eltern als weitere mögliche Ursachen des Mißerfolgs der Operation diskutiert, die auch den Anscheinsbeweis unanwendbar machten.[183] Vereinzelt wird dieses Ergebnis auch auf den Schwangerschaftsabbruch übertragen.[184]

Demnach bleibt es nach deutschem Recht auch in Fällen der fehlgeschlagenen Sterilisation und des mißlungenen Schwangerschaftsabbruchs bei dem allgemeinen Grundsatz, daß der Patient die objektive Pflichtwidrigkeit ärztlichen Verhaltens darlegen und im Streitfall beweisen muß. Allerdings sind nach Ansicht des

---

[181] So zuerst *OLG Düsseldorf*, NJW 1975, 595 (Vasektomie). Seitdem st. Rspr., vgl. z.B. zur Tubenkoagulation: *OLG Koblenz*, VersR 1984, 371; *OLG Düsseldorf*, NJW 1984, 2635 = VersR 1985, 457 = ArztR 1985, 91 = R/S, Rdnr. 643; VersR 1987, 412; VersR 1992, 751; zur Tubenresektion: *OLG Hamburg*, VersR 1989, 147 (148); zur Tubenligatur: *LG Aachen*, VersR 1989, 633 (L); s.a. die beiden in Anm. 19 zit. unveröffentl. Entscheidungen des *OLG Celle*. – Der vom *OLG Köln* (VersR 1988, 43) entschiedene Fall bildet nur scheinbar eine Ausnahme: Dort wurde von der Tatsache, daß anläßlich einer nachgeburtlichen Eileiterentfernung (*Tubektomie*) an einem Eileiter keine Anzeichen einer früheren Koagulation erkennbar waren, auf einen Behandlungsfehler geschlossen, weil ausreichend koagulierte und rezesierte Eileiter regelmäßig deutlich sichtbare Spuren des Eingriffs aufwiesen (ähnl. *LG Aachen ibid*).

[182] Allerdings wurden die Grundsätze des Anscheinsbeweises angewandt, wenn die Schwangerschaft erst einige Zeit nach der Operation eintrat (vgl. z.B. *OLG Hamm*, VersR 1989, 1298, 1299). In einem derartigen Fall wird also das Nichtvorliegen eines Behandlungsfehlers widerlegbar vermutet.

[183] So DEUCHLER, S. 105; zust. WAIBL, S. 38; DIES., NJW 1987, 1513 (1520); ESER/KOCH, MedR 1984, 6 (12); s.a. SIGEL, S. 38f. – Erst recht scheide regelmäßig eine Umkehr der Beweislast wegen eines groben Behandlungsfehlers aus, da im Hinblick auf die mit der Operation verbundenen Schwierigkeiten jedenfalls allein aus der Tatsache, daß die Operation nicht erfolgreich war, nicht auf einen groben Behandlungsfehler geschlossen werden dürfe (so DEUCHLER, S. 104 FN 39).

[184] Vgl. etwa WAIBL (S. 38 FN 1) unter Hinweis auf die anderweitigen Möglichkeiten der Bauchhöhlen- und „Doppelschwangerschaft".

BGH bei einer erfolglosen Sterilisation an die Substantiierung des Klägervortrags keine allzu strengen Anforderungen zu stellen.[185] Im Schrifttum wird aus beweisrechtlichen Gründen auch die Pflicht des Arztes zur Führung ordnungsgemäßer, vollständiger Krankenunterlagen betont: Eine fehlerhafte Dokumentation führe zu Beweiserleichterungen für den Patienten, die bis hin zur Beweislastumkehr gehen könnten, wenn dem Patienten angesichts der vom Arzt verschuldeten Aufklärungshindernisse der Beweis nicht mehr zuzumuten sei;[186] dasselbe gelte bei nachträglicher Veränderung ärztlicher Aufzeichnungen.[187] Geht es dagegen um die Frage, ob der Arzt den Eingriff überhaupt vorgenommen hat, besteht Einigkeit darüber, daß dafür den Arzt die Beweislast trifft, wobei aber eine vollständige ärztliche Dokumentation im Zweifel Vertrauen verdiene.[188]

Anders verhält es sich, wenn der Arzt die Operation nachweislich fehlerhaft durchgeführt hat und damit allein das Verschulden in Frage steht: In solchen Fällen findet der Anscheinsbeweis unstreitig Anwendung.[189] Stellte sich beispielsweise nach einer fehlgeschlagenen Sterilisation heraus, daß nur ein Eileiter der Patientin durchtrennt worden war, haben die Gerichte eine fahrlässige Pflichtverletzung vermutet und von dem Arzt die Erschütterung dieser Vermutung verlangt, was jedoch regelmäßig mißlang.[190] Der Verschuldensnachweis hat daher in den meisten, auf einen Behandlungsfehler gestützten Fällen keine eigenständige Bedeutung erlangt.[191]

Operative und andere Nachuntersuchung des Patienten Kommt dem Patienten keinerlei Beweiserleichterung zugute, bleibt ihm nach deutschem Recht nichts anderes übrig, als das Vorliegen eines Behandlungsfehlers positiv nachzuweisen. Dieser Nachweis gestaltet sich in den untersuchten Fällen deshalb als besonders schwierig, weil sich das notwendige Beweismaterial im Körper des Patienten und

---

[185] Vgl. nur *BGH*, NJW 1981, 630 (631).

[186] So vor allem WAIBL, S. 37; DIES., NJW 1987, 1513 (1520); jeweils unter Bezugnahme auf die st. Rspr. des *BGH*; s.a. ESER/KOCH, MedR 1984, 6 (12) unter Hinweis auf *OLG Celle* (8.5.1978 - 1 U 37/77) (insoweit in NJW 1978, 1688 nicht abgedr.). – Zum Gesichtspunkt der fahrlässigen Beweisvereitelung s.a. *LG Aachen*, VersR 1989, 633 (L) (unterbliebene histologische Untersuchung nach Exzision von Tubenteilen); *OLG Köln*, VersR 1988, 43 (44) (unterbliebene histologische Untersuchung nach Tubektomie).

[187] Vgl. WAIBL *ibid.*

[188] *BGH*, NJW 1981, 2002 (arg. e § 282 BGB); *OLG Köln*, VersR 1988, 43 (arg. e § 362 BGB); s.a. *OLG Schleswig*, VersR 1987, 419 (420); *OLG Saarbrücken*, VersR 1988, 831; WAIBL, S. 38; DIES., NJW 1987, 1513 (1520); krit. FISCHER, JR 1981, 501 (503).

[189] Vgl. DEUCHLER, S. 105; SIGEL, S. 39f.; WAIBL, S. 43; DIES., NJW 1987, 1513 (1520); jeweils m.w.N. – Dagegen ist eine echte Umkehr der Beweislast in Anwendung des § 282 BGB umstritten (vgl. einerseits SIGEL, S. 40ff., andererseits WAIBL, S. 42f.; DIES., NJW 1987, 1513, 1520).

[190] Vgl. z.B. zur Sterilisation: *LG Freiburg*, NJW 1977, 340 (341); *OLG Karlsruhe*, NJW 1979, 599; *OLG Braunschweig*, NJW 1980, 643; zum Schwangerschaftsabbruch: *OLG Zweibrücken*, *MedR 1985*, 77 (78); *OLG Frankfurt*, VersR 1987, 416; VersR 1988, 637; s.a. DUNZ, LM § 276 BGB (Fc) Nr. 7 u. 8. – Gleiches gilt für Aufklärungsfehler i.w.S., insbes. für Beratungsfehler, vgl. z.B. *OLG Köln*, VersR 1987, 187.

[191] So auch DANNEMANN, VersR 1989, 676 (677).

damit regelmäßig an nur schwer zugänglicher Stelle befindet. In Betracht kommt hier ein operativer Eingriff oder eine ähnliche Nachuntersuchung (z.B. Laparoskopie) zum Zweck der Beweisfindung. Insbesondere in den Sterilisationsfällen, in denen die fehlerhafte Ausführung des Eingriffs den Klagevorwurf bildete, wurde ein Behandlungsfehler (z.B. Verwechslung einer Tube mit dem Mutterband) oftmals erst anläßlich einer weiteren Operation entdeckt.[192] Es kam allerdings auch vor, daß eine zu Beweissicherungszwecken geplante Inspektion der Eileiter im Zuge der Wiederholung des Eingriffs versäumt wurde.[193] In beiden Fallkonstellationen stellt sich die Frage, ob im anhängigen Arzthaftungsprozeß ein Antrag der Klägerin auf Einholung eines Sachverständigengutachtens zur Klärung des Vorwurfs zulässig ist.

Die Rechtsprechung[194] hat diese Frage wiederholt verneint, weil die zur Feststellung von Erfolg oder Mißerfolg der (ersten) Sterilisation notwendige Öffnung der Bauchhöhle (*Laparotomie*) einen großen operativen Eingriff bedeute, der mit erheblichen Risiken verbunden sei. Da das Gericht im prozessualen Erkenntnisverfahren keine Beweisanordnung treffen dürfe, die zu einer Lebensgefährdung der beweisbelasteten Prozeßpartei führen könne, entfalle eine entsprechende Beweisanordnung, selbst wenn sich die Klägerin zu einer solchen Operation bereit erklärt habe. Desgleichen sei eine Beweisanordnung unzulässig, die es der Klägerin überlasse, sich einer außerhalb des gerichtlichen Verfahrens durchzuführenden Operation zu unterziehen und deren Ergebnis mit Hilfe weiterer Beweismittel (Urkunde, sachverständige Zeugen, etc.) zu belegen, weil dadurch mittelbar Druck auf die Partei ausgeübt werde.[195]

3.1.3.2. Aufklärungsfehler i.w.S. (Warn-, Informations- und Beratungsfehler)

Vor ungleich größeren Schwierigkeiten steht ein Patient, der dem behandelnden Arzt vorwirft, ihn nicht bzw. nur unzureichend aufgeklärt, insbesondere vor dem der Operation immanenten Versagerrisiko gewarnt zu haben. Im Unterschied zu den Fällen, in denen es um den Vorwurf eines Behandlungsfehlers geht, steht hier von vornherein fest, daß sich ein derartiges Versäumnis nirgendwo manifestiert hat, d.h. im Nachhinein nicht mehr sinnlich wahrnehmbar ist. Damit muß auf die Aussagen des Patienten und des behandelnden Arztes, evtl. auch

---

[192] Vgl. z.B. *BGH*, BGHZ 76, 259 (260) (Gegenbsp.: *OLG Bremen*, VersR 1982, 959 – Behandlungsfehler verneint). – Vgl. zur makroskopischen Betrachtung von Eileitern nach Tubektomie: *OLG Köln*, VersR 1988, 43f.; *LG Aachen*, VersR 1989, 633 (jeweils Behandlungsfehler bejaht); *OLG Schleswig*, VersR 1987, 419 (420) (Behandlungsfehler verneint).

[193] Vgl. etwa *OLG Düsseldorf*, VersR 1985, 457f.

[194] *OLG Düsseldorf*, VersR 1985, 457 (458); VersR 1987, 412 (413); *OLG Saarbrücken*, VersR 1988, 831f.

[195] Ob von diesem Grundsatz in besonders gelagerten Fällen abgewichen werden kann, wurde offengelassen. Vgl. *OLG Saarbrücken ibid.* In diesem Fall hatte die Klägerin es versäumt, den zu Beweissicherungszwecken vorgenommenen Eingriff ohne jegliche Einschaltung der Justiz ausführen zu lassen und sodann den ausführenden Chirurgen als sachverständigen Zeugen in den Prozeß einzuführen.

seiner Gehilfen, zurückgegriffen werden. Je nach dem, wie lange der fragliche Eingriff zeitlich zurückliegt, werden sich alle Beteiligten nur noch bruchstückhaft an das Aufklärungsgespräch, geschweige denn an Details, erinnern können. Wessen Aussage das erkennende Gericht dann letztlich folgt, ist eine Frage der freien Beweiswürdigung (§ 286 Abs. 1 ZPO).

Ständige Praxis Mit Rücksicht auf sein insoweit schlechtes Gedächtnis kann sich der behandelnde Arzt auf den Standpunkt stellen, er habe auch in dem fraglichen Fall den Patienten gewarnt, weil er eine solche Warnung stets erteile. Soweit ersichtlich ist mit der Einhaltung der sog. ständigen Praxis bislang erst einmal argumentiert worden: So hatte in einem vom *OLG Frankfurt*[196] entschiedenen Fall der behandelnde Arzt ausgesagt, er kläre jede Patientin darüber auf, daß auch nach der Sterilisation eine weitere Schwangerschaft eintreten könne, weil hierzu eine strikte Anweisung von Seiten des beklagten Krankenhausträgers vorgelegen habe. Desgleichen hatte die Hebamme bekundet, daß es an dem Krankenhaus der Beklagten üblich sei, auf die Versagerquoten hinzuweisen. Mit der Begründung, es sei nicht anzunehmen, daß im Fall der betroffenen Eheleute anders verfahren worden sei, folgte das Gericht der Aussage des behandelnden Arztes trotz des entgegenstehenden Vortrags der klagenden Ehefrau, deren Erinnerungsvermögen wegen anderer, vorrangiger Ereignisse für nicht mehr unbeeinträchtigt gehalten wurde.

Einwilligungsformulare Im Zuge der allgemeinen Rationalisierung von Arbeitsabläufen verlangen Ärzte und Krankenhausträger heute von einem Patienten, der sich zwecks Sterilisation bzw. Schwangerschaftsabbruchs operieren lassen will, die Unterzeichnung eines „Merkblatts“ oder einer „Einwilligungserklärung“ mit dem formularmäßig enthaltenen Hinweis, daß in seltenen Fällen trotz des Eingriffs eine Schwangerschaft eintreten bzw. fortdauern kann.[197]

Mit der rechtlichen Bedeutung des vorformulierten Hinweises auf die Versagerquote hat sich die Rechtsprechung, soweit ersichtlich, bisher lediglich in den Sterilisationsfällen und dort auch nur am Rande beschäftigt: So sah das *OLG Hamm*[198] in einem 1984 entschiedenen Fall der fehlgeschlagenen Sterilisation einer Frau in der von beiden Ehegatten vor dem Eingriff unterzeichneten Erklärung mit dem ausdrücklichen Hinweis, daß „nur eine fast 100 %ige Sicherheit vor weiterer Schwangerschaft besteht“, ein gewichtiges Indiz für eine entsprechende Aufklärung, obwohl diese auf der Behandlungskarte nicht vermerkt war. Wenn auch der vorhergehende Halbsatz der Erklärung „dieser Eingriff [ist] nicht rückgängig zu machen“ dem Hinweis auf das Versagerrisiko möglicherweise widerspreche, sei es doch Sache der Eheleute gewesen, bei etwaigen Zweifeln nachzufragen; der Beklagte habe sie nicht von sich aus über Versagerquoten im

---

[196] *OLG Frankfurt*, VersR 1983, 879 (880).

[197] Vgl. zur Sterilisation z.B. SIGEL, Anh. zu § 2 (S. 8a ff.).

[198] *OLG Hamm*, r+s 1985, 216. Durch Beschl. v. 26.2.1980 (VI ZR 127/84) hat der *BGH* die Annahme der Revision abgelehnt.

einzelnen unterrichten müssen.[199] Die ältere Version einer Einwilligungserklärung lag der vom selben Senat[200] im Jahr 1988 gefällten Entscheidung zugrunde: Dort enthielt der Erklärungstext überhaupt keinen Anhaltspunkt dafür, daß auch über das Versagerrisiko gesprochen worden war. Nach Ansicht des Gerichts deutete der Hinweis, daß „eine Empfängnismöglichkeit nach dieser Operation nicht gegeben ist", eher darauf hin, daß eine Warnung vor der Gefahr einer erneuten Schwangerschaft unterblieben war. Demgegenüber hatten der beklagte Arzt und Krankenhausträger vorgetragen, seinerzeit noch Formulare verwendet zu haben, die das Aufklärungsgespräch nicht in allen Einzelheiten widergegeben, sondern den Schwerpunkt auf die Belehrung der betroffenen Eheleute über Art und Bedeutung ihres Entschlusses gelegt hätten; es sei aber auch damals schon das Versagerrisiko erwähnt worden. Mit der Begründung, diese Handhabung sei wegen der erst jüngst gestiegenen statistischen und forensischen Bedeutung der Sterilisation nicht völlig unwahrscheinlich, gelangte das Gericht auch in diesem Fall zu der Überzeugung, daß die notwendige Belehrung über das Versagerrisiko tatsächlich erteilt worden war, zumal eine entsprechende Anweisung vorgelegen habe.[201]

In der Lehre wird die Bedeutung von Freizeichnungsklauseln vornehmlich unter dem Gesichtspunkt der Haftungsbeschränkung diskutiert: Dabei ist man sich einig darüber, daß eine Begrenzung der Haftung des Arztes bzw. Krankenhausträgers nicht formularmäßig, sondern allenfalls individuell mit dem Patienten vereinbart werden kann.[202] Ob derartige einzelvertragliche Beschränkungen der Arzthaftung auf grobe Fahrlässigkeit zulässig sind, ist jedoch umstritten: Teilweise wird vermutet, daß ein Patient den behandelnden Arzt regelmäßig nicht von der Haftung für Fahrlässigkeit freistellen wollte.[203] Teilweise ist man auch der Auffassung, Freizeichnungsklauseln könnten hingenommen werden, soweit es nicht um grob fahrlässig verursachte Schäden an Leben und Gesundheit gehe, insbesondere lediglich bloße Vermögensinteressen bei nicht zu Heilzwecken indizierten Eingriffen betroffen seien. Denn zum einen sei hier nicht der traditionelle, in besonderem Maße vertrauensabhängige Bereich ärztlichen Handelns berührt; zum anderen handele es sich um mittelbare Schäden, bei denen eine Be-

---

[199] So i.E. auch die unveröffentl. Entscheidung des *OLG Schleswig* (1.3.1983 - 1 U 54/81), bei R/S, Rdnr. 626; a.A. die offenbar auf dem gleichen Einwilligungsformular beruhende Entscheidung des *LG Essen* (14.1.1985 - 4 O 448/84) (unveröffentl.), bei R/S, Rdnr. 632.

[200] *OLG Hamm*, VersR 1989, 1298 (1299).

[201] Zur Beweiswürdigung in solchen Fällen vgl. bereits *BGH*, NJW 1981, 2002 (2003f.). Wegen der gewachsenen Bedeutung der Sterilisation liegt es nach Ansicht des *BGH* für einen Arzt heute so nahe, sich seinen Hinweis auf die Versagerquote schriftlich bestätigen zu lassen, daß die Unterlassung dieser Vorsichtsmaßnahme ein Beweisanzeichen dafür sein könne, daß die Erfüllung dieser Nebenpflicht versäumt worden sei (*ibid* 2004); s.a. *OLG Schleswig*, VersR 1987, 419 (420); krit. FISCHER, JR 1981, 501 (503).

[202] So etwa DEUCHLER, S. 102f. m.w.N.; s.a. SIGEL, S. 30f., der seine Bedenken aus §§ 138, 242 BGB sowie § 11 Nr. 7 AGBG herleitet. – Das AGBG gilt auch für formularmäßige Aufklärungs- und Einverständniserklärungen, vgl. ERMAN/HANAU, § 611 BGB, Rdnr. 48; ULMER/BRANDNER/HENSEN, § 1 AGBG, Rdnr. 17; DEUTSCH, NJW 1982, 2585 (2588); NIEBLING, MDR 1982, 193.

[203] So DEUCHLER, S. 103.

schränkung der Haftung mit dem Ziel, das Schadenspotential überschaubar zu halten, einem beiderseitigen Interessenausgleich nicht zuwiderlaufen müsse.[204]

3.2 Englisches Recht

Unabhängig von der Haftungsgrundlage ist auch im englischen Recht eine Pflichtverletzung grundlegende Voraussetzung jeglicher ärztlichen Haftung für die unerwünschte Geburt eines gesunden Kindes.

3.2.1 Realtypen der ärztlichen Pflichtverletzung

Eine Analyse der einschlägigen Entscheidungen ergibt, daß Klagen wegen *wrongful conception* in der Regel[205] – wie im deutschen Recht – im wesentlichen aufgrund von vier verschiedenen Fallkonstellationen erhoben werden:[206]

3.2.1.1 Präoperative Beratung

Bereits die älteren Fälle *Waters*[207] und *Williams*[208] veranschaulichen auf eindrucksvolle Weise, daß der Arzt noch vor Durchführung des eigentlichen Eingriffs durch eine falsche oder unterlassene Beratung des Patienten fahrlässig handeln kann. Diese Konstellation hat in England am häufigsten zur Klageerhebung Anlaß geboten. Gleichzeitig waren die Patienten, die ihre Klage allein auf diesen Vorwurf stützten, am seltensten erfolgreich. Der Gegenstand der präoperativen Beratung variierte dabei wie folgt:

Immanente Risiken Oft enthielt der Arzt dem Patienten fahrlässigerweise eine Information vor, die für dessen Entscheidung über eine Einwilligung in die Operation von Bedeutung war. Hierzu zählte etwa das Versäumnis, den Patienten vor dem Risiko einer natürlichen Umkehrung des vorgenommenen Eingriffs zu warnen. So wurde in *Eyre*[209] über die Betonung der Irreversibilität der Sterilisation vergessen, die Patientin darüber hinaus auf die auch nach der Operation weiterbestehende, wenn auch seltene Möglichkeit des Eintritts einer Schwangerschaft aufmerksam zu machen. Ebensowenig wurde die Patientin in *Jones*[210] auf das selbst einer einwandfrei durchgeführten Sterilisation noch innewohnende geringe

---

[204] So ESER/KOCH, DÄBl. 78 (1981) 1673 (1676f.); vors. dagegen DIES., MedR 1984, 6 (13).
[205] Der bisher einzige Ausnahmefall *Danns v Dept of Health* ([1992] The Guardian 8 October, QB) soll an dieser Stelle außer Betracht bleiben.
[206] Vgl. GRUBB, Conceiving, S. 126ff.
[207] [1961] The Times 15 July, QB.
[208] (Unreported) 29 April 1977, QB (zit. nach GRUBB, Conceiving, S. 124, u. HORTON ROGERS (1985) 5 LS 296, 299).
[209] (Unreported) 3 July 1984, QB; *affd* [1986] 1 AllER 488, CA.
[210] (Unreported) [1986] QBD transcript 2 July, QB.

Risiko einer nachfolgenden Empfängnis hingewiesen. Vergleichbare Warnungen waren auch in *Gold*[211] und *Worster*[212] unterblieben.[213] Ähnlich lag auch der Fall *Thake*[214], in dem der Patient nicht vor der geringen Gefahr einer (Früh-) Rekanalisation der durchtrennten Samenleiter *(vas deferens)* gewarnt worden war.

Alternativen Gelegentlich bestand die Pflichtverletzung des Arztes auch darin, den Patienten nicht über alternative Methoden der operativen Empfängnisverhütung beraten zu haben, die nachweislich sicherer waren. So wurde in *Gold*[215] argumentiert, der Arzt habe die Patientin fahrlässigerweise nicht auf eine mögliche Vasektomie ihres Ehemannes hingewiesen, die eine geringere Versagerquote aufweise als die später tatsächlich vorgenommene (weibliche) Sterilisation. In *Palmer*[216] vertraten die Kläger die Ansicht, der Arzt habe den Patienten fahrlässigerweise nicht darüber beraten, daß einige Methoden der Vasektomie ihn eher dauerhaft zeugungsunfähig machten als andere.[217]

Vorsichtsmaßnahmen Im übrigen wurde dem Arzt vorgeworfen, den Patienten nicht angewiesen zu haben, bis zur Operation bestimmte Vorkehrungen gegen eine Empfängnis zu treffen. So wurde in *Venner*[218] u.a. behauptet, der Arzt habe es versäumt, die Patientin darauf hinzuweisen, daß sie und/oder ihr Ehemann andere Empfängnisverhütungsmittel anwenden sollten, sobald sie (weisungsgemäß) die „Pille“ abgesetzt hatte. Aufgrund der Beweisaufnahme sah Richter TUCKER es jedoch als erwiesen an, daß der Arzt eine entsprechende Warnung erteilt hatte.

3.2.1.2
Mißerfolg des Eingriffs

Manchmal hatte der Arzt auch den Eingriff selbst fahrlässig vorgenommen. So durchstach der behandelnde Arzt in *Sciuragia*[219], dem bislang einzigen (gerichtsbekannten) Fall eines mißlungenen Schwangerschaftsabbruchs in England, fahrlässigerweise nur die Gebärmutter umgebendes Gewebe oder außerhalb davon liegende Durchgänge und entfernte lediglich nicht-fötales Gewebe. In *Chaunt*[220] wurde statt des rechten Eileiters der Patientin ein anderes, ähnlich aussehendes

[211] [1987] 1 FLR 125, QB; *revd* [1987] 3 WLR 649, CA.
[212] [1987] QBD transcript 19 June, QB.
[213] In *Cronin* ([1987] 1 The Lancet 638, QB) wurde eine Klage wegen fehlgeschlagener Sterilisation abgewiesen, weil die Beweisaufnahme ergeben hatte, daß die Klägerin vor einem möglichen Mißerfolg der Operation gewarnt worden war (s.a. LEWIS, S. 222f.).
[214] [1986] 1 QB 644, QB & CA.
[215] [1987] 1 FLR 125, QB; *revd* [1987] 3 WLR 649, CA.
[216] (Unreported) 17 April 1986, QB; *affd* [1987] CA transcript 18 May, CA.
[217] Vgl. auch die kan. Entscheidung *Dendaas (Tylor) v Yackel* (1980) 109 DLR 3d 455, BC SC. In diesem Fall bestand die Pflichtverletzung des Arztes in dem Versäumnis, die Patientin darüber zu informieren, daß sich für sie ein Verfahren mit einer geringeren Versagerquote anbot.
[218] (Unreported) [1987] QBD transcript 19 February, QB.
[219] (1979) 123 SJ 406, QB; *revd in part* (unreported) [1980] CA transcript 24 July, CA.
[220] (1982) 132 NLJ 1054, QB.

Gebilde verödet. Ähnlich wurde in *Udale*[221] einer der beiden Clips an einem anderen Band als dem Eileiter angebracht, während der andere – wie sich später herausstellte – sogar frei in der Bauchhöhle herumwanderte.[222] Die Beklagten räumten dort das Vorliegen eines Behandlungsfehlers ebenso ein wie in *Emeh*[223], *Benarr*[224], *Robinson*[225] und (wohl auch) in *Cort*[226],[227]. In *Venner*[228] wurde u.a. behauptet, der Arzt habe im Anschluß an die Sterilisation fahrlässigerweise keine Dilatation & Kürettage vorgenommen. Weil zu diesem Zeitpunkt eine Schwangerschaft bereits eingetreten war (sog. Lutealphasen-Schwangerschaft)[229], der Arzt aber vor dem Eingriff eine Empfängnis hinreichend ausgeschlossen hatte, wurde ein Behandlungsfehler letztlich verneint.[230] Ein Behandlungsfehler wurde auch in *Allen*[231] verneint, wo sowohl die Dilatation & Kürettage als auch die anschließende Sterilisation kunstgerecht durchgeführt worden waren.[232]

3.2.1.3
Postoperative Untersuchung

Im Fall einer Vasektomie hat der Eingriff bekanntlich keine sofortige Wirkung, da auch nach der Operation noch für einige Zeit ein Restbestand von Spermien im Körper des Patienten verbleibt. Auch in England gehört es deshalb zur Routine ärztlicher Praxis, postoperativ den endgültigen Eintritt der Sterilität anhand von Proben der Samenflüssigkeit des Patienten sicherzustellen. Ähnlich kann es im Fall der Sterilisation einer Frau nach englischer Auffassung sorgfaltswidrig sein, entferntes Gewebe nicht darauf zu untersuchen, ob es tatsächlich von den Eileitern der Patientin stammt, oder bei Zweifeln über die richtige Befestigung eines Rings oder Clips kein Hysterosalpingogramm anzuschließen.[233] Das unter-

---

[221] [1983] 1 WLR 1098, QB.

[222] In *Williams* (1988) PMILL Vol. 4 No. 3, QB, hatte sich ebenfalls ein Clip von einem Eileiter der Patientin gelöst. Aus den Entscheidungsgründen geht allerdings nicht hervor, ob Haftungsgrund auch tatsächlich ein Behandlungsfehler war.

[223] [1983] The Times 3 January, QB; *revd* [1985] 1 QB 1012, CA.

[224] (Unreported) [1988] QBD transcript 27 April, QB.

[225] [1992] 3 Med LR 270, QB.

[226] [1993] The Times 8 April, QB.

[227] Vgl. auch die unveröffentl. Entscheidung *Morris v South Manchester Private Clinic*, 29 April 1986, QB (zit. nach GRUBB, Conceiving, S. 124 FN 25, 128 FN 51). In *Pattison v Dr Hobbs* ([1985] CA transcript 11 November, CA) bildete die sorgfaltswidrige Durchführung der Operation einen der gegen den behandelnden Arzt erhobenen Vorwürfe.

[228] (Unreported) [1987] QBD transcript 19 February, QB.

[229] Näher dazu Kap. 1.1.1.1 (S. 10), *supra*.

[230] Wohl deshalb wurde die Frage, ob für die Vornahme einer Dilatation & Kürettage die Bestimmungen des ABORTION ACT 1967 hätten erfüllt sein müssen, nicht mehr erörtert. Zust. etwa ARGENT (1985) 25 MedSci & Law 136 (141).

[231] [1992] 3 Med LR 257, QB.

[232] Da die Klägerin z.Z. der Operationen bereits schwanger war, lag der Fehler des behandelnden Arztes bereits in der unterbliebenen Diagnose der (ungewollten) Schwangerschaft. Insoweit unterscheidet sich dieser Fall von *Sciuragia* (1979) 123 SJ 406, QB; *revd in part* (unreported) [1980] CA transcript 24 July, CA.

[233] Vgl. ARGENT (1985) 25 MedSci & Law 136 (141); s.a. die kan. Entscheidung *Zimmer v Ringrose* (1981) 124 DLR 3d 215, Alta CA. In *McLennan* (unreported [1991] QBD transcript 24

suchte Fallmaterial hat bestätigt, daß sich ein Arzt einer *negligence* schuldig machen kann, wenn er diese Untersuchungen nicht oder nicht sorgfältig genug vornimmt.[234] Gleiches gilt in bezug auf den Schwangerschaftsabbruch für die Untersuchung des dem Körper der Patientin entnommenen Gewebes. So wurde dem behandelnden Arzt in *Sciuragia*[235] auch zum Vorwurf gemacht, das entfernte nicht-fötale Gewebe zwar als solches erkannt, es aber nicht weiter untersucht zu haben. Neben dem Einsenden des Gewebematerials zur mikroskopischen Untersuchung wird hier auch eine postoperative Ultraschalluntersuchung vorgeschlagen, die ausschließen soll, daß eine intakte Schwangerschaft weiterbesteht oder fötales Gewebe zurückgeblieben ist.[236]

3.2.1.4
Postoperative Beratung

Auch in England ist anerkannt, daß selbst nach einer Operation eine unterlassene oder mangelhafte Beratung noch eine Haftung des Arztes auslösen kann. Beispielsweise kann ein Arzt es versäumen, den Patienten darauf hinzuweisen, solange alternative Maßnahmen der Empfängnisverhütung anzuwenden, bis postoperative Spermientests negativ ausfallen. Sorgfaltswidrig kann auch die fälschliche Mitteilung des Arztes sein, die Spermientests seien negativ ausgefallen, wenn und soweit der Patient in dem Glauben entlassen wird, er sei zeugungsunfähig, und mit Rücksicht darauf keine weiteren Vorkehrungen gegen eine Empfängnis mehr trifft.[237] Schließlich kommt eine ärztliche Haftung in Betracht, wenn der Arzt den Patienten nicht über eingetretene Komplikationen des Eingriffs informiert, die möglicherweise eine postoperative Untersuchung erforderlich machen.[238]

3.2.2
Rechtliche Begründung der Haftung für eine Pflichtverletzung

Vor dem Hintergrund des allgemeinen Arzthaftungsrechts bieten sich im englischen Recht drei Haftungsgrundlagen an: Vertragsverletzung *(breach of con-*

September, QB) wurde die Nichtvornahme eines postoperativen Hysterosalpingogramms i.E. nicht als Behandlungsfehler gewertet, weil die Chirurgin davon überzeugt war, die HULKA-Clips an beiden Eileitern richtig befestigt zu haben.

[234] Vgl. etwa den Fall *Pattison* ([1985] CA transcript 11 November, CA), in dem der behandelnde Arzt u.a. die nicht ausreichende bzw. sorgfaltswidrige Vornahme von Spermientests im Anschluß an eine (fehlgeschlagene) Vasektomie vorgeworfen wurde. Aus verfahrensrechtlichen Gründen wurde in der Sache selbst keine Entscheidung getroffen.

[235] (1979) 123 SJ 406, QB; *revd in part* (unreported) [1980] CA transcript 24 July, CA.

[236] Vgl. BENDER (1984) 134 NLJ 952. Darüber hinaus empfiehlt sie eine präoperative Untersuchung in Form der Untraschalluntersuchung, die eine extra-uterine oder eine Zwillings- bzw. Mehrlingsschwangerschaft ausschließen und über die Darstellung des Schwangerschaftsstadiums die Abortmethode bestimmen helfen soll *(ibid)*.

[237] So lautete ein weiterer Vorwurf gegen den behandelnden Arzt im Fall *Pattison* ([1985] CA transcript 11 November, CA).

[238] Vgl. *McLennan* (unreported) [1991] QBD transcript 24 September, QB.

tract), Falschdarstellung *(misrepresentation)* und fahrlässige Schädigung *(negligence)*.

3.2.2.1 Vertragsverletzung (breach of contract)

Da die meisten Sterilisationen einfach durchzuführen und daher nicht kostenintensiv sind, gehören sie (obwohl selten vom Leistungskatalog der Krankenversicherungspolicen umfaßt) zu den häufigsten Operationen auf dem privaten Sektor der Krankenversorgung Englands.[239] Ähnliches mag für Schwangerschaftsabbrüche, zumindest in einem frühen Stadium der Schwangerschaft, gelten. Nicht selten werden aber auch *NHS*-Patienten wegen unzureichender Kapazitäten der *NHS*-Einrichtungen in Privatkliniken operiert und zahlen dafür dank einer privaten Zusatzkrankenversicherung *(budget scheme)*[240] nur einen geringen Beitrag *(Selbstbehalt)*, der nach englischem Recht jedoch bereits eine Gegenleistung *(consideration)* darstellt und somit zu einem Vertragsschluß führt.[241]

In rechtlicher Hinsicht bedeutet dies, daß bei einem Mißerfolg der Operation eine Schadensersatzklage ebenso auf *breach of contract* wie auf *negligence* gestützt werden kann, weil zwischen den Parteien ein Vertrag existiert.[242] Dabei hatten die englischen Richter gegen die Wirksamkeit des Behandlungsvertrags – anders als ihre deutschen Kollegen[243] – ausnahmslos keine Bedenken. In einigen Entscheidungen wurde denn auch der Schadensersatzanspruch entweder zusätzlich[244] oder sogar ausschließlich[245] vertraglich begründet. Deswegen gibt es bereits

---

[239] HORTON ROGERS (1985) 5 LS 296f.

[240] Näher hierzu STRIEGLER, Ärzteztg. v. 13.10.1994, S. 5.

[241] Vgl. etwa *Eyre* [1986] 1 AllER 488 (489g *per* Lordrichter SLADE), CA. Noch nicht abschließend geklärt ist die Frage, ob mit Rücksicht auf den fehlenden Heilcharakter solcher Operationen in einem solchen Fall ausnahmsweise auch vertragliche Beziehungen zwischen einem *NHS*-Patienten und seinem Arzt bestehen (so etwa ARGENT (1985) 25 MedSci & Law 136, 139; vors. dagegen LEWIS, S. 223), weil den *NHS* an sich nur die gesetzliche Pflicht trifft, einen umfassenden med. Dienst anzubieten, nicht aber speziell solche Operationen durchzuführen. Allg. zur vertraglichen Haftung des Arztes vgl. Kap. 2.1.2.1 (S. 61ff.), *supra*.

[242] Vgl. GRUBB, Conceiving, S. 131; DERS., 44 [1985] CLJ 30; HILLIARD (1985) 48 MLR 224 (225); HORTON ROGERS (1985) 5 LS 296 (297); SILVESTER (1986) 20 Law Teacher 204; STANTON PN 1 (1985) 49 (50).

[243] Ausf. dazu Kap. 3.1.2.1 (S. 138f.), *supra*.

[244] Vgl. z.B. *Waters* [1961] The Times 15 July, QB; *Thake* [1986] 1 QB 644, QB & CA; *Palmer* (unreported) 17 April 1986, QB; *affd* [1987] CA transcript 18 May, CA; s.a. *Pattison* [1985] CA transcript 11 November, CA. Ob dies auch in *Emeh* ([1983] The Times 3 January, QB; *revd* [1985] 1 QB 1012, 205, CA) der Fall war, läßt sich dem Urteil nicht eindeutig entnehmen (bejahend GRUBB 44 [1985] CLJ 30, wohl wegen einer Äußerung von Lordrichter SLADE; verneinend dagegen LEWIS, S. 223). In *Gold* ([1987] 1 FLR 125, QB; *revd* [1987] 3 WLR 649, CA) wurde der vertragliche Anspruch im Laufe des Prozesses nicht weiter verfolgt.

[245] Vgl. z.B. *Sciuragia* (1979) 123 SJ 406, QB; *revd in part* (unreported) [1980] CA transcript 24 July, CA; *Eyre* (unreported) 3 July 1984, QB; *affd* [1986] 1 AllER 488, CA, wo der deliktische Anspruch in der Berufungsinstanz nicht mehr aufrechterhalten wurde (*ibid* 495h *per* Lordrichter SLADE, CA). Zu den möglichen Ursachen vgl. LEWIS PN 2 (1986) 38 (39).

Stimmen in der Literatur, die eine gewisse Vorliebe der Kläger für den vertraglichen Anspruch festgestellt haben wollen.[246] Über die Ursache hierfür ist man sich uneinig: Teilweise wird der Rückgriff auf den Behandlungsvertrag damit erklärt, daß eine entsprechende Klagebegründung wegen ihres formelleren Charakters besonders fundiert wirke und deshalb vor Gericht mehr Erfolg verspreche.[247] Überwiegend wird der Grund für diesen Vorstoß in das Vertragsrecht jedoch darin gesehen, daß der Kläger den für einen Schadensersatzanspruch wegen *negligence* erforderlichen Nachweis einer Pflichtverletzung anhand des *Bolam*-Tests oftmals nicht hat erbringen können und deshalb über eine Auslegung des Behandlungsvertrags die Anwendung eines strengeren Sorgfaltsmaßstabs auf das ärztliche Verhalten erreichen wollte.[248]

Inhalt der Vertragspflichten (Problem des Sorgfaltsmaßstabs) In *Thake*[249] und *Eyre*[250] sind Versuche, die Klage vertraglich zu begründen, letztlich gescheitert. Beiden Fällen ist gemeinsam, daß die fraglichen Operationen zwar einwandfrei durchgeführt, die Patienten jedoch nicht über das geringe Risiko eines Mißerfolgs der Sterilisation (in *Eyre*) bzw. der Vasektomie (in *Thake*) aufgeklärt worden waren. Die Anwendung des *Bolam*-Tests hatte zu einer Verneinung nicht nur eines Behandlungsfehlers, sondern auch eines Aufklärungsfehlers geführt, weil zum fraglichen Zeitpunkt ein Teil der Ärzteschaft dem Patienten keinen entsprechenden Hinweis gegeben hätte.[251] Wohl deshalb versuchten beide Kläger über eine ausdrückliche (in *Thake*) bzw. stillschweigende (in *Eyre*) vertragliche (Zusatz-) Garantie eine ärztliche Pflicht zur Herbeiführung des Behandlungserfolgs zu begründen, der im konkreten Fall gerade ausgeblieben war. Dabei beriefen sie sich insbesondere auf eine Äußerung des jeweiligen Arztes, die Operation sei nicht mehr rückgängig zu machen („irreversible").

In *Thake* hatten die Kläger damit anfangs auch Erfolg: So entschied Richter PETER PAIN in erster Instanz den Fall allein auf vertraglicher Grundlage, indem er den Vertrag zwischen dem Beklagten und dem Erstkläger dahin auslegte, letzteren irreversibel zu sterilisieren. Zunächst stellte er fest, daß für die Auslegung nicht die subjektiven Vorstellungen der Parteien, sondern ein objektiver Maßstab ausschlaggebend sei.[252] Dann würdigte er eingehend zum einen die Erläuterung der Operation durch den Beklagten, die eigens von diesem angefertigte Skizze sowie seine zur Erklärung des Eingriffs verwendeten Gesten und zum anderen den Wortlaut des Einwilligungsformulars, das ohne eine gleichzeitige Warnung vor einem Mißerfolg die Irreversibilität des Eingriffs betonte. In ihrer Gesamtheit müßten diese Umstände, so der Tatrichter, zu der Annahme führen,

---

[246] So etwa HILLIARD (1985) 48 MLR 224 (225).

[247] So HILLIARD *ibid*; s.a. SAMUELS (1986) 26 MedSci & Law 39 (40).

[248] So LEWIS PN 2 (1986) 38 (39); STANTON PN 1 (1985) 49; s.a. SAMUELS *ibid.*

[249] [1986] 1 QB 644, QB & CA.

[250] (Unreported) 3 July 1984, QB; *affd* [1986] 1 AllER 488, CA.

[251] Vgl. LEWIS PN 2 (1986) 38 (39f).

[252] „... the test as to what the contract in fact was does not depend upon what the plaintiffs or the defendant thought it meant, but upon what the court objectively determines that the word used meant." Vgl. *Thake* [1986] 1 QB 644 (657D *per* Richter PETER PAIN), QB.

daß der Vertrag zum Inhalt hatte, den Erstkläger für immer zeugungsunfähig zu machen. Auch wenn Richter PETER PAIN betonte, die besonderen Umstände seien ausschlaggebend für den Ausgang des Rechtsstreits gewesen[253], läßt sich den Entscheidungsgründen entnehmen, daß er sich der rechtspolitischen Tragweite seines Urteils durchaus bewußt war.[254]

Daß Richter PETER PAIN für seine Entscheidung insoweit Kritik erntete,[255] hinderte Lordrichter KERR im Court of Appeal nicht daran, ihm jedenfalls in diesem Punkt zu folgen und damit den Fall abweichend von seinen beiden Richterkollegen NEILL und NOURSE zu entscheiden. Lordrichter KERR vertrat den Standpunkt, daß bei einer Vasektomie der Behandlungserfolg wegen seiner Abhängigkeit von der Heilung menschlichen Gewebes nicht auf Dauer ungewiß bleibe. Denn die Vasektomie sei der Art nach eher mit einer Amputation vergleichbar, die – einmal vorgenommen – nicht mehr zunichte gemacht werden könne. Darum hielt er auch ein *dictum* von Lordrichter DENNING (MR) in *Greaves & Co (Contractors) Ltd v Baynham, Meikle & Partners*, daß der Chirurg nicht garantiere, den Patienten zu heilen,[256] für nicht einschlägig. Denn diese Ansicht sei im Hinblick auf eine therapeutische Behandlung oder Operation, nicht jedoch im Zusammenhang mit amputationsähnlichen Eingriffen geäußert worden.[257] Die beiden übrigen Richter waren anderer Meinung und konnten damit diesen Teil der Entscheidung von Richter PETER PAIN aufheben: So widersprach Lordrichter NEILL der Annahme, daß, nur weil die Vertragsparteien übereinstimmend Sterilität als Folge der Operation erwarteten, dies notwendig bedeute, daß der Beklagte die Erfüllung dieser Erwartung ausdrücklich garantiere; mit Rücksicht auf die Unsicherheiten der medizinischen Kunst könne ein Patient im Normalfall von

---

[253] Die Besonderheit des Falls bestand darin, daß der Arzt offensichtlich zugegeben hatte, daß er zum Behandlungszeitpunkt eine Warnung vor dem Risiko einer späteren Rekanalisation als notwendig erachtete; seine Prozeßvertreter versuchten zwar noch, Sachverständigenbeweis zum Beweis des Gegenteils beizubringen, wurden damit aber wegen einer früheren Anordnung des Rechtspflegers *(Master)* vom Tatrichter (und später auch vom Court of Appeal) nicht mehr zugelassen. Vgl. dazu näher GRUBB 45 [1986] CLJ 197 (199); HORTON ROGERS (1985) 5 LS 296 (298); LEWIS (1986) 83 LS Gaz 2493f.; DERS., PN 2 (1986) 38 (39f.); DERS., (1984) 81 LS Gaz 1827 (1829); NORRIE 1986 SLT 145 (146); SILVESTER (1986) 20 Law Teacher 204 (205).

[254] So bekannte er: „I have hesitated before arriving at this conclusion. It is a decision which surgeons will regard with alarm. I accept that they would not deliberately guarantee any result which depended on the healing of human tissue; but there is no reason in law why a surgeon should not contract to produce such a result. I have to ascertain what the terms of the contract were upon the unusual facts of this case. I have been driven ... to the conclusion that the contract was to make the male plaintiff irreversibly sterile." Vgl. *Thake* [1986] 1 QB 644 (658B–C *per* Richter PETER PAIN), QB.

[255] Krit. z.B. GRUBB 44 [1985] CLJ 30f.; LEWIS (1984) 81 LS Gaz 1827 (1829); NORRIE 1986 SLT 145; O'NEILL (1985) 5 Auckland ULR 180 (196); zust. dagegen HORTON ROGERS (1985) 5 LS 296 (298f.).

[256] „The surgeon does not warrant that he will cure the patient." Vgl. *Greaves & Co (Contractors) Ltd v Baynham, Meikle & Partners* [1975] 3 AllER 99 (103f. *per* Lordrichter DENNING), CA.

[257] „That was said in the context of treatment or an operation designed to cure, not in the context of anything in the nature of an amputation." Vgl. *Thake* [1986] 1 QB 644 (678F *per* Lordrichter KERR), CA.

einem Arzt vernünftigerweise keine Erfolgsgarantie erwarten.[258] In ähnlicher Weise argumentierte Lordrichter NOURSE, der im übrigen die Vasektomie, die als neuere Operationsform noch den üblichen medizinischen Unwägbarkeiten unterliege, der hinlänglich bekannten und vergleichsweise technisch ausgereiften Amputation gegenüberstellte, deren sicherer Erfolg allgemein bekannt sei.[259] *Obiter* stellte er abschließend fest, daß kein Arzt objektiv dahingehend verstanden werden könne, den Erfolg irgendeiner Operation oder Behandlung zu garantieren, solange er dies nicht unmißverständlich zum Ausdruck bringe.[260]

Im wesentlichen folgte das Gericht damit seiner Entscheidung im Fall *Eyre*, die es bereits einen Monat zuvor gefällt hatte. Der Wortlaut des Einwilligungsformulars beschränkte sich hier zwar nicht auf den Hinweis, daß es Ziel der Operation sei, den Patienten „sterile and incapable of parenthood"[261] zu machen, sondern erklärte immerhin zusätzlich, daß der fast 100%-ige Erfolg der Operation nicht garantiert werden könne.[262] Indessen mußte sich das Gericht auch hier zunächst mit der Frage befassen, ob der behandelnde Arzt wegen der Betonung

[258] „Both the plaintiffs and the defendant expected that sterility would be the result of the operation and the defendant appreciated that that was the plaintiffs' expectation. This does not mean, however, that a reasonable person would have understood the defendant to be giving a binding promise that the operation would achieve its purpose or that the defendant was going further than to give an assurance that he expected and believed that it would have the desired result. Furthermore, I do not consider that a reasonable person would have expected a reasonable medical man to be intending to give a guarantee. Medicine, though a highly skilled profession, is not, and is not generally regarded as being, an exact science. The reasonable man would have expected all the proper skill and care of a surgeon in that speciality; he would not in my view have expected the defendant to give a guarantee of 100 per cent 'success'." *Ibid* 685D–F.

[259] „I do not suppose that a reasonable person standing in the position of the plaintiffs would have known that a vasectomy is an operation whose success depends on a healing of human tissue which cannot be guaranteed. To suppose that would be to credit him with an omniscience beyond all reason. But it does seem to me to be reasonable to credit him with more general knowledge that in medical science all things, or nearly all things, are uncertain. That knowledge is part of the general experience of mankind, and in my view it makes no difference whether what has to be considered is some form of medical or surgical treatment or the excision, apparently final, of a section of the vas. Doubtless the general experience of mankind will acknowledge the certainty that a limb, once amputated, has gone forever. ... But where an operation is of an modern origin, its effects untried over several generations, would a reasonable person, confronted even with the words and demonstrations of the defendant in this case, believe that there was not one chance in ten thousand that the object would not be achieved? I do not think that he would." *Ibid* 686G–687C.

[260] „... a doctor cannot be objectively regarded as guaranteeing the success of any operation or treatment unless he says as much in clear and unequivocal terms." *Ibid* 688A.

[261] Der Text der Einwilligungserklärung lautete vollständig: „Consent for primary sterilisation – I, ... of ..., being over the age of 21 years hereby consent to undergo the operation of vasectomy, the nature of which has been explained to me by ... I have been told that the object of the operation is to render me sterile and incapable of parenthood. I understand that the effect of the operation is irreversible. I also consent to the administration of a local or other anaesthetic." *Ibid* 654D–F.

[262] „The purpose of the operation is to render me sterile and although it is nearly 100 per cent successful, I appreciate that this cannot be guaranteed. It may not be possible to reverse the operation." *Ibid* 678G–H.

der Irreversibilität des Eingriffs und der fehlenden Warnung vor einem möglichen Mißerfolg der Operation den Eintritt der Sterilität ausdrücklich garantiert hatte. Der Court of Appeal verneinte dies einstimmig und bestätigte damit die Entscheidung von Richter FRENCH in erster Instanz. In seinem die Urteilsbegründung tragenden Votum definierte Lordrichter SLADE zunächst den Vertragsinhalt. Die klägerische Behauptung, die Patientin sollte irreversibel steril gemacht werden, hielt er für unhaltbar.[263] Stattdessen vertrat er die Ansicht, daß der Vertrag nur die Durchführung einer laparoskopischen Sterilisation beinhaltet habe. Wenn der Vertrag darüber hinaus auch die Sterilisierung der Klägerin zum Gegenstand gehabt hätte, so Lordrichter SLADE, hätte der Arzt auch eine Hysterektomie (d.h. eine Entfernung der Gebärmutter) vornehmen dürfen, selbst wenn die Patientin nur in die Blockierung ihrer Eileiter eingewilligt hätte. Da dies nicht rechtmäßig sein könne, sei der Vertrag nur darauf gerichtet gewesen, eine laparoskopische Sterilisation durchzuführen. Aus dem gleichen Grund habe der Arzt auch keine entsprechende ausdrückliche Garantie *(express warranty)* abgegeben. Das Wort „irreversible" bedeute einzig und allein, daß die Operation chirurgisch unumkehrbar sei, nicht jedoch, daß der Erfolg garantiert eintrete.[264] Das besondere Interesse von Lordrichter SLADE galt dann der Frage, ob zusätzlich nicht wenigstens eine gleichlautende stillschweigende Garantie abgegeben worden war. Da ein verantwortungsvoller Arzt das Ergebnis einer Operation kaum garantieren wolle, sei jedoch mangels jeglicher ausdrücklicher Garantie *(express warranty)* die einzige stillschweigende Garantie *(implied warranty)* diejenige gewesen, die Operation sorgfältig und kunstgerecht auszuführen.[265] Abschließend gab Lordrichter SLADE Patienten den Rat, eigens nach einer ausdrücklichen Garantie zu fragen, falls sie eine solche wünschten.[266]

Abgesehen von Ausnahmefällen besteht damit nach der Rechtsprechung sachlich kein Unterschied zwischen der vertraglichen und der deliktischen Pflicht

---

[263] Zit. nach GRUBB 45 [1986] CLJ 197 (198).

[264] „... I take the reference to irreversibility as simply meaning that the operative procedure in question is incapable of being reversed, that what is about to be done cannot be undone. I do not think it can reasonably be construed as a representation that the operation is bound to achieve its acknowledged object, which is a different matter altogether." Vgl. *Eyre* [1986] 1 AllER 488 (494b), CA.

[265] „... in my opinion in the absence of any express warranty, the court should be slow to imply against a medical man an unqualified warranty as to the results of an intended operation, for the very simple reason that, objectively speaking, it is most unlikely that a responsible medical man would intend to give a warranty of this nature. Of course, objectively speaking, it is likely that he would give a guarantee that he would do what he had undertaken to do with reasonable care and skill; but it is quite another matter to say that he has committed himself to the extent suggested in the present case." *Ibid* 495f–g; s.a. *Palmer* (unreported, 17 April 1986, QB; *affd* [1987] CA transcript 18 May, CA), wo der beklagte Arzt behauptet hatte, gewöhnlich keine Garantie abzugeben.

[266] „I am afraid that, in my view, if they had wanted a guarantee of the nature which they now assert, they should have specifically asked for it." *Ibid* 495j–496a. – Zur vergleichbaren Rechtslage in Schottland vgl. *Pollock v Lanarkshire HB* [1987] The Times 6 January; *Lindsay v Greater Glasgow HB* [1990] The Scotsman 14 March; *Jones v Lanarkshire HB* 1990 SLT 19; MASON & MCCALL SMITH, S. 84.

eines Arztes, die beide zum Inhalt haben, standardgemäßes Wissen und Können auszuüben. Dies wird von der Literatur vor allem deshalb begrüßt, weil dadurch im Ergebnis *NHS*- und Privatpatienten rechtlich gleichbehandelt werden.[267]

Adressaten der Vertragspflichten (Problem der Aktivlegitimation) Während damit die vertragliche Sorgfaltspflicht des Arztes ihrem Inhalt nach feststeht, ist weiterhin offen, welcher Personenkreis – vom Patienten selbst abgesehen – die Einhaltung dieser Sorgfaltspflicht beanspruchen kann. Die Fülle denkbarer Fallkonstellationen gibt Anlaß zu vielfältigen rechtlichen Überlegungen[268], die jedoch mangels Bestätigung durch die Rechtsprechung reine Spekulation bleiben müssen. Doch selbst das wenige vorhandene Fallmaterial enthält nicht immer eine befriedigende Begründung für die Reichweite der vertraglichen Sorgfaltspflicht im konkreten Fall:

So konnten in *Thake*[269] offensichtlich beide Eheleute aus Vertrag klagen. Als Vertragspartner des behandelnden Arztes, Mr Maurice, wurde nämlich nicht nur Mr Thake betrachtet. Vielmehr befand Richter PETER PAIN ohne große Schwierigkeiten, daß auch dessen Ehefrau Vertagspartei sei. Infolgedesssen bekam auch Mrs Thake Schadensersatz für ihren Verdienstausfall zugesprochen. Die vertragliche Einbindung wurde dabei anscheinend über die von Mrs Thake unterzeichnete Einwilligungserklärung vorgenommen. Dies verwundert insofern, als auch in England die Erlaubnis des Ehegatten des Patienten zu Operationen an den Fortpflanzungsorganen nur aus Rücksichtnahme auf die ehelichen Beziehungen eingeholt wird.[270] Demnach brauchte sich der Arzt eigentlich nicht als Vertragspartner von Mrs Thake zu betrachten. Anders sah es dagegen der Court of Appeal: Er lehnte zwar den vom Tatrichter definierten Inhalt der Sorgfaltspflicht ab, wandte sich aber nicht gegen den durch das Einwilligungsformular gezogenen Adressatenkreis.

Wieviel manchmal von der Fiktion eines Vertrags zwischen dem behandelnden Arzt und dem Partner des Patienten abhängen kann, zeigt sich besonders deutlich an der Entscheidung in *Sciuragia*[271]. Der ungewöhnliche Aspekt dieses Falls, nämlich daß kein Kindesunterhalt eingeklagt worden war, erklärt sich daraus, daß bereits ein Unterhaltsurteil gegen den Kindesvater ergangen war. Damit mußte der nichteheliche Partner der Patientin für die vom Arzt begangene Vertragsverletzung finanziell einstehen. Wäre er gebeten worden, ein Einwilligungsformular zu unterzeichnen, hätte auch er vermutlich wegen Vertragsverletzung klagen können. Jedoch ist es auch in England nicht üblich, die Ein-

[267] Vgl. GRUBB, Conceiving, S. 132; DERS., 45 [1986] CLJ 197 (200); DERS., 44 [1985] CLJ 30 (31); s.a. HORTON ROGERS (1985) 5 LS 296 (297); SILVESTER (1986) 20 Law Teacher 204 (205).

[268] Vgl. z.B. HORTON ROGERS (1985) 5 LS 296 (309ff.), die das Problem der Aktivlegitimation im Zusammenhang mit der Verjährungsfrage untersucht.

[269] [1986] 1 QB 644, QB & CA.

[270] Vgl. ARGENT (1985) 25 MedSci & Law 136 (141); HILLIARD (1985) 48 MLR 224 (226); s.a. HAWKINS, S. 203f.

[271] (1979) 123 SJ 406, QB; *revd in part* (unreported) [1980] CA transcript 24 July, CA.

willigung des Vaters einzuholen, wenn das Paar unverheiratet ist und getrennt lebt. Auch wenn die Einwilligung eines Ehemannes für den Abbruch einer Schwangerschaft rountinemäßig eingeholt wird,[272] ist Sinn dieser Übung – wie bei der Sterilisation – vor allem der Schutz guter Familienbeziehungen.[273] Daß die Unterscheidung von der Einhaltung bestimmter Formalitäten abhängen soll, die bis vor kurzem keinem anderen Zweck als der Rücksichtnahme auf zwischenmenschliche Beziehungen dienten, stößt in der Lehre (wohl zu Recht) auf Unverständnis.[274]

In den übrigen Entscheidungen wurde, soweit ersichtlich, für die Einbeziehung des Partners in den Behandlungsvertrag ebensowenig eine Begründung geliefert[275] wie für dessen Ausschluß.[276]

Gerichtlich ungeklärt ist auch das verwandte Problem, ob der Patient als Vertragspartei ebenso den Schaden des nicht in den Behandlungsvertrag einbezogenen Partners geltend machen kann. Soweit die Frage der Prozeßstandschaft in der Literatur überhaupt Beachtung gefunden hat, wird sie für Ehepaare (wie in *Eyre*) bejaht, dagegen für unverheiratete und getrennt lebende Paare (wie in *Sciuragia*) verneint.[277] Dabei wird bei einem Ehepaar teilweise die Vornahme etwa einer Vasektomie des Mannes als „häusliche Angelegenheit" gewertet, die im Vertragsrecht besonders beurteilt werde, nämlich ähnlich der Buchung eines Familienurlaubs oder der Bestellung von Mahlzeiten für die Familie im Restaurant.[278] Teilweise wird in einem solchen Fall auch angenommen, daß etwa der Mann mit Rücksicht auf die Schwangerschaft seiner Ehefrau Schadensersatz unter dem Gesichtspunkt medizinischer Ausgaben, also letztlich seiner gegenüber der Frau bestehenden Unterhaltspflicht, verlangen könne.[279] Dagegen wird bei einem unverheirateten und getrennt lebenden Paar vermutet, daß die als konservativ geltenden Richter Englands einem Mann, der ein illegitimes Kind gezeugt hat, kaum entgegenkommen und daher keine Notwendigkeit für eine abweichende Beurteilung seines Falls sehen werden.[280]

---

[272] Vgl. die Nachw. bei HILLIARD (1985) 48 MLR 224 (226 FN 8).

[273] *Ibid.*

[274] Vgl. HILLIARD (1985) 48 MLR 224 (226); s.a. SILVESTER (1986) 20 Law Teacher 204 (205).

[275] Vgl. *Waters* [1961] The Times 15 July, QB; *Pattison* [1985] CA transcript 11 November, CA; *Palmer* (unreported) 17 April 1986, QB; *affd* [1987] CA transcript 18 May, CA.

[276] Vgl. *Eyre* (unreported) 3 July 1984, QB; *affd* [1986] 1 AllER 488, CA.

[277] Vgl. HILLIARD (1985) 48 MLR 224 (226f.); HORTON ROGERS (1985) 5 LS 296 (310ff.); s.a. LEWIS (1981) 78 LS Gaz 827.

[278] So HILLIARD *ibid* unter Bezugnahme auf Lordrichter WILBERFORCE in *Woodwar Investment Development Ltd v Wimpey Construction UK Ltd* [1980] 1 WLR 227, CA. HILLIARD verneint indessen einen Schaden der Geschwister, weil deren etwaiger Verlust an Bequemlichkeit und Aufmerksamkeit letztlich durch die Vorteile des Familienzuwachses ausgeglichen würden; vors. auch SILVESTER (1986) 20 Law Teacher 204 (205); s.a. LEWIS *ibid.*

[279] So HORTON ROGERS (1985) 5 LS 296 (310), die aber gleichzeitig darauf hinweist, daß es selten darauf ankommt, da die Frau solche Ausgaben aus eigenem Recht einklagen kann.

[280] So HILLIARD (1985) 48 MLR 224 (227), die sich außerdem auf die Entscheidung des House of Lords in *Woodwar* a.a.O. (Anm. 278) beruft, in der das Votum von Lordrichter DENNING in *Jackson v Horizon Holidays Ltd* ([1975] 1 WLR 1468, CA), daß ein Kläger auch den Schaden

3.2.2.2
Falschdarstellung (misrepresentation)

In konsequenter Fortführung ihrer Rechtsprechung zur vertraglichen Haftungsgrundlage wiesen die englischen Gerichte auch das Argument zurück, daß wegen der fehlenden absoluten Sicherheit des Eingriffs der Gebrauch des Wortes „irreversible" bedeute, die Wirkung der Maßnahme gegenüber dem Patienten falsch darzustellen:

In *Gold* hatte Richter SCHIEMANN in erster Instanz ohne weitere Begründung festgestellt, daß die Beklagten der Klägerin fälschlicherweise erklärt hatten, die Operation mache sie dauernd unfruchtbar.[281] Der Court of Appeal hob auch diesen Teil der Entscheidung kurzerhand auf. In seinem das Urteil tragenden Votum, dem sich seine beiden Richterkollegen WATKINS und STEPHEN BROWN anschlossen, entschied Lordrichter LLOYD, daß diese Feststellung nur aufrechterhalten werden könne, wenn das Gericht sie aus der ärztlichen Beschreibung der Operation als „irreversible" folgern könne, was aber im Lichte der Entscheidung im Fall *Eyre*[282] kaum möglich sei. Einen ähnlichen Lösungsweg beschritt Richter GARLAND in *Worster v City and Hackney HA*[283], als er es ablehnte, das Einwilligungsformular mit dem Wortlaut „... we understand that [the operation of sterilisation] means we can have no more children" als Versprechen der (nicht zu garantierenden) Unfruchtbarkeit zu deuten. Stattdessen hielt er den herkömmlichen Sinn einer solchen Einwilligungserklärung auch im konkreten Fall für zutreffend.[284]

Falls der behandelnde Arzt nicht eindeutig gelogen oder einen unerreichbaren Erfolg der Operation garantiert hat, bietet die Falschdarstellung als Haftungsgrundlage in Fallkonstellationen der vorliegenden Art anscheinend nur wenig Aussicht auf Erfolg.[285]

3.2.2.3
Fahrlässige Schädigung (negligence)

Adressaten der Sorgfaltspflichten (Problem der Aktivlegitimation – duty of care) Ausgangspunkt der ärztlichen Haftung aus *negligence* ist eine gegenüber dem Kläger bestehende Sorgfaltspflicht *(duty of care)*. In den untersuchten Entscheidungen stellte dieses Tatbestandsmerkmal der *negligence* nie ein Problem dar.

---

eines Dritten einklagen könne, nachdrücklich abgelehnt worden ist. Skeptisch auch HORTON ROGERS (1985) 5 LS 296 (310 FN 82 a.E.) u. LEWIS (1981) 78 LS Gaz 827.

[281] Vgl. Abschn. 7A der abgeänderten Klageschrift ([1987] 1 FLR 125, 140D E, QB).

[282] (Unreported) 3 July 1984, QB; *affd* [1986] 1 AllER 488, CA.

[283] [1987] QBD transcript 19 June, QB.

[284] Der Richter stellte nämlich fest, daß „It is essentially a consent to an operation intended to produce sterilisation with an acknowledgement that the intended effect was that the plaintiff and her husband could not have any more children." *Ibid.*

[285] So auch GRUBB, Conceiving, S. 132.

In den meisten Fällen hatte allein der betroffene Patient Klage erhoben.[286] Daß der Arzt ihm gegenüber eine *duty of care* schuldete, wurde nicht näher erörtert, sondern lag (wohl unter stillschweigender Berufung auf die Grundsätze des allgemeinen Arzthaftungsrechts[287]) den weiteren Erörterungen wie selbstverständlich zugrunde. Ebensowenig wurde in den übrigen Fällen, in denen neben dem Patienten auch dessen (Ehe-) Partner geklagt hatte, der Adressatenkreis der *duty of care* problematisiert.[288] Sofern man sich in der Lehre überhaupt der Frage widmet, ob der Arzt bei einer Sterilisation oder einem Schwangerschaftsabbruch auch dem (Ehe-) Partner des Patienten gegenüber eine *duty of care* schuldet, fallen die Antworten hierauf durchaus unterschiedlich aus, ohne daß eine Begründung hierfür geliefert wird.[289]

Nach dem früheren *leading case Anns v London Borough of Merton*[290] setzte das Bestehen einer Sorgfaltspflicht zunächst ein ausreichend enges Verhältnis, eine sog. Beziehung der Nähe *(proximity)* oder Nachbarschaft *(neighbourhood)*, zwischen dem (Ehe-) Partner des Patienten und dem Arzt voraus, die diesen vernünftigerweise in Betracht ziehen lassen mußte, durch ein sorgfaltswidriges Verhalten auch den Partner des Patienten in seinen geschützten Interessen verletzen zu können. Außerdem durften keine Gründe des öffentlichen Interesses *(public policy)* vorliegen, nach denen die Reichweite der *prima facie* geschuldeten *duty of care* zu verneinen oder einzuschränken war. Vor diesem Hintergrund wurde der Fall einer sorgfaltswidrig durchgeführten Vasektomie, die in einer Schwangerschaft und damit einer Körperverletzung der Partnerin des Patienten resultiert, als weniger problematisch eingestuft als der umgekehrte Fall einer fehlgeschlagenen (weiblichen) Sterilisation, die den Partner der Patientin ledig-

[286] So in *Claver v South West Middlesex HMC* [1972] The Times 24, January, QB; s.a. *Williams* (unreported) 29 April 1977, QB; *Chaunt* (1982) 132 NLJ 1054, QB; *Udale* [1983] 1 WLR 1098, QB; *Emeh* [1983] The Times 3 January, QB; *revd* [1985] 1 QB 1012, CA; *Eyre* (unreported) 3 July 1984, QB; *affd* [1986] 1 AllER 488, CA; *Jones* (unreported) [1986] QBD transcript 2 July, QB; *Venner* (unreported) [1987] QBD transcript 19 February, QB; *Cronin* [1987] 1 The Lancet 638, QB; *Gold* [1987] 1 FLR 125, QB; *revd* [1987] 3 WLR 649, CA; *Williams* (1988) PMILL Vol. 4 No. 3, QB; *Keane* (1989) PMILL Vol. 5 No. 2, QB; *McLennan* (unreported) [1991] QBD transcript 24 September, QB; *Allen* [1992] 3 Med LR 257, QB; *Beal* (unreported) 1 October 1991, QB; *Robinson* [1992] 3 Med LR 270, QB; *Cort* [1993] The Times 8 April, QB; *Gowton* [1994] The Daily Telegraph 10 March, QB (zit. nach (1994) LR & I No. 45); *Walkin* (unreported) 20 May 1994, QB.

[287] Vgl. hierzu Kap. 2.1.2.3 (S. 67), *supra*.

[288] So in *Waters* [1961] The Times 15 July, QB; *Thake* [1986] 1 QB 644, QB & CA; *Palmer* (unreported) 17 April 1986, QB; *affd* [1987] CA transcript 18 May, CA; *Benarr* (unreported) [1988] QBD transcript 27 April, QB; in *Goodwill v British Pregnancy Advisory Services* ([1996] The Times 29 January, CA) wurde die Klage einer späteren Lebensgefährtin des Patienten, der nach einer ordnungsgemäß durchgeführten Vasektomie infolge einer (Spät-) Rekanalisation seiner Samenleiter wieder zeugungsfähig wurde, mit der Begründung abgewiesen, daß die Klägerin zum Zeitpunkt des Eingriffs noch nicht mit dem Patienten zusammengelebt und deshalb die Beklagte ihr gegenüber auch keine *duty of care* geschuldet habe.

[289] Bejahend HORTON ROGERS ((1985) 5 LS 296, 312f.), die insoweit auch nicht mehr zwischen verheirateten und unverheirateten Paaren differenziert; s.a. GIESEN, MML, Rdnr. 120, 124; verneinend dagegen generell LEWIS (1981) 78 LS Gaz 827.

[290] [1978] AC 729, HL.

lich finanziell belastet.[291] Sofern sich der Schaden des Partners auf einen reinen Vermögensschaden *(pure economic loss)* wie den Kindesunterhalt beschränkt, stand der Annahme einer *duty of care* entgegen, daß ein rein wirtschaftlicher Verlust – anders als Substanzschäden an Personen oder am Eigentum *(physical harm)* – nie irreparabel ist. Zu einem anderen Ergebnis konnte man nur gelangen, wenn man das Verhältnis zwischen Partner und Arzt als derart eng wertete, daß es einer vertraglichen Beziehung gleichkam („as close as it could be short of privity of contract"),[292] also wenn auch der Partner dem Arzt das für ein Vertragsverhältnis typische Vertrauen entgegenbrachte. Gerade bei der Vornahme einer Sterilisation oder der Durchführung eines Schwangerschaftsabbruchs sprechen hierfür gute Gründe, da solche Maßnahmen der Familienplanung und Geburtenregelung, zumindest in einer intakten (ehelichen oder nichtehelichen) Beziehung, auch für den nur indirekt betroffenen Partner bedeutsam sind. Letztlich reduzierte sich nach der früheren Rechtsprechung somit die Entscheidung, ob den Arzt auch gegenüber dem (Ehe-) Partner des Patienten eine *duty of care* trifft, durch die Notwendigkeit rechtspolitischer Erwägungen auf eine bloße Wertungsfrage, deren Beantwortung durch die Gerichte im Einzelfall völlig offen war. Dies erklärt vielleicht die Zurückhaltung der Lehre bei der Erörterung dieses Problems. Da die Bedeutung des neuen *leading case Murphy v Brentwood DC*[293] für das allgemeine Arzthaftungsrecht eher als gering eingestuft wird,[294] hält die diesbezügliche Rechtsunsicherheit leider an.[295]

Inhalt der Sorgfaltspflichten (Problem des Sorgfaltsmaßstabs – breach of duty)
Im Rahmen des Tatbestands der *negligence* ist weiter erforderlich, daß der Arzt seine gegenüber dem Kläger bestehende Sorgfaltspflicht verletzt hat *(breach of duty)*. Diese Frage stand regelmäßig im Mittelpunkt der analysierten Entscheidungen, denen eine Klage wegen *negligence* zugrundelag. Die Gerichte beantworteten sie im Ergebnis unter Berücksichtigung des zur Behandlungszeit geltenden medizinischen Standards und wandten damit (ausdrücklich oder stillschweigend) den im englischen Arzthaftungsrecht allgemein anerkannten *Bolam*-Test an. Dabei maß die Rechtsprechung der vom medizinischen Sachverständigen ermittelten ärztlichen Praxis stets die gleiche Bedeutung bei, ohne weiter zwischen Behandlungs- und Aufklärungsfehlern zu unterscheiden. Deshalb hing der Ausgang des Rechtsstreits letztlich davon ab, ob der (i.d.R. vom Beklagten bestellte) Sachverständige bestätigen konnte, daß der behandelnde Arzt in Übereinstimmung mit einer medizinisch anerkannten Praxis gehandelt hatte.

---

[291] HORTON ROGERS (1985) 5 LS 296 (312f.); s.a. *Goodwill v British Pregnancy Advisory Services* a.a.O. (Anm. 288).

[292] *Leading case* ist *Junior Books Ltd v Veitchi Co Ltd* [1983] AC 520, HL (Sc).

[293] [1991] 1 AC 398, HL.

[294] Vgl. *Burton v Islington HA* [1991] 1 AllER 825 (830g–h *per* Richter POTTS), QB; CLERK & LINDSELL, paras. 10.06 (a.E.), 10.08, 10.16; jeweils m.w.N.; s.a. GIESEN, ZVglRWiss 91 (1992) 43 (54 FN 75 a.E.).

[295] Allg. krit. zum unvorhersehbaren Ausgang eines Berufshaftungsprozesses STANTON (1991) 44 CLP 83 (88).

Als von Anfang an unproblematisch erwies sich diese Vorgehensweise im Bereich der *treatment malpractice*. Hier verzichtete man sogar auf die Einholung eines Sachverständigengutachtens, wenn ein ärztlicher Sorgfaltsverstoß offensichtlich war oder der beklagte Arzt den behaupteten Behandlungsfehler eingeräumt hatte.[296] Dagegen blieb der Sachverständigenbeweis unerläßlich in den übrigen Fällen, denen allesamt kompliziertere Sachverhalte zugrundelagen:

So bildete der Schwerpunkt des Klagevorwurfs in *Venner*[297] die Behauptung, der Arzt habe die Vornahme einer Dilatation & Kürettage im Anschluß an die Sterilisation sorgfaltswidrig unterlassen. Richter TUCKER konnte jedoch einen Behandlungsfehler verneinen, weil der Sachverständigenbeweis zugunsten des Beklagten ausfiel. Danach gab es z.Z. der Behandlung eine medizinisch anerkannte Praxis, der zufolge eine Dilatation & Kürettage nach einer Sterilisation nur vorgenommen wurde, falls eine zwischenzeitliche Empfängnis nicht ausgeschlossen werden konnte. Im konkreten Fall hatte die Beweisaufnahme aber ergeben, daß der behandelnde Arzt hinreichende Vorkehrungen zum Ausschluß einer früheren Empfängnis getroffen hatte.

Ähnlich wurde in *Gold*[298] die Klage teilweise damit begründet, die Operation sei nicht sorgfältig vorgenommen worden. Nach Anhörung zahlreicher Sachverständiger beider Seiten sah sich Richter SCHIEMANN ebenfalls in der Lage, den Vorwurf des Behandlungsfehlers zurückzuweisen. Der beklagte Chirurg konnte sich nämlich auf eine zur Behandlungszeit medizinisch anerkannte Praxis berufen, der zufolge die an den Eileitern zu befestigenden Clips auch nach einer Entbindung an der Fortsetzung der Tube *(Ampulla)* statt an der Tubenmündung *(Isthmus)* angebracht werden durften, selbst wenn – wie im konkreten Fall – eine ausreichende Umschließung des Gewebes nicht gewährleistet war.

Im Bereich der *disclosure malpractice* wurden zunächst überhaupt keine Sachverständigen gehört. Daß in den älteren Fällen von *Waters*[299] und *Williams*[300] so verfahren wurde, ist vermutlich darauf zurückzuführen, daß damals die Entscheidung des House of Lords in *Sidaway*[301] zur Maßgeblichkeit des medizinischen Standards auch im Bereich ärztlicher Aufklärung noch ausstand. Immerhin wurde in *Waters* das Vorhandensein einer allgemeinen Aufklärungspraxis verneint. Dafür beschränkte man sich in *Williams* auf die lapidare Feststellung, der behandelnde Arzt habe sich nicht dadurch sorgfaltswidrig verhalten, daß er

[296] Vgl. einerseits *Chaunt* (1982) 132 NLJ 1054, QB; *Cort* [1993] The Times 8 April, QB; andererseits *Udale* [1983] 1 WLR 1098, QB; *Emeh* [1983] The Times 3 January, QB; *revd* [1985] 1 QB 1012, CA; *Morris* (unreported) 29 April 1986, QB; *Allen* [1992] 3 Med LR 257, QB; *Robinson* [1992] 3 Med LR 270, QB; s.a. *Benarr* (unreported) [1988] QBD transcript 27 April, QB; *Beal* (unreported) 1 October 1991, QB. Gleichwohl ist den jeweiligen Entscheidungsgründen nicht zu entnehmen, ob ein Behandlungsfehler den Klagevorwurf bildete.

[297] (Unreported) [1987] QBD transcript 19 February, QB.

[298] [1987] 1 FLR 125, QB; *revd* [1987] 3 WLR 649, CA.

[299] [1961] The Times 15 July, QB.

[300] (Unreported) 29 April 1977, QB.

[301] *Sidaway v Bethlem Royal Hosp Govns* [1985] AC 871, HL.

der Patientin die Versagerquote der Sterilisation nachweislich verschwiegen hatte.

Aber auch in den nach der *Sidaway*-Entscheidung des House of Lords entschiedenen Fällen wurde lange Zeit kein Sachverständiger zur Ermittlung der geltenden medizinischen Praxis herangezogen. Das lag jedoch allein an den jeweiligen Umständen des Einzelfalls:

So war im Fall *Thake*[302], wie bereits erwähnt, aus prozessualen Gründen kein von den Parteien eigens bestellter Sachverständiger befragt worden. Zur Zeit des Prozesses (1984) schien der Maßstab für Bestehen und Umfang einer ärztlichen Aufklärungspflicht der gleiche zu sein wie der zur Begründung eines Behandlungsfehlers, nämlich der von Richter MCNAIR im Fall *Bolam v Friern HMC*[303] entwickelte und danach vom House of Lords in *Whitehouse v Jordan*[304] und *Maynard v West Midlands RHA*[305] bestätigte medizinische Standard. Das House of Lords hatte damals zwar noch keine Entscheidung im Fall *Sidaway*[306] getroffen; jedoch hatten sich die Richter des Court of Appeal in ihren Voten bereits mehr oder weniger für den medizinischen Standard ausgesprochen.[307] Daß z.Z. der Operation kein beachtlicher und verantwortungsbewußter Teil der Ärzteschaft das Verhalten des Beklagten gutgeheißen hätte, hätte sich im Fall *Thake* kaum feststellen lassen. Tatsächlich verschwiegen damals die meisten Chirurgen die extrem geringe Versagerquote für eine spätere (Früh-) Rekanalisation. Daß Mr Thake dennoch der Nachweis gelang, daß Mr Maurice seine (vertragliche und deliktische) Pflicht zur Warnung vor dem Rekanalisationsrisiko verletzt hatte, läßt sich nur damit erklären, daß Richter PETER PAIN – nach Ansicht des Court of Appeal zu Recht – den Sachverständigenbeweis als verspätet zurückgewiesen und den Beklagten selbst als Experten betrachtet hatte.

Auch in *Eyre*[308] kam es nicht zur Ermittlung der geltenden Aufklärungspraxis z.Z. des Eingriffs, der 1978 vorgenommen worden war. Aus unerfindlichen Gründen hatte die Klägerin in der Berufungsinstanz den wegen eines Behandlungs- und Aufklärungsfehlers auf *negligence* gestützten Teil ihrer Klagebegründung fallengelassen. Fortan beschränkte sie sich auf die Behauptung, der Arzt hätte es vertraglich übernommen, sie unfruchtbar zu machen. Vermutlich hatte sie keinen Sachverständigenbeweis erlangen können, um den von ihr behaupteten medizinischen Standard nachzuweisen.[309]

---

[302] [1986] 1 QB 644, QB & CA.

[303] [1957] 1 WLR 582, QB.

[304] [1981] 1 AllER 267, HL.

[305] [1985] 1 AllER 635, HL.

[306] Vgl. Anm. 301.

[307] Vgl. *Sidaway v Bethlem Royal Hosp Govns* [1984] 1 QB 498, CA.

[308] (Unreported) 3 July 1984, QB; *affd* [1986] 1 AllER 488, CA.

[309] So auch LEWIS, S. 222; DERS., PN 2 (1986) 38 (39). Ein weiterer Grund könnte sein, daß sie ein Einwilligungsformular unterzeichnet hatte, das auf die Möglichkeit eines Mißerfolgs der Operation Bezug nahm. Vgl. *Thake* [1986] 1 QB 644 (678G–H *per* Lordrichter KERR), CA.

In *Jones*[310] bedurfte es keines Sachverständigenbeweises, weil die Beklagten eingeräumt hatten, daß sie die Patientin über die Möglichkeit eines Mißerfolgs der Operation hätten aufklären müssen.

In *Venner*[311] konnte der behandelnde Arzt mit Hilfe von Sachverständigen zunächst von dem Vorwurf freigesprochen werden, daß er der Patientin einen Monat vor Durchführung der Sterilisation zum Absetzen der „Pille" geraten hatte, da dies z.Z. der Behandlung (1981) eine vollkommen akzeptable Praxis war. Ob er darüber hinaus die Pflicht hatte, die Patientin oder ihren Ehemann über eventuelle Vorkehrungen gegen eine Empfängnis zu beraten[312], brauchte danach nicht mehr entschieden zu werden, weil der Patientin nachweislich geraten worden war, zwischenzeitlich auf andere Empfängnisverhütungsmittel auszuweichen oder Enthaltsamkeit zu üben.[313]

Zu einer ersten intensiven Auseinandersetzung der Rechtsprechung mit der Frage, ob sich Bestehen und Umfang einer Aufklärungspflicht des Arztes gegenüber seinem Patienten auch im Zusammenhang mit der Vornahme von Sterilisationen und ähnlicher Eingriffe nach dem medizinischen Standard bemessen und damit in erheblichem Maß von dem Ausgang des Sachverständigenbeweises abhängen, kam es deshalb erst im Fall *Gold*: In erster Instanz[314] entschied Richter SCHIEMANN, daß der behandelnde Arzt sorgfaltswidrig gehandelt hatte, weil er die Patientin nicht bzw. nur unzureichend über das Risiko eines Mißerfolgs der später durchgeführten Tubenligatur aufgeklärt und sie ebensowenig über das alternative Vasektomieverfahren (für ihren Ehemann) beraten hatte, das nachweislich eine geringere Versagerquote aufwies. Zur Begründung führte der Tatrichter an, daß erstens z.Z. der Behandlung (1979) kein Teil der Ärzteschaft der Patientin diese Information vorenthalten hätte und es zweitens auf jeden Fall unvernünftig gewesen wäre, derartiges Wissen nicht weiterzugeben, selbst wenn einige Ärzte das Zurückhalten der Information zum fraglichen Zeitpunkt befürwortet hätten. Zur Ermittlung der maßgeblichen Aufklärungspraxis trennte Richter SCHIEMANN zunächst zwischen Warnung („warning") und Beratung („counselling"), von der er wiederum die familienplanerische Beratung („contraceptive counselling") ableitete.[315] In der Frage, ob der Arzt den Patienten vor einem

[310] (Unreported) [1986] QBD transcript 2 July, QB.

[311] (Unreported) [1987] QBD transcript 19 February, QB.

[312] Krit. dazu GRUBB (Conceiving, S. 128), der eine Notwendigkeit, dem Patienten in einer solchen Situation die Anwendung eines Empfängnisverhütungsmittels anzuraten, verneint. Denn nach der *Sidaway*-Entscheidung gebe es nur dann eine Pflicht zur Aufklärung offensichtlicher Umstände, wenn dem Patienten das Allgemeingut ausnahmsweise unbekannt ist. In diesem Fall müsse jedoch jedermann die Möglichkeit einer zwischenzeitlichen Empfängnis einleuchten.

[313] Aus einem ähnl. Grund war auch die dem Fall *Cronin* ([1987] 1 The Lancet 638, QB) zugrundeliegende Klage abgewiesen worden (s.a. LEWIS, S. 222f.).

[314] [1987] 1 FLR 125, QB.

[315] „... Conceptually these are two different processes, although they frequently overlap. The concept of *warning* is a simple one and consists of telling the patient that there is a degree of risk. It is opposite every operation. It is usually concerned with warning the patient of risks to the patient's body. *Counselling* is a more indeterminate concept. It may consist of setting before the patient various options and describing the pros and cons of each. It may go further and give

etwaigen Mißerfolg der Sterilisation warnen mußte, gewann er den Eindruck, daß die Ärzteschaft im Jahre 1979 hierzu geteilter Ansicht war.[316] Im Fall einer familienplanerischen Beratung hätte dagegen kein Teil der Ärzteschaft die Tatsache, daß eine *post partum*-Sterilisation fehlschlagen kann oder daß eine Vasektomie eine vergleichsweise sicherere Alternative darstellt, unerwähnt gelassen. Aufgrund dieser differenzierten Betrachtung, die zwischen einem therapeutischen und einem kontrazeptiven Kontext der Warnung bzw. Beratung unterschied, sah er sich in der Lage, einen Sorgfaltsverstoß seitens der Beklagten festzustellen.

Wohl aus Unsicherheit darüber, ob seine Feststellungen tatsächlich der maßgeblichen Praxis entsprachen[317], fühlte sich Richter SCHIEMANN jedoch zu weiteren Überlegungen veranlaßt. So fragte er sich *obiter*, ob er die Beklagten auch dann verurteilen würde, wenn sich ein Teil der Ärzteschaft bei einer familienplanerischen Beratung nachweislich genauso verhalten hätte wie die beklagten Krankenhausärzte. Nachdem er die einzelnen Voten der Lords in *Sidaway*[318] analysiert hatte, kam der Tatrichter zu dem Schluß, daß danach die Einhaltung einer anerkannten beruflichen Praxis grundsätzlich nicht sorgfaltswidrig sei.[319] Allerdings unterscheide sich jener Fall von dem vorliegenden, weil es in der *Sidaway*-Entscheidung um therapeutische Verfahren gegangen sei, während die in Rede stehenden Sterilisationsmethoden nicht-therapeutischer Natur seien. Deshalb gelangte er zu dem Ergebnis, daß die berufliche Praxis im vorliegenden Fall zwar relevant, aber nicht entscheidend sei, so daß ihn die *Sidaway*-Entscheidung nicht binde und er von Rechts wegen eine eigenständige Entscheidung fällen dürfe.[320]

---

advice as to what course should be followed. In general medicine, counselling is concerned with what should be done to alleviate the patient's condition. *Contraceptive advice*, however, is generally given in a different context. There are a number of methods of making conception unlikely, including use of various contraceptive devices, female sterilization, male sterilization and absence from sexual intercourse, not all of which involve anything being done to the body of the person seeking advice.“ *Ibid* 135B–D [meine Kursivschrift!].

[316] „None never warned. None always warned – for the circumstances of a particular patient might be a contra-indication. Some in general did not warn, some in general did warn. As to the form of warning when it was given, this no doubt varied form patient to patient, from doctor to doctor, and from type of operation to type of operation.“ *Ibid* 135D–E.

[317] Vgl. seine Bemerkung „Although I have made a distinction ... between the therapeutic and contraceptive contexts, it is fair to say that the evidence was not crystal clear on this point.“ *Ibid* 138D–E.

[318] Vgl. Anm. 301.

[319] „I accept that it was the view of the majority of the House of Lords that in the therapeutic context of that case the duty to give advice was subject to the same test as the duty to diagnose and treat, and that this test, known as the *Bolam* test ... was that a doctor is not negligent if he acts in accordance with a practice accepted as proper by a responsible body of medical oppinion even though other doctors adopt a different practice.“ Vgl. *Gold* [1987] 1 FLR 125 (139H–140A *per* Richter SCHIEMANN), QB.

[320] Vgl die wichtige Passage „In [the] context [where a woman asks for advice as to methods of contraception] I consider that as a matter of law I am free to hold that the question whether or no vasectomy should be mentioned as an option and whether or no the person giving advice should mention that there is a risk that a female sterilisation will not achieve that desired result, and whether or no the relative risks of vasectomy and female sterilisation should be disclosed to

Da seiner Ansicht nach keiner der Gründe für die Anwendung des an der Praxis der Ärzteschaft ausgerichteten Maßstabs in diesem Fall zutraf, entschied er, daß sich die Beklagten sorgfaltswidrig verhalten hatten.[321]

Auf die Berufung der Beklagten hob der Court of Appeal[322] die Entscheidung von Richter SCHIEMANN auf. Aufgrund der tatsächlichen Feststellungen der Vorinstanz entschied das Berufungsgericht erstens, daß der Sachverständigenbeweis falsch gewürdigt worden sei, da ein anerkannter Teil der Ärzteschaft die Information nicht erteilt hätte. In Anwendung der *Sidaway*-Entscheidung befand das Gericht zweitens, daß diese Erkenntnis für die Frage der Pflichtverletzung entscheidend gewesen sei. Die behandelnden Ärzte hätten sich deshalb durchaus sorgfältig verhalten, wenn sie dieser Praxis gefolgt seien. In seinem das Urteil tragenden Votum hielt Lordrichter LLOYD dem Tatrichter vor, zunächst selbst davon ausgegangen zu sein, daß ein Teil der Ärzteschaft zur Behandlungszeit keine Warnung ausgesprochen hätte; abgesehen davon könne er sich für seinen späteren Sinneswandel nicht auf die Aussagen der Sachverständigen berufen, da diese nie gebeten worden seien, zwischen Beratung im kontrazeptiven und nichtkontrazeptiven Zusammenhang zu differenzieren. Demnach bleibe es bei der anfangs geäußerten Feststellung zur maßgeblichen Aufklärungspraxis. Im übrigen warf Lordrichter LLOYD Richter SCHIEMANN vor, den *Bolam*-Test nicht angewandt zu haben. Dieser gelte nicht nur für alle Berufsgruppen, sondern sei auch für alle Aspekte beruflicher Praxis maßgebend. Dabei berief sich Lordrichter LLOYD auf das Votum von LORD DIPLOCK in der *Sidaway*-Entscheidung, der zufolge der *Bolam*-Test auf Fälle medizinischer Beratung genauso anzuwenden sei wie auf solche medizinischer Diagnose und Behandlung. Eine Unterscheidung zwischen therapeutischer und nicht-therapeutischer Medizin sei abzulehnen, weil sie nicht nur willkürlich wäre, sondern auch dem Prinzip zuwiderliefe, auf das der *Bolam*-Test zurückgehe. Dieses Prinzip stelle nicht auf den Kontext einer Handlung ab, sondern setze allein voraus, daß jemand besondere Fähigkeiten oder Kenntnisse besitze, die über diejenigen des Durchschnittsmenschen hinausgingen. Da die Erteilung kontrazeptiver Beratung solche Fähigkeiten und Kenntnisse erfordere, stehe die Anwendung des *Bolam*-Tests außer Frage.

Einen Monat später kam der Court of Appeal in *Palmer*[323] zu dem gleichen Ergebnis, ohne auf die *Gold*-Entscheidung Bezug zu nehmen. Das Gericht stellte

---

the person seeking advice is to be determined not exclusively by reference to the current state of responsible and competent professional opinion and practice at the time, though both are of course relevant considerations, but by the court's view as to whether the person giving advice ... acted negligently." *Ibid* 139F–H. – Vgl. hierzu auch die austr. Entscheidung *F v R* [1983] 33 SASR 189 (193 *per* Richter KING), FC, wo allerdings zwischen der Versagerquote der angewandten Methode und derjenigen der Krankenhausabteilung unterschieden wurde.

[321] „... the hospital doctors faced with Mrs Gold a perfectly normal sensible woman with no particular psychiatric social or medical problems, were under a duty to [disclose the information]. I *can think* of no reason why she should not have had these things mentioned to her ..." *Ibid* 140B–C.

[322] [1987] 3 WLR 649, CA.

[323] [1987] CA transcript 18 May, CA.

fest, daß der behandelnde Arzt pflichtgemäß gehandelt habe, auch wenn er mit dem Patienten nicht die alternativen Methoden der Vasektomie diskutiert hatte. Damit sei er der maßgeblichen Praxis der Ärzteschaft zur Behandlungszeit gefolgt, weshalb kein Sorgfaltsverstoß vorliege, unabhängig davon, welcher Ansicht der Mehrheit der House of Lords in der *Sidaway*-Entscheidung man folge.[324]

Die Auffassung der Rechtsprechung, daß auch bei Sterilisationen und ähnlichen Eingriffen Bestehen und Umfang der ärztlichen Aufklärungspflicht wie auch sonst im Arzthaftungsrecht von der maßgeblichen medizinischen Praxis abhängen, ist im Schrifttum auf nahezu einhellige Ablehnung gestoßen:

Die Kritik richtet sich hauptsächlich gegen die Court of Appeal-Entscheidung im *leading case* von *Gold*[325]. Dort habe sich Lordrichter LLOYD, so lautet der Hauptvorwurf, zu Unrecht auf das Votum von LORD DIPLOCK in der *Sidaway*-Entscheidung berufen.[326] Denn dieser habe es zwar allein der medizinischen Profession überlassen wollen, Bestehen und Umfang der ärztlichen Aufklärungspflicht zu bestimmen; jedoch hätten die übrigen Lords allesamt das „letze Wort des Gerichts" in dieser Angelegenheit betont, weshalb sich LORD DIPLOCK in der Minderheit befunden habe.[327]

In die gleiche Richtung geht der Einwand, der Court of Appeal habe ebenso wie der Tatrichter den *Bolam*-Test mißverstanden.[328] Zwar komme dem *Bolam*-Test im Bereich der Diagnose und Behandlung ausschlaggebende Bedeutung zu. Im Bereich der Aufklärung stelle er aber keinen unabänderlichen Maßstab, sondern nur eine Richtlinie mit Empfehlungscharakter dar, die es dem Gericht ermögliche, die Fähigkeiten des Arztes und die Interessen des jeweiligen Patienten gleichermaßen zu berücksichtigen. Dabei träten die Interessen des Patienten umso mehr in den Hintergrund, je weiter sich das Arzt-Patienten-Verhältnis entwickle und die Fähigkeiten des Arztes gefragt seien. Stehe das Arzt-Patienten-Verhältnis dagegen erst am Anfang, sei den Interessen des Patienten Vorrang einzuräumen. Dies gelte umso mehr in einem nicht-therapeutischen Zusammenhang, weil dann der Arzt keine Rücksicht darauf nehmen müsse, ob die an den Patienten weitergegebene Information sich schädlich auf dessen Gesundheit aus-

---

[324] „... it seems to me, which ever way one looks [at the evidence] - whether on the basis of Lord Bridge's approach, Lord Diplock's approach or Lord Templeman's approach, that there was no need for Mr Eadie to enter into the kind of discussion with Mr Palmer which [his counsel] on his behalf has urged upon us." *Ibid per* SIR FREDERICK LAWTON. – In den nachfolgenden Entscheidungen *Keane* (1989) PMILL Vol. 5 No. 2 u. *McLennan* (unreported) [1991] QBD transcript 24 September (beide QB) bestimmten die Gerichte dann den maßgeblichen Standard unter ausdrücklicher Berufung auf den *Bolam*-Test.

[325] [1987] 1 FLR 125, QB; *revd* [1987] 3 WLR 649, CA.

[326] Vgl. GRUBB, Conceiving, S. 137; DERS., 47 [1988] CLJ 12f.; DERS., 45 [1986] CLJ 197 (199); LEE, Review, S. 49; DERS., (1983) 103 LQR 513.

[327] So ausdrücklich LEE, Review, S. 50; DERS., (1983) 103 LQR 513f.; s.a. KENNEDY, Consent, S. 68.

[328] Vgl. FINCH (1987) 3 PMILL No. 5, 39f.; KEOWN PN 4 (1988) 1 (4); ähnl. MONTGOMERY (1988) 51 MLR 245 (247).

wirken könne.[329] Das spreche für das Bestehen einer umfassenden Aufklärungspflicht in einer solchen Situation. Selbst wenn man den *Bolam*-Test als Regel auffassen würde, hätte der nicht-therapeutische Kontext im Fall *Gold* dazu führen müssen, ausnahmsweise eine ärztliche Aufklärungspflicht anzunehmen. Der Patientin (Mrs Gold) sei es nämlich erkennbar auf die Mitteilung der relativen Versagerraten angekommen, weshalb ihr kein vernünftiger Arzt diese Information vorenthalten hätte.

Im übrigen wird gegen die ausschlaggebende Bedeutung des *Bolam*-Tests auch im Bereich der Aufklärung eingewandt, daß – anders als bei Diagnose und Behandlung – hier weder Körper noch Gesundheit des Patienten, sondern allein sein Selbstbestimmungsrecht als Rechtsgut betroffen sei.[330]

3.2.3 Tatsächlicher Nachweis der Pflichtverletzung

Ohne den tatsächlichen Nachweis einer Pflichtverletzung birgt auch in England jede Klageerhebung ein erhebliches Prozeßrisiko in sich. Oft kann der insoweit beweispflichtige Patient seinen gegen den behandelnden Arzt und/oder die zuständige Gesundheitsbehörde erhobenen Vorwurf pflichtwidrigen Verhaltens nämlich nicht durch entsprechende Fakten belegen. Im Bestreitensfall läuft er also Gefahr, mit seiner Klage abgewiesen zu werden. Für den Nachweis einer Pflichtverletzung bieten sich nach englischem Recht verschiedene Wege an, je nach dem, ob es um den Vorwurf eines Behandlungs- oder eines Aufklärungsfehlers (i.w.S.) geht.

3.2.3.1 Behandlungsfehler (treatment malpractice)

res ipsa loquitur Die Untersuchung der Realtypen der Pflichtverletzung hat gezeigt, daß insbesondere im Fall einer fehlgeschlagenen Sterilisation die Kläger dem Arzt gerne einen Behandlungsfehler vorwerfen. Jedoch reicht es insoweit nicht aus, auf das Prinzip *res ipsa loquitur* zu vertrauen und lediglich zu sagen: ‚Die Angelegenheit spricht für sich: Ich bin sterilisiert worden und trotzdem bin ich jetzt schwanger, also muß die Operation sorgfaltswidrig durchgeführt worden sein.' Der Grund dafür, daß eine spätere Schwangerschaft auch nach englischem Recht noch nicht als Beweis für einen vorausgegangenen Sorgfaltsverstoß ausreicht, liegt an der allgemein anerkannten naturwissenschaftlichen Tatsache, daß bei der Sterilisation der Frau eine nachfolgende Schwangerschaft auch ohne chirurgischen Fehler eintreten kann.[331] Die Existenz methodenimmanenter Versager[332] – unabhängig von der Wahl der im Einzelfall angewandten Technik –

---

[329] Hierauf weist auch BRAZIER ((1987) 7 LS 169, 183) hin.

[330] Vgl. LEWIS, S. 215; DERS., (1984) 81 LS Gaz 1827 (1828); s.a. DERS., (1987) 84 LS Gaz 3089 (3090); DERS., (1986) 83 LS Gaz 2494; DERS., PN 2 (1986) 38.

[331] Vgl. LEWIS, S. 213ff.; BENDER (1983) 3 Lit 8.

[332] Näher dazu Kap. 1.1.1.1 (S. 9f.), *supra*.

versperrt der betroffenen Patientin den Rückgriff auf das *res ipsa loquitur*-Prinzip.[333] Gleiches müßte im Prinzip auch für die Vasektomie, also die Sterilisation des Mannes gelten.[334] Da dort anders als bei der Sterilisation der Frau die Notwendigkeit von Nachuntersuchungen unbestritten ist, vertraut unmittelbar nach Durchführung der Operation vernünftigerweise ohnehin niemand auf die sofortige Wirksamkeit des Eingriffs. Die Möglichkeit einer (spontanen oder allmählichen) Rekanalisation nach erfolgreichem Abschluß der Nachuntersuchungen muß ebenso dazu führen, daß dort betroffenen Patienten die Berufung auf das *res ipsa loquitur*-Prinzip verwehrt ist. Im Fall eines mißlungenen Schwangerschaftsabbruchs gelten an sich die gleichen Überlegungen. Obwohl alle Verfahren bekanntermaßen ziemlich sicher zum Ziel führen, ist eine Nachkontrolle medizinisch angezeigt. Erst nach deren erfolgreichen Abschluß kann eine Fortdauer der Schwangerschaft mit Sicherheit ausgeschlossen werden.[335]

Operative und andere Nachuntersuchung Da der Patient nicht auf das Prinzip *res ipsa loquitur* vertrauen kann, muß er auch in England den Behandlungsfehler positiv nachweisen. Dies bedeutet regelmäßig eine nicht unerhebliche Hürde auf dem Weg zu einem stattgebenden Urteil, da sich das erforderliche Beweismaterial dann nur noch durch einen Einblick in den Körper des betroffenen Patienten gewinnen läßt.[336] Damit wird eine Nachuntersuchung unumgänglich.[337] In erster Linie bietet sich dafür die Durchführung einer Laparoskopie an, obwohl sie dem Patienten persönlich viel abverlangt und auch aus medizinischer Sicht nicht unumstritten ist.[338] Der einfachere Weg einer Röntgenbestrahlung der Fortpflanzungsorgane, deren evtl. unfruchtbarmachende Wirkung einen sterilisationsbereiten Patienten kaum abschrecken dürfte, ist dagegen höchstwahrscheinlich ungeeignet, den dringend benötigten Beweis zu liefern.[339]

In den analysierten Entscheidungen hatten sich die betroffenen Patienten nie zu einer eigens angeordneten Nachuntersuchung durchringen können. Wenn Behandlungsfehler den Klagevorwurf bildeten, war dies (abgesehen vom Fall des vorherigen Zugeständnisses) auf einen ohnehin notwendig gewordenen Eingriff zurückzuführen, der dann den erforderlichen Beweis lieferte. So waren es in *Chaunt*[340] gleich zwei Operationen, die nach der ursprünglichen Sterilisation Gelegenheit zum Einblick in den Körper der Patientin boten. Ähnlich lag der

---

[333] Bei den modernen Techniken der Sterilisierung unter Zuhilfenahme mechanisch wirkender Mittel (z.B. Clip, Ring) wird die Anwendung des *res ipsa loquitur*-Prinzips dagegen von einigen Autoren befürwortet, vgl. z.B. ARGENT (1985) 25 MedSci & Law 136 (137).

[334] In *Pattison* ([1985] CA transcript 11 November, CA) blieb es mangels einer Sachentscheidung offen, ob sich die Kläger zu Recht auf das Prinzip *res ipsa loquitur* berufen hatten.

[335] Besteht die Schwangerschaft wider Erwarten fort und kommt es später zur Geburt, dürfte dies nach engl. Recht allerdings ein erster Anschein für eine sorgfaltswidrig durchgeführte Operation und/oder Nachkontrolle sein.

[336] Vgl. FAHRENHORST (1986) 11 ILP 33 (34).

[337] So LEWIS, S. 213; ARGENT (1985) 25 MedSci & Law 136 (137).

[338] Vgl. LEWIS *ibid.*

[339] *Ibid.*

[340] (1982) 132 NLJ 1054, QB.

Sachverhalt in *Udale*[341], wo die Patientin kurz nach der Entbindung erneut sterilisiert und einige Zeit später nochmals operiert wurde, um die Spuren der ersten Sterilisation zu beseitigen. Auch in *Emeh*[342] ließ die Patientin die Sterilisation wiederholen. In den beiden zuletzt genannten Fällen haben die Beklagten denn auch prompt eine Pflichtverletzung eingeräumt.[343] Wahrscheinlich hatte eine Nachuntersuchung mit beweiserheblichem Ausgang auch die Beklagten in *Williams*[344], *Benarr*[345] und *Beal*[346] zu einem entsprechenden Zugeständnis veranlaßt. Noch nicht praktisch geworden, aber theoretisch für möglich gehalten wird auch das Auffinden von Beweismaterial anläßlich eines Kaiserschnitts.[347]

3.2.3.2
Aufklärungsfehler i.w.S. (Warn-, Informations- und Beratungsfehler) (disclosure malpractice)

Auch in England ist man sich der Probleme des Patienten bewußt, der dem behandelnden Arzt und/oder der zuständigen Gesundheitsbehörde einen Aufklärungsfehler i.w.S., also die Verletzung einer Warn-, Informations- und/oder Beratungspflicht, vorwirft: Zur Zeit des Prozesses liegen die Ereignisse meist viele Jahre zurück, und die englischen Gerichte stehen dem Vortrag des klagenden Patienten „in eigener Sache" regelmäßig skeptisch gegenüber. Die gleichen Schwierigkeiten hat grundsätzlich auch der beklagte Arzt, der sich oftmals sogar in einer schlechteren Lage als der Patient befindet, weil er sich nicht mehr an irgendwelche Besonderheiten des Vorgesprächs erinnert. In *Jones*[348] beschrieb Richter OGNALL die Problematik treffend wie folgt:

> To [the doctors][the Plaintiff] was one of hundreds, if not thousands, of patients, and therefore there could in common sense be no possibility of their bringing to mind the actual meetings, still less the full gist of what passed between any one of them and the Plaintiff. But to the Plaintiff on the other hand this was a matter of especial importance and ... of unique significance to any caring woman with maternal instincts who is going to be rendered ... infertile ... In other words, in a phrase, the Plaintiff, in my judgement, is a good deal more likely to remember with clarity that which passed on this special occasion in her life than any one of the professional men who attended upon her.[349]

---

[341] [1983] 1 WLR 1098, QB.

[342] [1983] The Times 3 January, QB; *revd* [1985] 1 QB 1012, CA.

[343] Gleiches gilt für den Fall *Robinson* [1992] 3 Med LR 270, QB. In *Cort* ([1993] The Times 8 April, QB) hatte die Klägerin zwar ebenfalls die Sterilisation wiederholen lassen; ob die Beklagte daraufhin ein Verschulden eingeräumt hatte, ist jedoch nicht bekannt.

[344] (1988) PMILL Vol. 4 No. 3, QB.

[345] (Unreported) [1988] QBD transcript 27 April, QB.

[346] (Unreported) 1 October 1991, QB.

[347] Vgl. LEWIS, S. 213.

[348] (Unreported) [1986] QBD transcript 2 July, QB.

[349] Kürzer formulierte Richter TUCKER in *Venner* (unreported [1987] QBD transcript 19 February, QB): „In [making findings as to what did take place] I bear in mind that for the plaintiff this was a special occasion of unique significance whereas for the doctor and nurse it was not." Im gleichen Zusammenhang bemerkte Richter SCHIEMANN in *Gold* ([1987] 1 FLR 125, 132G, QB): „[The plaintiffs] ... spoke with firmness and clarity about events which were no doubt of

Diese Erkenntnis kann den englischen Richter manchmal geneigt machen, im Zweifel dem Vortrag des klagenden Patienten zu folgen. So schenkte auch Richter OGNALL eher den Behauptungen der Patientin Glauben und stellte fest, daß sie nicht vor dem Risiko eines Mißerfolgs der Operation gewarnt worden war. Als Gegenbeispiel läßt sich allerdings die Entscheidung in *McLennan*[350] anführen: Nach Überzeugung des Tatrichters hatte sich die Klägerin dort die lange zurückliegenden Ereignisse eher nachträglich zusammengereimt als ins Gedächtnis zurückgerufen.

Ständige Praxis (usual practice) Angesichts seiner insoweit schlechten Gedächtnisleistung wird auch in England der Arzt regelmäßig auf die Einhaltung seiner ständigen Praxis vertrauen und argumentieren, den Patienten dem üblichen Verfahren entsprechend gewarnt zu haben. In vielen *wrongful conception*-Fällen haben die beklagten Ärzte ihre Klageerwiderung auf diesen Nenner gebracht. Jedoch waren sie damit äußerst selten erfolgreich.[351] In *Jones*[352] hatte den Ärzten diese Taktik im Ergebnis ebensowenig weitergeholfen wie in *Gold*[353]. Auch im Fall *Thake*[354] hatte sich der beklagte Arzt mit dieser Argumentation nur geschadet. Zuerst hatte er behauptet, er habe wie üblich gewarnt. In seiner Beweiswürdigung gelangte Richter PETER PAIN aber zur gegenteiligen Feststellung, woraufhin der Beklagte einräumte, normalerweise über das fragliche Risiko aufzuklären, es lediglich im konkreten Fall versäumt zu haben. Mangels anderweitig erhältlichen Sachverständigenbeweises kam der Tatrichter deshalb zu dem Schluß, daß der Beklagte sorgfaltswidrig gehandelt habe. Bei seinem Versuch, den Fall durch Tatsachenbekundungen für sich zu entscheiden, hatte der beklagte Arzt also in den Augen des Richters seine eigene Sorgfaltswidrigkeit zugegeben.

Einwilligungsformulare (consent forms) Die Verwendung von vorformulierten Erklärungen ist mittlerweile auch in englischen Krankenhäusern üblich geworden. Deshalb mag dort ein Arzt ebenso auf die Idee kommen, auf die vom Patienten und gewöhnlich (obwohl rechtlich nicht erforderlich) auch von dessen Ehegatten unterschriebene, vorformulierte Einwilligungserklärung zu verweisen, um eine entsprechende Warnung des Patienten zu belegen. Nach englischer Auffassung kann ein solches Einwilligungsformular zwei Zwecken dienen:

Erstens kann es eine ausdrückliche Warnung vor dem Risiko des Mißerfolgs der geplanten Operation enthalten.[355] So wurde als Reaktion auf die einschlägige Rechtsprechung mancherorts ein Einwilligungsformular in Gebrauch genommen, das klarstellte, daß der Erfolg des Eingriffs nicht garantiert werden könne.[356]

---

greater importance and uniqueness to them than to the doctors.".

[350] (Unreported) [1991] QBD transcript 24 September, QB.

[351] Zwei Ausnahmen bilden, soweit ersichtlich, die Fälle *Keane v Plymouth HA* (1989) PMILL Vol. 5 No. 2, QB, u. *McLennan ibid.*

[352] (Unreported) [1986] QBD transcript 2 July, QB.

[353] [1987] 1 FLR 125, QB; *revd* [1987] 3 WLR 649, CA.

[354] [1986] 1 QB 644, QB & CA.

[355] Vgl. GRUBB, Conceiving, S. 130.

[356] Vgl. z.B. das in der Region von Bristol gebräuchliche Einwilligungsformular für eine sozial in-

Zuvor war das herkömmliche Einwilligungsformular weit verbreitet, das dem Patienten neben den (sonstigen) Risiken Art und Wirkungsweise der Operation erklärte, ohne auf die Möglichkeit eines Mißerfolgs hinzuweisen.[357] In einem solchen Fall konnte eine entsprechende Warnung zwar noch mündlich gegeben werden, wobei der Schwerpunkt darauf lag, die Irreversibilität des Eingriffs zu unterstreichen.[358] Dabei tauchte aber regelmäßig das Problem auf, daß der behandelnde Arzt – wie etwa in *Eyre*[359] – die Irreversibilität des Eingriffs besonders betonte, weil er sichergehen wollte, daß sich der Patient der Tragweite seiner Entscheidung wirklich bewußt war. Deshalb wurden häufig Sätze wie ‚Sie wissen, daß Sie nie mehr Kinder werden haben können!' benutzt. Weil der Patient diese oder ähnliche Redewendungen mangels anderweitiger Informationen (verständlicherweise) oftmals in dem Sinn interpretierte, daß die Operation unvermeidlich zu dauernder Unfruchtbarkeit führen werde, wurde dem Arzt die zusätzliche Mitteilung empfohlen, es bleibe stets eine (wenn auch sehr geringe) Chance bestehen, daß die Natur einige Zeit später die Wirkung der Operation wieder rückgängig macht.[360]

Zweitens kann das Einwilligungsformular eine Erklärung enthalten, daß der beratende Arzt den Patienten gewarnt habe.[361] Dabei muß allerdings stets beachtet werden, daß – wie es Richter BRISTOW einmal in *Chatterton v Gerson* formulierte – die bloße Erklärung das Verhalten des Arztes nicht rechtfertigt, wenn in Wirklichkeit überhaupt keine Warnung erteilt worden ist.[362] Deshalb soll eine entsprechende Erklärung nur ein Beweisanzeichen dafür sein, daß der Patient tatsächlich gewarnt worden ist. Mit Rücksicht darauf enthält eine der neueren Einwilligungsformulare eine Klausel, daß der Arzt das Vorgehen erklärt habe, „... including the small risk of pregnancy from a failure of this procedure".[363] Indessen hielt Richter OGNALL in *Jones obiter* selbst eine solche Erklärung für wertlos, falls diese nur vom Arzt, nicht auch vom Patienten unterzeichnet worden

dizierte Sterilisation der Frau *(primary sterilisation)*, in der neuerdings festgehalten wird, daß die Patientin „... also appeciate[s] that a subsequent pregnancy is most unlikely but that no operation can be guaranteed to be 100% successful [in] preventing further children." Das für die Sterilisation des Mannes benutzte Formular enthält nunmehr über dem für die Unterschrift des Patienten vorgesehenen Raum noch den Wortlaut: „I understand that there is a possibility that I may not become or remain sterile ..."; s.a. SYMMONS PN 3 (1987) 56 (61f.). Krit. MASON (S. 86), der hierin einen Sieg der Defensivmedizin sieht.

357 Vgl. etwa die in *Thake* (Vasektomie) u. *Gold* (weibliche Sterilisation) abgegebenen Einwilligungserklärungen.

358 Vgl. BENDER (1983) 3 Lit 8.

359 (Unreported) 3 July 1984, QB; *affd* [1986] 1 AllER 488, CA.

360 So LEWIS, S. 214; DERS., PN 2 (1986) 38; ähnl. ARGENT (1985) 25 MedSci & Law 136 (140f); BENDER (1983) 3 Lit 8; HORTON ROGERS (1985) 5 LS 296 (298); SILVESTER (1986) 20 Law Teacher 204; STANTON (1987) Fam Law 17.

361 Vgl. GRUBB, Conceiving, S. 131.

362 „... it would be no defence ... if no explanation had in fact been given. The consent would have been expressed in form only, not in reality." Vgl. *Chatterton v Gerson* [1981] 1 AllER 257 (265), QB.

363 Vgl. *Jones* (unreported) [1986] QBD transcript 2 July, QB.

sei.[364] Aus seiner Entscheidung läßt sich demnach das Fazit ziehen, daß der Patient in dem zur Unterschrift vorgesehenen Abschnitt des Einwilligungsformulars persönlich bestätigen muß, gewarnt worden zu sein, um den beklagten Arzt von jeglicher Haftung wegen eines Aufklärungsfehlers i.w.S. freizusprechen.[365] Darüber hinaus wird im Schrifttum teilweise vorgeschlagen, daß der Patient eine Erklärung abgeben soll, er habe die erhaltene Warnung auch verstanden.[366] Tatsächlich haben inzwischen beide Varianten in die Versionen der von den Gesundheitsbehörden verwendeten Einwilligungsformulare Eingang gefunden.[367]

3.3
Vergleich

In beiden Rechtsordnungen ist die Verletzung einer Sorgfaltspflicht unerläßliche Voraussetzung für eine Haftung des Arztes (bzw. Krankenhausträgers) wegen *wrongful conception*.

3.3.1
Typische Pflichtverletzungen

In tatsächlicher Hinsicht haben die ärztlichen Pflichtverletzungen, die Gegenstand einer Schadensersatzklage vor deutschen und englischen Gerichten waren, erstaunlich oft übereingestimmt und sich gleichermaßen auf die beiden großen Bereiche der Arzthaftung, nämlich Diagnose- und Behandlungsfehler einerseits und Aufklärungsfehler andererseits, verteilt. Die Analyse der Rechtsprechung beider Länder hat gezeigt, daß bei Sterilisation und Schwangerschaftsabbruch Arztfehler in allen Phasen der Behandlung auftreten können:

In der präoperativen Phase werden an die Bereitschaft und Fähigkeit des Arztes zur Kommunikation mit dem Patienten besondere Anforderungen gestellt. Hier kann es der Arzt, insbesondere bei Sterilisationen, unterlassen, den Patienten ausreichend vor den dem Eingriff immanenten Risiken (vor allem die Versagerquote) zu warnen, über echte Alternativen zu beraten oder über Vorsichtsmaßnahmen zu informieren, die vor der Operation beachtet werden sollten. Damit ist bereits im Vorfeld der eigentlichen Behandlung das Haftungsrisiko des

---

[364] So erklärte er: „... it is to be observed that that amendment goes nowhere near to meeting the difficulties which give rise to the present litigation, for that declaration ... is by the admitting doctor. ... In other words, it is only an assertion by the doctor, even on the revised form, that he has given the relevant warning to the patient. It is not an acknowledgement by the patient ... that she has been given the warning, though I am told that a more radical form is now in contemplation in which the patient ... seeking sterilisation is required ... to sign an acknowledgement that she has been so warned. I hope that I shall be forgiven for saying 'not before time'." *Ibid.*

[365] Zust. GRUBB (Conceiving, S. 131), der darin kein Problem sieht.

[366] So SYMMONS PN 3 (1987) 56 (57).

[367] Vgl. nochmals den Wortlaut der Einwilligungsformulare der *Bristol and Weston HA* (vgl. Anm. 356), der sogar den strengeren Anforderungen genügt.

Arztes relativ hoch. Deshalb sollte der Arzt in diesem Stadium großen Wert auf die Kommunikation legen und ausreichend Zeit und Mühe in ein Gespräch mit dem Patienten investieren. Während der operativen Phase kann dem Arzt ein Fehler bei der Auswahl der Methode oder der eigentlichen Durchführung des Eingriffs unterlaufen. Insoweit ergeben sich keine wesentlichen Unterschiede gegenüber gewöhnlichen Heileingriffen. In der postoperativen Phase kann es der Arzt versäumen, den Behandlungserfolg sicherzustellen, indem er es unterläßt, den Patienten nochmals sorgfältig zu untersuchen und zu beraten. Der erfolgreiche Abschluß einer Sterilisation oder eines Schwangerschaftsabbruchs hängt also gleichermaßen von der Sorgfalt des Arztes im Bereich der Aktion (Diagnose und Behandlung) und Kommunikation (Aufklärung i.w.S.) ab.

3.3.2
Schwerpunkte der Haftung

In rechtlicher Hinsicht lehnt sich die Haftung des Arztes wegen *wrongful conception* relativ eng an das jeweilige System der Arzthaftung an: Während der Arzt in Deutschland schwerpunktmäßig aus Vertrag haftet, stellt in England erwartungsgemäß der Tatbestand der *negligence* die wichtigste Haftungsgrundlage dar. Dabei hat die englische Rechtsprechung verschiedene Versuche, eine Haftung des Arztes für die unerwünschte Geburt eines gesunden Kindes mit einer fehlenden oder unzureichenden Aufklärung des Patienten i.w.S. (Warn-, Informations- und Beratungsfehler) zu begründen, erfolgreich abgewehrt:

Zuerst hat sie für die deliktische Haftung wegen *negligence* klargestellt, daß der *Bolam*-Test auch insoweit uneingeschränkt gilt. Der medizinische Standard soll also ohne Rücksicht auf den Kontext der konkreten Tätigkeit auf das gesamte Verhalten des Arztes Anwendung finden. Die Rechtsstellung des Patienten hängt damit davon ab, ob und inwieweit die Ärzteschaft Englands in Zukunft auch bei Sterilisation und Schwangerschaftsabbruch eine Notwendigkeit zur Warnung, Information und Beratung sieht. Das ist insofern konsequent, als der *Bolam*-Test gerade anhand eines Sachverhalts aus der Arzt- und Krankenhaushaftung entwickelt und erst später auf die Haftung von Angehörigen anderer Berufsgruppen übertragen worden ist. Im Bereich der Diagnose und Behandlung bestehen gegen seine Anwendbarkeit auch keine Bedenken, weil Ärzte insoweit am besten beurteilen können, ob das Verhalten eines ihrer Kollegen standardgemäß war oder nicht. Deshalb überlassen denn auch die deutschen Richter mangels eigener Sachkunde die Beantwortung dieser Frage – wie ihre englischen Kollegen – richtigerweise dem medizinischen Sachverständigen. Im Bereich der Aufklärung müssen jedoch andere Maßstäbe gelten. Dort geht es nämlich nicht – wie bei Diagnose und Behandlung – um eine ureigene ärztliche Tätigkeit, mit deren Bewertung der Richter in der Regel überfordert ist, weil er nicht über das erforderliche Fachwissen und die praktische Erfahrung eines Arztes verfügt. Zwar ist der Tatrichter auf medizinisches Fachwissen angewiesen, um sich einen Eindruck von den einschlägigen Risiken, Vorsichtsmaßnahmen und Alternativen zu verschaffen. Insofern ist die Hinzuziehung eines Sachverständigen nicht nur unbedenklich, sondern geradezu geboten. Bei der Frage, ob der Arzt diese wissenschaftlich gesicherten Fakten dem Patienten auch übermitteln muß, handelt es sich jedoch nicht mehr um eine medizinische Fach-, sondern um eine Rechtsfrage, deren Beantwortung in den richterlichen Verantwortungsbereich fällt.[368] Das hat auch die Mehrheit der Richter des House of Lords in der *Sidaway*-Entscheidung letztlich gemeint, als sie betonte, daß die Gerichte in dieser Frage stets „das letzte Wort" hätten.[369] In diesem Sinne sollte diese Äußerung denn auch interpretiert werden.[370] Dafür spricht vor allem, daß Risiken, Vorsichtsmaßnahmen und Alternativen bei Sterilisation und Schwangerschaftsabbruch aus medizinischer Sicht eine wichtige Rolle spielen und deshalb der Patient auf ihre Kenntnis besonderen Wert legt. Im Regelfall ist dies für den Arzt auch erkennbar. Daher sollte die englische Rechtsprechung ihren bisherigen Standpunkt überdenken und zumindest für Eingriffe der *elective surgery* wie Sterilisation und Schwangerschaftsabbruch das Selbstbestimmungsrecht des Patienten ernst nehmen. Hier könnte die deutsche Lösung richtungsweisend sein.

In einem weiteren Schritt hat die englische Rechtsprechung außerdem dafür gesorgt, daß für die vertragliche Haftung kein strengerer Sorgfaltsmaßstab als im deliktischen Bereich gilt. Dadurch soll verhindert werden, daß der Patient die Maßgeblichkeit des *Bolam*-Tests für die Feststellung einer *breach of duty* i.R. der *negligence*-Prüfung unterläuft, indem er sich stattdessen einfach auf einen *breach of contract*, also eine Schlechterfüllung des gesamten Behandlungsvertrags beruft. Da an die Sorgfalt des Arztes ohne Rücksicht auf die Haftungsgrundlage gleich strenge Anforderungen gestellt werden, verhalten sich vertraglicher und deliktischer Sorgfaltsmaßstab im Ergebnis kongruent. Folglich schuldet der Arzt auch vertraglich nicht den Erfolg der Sterilisation, sondern nur die standardgemäße Durchführung der Operation. Daran soll sich nach Ansicht der Rechtsprechung auch nichts ändern, wenn der Arzt vor der Sterilisation die Irreversibilität des Eingriffs betont. Zu Recht kann eine solche Äußerung nicht als ausdrückliche Erfolgsgarantie ausgelegt werden, denn die Irreversibilität setzt erst einmal den Erfolg des Eingriffs voraus, den der Arzt in der Regel gerade nicht verspricht. Auch in diesem Fall liegt also lediglich eine stillschweigend gegebene Garantie vor, die Operation nach den Regeln der ärztlichen Kunst durchzuführen. Gleiches gilt für den Schwangerschaftsabbruch. Insofern gelten keine anderen Überlegungen als bei gewöhnlichen Heileingriffen auch, denn trotz verbesserter Techniken ist auch der Erfolg einer Sterilisation bzw. eines Schwangerschaftsabbruchs nicht allein von der Kunst des Arztes abhängig. Hier decken sich also die Rechtsauffassungen in beiden Ländern weitgehend. Dies hat gleichzeitig den positiven Nebeneffekt, daß Privat- und Kassen- bzw. *NHS*-

---

[368] Vgl. in diesem Zusammenhang auch *BGH*, BGHZ 107, 222ff.; NJW 1988, 1513 (1514) (jeweils zum „groben" Behandlungsfehler).

[369] *Sidaway v Bethlem Royal Hosp Govns* [1985] AC 871 (900D–F *per* LORD BRIDGE), HL.

[370] So auch BRAHAMS (1985) 135 NLJ 201 (202); BRAZIER (1987) 7 LS 169 (182); KHAN (1985) 4 Lit 267 (271f.); LEE (1985) 101 LQR 316; NORRIE 1985 SLT 289 (292f.); s.a. DERS., 1984 SLT 237 (241f.). Trotz dieser Interpretation der *Sidaway*-Entscheidung plädiert BRAZIER (*ibid* 191f.) für ein Einschreiten des Gesetzgebers; s.a. HODGKINSON ([1985] PL 232, 233f.; [1984] PL 414, 417), der ebenfalls eine verläßliche *ratio decidendi* vermißt; ähnl. GRUBB 44 [1985] 199 (201f.).

Patienten rechtlich gleich behandelt werden. Der Status des Patienten hat also keinen Einfluß auf seinen rechtlichen Schutz.

Während damit nach englischem Recht die vertragliche Haftung des Arztes dem Patienten keine Vorteile bietet und deshalb selbst im privaten Sektor nur ein Schattendasein fristet, ist sie im deutschen Recht aus doppeltem Grund unerläßlich: Zum einen ist die Belastung der „Eltern wider Willen" mit dem Kindesunterhalt nicht nach den Vorschriften über unerlaubte Handlungen ersatzfähig, weil sie allein auf familienrechtlichen Vorschriften beruht und daher einen Eingriff in reine Vermögensinteressen darstellt. Zum anderen kann der (eheliche oder nichteheliche) Elternteil, der durch die ungewollte Geburt des Kindes nicht selbst in einem seiner Rechtsgüter verletzt wird, nur über die Rechtsfigur des Vertrags mit Schutzwirkung für Dritte einen eigenen Schadensersatzanspruch gegen den behandelnden Arzt bzw. Krankenhausträger erhalten. Während das englische Recht beide Probleme innerhalb des Tatbestands der *negligence* mit dem Erfordernis der *duty* letztlich ebenso zufriedenstellend bewältigen kann, bewirkt das innerhalb der zentralen Vorschrift des § 823 Abs. 1 BGB geltende Enumerationsprinzip eine ausgeprägte Vorherrschaft der Vertragslösung im deutschen Recht, mit der Folge, daß die Wirksamkeit des Behandlungsvertrags entscheidende Bedeutung für die Ersatzfähigkeit des Unterhaltsschadens gewinnt.[371] Die weitgehend verdrängte deliktische Haftung bleibt nur relevant für einen Schmerzensgeldanspruch der Mutter nach § 847 BGB. Für die Frage, in welchem Rechtsgut diese verletzt sein könnte, ist das englische Recht allerdings keine Hilfe. Da der Tatbestand der *negligence* keine Rechtsgutsverletzung erfordert, sondern lediglich die Verletzung einer Sorgfaltspflicht voraussetzt, brauchte es hierauf keine Antwort zu finden. Im deutschen Recht kommt *de lege lata* nur eine Verletzung des Körpers bzw. der Gesundheit wegen Herbeiführung bzw. Aufrechterhaltung der Schwangerschaft und wegen der späteren Geburt in Betracht. Vorzugswürdig erscheint jedoch die im Vordringen begriffene Ansicht, die angesichts der durchkreuzten Familienplanung eine Verletzung des allgemeinen Persönlichkeitsrechts annimmt. Allerdings sollte *de lege ferenda* sichergestellt werden, daß der Patient durch diese Interpretation des „sonstigen Rechts" i.S. des § 823 Abs. 1 BGB beweisrechtlich nicht benachteiligt wird.[372]

3.3.3 Beweisfragen

Daß Sterilisation und Schwangerschaftsabbruch besondere Maßnahmen der Familienplanung und Geburtenregelung sind, hat auch beweisrechtlich Konsequenzen:

---

[371] Daß diese Frage für die Durchführung eines Schwangerschaftsabbruchs in Deutschland ungleich heftiger diskutiert wurde als in England, ist allein auf die verfassungsrechtliche Dimension zurückzuführen, die das Recht des Schwangerschaftsabbruchs hierzulande aufweist. Vgl. hierzu ausf. Kap. 3.1.2.1 (S. 138f.), *supra*.

[372] Vgl. hierzu auch Kap. 2.1.3.3 (S. 85), *supra*.

Für den Nachweis eines Diagnose- oder Behandlungsfehlers muß der Patient nach beiden Rechtsordnungen eine Untersuchung auf operativem oder anderem Wege auf sich nehmen. Dies ist nur auf freiwilliger Basis möglich, denn wegen der damit verbundenen neuen Risiken ist ein solcher zusätzlicher Eingriff nicht ohne weiteres zumutbar. Zu Recht kann er deshalb vom Patienten nicht erzwungen werden. Dagegen scheidet nach in beiden Ländern übereinstimmender Ansicht eine Anwendung des Anscheinsbeweises bzw. des *res ipsa loquitur*-Prinzips aus, soweit es um den Beweis eines Sorgfaltsverstoßes geht. Wegen der Vielzahl der Ursachen kann nämlich bei einem Mißerfolg des Eingriffs noch nicht von einem formelhaft typischen Geschehensablauf gesprochen werden, der den Rückschluß auf eine ärztliche Pflichtverletzung zwingend gebietet.

Zu weitgehend ähnlichen Ergebnissen gelangen beide Rechtsordnungen auch beim Nachweis eines Aufklärungsfehlers i.w.S. (Warn-, Informations- und Beratungsfehler). Das Problem der mangelnden Manifestation eines solchen Arztfehlers am menschlichen Körper ist den Richtern beider Länder gleichermaßen bewußt. Damit bleibt ihnen nur die Möglichkeit, die rechtlich gebotene Kommunikation zwischen Arzt und Patient durch Zeugenaussagen zu verifizieren. Hierbei stellt sich wiederum das Problem, daß die Gedächtnisleistung beider Parteien im Laufe der Zeit nachläßt. Die deutsche Rechtsprechung zieht daher den Wert entsprechender Partei- und/oder Zeugenaussagen generell in Zweifel, vermutlich weil die Anforderungen an die Aufklärung des Patienten durch den Arzt nach deutschem Recht ohnehin relativ hoch sind. Demgegenüber folgen englische Richter in Zweifelsfällen manchmal der Aussage des betroffenen Patienten, weil für diesen der Eingriff keine Routine bedeutet, sondern eine einmalige Angelegenheit dargestellt habe. Richtigerweise sollte es bei der Beweiswürdigung letztlich auf die Umstände des Einzelfalls ankommen. Ähnlich bewerten die Richter beider Länder wieder den Umstand, daß der Arzt seine ständige Praxis *(usual practice)* befolgt hat. Ihrer Meinung nach begründet dies lediglich die Vermutung, daß eine Kommunikation mit dem Patienten stattgefunden hat. Darüber hinaus kommt insbesondere bei Sterilisationen den Einwilligungsformularen *(consent forms)* eine besondere Bedeutung zu, weil sie als Beweisanzeichen für eine tatsächlich erteilte Warnung vor dem Versagerrisiko interpretiert werden.

Im übrigen trägt wie in England auch in Deutschland nicht der Arzt, sondern der Patient die Beweislast für die Behauptung eines Aufklärungsfehlers. Daß dabei nicht weiter zwischen Warn-, Informations- und Beratungspflichten differenziert wird, ist jedoch für das deutsche Recht insofern inkonsequent, als nur die Information über vor oder nach dem Eingriff zu treffende Vorsichtsmaßnahmen unter die sog. Sicherungs- oder therapeutische Aufklärung fällt. Ein Verstoß des Arztes gegen diese Belehrungspflicht ist richtigerweise vom Patienten zu beweisen, da sie eine bloße Nebenpflicht des Arztvertrags ist. Dagegen zählen die Warnung vor immanenten Risiken und die Beratung über Alternativen zur sog. Selbstbestimmungs- oder Eingriffsaufklärung und bilden damit eine der ärztlichen Hauptpflichten aus einem Vertrag über die Vornahme einer Sterilisation oder eines Schwangerschaftsabbruchs. Daher sollte ihre Erfüllung nicht der Patient, sondern der Arzt beweisen müssen, es sei denn, man will auch insoweit von den hergebrachten Grundsätzen der Beweislastverteilung im Arzthaftungsrecht abrücken. Wegen der praktischen Vorherrschaft der *negligence* als Haftungsgrundlage hat sich dieses Problem im englischen Recht noch nicht gestellt.

4 Der Kausalzusammenhang

4.1 Deutsches Recht

Zweite Haftungsvoraussetzung ist nach deutschem Recht ein hinreichender Kausalzusammenhang zwischen der ärztlichen Pflichtverletzung und dem angeblichen Schaden.

4.1.1 Bedeutung des Kausalzusammenhangs

Mit dem Kausalzusammenhang ist in erster Linie die haftungsausfüllende Kausalität, also die Ursächlichkeit des Verletzungserfolgs für den Schaden, gemeint.[1] Der Kausal- oder Zurechnungszusammenhang setzt im deutschen Recht zunächst die sog. Äquivalenz voraus.

4.1.1.1 Äquivalenz

Nach der Äquivalenztheorie darf der eingetretene Verletzungserfolg nicht hinweggedacht werden, ohne daß der geltend gemachte Schaden entfiele. Einigkeit besteht darüber, daß in den hier untersuchten Fällen der Schaden, insbesondere die durch die unerwünschte Geburt des Kindes entstandene Unterhaltsbelastung, in diesem Sinne äquivalent kausal auf dem Verletzungserfolg beruht.[2] Bildet ein Behandlungsfehler den Klagevorwurf, wird argumentiert, daß bei ordnungsgemäßer Durchführung der fraglichen Maßnahme im Hinblick auf deren enorm hohe Sicherheit die Geburt des Kindes und der damit verbundene Unterhaltsschaden mit an Sicherheit grenzender Wahrscheinlichkeit vermieden worden wäre.[3] Problematischer ist die Feststellung der Kausalität, wenn dem Arzt ein Aufklärungsfehler i.w.S. (Warn-, Informations- und Beratungsfehler) vorgeworfen wird. Bei einer solchen Sachlage soll die Kausalität erst durch ein hypothetisches Verhalten des Patienten vermittelt werden: Danach müßten die Eltern geltend ma-

---

[1] Die im Deliktsrecht erforderliche sog. haftungsbegründende Kausalität zwischen Verletzungshandlung und Rechtsgutsverletzung i.S. des § 823 Abs. 1 BGB wird in den untersuchten Fallkonstellationen problemlos angenommen (vgl. statt aller HARRER, S. 246).

[2] Z.B. verbliebene Empfängnis- bzw. Zeugungsfähigkeit trotz Sterilisation oder fortdauernde Schwangerschaft trotz Schwangerschaftsabbruchs, vgl. etwa HARRER, S. 101; WAIBL, S. 181f.; DIES., NJW 1987, 1513 (1518); krit. dagegen SCHLUND, JR 1980, 369. – Zur Unterbrechung des Kausalzusammenhangs bei einer Pflichtverletzung durch den nachuntersuchenden Haus- oder Facharzt vgl. *OLG Stuttgart*, NJW 1987, 2934.

[3] HARRER *ibid.*

chen, daß sie anstelle des Eingriffs oder zusätzlich weitere empfängnisverhütende Maßnahmen getroffen hätten.[4]

4.1.1.2 Adäquanz

Darüber hinaus muß nach der Adäquanztheorie der Eintritt des Schadens als Folge des Verletzungserfolgs vorhersehbar gewesen sein. In den vorliegenden Fällen wird allgemein angenommen, daß der eingetretene Schaden auch adäquat kausal in diesem Sinne ist, da er nicht völlig außergewöhnlich sei, sondern gerade im Bereich der allgemeinen Lebenserfahrung liege und typischerweise mit dem ungewollten Erfolg eintrete.[5]

4.1.1.3 Schutzzweck der Norm

Bei der Zurechnung des Unterhaltsschadens wird immer häufiger auch auf den sog. Schutzzweck der Norm abgestellt, und zwar sowohl bei Sterilisationen als auch bei Schwangerschaftsabbrüchen. Nach der Schutzzwecklehre haftet der Arzt bzw. Krankenhausträger für die unerwünschte Geburt eines gesunden Kindes lediglich, wenn und soweit der verletzte Behandlungsvertrag bzw. die deliktsrechtliche Vorschrift, gegen die verstoßen wurde, auch Einbußen der „Eltern wider Willen" (z.B. den Unterhaltsschaden) bezweckt. Da die deliktsrechtlichen Normen der §§ 823ff. BGB einen anderen Schutzzweck haben können als die vertraglichen Schadensersatznormen, weil dort nicht der Vertragszweck, sondern der Schutzumfang des jeweils verletzten Rechtsguts für die Bestimmung des Schutzzwecks ausschlaggebend ist,[6] wird bei der Erörterung des Schutzzwecks zwischen vertraglichen und deliktischen Ansprüchen differenziert:

Vertragliche Ansprüche Zum Schutzzweck des jeweiligen Vertrags hat die Rechtsprechung bereits mehrere Entscheidungen gefällt. Soweit es hierbei um die Haftung für einen mißlungenen Schwangerschaftsabbruch ging, war überwiegend das alte Recht des Schwangerschaftsabbruchs (§§ 218ff. StGB a.F.) zu berücksichtigen, das bekanntlich wesentlich auf das Vorliegen einer Indikation abstellte.[7] Auch nach neuem Recht werden die Indikationen von Bedeutung sein, und zwar nicht nur für die Frage der Finanzierung des Eingriffs durch die gesetz-

---

[4] Vgl. SCHRAMM, S. 160; s.a. ANKERMANN, S. 16f; MÜLLER, FS Steffen, S. 358; jeweils m. Nachw. der Rspr. – Wenn SCHRAMM insoweit von einer „vereitelten" Sterilisation bzw. einem „vereitelten" Schwangerschaftsabbruch spricht (*ibid* 150f.), ist dies zumindest mißverständlich. Üblicherweise besagt der Sinn des Wortes „vereitelt", daß nicht erst der Erfolg, sondern bereits die Durchführung einer Maßnahme gescheitert ist. Damit kann man z.B. im Fall einer Vasektomie, die trotz erfolgreicher Vornahme letztlich erfolglos bleibt (etwa weil sich später die Samenleiter rekanalisieren), wohl kaum von einer „vereitelten" Sterilisation sprechen.

[5] Vgl. etwa DEUCHLER, S. 116f.; GIESEN, JZ 1985, 334 (335).

[6] Vgl. dazu DEUTSCH JZ 1978, 532 (533).

[7] Vgl. Kap. 1.2.2.1 (S. 27ff.), *supra*.

lichen Krankenkassen[8], sondern auch für die Zurechnung des erlittenen Schadens, wie jüngste Entscheidungen des *BGH*[9] belegen.

– Allgemeine Notlagenindikation

Nach der früheren Rechtsprechung des *BGH* hatte der Arzt i.d.R. den Unterhaltsaufwand zu ersetzen, wenn ihm bei festgestellter Notlagenindikation (§ 218a Abs. 2 Nr. 3 StGB a.F.), die auch auf wirtschaftlichen Gründen beruhte, der Schwangerschaftsabbruch schuldhaft mißlang.[10] Komme das Kind entgegen dem Wunsch der Mutter durch ärztliches Verschulden zur Welt, so lautete die Begründung, verwirkliche sich diejenige Gefahr, die der Eingriff gerade vermeiden sollte. Deshalb werde die wirtschaftliche Belastung vom Schutzzweck des Vertrags umfaßt.[11]

Dabei konnte der vertragliche Schutz nach bisheriger Auffassung des *BGH* zeitlich auf den nachgeburtlichen Zeitraum wirtschaftlicher und persönlicher Enge beschränkt sein.[12] Bei der Notlagenindikation sei die Unterhaltsbelastung durch das Kind dem Arzt nicht zuzurechnen, wenn und sobald sich die sozialen und wirtschaftlichen Verhältnisse der Mutter so günstig entwickelt hätten, daß aus nachträglicher Sicht die Annahme einer schwerwiegenden Notlage nicht (mehr) gerechtfertigt erscheine. Nur soweit und solange diejenigen tatsächlichen Umstände auf wirtschaftlichem und sozialem Gebiet, welche die ungünstige Prognose hätten rechtfertigen können, auch tatsächlich eingetreten seien, schulde der Arzt einen Ausgleich der für die Mutter nur schwer tragbaren Belastung mit den Unterhaltsaufwendungen.[13]

In einer neueren Entscheidung hat der *BGH* seine frühere Rechtsprechung dahin eingeschränkt, daß bei einem Schwangerschaftsabbruch aus Gründen der früheren Notlagenindikation dem Schutz vor wirtschaftlichen Belastungen durch das Kind keine Bedeutung beizumessen ist, wenn die Indikation nicht

---

[8] *BVerfG*, NJW 1993, 1751 Leitsatz Nr. 16 u. 1768ff.; s.a. die Differenzierung in § 24b SGB V.

[9] *BGH*, NJW 1994, 788; NJW 1995, 1609.

[10] Vgl. *BGH*, JZ 1985, 331.

[11] Zust. etwa DEUTSCH, NJW 1985, 674; krit. dagegen z.B. STÜRNER (JZ 1986, 122, 125; FamRZ 1985, 753, 758), der meint, daß sich die soziale Indikation gem. § 218a Abs. 2 Nr. 3 StGB a.F. gerade nicht allein mit wirtschaftlichen Schwierigkeiten begründen lasse, wie sie sich im Unterhaltsanspruch manifestierten, sondern nur mit einer schweren inneren Belastung.

[12] *BGH*, NJW 1985, 2752 (2753); *OLG Braunschweig*, VersR 1992, 91 (92); zust. HARRER, S. 112; ENGELHARDT, VersR 1988, 540 (542); krit. dagegen MK/GRUNSKY, Vor § 249 BGB, Rdnr. 12.

[13] Nach Ansicht des *OLG Stuttgart* (NJW 1987, 2934, 2935) gehört zum Schutzzweck des Arztvertrags über einen Schwangerschaftsabbruch wegen Notlagenindikation nach altem Recht auch die Haftung für einen Einkommensschaden der Frau in der Zeit, in der sie sich der Pflege und Erziehung des Kindes zu widmen hat; a.A. *OLG Saarbrücken*, NJW 1986, 1549 (1550) = VersR 1986, 1128 (L); *OLG Düsseldorf*, VersR 1993, 883 (885).

von staatlicher Seite (z.B. durch ein Gericht oder eine vergleichbare Institution) verbindlich festgestellt wurde.[14] In einem solchen Fall bestehe kein Anspruch auf Ersatz des Unterhaltsschadens, weil sonst der von den Parteien bezweckte, jedoch von der Rechtsordnung mißbilligte Erfolg, der betroffenen Frau die finanziellen Belastungen durch ein weiteres Kind zu ersparen, immerhin in vermögensrechtlicher Hinsicht hergestellt würde.[15]

Durch diese Entscheidung ist der Gegensatz zwischen den Standpunkten des *BVerfG* und des *BGH* erheblich entschärft worden:[16] Soweit es nämlich um die Frage der Rechtmäßigkeit eines Schwangerschaftsabbruchs geht, fühlt sich der *BGH* an die Auffassung des *BVerfG* gebunden und folgt ihr bei der Zurechnung des Schadens.

- Eugenische Indikation

  Denkbar ist auch der Fall, daß ein *gesundes* Kind geboren wird, nachdem ein Schwangerschaftsabbruch wegen eugenischer Indikation (§ 218a Abs. 2 Nr. 1 StGB a.F.) mißlungen ist.

  Nach wie vor entfällt nach Ansicht des *BGH* die grundsätzlich gegebene Ersatzpflicht des (gesamten) Unterhaltsbedarfs, wenn sich bei eugenischer Indikationslage *ex post* betrachtet die Gefahr einer nicht behebbaren schwerwiegenden Schädigung des Kindes, die der Mutter nach strafrechtlichen Grundsätzen einen Schwangerschaftsabbruch erlaubt hätte, nicht verwirklicht hat.[17]

  In der Literatur ist die Auffassung des *BGH* durchweg auf Zustimmung gestoßen.[18] Nicht nur eine Vorschädigung des Kindes, die ihrem Grad nach – wäre der Umfang vorauszusehen gewesen – einen Schwangerschaftsabbruch nicht gerechtfertigt hätte, sondern auch die Geburt eines *gesunden* Kindes liege

---

[14] Vgl. *BGH*, NJW 1995, 1609 (1610); dagegen noch offengelassen in NJW 1994, 788 Leitsatz Nr. 3 u. 790.

[15] I.E. zust. PALANDT/HEINRICHS, Vorbem. v. § 249 BGB, Rdnr. 48; GÖPPINGER-WAX/STÖCKLE, Rdnr. 1385; DEUTSCH, Anm. zu BGH 28.3.1995 - VI ZR 356/93 (Bremen), LM § 249 BGB (A) Nr. 108; ROTH, NJW 1995, 2399f., der aber eine dogmatische Begründung vermißt und die Entscheidung letztlich für widersprüchlich hält.

[16] So auch DEUTSCH *ibid.*

[17] *BGH*, JZ 1984, 886; zust. HARRER, S. 113; FISCHER, MedR 1985, 93 (95); GRUNSKY, JZ 1986, 170 (171). – Bei der ungewollten Geburt eines *behinderten* Kindes besteht dagegen auch weiterhin ein Schadensersatzanspruch der Eltern, der den vollen Unterhaltsbedarf des Kindes umfaßt, vgl. zuletzt *BGH*, NJW 1994, 788 (792f.); a.A. ROTH (NJW 1994, 2402 2403), der auch in den übrigen Fällen den Schutzzweck des Arztvertrags als auf die Vermeidung eines (kranken) Kindes, nicht aber isoliert auf die Vermeidung der Unterhaltspflicht gerichtet sieht.

[18] Vgl. DEBO, S. 36; HARRER *ibid*; FISCHER *ibid*; GRUNSKY, Jura 1987, 82 (84); einschr. SCHRAMM, S. 175f., der aber in den Sterilisationsfällen bei gleicher Sachlage einen Schadensersatzanspruch der Eltern verneint (*ibid* 169).

außerhalb des Schutzbereichs des Vertrags, da es auch in diesem Fall an einer Risikoverwirklichung fehle. Eine evtl. abweichende Parteiabrede müsse wegen ihrer Sittenwidrigkeit als unverbindlich gelten.[19] Andernfalls wäre das ärztliche Fehlverhalten für die Eltern ein Glücksfall, da sie einerseits das erwünschte Kind hätten, andererseits aber dessen finanzielle Belastung abwälzen könnten.[20]

– Medizinische Indikation

Bei Mißlingen eines Schwangerschaftsabbruchs allein aufgrund medizinischer Indikation (§ 218a Abs. 1 Nr. 2 StGB a.F. = § 218a Abs. 2 StGB n.F.) ist der *BGH* weiterhin der Ansicht, daß ein Schaden, der den Eltern durch den Unterhaltsaufwand für das Kind entsteht, im allgemeinen nicht in den Schutzbereich des Vertrags fällt und deshalb vom Arzt nicht zu ersetzen ist.[21] Bei der medizinischen Indikation gehe es nicht um die Abwendung einer für die Schwangere unmittelbaren finanziellen Belastung durch die zu erwartenden Unterhaltsaufwendungen, sondern um die Abwendung von schweren Gefahren für die Gesundheit der Schwangeren selbst, die sich nicht verwirklicht hätten. Nur wenn und soweit sich durch das Fortbestehen der Schwangerschaft und die Geburt des Kindes eine Gefahr für das Leben oder die Gesundheit der Mutter verwirklicht habe, könne der Arzt haftbar gemacht werden. Im Einzelfall möge zwar zum Schutzumfang auch die Bewahrung vor unzumutbaren Belastungen durch den späteren Unterhalt für das Kind gehören, dies bedürfe aber einer gesonderten Feststellung.[22]

Anders hat der *BGH* dagegen im Fall einer fehlgeschlagenen Sterilisation geurteilt, die aus gesundheitlichen Gründen vorgenommen worden war: Hier sei der Ersatz des Unterhaltsschadens zwar nicht selbstverständlich,[23] aber auch nicht ausgeschlossen, denn es sei „eher naheliegend"[24], daß Eltern auch bei medizinisch begründeten Sterilisationen die vermeintlich wirksame Sterilisation in der Weise in ihre Familienplanung eingebaut hatten, daß sie um ihretwillen auf eine andere Methode der Empfängnisverhütung verzichteten.[25]

---

[19] So HARRER *ibid*; s.a. *BGH*, JZ 1984, 889; a.A. SCHRAMM, S. 175.

[20] So vor allem HARRER *ibid*.

[21] *BGH*, NJW 1985, 2749; s.a. *BGH*, NJW 1994, 788 Leitsatz Nr. 3; ebenso *OLG Frankfurt*, VersR 1987, 416; zust. STAUDINGER/MEDICUS, § 249 BGB, Rdnr. 17; GEIGEL/SCHLEGELMILCH, Kap. 14, Rdnr. 253; MÜLLER, FS Steffen, S. 361; ENGELHARDT, VersR 1988, 540 (542); GRUNSKY, Jura 1987, 82 (84); DERS., JZ 1986, 170 (171); einschr. HARRER, S. 114; SCHRAMM, S. 175ff.

[22] *BGH*, NJW 1985, 2752; krit. dazu HARRER *ibid*; SCHRAMM *ibid*; WAIBL, S. 189f.; DIES., NJW 1987, 1513 (1518).

[23] *BGH*, NJW 1981, 2002 (2003); strenger STAUDINGER/MEDICUS, § 249 BGB, Rdnr. 17; LANGE, § 3 IX 5 (S. 110).

[24] *BGH*, BGHZ 76, 249 (256).

[25] *BGH ibid*; NJW 1981, 630 (632).

Demgegenüber will die wohl h.M. den Unterhaltsschaden unter Berücksichtigung des Vertrauensgesichtspunkts stets ersetzen.[26]

Nicht dagegen vom Schutzzweck umfaßt soll der Schaden des Vaters in Form von Unterhaltszahlungen an die Mutter sein, wenn diese einen zunächst ausgesprochenen Unterhaltsverzicht nicht aufrechterhält, weil sie nach der Scheidung trotz medizinisch begründeter Sterilisation ein Kind bekommt.[27] Zwar diene der Sterilisationsvertrag evtl. auch dem Schutz der Eltern vor einer weiteren Unterhaltsbelastung, jedoch sei der Vertrag nicht darauf gerichtet, im Fall einer späteren Scheidung den Mann vor Unterhaltsansprüchen seiner Frau zu schützen. Ebensowenig im Schutzbereich des Vertrags soll eine Unterhaltsbelastung durch ein Kind liegen, wenn bei Durchführung einer Sterilisation das Vorliegen einer bereits zu diesem Zeitpunkt bestehenden Schwangerschaft nicht ausgeschlossen werden kann.[28]

Deliktische Ansprüche Grundsätzlich ist zwischen Ansprüchen aus einer Rechtsgutsverletzung (§ 823 Abs. 1 BGB) und solchen aus einer Schutzgesetzverletzung (§ 823 Abs. 2 BGB) zu unterscheiden. Für die hier in Betracht kommenden Schutzgesetze[29] gelten die Ausführungen zur Rechtsgutsverletzung nach § 823 Abs. 1 BGB unter dem Gesichtspunkt der Körperverletzung[30] jedoch entsprechend, da auch hier mit dem Unterhaltsanspruch der Ersatz eines weitergehenden Interesses begehrt wird, das nicht mehr an die geschützte körperliche Integrität anknüpft.[31]

---

[26] Vgl. *OLG Celle*, JZ 1978, 528; SCHRAMM, S. 169f.; STIEGLITZ, S. 152; FRANZKI, VersR 1990, 1181 (1182); SCHÜNEMANN, JZ 1981, 574 (575) wohl im Anschluß an DEUTSCH, JZ 1978, 532 (533); s.a. DEUTSCH, NJW 1985, 674 u. zuletzt in VersR 1995, 609 (611).

[27] So *BGH*, NJW 1981, 630; zust. SOERGEL/MERTENS, § 249 BGB, Rdnr. 124; ENGELHARDT, VersR 1988, 540 (543); GRUNSKY, JZ 1983, 372 (374); HAGEN, SchlHA 229 (1982) 2 (5f.); krit. dagegen SCHACK, JZ 1986, 305 (312); SCHLUND, JR 1981, 237 (239).

[28] So *OLG Koblenz*, VersR 1984, 371 (372); s.a. SCHLUND, GFHK 44 (1984) 692; krit. dazu HARRER (S. 115), der bereits die Kausalität i.S. der Adäquanztheorie verneint. Vgl. auch *OLG Karlsruhe* (30.4.1982 - 14 U 11/79), bei R/S, Rdnr. 635, wo der eigentlichen Sterilisation sogar eine gynäkologische Untersuchung und ein Schwangerschaftstest mit negativem Ergebnis vorausgegangen war, um eine vorbestehende Schwangerschaft der Klägerin auszuschließen. Nach Ansicht des Gerichts stellte die Unterlassung weiterer Tests keinen Behandlungsfehler dar, weil solche Untersuchungen allein der Ausschaltung von Gesundheitsgefahren für Schwangere und Embryo dienten. Die Sterilisation selbst habe wiederum nicht den Zweck gehabt, die Geburt eines Kindes aufgrund einer bereits bestehenden Schwangerschaft zu vereiteln, sondern habe nur künftige Schwangerschaften verhindern sollen.

[29] Insbes. §§ 223, 223a u. 230 StGB.

[30] Vgl. Kap. 4.1.1.3 (S. 197f.), *infra*.

[31] Vgl. insbes. HARRER, S. 124; ähnl. LANKERS, FamRZ 1969, 384 (387f.); MERTENS, FamRZ 1969, 251 (253).

Der *BGH* hat es offengelassen, ob der Schädiger bei der fehlgeschlagenen Familienplanung auch unter dem Gesichtspunkt einer unerlaubten Handlung nach § 823 Abs. 1 BGB für alle Schadensfolgen einzustehen hat.[32]

In der Literatur wird teilweise angenommen, daß bei einer Verletzung der körperlichen Unversehrtheit durch Herbeiführung[33] oder Aufrechterhaltung[34] der Schwangerschaft alle materiellrechtlichen Belastungen einschließlich der durch die Geburt des Kindes ausgelösten Unterhaltsbelastung und eines möglichen Verdienstausfalls zu ersetzen seien, die dem Gechädigten aus dieser Körperverletzung[35] entstanden sind.[36] Ausnahmsweise seien hier diese reinen Vermögensinteressen geschützt, weil gerade die Verletzung der in § 823 Abs. 1 BGB genannten körperlichen Unversehrtheit zur Beeinträchtigung dieser Interessen geführt habe, also ein direkter innerer Zusammenhang zwischen beiden Haftungselementen bestehe.[37]

Gegen diese Auffassung sind Bedenken angemeldet worden:[38] Der aufgrund der Geburt des Kindes zu zahlende Unterhalt sei keine Folge, die vom Zweck des Schutzes der körperlichen Unversehrtheit in § 823 Abs. 1 BGB erfaßt werde, der nur der Mutter gelte.[39] Die Unterhaltsbelastung knüpfe gerade nicht an den Ein-

---

[32] Vgl. *BGH*, VersR 1980, 558 (559).

[33] Eine *Herbeiführung* der Schwangerschaft im hier verwendeten Sinn liegt insbes. dann vor, wenn die Eltern im Vertrauen auf eine tatsächlich fehlerhaft durchgeführte Sterilisation ungeschützten Geschlechtsverkehr haben, also die Schwangerschaft der Frau und die nachfolgende Geburt durch den ärztlichen Behandlungsfehler mittelbar ermöglicht werden. So auch HARRER, S. 118 FN 71.

[34] Eine *Aufrechterhaltung* der Schwangerschaft im hier verwendeten Sinn liegt insbes. dann vor, wenn eine bestehende Schwangerschaft aufgrund eines ärztlichen Behandlungsfehlers nicht unterbrochen wird und es deshalb zur Geburt eines Kindes kommt. Gleiches gilt für den Fall, daß der Arzt eine Indikation zum Schwangerschaftsabbruch nicht oder falsch diagnostiziert. So auch HARRER, S. 118 FN 72.

[35] Eine Körperverletzung ist schon in jedem unbefugten Eingriff in die Integrität der körperlichen Befindlichkeit zu sehen. Vgl. *BGH*, VersR 1980, 558 (559).

[36] So DEUCHLER, S. 122. Jedoch sieht er die Unterhaltsbelastung der Eltern nicht vom Schutzzweck des § 823 Abs. 1 BGB erfaßt, wenn bei der Sterilisation hinsichtlich der Körperverletzung nicht auf die Herbeiführung der Schwangerschaft, sondern auf die Durchtrennung des Mutterbands abgestellt wird (*ibid* 120).

[37] DEUCHLER, S. 122.

[38] Vgl. *OLG München*, NJW 1981, 2012 (2013); *OLG Bremen*, VersR 1982, 959 (960); *OLG Düsseldorf*, VersR 1992, 317 (318); VersR 1993, 883 (884); MK/MERTENS, § 823 BGB, Rdnr. 62; DERS., FamRZ 1969, 251 (252); PALANDT/HEINRICHS, Vorbem. v. § 249 BGB, Rdnr. 47; DEBO, S. 77f.; HARRER, S. 119ff.; WAIBL, S. 194f.; KLIMKE, ZfV 1979, 699 (702); ähnl. DEUTSCH, HaftungsR, S. 442; DERS., JZ 1978, 532 (533); HELDRICH, JuS 1969, 455 (460); LANKERS FamRZ 1969, 384 (387); REINELT FamRZ 1970, 572 (574).

[39] So MERTENS *ibid*.

griff in die körperliche Unversehrtheit an, sondern sei eine gesetzliche Folge des Verwandtschaftsverhältnisses zwischen Eltern und Kind und insoweit ein reiner Vermögensschaden.[40] Der Ersatz des Unterhaltsschadens sei auch nicht auf die Wiedergutmachung der Körperverletzung gerichtet, sondern diene einem weitergehenden Interesse der Mutter, nämlich dem Ausgleich der wirtschaftlichen Änderung der Lebensverhältnisse.[41] Die Unterhaltspflicht gehe also von der Existenz des Kindes aus und habe mit der Tatsache, daß Schwangerschaft und Geburt einen Eingriff in den Körper der Mutter bedeutet, nur vordergründig zu tun.[42] Deshalb seien unter dem Gesichtspunkt der Körperverletzung i.S. von § 823 Abs. 1 BGB nur die aufgewendeten Behandlungskosten und alle übrigen mit der Schwangerschaft und dem Geburtsvorgang unmittelbar zusammenhängenden Kosten zu ersetzen, nicht aber die Unterhaltslasten der Eltern.[43]

Allerdings wird im Schrifttum neuerdings die Ansicht vertreten, daß bei der Verletzung des „Rechts auf Familienplanung" als sonstigem Recht i.S. von § 823 Abs. 1 BGB als Unterfall des allgemeinen Persönlichkeitsrechts die Unterhaltsbelastung der Eltern durch das ungeplante Kind vom Schutzzweck der Norm erfaßt sei.[44] Geschütztes Rechtsgut sei hier nicht die körperliche Integrität und Unversehrtheit, sondern die Bestimmungsfreiheit bei der Familienplanung, weshalb die Eltern bei einer durch Drittverhalten verursachten Mißachtung ihrer Planungsentscheidung auch von den dadurch bedingten Belastungen freigestellt werden sollten;[45] ein effektiver Schutz vor unberechtigten Eingriffen durch Dritte werde nur durch eine vollständige Abwälzung der ungewollten Unterhaltsbelastung erreicht.[46] Ohne einen gegenüber Körper- und Gesundheitsverletzung weitergehenden Schutzzweck wäre die Anerkennung des „Rechts auf Familienplanung" auch ohne eigenständige Bedeutung, da sie zu keiner haftungsrechtlichen Besserstellung des Geschädigten im deliktsrechtlichen Bereich führen würde.[47]

---

[40] So HARRER, S. 119.

[41] So WAIBL, S. 194f.

[42] So *OLG Bremen*, VersR 1982, 959 (960); LORENZ, AcP 170 (1970) 367 (386 FN 61); MERTENS, FamRZ 1969, 251 (252).

[43] Zum selben Ergebnis kommt ein Teil der Lit. durch eine Untersuchung der Gefahr- und Risikoverteilung: Das Risiko der Belastung mit einer Unterhaltsverbindlichkeit anläßlich der Verletzung der körperlichen Unversehrtheit stelle kein besonderes Risiko dar, sondern nur die Verwirklichung des allgemeinen Lebensrisikos. Dieses könne nicht schadensrechtlich auf einen Dritten abgewälzt werden, sondern bleibe nach dem Grundsatz „casum sentit dominus" beim Geschädigten (so HÜBNER, S. 65ff.).

[44] HARRER, S. 121f.; DERS., DAVorm 63 (1990) 509 (511ff.); wohl auch SCHRAMM, S. 158ff.; STIEGLITZ, S. 137; s.a. STOLL, Haftungsfolgen, Rdnr. 232.

[45] Gleiches ergebe sich wiederum aus der Verteilung des Gefahrbereichs bzw. des Risikos, näher dazu HARRER, S. 122.

[46] So HARRER *ibid.*

[47] *Ibid.*

4.1.2
Unterbrechung des Kausalzusammenhangs

Eine Unterbrechung des Kausal- oder Zurechnungszusammenhangs, mit der Folge, daß die Zurechnung des Schadens im Einzelfall ausgeschlossen ist, wird in Rechtsprechung und Lehre unter verschiedenen Aspekten diskutiert:

4.1.2.1
Unterbrechung durch Geschlechtsverkehr

Insbesondere in den Fällen fehlgeschlagener Sterilisation wird eine Unterbrechung des Kausalzusammenhangs nicht schon deshalb angenommen, weil die Eltern miteinander geschlechtlich verkehrt haben.[48] Hierfür fehle es bereits an einem freiwilligen Entschluß der geschädigten Eltern, weil sie von einer erfolgreichen Familienplanung ausgegangen seien und deshalb mit der Zeugung des Kindes nicht hätten rechnen müssen.[49] Durch die scheinbare Vorsorge des Schädigers sei das Verhalten der Eltern „herausgefordert" worden, da es aufgrund der hohen Sicherheit der modernen Empfängnisverhütungsmethoden üblich sei, keine zusätzlichen Vorsichtsmaßnahmen zu treffen.[50] Der ungeschützte Geschlechtsverkehr sei gerade im berechtigten Vertrauen auf die erfolgreich vorgenommene Sterilisation erfolgt[51] und habe – als notwendiges weiteres Glied in der Ursachenkette – den Eintritt des schädlichen Erfolgs denkgesetzlich überhaupt erst ermöglicht[52]. Hafte jemand dafür, daß eine bestimmte Vorbeugungsmaßnahme den üblichen Erfolg eines Verhaltens verhindert, so könne dieses Verhalten selbst die Haftung nicht aufheben.[53]

4.1.2.2
Unterbrechung durch Verweigerung eines (wiederholten) Schwangerschaftsabbruchs

Unterbrechung bei gleichbleibender Konfliktlage In einem *obiter dictum* hat der *BGH* erklärt, daß die Eltern einen Schadensersatzanspruch nicht geltend machen könnten, wenn die Mutter eine alsbald mögliche, medizinisch zumutbare und rechtlich noch erlaubte Wiederholung des Schwangerschaftsabbruchs ver-

---

[48] A.A. neuerdings ROTH (NJW 1994, 2402, 2403f.), der annimmt, daß Zeugung und Verhütung *stets* auf eigenes Risiko erfolgten, d.h. auch in den Fällen, in denen die Eltern vorher einen Arzt und/oder Apotheker um Hilfe bei der Familienplanung oder Geburtenregelung gebeten haben; s.a. SCHIEMANN, JuS 1980, 709 (710).

[49] So KLIMKE, VersR 1975, 1083 (1085); LÖWE, VersR 1969, 573; s.a. *LG Itzehoe*, VersR 1969, 265.

[50] Vgl. HARRER, S. 130; SIGEL, S. 68; WAIBL NJW 1987, 1513 (1518).

[51] So *BGH*, NJW 1995, 2407 (2408); HARRER *ibid.*

[52] So KLIMKE, VersR 1975, 1083 (1085).

[53] *BGH*, NJW 1995, 2407 (2408); *OLG Braunschweig*, NJW 1980, 643; MERTENS, FamRZ 1969, 251 (255).

weigert.[54] Wenn der Mißerfolg eines Schwangerschaftsabbruchs innerhalb der ersten zwölf Wochen nach der Empfängnis entdeckt werde, könne der Mutter ein erneuter Eingriff zugemutet werden. Angesichts des Mißverhältnisses zwischen den Belastungen eines erneuten, nicht schweren operativen Eingriffs und den von ihr befürchteten sozialen Schwierigkeiten handelte sie widersprüchlich und damit arglistig, wenn sie den unter ihrer Mitwirkung noch wiedergutzumachenden Fehler schadensrechtlich ausnützen würde.

Im Schrifttum wird dem *BGH* teilweise zugestimmt und bei Verweigerung eines fristgemäßen Zweiteingriffs bei ansonsten gleichbleibender Indikationslage die Unterbrechung des Kausal- oder Zurechnungszusammenhangs angenommen.[55] Andernfalls würde der Frau ein Weg eröffnet, ihre verspätete Sensibilität „in bare Münze" umzusetzen. Wenn die Schwangere eine Wiederholung des Abbruchs ablehne und damit eine Mitwirkung bei der Schadensvermeidung verweigere, müsse ihr der Folgeschaden letztlich allein angelastet werden, da sie den Erfolg bewußt und aufgrund eigenen Entschlusses herbeigeführt habe.

Die Gegenansicht wendet ein, eine derartige Betrachtungsweise verbiete sich für mißlungene Schwangerschaftsabbrüche nach altem Recht wegen des unkontrollierten und geduldeten Mißbrauchs der sozialen Indikation.[56] Außerdem dürfe die Rechtsordnung die Wiederholung des Schwangerschaftsabbruchs als zwar möglicherweise rechtmäßige, jedoch ethisch weniger achtenswerte Handlungsvariante nicht durch drohende finanzielle Einbußen zur Obliegenheit machen.[57] Der Entschluß zur Austragung führe auch dann, wenn er bereits innerhalb der 12-Wochen-Frist getroffen wurde, nicht zur Unterbrechung des Kausalzusammenhangs.[58]

Unterbrechung bei geänderter Konfliktlage Dagegen entfällt nach Ansicht des *BGH* der Schadensersatzanspruch grundsätzlich nicht, wenn die Mutter sich weigert, die Schwangerschaft später noch einmal aufgrund einer anderen Konflikt-

---

[54] *BGH*, JZ 1985, 331 (333); s.a. *OLG Braunschweig*, VersR 1992, 91f.

[55] So etwa LANGE, § 6 IX 7 (S. 337); DANNEMANN, VersR 1989, 676 (680); ähnl. WAIBL, NJW 1987, 1513 (1518).

[56] So wirft STÜRNER (FamRZ 1985, 753, 758) der Rspr. vor, sie verdoppele den Billigungseffekt insoweit, als sie nicht nur den Erstverträgen Rechtswirksamkeit verleihe, sondern auch die entsprechenden Folgeverträge zur Obliegenheit mache.

[57] So STÜRNER *ibid*, der im übrigen darauf hinweist, daß Rspr. u. Lit. bisher bei fehlgeschlagener Sterilisation die Obliegenheit zum Abbruch der Schwangerschaft ebenfalls verneint hätten (vgl. dazu *BGH*, BGHZ 76, 249, 257; 76, 259, 264; NJW 1986, 2749, 2750; STAUDINGER/MEDICUS, § 249 BGB, Rdnr. 14; GIESEN, JZ 1985, 334, 336; GRUNSKY, Jura 1987, 82, 85).

[58] So GIESEN *ibid*; s.a. DEUTSCH, NJW 1985, 674.

lage abbrechen zu lassen.[59] Nach seiner Meinung wird damit der Mutter eine medizinisch und psychisch völlig andere und grundsätzlich belastendere Entscheidung abverlangt als bei der sozial indizierten Frühabtreibung. Diesem erschwerten Eingriff müsse sich die Schwangere nicht stellen, um vom Arzt eine Ersatzpflicht abzuwenden, nachdem sein Versagen gerade zu dieser Erschwerung geführt habe.

Diese Auffassung ist auf breite Zustimmung gestoßen.[60] Die ethisch motivierte Ablehnung, den Abbruch aufgrund einer anderen Indikationslage wiederholen zu lassen, unterbreche den Kausalzusammenhang nur, wenn sich die ursprünglich durch den Schädiger gesetzte Schadensgefahr nicht mehr im Schadenserfolg verwirklicht habe, also bei wertender Betrachtung ein innerer Zusammenhang zwischen Gefahrerhöhung und deren Verwirklichung fehlen würde. Nach der Rechtsprechung zu den sog. Herausforderungsfällen[61] könne davon bei einem „Selbstschädigungsentschluß" nur gesprochen werden, wenn diese Entscheidung völlig unvernünftig und aus der Sicht des Schädigers nicht mehr nachvollziehbar sei, so daß ein „vernünftiger" Dritter mit einer solchen Reaktion des Geschädigten nicht hätte rechnen müssen.[62] Hier habe die Mutter jedoch vernünftig und ethisch einwandfrei reagiert: Ihre seelische Konfliktsituation sei wegen der geänderten Indikationslage eine völlig neue, zudem liege bei fortgeschrittener Schwangerschaft eine andere Entscheidungslage vor.

Unterbrechung bei echtem Sinneswandel Dagegen ist eine Haftung des Arztes nach Ansicht des *BGH* stets zu verneinen, wenn die Schwangere ihren ursprünglichen Entschluß zum Schwangerschaftsabbruch endgültig aufgibt und das Kind nunmehr ohne Rücksicht auf eine etwaige Indikationslage austragen will.[63] Dies könne insbesondere dann der Fall sein, wenn die Schwangere angesichts der ärztlichen Erklärung, sie werde keine Kinder mehr bekommen können, sich nunmehr entschließt, wenigstens dieses Kind auszutragen, weil sie in jedem Fall mindestens ein Kind haben wolle. Wenn die Mutter selbst eine Notlage nicht mehr verhindern, sondern im Gegenteil alles in Kauf nehmen wolle, weil sie an-

---

[59] *BGH*, JZ 1985, 331 (333). Dort hatte eine im fünften Monat Schwangere nach mißlungenem Schwangerschaftsabbruch aus Notlagenindikation einen noch möglichen, medizinisch indizierten Zweiteingriff abgelehnt; s.a. *BGH*, NJW 1985, 2749; KÖSTER, JZ 1986, 586.

[60] Vgl. etwa HARRER, S. 128; DEUTSCH, NJW 1985, 674; STURNER, FamRZ 1985, 753 (759).

[61] Vgl. dazu *BGH*, BGHZ 57, 30; 63, 189.

[62] Krit. dazu DEUTSCH (NJW 1985, 674), der das Merkmal der „Herausforderung" für unpassend hält, weil es zum einen um ein Unterlassen der Schwangeren, zum anderen nicht um einen normalen Kausalzusammenhang gehe. Stattdessen handele es sich um einen Haftungszusammenhang, den die Schwangere durch ihr bewußtes Nichtmitwirken möglicherweise gestoppt habe. Deshalb komme es darauf an, ob das Unterlassen der Mitwirkung auf vertretbare Motive zurückzuführen sei.

[63] *BGH*, JZ 1985, 331 (333); vgl. auch GEIGEL/SCHLEGELMILCH, Kap. 14, Rdnr. 254; ENGELHARDT, VersR 1988, 540 (542).

deren Sinnes geworden sei, zeige dies, daß sie nicht mehr den vom Arzt vertraglich geschuldeten Schutz, sondern den gegenteiligen Erfolg wolle.

Wird das Kind aufgrund eines solchen „Damaskuserlebnisses“[64] ausgetragen und damit zu einem Wunschkind, wird dem *BGH* überwiegend darin zugestimmt, daß es in einem solchen Fall an dem erforderlichen Kausal- oder Zurechnungszusammenhang zwischen dem Fehlverhalten des Arztes und den die Eltern belastenden Folgen fehle und damit die Zurechnung unterbrochen sei.[65] Das ursprünglich ungewollte Kind sei aufgrund einer prinzipiellen Änderung der inneren Einstellung in Form eines echten Sinneswandels zu einem später positiv gewünschten Kind geworden; deshalb sei die Vertragsverletzung mangels fortwirkenden Vertragszwecks überholt. Die Kritiker dieser Auffassung wenden allerdings ein, daß damit eine ethisch wünschenswerte Entscheidung der Schwangeren sanktioniert werde.[66] Zudem sei es praktisch unmöglich, die wahre Motivationslage der Frau festzustellen, denn die Grenze zwischen der Tolerierung des unerwünschten Kindes und dem Wunsch nach dem Kind sei nicht starr, sondern fließend; oft liege sogar ein Motivbündel vor.[67]

4.1.2.3
„Akzeptanz“ des Kindes

Nach Ansicht des *BGH* gehört die Durchkreuzung der Familienplanung, also die „Unerwünschtheit“ des Kindes zum anspruchsbegründenden Tatbestand.[68] Danach darf das Kind nicht nur unerwartet, sondern muß aus Gründen der Familienplanung sogar unerwünscht sein, um den damit verbundenen Unterhaltsaufwand dem Beklagten als Schadensfolge rechtlich zurechnen zu können. Diese Feststellung oder doch ein vom Beklagten zu entkräftigender Anschein ergebe sich häufig bereits aus den unstreitigen Umständen, wobei der Tatrichter allerdings nicht kleinlich verfahren dürfe.[69]

---

[64] So anschaulich STÜRNER, FamRZ 1985, 753 (759).

[65] Vgl. GÖPPINGER-WAX/STÖCKLE, Rdnr. 1385; HARRER, S. 129; GIESEN, JZ 1985, 334 (336).

[66] So STÜRNER, FamRZ 1985, 753 (759); krit. insoweit auch GIESEN (JZ 1985, 334, 337), der im übrigen danach differenziert, ob die Frau ihre Meinung vor oder nach Ablauf der für die Strafbarkeit relevanten Fristen des § 218a Abs. 3 StGB a.F. geändert hat.

[67] So etwa GÖPPINGER-WAX/STÖCKLE, Rdnr. 1385; DEUTSCH, NJW 1985, 674; krit. auch LAUFS, Rdnr. 354.

[68] *BGH*, BGHZ 76, 249 (256); s.a. ENGELHARDT, VersR 1988, 540 (543).

[69] Beispielsweise bestünden an der Unerwünschtheit des Kindes regelmäßig keine Zweifel, wenn eine Sterilisation gerade deshalb vorgenommen werde, weil weiterer Nachwuchs überhaupt vermieden werden sollte (vgl. *BGH ibid*). Dagegen wurden z.B. im Fall einer ungewollten Vierlingsgeburt nach Hormonbehandlung der Frau die dadurch ausgelösten Unterhaltsbelastungen der Eltern nicht als Schaden gewertet, weil in der Ankunft der unerwünschten weiteren Kinder lediglich eine Geburt „zur Unzeit“ zu sehen sei und daraus noch nicht auf eine nachhaltige Planwidrigkeit dieser Kinder geschlossen werden dürfe, vgl. *LG Arnsberg*, NJW 1992, 759 (760) (n.r.); s.a. die Berufungsentscheidung des *OLG Hamm* (NJW 1993, 795, 796 = VersR 1993,

Nach einer weiteren höchstrichterlichen Entscheidung ist der Anspruch der Eltern auf Unterhaltsersatz jedoch nicht davon abhängig, ob das Kind – was die innere Einstellung der Eltern zu ihm betrifft – „unerwünscht“ bleibt oder nachträglich zu einem „erwünschten“ Kind geworden ist.[70] Das Kind müsse nur in dem Sinne unerwünscht sein, daß die Eltern tatsächlich darauf verzichtet hätten, wenn die Familienplanung erfolgreich verlaufen wäre.[71] Es gehe nicht um die natürliche, elementare und wünschenswerte Einstellung der Eltern zu ihrem Kind, das sie als solches annähmen, wenn es nun einmal entgegen ihrer Planung existiere; es sei hier lediglich die haftungsrechtliche Zurechnung der wirtschaftlichen Belastung durch das Kind zu der ärztlichen Vertragsverletzung angesprochen, die im Einzelfall fehlen könne, wenn der innere Grund dieser Zurechnung, nämlich die Störung der Familienplanung, nachträglich weggefallen sei.[72] Von einer solchen Störung könne jedoch selbst dann gesprochen werden, wenn die Eltern zwar zunächst gegen einen weiteren Kindersegen keine Vorbehalte gehabt hätten, sich in ihrem Lebenszuschnitt aber im Glauben auf eine vermeintliche Sterilisation darauf eingestellt hätten, daß weitere Kinder ausbleiben würden.[73]

Der *BGH* hält es allerdings für möglich, daß ein zunächst unerwünscht gewesenes Kind zu einem erwünschten wird.[74] Die Ersatzpflicht entfalle etwa, wenn konkrete Hinweistatsachen bestünden, daß die Eltern sich mit dem Kind nicht nur abgefunden haben, sondern es unter Korrektur ihrer früheren Familienplanung nachträglich als erwünscht betrachten, akzeptieren und in den Familienverbund aufnehmen. Zur Feststellung eines derartigen nachträglichen Sinneswandels, den der Beklagte beweisen soll, ist es nach Ansicht des *BGH* unerheblich, wenn die Eltern dem Kind gleich allen anderen entsprechend ihrem natürlichen Empfinden und ihrer familienrechtlichen Verpflichtung ihre volle elterliche Liebe und Fürsorge zukommen lassen.[75] Auch die Verweigerung der Adoptionsfreigabe und der Verzicht auf einen gesetzlich möglichen Schwangerschaftsabbruch gelten nicht ohne weiteres als nachträgliches Einverständnis mit der Geburt eines weiteren Kindes.[76] Selbst der Tod eines bereits vorhandenen Kindes lasse ohne

---

1273, 1274), wo ebenso die mangelnde Vergleichbarkeit mit den Fällen des „planwidrig geborenen Kindes“ unterstrichen wurde. Durch Beschl. v. 6.7.1993 (VI ZR 291/92) hat der *BGH* die Annahme der Revision abgelehnt. Zust. STEFFEN, Entwicklungslinien, S. 96; MÜLLER, FS Steffen, S. 359.

[70] *BGH*, NJW 1984, 2625.

[71] *BGH*, NJW 1984, 2625 (2626).

[72] GIESEN, JZ 1994, 286 (291f.).

[73] *BGH*, BGHZ 76, 249 (256f.). Als Beisp. wird die Adoption fremder Kinder angesichts der vermeintlichen Unfruchbarkeit der Frau oder des Mannes genannt.

[74] *BGH*, BGHZ 76, 249 (258) u. 259 (263f.).

[75] *BGH ibid*; zust. GÖPPINGER-WAX/STOCKLE, Rdnr. 1385; STEFFEN, Entwicklungslinien, S. 94.

[76] *BGH*, BGHZ 76, 249 (257) u. 259 (264).

zusätzliche Beweistatsache nicht auf eine haftungsrechtlich relevante Planungsänderung schließen.[77]

Diese Rechtsprechung ist in mehrfacher Hinsicht kritisiert worden:

Es widerspreche der allgemeinen Lebenserfahrung, daß aus einer unerwünschten Schwangerschaft stets auch ein unerwünschtes Kind geboren werde.[78] Tatsächlich bestehe die typische Reaktion der Mehrzahl der Eltern unerwünschter Kinder in einem Einstellungswandel, da beim Sehen und Fühlen des Kindes das elementare, letztlich auf Urinstinkte zurückgehende Gefühl der Zuwendung zum Kind durchbreche, welches alle früheren Überlegungen zur Familienplanung vergessen lasse.[79]

Das Merkmal der „Unerwünschtheit" mache es zudem notwendig, die Durchkreuzung der Familienplanung festzustellen, weil der Richter bei der Nachprüfung einer inneren Einstellung regelmäßig überfordert sei.[80] Praktisch sei es unmöglich, die Grenze zwischen der Tolerierung eines unerwünschten Kindes und dem Wunsch nach einem Kind befriedigend zu fixieren; oft werde ein Motivbündel vorliegen, das eine eindeutige Entscheidung überhaupt nicht zulasse.[81] Probleme bereiteten auch Fallgestaltungen, in denen ein Kind nur „zur Zeit" ungewollt[82] oder aufgrund einer divergierenden Entscheidung der Eltern nur einem Elternteil unerwünscht sei.[83]

Auch dürfe die Annahme eines Schadens prinzipiell nicht von der späteren subjektiven Einstellung der Eltern vom Kind abhängen.[84],[85] Ein nachträglich von den Eltern abgelegtes „Bekenntnis zum Kind" könne der Unterhaltspflicht den Schadenscharakter nicht mehr nehmen, weil die Ersatzpflicht nur das Außenverhältnis berühre.[86] Im Interesse eines ungestörten Eltern-Kind-Verhältnisses sei

---

[77] *BGH*, BGHZ 76, 259 (265).

[78] *OLG Frankfurt*, NJW 1983, 341 (343).

[79] *Ibid.*

[80] *Ibid.*

[81] Weitergehend STÜRNER, FamRZ 1985, 753 (759).

[82] Z.B. aus finanziellen oder beruflichen Gründen, vgl. näher dazu MICHALSKI, JA 1979, 186; SELB, JZ 1971, 201 (206f.).

[83] Sog. „relative Unerwünschtheit", vgl. MICHALSKI *ibid*, SELB *ibid.*

[84] So *OLG Celle*, JZ 1978, 528 (529); *OLG Karlsruhe*, NJW 1979, 599 (600); MK/GRUNSKY, Vor § 249 BGB, Rdnr. 12; LANGE, § 6 IX 7 (S. 333); HARRER, S. 197; HENRICH, Fälle, S. 21; WAIBL, S. 170; ADOMEIT, Jura 1981, 196 (198); ESER/KOCH, MedR 1984, 6 (12); FISCHER, JuS 1984, 434 (436); LANKERS, FamRZ 1969, 384 (387); MICHALSKI *ibid*; ebenso MERTENS (FamRZ 1969, 251, 255) unter dem Gesichtspunkt der „zweckwidrigen Vermögensbeeinträchtigung"; krit. auch ROTH, FuR 1993, 306 (307f.).

[85] Dies hat inzwischen auch der *BGH* erkannt und klargestellt (vgl. NJW 1984, 2625).

[86] *OLG Celle*, JZ 1978, 528 (529); i.E. auch *OLG Karlsruhe*, NJW 1979, 599 (600).

die volle Akzeptanz des ungewollten Kindes sogar wünschenswert. Diesem Ziel würde es entgegenwirken, wenn die fortdauernde Distanzierung vom Kind mit erheblichen Geldleistungen belohnt würde und zur Vermeidung eines Anspruchsverlustes geradezu geboten wäre.[87]

Im übrigen werden Zweifel an der systematischen Einordnung des Zurechnungskriteriums der „Unerwünschtheit" angemeldet:[88] Die Frage nach der Durchkreuzung der Familienplanung gehöre in den Bereich der Schutzzwecklehre; der *BGH* stelle daher zu Unrecht einen bestimmten Zweck der Familienplanung als eigenständiges Kriterium der Haftungsbegründung hin.

Nur ausnahmsweise könne eine generelle Änderung der Familienplanung in Form einer grundsätzlichen Revision der früher getroffenen Planungsentscheidung einen Schadensersatzanspruch *ex nunc* entfallen lassen.[89] Dabei sei jedoch zu beachten, daß hierfür eindeutige Anhaltspunkte vorliegen müßten, die sich – wie bei der Familienplanung selbst – nach persönlichen und sachlichen Kriterien beurteilten.[90] Als Beispiel wird etwa die familienplanungsgemäße Zeugung eines weiteren Kindes nach der Geburt eines „zur Zeit" ungewollten Kindes genannt.[91]

4.1.3 Anhang: Wegfall oder Minderung des Anspruchs wegen Mitverschuldens

Ausgehend von der Prämisse, daß die Unterhaltsbelastung durch das Kind einen ersatzfähigen Schaden darstellen kann, sollen bereits an dieser Stelle – abweichend von der üblichen Prüfungsreihenfolge und deshalb in Form eines Anhangs – die Konstellationen aufgeführt werden, die im wesentlichen[92] zur Begründung eines Mitverschuldens oder einer Schadensminderungspflicht in Betracht kommen. Die unter dem Gesichtspunkt des Kausal- oder Zurechnungszusammenhangs erörterten Sachverhalte können nämlich teilweise auch unter dem Aspekt des Mitverschuldens betrachtet werden.

---

[87] *OLG Frankfurt*, NJW 1983, 341 (343).

[88] So DEBO, S. 28; DEUCHLER, S. 126; s.a. HARRER, S. 97; WAIBL, S. 187.

[89] So HARRER, S. 99.

[90] WAIBL, S. 151ff.

[91] So etwa HARRER, S. 100; MERTENS, FamRZ 1969, 251 (255 FN 23).

[92] Vgl. zum Mitverschulden außerdem *BGH*, NJW 1985, 2749 (unterlassene Nachkontrolle trotz Ausbleiben der Menstruation nach Schwangerschaftsabbruch); LM § 823 BGB (Aa) Nr. 140 = NJW 1992, 2961 = VersR 1992, 1229 = MedR 1993, 70 = MDR 1992, 1130 (unterlassene Kontrolluntersuchung nach Vasektomie); s.a. *OLG Düsseldorf*, VersR 1993, 883 (fehlerhafte Angabe vor Tubensterilisation).

4.1.3.1 Zeugung des Kindes durch eigenverantwortlichen Geschlechtsverkehr

Unter dem Gesichtspunkt der „Zeugung des Kindes“ als selbstverantwortliche Entscheidung wird keine Anspruchskürzung nach § 254 Abs. 1 BGB erwogen. Insbesondere stelle es kein „Verschulden gegen sich selbst“ dar, daß die Eltern den Geschlechtsakt vollzogen haben, ohne die Empfängnis als „natürliche Folge“ zu wollen.[93] Die Eltern hätten zwar mit dem geschlechtlichen Verkehr die entscheidende Ursache gesetzt, aber andere Maßnahmen gerade im Vertrauen auf die Zuverlässigkeit der durchgeführten Empfängnisverhütungsmaßnahme unterlassen.[94] Hafte aber der Schädiger dafür, daß bestimmte Vorbeugungsmaßnahmen den Erfolg eines Verhaltens verhindern, so könne dieses Verhalten selbst die Haftung nicht wieder über § 254 Abs. 1 BGB einschränken.[95]

4.1.3.2 Verweigerung eines (ersten oder wiederholten) Schwangerschaftsabbruchs

Verweigert die Frau einen Schwangerschaftsabbruch, wird ihr Verhalten i.R. des § 254 BGB auch als Obliegenheitsverletzung erörtert. Dabei wird danach unterschieden, ob es sich um die Erstvornahme oder eine Wiederholung des Eingriffs handelt:

Erstvornahme eines Schwangerschaftsabbruchs Verweigert die künftige Mutter bei fehlgeschlagenen Empfängnisverhütungsmaßnahmen, also insbesondere im Fall einer erfolglosen Sterilisation, die Vornahme eines rechtlich zulässigen Schwangerschaftsabbruchs, so wird in der Aufrechterhaltung der Schwangerschaft und in dem Austragen des Kindes kein Mitverschulden der Mutter nach § 254 Abs. 2 BGB gesehen.[96] Der Schwangerschaftsabbruch stelle keine natürliche, selbstverständliche Alternative zur vorausschauenden Familienplanung dar.[97] Zwischen temporärer und finaler Empfängnisverhütung einerseits und

---

[93] GÖPPINGER-WAX/STÖCKLE, Rdnr. 1388; HARRER, S. 141; s.a. HELDRICH, JuS 1969, 455 (458).

[94] So HARRER *ibid*; KLIMKE, VersR 1975, 1083 (1085); unklar LANKERS, FamRZ 1969, 384 (386); LÖWE, VersR 1969, 573 (574).

[95] So SIGEL, S. 68, 110.

[96] STAUDINGER/MEDICUS, § 249 BGB, Rdnr. 14; LANGE, § 6 IX 7 (S. 337); HARRER, S. 138f.; GRUNSKY, Jura 1987, 82 (85). – Ob auch dem Vater die Entscheidung der Mutter nach § 278 BGB i.V.m. § 254 Abs. 2 S. 2 BGB wie eigenes Verschulden zuzurechnen wäre, wird im Hinblick darauf, daß die Entscheidung über den Schwangerschaftsabbruch allein der Mutter zusteht und der Vater keinerlei Mitwirkungsrecht hat, bezweifelt, vgl. z.B. HARRER *ibid* 138 FN 1 u. 3.

[97] So bereits *BGH*, BGHZ 76, 249 (257) u. 259 (264); ESER/KOCH, DÄBl. 78 (1981) 1673 (1675).

Tötung ungeborenen Lebens andererseits bestehe nämlich ein fundamentaler sittlich-moralischer Unterschied.[98]

Im übrigen hänge die Austragung der Schwangerschaft allein von der höchstpersönlichen Gewissensentscheidung der Mutter ab, so daß ihr keine Entscheidung zum Abbruch nach erstmaligem Fehlschlagen obliege.[99] Deshalb müsse eine Abwägung zugunsten des Kindes unter allen Umständen respektiert werden.[100] Vermögensrechtliche Interessen Dritter, wie sie bei der Schadensminderungspflicht des § 254 Abs. 2 BGB eine Rolle spielten, müßten bei dieser Entscheidung wegen des in Artt. 1 Abs. 1, 2 Abs. 2 GG verbürgten Rechts des Kindes auf Leben und körperliche Unversehrtheit unberücksichtigt bleiben.[101]

Dieses Ergebnis folge auch aus dem gesetzlich garantierten Recht, die Mitwirkung an einem Schwangerschaftsabbruch zu verweigern (vgl. § 12 Abs. 1 SchKG[102]), das zwar primär für Ärzte und medizinisches Hilfspersonal, aber auch für die Schwangere selbst gelte, sowie aus dem Erfordernis der Einwilligung in den körperlichen Eingriff selbst.[103] Im Hinblick darauf wäre es inkonsequent, durch Androhung finanzieller Konsequenzen auf die Schwangere Druck auszuüben und ggf. ihr Verhalten nach § 254 Abs. 2 BGB zu sanktionieren.

Wiederholung eines Schwangerschaftsabbruchs Läßt die Frau nach einem mißlungenen Schwangerschaftsabbruch nunmehr keinen weiteren – rechtlich noch zulässigen – Eingriff vornehmen, kommt es nach Ansicht der Lehre entscheidend darauf an, warum der Zweiteingriff verweigert wurde:

Sei die Wiederholung des Schwangerschaftsabbruchs bereits wenig später aufgrund derselben Indikationslage möglich, so stelle die Weigerung – sofern man nicht bereits eine Unterbrechung des Kausalzusammenhangs annehme[104] – regelmäßig ein Mitverschulden i.S. von § 254 Abs. 2 BGB dar, falls die Frau nicht plausible Gründe für ihre Meinungsänderung vortrage.[105] Angesichts des Mißver-

---

[98] *OLG Celle*, JZ 1978, 528 (529).

[99] SCHRAMM, S. 180; WEBER, S. 41; STÜRNER, FamRZ 1985, 753 (758f.).

[100] So ESER/KOCH, DÄBl. 78 (1981) 1673 (1675); HAGEN, SchlHA 229 (1982) 2 (5).

[101] So MICHALSKI, JA 1979, 186 (190); SIGEL, NJW 1978, 2340 (2341); ähnl. SCHIEMANN, JuS 1980, 709 (712).

[102] Früher geregelt in Art. 2 Abs. 1 5. StrRG.

[103] So HARRER, S. 139; ESER/KOCH, DÄBl. 78 (1981) 1673 (1675); s.a. SIGEL, NJW 1978, 2340 (2341).

[104] Vgl. Kap. 4.1.2.2 (S. 200f.), *supra*.

[105] So HARRER, S. 139; wohl auch der *BGH* (JZ 1985, 331, 333) in einem *obiter dictum*. Krit. dazu DEUTSCH (NJW 1985, 674), der einwendet, daß sich der *BGH* – obwohl es hier um den erneuten Entschluß zum gleichen Eingriff gehe – in eine gewisse Opposition zu der deutlichen Zurückhaltung schon des *RG* (RGZ 139, 131, 135; JW 1935, 1402) hinsichtlich der Zurechenbarkeit der sog. Operationspflicht beim Mitverschulden begebe. Nach h.L. sei der Geschädigte

hältnisses zwischen den Belastungen eines erneuten, nicht schweren operativen Eingriffs im ersten Trimester der Schwangerschaft und den von der Frau befürchteten Schwierigkeiten wirtschaftlicher, sozialer und psychologischer Art handelte sie widersprüchlich und damit arglistig, wenn sie den unter ihrer Mitwirkung noch wiedergutzumachenden Fehler des Arztes dazu benutzte, diesen an seiner Schadensersatzpflicht festzuhalten.[106] Damit müsse sich die Frau allerdings nicht für immer an ihrer einmaligen Bereitschaft zum Schwangerschaftsabbruch festhalten lassen, sondern nur für die konkrete Schwangerschaft bei im wesentlichen unverändert gebliebener Konfliktlage.[107]

Dagegen fehle es an einem Mitverschulden, wenn die Wiederholung des Schwangerschaftsabbruchs deshalb verweigert werde, weil die Mutter mit dem Fortschritt der Schwangerschaft eine andere Einstellung hierzu gewonnen habe und auch der Abbruch der Schwangerschaft nur noch nach einer anderen Indikation und damit aufgrund einer anderen Konfliktlage möglich sei.[108] Im Vergleich zum Ersteingriff befinde sich die Schwangere nunmehr in einer völlig anderen Entscheidungssituation. In diesem Fall könne ihr wegen der Erschließung völlig neuer Aspekte eine andere Entscheidung als bei der Erstvornahme nicht als Mitverschulden i.S. von § 254 BGB vorgeworfen werden.

4.1.3.3 Unterlassen der Freigabe zur Adoption

Im Rahmen der Schadensminderungspflicht nach § 254 Abs. 2 BGB wird nicht zuletzt auch eine Obliegenheit der Eltern, das unerwünscht geborene Kind zur Adoption freizugeben, diskutiert:

Die Befürworter einer solchen Obliegenheit sind der Ansicht, daß die Eltern, die nach der Geburt eine angebotene Adoption ablehnen, damit die freiwillige

---

zwar gehalten, eine gefahrlose und nicht mit nennenswerten Schmerzen verbundene Operation auf Kosten des Schädigers vornehmen zu lassen, wenn die Heilung oder eine beträchtliche Besserung mit Sicherheit zu erwarten sei. Jedoch habe das *RG* die Ablehnung einer Operation auch bei fehlender Entschlußkraft mangels Verschuldens nicht als Mitverschulden angerechnet. Nach GRUNSKY (Jura 1987, 82, 86) müssen dagegen die Eltern – ebenso wie sie von vornherein jeden Schwangerschaftsabbruch ablehnen könnten – stets die Möglichkeit haben, sich nachträglich umzubesinnen, ohne daß hierin gleich ein Mitverschulden liege. Dafür bestünden gegen die Anwendbarkeit des § 254 BGB keine Bedenken, wenn die Bereitschaft zum Schwangerschaftsabbruch zwar weiter vorhanden sei, die Mutter aber zunächst schuldhafterweise nicht erkenne, daß der erste Versuch mißlungen sei.

[106] Vgl. *BGH ibid*; krit. gegenüber den dogmatischen Figuren des widersprüchlichen Verhaltens und der Arglist dagegen STÜRNER, FamRZ 1985, 753 (758).

[107] So HARRER, S. 140; allg. auch GRUNSKY, Jura 1987, 82 (86).

[108] So HARRER *ibid*; vgl. auch *BGH*, JZ 1985, 331 (333).

Übernahme der Unterhaltspflicht bekundeten.[109] Durch eine Adoption werde nämlich exakt der Zustand erreicht, der mit der fehlgeschlagenen Maßnahme der Geburtenregelung angestrebt worden sei, nämlich die vollständige tatsächliche und rechtliche (vgl. § 1755 BGB) Ausgliederung des Kindes aus dem Lebensbereich der Eltern.[110]

Gleichzeitig werde vermieden, daß der Geschädigte sich gewissermaßen nur die „Rosinen" herauspicke,[111] indem er die durch die Geburt des Kindes und die Einbeziehung in den Familienbereich erwachsenen Vorteile für sich nutzen, aber die damit gleichzeitig zwingend verbundenen Nachteile und Kosten auf den Schädiger abwälzen wolle. Insbesondere könnten die Eltern nicht einwenden, daß das Kind „so" ungewollt nun auch wieder nicht sei und man sich inzwischen an seine Existenz gewöhnt habe.[112] Letztlich dürfe der Gläubiger durch die Schadensersatzleistung nicht besser gestellt werden, als er ohne das haftungsbegründende Ereignis stünde.[113],[114]

Mangels persönlicher Bindung sei die Freigabe zur Adoption auch zumutbar. Zwar sei die Entwicklung im Verhältnis der Adoptiveltern zum Adoptivkind unabsehbar; dasselbe gelte aber auch für das Verhältnis des Kindes zu seinen leiblichen Eltern, das zudem durch die dem Kind „anhaftende" Unerwünschtheit belastet sei.[115] Demgegenüber wünschten sich die Adoptiveltern ein Kind und besäßen in der Regel große sittliche Verantwortung.[116] Die Trennung von den Geschwistern könne dem Wohl des Kindes zwar im Einzelfall widersprechen;[117] dieser Konflikt sei aber durch eine Adoptionsfreigabe sofort nach der Geburt vermeidbar.[118] Im übrigen seien die Kindesinteressen nicht zu berücksichtigen, weil das Kind im Rechtsverhältnis der Eltern zum Schädiger nur unbeteiligter Dritter sei, da der Zahlvater nicht dem Kind Unterhalt, sondern nur seinen Eltern Schadensersatz in Höhe der elterlichen Unterhaltsverpflichtung schulde.[119]

Überwiegend wird eine Obliegenheit, das Kind zur Adoption freizugeben, jedoch aus folgenden Gründen abgelehnt:

---

[109] So SELB, JZ 1971, 201 (203).

[110] So KLIMKE, ZfV 1980, 18 (20), der aber letztlich eine Obliegenheit zur Adoptionsfreigabe verneint.

[111] So anschaulich KLIMKE, VersR 1975, 1083 (1086); ähnl. LÖWE, VersR 1969, 573 (574).

[112] KLIMKE *ibid*; s.a. DERS., ZfV 1980, 18 (19f.).

[113] So *OLG Frankfurt*, NJW 1983, 341 (342f.).

[114] Eine Obliegenheit zur Adoptionsfreigabe nehmen auch KÖHLER (MK/KÖHLER, Vor § 1601 BGB, Rdnr. 16; VersR 1979, 700, 701) u. DIEDERICHSEN (VersR 1981, 693, 695) an.

[115] So *OLG Celle*, JZ 1978, 528 (529).

[116] KLIMKE, ZfV 1980, 18 (20f.).

[117] So *OLG Celle*, JZ 1978, 528 (529).

[118] KLIMKE, ZfV 1980, 18 (21).

[119] *Ibid.*

Sehe man die Regelung des § 254 BGB als Ausfluß des in § 242 BGB verankerten Grundsatzes des „venire contra factum proprium“[120], so stehe der natürliche Wunsch, das Kind in der eigenen Familie aufzuziehen, in keinem gegen Treu und Glauben verstoßenden Widerspruch zur Abwendung der dabei entstehenden Aufwendungen.[121] Dies folge daraus, daß die Unterhaltsbelastung von der „Wertverwirklichung“ durch das Kind abtrennbar sei.

Durch die Empfängnis sei auch eine naturgesetzliche und sittliche Bindung der Eltern an das Kind entstanden, der sich die Eltern nicht ohne weiteres entziehen könnten.[122] Das Aufwachsen des Kindes bei den Eltern entspreche der natürlichen Lebensanschauung[123] und werde im Zweifel dem Kindeswohl am besten gerecht[124]. Deshalb sei ein Behalten des Kindes aus „Gründen der Familienbande“ nicht sanktionierbar.[125]

Vor allem könne ihre Weigerung, das Kind zur Adoption freizugeben, den Eltern nach der Gesamtrechtsordnung nicht vorgeworfen werden.[126] Andernfalls könnte dies zur Ausgliederung des Kindes aus dem Familienverband und damit zur Zerstörung einer intakten Familie führen.[127] Dies sei aber mit dem Verfassungsgebot des Art. 6 GG unvereinbar, der den Staat verpflichte, auf Schutz und Bestand der Familie hinzuwirken und jeder Form von Auflösung entgegenzutreten.[128] Bei der auftretenden Pflichtenkollision komme der verfassungsrechtlichen Pflicht der Eltern zur Pflege und Erziehung der Kinder der Vorrang zu.[129]

Deshalb müsse die Freigabe zur Adoption einer autonomen Entscheidung der Eltern vorbehalten bleiben, die frei von jeglichem – auch wirtschaftlichem – Druck getroffen werden müsse.[130] Vermögensinteressen Dritter dürften bei der Beurteilung dieser ins Verfassungsrecht hineinreichenden Frage keine Rolle spielen,[131] und das Kind dürfe unter keinem Aspekt zum Objekt von Vermögens-

---

[120] Vgl. dazu *BGH*, BGHZ 34, 363; NJW 1972, 334.

[121] So *OLG Celle*, JZ 1978, 528 (529); HARRER, S. 135; HELDRICH, JuS 1969, 455 (460); ähnl. SCHIEMANN, JuS 1980, 709 (712).

[122] So MERTENS (FamRZ 1969, 251, 255), der das Behalten des Kindes nicht als „Akt freiwilliger Zwecksetzung“ wertet, weil die vom Schädiger verursachte Empfängnis ein natürliches und sittliches Band zwischen den Eltern und ihrem Kind geschaffen habe, dem sich die Eltern nicht einfach entziehen könnten.

[123] MICHALSKI, JA 1979, 186 (190).

[124] *BGH*, VersR 1980, 558 (560); LANGE, § 6 IX 7 (S. 338).

[125] So bereits *LG Itzehoe*, FamRZ 1969, 90.

[126] So HARRER, S. 136; SIGEL, S. 112; DERS., NJW 1978, 2340 (2341).

[127] So ESER/KOCH, DÄBl. 78 (1981) 1673 (1675).

[128] Vgl. hierzu v. MÜNCH, Art. 6 GG, Rdnr. 1; SCHMIDT-BLEIBTREU/KLEIN, Art. 6 GG, Rdnr. 7.

[129] So HARRER, S. 136; SIGEL, S. 112; MICHALSKI, JA 1979, 186 (190).

[130] So WAIBL, S. 171f.

[131] So DEBO, S. 41.

dispositionen gemacht werden.[132] Im übrigen käme man sonst auch zu dem wenig befriedigenden und geradezu unverständlichen Ergebnis, daß die Aufnahme des zunächst unerwünschten Kindes in die Familiengemeinschaft zwar das Vorliegen eines Schadens und auch dessen Ersatzfähigkeit nicht ausschließen, ein Ersatzanspruch aber weitgehend an § 254 Abs. 2 BGB scheitern würde.[133]

4.2 Englisches Recht

Weitere Haftungsvoraussetzung ist auch im englischen Recht ein hinreichender Kausalzusammenhang als Bindeglied zwischen der festgestellten Pflichtverletzung des Arztes und dem behaupteten Schadenseintritt.

4.2.1 Bedeutung des Kausalzusammenhangs

Anders als im deutschen Recht wird im englischen Recht der Kausalzusammenhang ausschließlich anhand des natürlichen Ursachenzusammenhangs *(causation in fact)* und der rechtlichen Zurechenbarkeit, also der Vorhersehbarkeit des Schadens *(remoteness of damage)* geprüft. Weitere Zurechenbarkeitskriterien (wie etwa der Schutzzweck der verletzten Norm) sind dem englischen Recht bisher nicht bekannt.

4.2.1.1 Natürlicher Ursachenzusammenhang (causation in fact)

Im Anschluß an das allgemeine Arzthaftungsrecht ist erforderlich, daß der Schaden des Patienten nur wegen *(but for)* der ärztlichen Pflichtverletzung eingetreten ist. Es muß also feststehen, daß es ohne den Sorgfaltsverstoß nicht zum Schaden gekommen wäre. Dabei ändern sich die Anforderungen an die Qualität der kausalen Verbindung zwischen Sorgfaltswidrigkeit und Schaden mit der Art der festgestellten Pflichtverletzung:

Behandlungsfehler (treatment malpractice) Besteht die Pflichtverletzung in einem Behandlungsfehler, mit der Folge, daß der Eingriff selbst fehlgeschlagen oder – alternativ – eine angezeigte postoperative Untersuchung unterblieben bzw. sorgfaltswidrig durchgeführt worden ist, wird das Haftungselement der Kausalität durch den Eintritt der Schwangerschaft (sei es direkt über die fortbestehende oder wiedererlangte Empfängnisfähigkeit, sei es indirekt über die fortbestehende oder wiedererlangte Zeugungsfähigkeit des Partners) bzw. deren Fortbestand doku-

---

[132] Vgl. auch *BGH*, NJW 1984, 2625 (2626).

[133] So MICHALSKI, JA 1979, 186 (190); i.E. auch GRUNSKY, Jura 1987, 82 (83).

mentiert, d.h. in diesem Fall wird die Pflichtverletzung selbst als rechtliche Ursache der (eingetretenen bzw. fortbestehenden) Schwangerschaft betrachtet.[134]

Aufklärungsfehler i.w.S. (Warn-, Informations- und Beratungsfehler) (disclosure malpractice) Anders verhält es sich dagegen, wenn die festgestellte Pflichtverletzung in Gestalt eines Aufklärungsfehlers i.w.S. auftritt, d.h. dem Patienten die dem Eingriff immanenten Risiken, eventuelle Alternativen oder zu treffende Vorsichtsmaßnahmen nicht bzw. nur unzureichend mitgeteilt worden sind. Im Vordergrund stehen hier die Fälle, in denen eine einwandfrei vorgenommene Sterilisation fehlgeschlagen ist, ohne daß die Frau über dieses Risiko belehrt worden war: Wenn sie sich (verständlicherweise) trotz des ihr bekannten geringen Risikos hätte operieren lassen, kann sie auch nach englischem Recht durch die Vorenthaltung der Information keinen Schaden erlitten haben, m.a.W. die Pflichtverletzung kann in diesem Fall nicht mehr als rechtliche Ursache des Schwangerschaftseintritts angesehen werden.[135] Um die Hürde des fehlenden Kausalzusammenhangs zu nehmen, muß die Patientin – ebenso wie im deutschen Recht – behaupten, daß sie entweder andere empfängnisverhütende Vorkehrungen (zusätzlich zu oder anstelle der Sterilisation) getroffen oder daß sie ihre Schwangerschaft eher erkannt und sich dann rechtzeitig um einen Schwangerschaftsabbruch bemüht hätte.[136] Die erste Alternative wird in der Literatur[137] als problematisch eingestuft, weil kaum eine andere Art der Empfängnisverhütung als so sicher gilt wie die Sterilisation.[138] Allerdings zeigt z.B. der Fall *Gold*[139], daß sich die Patientin im Einzelfall mit Erfolg darauf berufen kann, sie hätte bei entsprechender Belehrung von der konkreten Operation abgesehen und stattdessen hätte sich ihr Partner einer Vasektomie unterzogen. Auf die zweite Alternative hat sich beispielsweise die Klägerin im Fall *Thake*[140] erfolgreich berufen können.[141]

---

[134] Vgl. HORTON ROGERS (1985) 5 LS 296 (300); NORRIE 1986 SLT 145 (147); mißverständlich insoweit SAMUELS (1987) 131 SJ 1500 (1501).

[135] Vgl. LEWIS, S. 215; HORTON ROGERS *ibid.*

[136] LEWIS *ibid*; DICKENS, S. 85; GRUBB, Conceiving, S. 139f.; HORTON ROGERS *ibid*; NORRIE 1986 SLT 145 (147); STANTON PN 1 (1985) 49 (50).

[137] Vgl. LEWIS *ibid*; GRUBB *ibid.*

[138] Deshalb hatten auch die Kläger in *Cronin* ([1987] 1 The Lancet 638, QB) u. *Keane* ((1989) PMILL Vol. 5 No. 2, QB) mit ihrer Argumentation letztlich keinen Erfolg; s.a. *Sard v Hardy* (1977) A 2d 1014; *F v R* [1983] 33 SASR 189, FC; *Grey v Webster* (1984) 14 DLR 4th 706, NB QB; *Fredette v Wiebe* (1986) 29 DLR 4th 534, BC SC; *Ellis v Wallsend District Hosp* (1989) 17 NSWLR 553, NSW CA.

[139] [1987] 1 FLR 125, QB; *revd* [1987] 3 WLR 649, CA.

[140] [1986] 1 QB 644, QB & CA.

[141] Vgl. dazu LEWIS, S. 215f.; NORRIE, S. 156; GRUBB, Conceiving, S. 140.

4.2.1.2
Rechtliche Zurechenbarkeit des Schadens (remoteness of damage)

Wie bei der Prüfung des natürlichen Ursachenzusammenhangs ist auch bei der Vorhersehbarkeit des Schadens zwischen Behandlungs- und Aufklärungsfehlern i.w.S. zu differenzieren:

Behandlungsfehler (treatment malpractice) Bildet ein Behandlungsfehler den Klagevorwurf, werden (eingetretene bzw. fortbestehende) Schwangerschaft und anschließende Geburt problemlos sowohl nach vertraglichen als auch nach deliktischen Grundsätzen als vorhersehbare Folgen der Pflichtverletzung betrachtet: So wurde in *Sciuragia*[142] kein Wort darüber verloren, ob der hauptsächlich aus dem Verdienstausfall und den verminderten Heiratsaussichten bestehende Schaden nach den Grundsätzen (nicht nur des Delikts-, sondern auch) des Vertragsrechts als natürliche Folge der Vertragsverletzung oder nach dem vertraglichen Vorhersehbarkeitstest vorauszusehen war.[143] In *Emeh* wandten die beiden Lordrichter WALLER und SLADE das Kriterium der Vorhersehbarkeit an, ohne sich ausdrücklich auf die im Recht der *negligence* geltenden Zurechnungsregeln zu beziehen;[144] allein Lordrichter PURCHAS erklärte diese Regeln explizit für anwendbar.[145]

Aufklärungsfehler i.w.S. (Warn-, Informations- und Beratungsfehler) (disclosure malpractice) Besteht der Klagevorwurf dagegen in einem Aufklärungsfehler i.w.S., hängt es von den Umständen des Einzelfalls ab, ob vernünftigerweise vorausgesehen werden konnte, daß die Patientin bei entsprechender Aufklärung von der konkreten Operation abgesehen oder sich einem Schwangerschaftsabbruch unterzogen hätte: In *Thake* wurde letzteres bejaht, da die Klägerin das Ausbleiben ihrer Menstruation mit Rücksicht auf ihr fortgeschrittenes Alter durchaus auf den Eintritt der Menopause habe zurückführen dürfen, ein Umstand, der unstreitig auch dem behandelnden Arzt bekannt war.[146]

---

[142] (1979) 123 SJ 406, QB; *revd in part* (unreported) [1980] CA transcript 24 July, CA.

[143] Deshalb wird die Entscheidung auch als Bsp. für die Fallgruppe betrachtet, in der zum einen die Anspruchsgrundlage (hier: *contract*) keinen Einfluß auf die Höhe des Schadensersatzes hat und zum anderen wegen des maßgeblichen Zeitpunkts der Vorhersehbarkeit besser die für Klagen aus *negligence* geltenden Grundsätze der Zurechnung Anwendung finden sollten (so DOUGLAS (1982) 126 SJ 58).

[144] Vgl. *Emeh* [1985] 1 QB 1012 (1019F–H *per* Lordrichter WALLER, 1023C, 1024F *per* Lordrichter SLADE), CA.

[145] *Ibid* 1028F.

[146] Vgl. *Thake* [1986] 1 QB 644 (661G–662B *per* Richter PETER PAIN, 681A–D *per* Lordrichter KERR, QB bzw. CA).

4.2.2 Unterbrechung des Kausalzusammenhangs

Da sich der Kausalzusammenhang damit relativ leicht nachweisen läßt, wird auch im englischen Arzthaftungsprozeß der Beklagte versuchen, Gründe für eine Unterbrechung des *prima facie* bestehenden Kausalzusammenhangs zu finden. Nach ihrer Häufigkeit sind bisher folgende Ausschlußgründe diskutiert worden:[147]

4.2.2.1 Verweigerung eines (ersten oder wiederholten) Schwangerschaftsabbruchs

Nach Ansicht der Rechtsprechung führt bei Behandlungsfehlern *(treatment malpractice)* die Verweigerung eines Schwangerschaftsabbruchs noch nicht ohne weiteres zum Ausschluß des Kausalzusammenhangs, unabhängig davon, ob sich die Patientin bereits einmal einem Abbruch unterzogen hat:

Nachdem in *Chaunt*[148] nach einer fehlgeschlagenen Sterilisation die Schwangerschaft noch rechtzeitig abgebrochen worden war und sich deshalb das Problem der Verweigerung eines solchen Eingriffs als Ausschlußgrund überhaupt nicht erst stellte, wurde die Frage erstmals im Fall *Udale*[149] akut. Dort war die ungewollte Schwangerschaft der Klägerin erst in der 16. SSW entdeckt worden. Aus Gewissensgründen hatte die Klägerin, die bis dahin zwar noch nie eine Schwangerschaft hatte abbrechen lassen, jedoch grundsätzlich zu einem Abbruch bereit gewesen wäre, den Eingriff zu diesem Zeitpunkt abgelehnt. Im übrigen hatte nach ärztlicher Auffassung keine Gefahr für die Gesundheit der Mutter oder des Ungeborenen bestanden, so daß eine Indikationsstellung nach dem ABORTION ACT 1967 fraglich gewesen wäre. Richter JUPP sah sich deshalb nicht veranlaßt, die Frage zu problematisieren und im konkreten Fall den *prima facie* bestehenden Kausalzusammenhang zwischen Behandlungsfehler und Schwangerschaftseintritt zu verneinen.[150]

Zu einer intensiven Auseinandersetzung mit der Problematik kam es erst in *Emeh*[151]. Anders als in *Udale* hatte die Klägerin hier schon einmal eine Schwan-

---

[147] Die Unterbrechung des Kausalzusammenhangs durch Geschlechtsverkehr der Eltern stand in England nicht zur Debatte, vermutlich weil die Frage jenseits des Atlantiks längst geklärt war, vgl. *Custodio v Bauer* (1967) 251 Cal App 2d 303; a.A. noch *Christensen v Thornby* (1932) 192 Minn 133; s.a. NORRIE, S. 152.

[148] (1982) 132 NLJ 1054, QB.

[149] [1983] 1 WLR 1098, QB.

[150] *Ibid* 1102H–1103A.

[151] [1983] The Times 3 January, QB; *revd* [1985] 1 QB 1012, CA.

gerschaft abbrechen lassen.[152] Die erstinstanzliche Entscheidung von Richter PARK, daß die Weigerung der Klägerin, sich nochmals einem Abbruch der Schwangerschaft zu unterziehen, einem Anspruch auf Ersatz des mit der Geburt des Kindes verbundenen Schadens entgegenstünde, hob der Court of Appeal als rechtsfehlerhaft auf. In ihren Voten gingen die Lordrichter allerdings nicht so weit, die Verweigerung eines Schwangerschaftsabbruchs grundsätzlich nicht als ein die Kausalkette unterbrechendes Ereignis einzustufen: So unterstrich Lordrichter WALLER, daß das klägerische Verhalten schon von einem äußerst hohen Grad der Unvernunft getragen sein müsse, ohne hierzu jedoch nähere Angaben zu machen.[153] Lordrichter SLADE stellte auf die Umstände des konkreten Einzelfalls ab und berücksichtigte insbesondere die Tatsache, daß die Klägerin bereits etwa 20 Wochen schwanger gewesen war, als sie von ihrem Zustand erfuhr, und daß ein Abbruch in diesem Stadium einen dreitägigen Krankenhausaufenthalt erfordert, Schmerzen und andere Unannehmlichkeiten bereitet sowie ein gewisses Risiko für Gesundheit und Leben der Klägerin bedeutet hätte. Im übrigen hielt er die Verweigerung eines nichtindizierten Schwangerschaftsabbruchs nur in absoluten Ausnahmefällen für unvernünftig.[154] Lordrichter PURCHAS hielt es grundsätzlich nicht für möglich, i.R. des *nova causa interveniens*-Einwands die Entscheidung der Mutter für oder gegen einen Abbruch der Schwangerschaft, deren Eintritt erst durch den Sorgfaltsverstoß des Beklagten möglich geworden war, zu überprüfen.[155] Jedoch schien er sich vorbehalten zu wollen, in einem seltenen Fall den entsprechenden Einwand des Beklagten zu berücksichtigen.[156]

Obwohl es im konkreten Fall nicht mehr darauf ankam, äußerte Richter TUCKER in *Venner*[157] unter vergleichbaren Umständen Verständnis für die Weigerung der Klägerin, die höchstens zehn Wochen alte Schwangerschaft abbrechen zu lassen. Auch hier hatte die Klägerin bereits einmal eine Schwangerschaft abbrechen lassen, war jedoch aufgrund ihrer schlechten Erfahrungen nicht zu

[152] Der Eingriff geschah unmittelbar vor der Sterilisation, als die Klägerin in der achten bis zwölften Woche schwanger war.

[153] Vgl. *Emeh* [1985] 1 QB 1012 (1019C *per* Lordrichter WALLER), CA.

[154] „Save in the most exceptional circumstances, I cannot think it right that the court should ever declare it unreasonable for a woman to decline to have an abortion in a case where there is no evidence that there were any medical or psychiatric grounds for terminating the particular pregnancy." *Ibid* 1022G–H.

[155] „I find it unacceptable that the court should be invited to consider critically in the context of a defence of novus actus interveniens the decision of a mother to terminate or not pregnancy which has been caused by the defendants' negligence." *Ibid* 1027D–E.

[156] Vgl. die Passage *ibid* 1027G–H, die aber möglicherweise nur verdeutlichen soll, daß es einfacher ist, die Verweigerung eines Schwangerschaftsabbruchs als Verletzung der Schadensminderungspflicht *(mitigation)* denn als Zwischenursache *(intervening cause)* zu behandeln (so auch HORTON ROGERS (1985) 5 LS 296, 302 FN 37).

[157] (Unreported) [1987] QBD transcript 19 February, QB.

einem weiteren Abbruch bereit gewesen. Ihre Entscheidung hielt der Tatrichter für durchaus nachvollziehbar.[158]

Erst in der siebten Woche schwanger war die Klägerin in *Sciuragia*[159] gewesen, als sie diese Schwangerschaft – letztlich erfolglos – abbrechen ließ. Das Angebot des beklagten Arztes, den Eingriff zu wiederholen, lehnte sie ab. Da sie zu diesem Zeitpunkt schon mindestens 22 Wochen schwanger war, entschied Richter WATKINS, daß die bis zur 14. SSW grundsätzlich abbruchbereite Klägerin zum fraglichen Zeitpunkt einen weiteren Abbruch habe verweigern dürfen, ohne dadurch ihren Anspruch zu verlieren.[160]

Ob auch bei Aufklärungsfehlern i.w.S., also bei Warn-, Informations- und Beratungsfehlern *(disclosure malpractice)*, die Verweigerung eines Schwangerschaftsabbruchs den Kausalzusammenhang ausschließen kann, ist in England, soweit ersichtlich, noch nicht gerichtlich geklärt:

Immerhin ist dieser Punkt wenigstens einmal angesprochen worden, erstmals in *Thake*[161][162], wo die Klägerin nach einer fehlgeschlagenen Vasektomie ihres Ehemannes, des Klägers, ungewollt schwanger geworden war und ihren Zustand fünf Monate später bemerkt hatte, als es für einen (legalen) Abbruch der Schwangerschaft zu spät war. Der Beklagte berief sich darauf, die Kläger könnten nicht darlegen, daß Mrs Thake überhaupt einen legalen Schwangerschaftsabbruch hätte erwirken können. Daraufhin räumten die Kläger zwar ein, daß es nicht darauf ankomme, ob Mrs Thake ihre Schwangerschaft hätte abbrechen lassen, sondern ob sie einen nach sec. 1 des ABORTION ACT 1967 *rechtmäßigen* Schwangerschaftsabbruch hätte erlangen können. Dennoch blieb auch der Einwand des Beklagten letztlich erfolglos, weil seiner eigenen Aussage zufolge Mrs Thake angesichts des frühen Stadiums ihrer Schwangerschaft in ihrer Region ohne weiteres einen legalen Abbruch hätte erwirken können. Deshalb sahen weder der Tat-

[158] „I find her attitude to that entirely reasonable and understandable. She was justified in reaching that decision, particularly in view of her past distressing experience. I find her to be entirely genuine in her description of that.“ *Ibid.*

[159] (1979) 123 SJ 406, QB; *revd in part* (unreported) [1980] CA transcript 24 July, CA.

[160] „I profoundly disagree with the proposition that the plaintiff's determination to keep the child ... was the effective cause of the continuation of the pregnancy. I see no room for the criticism of the plaintiff's conduct during a time which must have been very disturbing for her.“ *Ibid* (zit. nach HORTON ROGERS (1985) 5 LS 296, 301). Der Beklagte hatte zuvor allerdings eingeräumt, man habe von der Klägerin vernünftigerweise nicht erwarten können, daß sie sich der ungleich schwereren Operation in diesem späten Stadium der Schwangerschaft unterziehe.

[161] [1986] 1 QB 644, QB & CA.

[162] Und zwar von den Beklagtenvertretern (*ibid* 649H, 650B–D *per* EA MACHIN QC u. RODERICK ADAMS), CA.

richter noch der Court of Appeal einen Grund, den Kausalzusammenhang zwischen Pflichtverletzung und Schaden zu verneinen.[163]

In *Eyre*[164] war die ungewollte Schwangerschaft der Klägerin noch nicht so weit fortgeschritten, also ein Abbruch theoretisch noch möglich gewesen. Aus dem erstinstanzlichen Urteil, dem Lordrichter SLADE den Sachverhalt entnahm, geht in diesem Zusammenhang nur hervor, daß sich Mrs Eyre nach Ansicht von Richter FRENCH „vernünftigerweise" für die Austragung der Schwangerschaft und gegen einen Abbruch entschieden hatte.[165] Daß dieser Tatsache weder in der erstinstanzlichen noch in der Berufungsentscheidung mehr Bedeutung beigemessen wurde, lag wohl daran, daß es nach der Verneinung einer (vertraglichen) Pflichtverletzung auf Fragen des Kausalzusammenhangs nicht mehr ankam.

Dafür wurde die Problematik, soweit ersichtlich, zuletzt in *Jones*[166] wieder aufgegriffen. Der Sachverhalt dieses Falls stimmte im wesentlichen mit dem von *Thake*[167] überein, mit dem einzigen Unterschied, daß sich anstelle des Mannes die Frau hatte sterilisieren lassen. Der Vortrag der Klägerin lief darauf hinaus, daß sie bei entsprechender Warnung vor dem Versagerrisiko ihre Schwangerschaft rechtzeitig erkannt und sich einem Abbruch unterzogen hätte. Als sie jedoch ihren Hausarzt aufgesucht und von ihrem Zustand erfahren hatte, war es angesichts der weit fortgeschrittenen Schwangerschaft (28. SSW) zu einem solchen Eingriff bereits zu spät. Obwohl die Klägerin – wie in *Thake* – noch nie eine Schwangerschaft hatte abbrechen lassen, nahm ihr Richter OGNALL ihre Abbruchbereitschaft ab, ohne weitere Ausführungen zu dieser Problematik zu machen. Indessen ist im Hinblick auf die Krankengeschichte der unter chronischen Rückenbeschwerden leidenden Klägerin zu vermuten, daß sie die Schwangerschaft aus medizinischer Indikation gem. sec. 1 (1)(a) des ABORTION ACT 1967 legal hätte abbrechen lassen dürfen.

Während damit die Rechtsprechung die Frage, ob auch bei Aufklärungsfehlern i.w.S. die Verweigerung eines Schwangerschaftsabbruchs eine *nova causa interveniens* darstellen kann,[168] noch nicht ausdrücklich beantwortet hat, wird hierzu in der Lehre eindeutig Stellung bezogen: Sofern eine unterlassene Warnung vor dem Risiko der Rekanalisation den Klagevorwurf bilde, sei notwendiger Teil der

---

[163] *Ibid.*

[164] (Unreported) 3 July 1984, QB; *affd* [1986] 1 AllER 488, CA.

[165] Vgl. *Eyre* [1986] 1 AllER 488 (489j *per* Lordrichter SLADE), CA.

[166] (Unreported) [1986] QBD transcript 2 July, QB.

[167] [1986] 1 QB 644, QB & CA.

[168] Verneinend die austr. Entscheidung *F v R* [1983] 33 SASR 189, FC; s.a. auch die kan. Entscheidung *Fredette v Wiebe* (1986) 29 DLR 4th 534 (540f. *per* Richter TAYLOR), BC SC, u. die südafrikan. Entscheidung *Edouard v Administrative of Natal* 1989 (2) SALR 368 (384 *per* Richter THIRION).

Klägervortrags die Behauptung, daß man sich bei ordnungsgemäßer Aufklärung um einen (rechtmäßigen) Schwangerschaftsabbruch bemüht und einen solchen Eingriff auch erwirkt hätte; deshalb fehle es an der kausalen Verbindung zwischen Pflichtverletzung und Schaden, wenn man den Abbruch der Schwangerschaft ohnehin abgelehnt oder – alternativ – die Voraussetzungen eines legalen Abbruchs nicht erfüllt hätte.[169]

Geht es dagegen um den Vorwurf des Behandlungsfehlers, äußert sich die Lehre vorsichtiger: Die Verweigerung eines Schwangerschaftsabbruchs unterbreche im Hinblick auf die Entscheidung des Court of Appeal in *Emeh*[170] nicht „niemals" („never"), sondern „kaum jemals" („hardly ever") den Kausalzusammenhang.[171] Zwar besteht Einigkeit darüber, daß es dem Richter nach dieser Entscheidung auch bei Behandlungsfehlern weiterhin freisteht, wegen der Verweigerung eines Schwangerschaftsabbruchs keinen oder nur begrenzten Schadensersatz für eine fehlgeschlagene Sterilisation oder einen mißlungenen Schwangerschaftsabbruch zuzusprechen.[172] So würden die Gerichte etwa die Verweigerung eines medizinisch indizierten Schwangerschaftsabbruchs unterschiedlich beurteilen, je nach dem, ob später Schadensersatz und Schmerzensgeld wegen der erlittenen körperlichen Beschwerden oder Ersatz des Unterhaltsschadens eingeklagt wird: Im ersten Fall würden sie den Schadensersatzanspruch eher verneinen bzw. begrenzen als im zweiten Fall.[173] Ebenso würden sie die Verweigerung eines Schwangerschaftsabbruchs eher zu einem früheren als zu einem späteren Zeitpunkt der Schwangerschaft als unvernünftig bewerten.[174]

Doch setzt an diesem Punkt auch bereits Kritik ein: Da es nach dem ABORTION ACT 1967 keinen Schwangerschaftsabbruch „auf Verlangen" gebe, könne sich eine Frau zwar *gegen*, *nicht* jedoch *für* einen solchen Eingriff entscheiden; allenfalls könne sie um einen Schwangerschaftsabbruch ersuchen, wobei die Entscheidung über ihren Wunsch aber davon abhänge, ob die gesetzlichen Voraussetzungen erfüllt seien und damit letztlich dem Arzt überlassen bleibe. Demnach

---

[169] So etwa GRUBB (1987) 50 MLR 241 (263); HORTON ROGERS (1985) 5 LS 296 (302); NORRIE 1986 SLT 145 (147).

[170] [1983] The Times 3 January, QB; *revd* [1985] 1 QB 1012, CA.

[171] Vgl. BLOXHAM, LEE & MCGEE PN 1 (1985) 126 (129).

[172] Vgl. BLOXHAM, LEE & MCGEE PN 1 (1985) 126 (128f.); GRUBB 44 [1985] CLJ 30 (31); HILLIARD (1985) 48 MLR 224 (228); LEWIS (1983) 80 LS Gaz 1045 (1046).

[173] So BLOXHAM, LEE & MCGEE PN 1 (1985) 126 (129); s.a. SPOWART TAYLOR (1985) 15 Fam Law 147 (149).

[174] So MASON, S. 90; GRUBB 44 [1985] CLJ 30 (31); REICHMAN (1982) 10 SydLR 568 (586); ROBERTSON (1981) 44 MLR 215 (217); SPOWART TAYLOR (1985) 15 Fam Law 147; s.a. BLOXHAM, LEE & MCGEE *ibid*, die auf ein entsprechendes rechtspolitisches Ziel hinweisen, notwendige Abbrüche möglichst frühzeitig vorzunehmen, um die damit verbundenen Risiken zu minimieren.

könne sich die Entscheidung der Frau auf keinen Fall rechtlich negativ auswirken.[175]

Darüber hinaus werden verschiedene rechtspolitische Gründe angeführt, weshalb der Tatrichter die Ablehnung eines Schangerschaftsabbruchs nie für unvernünftig erklären sollte: Die Frau sollte ihre Entscheidung frei von jeglichem Druck einer „finanziellen Strafe" durch die Justiz treffen können.[176] Abgesehen davon dürfe das Recht nie einen den Schwangerschaftsabbruch aktiv fördernden Einfluß ausüben.[177] Vereinzelt lehnt man sogar in Übereinstimmung mit Lordrichter PURCHAS eine genauere Analyse der Entscheidung der Frau überhaupt ab; denn nicht zuletzt hätte der Arzt für den Fall, daß der Eingriff erfolglos verläuft, das Dilemma einer Wahl zwischen dem Abbruch der Schwangerschaft und dem Behalt des Kindes vorhersehen müssen.[178] Nur wenn die Klägerin ihre Entscheidung zugunsten des Kindes allein wegen der Aussicht auf Schadensersatz treffe, sollte ein Gericht ihre Erwartungen enttäuschen dürfen.[179]

Selbst der Teil der Literatur, der die Ansicht vertritt, das Recht könne von einer Frau die Beendigung ihrer Schwangerschaft nur innerhalb der Grenzen des ABORTION ACT 1967 verlangen, hält eine solche Forderung nicht für absolut, sondern unter Umständen durchaus ebenfalls für unvernünftig.[180] Denn aus der Tatsache, daß sich die Klägerin bereitwillig hatte sterilisieren lassen, dürfe nicht gefolgert werden, sie müsse deshalb auch mit einem Schwangerschaftsabbruch einverstanden sein.[181] Teilweise wird dies mit bestimmten religiösen oder ethischen Standpunkten innerhalb der Gesellschaft begründet, die es angemessen zu berücksichtigen gelte;[182] teilweise wird auch auf die Belange der betroffenen Frau verwiesen, die „glücklich" mit ihrer Entscheidung leben können solle, weshalb

---

[175] So vor allem NORRIE 1985 SLT 69 (71); s.a. BLOXHAM, LEE & MCGEE *ibid*; HORTON ROGERS (1985) 5 LS 296 (302); O'NEILL (1985) 5 Auckland ULR 180 (191, 194). Auf die Problematik wurde auch schon in *Thake* ([1986] 1 QB 644, 668B–C *per* Richter PETER PAIN, QB) ansatzweise hingewiesen.

[176] So BLOXHAM, LEE & MCGEE *ibid*; GRUBB 44 [1985] CLJ 30 (31); NORRIE *ibid*; krit. auch SPOWART TAYLOR (1985) 15 Fam Law 147 (148).

[177] So vor allem NORRIE *ibid.*

[178] So hauptsächlich GRUBB (44 [1985] CLJ 30, 31) unter Hinweis auf eine Bemerkung von Lordrichter SLADE in *Emeh* [1985] 1 QB 1012 (1022F), CA.

[179] Vgl. GRUBB *ibid.*

[180] So BLOXHAM, LEE & MCGEE PN 1 (1985) 126 (129); HORTON ROGERS (1985) 5 LS 296 (302); LEWIS (1983) 80 LS Gaz 1045 (1046); verallgemeinernd SPOWART TAYLOR (1985) 15 Fam Law 147f. (auch unter dem Gesichtspunkt der *mitigation*); s.a. REICHMAN (1982) 10 SydLR 568 (585).

[181] So HORTON ROGERS *ibid*, die auf die noch kompliziertere Sachlage in Fällen einer erfolglosen Vasektomie hinweist, in denen der Kläger seine (Ehe-) Partnerin, also einen Dritten, davon überzeugen müsse, sich einem Schwangerschaftsabbruch zu unterziehen.

[182] Vgl. BLOXHAM, LEE & MCGEE PN 1 (1985) 126 (129); HORTON ROGERS *ibid.*

eine Einzelbetrachtung unvermeidbar sei.[183] Dementsprechend wird die Court of Appeal-Entscheidung in *Emeh*[184] auch einschränkend dahin interpretiert, sie wolle die Verweigerung des Schwangerschaftsabbruchs als einen den Kausalzusammenhang unterbrechenden Faktor eher als Ausnahme denn als Regel verstanden wissen.[185]

4.2.2.2
Verweigerung der Freigabe zur Adoption

Mit der Frage, ob und inwieweit auch die Verweigerung der Freigabe des ungewollten Kindes zur Adoption den Kausalzusammenhang ausschließen kann, brauchte sich bisher, soweit ersichtlich, noch kein englisches Gericht auseinanderzusetzen. Lediglich in *Thake* kam der Punkt einmal kurz zur Sprache, als der Tatrichter gegen Ende der Erörterung des Sach- und Streitstands eher beiläufig bemerkte, daß der behandelnde Arzt Mrs Thake auch die Freigabe des Kindes zur Adoption vorgeschlagen, diese den Vorschlag aber weit von sich gewiesen und darauf bestanden hätte, daß das einmal geborene Kind auch ein Mitglied der Familie bleibt.[186] Überraschenderweise gingen die Beklagtenvertreter in ihrem Plädoyer darauf überhaupt nicht ein, sondern verzichteten auf die Geltendmachung dieses Verteidigungsmittels.[187]

In der Literatur wird das Problem zwar gesehen, aber nicht weiter vertieft: So beschränkt man sich auf die Feststellung, daß eine Frau mit Rücksicht auf die durch Schwangerschaft und Geburt bewirkte psychische Bindung an ihr Kind vernünftigerweise nicht unter Androhung finanzieller Nachteile zur Adoptionsfreigabe gezwungen werden dürfe, auch wenn diese weniger ethische und rechtliche Probleme als ein Schwangerschaftsabbruch aufwerfe.[188] Deshalb dürfe das Behalten des Kindes *nach* der Geburt genausowenig als Ausschlußgrund gelten wie *vor* der Geburt.[189]

4.2.2.3
„Akzeptanz" des Kindes

Noch weniger Aufmerksamkeit wurde der Frage gewidmet, ob die Aufnahme des Kindes in die Familie, seine „Akzeptanz", nicht zum Ausschluß des *prima facie* bestehenden Kausalzusammenhangs zwischen Pflichtverletzung und Schaden

[183] Vgl. LEWIS (1983) 80 LS Gaz 1045 (1046).

[184] [1983] The Times 3 January, QB; *revd* [1985] 1 QB 1012, CA.

[185] So BLOXHAM, LEE & MCGEE PN 1 (1985) 126 (129).

[186] Vgl. *Thake* [1986] 1 QB 644 (655D–E *per* Richter PETER PAIN), QB.

[187] *Ibid* (649G–650E *per* EA MACHIN QC u. RODERICK ADAMS), QB.

[188] So HORTON ROGERS (1985) 5 LS 296 (302); ROBERTSON (1981) 44 MLR 215 (217); SILVESTER (1986) 20 Law Teacher 204 (205); SPOWART TAYLOR (1985) 15 Fam Law 147 (148); s.a. O'NEILL (1985) 5 Auckland ULR 180 (191).

[189] *Ibid.*

führen könnte. Dies überrascht umso mehr, weil in allen untersuchten Fällen das anfangs ungewollte Kind nach seiner Geburt mehr oder weniger freudig in den Familienkreis aufgenommen wurde.

Allein in *Udale*[190] und in *Thake*[191] beschäftigte diese Tatsache die erkennenden Richter – wenn auch in einem anderen Zusammenhang – weiter:

In *Udale* hatten sich die Klägerin und ihr Ehemann besonders über die Geburt des ungewollt empfangenen Kindes gefreut, weil ihnen damit nach vier Töchtern endlich der lang herbeigesehnte Sohn geboren wurde.[192] Richter JUPP führte die elterliche Freude anläßlich der Geburt des zunächst unerwünschten Kindes nicht nur im konkreten Fall, sondern prinzipiell als Arguent gegen die Gewährung eines Schadensersatzanspruchs an, weil sich i.R. der Schadensberechnung dieser Umstand unter dem Gesichtspunkt der Vorteilsausgleichung schadensmindernd auswirken müsse.[193]

Genau entgegengesetzt urteilte dagegen Richter PETER PAIN in *Thake*, als er die Freude der Eltern auf deren Fähigkeit zurückführte, die mit der Geburt auftretenden Schwierigkeiten zu meistern, und damit als deren alleiniges Verdienst wertete.[194] Daß die elterliche Freude den Kausalzusammenhang ausschließen könnte, kam ihm überhaupt nicht erst in den Sinn. Mit der Bestätigung der Entscheidung durch den Court of Appeal[195] kann die Ansicht von Richter JUPP denn auch als überholt gelten.

4.2.2.4 Geburt eines weiteren Kindes

Erst in *Gold*[196] wurde die Frage aufgeworfen, ob die Geburt eines weiteren Kindes den Kausalzusammenhang ausschließen kann. Zwar hatte bereits im Fall *Eyre*[197] die Klägerin nach der Geburt des ungewollt empfangenen Kindes noch ein weiteres Kind zur Welt gebracht. Vermutlich weil bereits eine Pflichtverletzung und damit letztlich auch eine Haftung verneint wurde, unterblieb jedoch eine Erörterung der Problematik.

Dagegen mußte sich Richter SCHIEMANN in *Gold* mit folgendem Einwand des Beklagtenvertreters auseinandersetzen: Daß sich Mr Gold nach der Geburt des

---

[190] [1983] 1 WLR 1098, QB.
[191] [1986] 1 QB 644, QB & CA.
[192] Vgl. *Udale* [1983] 1 WLR 1098 (1103H–1104A *per* Richter JUPP), QB.
[193] *Ibid* 1109D–F.
[194] Vgl. *Thake* [1986] 1 QB 644 (667F–G *per* Richter PETER PAIN), QB.
[195] [1986] 1 QB 644, CA.
[196] [1987] 1 FLR 125, QB; *revd* [1987] 3 WLR 649, CA.
[197] (Unreported) 3 July 1984, QB; *affd* [1986] 1 AllER 488, CA.

vierten (ungewollten) Kindes nicht wie geplant einer Vasektomie unterzogen hatte, lasse darauf schließen, daß seine Frau der tatsächlich vorgenommenen Operation auch bei gebotener Aufklärung zugestimmt hätte.[198] Der Tatrichter maß diesem Argument zwar erhebliche Bedeutung bei („It is a powerful point"), konnte es jedoch aufgrund der ungewöhnlichen Umstände des konkreten Falls letztlich zurückweisen: So schenkte er der Einlassung der Eheleute Glauben, daß sie sich durch die ungeplante Vergrößerung der Familie keine Vasektomie mehr habe leisten können. Nach ihrem Umzug nach Irland, wo Vasektomien teuer und nicht überall erhältlich seien, wären zusätzlich zu den Kosten der Operation Reise- und Hotelkosten angefallen, die sie sich wegen der Arbeitslosigkeit Mr Gold's nicht hätten leisten können. Deshalb hätten sie nunmehr auf die Methode der Einhaltung der sog. sicheren Zeit vertraut.[199]

Auch wenn er dem Einwand damit im konkreten Fall entgegentreten konnte, impliziert die Äußerung von Richter SCHIEMANN, daß seiner Ansicht nach die Ankunft eines weiteren Kindes unter gewöhnlicheren Umständen ein hinreichendes Indiz für die mangelnde Kausalität der Pflichtverletzung sein kann. Darüber hinaus spricht dieser Punkt nach Ansicht der Lehre die rechtspolitische Frage an, die eigentlich hinter einem solchen Anspruch steht: Welchen Sinn und Zweck hatte denn die familienplanerische Maßnahme, wenn die Eltern des ungeplanten Kindes später noch weiteren Nachwuchs bekommen? Dürfen sie sich noch auf einen in Rechtsprechung und Lehre anerkannten Anspruch berufen, der sich in der Praxis als wahre „Goldgrube" erwiesen hat, wenn man das ursprünglich ungewollte Kind nach dem Ergebnis der Beweisaufnahme nachträglich kaum mehr als „unerwünscht" bezeichnen kann?[200]

4.2.3 Beweisfragen

Im Rahmen des Kausalzusammenhangs, den grundsätzlich der Kläger nachzuweisen hat, stellt sich im Hinblick auf mögliche Ausschlußgründe die Frage, wer ihr Vorliegen zu beweisen hat. Dabei bleiben im folgenden die Verweigerung der Freigabe zur Adoption und die „Akzeptanz" des Kindes (weil als Ausschlußgründe ohnehin nicht anerkannt) außer Betracht.

Wird der Klägerin vorgeworfen, sie habe zu Unrecht einen (weiteren) Schwangerschaftsabbruch verweigert, soll die Frage der Beweislastverteilung davon abhängen, ob ihre Entscheidung ein die Kausalkette unterbrechendes Verhalten darstelle; in diesem Fall müsse die Klägerin nachweisen, daß ihr Verhalten vernünftig und nachvollziehbar gewesen sei.[201] Stufe man einen derartigen Entschluß

---

[198] Vgl. *Gold* [1987] 1 FLR 125 (140E–G *per* CHARLES LEWIS), QB.
[199] *Ibid* 140F–H.
[200] So vor allem SYMMONS PN 3 (1987) 56f.; DIES., (1987) 50 MLR 269 (289).
[201] Vgl. HORTON ROGERS (1985) 5 LS 296 (300).

dagegen nur als Verletzung der Schadensminderungspflicht *(mitigation)* ein, müsse der Beklagte die Beweislast dafür tragen, daß das Verhalten der Klägerin unvernünftig gewesen sei.[202] In *Thake*[203] mußte anscheinend die Klägerin beweisen, daß sie mit der Verweigerung des Schwangerschaftsabbruchs vernünftig und nachvollziehbar gehandelt hatte, wobei sich die Diskussion indes auf die Fallkonstellation einer unterlassenen Warnung des Ehemannes vor einer möglichen Rekanalisation der vasektomierten Samenleiter beschränkte.[204] Auch wenn sich der Court of Appeal in *Emeh*[205] ausführlich mit dem Problem der Verweigerung eines Schwangerschaftsabbruchs befaßt hatte, geben die Entscheidungsgründe dort ebensowenig Aufschluß über die Beweislastverteilung: Während die Lordrichter WALLER und SLADE es beide für unerheblich hielten, ob die Verweigerung eines Schwangerschaftsabbruchs dem Problemkreis der rechtlichen Zurechenbarkeit oder der Schadensminderungspflicht zuzuordnen ist,[206] trennte Lordrichter PURCHAS zwar scharf zwischen Schadensminderungspflicht und der angeblich mehr formalen Entscheidung, ob die Kausalkette unterbrochen worden war[207]. Daraus läßt sich jedoch keine bestimmte Verteilung der Beweislast ablesen.[208]

Wirft man der Klägerin vor, daß sie später immerhin noch weiteren Nachwuchs bekommen habe, m.a.W. daß sie nicht „um jeden Preis" eine Empfängnis habe verhüten wollen und sie daher auch bei gehöriger Aufklärung in die tatsächlich vorgenommene Operation eingewilligt hätte, muß sie beweisen, daß sie sich in Kenntnis des Versagerrisikos für eine andere, sicherere Methode entschieden hätte: So mußte in *Gold*[209] das klagende Ehepaar erklären, warum sich der Kläger selbst nach der Geburt des vierten (ungewollten) Kindes nicht wie ursprünglich geplant hatte vasektomieren lassen.

4.3 Vergleich

Auf dem Weg zum Schadensersatz ist der Kausal- oder Haftungszusammenhang unerläßliches Bindeglied zwischen der festgestellten Pflichtverletzung und dem eingetretenen Schaden.

---

[202] *Ibid.*

[203] [1986] 1 QB 644, QB & CA.

[204] Zust. HORTON ROGERS (1985) 5 LS 296 (300).

[205] [1983] The Times 3 January, QB; *revd* [1985] 1 QB 1012, CA.

[206] Vgl. *Emeh* [1985] 1 QB 1012 (1019E–G bzw. 1025A–C), CA.

[207] *Ibid* 1027G–H.

[208] So auch HORTON ROGERS (1985) 5 LS 296 (300f.). – Zur Frage, wie eine Verweigerung eines (weiteren) Schwangerschaftsabbruchs unter dem Gesichtspunkt der Schadensminderungspflicht *(mitigation)* zu bewerten ist, vgl. SPOWART TAYLOR (1985) 15 Fam Law 147 (148).

[209] [1987] 1 FLR 125, QB; *revd* [1987] 3 WLR 649, CA.

4.3.1 Reichweite und Wirkung

Bei der Untersuchung der ärztlichen Haftung für neues Leben hat sich einmal mehr gezeigt, wie unterschiedlich stark dieses Haftungselement in beiden Rechtsordnungen ausgeprägt ist. Es ist deutlich geworden, daß die Schutzzwecklehre im deutschen Recht bei bestimmten Fallgestaltungen zu einem Ausschluß des Schadensersatzanspruchs der Eltern führt, wo im englischen Recht eine Haftung des Arztes bzw. Krankenhausträgers außer Frage steht. Sie übernimmt damit die Funktion eines „Filters", der diejenigen Pflichtverletzungen, die sich letztlich nicht in dem eingetretenen Schaden niedergeschlagen haben, nicht in eine Haftung des Arztes bzw. Krankenhausträgers münden läßt. Angesichts des erheblich weiter gezogenen Kreises von Sorgfaltspflichten, die den deutschen Arzt im allgemeinen und insbesondere im Zusammenhang mit Sterilisationen und Schwangerschaftsabbrüchen treffen, wird der Versuch der Haftungsbegrenzung mit Hilfe einer am Schutzzweck orientierten Zurechnung rechtspolitisch verständlich. Er ergänzt die modifizierte Beweislastverteilung im Aufklärungsfehlerbereich, die bereits beim ersten Haftungselement, der Pflichtverletzung, in vielen Fällen zu einer Verneinung der Haftung führt.[210] Demgegenüber definiert das englische Recht bisher die Aufklärungspflichten des Arztes mit Rücksicht auf den *Bolam*-Test ohnehin eher restriktiv, so daß sich die Richter Englands derzeit wohl noch nicht gezwungen sehen, die Haftung über den Schutzzweckgedanken weiter einzuschränken.[211] Diese ebenfalls rechtspolitisch motivierte Entscheidung liegt auch ihren Urteilen über die ärztliche Haftung für neues Leben zugrunde, wo sich Schutzzwecküberlegungen allenfalls als zusätzliche Argumentationshilfe finden lassen, wenn die Klage bereits nach den gängigen Haftungskriterien begründet ist. Insoweit gehen von den englischen Entscheidungen noch keine wesentlichen Impulse aus, die sich für das deutsche Recht nutzbar machen ließen.

Umso interessanter ist darum die Feststellung, daß außerhalb des Anwendungsbereichs der Schutzzwecklehre beide Rechtsordnungen wiederum zu weitgehend gleichen Ergebnissen gelangen:

Dies gilt zunächst für die Frage, ob der eingetretene Schaden auf einer Pflichtverletzung des Arztes beruht. Während das deutsche Recht hier mit der Äquivalenztheorie arbeitet, wenden die englischen Richter den *but for*-Test an und differenzieren hierbei wie ihre deutschen Kollegen danach, ob der Patient dem Arzt einen Diagnose- bzw. Behandlungsfehler oder einen Aufklärungsfehler i.w.S. (Warn-, Informations- und Beratungsfehler) vorwirft. Während nämlich im ersten Fall auf die enorm hohe Sicherheit der geburtenkontrollierenden Maßnah-

---

[210] Vgl. hierzu bereits Kap. 3.3.3 (S. 189f.), *supra*.

[211] Allerdings finden sich entsprechende Ansätze bereits in der Lit. (vgl. z.B. FLEMING, Law, S. 170); s.a. *Hartke v McKelway* (1981) 526 F Supp 97, DC; *affd* (1983) 707 F 2d 1544, DC Cir; *Edouard v Administrator of Natal* 1989 (2) SALR 368 (381 *per* Richter THIRION); einschr. NORRIE (1991) 40 ICLQ 437 (441).

me verwiesen wird, weshalb bei ordnungsgemäßer Durchführung die Empfängnis- oder Zeugungsfähigkeit aufgehoben bzw. die Schwangerschaft beendet und damit die Geburt des Kindes letztlich vermieden worden wäre, wird im zweiten Fall die Feststellung eines hypothetischen Verhaltens der unfreiwilligen Eltern erforderlich: Nach der übereinstimmenden Auffassung der Rechtsprechung beider Länder müssen diese im Fall einer fehlgeschlagenen Sterilisation entweder geltend machen, daß sie bei ordnungsgemäßer Aufklärung von dem Eingriff abgesehen und andere Vorkehrungen gegen eine Empfängnis getroffen hätten bzw. den Eingriff zwar hätten vornehmen lassen, jedoch zusätzliche Schutzmaßnahmen ergriffen hätten. Oder sie müssen sich darauf berufen, daß sie bei ordnungsgemäßer Aufklärung den Eintritt der Schwangerschaft erkannt und rechtzeitig deren (legalen) Abbruch erwirkt hätten. Ähnlich müssen sie im Fall eines mißlungenen Schwangerschaftsabbruchs argumentieren, nämlich daß sie den Fortbestand der Schwangerschaft erkannt und damit ebenso rechtzeitig deren (legalen) Abbruch erlangt hätten. Daß die Eltern hierfür in beiden Rechtsordnungen die Darlegungs- und Beweislast tragen, kann angesichts der eindeutigen Interessenlage nicht mehr überraschen. Steht die äquivalente Kausalität erst einmal fest, wird an der Adäquanz der festgestellten Pflichtverletzung für den eingetretenen Schaden nicht mehr gezweifelt. Das deutsche Recht argumentiert insoweit mit der allgemeinen Lebenserfahrung, in deren Bereich der Schadenseintritt wegen der fehlenden Außergewöhnlichkeit des Ereignisses falle; mit dem *foreseeability test* stellt das englische Recht demgegenüber auf die vernünftige Vorhersehbarkeit des Schadens ab und meint damit letztlich nichts anderes.

4.3.2 Unterbrechung

Die Übereinstimmung der Ergebnisse setzt sich fort bei der Einschätzung der Tatbestände, unter denen in beiden Rechtsordnungen ein etwaiger Ausschluß des Kausal- oder Haftungszusammenhangs diskutiert wird. Ein Kuriosum am Rand bildet die Überlegung, ob der Kausalzusammenhang nicht durch den Geschlechtsverkehr der Eltern unterbrochen worden ist. Sie findet sich nur im deutschen Recht und bildet ein anschauliches Beispiel dafür, wie gründlich dort die Vertreter der Lehre neuartige Haftungsprobleme analysieren. Demgegenüber konzentriert sich in beiden Ländern die Rechtsprechung auf die wenigen Tatbestände, die ernsthaft in Betracht kommen, um den Arzt bzw. Krankenhausträger von der Haftung für den durch die unerwünschte Geburt des Kindes ausgelösten Schaden zu befreien. Dazu zählen die Verweigerung des Schwangerschaftsabbruchs, die Verweigerung der Freigabe des Kindes zur Adoption sowie die „Akzeptanz“ des Kindes durch seine unfreiwilligen Eltern. Unter den gleichen Gesichtspunkten wurde vor allem im deutschen Recht teilweise auch ein Wegfall oder eine Minderung des Schadensersatzanspruchs der Eltern erörtert, ohne daß die Antworten hierauf wesentlich anders ausgefallen wären.

4.3.2.1 Verweigerung des Schwangerschaftsabbruchs

Die Verweigerung des Schwangerschaftsabbruchs als Grund für den Ausschluß des Kausal- oder Haftungszusammenhangs ist in beiden Ländern am häufigsten und gleichzeitig am heftigsten diskutiert worden. Dabei wird im englischen Recht bislang danach differenziert, ob ein Behandlungs- oder ein Aufklärungsfehler den Klagevorwurf bildet. Dagegen soll es keine entscheidende Rolle spielen, ob sich die Klägerin schon einmal einem Schwangerschaftsabbruch unterzogen hat oder nicht. In der Rechtsprechung finden sich bisher nur Entscheidungen über Behandlungsfehler. Für den Fall eines Aufklärungsfehlers i.w.S. (Warn-, Informations- und Beratungsfehler) wird lediglich in der Literatur eine Unterbrechung des Haftungszusammenhangs für möglich gehalten, wenn die Klägerin nicht glaubhaft machen kann, daß sie bei rechtzeitiger Kenntnis von ihrer Schwangerschaft einen legalen Abbruch hätte erlangen können und auch tatsächlich hätte durchführen lassen. Dagegen sind sich Rechtsprechung und Lehre im Fall eines Behandlungsfehlers darüber einig, daß hier nur in Ausnahmefällen eine Unterbrechung des Kausalzusammenhangs in Betracht kommt. Dabei wird vor allem auf den vom Schwangerschaftsalter maßgeblich beeinflußten Zeitpunkt des hypothetischen Eingriffs abgestellt. Tatsächlich bilden die konkret drohenden Komplikationen[212] einen guten Anhaltspunkt für die Entscheidung darüber, ob der betroffenen Frau die Durchführung eines (legalen) Schwangerschaftsabbruchs grundsätzlich noch zugemutet werden kann und deshalb ihre Weigerung als unvernünftig gewertet werden muß. Im übrigen läßt sich im englischen Recht die Tendenz feststellen, daß ein solcher Eingriff von der Frau eher erwartet wird, wenn sie Opfer eines mißlungenen Schwangerschaftsabbruchs geworden ist, nicht dagegen im Fall einer fehlgeschlagenen Sterilisation. Dahinter vermag sich die auch hierzulande oft anzutreffende und durch medizinische Fakten leicht belegbare Erkenntnis verbergen, daß der Schwangerschaftsabbruch keine normale, selbstverständliche Alternative zur Sterilisation darstellt.[213] Für die Fallgruppe des mißlungenen Schwangerschaftsabbruchs wird dagegen von einigen Vertretern der Lehre prophezeit, daß die Rechtsprechung hier künftig – wie bereits in Deutschland – danach unterscheiden wird, ob die Indikationslage gleichgeblieben bzw. wegen eines Sinneswandels der betroffenen Frau völlig entfallen ist oder ob sie sich zwischenzeitlich geändert hat. Man scheint wohl verhindern zu wollen, daß sich ein arglistiges Verhalten der betroffenen Frau durch die Zuerkennung eines Schadensersatzanspruchs gegen den Arzt auch noch finanziell auszahlt. Daraus resultiert eine entsprechende Verteilung der Darlegungs- und Beweislast, der zufolge die Klägerin ihre Weigerung als vernünftig und nachvollziehbar darstellen muß. Gelingt ihr dies, hat sie prozessual gesehen gleich einen „doppelten Sieg" errungen, denn dann kann ihr ein solches Verhalten – wie im deutschen Recht – auch nicht mehr als Verletzung der Schadensminderungspflicht angelastet werden.

---

[212] Vgl. Kap. 1.2.1.3 (S. 25), *supra*.

[213] Ausf. hierzu Kap. 1.1 (S. 7ff.) (Sterilisation) u. 1.2 (S. 20ff.) (Schwangerschaftsabbruch), *supra*.

4.3.2.2 *Sonstige Gründe*

Ähnlich wie die Verweigerung des Schwangerschaftsabbruchs werden im englischen Recht jedoch auch die übrigen Tatbestände, unter denen dort ein Ausschluß des Kausalzusammenhangs in Betracht kommt, gewertet:

Hierzu gehört zunächst die Verweigerung der Freigabe des Kindes zur Adoption, die im deutschen Recht nur unter dem Gesichtspunkt des Mitverschuldens diskutiert wird. Zwar ist dieser Tatbestand bisher noch nicht Gegenstand einer gerichtlichen Entscheidung geworden. In der Literatur wird das Behalten des Kindes trotz seiner ungeplanten Geburt jedoch nicht als Grund für den Ausschluß einer ärztlichen Haftung betrachtet, weil man eine Frau mit Rücksicht auf die durch Schwangerschaft und Geburt bewirkte psychische Bindung an ihr Kind nicht unter Androhung finanzieller Nachteile zu einer Adoptionsfreigabe zwingen dürfe. Der Grad der Zumutbarkeit für die betroffene Frau wird hier zwar höher eingestuft als bei der Verweigerung des Schwangerschaftsabbruchs, letztlich jedoch immer noch verneint, und zwar wiederum aus den gleichen Erwägungen, unter denen im deutschen Recht richtigerweise ein Mitverschulden abgelehnt wird.

Die gleiche Feststellung läßt sich aber auch für die beiden letzten möglichen Ausschlußgründe treffen, nämlich die „Akzeptanz" des Kindes und die Geburt eines weiteren Kindes, die sich im deutschen Recht schlicht unter dem vom *BGH* geforderten Tatbestandsmerkmal der „Unerwünschtheit des Kindes" zusammenfassen lassen. Beide Tatbestände werden im englischen Recht äußerst zurückhaltend behandelt und allenfalls als Indiz für eine nachträgliche Änderung der durch das sorgfaltswidrige Verhalten des Arztes durchkreuzten Familienplanung der Eltern gewertet. Wie im deutschen Recht ist die spätere Einstellung der Eltern zum planwidrig geborenen Kind für die Haftungsfrage letztlich irrelevant. Vielmehr ist die Aufnahme des Kindes in den Familienverbund rechtspolitisch gerade erwünscht. Gleiches gilt für die spätere Geburt eines weiteren Kindes.

5 Der Schaden

5.1 Deutsches Recht

Dritte und letzte Voraussetzung ist nach deutschem Recht der Eintritt eines ersatzfähigen Schadens. Daß dieser Punkt nach wie vor heftig umstritten ist, liegt daran, daß die Problematik des „Kindes als Schaden" am Schnittpunkt von Familien- und Schadensrecht angesiedelt ist. Geht man von einem dualistischen Schadensbegriff[1] aus, der bei der herrschenden sog. Differenzhypothese[2] ansetzt und diese normativ modifiziert und erweitert[3], kommen bei der planwidrigen Geburt eines gesunden Kindes mehrere Schadensposten in Betracht.

5.1.1 Existenz des Kindes

In Rechtsprechung und Literatur wird in der Geburt und Existenz des Menschen einhellig kein Schaden im Rechtssinn gesehen, da ein Schaden nur bei einer Vernichtung oder Minderung eines Rechtsguts gegeben sei.[4] Bei der Geburt eines Kindes liege dagegen keine Einbuße im natürlichen Sinne vor, sondern im Gegenteil ein Wertzuwachs.[5] Ein Kind als Schadensfall zu betrachten, hieße, unser Bild vom Menschen und seinem Wesen völlig zu verkennen.[6] Die Person des Kindes sei kein Posten, der in eine Schadensbilanz eingestellt werden dürfe.[7]

Kinder verkörperten nach den christlich-humanistischen Kulturvorstellungen, wie sie unserer Rechts- und Gesellschaftsordnung zugrundelägen, besonders hohe Werte, auch wenn sie aus persönlichen, wirtschaftlichen oder sozialen Erwägungen im Einzelfall noch so unerwünscht sein mögen.[8] Geburt und Existenz eines Kindes als solche könnten nicht als Schadensereignis angesehen werden, denn

---

[1] So *BGH*, NJW 1980, 250.

[2] Vgl. PALANDT/HEINRICHS, Vorbem. v. § 249 BGB, Rdnr. 8; STAUDINGER/MEDICUS, § 249 BGB, Rdnr. 4; LANGE, § 1 I (S. 29); STOLL, Begriff, S. 5ff.; abl. MK/GRUNSKY, Vor § 249 BGB, Rdnr. 7. – Zur Entwicklung der Differenzhypothese vgl. HECK, S. 37ff.

[3] Vgl. GRUNSKY, Jura 1987, 82; MICHALSKI, JA 1979, 186; a.A. KOHLER (MK/KOHLER, Vor § 1601 BGB, Rdnr. 16; VersR 1979, 700), der den Begriff des Schadens in einer Rechtsordnung, in der die Unfruchtbarmachung des Menschen Vertragsgegenstand sein könne, dahingehend präzisieren will, daß sich die Einbuße nach gewöhnlichem und natürlichem Verständnis als vermögens- und nicht als familienrechtliche Folge darstellt. – Zum sog. normativen Schadensbegriff STAUDINGER/MEDICUS, Vorbem. § 249 BGB, Rdnr. 40; DERS., § 249 BGB, Rdnrn. 320ff.; MAGNUS, S. 14ff.; SELB, S. 12ff.; NEUNER, AcP 133 (1931) 277 (292); aus der Rspr. *BGH*, BGHZ 43, 381; 54, 47.

[4] Vgl. zum Schlagwort vom „Kind als Schaden" krit. *BGH*, BGHZ 76, 249 (253) u. zuletzt in NJW 1995, 2407 (2409); STAUDINGER/MEDICUS, Vorbem. § 249 BGB, Rdnr. 9.

[5] DEUCHLER, S. 139.

[6] So GRITSCHNEDER, Rhein. Merkur v. 3.1.1969, S. 9.

[7] *BGH*, NJW 1984, 2625 (2626).

[8] *LG Limburg*, NJW 1969, 1574 (1575); DIEDERICHSEN, S. 386.

eine Wertverwirklichung lasse sich nicht zugleich als Schaden qualifizieren.[9] Die Geburt eines in seiner personalen Ganzheit zu sehenden Menschen bedeute in jedem Fall eine Wertverwirklichung und keine – nicht einmal partielle – Wertnegation.[10] Insofern sei auch das gebräuchliche Schlagwort „Kind als Schaden" unzutreffend.[11]

Die Ablehnung der Existenz des Kindes als Schaden wird nicht zuletzt auch damit begründet, daß für die Annahme eines Schadens nach der Differenzhypothese die Möglichkeit der Schätzung eines Geldwerts für den festgestellten Unterschied Voraussetzung sei, da nur eine in Geld meßbare Einbuße einen Vermögensschaden darstellen könne.[12] Hieran fehle es jedoch, da das Kind als Mensch kein Gegenstand sei, dessen Wert sich in Geld bemessen lasse.[13]

5.1.2
Belastung mit der gesetzlichen Unterhaltspflicht

Allein aus der These, daß Geburt und Existenz des Kindes selbst als unantastbare Werte keinen Schaden darstellten, wird im deutschen Recht jedoch nicht ohne weiteres gefolgert, daß kein an die Existenz des Kindes anknüpfender Vermögensschaden eingetreten ist. Denn nach nahezu einhelliger Auffassung kann ein Schaden auch in der Belastung mit einer Verbindlichkeit liegen.[14] Ob aber auch die mit der Geburt eines Kindes entstehende Unterhaltsverpflichtung der Eltern einen ersatzfähigen Schaden i.S. von §§ 249ff. BGB darstellen kann, ist lange Zeit die im deutschen Recht meistdiskutierte Frage im Zusammenhang mit der ärztlichen Haftung für durchkreuzte Familienplanung gewesen, die vor kurzem eine unerwartete Renaissance erlebt hat.

5.1.2.1
Existenz und Ersatzfähigkeit eines Schadens

Bezüglich der Existenz und Ersatzfähigkeit des Schadens stehen sich in Deutschland, wie es scheint unversöhnlicher als je zuvor, zwei Grundauffassungen gegenüber:

---

[9] So *OLG Bamberg*, JZ 1978, 529 (530). – Nach Ansicht des *LG München I* (VersR 1970, 429) ergibt sich die fehlende Schadensqualität bereits zwingend aus Art. 1 Abs. 1 GG; ebenso zuletzt *BGH*, NJW 1994, 788 (791); NJW 1995, 1609; NJW 1995, 2407 (2409f.).

[10] So *LG Duisburg*, VersR 1975, 432; *LG Freiburg*, NJW 1977, 340; DIEDERICHSEN, S. 386; HELDRICH, JuS 1969, 455 (458); LANKERS, FamRZ 1969, 384 (387); LÖWE, VersR 1969, 573 (574); SELB, JZ 1971, 201 (204).

[11] So deutlich nochmals *BGH*, NJW 1994, 788 (791); NJW 1995, 1609; s.a. die Nachw. in Anm. 4.

[12] Vgl. dazu MERTENS, S. 121, 153f.

[13] So HARRER, S. 8f. (im Anschluß an DEBO, S. 14), der in seine Überlegung auch den – hier nicht näher zu untersuchenden – Fall der Geburt eines *behinderten* Kindes einbezieht, weil die Geburt eines solchen Kindes für seine Eltern zwar einen Schicksalsschlag darstellen möge, aber dennoch als Wertverwirklichung zu betrachten sei.

[14] Vgl. nur MK/GRUNSKY, § 249 BGB, Rdnr. 3 a.E.; STAUDINGER/MEDICUS, § 249 BGB, Rdnrn. 11, 208; LANGE, § 5 II 1 (S. 216 FN 21).

Nach der vor allem in der Literatur[15], aber auch in einzelnen gerichtlichen Entscheidungen[16] und neuerdings vom *BVerfG*[17] vertretenen Ansicht ist eine normative Korrektur vorzunehmen und in der Belastung der Eltern mit Unterhaltsansprüchen eines ungewollten Kindes kein Schaden i.S. von § 249 BGB zu sehen; zumindest wird die Möglichkeit der Abwälzung eines solchen Unterhaltsanspruchs auf Dritte im Wege des Schadensersatzes verneint, da die in der Eltern-Kind-Beziehung zum Ausdruck kommende Einheit eine isolierte Betrachtung der elterlichen Unterhaltspflicht verbiete (sog. Einheits- oder Ganzheitslehre).

Dagegen sind der *BGH*[18] sowie ein Teil der Lehre[19] der Auffassung, daß die von der Existenz des Kindes zu trennende Unterhaltsbelastung der Eltern einen

---

[15] PALANDT/HEINRICHS (53. Aufl.), Vorb. § 249 BGB, Rdnr. 47; GEIGEL/SCHLEGELMILCH (17. Aufl.), Kap. 28, Rdnrn. 52b ff.; LAUFS, Rdnr. 354; ALT, S. 82; BELLING, S. 146; DIEDERICHSEN, S. 386; HAMANN, S. 81; HENRICH, Fälle, S. 43; WIESNER, S. 107ff.; ADOMEIT, Jura 1981, 196 (197ff.); BARNIKEL, GFHK 37 (1977) 881; BOSCH, FamRZ 1969, 91; EBERHARDT, ZfV 1969, 227 (229); EHLERS, Der Frauenarzt 1989, 223 (227); GRITSCHNEDER, GFHK 43 (1983) 469 (470); DERS., Rhein. Merkur v. 3.1.1969, S. 9; DERS., Dt. ApZtg. 1969, 1226 (1229); KLIMKE, ZfV 1980, 18; DERS., ZfV 1979, 699; DERS., VersR 1975, 1083; LANKERS, FamRZ 1969, 384 (385ff.); LÖWE, VersR 1970, 430; DERS., VersR 1969, 573ff.; ROTH, NJW 1995, 2399 (2400); DERS., NJW 1994, 2402; DERS., FuR 1993, 305 (306ff.); SCHLUND, JR 1981, 237 (238); DERS., JR 1980, 369 (370); DERS., JR 1978, 335 (336); DERS., GFHK 37 (1977) 906; SELB, JZ 1971, 201; STÜRNER, JZ 1986, 122; DERS., FamRZ 1985, 753; DERS., VersR 1984, 297 (307); TRÖNDLE, MedR 1986, 31; ZIMMERMANN, JZ 1981, 86 (88).

[16] Vgl. insbes. *OLG Bamberg*, NJW 1978, 1685, 2340 (L) = VersR 1978, 846 = JR 1978, 332 = JZ 1978, 529 = r+s 1978, 207 mit eingehender Begründung; ebenso *OLG Frankfurt*, NJW 1983, 341 = MedR 1983, 70; *LG Duisburg*, VersR 1975, 432; *LG Limburg*, NJW 1969, 1574; s.a. *OLG München*, NJW 1981, 2012; *LG München I*, VersR 1970, 428 = FamRZ 1970, 314.

[17] *BVerfG*, BVerfGE 88, 203 = NJW 1993, 1751 = JZ 1993, Anh. im Anschluß an S. 1172 = FamRZ 1993, 899.

[18] St. Rspr., vgl. *BGH*, BGHZ, 76, 249 = LM § 276 BGB (Fe) Nr. 7 = NJW 1980, 1450 = VersR 1980, 555 = JR 1980, 366 = JZ 1980, 406 = MDR 1980, 744 = FamRZ 1980, 654 = R/S, Rdnr. 637; BGHZ 76, 259 = LM § 276 BGB (Fc) Nr. 8 = NJW 1980, 1452 = VersR 1980, 558 = JZ 1980, 409 = MDR 1980, 745 = FamRZ 1980, 745 = R/S, Rdnr. 638; NJW 1981, 630 = VersR 1981, 278; NJW 1981, 2002 = VersR 1981, 730 = JR 1981, 499 = R/S, Rdnr. 632; NJW 1984, 2625 = VersR 1984, 864 = FamRZ 1984, 982; NJW 1985, 671 = VersR 1985, 240 = JZ 1985, 331 = FamRZ 1985, 779 = JuS 1985, 480 Nr. 7; NJW 1985, 2749 = VersR 1985, 1068 = MedR 1985, 272 = JZ 1986, 137, 586 (L); BGHZ 95, 199 = NJW 1985, 2752 = VersR 1985, 965 = JZ 1986, 140 = FamRZ 1985, 1011 = JuS 1986, 154 Nr. 5; zuletzt erneut bestätigt in BGHZ 124, 128 = LM § 823 BGB (Aa) Nr. 154 = NJW 1994, 788 = VersR 1994, 425 = MedR 1994, 441 = JR 1994, 456 = JZ 1994, 305 = MDR 1994, 556 = FamRZ 1994, 364 = JuS 1994, 608 Nr. 4 = r+s 1994, 136 (L) = zfs 1994, 154; LM § 249 BGB (A) Nr. 108 = NJW 1995, 1609 = VersR 1995, 964 = MedR 1995, 398 = MDR 1995, 908 = r+s 1995, 339 (L) (zur Veröffentlichung in BGHZ vorgesehen); LM § 249 BGB (A) Nr. 109 = NJW 1995, 2407 = VersR 1995, 1099 = MDR 1995, 1015 = FamRZ 1995, 1124 = JuS 1996, 71 Nr. 5 = r+s 1995, 339 (L) = zfs 1995, 363; s.a. BGHZ 86, 240 (sog. Röteln-Fall); BGHZ 89, 95 (sog. Down-Syndrom-Fall).

[19] MK/GRUNSKY, Vor § 249 BGB, Rdnr. 12; DERS., Jura 1987, 82; DERS., JZ 1986, 170 (171); DERS., JZ 1983, 372 (373); MK/KÖHLER, Vor § 1601 BGB, Rdnr 16; DERS., VersR 1979, 700; PALANDT/HEINRICHS, Vorb. § 249 BGB, Rdnr. 47 (anders dagegen in der Voraufl., vgl. Anm. 15); SOERGEL/MERTENS, Vor. § 249 BGB, Rdnr. 47; DERS., § 249 BGB, Rdnr. 126; DERS., FamRZ 1969, 251 (254f.); STAUDINGER/MEDICUS, § 249 BGB, Rdnrn. 14ff.; DERS.,

ersatzfähigen Vermögensschaden darstellt (sog. Trennungstheorie). Zwischen dem Kind als Wert und seinen Kosten als Schaden könne durchaus differenziert werden.[20] Die Anerkennung eines geschaffenen Werts schließe es nicht aus, die damit verbundenen Folgekosten als einen ersatzfähigen Schaden zu betrachten.[21]

Der Komplexität der Fragestellung entsprechend spielen im Streit um die Existenz und Ersatzfähigkeit eines Schadens bei durchkreuzter Familienplanung nicht nur rein juristische Argumente eine Rolle. Vielmehr werden auch ethische, sozialpolitische, psychologische und biologische Gründe in die Diskussion einbezogen. Denn es handelt sich um eine Problematik, die nicht nur rechtsdogmatisch von erheblichem Interesse ist, sondern auch weitreichende soziale Bedeutung hat. Wegen der besonderen Dimension des Problems lohnt sich ein genauerer Blick auf die einzelnen Argumente.

Da im deutschen Recht keine gesetzlichen Sonderregelungen existieren, wird auch bei der Geburt eines Kindes infolge durchkreuzter Familienplanung den Grundsätzen des Familien- und Schadensrechts grundlegende Bedeutung beigemessen, wobei man sich ihrer offensichtlichen Unzulänglichkeit durchaus bewußt ist.[22] Die Geburt ehelicher und nichtehelicher Kinder wird mangels ersichtlicher Unterscheidungsmerkmale weitgehend gleich behandelt.[23]

Untrennbarkeit von Wert und Schaden Die Gegner einer „Haftung für neues Leben" räumen zwar ein, daß die von einem anderen zu vertretende äquivalentlose Belastung mit einer Verbindlichkeit allgemein einen ersetzbaren Schaden darstellt. Dennoch darf ihrer Ansicht nach die Unterhaltspflicht der Eltern und

---

ZivilR, S. 8ff.; DERS., VersR 1981, 593 (603); GEIGEL/SCHLEGELMILCH, Kap. 14, Rdnr. 250; GÖPPINGER-WAX/STÖCKLE, Rdnr. 1381; LANGE, § 5 II 1 (S. 216 FN 21); ANKERMANN, S. 9; BAPPERT, S. 70ff.; BRASCHOS, S. 154; DEUTSCH, ArztR, S. 130; DERS., HaftungsR, S. 441ff.; DERS., MDR 1984, 793; DERS., SGb 1981, 78 (79); DERS., JZ 1978, 532; FIKENTSCHER, Rdnr. 548; HARRER, S. 13ff.; DERS., FuR 1990, 206 (207); SCHRAMM, S. 162; SIGEL, S. 94ff.; DERS., NJW 1978, 2340 (2341); STEFFEN, Entwicklungslinien, S. 98; STIEGLITZ, S. 151; WAIBL, S. 138ff.; DIES., NJW 1987, 1513 (1515ff.); WEBER, S. 38ff.; DANNEMANN, VersR 1989, 676 (678); DUNZ, LM § 276 BGB (Fc) Nr. 7 u. 8; ENGELHARDT, VersR 1988, 540 (543); FAHRENHORST, JR 1984, 417f.; FISCHER, JuS 1984, 434; DERS., NJW 1981, 1991; FUCHS, S. 14; DERS., NJW 1981, 610; GIESEN, JZ 1994, 286 (289ff.); DERS., JR 1984, 221; DERS., FamRZ 1970, 565 (567); GIESEN/GIESEN, FamRZ 1969, 319 FN 1; HAGEN, SchlHA 229 (1982) 2; HELDRICH, JuS 1969, 455 (458f.); V. HIPPEL, FamRZ 1971, 409 (410); LOEWENHEIM, NJW 1969, 1754 (1756); LORENZ, AcP 170 (1970) 367 (386 FN 61); MICHALSKI, JA 1979, 186; MÜLLER, FS Steffen, S. 357f.; NIEPER, A & V 1996, 88 (89f.); ROTH-STIELOW, MDR 1971, 265; STRÖFER, VersR 1981, 796 (803ff.); TIEDTKE, FamRZ 1970, 232; WEISS, JR 1994, 461 (462).

[20] MERTENS, FamRZ 1969, 251 (254).

[21] GRUNSKY, Jura 1987, 82 (83).

[22] KLIMKE, ZfV 1980, 18; DERS., VersR 1975, 1083.

[23] Vgl. STEFFEN, Entwicklungslinien, S. 94; DIEDERICHSEN, VersR 1981, 693; FRANZKI, VersR 1990, 1181 (1183); LANKERS, FamRZ 1969, 384 (385, 387); SELB, JZ 1971, 201 (206); enger dagegen *BGH*, BGHZ 76, 249 (258) u. 259 (262f.), jeweils mit Anm. DUNZ, LM § 276 BGB (Fc) Nr. 7 u. 8.

deren Wertung als Vermögensschaden nicht isoliert von der Geburt und Existenz des Kindes betrachtet werden.

Die in der Eltern-Kind-Beziehung zum Ausdruck kommende Einheit verbiete eine Differenzierung zwischem dem Kind als Wert und seinen Kosten als Schaden.[24] In dem Verhältnis der Eltern zu ihrem Kind entsprächen Rechte, Pflichten und sonstige Vor- und Nachteile einander, zumindest aber seien sie unlösbar miteinander verbunden, so daß eine einzelne, wenn auch besonders augenfällige Belastung wie die gesetzliche Unterhaltspflicht nicht abgespalten werden könne.[25] Eine Trennung käme dem schadensrechtlich untauglichen Versuch einer isolierten Betrachtung von Ursache und Wirkung gleich, ohne die zwischen ihnen bestehende Interdependenz zu berücksichtigen; denn Ursache und Wirkung bildeten im Schadensrecht stets eine Einheit.[26]

Eine isolierte Betrachtung der die Eltern belastenden Unterhaltsverpflichtung als Schaden lasse sich auch nicht im Hinblick auf die gesetzliche Regelung der Haftung wegen Tötung eines Unterhaltspflichtigen und bei Vermögensübernahme rechtfertigen:[27] Zum einen liege in jenen Fällen eine ausdrückliche gesetzliche Regelung vor, die für Fallgestaltungen der vorliegenden Art gerade fehle.[28] Zum anderen sei die Interessenlage nicht vergleichbar. Denn während sich jene Ansprüche nach §§ 419, 844 Abs. 2 BGB wegen eines entgangenen oder nicht realisierten Unterhaltsanspruchs gegen den Unterhaltsverpflichteten mit der Bedürftigkeit des Unterhaltsberechtigten begründen ließen, wolle in den Fällen der vorliegenden Art der Unterhaltsverpflichtete die Kosten eines ihm unerwünschten Kindes ohne Aufhebung der Eltern-Kind-Beziehung auf einen Dritten abwälzen.[29] Auch der ebenfalls gesetzlich geregelte Fall der Unterhaltskostenabwälzung in Form eines Regresses[30] weise hierzu insoweit Unterschiede auf, als Regreßgegner immer ein gesetzlich Unterhaltspflichtiger sei.[31]

Im Wege einer „juristischen Manipulation" werde aus der natürlichen Einheit des Eltern-Kind-Verhältnisses willkürlich ein vermögenswerter Teil abgespalten, um zu einem Schadensersatz zu gelangen.[32] Dadurch werde zwar ein „verbal zufriedenstellendes", aber naturwidriges Ergebnis erreicht.[33] Die Aufteilung der

---

[24] *OLG Bamberg*, NJW 1978, 1685 (1686); *LG Duisburg*, VersR 1975, 432; LANKERS, FamRZ 1969, 384 (385ff.); LÖWE, VersR 1970, 430; DERS., VersR 1969, 573f.

[25] *OLG Bamberg ibid*; SELB, JZ 1871, 201 (203).

[26] KLIMKE, ZfV 1980, 18; DERS., ZfV 1979, 699.

[27] Vgl. §§ 419, 844 Abs. 2 BGB. Zur Haftung bei Vereitelung des Unterhaltsanspruchs durch Einkommenserschleichung, Behördenverschulden und arglistiger Herbeiführung der *exceptio plurium* nach § 1717 BGB a.F. vgl. LANKERS, FamRZ 1969, 384 (386).

[28] LOWE, VersR 1970, 430f.

[29] LANKERS (FamRZ 1969, 384, 386) sieht in §§ 419, 844 Abs. 2 BGB sowie § 1709 BGB a.F. Scheinausnahmen von dem Prinzip, daß es keine separate Abwälzung der Unterhaltspflicht auf Dritte gebe.

[30] Vgl. §§ 1607 Abs. 2 S. 2 u. 1615b (= 1709 Abs. 2 a.F.) BGB.

[31] LANKERS, FamRZ 1969, 384 (386); SELB, JZ 1971, 201 (202).

[32] GEIGER, Jura 1987, 60 (62).

[33] KLIMKE, ZfV 1979, 699.

Elternrolle auf einen „Schadensersatz-Vater", der die Unterhaltsbelastung trägt, auf der einen Seite und die „biologischen Eltern", die alle übrigen Rechte und Pflichten übernehmen,[34] auf der anderen Seite leugne die „personale Ganzheit des Kindes".[35]

Der *BGH* hat das Bild von der „personalen Ganzheit des Kindes" als juristisch untaugliche Vereinfachung abgelehnt.[36] Es bestehe zwar die Besonderheit, daß die Vermögensbelastung nur anläßlich einer Geburt und damit zusammen mit einer „Wertverwirklichung" entstehe; dies lasse aber nicht den Schluß zu, die finanziellen Folgen dieses Ereignisses könnten deswegen keinen Schaden im Rechtssinn darstellen. Die finanzielle Beeinträchtigung werde nicht dadurch aufgehoben, daß ein Glied in der Kausalkette – nämlich die Geburt – eine „Wertverwirklichung" darstelle. Dies zeige sich besonders deutlich bei der Geburt eines „Wunschkindes", wo die Unterhaltsverpflichtung für die Eltern in der Vermögensbilanz durchaus als wirtschaftliche Belastung fühlbar werde.[37]

Auch könne von einer Zergliederung der personalen Ganzheit des Kindes deshalb keine Rede sein, weil die Unterhaltsverpflichtungen der Eltern keine Bestandteile des Kindes seien und das Kind und die Unterhaltskosten kein irgendwie geartetes „Ganzes" bildeten.[38] Die Existenz des Kindes stelle nur eine tatbestandsmäßige Bedingung für das Entstehen der Unterhaltslast dar, so daß die Verbindung zwischen Geburt und Unterhaltsbelastung mit derjenigen zwischen Bedingung und Wirkung vergleichbar sei.[39] Insoweit handele es sich lediglich um einen naturwissenschaftlichen Kausalzusammenhang, der für sich genommen wertfrei sei.[40]

Im übrigen dürfe trotz des verfassungsrechtlich gebotenen Schutzes der Familie das Verhältnis der leiblichen Eltern zum Kind nicht verabsolutiert werden.[41]

---

[34] Im Zusammenhang mit der Grundsatzentscheidung des *LG Itzehoe* (VersR 1969, 265 = FamRZ 1969, 90) sprechen LANKERS (FamRZ 1969, 384) u. GRITSCHNEDER (Rhein. Merkur v. 3.1.1969, S. 9) im Hinblick auf die Aufteilung der Elternrolle bereits von „Des Apothekers Sohn" und BOSCH (FamRZ 1969, 91) von der Figur des „damnatus ex coitu coniugali".

[35] So vor allem LANKERS, FamRZ 1969, 384 (386); LÖWE, VersR 1970, 430; s.a. *OLG Bamberg*, NJW 1978, 1685 (1686).

[36] *BGH*, BGHZ 76, 249 (253).

[37] *BGH*, NJW 1994, 788 (791).

[38] So REINELT, FamRZ 1970, 572 (573); SIGEL, NJW 1978, 2340 (2341); ähnl. der *BGH* (BGHZ 76, 249, 253), der ergänzend auf schadensrechtliche Parallelen hinweist, nach denen auch derjenige, der durch Mißbrauch einer Vollmacht oder in sonstiger Weise durch den Erwerb einer unerwünschten Sache oder Rechtsposition geschädigt sei, seinen Schaden nicht aus dem Erwerb des an sich wertvollen Gegenstands selbst herleite, sondern nur aus der Notwendigkeit, ihn zu bezahlen oder ggf. zu unterhalten.

[39] HARRER, S. 20; REINELT, FamRZ 1970, 572 (573); s.a. WEISS, JR 1994, 461 (462) („Grund-Folge-Beziehung").

[40] So zuletzt *BGH*, NJW 1994, 788 (791); NJW 1995, 2407 (2410); zust. DEUTSCH, NJW 1994, 776 (777); a.A. *LG Düsseldorf*, NJW 1994, 805 (806) (n.r.); ROTH, NJW 1995, 2399 (2400); DERS., NJW 1994, 2402 (2403).

[41] DEUTSCH, JZ 1978, 532 (533).

Es gehe nämlich nicht darum, daß die Geburt des Kindes als solche einen zu behebenden Schaden darstellen soll, sondern allein um die daran anknüpfende Unterhaltspflicht.[42] Bei schadensrechtlicher Betrachtung erweise sich die Unterscheidung zwischen der Existenz des Kindes und seinem unbestreitbaren Wert als Persönlichkeit einerseits und der sich für die Eltern ergebenden Unterhaltsbelastung andererseits als folgerichtig.[43]

Auch wenn die isolierte Betrachtung von Unterhaltspflichten in den Fällen der §§ 419, 844 Abs. 2 BGB von anderen Voraussetzungen abhänge als in den vorliegenden Fallkonstellationen, werde dort ebenfalls die Unterhaltsverpflichtung aus der „biologischen Konnexität" herausgelöst, da die Unterhaltslast letztlich ein biologisch und unterhaltsrechtlich außenstehender Dritter trage.[44] Der ungewollte Wegfall eines Unterhaltsanspruchs und die unerwünschte Entstehung einer Unterhaltspflicht könnten rechtlich durchaus gleich behandelt werden, auch wenn letztere gesetzlich nicht geregelt sei; denn hier seien die Eltern als Vertragspartner des Dritten als unmittelbar Geschädigte bereits nach §§ 823ff. BGB anspruchsberechtigt, so daß es keiner Sonderregelung mehr bedurft habe.[45] Da in beiden Fällen der Betroffene eine Vermögenseinbuße erleide, liege auch eine vergleichbare Interessenlage vor, wobei sich die jeweilige Problematik nur spiegelbildlich zur anderen verhalte; denn im ersten Fall sei der Berechtigte, im zweiten Fall dagegen der Verpflichtete geschädigt.[46] In beiden Fällen sei es jedoch angemessen, daß die Eltern den Dritten zum materiellen Wohl des Kindes auf Ersatz in Anspruch nehmen könnten.[47]

Aber auch den Fällen der §§ 1607 Abs. 2, 1615b BGB lasse sich entnehmen, daß der Unterhaltsanspruch nicht starr an das Eltern-Kind-Verhältnis gebunden, sondern einer „Öffnung nach außen" zugänglich sei.[48] Daß dem geltenden Recht eine getrennte Betrachtung einzelner Elemente des Eltern-Kind-Verhältnisses nicht fremd sei, bewiesen außerdem die Fortdauer der Unterhaltspflicht trotz Entziehung der Personensorge (vgl. §§ 1666 Abs. 1, 1666a Abs. 2 BGB), die Übertragung der Personen- und Vermögenssorge auf einen Vormund oder Pfleger (vgl. §§ 1671 Abs. 5, 1672 S. 1 i.V.m. § 1671 Abs. 5 BGB) oder die Regelung, daß der personenberechtigte, aber wirtschaftlich leistungsunfähige Elternteil kei-

---

[42] Vgl. LANGE, § 5 II 1 (S. 216 FN 21); s.a. MK/GRUNSKY, Vor § 249 BGB, Rdnr. 12; DERS., Jura 1987, 82 (83); STAUDINGER/MEDICUS, § 249 BGB, Rdnr. 14. Darauf hat auch der *BGH* in seinen jüngsten Urteilen (NJW 1994, 788, 791; NJW 1995, 1609; NJW 1995, 2407, 2409f.) noch einmal deutlich hingewiesen.

[43] So *BGH ibid*; GIESEN, JZ 1994, 286 (291).

[44] HARRER, S. 16.; SIGEL, NJW 1978, 2340 (2341); MICHALSKI, JA 1979, 186 (187).

[45] *Ibid.*

[46] Vgl. HARRER, S. 17; ähnl. MICHALSKI *ibid.*

[47] GIESEN, FamRZ 1970, 565 (568); HELDRICH, JuS 1969, 455 (459); MERTENS, FamRZ 1969, 251 (255f.); SIGEL, NJW 1978, 2340 (2341). Darüber hinaus meint HARRER (S. 19), daß sich die Trennbarkeit von Kind und Unterhaltsanspruch auch aus § 1612 Abs. 3 S. 2 BGB ergebe, dem zufolge der Verpflichtete den vollen Monatsbetrag selbst dann schuldet, wenn der Berechtigte im Laufe des Monats stirbt.

[48] SIGEL, NJW 1978, 2340 (2341).

nen Unterhalt in Geld schulde.[49] Letztlich normiere das Gesetz die Unterhaltspflicht gem. §§ 1601ff. BGB als Ausfluß der Verwandtschaft und schichte sie damit von den besonderen Rechtsbeziehungen der Eltern zu ihrem Kind ab.[50]

Da in den Fällen der vorliegenden Art im Innenverhältnis die Eltern dem Kind weiterhin allein Unterhalt schuldeten und diese Unterhaltsbelastung nur im Außenverhältnis im Wege eines Schadensersatzanspruchs auf einen Dritten abwälzten, würden die familienrechtlichen Unterhaltsbeziehungen noch nicht einmal verschoben; denn das Kind werde nicht an den Schädiger verwiesen, sondern ihm hafteten allein seine Eltern.[51] Daß die Eltern für bestimmte Aufwendungen Ersatz von einem Dritten erhalten, lasse das „Bündel" gegenseitig verzahnter Rechte deshalb unangetastet.[52]

Schließlich lasse sich auch aus der rechtlichen Zulässigkeit neuer Fortpflanzungstechniken wie der sog. Leihmutterschaft und der heterologen Insemination auf die Trennbarkeit des Familienverbands schließen.[53] Wenn und soweit der medizinische Fortschritt ohne Verstoß gegen die Menschenwürde steuernd auf die Fortpflanzung einwirken dürfe, bestünden auch keine rechtlichen Bedenken gegen eine zivilrechtliche Haftung für die Folgen, in denen das Ausmaß der vom Arzt übernommenen Verantwortung sichtbar werde.[54]

Unabwälzbarkeit von Unterhaltsbelastungen Das Argument der Untrennbarkeit von Wert und Schaden wird noch um den Einwand erweitert, die Unterhaltsbelastungen könnten jedenfalls nicht auf Dritte abgewälzt werden. Selbst wenn in der Unterhaltsverbindlichkeit ein ersatzfähiger Schaden i.S. von § 249 BGB liege, bestehe nach der geltenden Rechtsordnung keine Möglichkeit, einen solchen Unterhaltsanspruch im Wege des Schadensersatzes einem Dritten aufzubürden, der die Geburt eines ungewollten Kindes schuldhaft verursacht hat.[55] Daß das Gesetz die Unterhaltsverpflichtung primär an die Abstammung knüpfe, beruhe letztlich auf dem biologischen Zusammenhang von Zeugung und Geburt; der Unterhaltsanspruch sei in den durch die Einheit des Blutes und die Bande der Familie hervorgerufenen natürlichen und sittlichen Verhältnissen begründet und damit vorrechtlichen Ursprungs.[56] Die Basis des Unterhaltsanspruchs, die biologische

---

[49] So HARRER, S. 19.

[50] HELDRICH, JuS 1969, 455 (459).

[51] *BGH*, NJW 1994, 788 (791); s.a. *OLG Celle*, NJW 1978, 1688 (1689); HARRER, S. 17; SIGEL, NJW 1978, 2340 (2341); REINELT, FamRZ 1970, 572 (573f.).

[52] *OLG Celle ibid*; KLIMKE, ZfV 1979, 699 (700); MICHALSKI, JA 1979, 186.

[53] HARRER, S. 18.

[54] *BGH*, NJW 1994, 788 (792); s.a. *BGH*, NJW 1995, 2407 (2409).

[55] So vor allem *OLG Bamberg*, NJW 1978, 1685 (1686); LANKERS, FamRZ 1969, 384 (386); s.a. bereits DIEDERICHSEN, S. 386; PRÖLSS, in: KLINGMÜLLER (Hrsg.), Karlsruher Forum 1963, S. 40.

[56] *OLG Bamberg*, NJW 1978, 1685 (1687); *LG Duisburg*, VersR 1975, 432; LANKERS, FamRZ 1969, 384 (386) unter Hinweis auf *Mot. IV, 677*.

Konnexität, sei deshalb nicht austauschbar und könne auch nicht durch das Faktum „fehlerhaftes Drittverschulden“ ersetzt werden.[57]

Gegen die Abwälzung von Unterhaltsbelastungen spreche außerdem, daß sich die Geburt eines Kindes aus rechtlicher Sicht nicht nur in der durch die Existenz des Kindes bedingten materiellen Belastung der Eltern erschöpfe, sondern ein ganzes Bündel biologischer, menschlich-sittlicher und rechtlicher Beziehungen zwischen Kind und Eltern begründe. Dabei erlangten die Eltern neben immateriellen Vorteilen – sozusagen als „Gegenwert“ – aber auch vermögenswerte Rechte (vgl. z.B. §§ 1619, 1649 Abs. 2 BGB).[58]

Dagegen wird eingewandt, daß die unterhaltsrechtliche Beziehung zwischen Eltern und Kind durch den Schadensersatzanspruch nicht verschoben werde, da der Schadensersatzpflichtige nicht in die Stellung der Unterhaltspflichtigen eintrete, sondern an deren wirtschaftlicher Belastung nur beteiligt werde.[59] Auch werde kein untrennbarer Teil aus der komplexen Eltern-Kind-Beziehung herausgelöst, denn die Bejahung der Ersatzpflicht eines Dritten im (Außen-) Verhältnis zu den Eltern lasse deren Unterhaltspflicht im (Innen-) Verhältnis zum Kind unberührt. Daher könne auch von einer Aufteilung der Elternrolle zwischen den „biologischen Eltern“ und einem „Schadensersatzvater“ keine Rede sein.[60]

Bei einem gleichbleibenden Unterhaltsverhältnis sei die Weitergabe der Belastung an den Schädiger auch deshalb zulässig, weil andernfalls jeder Ausgleich, den die Eltern für die Unterhaltsbelastung erhalten (z.B. Kindergeld), ebenso als Einbruch in das Eltern-Kind-Vehältnis gewertet werden müßte.[61] Der Ersatzanspruch bewirke jedoch nur die finanzielle Verantwortung des Schädigers, dagegen bleibe die persönliche und tatsächliche Verantwortung bei den Eltern. Da deren Unterhaltspflicht nicht auf den Arzt abgewälzt werde, wird die Diskussion um eine prinzipielle Nichtaustauschbarkeit der Unterhaltsschuldner teilweise sogar für irrelevant gehalten.[62]

Gefahr eines „Jugendtraumas“ Gegen die Abwälzbarkeit der Unterhaltskosten wird außerdem eingewandt, mit der Anerkennung eines Vermögensschadens und seiner Durchsetzbarkeit gegenüber dem „Schädiger“ werde die Unerwünschtheit des Kindes festgeschrieben und diesem selbst auf drastische Weise vor Augen geführt. Daher gebiete die Sorge um die spätere Entwicklung des Kindes als höheres Interesse den Ausschluß eines Schadensersatzanspruchs.[63] Andernfalls gerate

[57] LANKERS, FamRZ 1969, 384 (388); i.E. auch ROTH, NJW 1994, 2402 (2403f.).

[58] *OLG Bamberg*, NJW 1978, 1685 (1686); SELB, JZ 1971, 201 (204).

[59] *BGH*, NJW 1994, 788 (791).

[60] *OLG Celle*, NJW 1978, 1688; *OLG Karlsruhe*, NJW 1979, 599 (600).

[61] DEUCHLER, S. 160.

[62] Vgl. WAIBL, NJW 1987, 1513 (1516).

[63] So vor allem GRITSCHNEDER, Rhein. Merkur v. 3.1.1969, S. 9; vgl. aber auch *BGH*, BGHZ 97, 372 (380) = NJW 1986, 1008 = JZ 1986, 1008 für den Fall, daß eine Frau abredewidrig keine empfängnisverhütenden Maßnahmen getroffen hat: „Die ... Erkenntnis des Kindes, daß es durch seine eigene Existenz eine Haftung der Mutter gegenüber dem Vater ausgelöst hat, betrifft das

das Kind nicht nur in eine „schiefe Stellung“[64], sondern werde möglicherweise auch schwerste seelische Schäden in Form eines „Jugendtraumas“[65] davontragen, wenn es erfährt, daß es – gegen den Willen der Eltern – durch Drittverschulden auf die Welt gekommen ist und selbst die Rechtsordnung seine Geburt als Schadensereignis betrachtet hat.[66]

Nach Ansicht des *BGH* fehlt dieser Argumentation bereits die innere Stimmigkeit, da das angeblich zu erwartende Trauma zwar möglich, aber kaum wahrscheinlich sei.[67] Wenn auch im Einzelfall das Eltern-Kind-Verhältnis dadurch belastet werden könne, daß das Kind von der Geltendmachung der Ersatzansprüche Kenntnis erlangt und sich seiner Unerwünschtheit bewußt wird, trete diese Belastung doch um so weniger ein, je mehr die Eltern dem Kind gegenüber zeigten, daß sie es letztlich auch akzeptierten. Abgesehen davon träte die Belastung nicht erst mit der Zuerkennung eines Schadensersatzanspruchs, sondern bereits dann ein, wenn das Kind unabhängig von der Unterhaltszahlung den Sachverhalt erführe.[68]

Im übrigen könne sich die Beurteilung der Unterhaltsbelastung in Fällen, in denen sie durch Vertrag mit dem Arzt vermieden werden sollte, überhaupt nicht negativ auf Persönlichkeit und Dasein des Kindes auswirken, weil die Abnahme der wirtschaftlichen Belastung durch den Arzt entsprechend der Ausgleichsaufgabe von Schadens- und Haftungsrecht auf eine rein vermögensmäßige Bedeutung beschränkt sei.[69] Das Kind werde also weder mit einem Makel belegt, noch sein Lebensrecht in Frage gestellt. Insbesondere bedeute die Wertung als Schaden im Verhältnis zwischen Eltern und Arzt nicht, daß über das Kind ein Unwerturteil ausgesprochen und es durch die Verbindung mit dem Begriff „Schaden“ in seiner Persönlichkeit herabgewürdigt werde.[70] Nach heutigem Verständnis bestehe die Funktion des Schadensrechts nämlich allein in einem Vergleich wirtschaftlicher Vermögenslagen und der Überweisung einer etwaigen vermögensmäßigen Differerenz an das Haftungsrecht, das dann die Verantwortlichkeit für die Entstehung dieser Lasten feststellen und sie nach bestimmten Kriterien zuordnen soll; dagegen gehe es nicht um die Sanktion schädlichen Verhaltens.[71]

Kind in der ihm zukommenden Menschenwürde.“ Gleiches hätte denn wohl zu gelten, wenn Schuldner des Schadensersatzes nicht ein Elternteil, sondern ein Dritter ist (so auch GRUNSKY, Jura 1987, 82, 83 FN 16).

[64] So LANKERS, FamRZ 1969, 384 (386).

[65] So GRITSCHNEDER, Rhein. Merkur v. 3.1.1969, S. 9.

[66] *OLG Bamberg*, NJW 1978, 1685 (1687); ADOMEIT, Jura 1981, 196 (198); vgl. auch *BGH*, BGHZ 97, 372 (380) für den Fall, daß eine Frau abredewidrig keine empfängnisverhütenden Maßnahmen getroffen hat.

[67] *BGH*, BGHZ 76, 249 (255); wohl auch MICHALSKI, JA 1979, 186 (189).

[68] GRUNSKY, Jura 1987, 82 (83); REINELT, FamRZ 1970, 572 (574).

[69] *BGH*, NJW 1994, 788 (792); GIESEN, JZ 1994, 286 (292).

[70] Zust. DEUTSCH, NJW 1994, 776 (777); s.a. GIESEN *ibid*, der darüber hinaus für den Regelfall den Eintritt eines schweren seelischen Schadens bezweifelt. Vgl. dazu bereits *BGH*, BGHZ 76, 249 (255): „... Trauma ... ist ... wohl kaum überwiegend wahrscheinlich.“

[71] *BGH*, NJW 1994, 788 (792).

Teilweise werden Schadensersatzklagen, die eine durch die „unerwünschte“ Geburt eingetretene wirtschaftliche Enge der Familie ausgleichen helfen sollen, sogar für besonders geeignet gehalten, eine positive Einstellung der Eltern zu dem Kind zu fördern und den Familienfrieden durch Sicherung des Lebensstandards zu wahren.[72] Der Schadensersatzanspruch der Eltern sichere oftmals gerade die Existenzgrundlage des Kindes zu seinem Wohl und in seinem Interesse. Hierdurch werde nicht nur seine wirtschaftliche Lage verbessert, sondern möglicherweise auch seine Wertschätzung innerhalb der Familie erhöht. Denn durch die Befreiung von der Unterhaltslast werde eine zusätzliche wirtschaftliche Belastung der Eltern gerade vermieden und damit eine bessere Eltern-Kind-Beziehung ermöglicht.[73]

In jedem Fall sei es Sache der Eltern, den Eintritt eines solchen Traumas zu verhindern; der Schädiger dürfe sich nicht unter dem Vorwand einer solchen psychologisch motivierten Rücksichtnahme auf das Kind seinen Verpflichtungen entziehen.[74] Akzeptierten die Eltern das zunächst ungewollte Kind später und ließen ihm die gleiche Fürsorge und Liebe angedeihen wie seinen Geschwistern, werde sich das Kind nicht unerwünscht fühlen und Schaden nehmen; fänden sich die Eltern dagegen mit dem Kind nicht ab und nähmen sie deshalb eine feindliche oder doch distanzierte Haltung ein, werde dies dem Kind nicht verborgen bleiben, sondern sein seelisches Gleichgewicht von frühester Kindheit an schwer belasten, ohne daß es noch auf seine Kenntnis von einem Ersatzanspruch ankomme.[75] Wenn aber das Kind den Sachverhalt erfahren sollte, lasse sich das Risiko eines Schocks auch dadurch praktisch vermeiden, daß sich die Eltern mit dem Schädiger anstelle einer „Unterhaltsrente“ auf eine einmalige Zahlung einigten.[76]

Zeugung als typische Folge der geschlechtlichen Vereinigung In einem weiteren Argumentationsschritt wenden die Befürworter einer „Haftung für neues Leben“ ein, daß ein in der Unterhaltsbelastung der Eltern möglicherweise liegender Schaden jedenfalls *de lege lata* nicht ersatzfähig sei. Denn auch wenn viele Menschen sich bemühten, den Geschlechtsverkehr folgenlos bleiben zu lassen, wohne dem Akt doch die Zeugung neuen Lebens inne.[77] Für den Fall des Ver-

[72] *BGH ibid*; s.a. *OLG Celle*, NJW 1978, 1688 (1689); GÖPPINGER-WAX/STOCKLE, Rdnr. 1387; DEUTSCH, NJW 1994, 776 (777); GIESEN, JZ 1994, 286 (291); DERS., FamRZ 1970, 565 (568); HELDRICH, JuS 1969, 455 (459); MERTENS, FamRZ 1969, 251 (256); MICHALSKI, JA 1979, 186 (189); REINELT, FamRZ 1970, 572 (574); SIGEL, NJW 1978, 2340 (2341).

[73] Ebenso für den – hier nicht näher erörterten – Fall der unerwünschten Geburt eines *behinderten* Kindes FISCHER, JuS 1984, 434 (436).

[74] *BGH*, BGHZ 76, 249 (255); HARRER, S. 23; GIESEN, JZ 1994, 286 (292); krit. zu dieser Argumentation dagegen ADOMEIT, Jura 1981, 196 (198) („klassische petitio principii“).

[75] Vgl. *OLG Karlsruhe*, NJW 1979, 599 (601); GIESEN *ibid*; REINELT, FamRZ 1970, 572 (574).

[76] So GRUNSKY (Jura 1987, 82, 83), der in einer derartigen Vereinbarung insbes. keinen Verstoß gegen das in § 1614 Abs. 1 BGB normierte Verbot eines Unterhaltsverzichts für die Zukunft sieht, da es sich nicht um eine Unterhaltsforderung des Kindes, sondern um eine Schadensersatzforderung der Eltern handele.

[77] Vgl. LÖWE, VersR 1969, 573f.; ähnl. ROTH-STIELOW (MDR 1971, 265, 267), der einen Aufwendungsersatz für Erziehung und Betreuung des „unerwünschten“ Kindes wegen höchstpersönlicher Beteiligung beider Elternteile an der Empfängnis ausschließt.

sagens einer Schutzmaßnahme und der nachfolgenden Geburt eines Kindes dürfe nicht einfach derjenige in Anspruch genommen werden können, der eine fehlerhafte Verhütungsmaßnahme zu verantworten habe, da die Beteiligten die mit dem Geschlechtsverkehr verbundenen „Risiken“ nicht auf Dritte abwälzen könnten.[78] Die Abwälzbarkeit des allgemein mit dem Leben verbundenen Risikos erfahre eine Grenze, wenn das Risiko – wie bei der Fortpflanzung – mit dem Menschsein untrennbar verbunden sei, weil dort die Selbstbestimmung des Menschen eine Entledigung von jeglicher Verantwortung ausschließe.[79]

Demgegenüber hält der *BGH* das Argument, dem Geschlechtsverkehr sei die Erzeugung von Leben nun einmal wesenseigen, aus juristischer Sicht für nicht nachvollziehbar, weil es zu sehr auf außerrechtlichen Erwägungen beruhe.[80] Seiner Ansicht nach ist eine derartige Begründung auch mit den heutigen Moralvorstellungen unvereinbar, denen zufolge die Empfängnisverhütung nicht verwerflich, sondern im Gegenteil als erlaubte Möglichkeit zur Verwirklichung einer humanen Lebensführung gelte.[81]

Die Literatur wendet ein, daß sich mit Maßnahmen der Geburtenkontrolle das Risiko einer planwidrigen Geburt auf die methodenimmanente Versagerquote reduziere, so daß die Eltern allein dieses Risiko weiterhin tragen müßten.[82] Von diesem Restrisiko abgesehen trete keine Risikoverlagerung ein, da es angesichts des medizinischen und technischen Fortschritts ein Risiko im eigentlichen Sinn nicht mehr gebe. Wenn aber durch das schuldhafte Fehlverhalten eines Dritten infolge einer – dessen Sphäre entspringender – Pflichtverletzung das durch die Maßnahme ausgeschlossene Risiko wieder auflebe, sei hierfür allein der Dritte verantwortlich. Schließlich hätten sich die Eltern ausweislich ihrer vorbeugenden Maßnahme gerade gegen ein Kind entschieden.[83]

Notwendigkeit einer Haftung Umgekehrt argumentieren manche Befürworter einer „Haftung für neues Leben“, daß ohne die Anerkennung eines Schadensersatzanspruchs ein nicht unbedeutender Wirtschaftssektor, der die Familienplanung ermöglichen soll, vom normalen Haftungsrisiko für Nicht- und Schlechterfüllungsschäden weitgehend befreit würde.[84] Gerade in dem sensiblen Bereich der Geburtenkontrolle wäre ohne jeglichen schadensersatzrechtlichen Schutz der Leichtfertigkeit und Arglist Tür und Tor geöffnet.[85]

---

[78] GEIGEL/SCHLEGELMILCH (17. Aufl.), Kap. 28, Rdnr. 52c.
[79] STÜRNER, VersR 1984, 297 (305); i.E. auch ROTH, NJW 1994, 2402 (2403f.).
[80] Vgl. *BGH*, BGHZ 76, 249 (254); s.a. FEHN, JuS 1988, 602 (604).
[81] So bereits *BGH*, NJW 1976, 1790; ähnl. HELDRICH, JuS 1969, 455 (458); MERTENS, FamRZ 1969, 251 (255); a.A. wohl GRITSCHNEDER, Rhein. Merkur v. 3.1.1969, S. 9.
[82] SIGEL, S. 4; MICHALSKI, JA 1979, 186 (189).
[83] HARRER, S. 26.
[84] So FAHRENHORST, JR 1984, 417 (418); MERTENS, FamRZ 1969, 251 (256).
[85] GÖPPINGER-WAX/STÖCKLE, Rdnr. 1387; MICHALSKI, JA 1979, 186 (189); REINELT, FamRZ 1970, 572 (574).

Für eine ärztliche Haftung spreche auch die Konzeption der Berufshaftung, der zufolge Angehörige derselben Berufsgruppe für das Nichterreichen eines bestimmten Standards im Wege der Übernahme typischer Folgen einstehen sollen.[86] Auch aus rechtspolitischen Gründen bestehe daher ein Bedürfnis, die Unterhaltsbelastung als ersatzfähigen Schaden zu werten.

Dieses Argument ist jedoch selbst unter den Befürwortern einer „Haftung für neues Leben" nicht unumstritten.[87] Ihm wird entgegengehalten, daß durch die Versicherbarkeit des professionellen Verschuldens einerseits der Handlungsspielraum des potentiellen Schädigers erhalten bleibe, andererseits sich dessen Haftungsrisiko auf die finanzielle Belastung durch die Versicherungsprämie beschränke.[88] Darin zeige sich einmal mehr die Tendenz von der Individualhaftung zum Sozialschadensausgleich, bei dem der Schaden letztlich von einem Haftungskollektiv getragen werde.[89] Dadurch werde aber der Sanktionszweck der Individualhaftung für fehlende oder mangelnde berufliche Sorgfalt regelmäßig verfehlt, denn der Schaden falle nur auf den Versicherungsträger und damit letztlich auf die Solidargemeinschaft zurück.

Andere wenden hiergegen ein, daß den bürgerlich-rechtlichen Haftungsvorschriften zwar eine gewisse Sanktions- und Präventionsfunktion zukomme; dies sei jedoch kein Selbstzweck, sondern nur eine „gute Nebenwirkung" dieser primär auf Ausgleich von Schäden gerichteten Regelungen.[90] Lehne man eine Haftung für den Unterhaltsschaden ab, bleibe das ärztliche Fehlverhalten auch keineswegs völlig sanktionslos, da zumindest die den Eltern durch Schwangerschaft und Geburt sowie durch notwendige Heilbehandlungsmaßnahmen entstandenen Vermögensschäden (Entbindungs- und Heilbehandlungskosten, Verdienstausfall, etc.) erstattungsfähig seien.[91]

Dagegen hat der *BGH*[92] jüngst erklärt, daß es einen gravierenden Eingriff in das Gefüge vertraglicher Interessen darstellen würde, wenn der Arzt von den haf-

---

[86] DEUTSCH, ArztR, S. 132; DERS., VersR 1995, 609 (613, 616); DERS., NJW 1994, 776 (777); DERS., JZ 1978, 532 (533).

[87] Krit. z.B. HARRER, S. 27.

[88] A.A. SCHLUND (JR 1980, 369, 370; JR 1978, 335, 336; GFHK 37 (1977) 906, 908), der hierzu jedoch vor der Anpassung der Deckungssummen für Vermögensschäden (vgl. dazu RIEGER, DMW 20 (1980) 1141) Stellung bezogen hatte. Inzwischen werden Ansprüche wegen der unerwünschten Geburt eines Kindes der Deckungssumme nach wie Personenschäden behandelt (vgl. FLATTEN, VersR 1994, 1019, 1022).

[89] Vgl. ausf. dazu HARRER, S. 59ff.

[90] So *OLG Bamberg*, NJW 1978, 1685 (1686); krit. auch LANKERS, FamRZ 1969, 384 (386).

[91] Vgl. LANKERS, FamRZ 1969, 384 (388); s.a. *BezG Arbon*, SJZ 82 (1986) 46 (48). – In der Schweiz wird eine Ersatzfähigkeit des Unterhaltsschadens abgelehnt von OFTINGER, S. 62; WEIMAR, FS Hegnauer, S. 654f.; DERS., SJZ 82 (1986) 46 (49); KELLER, S. 136; a.A. OTT, S. 84; SCHAER, S. 79; FELLMANN, ZBJ 123 (1987) 317 (322); wohl auch BK/HEGNAUER, Art. 256 ZGB, Rdnr. 128.

[92] *BGH*, NJW 1994, 788 (791); krit. ROTH (NJW 1994, 2402 2404), der meint, das Schadensrecht werde in diesem Bereich ohnehin bereits durch verfassungsrechtliche Wertentscheidungen zu-

tungsrechtlichen Konsequenzen einer schuldhaften Verletzung seiner Vertragspflichten freigestellt würde. Mit der Übernahme medizinischer Aufgaben, die der Erreichung eines erlaubten Vertragszwecks dienten, sei für den Arzt auch eine zivilrechtliche Verantwortung verbunden. Daß sein Vertragspartner für die Schlechterfüllung haftungsrechtlichen Schutz genieße, sei letztlich nur eine Auswirkung des medizinischen Fortschritts, wenn dieser in Einklang mit der Rechtsordnung derartige Möglichkeiten zur Vermeidung der Geburt eines Kindes eröffne.

Ausschluß aus familienrechtlichen Gründen Nach Ansicht der Gegner einer „Haftung für neues Leben" verbietet auch die Rechtsnatur des Unterhaltsanspruchs als familienrechtliche Forderung eine Abwälzung der Unterhaltsverpflichtung auf einen Dritten im Wege einer Haftung nach schuldrechtlichen Grundsätzen. Die gesetzliche Unterhaltspflicht sei familienrechtlicher Natur und beruhe auf einer der Grundbeziehungen menschlichen Daseins überhaupt. Im Hinblick auf das besondere, der Rechtsordnung wohl vorgegebene Wesen der elterlichen Unterhaltspflicht liege in der Belastung mit einer solchen Verbindlichkeit kein ersatzfähiger Schaden i.S. der §§ 249ff. BGB.[93]

Der Ausschluß von Schadensersatzansprüchen aus familienrechtlichen Gründen sei der höchstrichterlichen Rechtsprechung auch nicht fremd, wie die rechtliche Behandlung der Ehestörerklagen zeige: Dort habe die Rechtsprechung auch bewußt gewisse Unbilligkeiten im Einzelfall in Kauf genommen, um die schwererwiegenden Nachteile zu vermeiden, die sonst für den Familienfrieden und das Wohl der Kinder entstehen könnten.[94] Wenn aber der Ehemann schon keinen Schadensersatz von dem Ehebrecher beanspruchen könne, der ein fremdes Kind gezeugt hat, so müsse dies erst recht bei einem vom Ehemann selbst gezeugten Kind gelten.[95]

Ob sich im Hinblick auf die Rechtsprechung des *BGH* zu den sog. Ehestörerklagen[96] tatsächlich die rechtliche Anerkennung eines Schadensersatzanspruchs verbietet,[97] ist mit dem Argument bezweifelt worden, daß diese Haftungsfälle in wesentlichen Punkten anders lägen:[98] Während dort der wahre Erzeuger als Dritter in Anspruch genommen werde, solle in den vorliegenden Fällen der Dritte den wahren Erzeuger des Kindes von der Unterhaltsbelastung freistellen.[99] Letzt-

gunsten der Familie verdrängt (z.B. bei der Verneinung einer Obliegenheit der Eltern, durch die Freigabe des Kindes zur Adoption den Schaden zu mindern).

[93] LÖWE, VersR 1969, 573.

[94] *OLG Bamberg*, NJW 1978, 1685 (1688).

[95] GRITSCHNEDER, GFHK 43 (1983) 469 (471).

[96] Vgl. zum Schutz des räumlich-gegenständlichen Bereichs der Ehe durch Zuerkennung eines Schadensersatz- und/oder Unterlassungsanspruchs gegen den „Ehestörer" *BGH*, BGHZ 6, 360; 57, 229 (232) m.w.N.; PALANDT/DIEDERICHSEN, Einf. v. § 1353 BGB, Rdnrn. 7f.; STAUDINGER/SCHÄFER, § 823 BGB, Rdnr. 142.

[97] So etwa LÖWE, VersR 1969, 573 (574).

[98] Vgl. etwa HARRER, S. 28ff.

[99] Vgl. SELB, JZ 1971, 201 (202); zust. HARRER, S. 30 FN 79.

lich griffen die Grundsätze zu den sog. Ehestörerklagen deshalb nicht ein, weil kein Übergriff auf einen dem Familienrecht vorbehaltenen Bereich drohe, wenn das haftungsbegründende Verschulden eines Dritten zur Geburt eines Kindes führt, die beide Eltern vermeiden wollten.[100] Hier gehe es nicht um die Verletzung spezieller familienrechtlicher Pflichten, sondern um die sich aus dem Arztvertrag ergebende Pflicht zur ordnungsgemäßen Durchführung einer Operation.[101] Anders als in den Ehestörerfällen sei nicht die gegenseitige Treuepflicht der Ehegatten untereinander, sondern die Eltern-Kind-Beziehung betroffen.[102] In diesem Verhältnis sei der Unterhaltsanspruch auf Dritte aber gerade übertragbar.[103]

Außerdem stelle das haftungsbegründende Drittverhalten noch keinen hinreichend konkreten Eingriff in den Schutzbereich des „familienrechtlichen Komplexes" dar.[104] Für unverheiratete Partner scheide ein Ausschluß des Schuld- bzw. Deliktsrechts mangels existierender familienrechtlicher Sonderbestimmungen ohnehin aus.[105] Vielmehr sei dem *BGH* darin zu folgen, daß es an einer ausdrücklichen gesetzlichen Regelung fehle, die eine derart schadensrechtlich differenzierte Betrachtungsweise ausschließt; ebensowenig verhinderten die geltenden Grundsätze des Familienrechts (§§ 1297ff. BGB i.V.m. Art. 6 GG) die Anwendung der allgemeinen Sätze über den schuldrechtlichen Ausgleich von Vermögensschäden.[106]

Ausschluß aus verfassungsrechtlichen Gründen wegen Verletzung der Grundrechte Gegen die Anerkennung eines Schadensersatzanspruchs wird auch eingewandt, die Grundrechte verböten eine Bewertung der Unterhaltsbelastung als Schaden. Da das Lebensrecht des Kindes aus Art. 2 Abs. 2 S. 1 GG und seine Menschenwürde aus Art. 1 Abs. 1 GG von der Rechtsordnung uneingeschränkt anerkannt seien, könne einem Dritten das Unterlassen der Tötung eines ungeplanten Kindes nicht vorgeworfen werden. Andernfalls werde im Hinblick auf den engen Zusammenhang zwischen Geburt und Unterhaltspflicht mittelbar das Lebensrecht des Kindes in Frage gestellt.[107]

Dabei wird ein Verstoß gegen die Grundrechte des unerwünschten Kindes teilweise bereits in der Definition des Schadens, teilweise aber auch erst in der Zuerkennung eines Schadensersatzanspruchs gesehen:

---

[100] So *BGH*, BGHZ 76, 249 (254); ähnl. DEUTSCH, JZ 1978, 532 (534).
[101] So *OLG Karlsruhe*, NJW 1979, 599 (601); DEUTSCH *ibid.*
[102] So GIESEN, FamRZ 1970, 565 (568).
[103] HARRER, S. 30 unter Hinweis auf §§ 1615b, 1607 Abs. 2 S. 2 BGB, § 37 BAFöG, §§ 90f. BSHG; SIGEL, NJW 1978, 2340 (2341).
[104] So SIGEL *ibid.*
[105] HARRER, S. 31.
[106] *BGH*, BGHZ 76, 249 (254); i.E. auch REINELT, FamRZ 1970, 572 (573f.).
[107] *OLG Frankfurt*, NJW 1983, 341 (342); wohl auch *BVerfG*, NJW 1993, 1751 Leitsatz Nr. 14 u. 1764 *sub* D V 6.

– Durch die Definition des Schadens

Weil die Existenz des Kindes notwendiges Glied in der Kausalkette zwischen Vertragsverletzung und Schaden sei, meinen manche Gegner einer „Haftung für neues Leben", daß Kind und Verbindlichkeit als untrennbare Einheit betrachtet werden müßten.[108] Wegen der personalen Ganzheit des Kindes könne dessen Existenz aber nicht gleichzeitig Wertverwirklichung und Schaden sein, so daß bereits durch die Definition des Schadens die Grundrechte des Kindes verletzt würden.[109]

Dem wird entgegengehalten, daß nach keiner Auffassung das Kind selbst, sondern stets nur die Belastung mit der Unterhaltspflicht als Schaden angesehen werde und deshalb in der Qualifikation der Unterhaltslast als Schaden kein unmittelbarer Verstoß gegen Art. 1 Abs. 1 GG oder Art. 2 Abs. 2 S. 1 GG liege.[110] In der Annahme eines Schadens komme nämlich kein Werturteil über die Existenz des Kindes, sondern nur über die Schlechterfüllung des Arztvertrags zum Ausdruck.[111]

Ebensowenig liege ein mittelbarer Verstoß vor, da Kind und Unterhaltsverbindlichkeit keine untrennbare Einheit in dem Sinne bildeten, daß die Bewertung eines Teils als Schaden dazu führen würde, die gesamte Einheit und damit auch die Geburt des Kindes als Schaden betrachten zu müssen.[112] Die Unterhaltsbelastung sei eine reine Konsequenz der Existenz des Kindes, ohne daß mit der Mißbilligung der Folge notwendig die Mißbilligung des Umstands selbst verbunden sei.[113]

Im übrigen könne nur Gleichrangiges und Gleichwertiges eine Einheit bilden. Der Unterhaltsanspruch sei jedoch bloß ein vermögenswertes Recht, das einen Teil der menschlichen Bedürfnisse finanziell absichern solle und deshalb nur dienende und untergeordnete Hilfsfunktion habe.[114] Als Bestandteil des Eigentums stehe er auf einer völlig anderen Wertordnungsstufe als das betroffene Kind als Mensch.

– Durch die Zuerkennung eines Schadensersatzanspruchs

Darüber hinaus wird diskutiert, ob die Grundrechte des Kindes aus Art. 1 Abs. 1 GG oder Art. 2 Abs. 2 S. 1 GG nicht dadurch verletzt würden, daß durch die Zuerkennung des Schadensersatzanspruchs die Unerwünschtheit des Kindes dokumentiert werde: Zum einen könne dadurch sein Lebensrecht in

---

[108] So Löwe, VersR 1970, 430f.
[109] Vgl. *OLG Bamberg*, NJW 1978, 1685.
[110] So noch einmal deutlich *BGH*, NJW 1994, 788 (791f.); NJW 1995, 2407 (2410); Giesen, JZ 1994, 286 (290).
[111] *BGH ibid;* Debo, S. 32.
[112] *BGH ibid;* Waibl, NJW 1987, 1513 (1516).
[113] *BGH ibid;* Debo, S. 32; ähnl. Mertens, FamRZ 1969, 251 (254).
[114] Vgl. ausf. Waibl, S. 61ff.; s.a. dies., NJW 1987, 1513 (1516).

Frage gestellt werden, zum anderen könne es diskriminiert oder stigmatisiert werden.[115]

Dabei geht man überwiegend davon aus, daß sich die deutsche Rechtsordnung hier nicht in einen Selbstwiderspruch setzt, wenn sie etwa bei der Vornahme eines Schwangerschaftsabbruchs eine schwere Grundrechtsverletzung durch den Vertrag selbst zuläßt, dafür aber einen geringen Grundrechtseingriff im Bereich der Sekundäransprüche ahndet.[116] Der Staat sei nämlich zum umfassenden Grundrechtsschutz verpflichtet. Sei im Einzelfall eine schwerwiegende Grundrechtsbeeinträchtigung infolge vorausgegangener verfassungskonformer Interessenabwägung zu dulden, so folge daraus nicht, daß eine weniger gravierende Grundrechtsverletzung bei fehlendem Interessenkonflikt ebenfalls hinzunehmen sei.[117]

Überwiegend wird in der Feststellung, daß die Geburt des Kindes nicht geplant gewesen sei, kein Verstoß gegen Art. 2 Abs. 2 S. 1 GG gesehen.[118] Da dieses Grundrecht allein die biologische und physiologische Existenz des Menschen schütze, werde das Lebensrecht des Kindes nicht bestritten, wenn man seinen Eltern Schadensersatz zuspreche.[119] Einem Kind, dessen Erzeugung oder Geburt seine Eltern eigentlich verhindern wollten, hafte aufgrund seiner Geburt kein Makel an.[120]

Auch treffe die Bezeichnung als „unerwünschtes Kind“ keine Aussage über den Wert der Existenz des Kindes. Vielmehr habe das Leben eines solchen Kindes aus der Sicht der Rechtsordnung dieselbe Wertigkeit wie jedes andere Leben, wobei sich auch das gesellschaftliche Ansehen dieser Kinder oder deren Rechtsstellung grundsätzlich nicht anders darstelle.[121] Die Eltern hätten sich lediglich gegen ein weiteres Kind als solches, nicht aber gegen das später geborene, individuelle Kind entschieden.[122]

Mangels Diskriminierung oder Stigmatisierung des Kindes liege auch kein Verstoß gegen dessen Menschenwürde aus Art. 1 Abs. 1 GG vor.[123] Die Bezeichnung als „unerwünschtes Kind“ enthalte zwar die Feststellung der

---

[115] Ausf. hierzu WAIBL, S. 61ff.

[116] Vgl. etwa WAIBL, NJW 1987, 1513 (1516).

[117] Diff. dagegen nunmehr das *BVerfG* (NJW 1993, 1751 Leitsatz Nr. 14 u. 1764 *sub* D V 6 a.E.), das einerseits die Unterhaltspflicht für ein Kind nicht mehr als Schaden betrachtet, andererseits den schlechterfüllten Arzt- oder Krankenhausvertrag für wirksam hält; zw. vor allem DEUTSCH, NJW 1994, 776, 778; DERS., NJW 1993, 2361 (2362).

[118] Vgl. etwa HARRER, S. 35.

[119] *Ibid.*

[120] *BGH*, NJW 1984, 2625; s.a. *BGH*, NJW 1994, 788 (792); NJW 1995, 2407 (2410).

[121] WAIBL, S. 68.

[122] GIESEN, JZ 1994, 286 (291).

[123] A.A. neuerdings *BVerfG*, NJW 1993, 1751 Leitsatz Nr. 14 u. 1764 *sub* D V 6; krit. DEUTSCH (VersR 1995, 609, 612), der den Schluß aus der Würde des Menschen unmittelbar auf die Rechtsfolge methodisch begründet wissen möchte.

Durchkreuzung der Familienplanung, bedeute aber keine konkret personenbezogene Wertung oder Abwertung der Eltern-Kind-Beziehung. Die Qualifizierung erfolge unabhängig davon, ob das Kind abgelehnt, akzeptiert oder sogar geliebt werde und ob es elterliche Zuwendung und Fürsorge erfahre.

Dagegen träten verfassungsrechtliche Bedenken auf, wenn man nur bei der Geburt eines *behinderten* Kindes den Eltern einen Schadensersatzanspruch zuerkennen würde.[124] Dadurch würde nämlich in gewisser Weise ein Unwerturteil über das Leben dieses Kindes gefällt, das dessen angebliche „Minderwertigkeit" festschreiben würde.[125] Bejahe man auch bei der Geburt eines *gesunden* Kindes einen Schadensersatzanspruch, so werde durch dessen Zuerkennung kein Grundrecht des ungeplanten Kindes verletzt.

Existenz höchstrichterlicher Präjudizien Mitunter wird eine „Haftung für neues Leben" auch damit begründet, daß schon das *RG* die durch die ungewollte Zeugung eines Kindes entstandene Unterhaltsbelastung als ersatzfähigen Schaden gewertet habe. Tatsächlich wurde in einem 1924 entschiedenen Fall einem in einer Heil- und Pflegeanstalt untergebrachten Geisteskranken, der dort infolge schuldhafter Verletzung der Obhuts- und Fürsorgepflichten durch die Anstalt außerehelich ein Kind gezeugt hatte und nach der Geburt von diesem auf Unterhaltszahlungen in Anspruch genommen wurde, ein Ersatzanspruch zuerkannt.[126] Aber auch der *BGH* hatte die vollständige Abwälzung der Unterhaltsbelastung bereits einmal in einem anderen Zusammenhang zugelassen: In einem Fall aus dem Jahr 1978 ließ er einen Rechtsanwalt, der die in § 1594 BGB festgelegte Frist zur Anfechtung der Ehelichkeit eines Kindes schuldhaft versäumt hatte, auf vollen Ersatz des Kindesunterhalts haften.[127]

Gegen die Übertragbarkeit der bisherigen höchstrichterlichen Rechtsprechung sind allerdings Bedenken angemeldet worden:[128] Erstens habe der reichsgerichtlichen Entscheidung ein völlig anderer Sachverhalt zugrundegelegen, der sich zudem nicht unter der Geltung des Grundgesetzes ereignet habe.[129] Nach dem seinerzeit geltenden Recht habe bei unehelicher Vaterschaft im Hinblick auf die Vorschrift des § 1589 Abs. 2 BGB a.F., der zufolge ein uneheliches Kind und sein Vater als nicht miteinander verwandt galten, von einem komplexen Vater-Kind-Verhältnis keine Rede sein können. Es habe keinerlei familien- oder erbrechtliche Beziehung bestanden. Stattdessen habe sich das Verhältnis des Vaters zu seinem unehelichen Kind gem. §§ 1708ff. BGB a.F. in einer reinen Zahlvaterschaft erschöpft, so daß der Erzeuger dem Kind gegenüber keinerlei Rechte, sondern lediglich die einseitige Verpflichtung zur Unterhaltszahlung gehabt habe. Damit sei die Annahme eines ersatzfähigen Vermögensschadens in der Belastung

---

[124] So WAIBL (NJW 1987, 1513, 1516), die deshalb auch eine an der Schädigung des Kindes orientierte Einteilung in Fallgruppen als überflüssig ablehnt.

[125] So *OLG Frankfurt*, NJW 1983, 341 (344 a.E.).

[126] *RG*, RGZ 108, 87.

[127] *BGH*, BGHZ 72, 299.

[128] Vgl. vor allem HARRER, S. 37f.

[129] So HARRER, S. 37.

mit der bloßen Zahlvaterschaft auch unproblematisch gewesen. Zweitens sei auch der Entscheidung des *BGH* kein Aussagewert beizumessen, da in jenem Fall keinerlei familienrechtliche Bindung bestanden habe.[130]

Sonstige Gründe Schließlich tauchen in der Diskussion um die Ersatzfähigkeit des Unterhaltsschadens immer wieder Argumente auf, die sich in keine der bisher genannten Rubriken so recht einordnen lassen wollen.

Dazu zählt zunächst der Vorwurf, es sei ungereimt, daß der Schädiger von seiner Ersatzpflicht frei werde, wenn die Großeltern des Kindes diesem wegen Vorversterbens oder Vermögenslosigkeit der Eltern Unterhalt leisten müßten.[131] Die Befürworter eines Schadensersatzanspruchs wenden dagegen ein, es sei dogmatisch verständlich, daß die nach dem Fortfall der Eltern zur Unterhaltszahlung verpflichteten Großeltern keinen Ersatzanspruch hätten, da sie weder am Behandlungsvertrag beteiligt noch deliktisch an einem Rechtsgut verletzt worden seien.[132]

Ein weiteres Argument gegen die Annahme eines Schadensersatzanspruchs lautet, daß Kinder nicht materialisierbar seien, so daß die Geburt eines ungewollten Kindes ein Vorgang darstelle, der sich materiellen Maßstäben entziehe.[133] Diesem Vorwurf einer unzulässigen und erst in neuester Zeit verbreiteten materialistischen Betrachtungsweise des Eltern-Kind-Verhältnisses wird entgegengehalten, daß in der Vergangenheit Kinder oft deshalb als Segen empfunden worden seien, weil sie der Alterssicherung dienten.[134]

Umgekehrt spreche für die Bejahung eines Schadensersatzanspruchs die Überlegung, daß nur auf diese Weise ein Sexualverbrecher für den Unterhalt haften müsse, den die Mutter dem infolge der Vergewaltigung geborenen Kind zu leisten habe.[135] Desgleichen könnte bei arglistigem Verhalten eines Dritten dessen Handeln haftungsrechtlich nicht einmal nach § 826 BGB geahndet werden, da es nur einen einheitlichen zivilrechtlichen Schadensbegriff für Vertrags- und Deliktshaftung gebe.[136]

Außerdem dürfe ein Kind nicht isoliert als freies Individuum betrachtet werden, das nur in eine Eltern-Kind-Beziehung eingebettet sei. Bereits ab der Geburt habe es sozialpolitische, gesellschaftspolitische und wirtschaftliche Bedeutung, wie seine Rolle bei der Rentenversicherung i.R. des Generationenvertrags sowie bei der Vergabe einzelner staatlicher Leistungen (z.B. Kindergeld) belege. Dieser

[130] So STAUDINGER/MEDICUS, § 249 BGB, Rdnr. 17; HARRER, S. 38.
[131] So KLIMKE, VersR 1975, 1083 (1084).
[132] Vgl. etwa HARRER, S. 38.
[133] So GRITSCHNEDER, Rhein. Merkur v. 3.1.1969, S. 9.
[134] WAIBL, S. 376.
[135] So GRUNSKY, Jura 1987, 82 (83).
[136] So REINELT, FamRZ 1970, 572 (574); s.a. *BGH*, NJW 1994, 788 (792) mit dem konstruierten Fall, daß einer Frau in bewußtlosem Zustand ohne ihr Wissen ein fremdes, bereits befruchtetes Ei eingepflanzt und das hierdurch erzeugte Kind ausgetragen wird.

„vermögensrechtliche Zugriff" der Gesellschaft auf das Kind gebiete es, die Belastung mit der Unterhaltsverbindlichkeit durch das Kind schadensrechtlich zu berücksichtigen.[137]

Im übrigen lasse sich für die Haftung des Schädigers anführen, daß andernfalls – zumindest bei finanziell schwachen Familien – der ohnehin finanziell stark belastete Staat mit seinem „sozialen Netz" für den Mindestlebensbedarf aufkommen müßte. Unter diesem Umständen stehe aber der schuldhaft handelnde und damit verantwortliche Schädiger der entstandenen finanziellen Belastung wesentlich näher als der Steuerzahler.[138]

Zusammenfassung Insgesamt läßt sich sagen, daß der *BGH* und die h.L. gegen eine Mindermeinung in der Literatur und vereinzelt gebliebene Entscheidungen der unteren Instanzen, allerdings neuerdings auch des *BVerfG*, einen Schadensersatzanspruch der Eltern zuerkennen. Dies führt in Deutschland zu einer „doppelten Zuweisung des Kindes"[139]: Familienrechtlich sind die leiblichen Eltern für die Personen- und Vermögenssorge zuständig, für den Unterhalt hat dagegen primär der schadensersatzpflichtige Dritte aufzukommen, der den Eltern den Unterhalt zu ersetzen hat. Im Ergebnis übernimmt er damit zwar die finanzielle Verantwortung, die persönliche und rechtliche Verantwortung der Eltern bleibt jedoch bestehen.

5.1.2.2
Umfang des Schadensersatzes

Die Darstellung der Rechtslage bliebe unvollständig, wenn nicht Höhe und Ausgestaltung des Anspruchs wenigstens in ihren Grundzügen beschrieben würden.[140] Im Mittelpunkt steht dabei der Anspruch auf Ersatz des Unterhaltsschadens. Daneben kommen weitere Schadensposten in Betracht.

Anspruch auf Ersatz des Unterhaltsschadens Neben der st. Rspr. des *BGH*, von der er wohl bis zu einer gesetzlichen Regelung nicht mehr abweichen wird, gibt es zahlreiche alternative Auffassungen, die diese Rechtsproblematik abweichend zu lösen versuchen und deshalb genauso Erwähnung verdienen.

– St. Rspr. des *BGH*: Pauschalierte Berechnung nach der RegelunterhaltsVO[141]

Der *BGH* ist sich durchaus der Tatsache bewußt, daß der Schadensausgleich in Fällen der durchkreuzten Familienplanung die Gerichte vor Anforderungen

---

[137] HARRER, S. 39.
[138] HARRER, S. 39f.
[139] Vgl. HARRER, S. 40; ähnl. MEDICUS, ZivilR, S. 11.
[140] Zum Haftungspotential und -volumen vgl. PLUM, Vers 1982, 722 (727f.).
[141] Verordnung zur Berechnung des Regelunterhalts v. 27.6.1970 (BGBl. I 1010), zuletzt geänd. durch Art. 2 der VO v. 21. 7.1988 (BGBl. I 1082), abgedr. in SCHÖNFELDER, Dt. Gesetze, Nr. 49a.

stellt, die der Gesetzgeber bei Schaffung des BGB nicht bedenken konnte.[142] Seiner Ansicht nach berechtigt das derzeitige Fehlen einer gesetzlichen Regelung die Rechtsprechung jedoch nicht dazu, insoweit Schadensersatz für Vertragsverletzungen bzw. tatbestandsmäßige unerlaubte Handlungen schlichtweg zu verweigern.[143]

Hinsichtlich des finanziellen Unterhaltsaufwands für ein im elterlichen Haushalt gepflegtes gesundes Kind orientiert sich der *BGH* an den Sätzen des Regelunterhalts für nichteheliche Kinder gem. § 1615f BGB i.V.m. § 1 RegelunterhaltsVO, die allerdings noch eines angemessenen Zuschlags für die pflegerischen Dienstleistungen bedürften, welche regelmäßig sowohl beim nichtehelichen Kind als auch von der nicht erwerbstätigen Mutter erbracht würden.[144] Dieser Zuschlag sei tatrichterlich zu bemessen und könne die Höhe des Regelunterhalts erreichen, wie dies u.a. der Berechnung von Vergütungssätzen für Pflegekinder regelmäßig zugrunde gelegt werde.[145] Nach bewährter allgemeiner Übung seien die Zahlungen nur zeitlich begrenzt bis zur Vollendung des 18. Lebensjahres des Kindes zuzusprechen.[146]

Der *BGH* begründet die Pauschalierung des Schadensersatzanspruchs mit den haftungsrechtlichen Besonderheiten im Bereich der durchkreuzten Familienplanung. Die „forensisch kaum lösbaren“ Schwierigkeiten dieses Haftungsbereichs beruhten darauf, daß sich in ihm zwei völlig verschieden strukturierte Rechtsgebiete überlagerten: Auf der einen Seite stehe das auf genauen wirtschaftlichen Ausgleich gerichtete und dem Differenzgedanken verpflichtete Haftungsrecht, dem das vollkommen anders geartete familiäre Unterhaltsrecht gegenüberstehe, das in seinem Ansatz auf vorrechtliche Kategorien zurückgehe. Hier rechtfertigten sich auch die wirtschaftlichen Verpflichtungen unmittelbar aus einer biologischen Verbindung und im Fall von Eltern und Kindern aus der reinen Tatsache einer wirtschaftlich-personalen Lebensgemeinschaft. Diesem Unterhaltssystem sei die Frage nach einem Synallagma als Rechtfertigung einer Verpflichtung fremd, denn hier liege die Rechtfertigung allein in der familiären Beziehung. Auch für den Regelunterhalt des gesunden ehelichen Kindes dürfe die Rechtfertigung des Unterhaltsaufwands nicht erst in dem „Haben des Kindes“ als immateriellem Wert gesucht werden. Vielmehr

---

[142] Vgl. *BGH*, NJW 1994, 788 (792); ähnl. *BGH*, NJW 1995, 2407 (2409).

[143] So bereits *BGH*, BGHZ 76, 249 (254) u. 259 (269); zust. *OLG Saarbrücken*, NJW 1986, 1549 (1550); a.A. z.B. KLIMKE, VersR 1975, 1083 (1086); SELB, JZ 1971, 201 (208).

[144] *BGH*, BGHZ 76, 259 (270f.). Vgl. zur Bemessung der pflegerischen Dienstleistung *OLG Köln*, VersR 1987, 187; VersR 1988, 43 (44); VersR 1991, 102 = FamRZ 1991, 1177.

[145] Dieser am Regelunterhalt orientierte Entschädigungsbetrag für den finanziellen Unterhaltsaufwand, der um den Wert der Mühewaltung des den Haushalt und die Kinder betreuenden Elternteils aufzustocken sei, müsse allerdings um denjenigen Kindergeldbetrag vermindert werden, der gerade durch die Geburt des ungewollten Kindes ausgelöst worden sei. Vgl. zur Vorteilsausgleichung näher Kap. 5.1.2.2 (S. 259ff.), *infra*.

[146] *BGH*, BGHZ 76, 259 (273); a.A. insoweit die Vorinstanzen *LG Freiburg*, NJW 1977, 340 (341) u. *OLG Karlsruhe*, NJW 1979, 599.

trage die familienrechtliche Unterhaltspflicht ihre Rechtfertigung in sich selbst.

Allerdings bewirkten die Gegensätzlichkeiten der beiden Rechtsbereiche, daß ein familienrechtlich bedingter Unterhaltsaufwand nicht schlechthin einem Schaden gleichgesetzt werden könne, denn von einer gewissen Grenze ab werde es schwer verständlich, daß familienrechtlich sonst bedingungslos hinzunehmende Belastungen unter Umständen voll auf einen Dritten sollten abgewälzt werden können. Es bedürfe deshalb einer gewissen Einschränkung der grundsätzlich bejahten Ersatzfähigkeit auf den eigentlichen Planungsschaden, der sich in der wirtschaftlichen Belastung der Familiengemeinschaft durch das Kind ausdrücke, also ihrer begrenzten Bereinigung um solchen Unterhaltsaufwand, der – zumindest in gehobenen wirtschaftlichen Verhältnissen – weniger von den wirtschaftlichen Bedürfnissen der Kindes als vorrangig von seiner Teilhabe an den materiellen Möglichkeiten der Eltern bestimmt werde.[147] Diese Abgrenzung zwischen eigentlichem Planungsschaden und bloßer Teilhabe an der Familiengemeinschaft könne allerdings nicht exakt dem jeweiligen Schadensfall angepaßt werden, sondern nur schematisch erfolgen, weil sich die beiden ganz verschiedenen Haftungsbereiche nicht nur berührten, sondern überlagerten.

Der *BGH* hält es für angemessen, die Ersatzpflicht des für die Geburt verantwortlichen Dritten, wenn und solange die Geburt der wirtschaftlichen Familienplanung der Eltern widerspricht, auf einen Betrag zu beschränken, der nach durchschnittlichen Anforderungen für das Auskommen des Kindes erforderlich sei. Soweit ein wirtschaftlich mehr oder weniger gehobener Lebenszuschnitt der Eltern höhere Aufwendungen bedinge, ergebe sich daraus eine praktisch verwendbare Abgrenzung gegenüber einem Bereich, in dem der erwähnte Grundsatz der familienrechtlichen Teilhabe besonders stark in den Vordergrund trete. Jenseits dieser Grenze könne es dem Schädiger billigerweise nicht mehr zugemutet werden, für Aufwendungen aufzukommen, die in der biologisch-wirtschaftlichen Gemeinschaft der Familie ihre selbständige Grundlage hätten und in anderen Fällen als Selbstverständlichkeit hingenommen würden.

Angesichts des Widerstreits der sich überlagernden Rechtsgebiete, so der *BGH*, sei diese pauschalierende Lösung zwar dogmatisch nicht zwingend, befriedige das Rechtsgefühl aber insoweit, als bei Störung der rechtlich gebilligten Familienplanung keinesfalls auf einen gewissen Ausgleich der wirtschaftlichen Folgen verzichtet werden müsse. Vor allem verhindere der zuzubilligende Schadensersatz, daß eine Familie durch die nicht gewollte Geburt in eine echte wirtschaftliche Notlage gerate.

---

[147] *BGH*, BGHZ 76, 259 (267f.); s.a. *OLG Saarbrücken*, NJW 1986, 1549 (1550).

Diese Billigkeitsrechtsprechung hat teilweise als ein behutsamer und sachgerechter Mittelweg Zustimmung erfahren,[148] teilweise ist sie sowohl ingesamt als auch im Detail auf heftige Kritik gestoßen:

Hauptsächlich wird bemängelt, daß die Haftungsbegrenzung auf den Regelunterhalt nicht mit den schadensrechtlichen Grundsätzen des BGB vereinbar sei, da sie statt der konkret-individuellen Betrachtungsweise nach dem Grundsatz der Totalreparation generell eine systemwidrige Begrenzung auf einen objektiven Mindestschaden vornehme und nur soziale Härten abmildere.[149] Der Schädiger habe den Geschädigten jedoch so zu nehmen, wie er ihn vorfinde; es herrsche das Alles- oder Nichtsprinzip.[150] Die Abkehr vom subjektiven Schadensbegriff lasse sich mit der Konstruktion eines familienrechtlichen Innenverhältnisses und eines haftungsrechtlichen Außenverhältnisses ebensowenig erklären wie mit der Formel von der Teilhabe an der Familiengemeinschaft.[151]

Auch bleibe der *BGH* eine tatsächliche dogmatische Rechtfertigung für die Haftungsbegrenzung schuldig.[152] Ein Schadensbegriff, der nicht zugleich über die Grenzen der haftungsrechtlichen Zurechnung Auskunft gebe, sei aber kaum tauglich.[153] Aus der Überlagerung von Schadens- und Familienrecht und der familienrechtlichen Natur des Unterhaltsanspruchs folge jedenfalls nicht die Notwendigkeit einer Begrenzung des Schadensersatzanspruchs, wie etwa § 844 Abs. 2 BGB zeige.[154]

Mit der pauschalierenden Beschränkung des Schadensersatzes ohne jeden gesetzlichen Anhaltspunkt und entgegen bislang in vergleichbaren Fallgruppen anerkannten Grundsätzen allein aus Billigkeitsempfinden überschreite der *BGH* die Grenzen des richterlichen Moderationsrechts.[155] Der *BGH* scheue eine konkret-individuell zu treffende Einzelfallentscheidung und privilegiere dadurch in unzulässiger Weise an der Geburtenkontrolle beteiligte Personenkreise.[156]

[148] DIEDERICHSEN, VersR 1981, 693 (694); MEDICUS, VersR 1981, 593 (602).
[149] DEUCHLER, S. 87, 151; HAGEN, SchlHA 229 (1982) 2 (4); ZIMMERMANN, JZ 1981, 86 (88); s.a. DEUTSCH, VersR 1995, 609 (611); SCHIEMANN, Anm. zu BGH 27.6.1995 - VI ZR 32/94 (Frankfurt a.M.), LM § 249 BGB (A) Nr. 109.
[150] STAUDINGER/MEDICUS, § 249 BGB, Rdnr. 52; LANGE, § 6 IX 7 (S. 335).
[151] DIEDERICHSEN, VersR 1981, 693 (694).
[152] So WAIBL, S. 125.
[153] MEDICUS, VersR 1981, 593 (602).
[154] So DEUCHLER, S. 151.
[155] ZIMMERMANN, VersR 1981, 86 (89).
[156] STÜRNER, FamRZ 1985, 753 (761).

- Alternative Lösungsvorschläge in der Literatur

Ermutigt von der Feststellung des *BGH*, die von ihm vertretene Lösung sei „dogmatisch nicht zwingend“[157], sind unter dem Eindruck der eben dargestellten Kritik in der Literatur eine Reihe mehr oder weniger abweichender alternativer Lösungsvorschläge entwickelt worden, die sich wie folgt systematisieren lassen:

- Konkret-individuelle Berechnungsweise

Vielfach wird die Auffassung vertreten, bei der Haftung für durchkreuzte Familienplanung habe sich das Schadensrecht - wie auch sonst - an den individuellen Gegebenheiten zu orientieren,[158] zumal es keinen natürlichen Einheitssatz gebe. Deshalb liege der Ersatzanspruch in wirtschaftlich besonders günstigen Verhältnissen, in denen dem minderjährigen Kind gem. § 1610 Abs. 1 BGB mehr Unterhalt geschuldet werde, höher, als wenn die allgemein beengten wirtschaftlichen Verhältnisse der Familie nur sehr begrenzte Leistungen an das Kind erlaubten.

Die konkret-individuelle Berechnung entspreche dem im Schadensrecht herrschenden Grundsatz der Totalreparation[159], dem zufolge der Schädiger den Geschädigten so zu nehmen habe, wie er ihn vorfinde, und deshalb der konkret entstandene Schaden zu ersetzen sei. Der Vermögensschaden sei nach der Differenzhypothese grundsätzlich konkret zu berechnen, nur ausnahmsweise sei eine abstrakte Schadensberechnung zulässig. Es sei aber kein Grund ersichtlich, entgegen den allgemeinen Grundsätzen hier die Verbindlichkeit, deren Höhe unterhaltsrechtlich genau berechenbar sei, zu pauschalieren.[160]

Die Abkehr vom subjektiven Schadensbegriff sei auch nicht durch die Annahme eines familienrechtlichen Innenverhältnisses und eines haftungsrechtlichen Außenverhältnisses zu erklären.[161] Die Abweichung vom

---

[157] Vgl. *BGH*, BGHZ 76, 259 (270).

[158] So *OLG Karlsruhe*, NJW 1979, 599; MK/GRUNSKY, Vor § 249 BGB, Rdnr. 12a; DERS., Jura 1987, 82 (85); DIEDERICHSEN, VersR 1981, 693 (694); HAGEN, SchlHA 229 (1982) 2 (4); MEDICUS, VersR 1981, 593 (603); ähnl. ZIMMERMANN, JZ 1981, 86 (88); im Ansatz auch HARRER, S. 58ff.

[159] Vgl. hierzu STAUDINGER/MEDICUS, § 249 BGB, Rdnr. 2; MAGNUS, S. 318ff.

[160] A.A. HARRER (S. 58ff.; FuR 1990, 206, 207ff.), der nur in der Pauschalierung i.R. einer vermittelnden schadensrechtlich-familienrechtlichen Kombinationslösung beide gegensätzlichen Rechtsgebiete angemessen berücksichtigt sieht. Zur Festlegung der Schadenshöhe will er die Unterhaltsbeiträge der sog. Düsseldorfer Tabelle heranziehen (so bereits *LG Freiburg*, NJW 1977, 340, 341) und den danach ermittelten Unterhaltsbetrag, da nur die Unterhaltsleistung eines Elternteils erfassend, i.d.R. verdoppeln.

[161] So DIEDERICHSEN, VersR 1981, 693 (694).

Grundsatz der Totalreparation stelle eher die Zuerkennung eines Schadensersatzanspruchs schlechthin in Frage.[162]

Dagegen wird vor allem eingewandt, daß eine vereinfachte Schadensberechnung durch isolierte Betrachtung des zusätzlichen Unterhaltsanspruchs ausscheiden müsse, weil sich das übrige Vermögen nicht konstant verhalte.[163] Denn der Unterhaltsanspruch werde im Wege der Aufteilung des Gesamteinkommens auf die einzelnen Unterhaltsberechtigten berechnet, so daß sich mit einem der maßgeblichen Faktoren auch sämtliche anderen Ansprüche – wie auch häufig der Eigenbedarf – veränderten:[164] Durch die Entstehung des durch die planwidrige Geburt des Kindes verursachten neuen Unterhaltsanspruchs verringerten oder vergrößerten sich die bereits bestehenden Unterhaltsansprüche der übrigen Familienmitglieder.

Außerdem fehle es in gewissen Fallkonstellationen an einem Schaden, weil dieser durch das erlangte Kindergeld ausgeglichen oder von der restlichen Familie getragen werde; durch das Hinzukommen eines weiteren Kindes bei gleichbleibender Vermögenslage des Unterhaltsverpflichteten könnten sich die Unterhaltsansprüche der anderen Familienmitglieder unter Umständen sogar erhöhen.[165]

- Rein schadensrechtliche Berechnungsweise

Daneben wird auch eine „rein schadensrechtliche" Lösung vertreten, weil die Anwendung reinen Schadensrechts den gesetzlichen Intentionen besser gerecht werde.[166] Danach sei der Schaden bei durchkreuzter Familienplanung allein haftungsrechtlich zu beurteilen und bestehe im Bedarf, d.h. im Aufwendungszwang, der dem Geschädigten durch Einschränkung seiner Dispositionsbefugnis entgegen seinem Willen zwangsweise entstanden ist. Dem Ziel des tatsächlichen Ausgleichs als Hauptzweck des Schadensersatzes entspreche es besser, wenn man die in funktionierenden Familienverhältnissen eher fiktive Unterhaltspflicht durch die dem Bedarf entsprechenden tatsächlichen Aufwendungen oder einen pauschalierten, subjektiv orientierten Betrag ersetze. Wenn auch die Verbindlichkeit als speziellere Schadensart anzusehen sei, rechtfertige es die primäre Ausgleichsfunktion des Schadensrechts, auf den allgemeinen Bedarfsschaden zurückzugreifen.[167] Höhe und Dauer des Schadensersatzes orientierten sich dann nicht an der unterhaltsrechtlichen Verbindlichkeit, sondern seien anhand der §§ 249ff. BGB zu ermitteln.

---

[162] So ZIMMERMANN, JZ 1981, 86 (88).
[163] Vgl. HARRER, S. 48, im Anschluß an WAIBL, S. 87; DIES., NJW 1987, 1513 (1517).
[164] WAIBL *ibid.*
[165] So HARRER, S. 49, unter Hinweis auf die konkreten Fallberechnungen von WAIBL (S. 79ff.; NJW 1987, 1513, 1517 FN 49).
[166] So vor allem WAIBL, S. 138ff.
[167] WAIBL, S. 148f.; grds. zust. HARRER, S. 54.

Allerdings werde das Prinzip der Totalreparation des § 249 BGB gem. § 254 Abs. 2 BGB durch eine sog. „allgemeine Soziabilitätsschranke“[168] begrenzt, die auf dem im Ausgleichsgedanken enthaltenen Bereicherungsverbot beruhe und verhindere, daß die Kosten der privaten Lebensführung in unzumutbarer Weise auf den Schädiger abgewälzt würden. Da der Bedarf wegen der Auslösung eines Aufwendungszwangs als Schaden anzusehen sei, müsse der Einfluß des Geschädigten auf den weiteren Schadensverlauf zumindest weitgehend ausgeschlossen sein.[169] Der Bedarfsschaden könne deswegen nur objektiv-normativ nach allgemein nachvollziehbaren Grundsätzen bestimmt werden. Dabei orientiere sich die Ersatzfähigkeit an den Bedürfnissen des Kindes unter Berücksichtigung seiner Eigenarten (z.B. Begabung); luxuriöse Aufwendungen seien nicht ersatzfähig, weil diese aufgrund der erforderlichen Interessenabwägung der Privatsphäre der Eltern zuzuordnen seien.

Aus Praktikabilitäts- und Rationalisierungsgesichtspunkten bestehe bei der Berechnung des Bedarfs eine Notwendigkeit zur Pauschalierung. Zu ersetzen sei also der Mindestbedarf für nützliche und notwendige Aufwendungen, wobei die Höhe des Bedarfsschadens regelmäßig für alle Kinder gleich und nach § 287 ZPO zu schätzen sei.[170] Zur Schätzung könne bis zur Vollendung des 18. Lebensjahres die RegelunterhaltsVO herangezogen werden und im Fall einer weiterführenden Ausbildung die Vorschriften der §§ 12, 13 BAFöG.

Diese rein schadensrechtliche Lösung habe den Vorteil, daß die mit der Überlagerung zweier Rechtsgebiete verbundenen Schwierigkeiten vermieden würden, spezielle familienrechtliche Fragen sich nicht ergäben und bei der Reduzierung des Schadensumfangs die dogmatisch unbegründbare Formel der Teilhabe des Kindes überflüssig und das Gesamtergebnis harmonischer sei.[171]

Diesem Vorschlag wird jedoch vorgeworfen, er werde der Überlagerung von Schadens- und Familienrecht nicht gerecht, was sich nicht zuletzt auch an der Notwendigkeit der Einschränkung des schadensrechtlichen Grundsatzes der Totalreparation durch die „allgemeine Soziabilitätsschranke“ zeige.[172]

- Gewährung einer einmaligen Geldleistung

Vereinzelt wird auch vorgeschlagen, den „Eltern wider Willen“ nur eine einmalige Geldleistung zu gewähren:

---

[168] Vgl. hierzu MERTENS, S. 174; krit. STAUDINGER/MEDICUS, § 254 BGB, Rdnr. 107.
[169] WAIBL, S. 159.
[170] Bei besonderen Anlagen des Kindes könnten sich Abweichungen ergeben, vgl. WAIBL, S. 168.
[171] WAIBL, S. 202.
[172] So vor allem HARRER, S. 54.

STÜRNER[173] will in allen Fällen vertragswidriger Schwangerschaft und Geburt den Eltern allenfalls eine einmalige billige Entschädigung in Geld nach den Regeln des immateriellen Schadens je nach Schwere des Einzelfalls gewähren. Begründet wird dieser Lösungsvorschlag damit, daß die Zurechnungskriterien und die Differenzrechnung des gängigen Schadensersatzrechts der Verquickung von materiellen und immateriellen Elementen bei der Beurteilung der kindlichen Existenz nicht gerecht würden.[174]

Dagegen hält ADOMEIT[175] die einmalige Gewährung eines Geldbetrags – allerdings nach § 847 BGB – für angemessener als eine Monatsrate, weil so die unerwünschte „Mitvaterschaft" der Medizin schneller in Vergessenheit geraten könne.

Auch LANKERS[176] nimmt an, Vater und Mutter wider Willen hätten einen aus der Verletzung ihrer Persönlichkeit resultierenden immateriellen Schaden erlitten, für den sie entgegen § 253 BGB zum Ausgleich und zur Genugtuung nach § 847 Abs. 1 BGB analog Schmerzensgeld verlangen könnten. Auf diese Weise werde nach der Intensität der Rechtsverletzung differenziert, der Präventionsgesichtspunkt berücksichtigt und eine Kollision mit familienrechtlichen Wertungen vermieden.

Diese Vorschläge sind durchweg mit der Begründung verworfen worden, daß eine bloß einmalige Geldleistung der sowohl im Delikts- als auch im Familienrecht üblichen Gewährung wiederkehrender Leistungen bei länger andauernden Leistungsbeziehungen widerspreche, nicht ausreichend die noch nicht absehbare individuelle Entwicklung des Kindes berücksichtige und die hauptsächlich bezweckte dauernde finanzielle Entlastung der Eltern durch eine potentielle Verschleuderungsgefahr in Frage gestellt werde.[177]

- Weitere Lösungsvorschläge

KÖHLER[178] schlägt vor, den Ersatzanspruch auf den Anfangs- und Übergangsunterhalt, auf den Unterhalt für Notzeiten und evtl. auch nur auf Unterhaltsbeiträge zu beschränken. Die Ersatzpflicht entfalle, wenn das Kind bei objektiv-natürlicher Betrachtungsweise als eingegliedert angesehen werden könne. Dafür spreche, daß mit der Vertiefung der persönlichen Bindungen zum Kind die Unterhaltspflicht nicht mehr als Vermö-

[173] STÜRNER, JZ 1986, 122 (125); DERS., FamRZ 1985, 753 (760); DERS., VersR 1984, 297 (305).

[174] Für eine individuelle Gesamtbewertung des Schadens tritt auch STOLL (Haftungsfolgen, Rdnr. 230) ein, denn es gehe nicht allein um den Unterhaltsaufwand, sondern um die Durchkreuzung der Familienplanung und der sich hieraus ergebenden Belastung der Eltern unter Berücksichtigung der gesamten Umstände des Einzelfalls.

[175] ADOMEIT, Jura 1981, 196 (199).

[176] LANKERS, FamRZ 1969, 384 (388).

[177] So vor allem HARRER, S. 56.

[178] MK/KÖHLER, Vor § 1601 BGB, Rdnr. 16; DERS., VersR 1979, 700 (701).

genseinbuße, sondern als rein familienrechtliche Last empfunden werde und somit nicht mehr auf die Rechtsverletzung zurückzuführen sei.[179] Dagegen ist vorgebracht worden, daß der Begriff der wirtschaftlichen Notlage wegen seiner Abhängigkeit von subjektiven Maßstäben nur schwer objektiv bestimmbar sei, andererseits auch jenseits dieser Beschränkung die Vermeidung weiteren Unterhaltsaufwands ein achtbares Ziel sein könne.[180]

Daneben vertritt KLIMKE[181] die Ansicht, daß es bei einer streng sachlichen Betrachtungsweise nur zwei Möglichkeiten gebe, die beide nicht zu einem Schadensersatzanspruch der Eltern führten: Entweder nähmen die Eltern das zunächst unerwünschte Kind mit allen Rechten und Pflichten als gleichberechtigtes Mitglied in ihren Familienverband auf und könnten dann von einem Dritten keinen Ersatz für die dadurch entstehenden Unterhaltskosten verlangen. Oder sie müßten sich, falls sie die Geburt tatsächlich als einen „Schaden" betrachteten, von ihrem Kind durch dessen Freigabe zur Adoption trennen.[182] Diese Ansicht wird vor allem deswegen abgelehnt, weil ein Schaden nicht wegen einer Obliegenheit zur Adoptionsfreigabe verneint werden könne, da eine solche nach der Gesamtrechtsordnung nicht bestehe und darüber hinaus dem verfassungsrechtlich geschützten Elternrecht aus Art. 6 Abs. 2 S. 1 GG widerspräche.[183]

- Sonstige Schadensposten

  Neben dem Unterhaltsschaden kommen je nach Lage des Einzelfalls als weitere Schadensposten sowohl materielle als auch immaterielle Schäden in Betracht:

  - Materielle Schäden

    Zu nennen sind hier im Fall einer fehlgeschlagenen Sterilisation oder eines mißlungenen Schwangerschaftsabbruchs die aufgewendeten Operationskosten und zumindest teilweise auch die allgemeinen Krankenhauskosten, die der Patient wegen positiver Verletzung des Behandlungsvertrags ersetzt verlangen kann.[184] Denn nach den Grundsätzen der positiven

---

[179] Auch der *BGH* (BGHZ 76, 259, 269) hat zunächst in Erwägung gezogen, die Ersatzfähigkeit des Unterhaltsaufwands auf Fälle zu beschränken, in denen die vereitelte Familienplanung durch eine sonst drohende wirtschaftliche Notlage objektiv geboten und diese Notlage infolge des haftungsbegründenden Verhaltens des Dritten tatsächlich eingetreten ist.

[180] Vgl. *BGH*, BGHZ 76, 259 (269f.); HARRER, S. 57.

[181] KLIMKE, ZfV 1980, 18 (23).

[182] Ähnl. ZIMMERMANN (JZ 1981, 86, 89), der im Erwerb einer Sache unter Mißbrauch einer Vollmacht eine Parallele sieht.

[183] Vgl. etwa HARRER, S. 58.

[184] HARRER, S. 81; SIGEL, S. 51. – Bei Kassenpatienten ist allerdings der Forderungsübergang nach § 116 Abs. 1 SGB X zu beachten, der sowohl vertragliche als auch deliktische Ersatzansprüche erfaßt (vgl. *BGH*, BGHZ 26, 371).

Vertragsverletzung wird auch nach bereits erfolgter Schlechterfüllung der Primärschuld ein Anspruch auf Schadensersatz wegen Nichterfüllung entsprechend §§ 325, 326 BGB in Analogie zu dem in § 286 Abs. 2 BGB enthaltenen Rechtsgedanken bejaht, wenn die Leistung infolge ihrer schlechten Ausführung für den Gläubiger ohne Interesse ist, weil sie im Hinblick auf die endgültige Verfehlung des Vertragszwecks nutzlos geworden ist.[185] Gleiches gilt im Ergebnis für die während der Zeit des eingriffsbedingten Krankenhausaufenthalts genommene Haushaltshilfe oder Aufsichtsperson für bereits vorhandene Kinder.[186] Außerdem sind die durch das unerwünschte Kind entstandenen Kosten für die gynäkologische Behandlung und Entbindung i.R. der Haftung wegen Schlechterfüllung zu ersetzen.[187]

Hinsichtlich der Ersatzfähigkeit des Verdienstausfalls wird im deutschen Recht wie folgt differenziert:

Der durch einen eingriffsbedingten Krankenhausaufenthalt oder die Schwangerschaft bzw. Geburt unmittelbar verursachte Verdienstausfall ist nach § 252 BGB ersatzfähig.[188] Dagegen ist streitig, ob auch ein nach der Geburt infolge Pflege und Erziehung des Kindes eintretender Verdienstausfall wegen völliger Berufsaufgabe oder Teilzeitarbeit wegen positiver Verletzung des Behandlungsvertrags zu erstatten ist. Teilweise wird zwar ein Kausalzusammenhang zwischen der Aufgabe der außerhäuslichen Berufstätigkeit und der planwidrigen Geburt des Kindes gesehen, der sich hieraus ergebende Wegfall des Arbeitslohns jedoch dem Bereich zugeordnet, in dem die eigenständige familienrechtliche Ordnung überwiege und die Schadensfolge deshalb außerhalb der vorwiegend richterlich geschaffenen Haftungsnorm liege.[189] Im übrigen sei der Wegfall weiterer Verdienstmöglichkeiten bereits mit dem Zuschlag für die pflegerischen Dienstleistungen abgegolten.[190] Demgegenüber wird vor allem in der Literatur die Ansicht vertreten, der Einnahmeverlust solle anteilig nach der Anzahl der betreuten Familienmitglieder bemessen, also zumindest der auf das unge-

---

[185] So FIKENTSCHER, Rdnr. 401; a.A. *OLG Düsseldorf* (NJW 1975, 595, 596) mit der Begründung, daß eine Wandelung bzw. Minderung nach dienstvertraglichen Vorschriften (§§ 611ff. BGB) nicht vorgesehen sei. – Unstreitig ist dagegen, daß bei der Anwendung fehlerhafter Verhütungsmittel, die zur Empfängnis und Geburt des ungewollten Kindes geführt haben, deren Kaufpreis nach Gewährleistungsrecht im Wege der Wandelung zurückverlangt werden kann (vgl. statt aller HARRER *ibid*).

[186] Vgl. nur HARRER *ibid.*

[187] DEBO, S. 142; HARRER, S. 82; SIGEL, S. 123; LANKERS, FamRZ 1969, 384 (387); s.a. *BVerfG*, NJW 1993, 1751 (1763 *sub* D V 6).

[188] So *LG München I*, VersR 1970, 428 (430); DEBO *ibid*; HARRER *ibid*; SIGEL, S. 124; a.A. SELB, JZ 1971, 201 (208). – Soweit wegen Fortzahlung des Arbeitsentgelts nach dem LFZG kein Verdienstausfall entsteht, geht der Anspruch des Arbeitnehmers kraft Gesetzes auf den Arbeitgeber über (sog. Legalzession, vgl. § 4 LFZG). Außerdem sind in diesem Zusammenhang § 616 Abs. 2 BGB (für Angestellte) u. § 9 LFZG (für Arbeiter) zu beachten.

[189] So etwa *OLG Saarbrücken*, NJW 1986, 1549 (1550).

[190] Vgl. *OLG Düsseldorf*, VersR 1993, 883 (884).

wollte Kind entfallende Teil als ersatzfähiger Schaden erstattet werden; dabei solle die Ersatzfähigkeit des Verdienstausfalls durch die Zumutbarkeit der Aufnahme einer Erwerbstätigkeit zeitlich begrenzt werden, wofür wegen der gleichen Interessenlage die Grundsätze des § 1570 BGB herangezogen werden könnten.[191]

Gleichfalls ersatzfähig sind der Verdienstausfall bei schwangerschafts- oder erziehungsbedingter Verlängerung der Ausbildung und der Einkommensverlust infolge einer durch die Arbeitsunterbrechung verminderten Erwerbsmöglichkeit.[192]

Falls beide Eheleute nach der Geburt des Kindes weiterarbeiten und eine Haushaltshilfe bzw. Aufsichtsperson für das Kind einstellen, sind diese Kosten nach §§ 249ff. BGB zu ersetzen.

Dagegen wird in der durch die Geburt eines Kindes verursachten Mehrarbeit der Eltern kein weiterer ersatzfähiger Schaden gesehen,[193] weil nach h.M. ein Vermögensschaden abzulehnen ist, wenn der Geschädigte den Schaden durch eine eigene zumutbare Arbeitsleistung auffängt, soweit er nicht überpflichtgemäße Anstrengungen unternimmt.[194]

- Immaterielle Schäden

  Die der Mutter während der Schwangerschaft und bei der Geburt entstehenden Beschwerden und Schmerzen sowie die seelische Aufregung über die Durchkreuzung der Familienplanung sind allein i.R. eines Schmerzensgelds nach § 847 BGB erstattungsfähig.[195] Erst nach der Geburt auftretende körperliche oder gesundheitliche Beeinträchtigungen der Mutter brauchen dagegen nicht ersetzt zu werden, weil sie dem behandelnden Arzt nicht mehr zuzurechnen seien.[196]

  Auch die sonstigen immateriellen Beeinträchtigungen der Eltern (z.B. der Verlust von bloßen Genußmöglichkeiten oder die Einbuße an Freizeit und Arbeitskraft) gelten als nicht ersatzfähig, da ihnen kein bestimmter Vermögenswert beigemessen werden könne.[197] Im übrigen handele es sich

---

[191] So DEBO, S. 43; HARRER, S. 83f.; SIGEL, S. 128; s.a. *OLG Stuttgart*, NJW 1987, 2934 (2935).

[192] Vgl. HARRER, S. 85. – Zur Pflicht des Betroffenen, den „Anschluß" nicht zu verlieren, vgl. SIGEL, S. 131.

[193] *BGH*, VersR 1980, 719.

[194] PALANDT/HEINRICHS, Vorb. § 249 BGB, Rdnr. 38; DEUCHLER, S. 178.

[195] Vgl. hierzu ausf. MÜLLER, FS Steffen, S. 365f. Daran wollte auch das *BVerfG* (NJW 1993, 1751, 1763 *sub* D V 6) nichts ändern (so auch zuletzt *OLG Oldenburg*, NJW 1996, 2432 = VersR 1997, 193 (L)). – Zur Höhe des Schmerzensgelds vgl. *OLG Köln*, VersR 1987, 187; VersR 1988, 43; *OLG Frankfurt*, VersR 1988, 637 = R/S, Rdnr. 652; *OLG Oldenburg*, VersR 1993, 1357.

[196] Vgl. *BGH*, NJW 1995, 2412 (2413).

[197] HARRER, S. 85f.

hierbei nicht um körperliche oder gesundheitliche Beeinträchtigungen, wie sie ein Anspruch nach § 847 BGB jedenfalls voraussetzt.[198]

– Vorteilsausgleichung

Da die Eltern mit der Geburt und Existenz des gesunden Kindes vielfältige gegenwärtige[199] und möglicherweise künftige[200] Vorteile erlangen, wird im deutschen Recht i.R. der Vorteilsausgleichung diskutiert, ob und inwieweit diese auf den Schadensersatzanspruch anzurechnen sind: Vereinzelt wird die Anwendbarkeit der Lehre von der Vorteilsausgleichung im Bereich der durchkreuzten Familienplanung bestritten.[201] Ebenso wie die Isolierung der Unterhaltsbelastung sei die Herauslösung einzelner Vorteile aus der Komplexität des Eltern-Kind-Vehältnisses nicht möglich.[202] Es gehe nicht an, die komplexe Eltern-Kind-Beziehung in einzelne Schadens- und Vorteilsposten aufzuschlüsseln und diese nach den Regeln der Vorteilsausgleichung zu saldieren.[203] Eine Vorteilsausgleichung durch Einstellung des Werts des aufgedrängten Gegenstands in die Schadensberechnung verbiete sich, weil dieser ein Rechtssubjekt mit eigenen Rechten sei.[204] Überwiegend wird jedoch die Vorteilsausgleichung für anwendbar gehalten, weil in diesen Fällen zwischen der Annahme eines Schadens und der Ausgleichung eingetretener Vorteile ein enger innerer Zusammenhang bestehe und man mit der Bejahung der Existenz und Ersatzfähigkeit eines Schadens konsequenterweise auch die Vorteilsausgleichung zulassen müsse.[205]

Dabei wird bei der Beurteilung der Anrechenbarkeit zwischen materiellen und immateriellen Vorteilen unterschieden:

Die materiellen Vorteile werden, soweit sie vom Staat gewährt werden, teilweise für nicht anrechenbar erachtet, weil diese staatlichen Leistungen – ähnlich den Sozialleistungen – nicht dem Schädiger zugute kommen, sondern den Geschädigten zusätzlich finanziell entlasten sollen.[206]

---

[198] *BGH*, NJW 1995, 2412 (2413).

[199] Wie z.B. Kinder-, Mutterschafts- und Erziehungsgeld, Steuervorteile (Freibeträge etc.) und Ortszuschläge.

[200] Wie z.B. familien- oder erbrechtliche Vorteile gem. §§ 1601ff., 1649 Abs. 2, 1925, 2303 Abs. 2 BGB.

[201] So *OLG Bamberg*, NJW 1978, 1685 (1686); wohl auch SELB, JZ 1971, 201 (202).

[202] Vgl. SELB *ibid*; s.a. LANKERS, FamRZ 1969, 384 (385); LÖWE, VersR 1970, 430.

[203] *OLG Bamberg*, NJW 1978, 1685 (1686).

[204] *OLG Frankfurt*, NJW 1983, 341 (343).

[205] Vgl. etwa HARRER, S. 88.

[206] Vgl. im Zusammenhang mit dem Kindergeld *BGH*, BGHZ 76, 259 (272f.), wo auf den durch das „unerwünschte" Kind konkret erlangten Kindergeldbetrag, nicht auf dessen anteiligen Kindergeldbetrag (d.h. den Gesamtkindergeldbetrag geteilt durch die Anzahl der Kinder) abgestellt wird; ebenso STAUDINGER/SCHÄFER, § 823 BGB, Rdnr. 16; GÖPPINGER-WAX/STÖCKLE, Rdnr. 1389; ESER/KOCH, MedR 1984, 6 (12); a.A. LANGE, § 6 IX 7 (S. 335); DANNEMANN, VersR 1989, 676 (681). Für einen bloßen Ersatz des gesetzlichen Mindestbedarfs i.S. des § 1610 Abs. 3 BGB (d.h. des Unterhalts abzüglich aller kindesbedingter Vor-

Die Anrechenbarkeit von Kinder-, Mutterschafts- und Erziehungsgeld sowie Steuervergünstigungen wird dagegen überwiegend bejaht, weil der Geschädigte sonst doppelt begünstigt und damit zu Lasten des Schädigers unbillig privilegiert würde.[207] Als nicht anrechenbar gelten allerdings freiwillige Unterhaltsleistungen Dritter[208] sowie gesetzliche Unterhaltsleistungen des unverheirateten Vaters[209]. Außerdem müßten familien- und erbrechtlich bedingte materielle Vorteile regelmäßig als zu fernliegende Vermögensaussichten außer Betracht bleiben.[210] Es könnten nämlich i.R. der Vorteilsausgleichung nur gegenwärtige vermögenswerte Vorteile berücksichtigt werden, die dem Geschädigten auch tatsächlich zugeflossen seien oder nach dem gewöhnlichen Lauf der Dinge aufgrund konkreter Anhaltspunkte zufließen würden.[211] Dies sei aber nicht der Fall, solange die materiellen Elternrechte nur latent vorhanden und in ihrer Aktualisierung völlig vage seien und jegliche Indizien für eine konkrete Realisierung fehlten.[212]

Im Fall eines tatsächlich eingetretenen familien- oder erbrechtlichen Vorteils bemesse sich die Anrechenbarkeit nach den allgemeinen Regeln. Danach seien familienrechtlich bedingte Vorteile anrechenbar, weil es sich hier um die Erfüllung gesetzlicher Verpflichtungen handele und nicht um freigebige Leistungen, bei denen es auf die Leistungsabsicht des Dritten ankomme.[213] Dagegen seien auf dem freien Willen des Erblassers beruhende erbrechtliche Vorteile, wie Berücksichtigung im Testament oder Vermächtnis, als freiwillige Zuwendungen Dritter nicht anrechenbar, weil sie dem Geschädigten zukommen und nicht den Schädiger entlasten sollen.[214] Nur der Pflichtteilsanspruch nach § 2303 Abs. 2 BGB sei als vom Willen des Erblassers unabhängige gesetzliche Mindestbeteiligung der Eltern am Nachlaß i.R. der Vorteilsausgleichung zu berücksichtigen.[215]

---

teile wie Kindergeld, Steuervergünstigungen u.ä.) hat sich KÖHLER (MK/KÖHLER, Vor § 1601, Rdnr. 16) ausgesprochen. WAIBL (S. 89ff.) vertritt die Ansicht, die Nichtanrechenbarkeit des Kindergelds ergebe sich auch aus dem Regelungszusammenhang des BKGG, dessen Schutzzweck stärker auf der tatsächlichen persönlichen Beziehung zum Kind als auf der finanziellen Unterhaltsbelastung liege. Vgl. zur Nichtanrechenbarkeit des kinderbezogenen Anteils im Ortszuschlag und der von der Anzahl der Kinder abhängigen Steuervorteile *OLG Köln*, VersR 1991, 102f.

[207] Vgl. ausf. hierzu HARRER, S. 89ff. m.w.N.

[208] HARRER, S. 91.

[209] *BGH*, NJW 1985, 671 (672).

[210] Vgl. *BGH*, BGHZ 76, 259 (263); LANGE, § 6 IX 7 (S. 336).

[211] *OLG Düsseldorf*, NJW 1975, 595 (596); *LG Itzehoe*, VersR 1969, 265; *LG Freiburg*, NJW 1977, 340; DEBO, S. 40; DEUCHLER, S. 166; HARRER, S. 91; GIESEN, FamRZ 1970, 565 (569); TIEDTKE, FamRZ 1970, 232.

[212] So GIESEN *ibid*; HELDRICH, JuS 1969, 455 (459); REINELT, FamRZ 1970, 572 (574); TIEDTKE *ibid.*

[213] So HARRER, S. 92f.; a.A. WAIBL (S. 173) mit dem Argument, daß das Familienrecht allein die familieninternen Verhältnisse regele und somit weder Vor- noch Nachteile zu berücksichtigen seien.

[214] So HARRER, S. 93; a.A. MK/GRUNSKY, Vor § 249 BGB, Rdnr. 12.

[215] So HARRER *ibid*; a.A. WAIBL, S. 174.

Anders als bei den materiellen Vorteilen wird bei den immateriellen Vorteilen eine Anrechnung auf die materiellen Nachteile ausgeschlossen.[216] Dies gelte insbesondere für die durch das Kind den Eltern zuteil werdende Freude. Immaterielle Werte und materielle Vermögensnachteile seien mangels Vergleichbarkeit inkommensurabel, da nur Gleiches mit Gleichem vergleichbar sei. Der immaterielle Wert des Kindes stelle aber keinesfalls einen in Geld umrechenbaren Vorteil dar, den man zu den durch das Kind verursachten Kosten in Relation setzen dürfe.[217] Zwischen Wert und Schaden fehle es an einem gemeinsamen Bezugspunkt.[218] Die Einstellung von Nichtvermögensschäden und immateriellen Vorteilen in die Bilanz der Vermögensschäden sei dem geltenden Recht fremd[219], eine Durchbrechung dieser Grundsätze würde einer allgemeinen Billigkeitsbereinigung von Schadensfällen Tür und Tor öffnen.[220] Auch stünde eine Anrechnung im Widerspruch zu § 253 BGB, weil ein Kind seinen Eltern nicht nur Freude bereite, sondern auch Sorgen mache, jedoch diese Nachteile aufgrund der Regelung des § 253 BGB nicht ersatzfähig seien. Wegen des Verbots der einseitigen Schädigerbegünstigung müsse dasselbe auch für immaterielle Vorteile gelten.[221] Schließlich wird das Ergebnis der Nichtberücksichtigung immaterieller Vorteile auch damit begründet, daß die einmal zur gesonderten schadensrechtlichen Behandlung der Unterhaltsverbindlichkeit vorgenommene Trennung und Isolierung von immateriellen Werten durchgehend beibehalten werden müsse und nicht i.R. der Vorteilsausgleichung durchbrochen werden dürfe.[222]

5.2 Englisches Recht

Auch im englischen Recht hängt die Gewährung von Schadensersatz wegen *wrongful conception* grundsätzlich davon ab, ob Schwangerschaft, Geburt und andere Folgen ersatzfähige Rechtsverletzungen *(injuries)* sind.[223] In welchen Rechtsgütern oder Rechten die Eltern im Fall einer unerwünschten Geburt eines

[216] So die h.M., vgl. LANGE, § 6 IX 7 (S. 336); HARRER, S. 94; SIGEL, S. 109f., 174f.; WAIBL, S. 175; ADOMEIT, Jura 1981, 196 (198); COESTER-WALTJEN, Jura 1987, 629 (637); GIESEN, FamRZ 1970, 565 (568); HÜFFER, VersR 1970, 209; DERS., VersR 1969, 500; LOEWENHEIM, NJW 1969, 1754 (1756); MICHALSKI, JA 1979, 186; a.A. v. HIPPEL, FamRZ 1971, 409; KLIMKE, VersR 1969, 111, 785; SELB, JZ 1971, 201 (204).

[217] MERTENS, FamRZ 1969, 251 (254).

[218] GIESEN, FamRZ 1970, 565 (568).

[219] LANGE, § 6 IX 7 (S. 336); MERTENS, FamRZ 1969, 251 (254).

[220] So MERTENS *ibid.*

[221] So WAIBL, S. 176.

[222] So SIGEL, S. 110.

[223] Nach neuseel. Rspr. ist eine Empfängnis infolge fehlgeschlagener Sterilisation eine „Körperverletzung durch Unfall" i.S. der (verschuldensunabhängigen) Patientenunfallversicherung des Landes, vgl. *ACC v Auckland HB* [1980] 2 NZLR 748, HC AD. Voraussetzung hierfür ist jedoch, daß dem Operateur ein Behandlungsfehler unterlaufen ist, d.h. eine Entschädigung entfällt bei bloßer Rekanalisation der Eileiter. Zur Rechtslage in Neuseeland vgl. ausf. O'NEILL (1985) 5 Auckland ULR 180 (198ff.) m.w.N. der Rspr.

normalen, gesunden Kindes überhaupt verletzt sind, ist nach wie vor unklar,[224] auch wenn man unter dem Gesichtspunkt der Verjährung nunmehr offenbar von einer Körperverletzung der betroffenen Frau ausgeht.[225] Dafür ist man sich mittlerweile bewußt, daß es sich bei dem Kindesunterhalt um einen reinen Vermögensschaden *(pure economic loss)* handelt.[226] Vor dem Hintergrund der jüngsten Rechtsprechung des House of Lords, welche die Erstattungsfähigkeit reiner Vermögensschäden von strengen Voraussetzungen abhängig macht,[227] ist es umso bemerkenswerter, daß in den neueren *wrongful conception*-Fällen den „Eltern wider Willen" auch weiterhin der Kindesunterhalt erstattet wurde.[228] Anders als in Deutschland blieb hier also eine Wiederbelebung der früheren Grundsatzdiskussion aus. Dabei hatte die Frage um die Ersatzfähigkeit des Unterhaltsschadens ihrerzeit für ebenso heftige Kontroversen gesorgt wie in Deutschland, bevor sie letztlich vom Court of Appeal geklärt wurde. Interessanterweise spielten hierbei rechtspolitische Erwägungen, nämlich Faktoren des „öffentlichen Interesses" *(public policy)*, eine wichtige Rolle, die im folgenden genauer untersucht werden soll.

5.2.1
Bedeutung von *public policy*-Faktoren

Unabhängig davon, ob die Klage auf einen Vertrag *(contract)* oder eine fahrlässige Schädigung *(negligence)* gestützt wird, besteht heute im englischen Recht Einigkeit darüber, daß im Fall einer fehlgeschlagenen Sterilisation oder eines mißlungenen Schwangerschaftsabbruchs der Eintritt bzw. Fortbestand einer ungewollten Schwangerschaft und die spätere Geburt des Kindes vernünftigerweise vorhersehbare Folgen sind.[229] Vorausgesetzt, der Kläger kann eine Pflichtverletzung und deren Ursächlichkeit für den eingetretenen Schaden beweisen, kann nach englischem Recht eine solche Klage nur noch aus Gründen „richterlicher Rechtspolitik" (wie sich *policy considerations* angemessen übersetzen lassen[230]) erfolglos bleiben.[231] Aus diesem Grunde erlangten *public policy*-Faktoren in den untersuchten Fällen eine entscheidende Bedeutung.

---

[224] Vgl. KENNEDY & GRUBB, S. 584f.; GRUBB (1987) 50 MLR 241 (263) unter Hinweis auf HORTON ROGERS (1985) 5 LS 296 (309ff.); NORRIE 1983 SLT 121 (122); O'NEILL (1985) 5 Auckland ULR 189 (189); s.a. NORRIE, S. 157f.; DERS., 1985 SLT 69 (73); ARGENT (1985) 25 MedSci & Law 136 (138); REICHMAN (1982) 10 SydLR 568 (572 FN 13 a.E.).

[225] *Walkin v South Manchester HA* [1995] The Times 3 July, CA.

[226] Vgl. hierzu Richter BROOKE in *Allen* [1992] 3 Med LR 257 (261), QB.

[227] *Caparo Industries plc v Dickman* [1990] 2 AC 605, HL; *Murphy v Brentwood DC* [1991] 1 AC 398, HL; s.a. die Zusammenfassung der gegenwärtigen Rechtslage in England bei HUTCHISON/ZIMMERMANN, ZVglRWiss 94 (1995) 42 (75ff.).

[228] Zur Entwicklung der engl. Rspr. vgl. ausf. Kap. 2.2.2 (S. 107ff.), *supra*.

[229] Vgl. ausf. Kap. 4.2.1 (S. 211ff.), *supra*; s.a. HORTON ROGERS (1985) 5 LS 296 (371).

[230] MARKESINIS/V. BAR, S. 4f.

[231] Vgl. HORTON ROGERS (1985) 5 LS 296 (303). – Zur wachsenden Bedeutung rechtspolitischer Gründe bei der Entscheidung über die Zulassung neuer Klagegründe vgl. KHAN (1984) 128 SJ 215; speziell zur Rolle der *public policy* im Arzthaftungsrecht vgl. COWNIE PN 3 (1987) 95ff.

Dabei stellte sich zunächst das Problem, ob die konkret erhobenen Einwände aufgrund ihrer Neuartigkeit überhaupt Berücksichtigung finden konnten oder ob möglicherweise ein *numerus clausus* von *public policy*-Faktoren dagegen sprach. In *Thake* wurde diese Frage zwar ausdrücklich offengelassen; aber nach Ansicht von Richter PETER PAIN sollte ein Tatrichter lange zögern, bevor er neue rechtspolitische Argumente zuläßt.[232] Letztlich hielt man auch bis dahin unbekannte *public policy*-Gründe in der Diskussion um eine grundsätzliche Ersatzfähigkeit des Unterhaltsschadens für zulässig.

In der Sache selbst griffen die Parteien regelmäßig auch auf die in den *wrongful life*-Fällen angesprochenen Faktoren der *public policy* zurück, so daß sich die Argumentation in beiden Fallkonstellationen teilweise überschnitt. Auch wenn die vorliegende Arbeit die Klagen der ungewollten Kinder selbst ausklammert und sich auf die Ansprüche der Mutter oder des Vaters bzw. beider Eltern wegen finanzieller und anderer durch Schwangerschaft, Geburt und nachfolgende Pflege und Erziehung des Kindes erlittene Einbußen beschränkt, können daher die in den *wrongful life*-Fällen diskutierten *public policy*-Gründe nicht außer Betracht bleiben.

Dieser Ansicht war vor allem auch Richter JUPP in *Udale*[233], wo er feststellte, daß das erkennende Gericht in *McKay*[234] zwar in der Sache keine Entscheidung getroffen, sondern nur die Zulässigkeit der Klage der Mutter bejaht habe.[235] Jedoch seien die dort vorgebrachten *public policy*-Argumente „beeindruckend" („impressive") und, obwohl sie eigentlich nur die Klage des Kindes beträfen, auch für die Klage der Eltern von Bedeutung.[236] Auch in der Literatur ist anerkannt, daß trotz entschiedener Ablehnung eines *wrongful life*-Anspruchs durch die Rechtsprechung zwischen beiden Ansprüchen eine wechselseitige Beziehung von gleichen oder zumindest ähnlichen Faktoren herrscht, auch wenn die Eltern

[232] „There remains some doubt whether the categories of public policy are now closed: ... However that may be, I take the view that a judge should hesitate long before attempting to ride this unruly horse in a new direction." Vgl. *Thake* [1986] 1 QB 644 (666D–E), QB.

[233] [1983] 1 WLR 1098, QB.

[234] [1982] 1 QB 1166, CA.

[235] Darin liegt eine grds. Anerkennung des elterlichen Anspruchs, was die eigentliche Bedeutung der Entscheidung ausmacht. So auch O'NEILL (1985) 5 Auckland ULR 180 (188); ROBERTSON (1982) 45 MLR 697 (700); s.a. die Kommentare der Lordrichter STEPHENSON („The importance of this cause of action to this child is somewhat reduced by the existence of ... the mother's [claim], which, if successful, will give [the child] some compensation in money or in care.") u. GRIFFITH in *McKay* ([1982] 1 QB 1166, 1178c bzw. 1189a, CA); a.A. TEFF (1985) 34 ICLQ 423 (430f.).

[236] *Udale* [1983] 1 WLR 1098 (1108F–1109C), QB. Der Fall *McKay* wurde auch in der späteren Entscheidung *Thake* zitiert (vgl. [1986] 1 QB 644, 665E–666C *per* Richter PETER PAIN, QB), wenn auch in der in *Udale* verwendeten Fassung, nicht jedoch in *Emeh* ([1983] The Times 3 January, QB; *revd* [1985] 1 QB 1012, CA). Auf die vorausgegangene Entscheidung in *Sciuragia* ((1979) 123 SJ 406, QB; *affd* (unreported) [1980] CA transcript 24 July, CA) wurde in *McKay* unterschiedlich Bezug genommen, ohne daß das Gericht dies durch ein Zitat kenntlich gemacht hätte.

ihre Ansprüche nicht aus dem Recht des Kindes ableiteten, sondern aus eigenem Recht einforderten.[237]

5.2.2 Gesichtspunkte der *public policy* und Haftungsgrundlage

Wie bereits gezeigt, kommen in der fraglichen Situation nach englischem Recht verschiedene Haftungsgrundlagen in Frage: Vertrag *(contract)*, Falschdarstellung *(misrepresentation)* und fahrlässige Schädigung *(negligence)*.[238] Dabei ist den untersuchten Entscheidungen zu entnehmen, daß die Wahl der Haftungsgrundlage unter rechtspolitischen Gesichtspunkten letztlich irrelevant ist. Daß sich im Deliktsrecht anerkannte *policy considerations* auch im Vertragsrecht wiederfinden, ist einfach darauf zurückzuführen, daß sich das Schadensproblem in beiden Rechtsgebieten gleichermaßen stellt.[239]

Beispielsweise sollten *public policy*-Faktoren, die den Schadensersatz oder die Sorgfaltspflicht im Fall deliktischer Haftung begrenzen, diese Funktion auch im Fall vertraglicher Haftung in bezug auf den Schadensersatz übernehmen: Diese Ansicht vertrat zumindest Lordrichter PURCHAS in dem deliktisch begründeten Fall von *Emeh*, wo er keinen Grund sah, über die traditionellen Schadensersatzregeln hinaus, *unabhängig von der Anspruchsgrundlage,* zusätzliche Anforderungen an die Begründetheit der Klage zu stellen, um damit eine bestimmte Weltanschauung zum Ausdruck zu bringen.[240]

Angesichts der bekannten Wechselwirkung zwischen den beiden großen Bereichen des Zivilrechts, dem Vertrags- und dem Deliktsrecht,[241] zeugen die neueren Entscheidungen zum Schadensersatz wegen *wrongful conception* von einer seltsam vereinfachten Konzeption richterlicher Rechtspolitik im Vertragsrecht: So vertrat etwa Richter WATKINS in *Sciuragia*[242] die Ansicht, daß das öffentliche Interesse einem Schadensersatzanspruch wegen Vertragsverletzung nicht entgegenstehe, wenn der zugrunde liegende Vertrag die Vornahme einer (hier: nach dem ABORTION ACT 1967) gesetzlich erlaubten Handlung gegen eine ange-

---

[237] Vgl. SYMMONS (1987) 50 MLR 269 (270); s.a. LEE, Question, S. 173. Zur Analogie von *wrongful conception-*, *wrongful birth-* und *wrongful life*-Ansprüchen ausf. TEFF (1985) 34 ICLQ 423 (430ff.).

[238] Näher dazu Kap. 3.2.2 (S. 163ff.), *supra*.

[239] So auch SYMMONS (1987) 50 MLR 269 (271); zust. HORTON ROGERS (1985) 5 LS 296 (303 FN 46).

[240] „I see no reason for the court to introduce into the perfectly ordinary, straightforward rules of recovery, *whether they are damages flowing from breach of contract or tort*, some qualification to reflect special social positions." Vgl. *Emeh* [1985] 1 QB 1012 (1028E–F), CA. [meine Kursivschrift!] Vgl. auch SYMMONS (1987) 50 MLR 269 (271); DIES., (1977) 51 ALJ 185 (186f.).

[241] Ein Bsp. für die Bezugnahme auf vertragsrechtliche *public policy*-Erwägungen in einem deliktsrechtlichen Fall bildet *McLoughlin v O'Brien* [1982] 2 AllER 298 (307a–e *per* LORD EDMUND DAVIES), HL.

[242] (1979) 123 SJ 406, QB.

messene Gegenleistung vorsehe.[243] Nach dieser Auffassung kann also eine vertraglich begründete Klage nicht allein aus rechtspolitischen Gründen abgewiesen werden, wenn der zugrunde liegende Vertrag rechtmäßig und damit gültig ist.

Ein weiteres Beispiel für die eher schlichte Interpretation des *public policy*-Begriffs im Vertragsrecht findet sich in der erstinstanzlichen Entscheidung von Richter PETER PAIN in *Thake*[244]. Dort wurde der vertragliche Schadensersatzanspruch damit begründet, daß nach der bisherigen Rechtslage das öffentliche Interesse generell nur dann einem Anspruch auf Schadensersatz wegen Vertragsverletzung widerspreche, wenn der Kläger ohne sein eigenes Fehlverhalten keinen Schaden aus der Vertragsverletzung des Beklagten erlitten hätte.[245]

Dagegen wird in der Literatur eingewandt, daß selbst in Fällen, in denen der zugrunde liegende Vertrag nicht bereits aus Gründen des öffentlichen Interesses unwirksam ist, dennoch Schadensersatz genauso versagt werden könne, wie *public policy*-Faktoren im Deliktsrecht eine Sorgfaltspflicht verneinen oder einschränken könnten.[246] Tatsächlich behandelte denn auch Richter PETER PAIN in *Thake*[247] letztlich *public policy*-Einwände in einem weitaus größerem Umfang, als seine einleitende Bemerkung zunächst vermuten ließ. Er führte nämlich genau die gleichen *public policy*-Argumente an, mit denen Richter JUPP in dem früheren, deliktsrechtlich begründeten Fall von *Udale*[248] konfrontiert worden war (wenn er auch jeden einzelnen Einwand letztlich widerlegte).[249]

Demnach scheinen unabhängig von der Haftungsgrundlage in jedem Fall die gleichen *public policy*-Erwägungen eine Rolle zu spielen, nicht etwa um eine Sorgfaltspflicht (im Deliktsrecht) oder die Gewährung von Schadensersatz (im Vertragsrecht) auszuschließen, sondern um die Erstattung des auch aus Sicht der englischen Gerichte kontroversesten Schadenspostens, nämlich der Kosten des künftigen Kindesunterhalts, sinnvoll zu begrenzen.

---

[243] „... I have not found ... that public policy demands that damages shall not be awarded for a breach of contract, the contract being to perform a legal act for proper reward." Vgl. *Sciuragia ibid* (zit. nach Richter PETER PAIN in *Thake* [1986] 1 QB 644, 664H–665A, QB); krit. GLAZEBROOK 51 [1992] CLJ 226 (227); DERS. 50 [1991] CLJ 241 (243).

[244] [1986] 1 QB 644, QB.

[245] „In the first place this action sounds in contract. On the authorities generally public policy has interfered with a claim for damages for breach of contract only where, but for the plaintiff's prior wrong, he would have suffered no damage from the defendant's breach of contract." *Ibid* 666C–D.

[246] So etwa SYMMONS (1987) 50 MLR 269 (272); s.a. ROBERTSON (1981) 44 MLR 215 (218) unter Hinweis auf die House of Lords-Entscheidungen in *Saif Ali v Sidney Mitchell & Co* [1980] AC 198 u. in *Rondell v Worsley* [1969] 1 AC 191 (sorgfaltswidrige Prozeßführung bei gültigem Rechtsanwaltsvertrag); krit. auch SPOWART TAYLOR (1985) 15 Fam Law 147 (148) unter Hinweis auf *Leslie v Reliable* [1915] 1 KB 652, KBD.

[247] [1986] 1 QB 644, QB.

[248] [1983] 1 WLR 1098, QB.

[249] [1986] 1 QB 644 (667B–668D), QB.

In der Literatur wurde bis zur Entscheidung des House of Lords im Fall *Murphy v Brentwood DC*[250], der in England nunmehr als *leading case* gilt, sogar die Ansicht vertreten, daß der zweite Teil der Definition der *duty of care* durch LORD WILBERFORCE in *Anns*[251] hier direkte Anwendung finde; denn jener Teil der Definition, so lautete damals die Begründung, diene nicht nur der Verneinung oder Einschränkung der *duty*, sondern könne sich in ähnlicher Weise auch auf Art und Umfang des zu gewährenden Schadensersatzes auswirken.[252] Eine solche Sichtweise würde nicht nur die Funktion der *public policy* im Delikts- und Vertragsrecht einander noch mehr angleichen, sondern könne auch erklären, warum die ausdrückliche Ablehnung bestimmter Schadensposten (z.B. der Unterhaltskosten für das ungeplante Kind) bei gleichzeitiger Gewährung anderer Schadensposten für mit der Schwangerschaft direkt verbundene Einbußen (unabhängig von der Haftungsgrundlage) nicht unbedingt unlogisch oder willkürlich erscheinen müsse. Denn schließlich könnten – anders als bei der Feststellung einer Sorgfaltspflicht – auf die Bemessung des Schadensersatzes zusätzliche oder sogar völlig unterschiedliche *public policy*-Faktoren Anwendung finden.[253]

5.2.3 *Public policy*-Aspekte in *wrongful conception*-Entscheidungen

Auf *public policy*-Faktoren ging ein Gericht zum ersten Mal in *Sciuragia*[254] ein. Dort hatte einer der Einwände der Beklagten gelautet, es liefe menschlichen Empfindungen zutiefst zuwider, wenn Schadensersatz für einen mißlungenen Schwangerschaftsabbruch gewährt würde.[255] Im Court of Appeal schloß sich

---

[250] [1991] 1 AC 398, HL.

[251] *Anns v London Borough of Merton* [1978] AC 729, HL. Die Definition lautet vollständig: „... Rather the question has to be approached in two stages. *First* one has to ask whether, as between the alleged wrongdoer and the person who has suffered damage, there is a sufficient relationship of proximity or neighbourhood such that, in the reasonable contemplation of the former, carelessness on his part may be likely to cause damage to the latter, in which case a prima facie duty of care arises. *Secondly*, if the question is answered affirmatively, it is necessary to consider whether there are any considerations which ought to negative or reduce or limit the scope of the duty or the class of person to whom it is owed or the damages to which a breach of it may give rise." *Ibid* 751G–752B. [meine Kursivschrift!]

[252] So etwa SYMMONS (1987) 50 MLR 269 (273), der sich darüber wundert, daß Richter JUPP in *Udale* ([1983] 1 WLR 1098, QB) nicht auf die *Anns*-Entscheidung Bezug genommen hatte; s.a. JONES, Textbook, S. 32.

[253] Vgl. SYMMONS *ibid.* Aus diesem Grund sei es durchaus vertretbar, wie in *Udale ibid* einer Mutter Schadensersatz für den künftigen Verdienstausfall zu gewähren, ihr aber den Ersatz der Kosten des künftigen Kindesunterhalts zu verweigern. Krit. zu diesem Punkt dagegen BRAHAMS (1983) 133 NLJ 643 (645); DIES., (1983) 51 MLJ 65 (66). Zur angeblichen Widersprüchlichkeit der Entscheidungsgründe von *Udale*, in denen Richter JUPP bei der Schadensberechnung die Beeinträchtigung der Familienfinanzen berücksichtigt hatte, vgl. Richter PETER PAIN in *Thake* ([1986] 1 QB 644, 667G–668B, QB), der dort aber zugleich einräumte, daß die angeführten *public policy*-Faktoren für die Bemessung des Schadensersatzes von Bedeutung sein können (*ibid* 668C–D); krit. auch HORTON ROGERS (1985) 5 LS 296 (305 FN 55); NORRIE 1985 SLT 69 (71).

[254] (1979) 123 SJ 406, QB; *affd* (unreported) [1980] CA transcript 24 July, CA.

[255] *Ibid.*

Lordrichter WALLER in seinem Votum dagegen der Ansicht der Klägerin an, das Gericht sollte bei der rechtlichen Beurteilung des Sachverhalts Erwägungen des öffentlichen Interesses außer acht lassen. Auch wenn er hinsichtlich der Höhe des Schadensersatzes im konkreten Fall mit seinem Kollegen STEPHENSON übereinstimmte, hob Lordrichter WALLER jedoch ausdrücklich hervor, daß er *public policy*-Argumente nicht in jedem Fall für unbedeutend halte.[256]

Weitaus lebhafter verlief die Diskussion über *public policy*-Gründe in *Udale*[257], wo Richter JUPP – wie Lordrichter WALLER später in der Court of Appeal-Entscheidung in *Emeh* zutreffend bemerkte[258] – die Frage des öffentlichen Interesses sehr sorgfältig erörtert hatte. Unter Berücksichtigung der in *McKay*[259] erwähnten *policy considerations* und weiteren, vom Beklagtenvertreter vorgebrachten Argumenten erklärte Richter JUPP, er schließe sich der Ansicht an, daß die Klage aus rechtspolitischen Gründen abgewiesen werden sollte.[260]

In *Thake*[261], dem nachfolgenden Fall, stellte sich Richter PETER PAIN in der erstinstanzlichen Entscheidung von 1984 die (wohl eher rhetorisch gemeinte) Frage, ob die von Richter JUPP in *Udale* erwähnten Gründe des öffentlichen Interesses so zwingend seien, daß er seiner Entscheidung folgen sollte.[262] Er kam zu dem Schluß, daß die Antwort hierauf negativ ausfallen müsse, wobei hier auf seine Begründung im einzelnen erst später eingegangen werden soll. Indessen stimmte Richter PETER PAIN mit Richter JUPP darin überein, daß den *public policy*-Faktoren in bestimmten Fällen besondere Bedeutung bei der Bemessung des Schadensersatzes zukommen könne.[263] Letztlich lehnte Richter PETER PAIN die Erhebung solcher Aspekte zu einer Generalklausel des öffentlichen Interesses jedoch als unangemessen ab.[264]

---

[256] „[Counsel] for the plaintiff (respondent), concluded her submission by reminding the court that it should ignore policy considerations when dealing with this case, and in agreeing the figures proposed by my Lord I have ignored those considerations. In doing so I must not be taken as assenting to the view that they should be irrelevant in every case." *Ibid.* Vors. auch DOUGLAS (1982) 126 SJ 58 (59); HODGE (1982) 126 SJ 96; ROBERTSON (1983) 23 MedSci & Law 2 (3); DERS., (1981) 44 MLR 215 (219); SLADE (1982) 132 NLJ 874 (875).

[257] [1983] 1 WLR 1098, QB.

[258] *Emeh* [1985] 1 QB 1012 (1021A), CA.

[259] *McKay* [1982] 1 QB 1166, CA.

[260] „... they persuade me to the view that on the ground of public policy the plaintiff's claims in this case ... should not be allowed." Vgl. *Udale* [1983] 1 WLR 1098 (1109C), QB; zust. ein Teil der Lit., z.B. LEWIS (1982) 79 LS Gaz 839; DERS., (1981) 78 LS Gaz 827; a.A. ROBERTSON (1982) 45 MLR 697 (700f.).

[261] [1986] 1 QB 644, QB.

[262] „Against that background I ask myself whether the reasons advanced by Jupp J. are so compelling that I ought to follow his decision." Vgl. *Thake* [1986] 1 QB 644 (667A–B), QB.

[263] „I entirely accept that the reasons put forward by Jupp J. may be valid considerations in the assessment of damages in a particular case." *Ibid* 668C–D.

[264] „... to erect them into a rule of public policy applicable to all cases would work great injustice, ..." *Ibid* 668D.

Demgegenüber wird in der Literatur die Ansicht vertreten, daß dies nicht zwangsläufig der Fall sein müsse, insbesondere, daß ein solcher Standpunkt den im wesentlichen außerrechtlichen Charakter der *public policy*-Faktoren außer acht lasse, die sich gerade aus diesem Grund eher den sich wandelnden Anschauungen innerhalb der Gesellschaft anpassen könnten als formale Rechtsvorschriften.[265]

In *Emeh*[266] fand Lordrichter WALLER die Argumente von Richter JUPP in *Udale* zugunsten eines *public policy*-Einwands nicht überzeugend.[267] *Obiter* billigte er ausdrücklich die umstrittene Äußerung von LORD SCARMAN in *McLoughlin v O'Brien*[268], welche die bisherige Bedeutung der (Interessen-) Politik *(policy)* gegenüber dem (Rechts-) Grundsatz *(principle)* doch erheblich abgeschwächt habe. Wie LORD SCARMAN in jener Entscheidung zu Recht festgestellt habe, sollte ein Gericht nicht voreilig Leitlinien des öffentlichen Interesses formulieren.[269] Damit wies Lordrichter WALLER das vom Beklagtenvertreter vorgebrachte Argument zurück, das öffentliche Interesse verlange eine Beschränkung des Schadensersatzes in der von ihm vorgeschlagenen Art und Weise.[270]

Lordrichter SLADE unterstrich in seinem Votum, daß der Beklagtenvertreter nicht die Ansicht vertreten habe, das öffentliche Interesse stehe auch der Ersatzfähigkeit der Unterhaltskosten für ein Kind entgegen, das nicht „normal" sei. Im Ergebnis stimmte er der von reinem *common sense* getragenen Überlegung von Richter WATKINS in *Sciuragia*[271] zu. Damit sah auch er keinen Grund, warum die Klägerin nicht diejenigen finanziellen Einbußen erstattet bekommen sollte, die sie nachweislich durch die fehlerhafte Operation erlitten hatte, ohne weiter zwischen gesunden und kranken Kindern zu differenzieren.[272] Bei seiner Stellung-

---

[265] Vgl. SYMMONS (1987) 50 MLR 269 (274f.) unter Hinweis auf die Erklärung von LORD EDMUND DAVIES in *McLoughlin* [1982] 2 AllER 298 (309d), HL, wo dieser einer Äußerung von LORD REID in *Rondel v Worsley* [1967] 3 AllER 993 (998c: „public policy is not immutable"), HL, zugestimmt hatte, sowie auf die neuere Stellungnahme von Lordrichter OLIVER in *Wigh & Sullivan v Aliakmon Shipping* [1985] 2 AllER 44 (59b), CA.

[266] [1985] 1 QB 1012, CA.

[267] „I do not find the arguments in favour of the public policy objection convincing." *Ibid* 1021D.

[268] „... if principle inexorably requires a decision which entails a degree of policy risk, the court's function is to adjudicate according to principle leaving policy courtailment to the judgement of Parliament." Vgl. *McLoughlin v O'Brien* [1982] 2 AllER 298 (310f–g *per* LORD SCARMAN), HL; s.a. LORD MORRIS in *Home Office v Dorset Yacht Co Ltd* [1970] 2 AllER 294 (309f), HL. Krit. dagegen KHAN [1984] 128 SJ 215 (216), der für ein offenes Bekenntnis der Richter zur Anwendung von *public policy*-Faktoren eintritt; s.a. HORTON ROGERS (1985) 5 LS 296 (307); a.A. SPOWART TAYLOR (1985) 15 Fam Law 147 (149).

[269] „In my judgement the court should not be too ready to lay down lines of public policy." Vgl. *Emeh* [1985] 1 QB 1012 (1022B *per* Lordrichter WALLER), CA.

[270] „... and I would reject the argument in this case that public policy requires that damages should be confined in the way in which it has been submitted." *Ibid* 1022B.

[271] (1979) 123 SJ 406, QB.

[272] „... I can, for my part, see no reason why under public policy [the plaintiff] should not recover such financial damage as she can prove she has sustained by the surgeon's negligent failure to perform the operation properly, whether or not the child is healthy." Vgl. *Emeh* [1985] 1 QB 1012 (1025E–G), CA.

nahme berücksichtigte Lordrichter SLADE die gegensätzlichen Folgerungen von Richter JUPP in *Udale*[273] und Richter PETER PAIN in *Thake*[274], würdigte beide Urteile ausdrücklich als „sorgfältig begründete Entscheidungen“ („careful judgements“), zog aber letztlich die Ansicht von Richter PETER PAIN vor.[275]

Obwohl er den Aspekt des öffentlichen Interesses fast als philosophisches Problem ansah, das die Gerichte auf beiden Seiten des Atlantiks in zwei Lager gespalten habe,[276] entschied sich Lordrichter PURCHAS, konfrontiert mit den beiden widersprüchlichen erstinstanzlichen Entscheidungen, schließlich wie Lordrichter SLADE: Er zog die Lösung von Richter PETER PAIN vor. Wie Lordrichter WALLER zuvor überließ er die Entscheidung jeglicher *policy*-Fragen (im Anschluß an LORD SCARMAN in *McLoughlin*[277]) lieber dem Parlament.[278]

Selbst nach der Court of Appeal-Entscheidung in *Emeh*[279] hielt die Auseinandersetzung über die *public policy*-Faktoren in England an: Auch wenn im Berufungsurteil von *Thake*[280] nicht mehr erörtert wurde, ob aus Gründen des öffentlichen Interesses für die planwidrige Geburt eines normalen, gesunden Kindes überhaupt Schadensersatz zugesprochen werden sollte, behielt sich der Vertreter des Berufungsklägers das Recht vor, diesen Punkt zu erörtern, falls der Fall zum House of Lords gelangen sollte.[281] In *Jones* äußerte Richter OGNALL am Rande Bedenken gegen den bestehenden Rechtszustand und bemerkte in einer – wie er betonte – rein persönlichen Äußerung, daß ihn die rechtliche Anerkennung eines Schadensersatzanspruchs zugunsten einer mit einem gesunden Kind gesegneten Mutter befremde und daß die mit einem behinderten Kind belasteten Eltern oder ungewollt kinderlos gebliebenen Paare die Gewährung einer Entschädigung in einem solchen Fall sicherlich mit einiger Verwunderung registrieren würden.[282]

---

[273] [1983] 1 WLR 1098, QB.

[274] [1986] 1 QB 644, QB.

[275] Vgl. *Emeh* [1985] 1 QB 1012 (1025G–H), CA.

[276] „This is almost a philosophical problem, which has divided authorities on both sides of the Atlantic.“ *Ibid* 1028B.

[277] Vgl. Anm. 268.

[278] „If something has to be done in that respect, ... then that is a matter which falls more properly within the purview of Parliament.“ Vgl. *Emeh* [1985] 1 QB 1012 (1028F), CA. Krit. dazu BLOXHAM, LEE & MCGHEE PN 1 (1985) 126 (128), die im übrigen eine *ratio decidendi* der Entscheidung vermissen; zust. dagegen ausdrücklich Richter BROOKE in *Allen* [1992] 3 Med LR 257 (264), QB.

[279] [1985] 1 QB 1012, CA.

[280] [1986] 1 QB 644, CA.

[281] Tatsächlich lehnte der Revisionsannahmeausschuß des House of Lords *(Appeal Committee)* am 19.2.1986 einen Antrag auf Zulassung zur Revision ab, vgl. *Thake* [1986] 1 QB 644, 688D, HL. Dies sollte indessen nicht voreilig als Bestätigung der Court of Appeal-Entscheidung interpretiert werden (vgl. *Wilson v Colchester Justices* [1985] 2 AllER 97, 100c–g *per* Lordrichter ROYSKILL, CA).

[282] „I pause only to observe that, speaking purely personally, it remains a matter of surprise to me that the law acknowledges an entitlement in a matter to claim damages for the blessing of a healthy child. Certain it is that those who are afflicted with a handicapped child or who long desperately to have a child at all and are denied that good fortune would regard an award for this sort of contingency with a measure of astonishment. But there it is: that it is the law.“

Selbst in der Court of Appeal-Entscheidung in *Gold* zeigte sich Lordrichter LLOYD noch regelrecht betroffen von der gegenwärtigen Rechtslage, die offensichtlich solche Ansprüche anerkenne, und berief sich in diesem Zusammenhang auf die frühere Bemerkung von Richter OGNALL in *Jones*.[283]

Indessen besteht heute Einigkeit darüber, daß der durch die richtungsweisende Entscheidung des Court of Appeal in *Emeh*[284] geschaffene Trend, Schadensersatzansprüche der Eltern eines gesunden Kindes wegen *wrongful conception* anzuerkennen, nur noch durch eine Entscheidung des House of Lords bzw. des Parlaments korrigiert werden könnte.[285]

5.2.4
Argumente der *public policy* gegen eine ärztliche Haftung wegen *wrongful conception*

Die gegen eine ärztliche Haftung wegen *wrongful conception* angeführten Gründe des öffentlichen Interesses lassen sich in fünf große Kategorien einteilen:[286]

5.2.4.1
Widerspruch zum moralischen und sozialen Ethos der Gesellschaft

Die einzelnen *public policy*-Faktoren dieser relativ großen Kategorie sind in England nicht so deutlich in Erscheinung getreten wie etwa in den USA. In der Literatur geht man jedoch davon aus, daß sich diese Faktoren zwanglos unter das umfasssende *dictum* von LORD PEARCE in *Hedley Byrne*[287] subsumieren lassen, dem zufolge Existenz und Umfang einer Sorgfaltspflicht i.S. der *negligence* da-

---

(Unreported) [1986] QBD transcript 2 July, QB; i.E. ebenso Richter MACPHERSON in *Morris v South Manchester Private Clinic* (unreported) 29 April 1986, QB: „I am ... spared or prevented from giving voice to my own judgement or opinion ... which ... might not have been exactly the same.“ (zit. nach GRUBB, Conceiving, S. 125 FN 27); ähnl. bereits Richter PETER PAIN in *Thake* mit folgender Bemerkung: „In approaching this problem I firmly put sentiment on one side. A healthy baby is so lovely a creature that I can well understand the reaction of one who asks: how could its birth possibly give rise to an action for damages? But every baby has a belly to be filled and a body to be clothed. The law relating to damages is concerned with reparation in money terms and this is what is needed for the maintenance of a baby.“ Vgl. [1986] 1 QB 644 (666E–F), QB.

[283] Vgl. *Gold* [1987] 3 WLR 649 (651G–652B), CA.

[284] [1985] 1 QB 1012, CA.

[285] So NORRIE, S. 149; GRUBB, Conceiving, S. 126; DERS., (1987) 50 MLR 241 (263); LEWIS (1985) 82 LS Gaz 261; QUINLAN (1985) 15 Queensland LSJ 333 (336); SILVESTER (1986) 20 Law Teacher 204 (205); SYMMONS PN 3 (1987) 56; s.a. *Allen* [1992] 3 Med LR 257 (264 *per* Richter Brooke), QB.

[286] So auch SYMMONS (1987) 50 MLR 269 (279ff.); s.a. TEFF (1985) 34 ICLQ 423 (432ff.) zu den Einwänden gegen einen *wrongful life*-Anspruch, der seiner Ansicht nach deutliche Parallelen zum *wrongful conception*- bzw. *wrongful birth*-Anspruch aufweist.

[287] Vgl. *Hedley Byrne & Co Ltd v Heller & Partners Ltd* [1963] 2 AllER 575 (615H), HL.

von abhängen, wie das Gericht den Bedarf der Gesellschaft nach Schutz vor der Unachtsamkeit anderer beurteilt.[288]

Generelle Befürwortung der Fortpflanzung und Höchstwert menschlichen Lebens In seiner weitesten Fassung bedeutet dieser Einwand, daß eine Klage auf Schadensersatz wegen der Geburt eines normalen, gesunden Kindes gegen die grundlegenden Prinzipien unserer Gesellschaft verstoße und eine Schwangerschaft ausnahmslos ein natürliches Ereignis sei:[289] So hielt Richter JUPP in *Udale* offensichtlich die „Unantastbarkeit menschlichen Lebens“ für einen bedeutenden Aspekt.[290] Daß es der Fehler des Chirurgen war, der dem Kind letztlich das Leben geschenkt hat, sollte seiner Ansicht nach ein Anlaß zur Freude sein, nicht etwa Bestürzung hervorrufen.[291] Ebenso hatte die Beklagte zuvor in *Sciuragia* argumentiert, nämlich daß es gegen die menschlichen Empfindungen verstieße, wenn unter dem Gesichtspunkt der Vertragsverletzung Schadensersatz für einen mißlungenen Schwangerschaftsabbruch zugesprochen werden sollte.[292]

Verstoß gegen gesetzliche oder sonstige verbindliche Regelungen Besondere Bedeutung kommt auch der Gesetzgebung zu den verschiedenen Methoden der Geburtenkontrolle zu, die angeblich den Grad ihrer offiziellen Billigung indiziert: So untersuchte vor allem Richter PETER PAIN in *Thake* neben den sozialen Leistungen die Gesetzgebung seines Landes, um dort Anhaltspunkte für die Ziele der Familienpolitik zu finden.[293] Er kam zu dem Ergebnis, daß es die erklärte Absicht des Staats sei, in bezug auf die Familienplanung die größtmögliche Ent-

---

[288] So etwa SYMMONS (1987) 50 MLR 269 (279).

[289] So BRAHAMS (1983) 133 NLJ 643 (644).

[290] „However, some considerations mentioned in McKay's case may be relevant here. ... (4) The sanctity of human life which the law must regard as such that failure to prevent it should not be recognised as a cause of action. In other words, the law will not allow an action based on negligence which caused, or at least, allowed, a human life to come into being. ...“ Vgl. *Udale* [1983] 1 WLR 1098 (1109A–B), QB.

[291] „... (5) There should be rejoicing, not dismay, that the surgeon's mistake bestowed the gift of life upon the child.“ *Ibid* 1109B.

[292] Vgl. *Sciuragia* (1979) 123 SJ 406, QB; *affd* (unreported) [1980] CA transcript 24 July, CA; ähnl. die Beklagtenvertreter in *Thake*: „(1) ... It would be offensive to the notions of a majority of the inhabitants of this country if the court were to stigmatise the event of birth as a calamity which required parents to be compensated. The courts should and do reflect the primacy and sanctity of human life.“ Vgl. [1986] 1 QB 644 (650G–H *per* E.A. MACHIN QC u. RODERICK ADAMS), QB; s.a. HODGE (1982) 126 SJ 96.

[293] „I have to have regard to the policy of the state as it expresses itself in legislation and in social provision. I must consider this in the light of modern developments. By 1975 family planning was generally practiced. Abortion had been legalised over a wide field. Vasectomy was one of the methods of family planning which was not only legal but was available under the National Health Service. It seems to me to follow from this that it was generally recognised that the birth of a healthy baby is not always a blessing.“ Vgl. *Thake* [1986] 1 QB 644 (666F–G), QB; zust. BRAHAMS (1983) 133 NLJ 643 (645); DIES., (1983) 51 MLJ 65f.; HILLIARD (1985) 48 MLR 224 (228); HORTON ROGERS (1985) 5 LS 296 (304); NORRIE 1983 SLT 121f.; ROBERTSON (1983) 23 MedSci & Law 2 (4); SPOWART TAYLOR (1985) 15 Fam Law 147 (149); a.A. REICHMAN (1982) 10 SydLR 568 (577).

scheidungsfreiheit zu gewährleisten.[294] Auf diesen Punkt schien auch Lordrichter SLADE in *Emeh* Wert zu legen, denn er knüpfte an eine frühere Überlegung von Richter WATKINS in *Sciuragia*[295] an und stellte fest, daß eine Sterilisation geltendem Recht nicht widerspreche, selbst wenn dieses nicht von jedermann gebilligt werde.[296]

5.2.4.2
Fehlen bzw. Ausgleich eines elterlichen Schadens

Hinter diesem Ordnungspunkt verbirgt sich die Vorstellung, daß die Eltern eines unerwünschten Kindes, zumindest wenn es gesund ist, durch seine Geburt tatsächlich oder rechtlich keinen Schaden erlitten hätten, selbst wenn dieser „Vorteil" aufgezwungen worden sei.[297] Mit dem vorhergehenden *public policy*-Faktor ist er insofern verknüpft, als er auf der Überzeugung basiert, daß die Geburt eines normalen, gesunden Kindes ein Anlaß zum Feiern und nicht zur Zahlung von Entschädigungsleistungen sei.[298] So hatten die Beklagten in *Sciuragia*, wie bereits erwähnt, argumentiert, es laufe menschlichem Empfinden zuwider, wenn für einen mißlungenen Schwangerschaftsabbruch Schadensersatz gewährt würde.[299] Im Court of Appeal deutete Lordrichter WALLER *obiter* an, er halte es in einem anderen Fall für möglich, daß nach der Geburt eines gesunden Kindes kein weiterer Schaden eintrete.[300] Und in *Udale* wandte Richter JUPP als vierten *public policy*-Faktor gegen einen Anspruch auf Schadensersatz ein, daß in der abendländischen Kultur seit unvordenklicher Zeit ein neugeborenes Kind als Segen gelte und Anlaß zur Freude gebe, auch wenn die Welt in den Augen mancher Zeitgenossen ein „Tal der Tränen" sei.[301] Tatsächlich ging Richter JUPP sogar so weit zu erklären, daß, wenn er für die „umstrittenen" Posten Schadensersatz hätte

---

[294] „The policy of the state ... is to provide the widest freedom of choice." *Ibid* 666H.

[295] (1979) 123 SJ 406, QB.

[296] „Following, mutatis mutandis, the same reasoning as Watkins J. in first instance in Sciuragia v Powell, 123 SJ 406, the operation performed on the plaintiff in this case was in accordance with the law: not everyone may approve of that law, but it is the law." Vgl. *Emeh* [1985] 1 QB 1012 (1025E–F), CA.

[297] REICHMAN (1982) 10 SydLR 568 (574). Dieser *public policy*-Aspekt darf indes nicht mit der Schadensersatzregel der Vorteilsausgleichung verwechselt werden, vgl. ROBERTSON (1978) 4 AmJ Law & Med 131 (150).

[298] Vgl. REICHMAN *ibid.*

[299] (1979) 123 SJ 406, QB; *affd* (unreported) [1980] CA transcript 24 July, CA.

[300] „I quite see that the incidence of pregnancy and ... birth would properly form items of damage for the failure of the operation ..., but once a woman has given birth to a healthy child without harm to her, and the fears of the doctors had been shown to be unfounded, I would not regard it as unarguable in another case that thereafter no more damage would arise." Vgl. *Sciuragia* (unreported) [1980] CA transcript 24 July, CA.

[301] „... (4) It has been the assumption of our culture from time immemorial that a child coming into the world, even if, as some say, 'the world is a vale of tears', is a blessing and an occasion for rejoicing." Vgl. *Udale* [1983] 1 WLR 1098 (1109F), QB; krit. dazu BRAHAMS ((1983) 133 NLJ 643, 645; DIES., (1983) 51 MLJ 65f.), die diese Annahme für eine rechtliche Fiktion hält, da die Umstände des Einzelfalls außer Betracht blieben; ähnl. NORRIE 1983 SLT 121 (123); REICHMAN (1982) 10 SydLR 568 (574f.).

zusprechen müssen, die finanziellen Nachteile unberücksichtigt geblieben wären, weil sie durch die Dankbarkeit der Kläger für den lange herbeigesehnten männlichen Erben ausgeglichen worden seien.[302]

Eine weitere Variante dieses Einwands, der in seiner vollen Tragweite in den analysierten Entscheidungen weniger deutlich geworden ist, stellt die Überlegung dar, daß die Eltern rechtlich gehalten seien, künftige Ausgaben durch das Bemühen um einen rechtzeitigen Schwangerschaftsabbruch zu vermeiden,[303] wenn ihnen ihr Kind die mit seiner Existenz verbundenen potentiellen Ausgaben nicht wert erschiene: So war in *Emeh* das Versäumnis der Klägerin, sich um einen Schwangerschaftsabbruch zu bemühen, in erster Instanz für so unvernünftig gehalten worden, daß dieses Verhalten als *novus actus interveniens* oder, alternativ, als Verletzung der Schadensminderungspflicht den Sorgfaltsverstoß der Beklagten habe zurücktreten lassen.[304] Die Entscheidung wurde in der Berufungsinstanz aufgehoben, weil die Klägerin immerhin mit dem Dilemma konfrontiert worden sei, das sie durch die Sterilisation gerade habe vermeiden wollen.[305] Deshalb wurde es umgekehrt als unvernünftig gewertet, von einer Mutter die Vornahme eines Schwangerschaftsabbruchs mit all seinen Risiken, Beschwerden und Unannehmlichkeiten zu verlangen, auch wenn Lordrichter SLADE andeutete, daß die Vornahme eines solchen Eingriffs unter „außergewöhnlichen Umständen" erwartet werden könne.[306]

Lordrichter WALLER führte sogar den Faktor der „Familienstabilität" als „Gegenfaktor" an, indem er darauf verwies, daß die Verweigerung eines Schadensersatzanspruchs aus Gründen der *public policy* für manche ein Anreiz zur Vornahme später Abbrüche bieten könnte, während umgekehrt die Gewährung von Schadensersatz in einigen Fällen eine Ermutigung und Hilfe bei der Pflege und Erziehung des ungeplanten Kindes sein könnte.[307] Damit schien Lordrichter WALLER die Gewährung von Schadensersatz für die künftige Pflege und Erziehung des Kindes nicht nur als Mittel der Förderung des familiären Zusammenhalts, sondern auch als Anreiz zur Erhaltung des kindlichen Lebens zu sehen. Dagegen wird zu bedenken gegeben, daß dieser Gesichtspunkt nicht auf eine Adoption (eine Alternative, die im vorliegenden Fall nicht zur Sprache kam) zu-

---

[302] „... if I had to award damages [to the plaintiff] under the disputed heads, I would have to regard the financial disadvantages as offset by her gratitude for the gift of a boy after four girls." *Ibid* 1109G.

[303] Die Frage der Freigabe des Kindes zur Adoption wurde überhaupt nicht erst aufgeworfen!

[304] [1983] The Times 3 January, QB.

[305] „... [the defendants] faced [the plaintiff] with the very dilemma which she had sought to avoid by having herself sterilised." Vgl. *Emeh* [1985] 1 QB 1012 (1022F *per* Lordrichter SLADE), CA; zust. BRAHAMS (1984) 52 MLJ 250 (251).

[306] *Ibid* 1022G–H.

[307] „If public policy prevents a recovery of damages, then there might be an incentive on the part of some to have late abortions. On the other hand damages can be awarded which may in some cases be an encouragement and help to bring up an unplanned child." *Ibid* 1021D–E.

treffe, auch wenn sich die Adoptionsfreigabe selbstverständlich auf die Familienbande auswirke.[308]

5.2.4.3 Verwaltungsfaktoren[309]

Unter dem Oberbegriff „Verwaltungsfaktoren" lassen sich gleich mehrere *public policy*-Faktoren zusammenfassen, denen allesamt gemeinsam ist, daß sie rein praktische Gründe gegen eine Gewährung von Schadensersatz wegen *wrongful conception* anführen:

Gefahr der Klageflut („floodgates") Auch wenn dieser Aspekt[310] in den untersuchten Entscheidungen bislang noch nicht ausdrücklich erwähnt worden ist, wird die Befürchtung, daß die Anerkennung eines Schadensersatzanspruchs in solchen Fällen eine Klageflut auslösen könnte,[311] durch das vorhandene Fallmaterial genährt: So war beispielsweise in *Sciuragia* der nichteheliche Vater anstelle der Mutter auf die Idee gekommen, den Arzt wegen des mißlungenen Abbruchs zu verklagen – vermutlich um auf diesem Weg die von ihm zu leistenden Unterhaltszahlungen erstattet zu bekommen.[312]

Risiko mißbräuchlicher oder fiktiver Klagen Demgegenüber ist die verbreitete Furcht vor mißbräuchlichen Klagen bereits mehrfach angeklungen: So hatte Richter PARK in *Emeh* in erster Instanz festgestellt, daß sich die Klägerin nur deshalb innerhalb weniger Tage nach Feststellung ihrer Schwangerschaft für deren Fortsetzung entschieden habe, weil sie bewußt ein weiteres Kind habe bekommen wollen.[313] In *Gold* waren zunächst ebenso Zweifel angemeldet worden, ob der ursprüngliche Wunsch der Eltern nach Geburtenkontrolle auch echt gewesen sei, da diese nach dem angeblich „ungewollten" Kind noch ein weiteres bekamen.[314] Unverständlicherweise sind ähnliche Bedenken in *Venner* nicht laut geworden, obwohl es dort die Eltern versäumt hatten, vorübergehend zusätzliche

[308] Vgl. SYMMONS (1987) 50 MLR 269 (287).

[309] Ausf. dazu SYMMONS (1971) 34 MLR 394 (402).

[310] Allg. zum „floodgates"-Argument WINFIELD & JOLOWICZ, S. 86.

[311] Vgl. ROBERTSON [1979] 2 BMJ 1008 (1009).

[312] (Unreported) [1980] CA transcript 24 July, CA. Dort wies Lordrichter STEPHENSON darauf hin, daß die Klägerin eine eigene Klage gegen den Arzt erst erwogen habe, nachdem sie von der Klageabsicht des nichtehelichen Vaters erfahren hatte. Nach den Feststellungen des Tatrichters erhielt die Klägerin zu diesem Zeitpunkt bereits Unterhalt für das Kind aufgrund einer gerichtlichen Anordnung *(affiliation order)*.

[313] Dagegen entschieden die Lordrichter SLADE u. PURCHAS im Court of Appeal, daß die erstinstanzliche Entscheidung, einer der Gründe für die Austragung der Schwangerschaft sei die Unterrichtung der Klägerin von der Klageaussicht gewesen, jeglicher Grundlage entbehre. Daher sei die Schlußfolgerung, die Entscheidung der Klägerin habe rein wirtschaftliche Beweggründe gehabt, gewagt gewesen. Vgl. *Emeh* [1985] 1 QB 1012 (1023G, 1024B–1025C bzw. 1026G–1027B), CA.

[314] Vgl. *Gold* [1987] 1 FLR 125 (140E–F), QB. Richter SCHIEMANN wußte den – wie er einräumte – „gewichtigen" Einwand aufgrund konkreter Umstände zurückzuweisen (*ibid* 140G–H).

familienplanerische Maßnahmen zu ergreifen, die unter den gegebenen Umständen sogar medizinisch indiziert waren.[315]

Aus Sicht der Lehre sind solche Ängste dagegen weitgehend unbegründet: Schwangerschaft und Geburt seien nicht so leicht vorzutäuschen und angebliche Pflichtverletzungen müßten im Bestreitensfall immerhin bewiesen werden.[316] Dafür sieht man eher eine Gefahr darin, daß die Eltern Schadensersatz für die Unterhaltskosten des Kindes erhalten und anschließend das Kind zur Adoption freigeben könnten.[317] Falls dies nach Ablauf der Berufungsfristen geschähe, so die Befürchtung, gäbe es keine rechtliche Möglichkeit, ein derartiges Verhalten der Eltern zu verhindern.[318] Das Problem der fiktiven Klage wird bereits der Situation gleichgesetzt, wo der Geschädigte nach erlittener Körperverletzung mit Erfolg Schadensersatz wegen der künftigen Ausgaben einer privaten Arztbehandlung einklagt, später jedoch auf die (kostenlose) Versorgung durch den *NHS* ausweicht.[319] In den analysierten Entscheidungen ist das Problem „fiktiver Klagen" bislang noch nicht ausdrücklich angesprochen worden.

Schwierigkeit der Schadensbemessung[320] In *McKay*, dem ersten bekannt gewordenen *wrongful life*-Fall Englands, ist die Unmöglichkeit der Schadensberechnung (d.h. die Bemessung des Unterschieds zwischen dem Leben eines Kindes mit Behinderungen gegenüber seiner Nichtexistenz) als unüberwindbares Hindernis bei der Durchsetzung eines Schadensersatzanspruchs angesehen worden.[321] Zum Teil ist die Ansicht vertreten worden, dieser Ordnungspunkt finde auch in den Parallelfällen der *wrongful conception* Anwendung, wenn man nur den Begriff „Unmöglichkeit" durch „Schwierigkeit" ersetze.[322] In *Thake* begegnete man dem Einwand der „Schwierigkeit" der Schadensbemessung mit dem Hinweis, daß es sich bei den von der Mutter erlittenen Beschwerden im Zusammenhang mit Schwangerschaft und Geburt um gewöhnliche immaterielle Schäden handele, deren Berechnung nach englischem Recht kein besonderes Problem darstelle und die deshalb ohne weiteres erstattungsfähig seien.[323]

---

[315] (Unreported) [1987] QBD transcript 19 February, QB.

[316] So etwa HORTON ROGERS (1985) 5 LS 296 (304).

[317] So REICHMAN (1982) 10 SydLR 568 (586 FN 59).

[318] REICHMAN zieht hiergegen die Vereinbarung bestimmter Sicherheiten in Erwägung (z.B. die Errichtung eines *trust* für das Kind oder die Abrede einer ratenweisen Unterhaltszahlung), hält diese aber auch nicht für unproblematisch *(ibid)*; s.a. die kan. *wrongful life*-Entscheidung *Cataford v Moreau* (1978) 114 DLR 3d 585, Que SC, in der zur Wahrung der Rechte des Kindes die Ernennung eines „guardian litem" vorgeschlagen wurde.

[319] So etwa SYMMONS (1987) 50 MLR 269 (290). – Zur allg. Rechtslage in Fällen der Körperverletzung s. WINFIELD & JOLOWICZ, S. 640 FN 17.

[320] Krit. zu diesem Ordnungspunkt im Kontext von *wrongful life*-Klagen TEFF (1985) 34 ICLQ 423 (432ff.).

[321] Vgl. *McKay* [1982] 1 QB 1166 (1181B–1182F *per* Lordrichter STEPHENSON, 1189A–E *per* Lordrichter ACKNER, 1192F–1193A *per* Lordrichter GRIFFITH), CA; krit. hierzu O'NEILL (1985) 5 Auckland ULR 180 (188); WEIR 41 [1982] CLJ 225 (228).

[322] Vgl. etwa die letztlich erfolglos verlaufene Argumentation der Beklagtenvertreter in *Thake* [1986] 1 QB 644 (650H–651A), QB.

[323] Vgl. *Thake* [1986] 1 QB 644 (683D–E *per* Lordrichter KERR), CA.

Interessanterweise findet sich diese „Zwischenlösung"[324] auch in älteren Entscheidungen: So umfaßte in *Sciuragia* der eingeklagte und letztlich auch zugesprochene Schadensersatz nur die unmittelbaren persönlichen Einbußen der Klägerin (z.B. früherer Verdienstausfall, Verlust der Erwerbsfähigkeit, Beeinträchtigung der Heiratsaussichten und Schmerzensgeld).[325] In *Udale* deutete Richter JUPP an, er sehe in der Gewährung einer Entschädigung unter ähnlichen Gesichtspunkten (Schadensersatz mit Rücksicht auf die durch die unerwartete Schwangerschaft gestörten Familienfinanzen eingeschlossen) kein rechtspolitisches Problem, so daß die Kosten der Babyausstattung und der notwendigen Vergrößerung der Unterkunft ersatzfähig seien.[326] Gleichzeitig weigerte sich Richter JUPP, den Ersatz der Unterhaltskosten während der Minderjährigkeit des Kindes unter Hinweis auf die Schwierigkeit der Berechnung eines solchen Schadensersatzanspruchs abzulehnen, und wies insoweit jegliche Probleme weit von sich.[327]

Überwiegend werden die künftigen Unterhaltskosten des „ungewollten" Kindes während seiner Minderjährigkeit jedoch als direkter und vorhersehbarer Schaden der Eltern gewertet, der ebenso berechnet werden könne wie ein wirtschaftlicher Verlust in anderen Bereichen des Deliktsrechts:[328] So sprach der Court of Appeal im *leading case* von *Emeh* der Mutter nicht nur Schadensersatz für ihren künftigen Verdienstausfall sowie ein Schmerzensgeld, sondern auch Schadensersatz für den künftigen Unterhalt des Kindes (einschließlich eines behinderungsbedingten Mehrbedarfs) zu.[329]

Anders als in Deutschland orientieren sich die Gerichte in England bei der Berechnung des Kindesunterhalts aber nicht an einer „hypothetischen Familie"[330], sondern berücksichtigen die tatsächlichen Lebensumstände der betroffenen Familie, wobei deren Größe, das Alter der Eltern, ihr Familienstand und ihr Einkommen allesamt bedeutsame Faktoren sind: So wurde in *Thake* der Kindesunterhalt anhand der Sozialhilfesätze ermittelt, weil das Kind in einfache Verhältnisse

---

[324] So SYMMONS (1987) 50 MLR 269 (292).

[325] (Unreported) [1980] CA transcript 24 July, CA. Dort ließ Lordrichter WALLER offen, ob weitere Schäden erstattungsfähig seien. Daß das gewährte Schmerzensgeld vergleichsweise gering ausfiel, wird darauf zurückgeführt, daß sich die Gefahr einer seelischen Schädigung der Mutter (vgl. ABORTION ACT 1967, sec. 1 (1)(a)) nicht verwirklicht hatte. Vgl. LEWIS (1982) 79 LS Gaz 839; DERS., (1981) 78 LS Gaz 827; ROBERTSON (1981) 44 MLR 215 (216 FN 3); jeweils unter Hinweis auf die *obiter* getroffene Festellung des Gerichts, daß die Klägerin im weiteren Verlauf der Schwangerschaft Befriedigung, ja sogar eine gewisse Erleichterung verspürt habe. Daneben sei berücksichtigt worden, daß, obwohl die Entbindung keine außergewöhnlichen Beschwerden bereitet habe, der Vertrag über den Schwangerschaftsabbruch gerade auch solche Folgen habe verhindern sollen.

[326] Vgl. *Udale* [1983] 1 WLR 1098 (1109G–1110A), QB.

[327] *Ibid* 1107D–E. Der Beklagtenvertreter hatte die Ansicht vertreten, es sei „ungerecht", die Unterhaltskosten des Kindes ersetzt zu verlangen, ohne die materiellen Vorteile zu berücksichtigen, welche die Eltern später von ihrem Kind erlangten (*ibid* 1107B–D).

[328] So etwa NORRIE 1983 SLT 121 (122f.), der eine Parallele zu den Körperverletzungsfällen zieht.

[329] Vgl. *Emeh* [1985] 1 QB 1012 (1022B–H *per* Lordrichter WALLER), CA.

[330] SYMMONS (1987) 50 MLR 269 (292).

hineingeboren worden sei.[331] Umgekehrt umfaßte der Kindesunterhalt in *Benarr* auch die Kosten des Privatunterrichts für das ungeplante Kind, da eine private Schulerziehung der Kinder für eine Familie gehobenen Status standesgemäß sei und es sich daher insoweit um notwendige Ausgaben handele.[332]

Auch wenn damit die Berechnung des künftigen wirtschaftlichen Verlustes der Eltern durch das „unerwünschte" Kind den englischen Gerichten letztlich keine unüberwindbaren Schwierigkeiten bereitet hat, blieb nach wie vor das Problem der Vorteilsausgleichung bestehen, also die Frage, ob von der zugesprochenen Summe der Wert der elterlichen Freuden, die auch mit einer planwidrigen Geburt früher oder später verbunden sind, abgezogen werden soll:[333] Nachdem bereits die Kosten des Kindesunterhalts zugesprochen worden waren, hielt Lordrichter KERR in *Thake* einen derartigen Abzug für unpraktikabel, da die Freude der Eltern über die Geburt eines gesunden Kindes praktisch unmöglich in Geld auszudrücken sei.[334] Dagegen hatte Richter JUPP in *Udale* erklärt, daß, wenn er Schadensersatz für den Kindesunterhalt hätte gewähren müssen, er diesen finanziellen Nachteil als durch die Dankbarkeit der Mutter für das Geschenk eines gesunden Kindes ausgeglichen und daher als nicht erstattungsfähig betrachtet hätte.[335] Anders als zuvor seine Kollegen legte sich Lordrichter PURCHAS in *Emeh* nicht fest, sondern verwies unter Berufung auf die US-amerikanische Entscheidung *Sherlock v Stillwater Clinic*[336] lediglich auf schadensmindernde Momente, die bei der Berechnung üblicherweise zu berücksichtigen seien, weshalb der zu gewährende Scha-

[331] „I confine myself to the costs of [the child's] birth and upkeep. The plaintiffs have claimed for this on a moderate basis. They have made their calculations on the basis of the supplementary benefit scales. This is right. [The child] has been born into a humble household and the defendant should not be expected to do more than to provide [it] with necessaries." Vgl. *Thake* [1986] 1 QB 644 (668E *per* Richter PETER PAIN), QB. Dieser Aspekt der Schadensberechnung stand in der Berufungsinstanz nicht mehr zur Diskussion. Näher zur Berechnung des Unterhaltsschadens Kap. 5.2.5.1 (S. 284ff.), *infra*.

[332] „It is clear ... that Mr Justice Peter Pain J. was taking into account the financial status of the familiy and directing his mind ... to the sort of expenditure which would be incurred for a child in that state of life. In other words, in my judgement he was addressing his mind to what would be necessary for a child so circumstanced. ... If that be the right test, and I think it is, it would follow that if the victim of a negligent vasectomy is a father who would in any event have privately educated his children, he is entitled to be compensated for what in the circumstances of that family could properly be called a necessary. I therefore conclude that the plaintiff is entitled to be compensated for the future expense to which he will be put in respect of the [child's] education." Vgl. *Benarr* (unreported) [1988] QBD transcript 27 April, QB.

[333] Der Abzug *materieller* Vorteile, insbes. des Kindergelds *(child allowance)*, i.R. der Vorteilsausgleichung stand von Anfang an außer Frage, vgl. etwa *Udale* [1983] 1 WLR 1098 (1106A–D *per* Richter JUPP), QB; s.a. HORTON ROGERS (1985) 5 LS 296 (309); SPOWART TAYLOR (1985) 15 Fam Law 147 (149).

[334] „The joy of parents at the birth of a healthy child, though with the consequent time and trouble which needs to be devoted in its upbringing, are both virtually impossible to assess in terms of money." Vgl. *Thake* [1986] 1 QB 644 (683C–D *per* Lordrichter KERR), CA.

[335] Tatsächlich hielt Richter JUPP deshalb die drei umstrittenen Schadensposten für letztlich abgegolten. Krit. zur Vorteilsausgleichung in diesem Zusammenhang ROBERTSON (1983) 23 Med-Sci & Law 2 (4).

[336] (1977) 260 NW 2d 169.

densersatz im Ergebnis angemessen herabzusetzen sei.[337] Es überrascht nicht, daß Lordrichter KERR später in *Thake* bemängelte, das Gericht in *Emeh* habe offen gelassen, bei welchem Schadensposten die Freude über das Geburtsereignis in Abzug gebracht werden sollte.[338]

Tatsächlich war das Problem der am betroffenen Interesse orientierten Vorteilsausgleichung in *Thake* bereits in erster Instanz aufgetreten, wo Richter PETER PAIN einen Abzug für den „Segen" der Geburt vorgenommen hatte,[339] der aber seiner Ansicht nach nur die Beschwerden der Schwangerschaft und Geburt ausgleichen sollte. In der Berufungsinstanz war Lordrichter KERR geradezu ängstlich darauf bedacht, daß der Abzug im Ergebnis nicht zweimal (d.h. bei mehr als einem der nichtvermögenswerten Einbußen der Eltern) vorgenommen wurde. So erkannte er, daß die vorgeburtlichen Beschwerden der Mutter auf einer anderen Ebene anzusiedeln seien als die mit der Pflege und Erziehung des Kindes verbundene Summe an Arbeit, Zeit und Sorgen; deshalb sei es falsch, die Erleichterung und Freude der Eltern über die Geburt ihres Kindes von beiden Posten abzuziehen.[340] Dem zufolge könne die positive Reaktion der Eltern auf die Geburt ihres Kindes eine Klage auf Ersatz des künftigen Kindesunterhalts nicht berühren, womit dem in *Sherlock*[341] angewandten und von den Lordrichtern PURCHAS und KERR herangezogenen Prinzip, der *same interest rule*, Genüge getan sei.

Letztlich bedeutet die Entscheidung auch, daß nach englischem Recht in *wrongful conception*-Fällen grundsätzlich volle Entschädigung (d.h. Schadensersatz) zu gewähren ist.[342] Denn Lordrichter KERR hielt es für richtig, daß nur zwei gegenläufige Posten rechtlich als sich gegenseitig ausgleichend behandelt werden.[343] Im Anschluß hieran prophezeite die Lehre, daß in England Klagen auf

---

[337] „Where the arrival of the child has mitigating features, such as those referred to in [Sherlock v Stillwater Clinic], then, in the ordinary assessment of damages, there will be an appropriate diminution in the damages awarded." Vgl. *Emeh* [1985] 1 QB 1012 (1028F–G *per* Lordrichter PURCHAS), CA. Taktvollerweise schloß sich Lordrichter PURCHAS der Feststellung des Tatrichters an, daß das Kind der Familie letztlich willkommen gewesen ist.

[338] Vgl. *Thake* [1986] 1 QB 644 (683B–C), CA.

[339] „As I see it, the birth of a healthy child should be set off against their disappointment and the labour pains so that they cancel each other out." *Ibid* 667F. Krit. dazu LEWIS (1984) 81 LS Gaz 1827 (1829).

[340] „The joy of having [the child] should in my view be set off against the time, trouble and care which is inevitably involved in [its] upbringing. ... But the pre-natal distress, pain and suffering in my view stand on a different footing, and I think that it would be wrong to apply this set off to this head fo claim as well, in effect twice over, bearing in mind that the claim for pain and suffering was otherwise unchallenged." *Ibid* 682E–F.

[341] Vgl. Anm. 336.

[342] Vgl. BLOXHAM, LEE & MCGEE PN 1 (1985) 126 (128); SYMMONS (1987) 50 MLR 269 (295); ähnl. HORTON ROGERS ((1985) 5 LS 296, 309), die für eine abgewandelte Vorteilsausgleichung in Analogie zu den Körperverletzungsfällen eintritt, wo nur eindeutig geforderte Abzüge vorgenommen würden.

[343] „It is therefore right that in law they should be treated as cancelling each other out." Vgl. *Thake* [1986] 1 QB 644 (683D), CA.

Schadensersatz wegen *wrongful conception* in Zukunft nicht mehr von nur beschränktem finanziellen Wert für die Eltern eines gesunden, aber „unerwünschten“ Kindes sein würden – eine Voraussage, die längst eingetreten ist.[344]

5.2.4.4 Faktor des „öffentlichen Interesses“

Unter die Kategorie des „öffentlichen Interesses“ fallen zwei Faktoren, die sich beide mit der Auswirkung einer ärztlichen Haftung auf den betroffenen Berufsstand befassen:

Außergewöhnliche Härte für die Ärzteschaft Hinter diesem Ordnungspunkt steckt die Sorge, daß im Fall einer ärztlichen Haftung für *wrongful conception* der zugesprochene Schadensersatz der Höhe nach außer Verhältnis zur Schuld des behandelnden Arztes stehen könnte.[345] Denn dieser hätte nicht nur eine unvertretbare finanzielle Last zu tragen, sondern würde letztlich zu einer Art „Ersatzvater“ umfunktioniert, weil er für die gesamten Kosten der Aufziehung des Kindes aufkommen müßte. Die Befürchtung, die Unterhaltspflicht könnte sich faktisch von den Eltern auf den Arzt verlagern, ist zumindest in einer der untersuchten Entscheidungen erkennbar geworden: In *Udale* griff Richter JUPP den Einwand des Beklagtenvertreters auf, daß im Fall der Anerkennung eines Schadensersatzanspruchs der Eltern auch der Rechtsweg für Unterhaltsklagen von Kindern gegen Ärzte offenstünde, und wies auf die damit verbundene zusätzliche Belastung für die Ärzteschaft hin.[346] Eine ähnliche Überlegung findet sich im Votum von Lordrichter STEPHENSON in dem *wrongful life*-Fall von *McKay*, wo er einwandte, daß mit der Anerkennung eines solchen Anspruchs ein Arzt einem pränatal mit Röteln infizierten Kind auch dann Schadensersatz leisten müßte, wenn es später – erfreulicherweise – nur mit leichten Behinderungen geboren werde.[347]

In der Literatur finden sich dagegen Stimmen, die den Faktor des „öffentlichen Interesses“ genau im entgegengesetzten Sinn verstehen. Danach könnte eine potentielle Haftung den Arzt zu größerem beruflichen Verantwortungsbewußtsein erziehen.[348] Hierbei handelt es sich übrigens um ein Argument, das in einem weiteren Sinn bereits von Lordrichter DENNING (MR) propagiert wurde, um die Ausdehnung der Haftung wegen *negligence* in anderen Bereichen des

---

[344] Zu den ähnl. Schadensbemessungsproblemen im Fall eines *behinderten* Kindes vgl. SYMMONS (1987) 50 MLR 269 (296).

[345] Vgl. FLEMING, Law, S. 169; s.a. *Rieck v Medical Protective Co* (1974) 219 NW 2d 242.

[346] „... (1) The objection that the courts would be open to claims for maintenance by children against doctors who negligently allowed them to be born. (2) The extra burden this would impose on the medical profession. ...“ Vgl. *Udale* [1983] 1 WLR 1098 (1109A), QB.

[347] „... it would even mean that a doctor would be obliged to pay damages to a child infected with rubella before birth who was in fact born with some mercifully trivial abnormality.“ Vgl. *McKay* [1982] 1 QB 1166 (1180H–1181A), CA.

[348] So HORTON ROGERS (1985) 5 LS 296 (304); REICHMAN (1982) 10 SydLR 568 (580f.).

Deliktsrechts zu rechtfertigen.[349] Im vorliegenden Kontext wird vor allem auf die hinreichende Anzahl von Fällen hingewiesen, in denen ein vergleichsweise geringfügiger Fehler ebenfalls zur Gewährung enorm hoher Schadensersatzsummen geführt hat.[350] Allerdings ist man sich auch des Umstands bewußt, daß der innerhalb des ärztlichen Berufsstands übliche Abschluß einer Berufshaftpflichtversicherung den erwünschten Abschreckungseffekt einer potentiellen Haftung zumindest relativiert.[351]

Pervertierung beruflicher Pflichten durch Obliegenheit zur Vornahme eines Schwangerschaftsabbruchs Eine andere Variante des Faktors des „öffentlichen Interesses" äußert sich in der Befürchtung, daß die Belastung der Ärzteschaft mit einer Haftung Ärzte dazu ermutigen könnte, einer Mutter zum Schwangerschaftsabbruch zu raten oder selbst einen solchen Eingriff vorzunehmen, selbst wenn keine Anzeichen für eine Behinderung des Kindes vorlägen.

Diese Sorge war eine der *public policy*-Faktoren, die Richter JUPP in *Udale* gegen eine Haftung wegen *wrongful conception* anführte. Andernfalls könnten Ärzte unbewußt dazu neigen, Schwangerschaftsabbrüche zu befürworten, um späteren Schadensersatzforderungen wegen der planwidrigen Geburt des Kindes zu entgehen.[352] Eine ähnliche Behauptung findet sich in dem *wrongful life*-Fall von *McKay*, wo Lordrichter ACKNER auf eine entsprechende Äußerung der *Law Commission* in ihrem *Report on Injuries to the Unborn Child*[353] Bezug nahm.[354] Er fügte hinzu, daß diese Ansicht später von der *Royal Commission* im *Pearson Report* geteilt worden sei.[355] Dort war auch erklärt worden, daß bei Anerkennung von *wrongful life*-Klagen ein Arzt gezwungen wäre, eine Frau zum Schwangerschaftsabbruch zu drängen, falls auch nur die geringste Möglichkeit bestünde, das Kind könnte behindert zur Welt kommen.[356] Indessen distanzierte sich Lordrichter GRIFFITH im selben Fall von dieser *policy consideration*, da die Entscheidung zum Schwangerschaftsabbruch letztlich der betroffenen Frau überlassen

---

[349] So in *Dutton v Bognor Regis Urban DC* [1972] 1 AllER 462 (476b), CA; vgl. aber auch seine spätere Zurückhaltung im Bereich der Arzthaftung in *Whitehouse v Jordan* [1980] 1 AllER 650 (658b–e), CA.

[350] So insbes. HORTON ROGERS (1985) 5 LS 296 (304) unter Hinweis auf *Overseas Tankership (UK) Ltd v Morts Dock & Engeneering Co Ltd, The Wagon Mound* [1961] AC 388, PC.

[351] So HORTON ROGERS (1985) 5 LS 296 (304); REICHMAN (1982) 10 SydLR 568 (580f.).

[352] „... the danger that doctors would be under subconscious pressure to advice abortions for fear of actions for damages." Vgl. *Udale* [1983] 1 WLR 1098 (1109A), QB.

[353] „Such a cause of action, if it existed, would place an almost intolerable burden on medical advisers in their socially and morally exacting role: The danger that doctors would be under subconscious pressures to advice abortions in doubtful cases through fear of an action for damages, is, we think, a real one." Vgl. *Law Commission Report*, para. 89; zust. ROBERTSON [1979] 2 BMJ 1008 (1009); abl. DICKENS, S. 90.

[354] Vgl. *McKay* [1982] 1 QB 1166 (1187A–B *per* Lordrichter ACKNER), CA.

[355] *Ibid* 1187B–C.

[356] „... a doctor would be obliged to urge a woman to have an abortion if there was the slightest chance that her child would be born defective." Vgl. *The Pearson Report*, para. 1485.

bleibe und der Arzt sie nur über ihre Rechte aufklären und die für und wider die Vornahme eines solchen Eingriffs sprechenden Aspekte beraten könne.[357]

Beiden Ansichten wird in der Literatur entgegengehalten, sie beschönigten den eigentlich kritischen Punkt, nämlich daß in jenem Fall die Rötelninfektion der Mutter aufgrund der Pflichtverletzung der Beklagten bis zur Geburt des Kindes unentdeckt geblieben sei, so daß dort eine Versuchung des Arztes, die Frau zum Abbruch der Schwangerschaft zu bewegen, rein hypothetisch gewesen sei.[358] Tatsächlich findet sich in den späteren Entscheidungen eine überzeugendere, wenn auch schärfere Antwort auf die von der Mehrheit der Lordrichter in *McKay* verspürte Angst: In *Thake* stellte Richter PETER PAIN in erster Instanz fest, daß es im konkreten Fall zwar keine Möglichkeit zu einem solchen Eingriff mehr gegeben hätte.[359] *Obiter* fügte er jedoch hinzu, daß dieser *public policy*-Aspekt wegen der Arbeitsteilung innerhalb der Ärzteschaft ohnehin nur geringes Gewicht habe, da die Entscheidung über die Durchführung eines Schwangerschaftsabbruchs gewöhnlich einem Gynäkologen obliege, der unabhängig von dem Arztkollegen urteile, der sich einem möglichen Fahrlässigkeitsvorwurf ausgesetzt sehe.[360]

5.2.4.5
Faktor der „Familienstabilität"

Während beim Faktor des „öffentlichen Interesses" die möglichen Folgen einer Haftung für den ärztlichen Berufsstand betrachtet werden, geht es hier um die Auswirkungen auf die betroffene Familie, und zwar unter zwei Aspekten:

Problem der späteren Konfrontation des Kindes mit der eigenen Unerwünschtheit („emotional bastard") Die diesem *public policy*-Faktor typischerweise zugrunde liegende Vorstellung ist eine Abwandlung des Faktors des „öffentlichen Interesses". Sie beruht auf der Annahme, daß eine Ausdehnung der deliktsrechtlichen Haftung im Zweifel dem typischen Kreis möglicher Prozeßbeteiligter (hier: den Klägern) mehr Schaden als Nutzen brächte. Dieser Faktor ist in *Udale* angesprochen worden, wo Richter JUPP sich dem Argument des Beklagtenvertreters anschloß, ein Kind sollte nicht erfahren, daß ein Gericht sein Leben oder

---

[357] „I do not myself find this a convincing reason for denying the action if it would otherwise lie. The decision whether or not to have an abortion must always be the mother's; the duty of the medical profession can be no more than to advise her of her right to have an abortion and of the pros and cons of doing so. ... Provided the doctor gives a balanced explanation of the risks involved in continuing the pregnancy, including the risk of injury to the fetus, he cannot be expected to do more, and need have no fear of an action being brought against him." Vgl. *McKay* [1982] 1 QB 1166 (1192D–F), CA.

[358] So etwa SYMMONS (1987) 50 MLR 269 (300).

[359] Vgl. *Thake* [1986] 1 QB 644 (668B), QB.

[360] „In view of the divisions within the medical profession, I think it has little force. The decision whether to abort or not will usually rest with an obstetrician, who may well be quite independant of the medical man who faces a possible charge of negligence." *Ibid* 668B–C. Zust. SPOWART TAYLOR (1985) 15 Fam Law 147 (149); s.a. ABORTION ACT 1967, sec. 1 (1).

seine Geburt öffentlich abgewertet habe und es unerwünscht sei oder abgelehnt werde.[361]

Dagegen wird eingewandt, daß das Kind hier strenggenommen nicht Prozeßbeteiligter sei.[362] Eher finde sich da schon eine Parallele zu den sog. Schock-Fällen *(nervous shock)*, wo sich die Situation der Prozeßbeteiligten auf Klägerseite tatsächlich wie beschrieben darstelle:[363] So habe Lordrichter STEPHENSON in *McLoughlin v O'Brien* zu Recht festgestellt, daß eine Ausweitung der Sorgfaltspflicht über die durch das öffentliche Interesse gezogenen Grenzen hinaus vielen Opfern eines Nervenschocks abträglich sein könnte, weil die Aufregungen eines Prozesses die Genesung eher noch verzögerten, erschwerten oder sogar unmöglich machten.[364]

Die neueren Entscheidungen tendieren ebenfalls dazu, diesem Gesichtspunkt keine Bedeutung beizumessen: So wurde er in *Emeh*[365] stillschweigend und in *Thake*[366] sogar ausdrücklich verworfen. Dort sagte Richter PETER PAIN voraus, die Gewährung von Schadensersatz werde nicht dazu führen, daß sich das Kind abgelehnt fühle; eher werde es seine Entscheidung eines Tages als ein willkommenes Mittel ansehen, seiner Familie das Leben etwas leichter zu machen.[367]

Auch die Literatur reagiert auf diesen *public policy*-Faktor überwiegend[368] kritisch: So wird etwa argumentiert, daß das Risiko einer solchen Schädigung des Kindes schwer einzuschätzen sei und sich im konkreten Fall nicht unbedingt verwirklichen müsse.[369] Auch könne das Gericht durch eine Bekräftigung, die Zuerkennung von Schadensersatz entspreche wegen ihrer evtl. psychisch beeinträchtigenden Wirkung nicht den Interessen des Kindes, genau den Effekt erzielen, den es habe vermeiden wollen; dagegen könnten verbesserte finanzielle Umstände die Wahrscheinlichkeit erhöhen, daß das Kind sich willkommen fühle.[370] Gleiches gelte, wenn es erfahre, daß seine Eltern sich geweigert hätten, es abtreiben zu lassen oder zur Adoption freizugeben.[371] Schließlich komme es entscheidend darauf an, wie es in die Familie aufgenommen werde, wobei ein Kind sehr wohl Liebe

---

[361] „The considerations that particularly impress me are these: (1) It is highly undesirable that any child should learn that a court has publicly declared his life or birth to be a mistake – a disaster even – and that he or she is unwanted or rejected. ..." Vgl. *Udale* [1983] 1 WLR 1098 (1109D), QB; s.a. die kan. Entscheidung *Doiron v Orr* (1978) 86 DLR 3d 719 (722 *per* Richter GARRETT), HC; HODGE (1982) 126 SJ 96.

[362] So etwa SYMMONS (1987) 50 MLR 269 (302).

[363] *Ibid.*

[364] [1981] 1 AllER 809 (822d–e), CA.

[365] [1985] 1 QB 1012, CA.

[366] [1986] 1 QB 644, QB & CA.

[367] „I do not think that if I award damages here it will lead [the child] to feel rejection. ..., by the time [it] comes to consider this judgement (if [it] ever does) [it] will, I think, welcome it as a means of having made life somewhat easier for [its] familiy." *Ibid* 667B–D, QB.

[368] Zust. dagegen z.B. GLAZEBROOK 51 [1992] CLJ 226 (228).

[369] So HORTON ROGERS (1985) 5 LS 296 (305).

[370] So etwa REICHMAN (1982) 10 SydLR 568 (578).

[371] So DICKENS, S. 88.

und Wärme erwarten könnte, auch wenn seine Geburt ursprünglich nicht erwünscht gewesen sei.[372] Im übrigen sei ein ungeplantes Kind nicht unbedingt dem ungewollten oder ungeliebten Kind gleichzusetzen.[373]

Potentielle Störung des Familienfriedens Eng verknüpft mit der Furcht vor einer möglichen psychischen Beeinträchtigung des Kindes ist die Sorge um den Familienfrieden, der durch die Anerkennung des umstrittenen Anspruchs gestört werden könnte: So stellte Lordrichter ACKNER in *McKay* im Anschluß an das Plädoyer des Klägervertreters fest, daß, wenn die gegenüber dem Fötus bestehende Sorgfaltspflicht auch eine ärztliche Pflicht zur Verhinderung seiner Geburt umfasse, das Kind auch einen Klagegrund gegenüber seiner Mutter hätte, weil diese einen Abbruch der Schwangerschaft verweigert habe; nach den insoweit übereinstimmenden Thesen des *Pearson Report* könne dies soziale Folgen in Form einer Störung des Familienfriedens und der Verbitterung von Eltern und Kind haben.[374] Der deutlichste Hinweis auf diesen Faktor findet sich jedoch in *Udale*, wo Richter JUPP die Ansicht vertrat, die in *McKay* erwähnten sozialen Auswirkungen könnten auch im konkreten Fall eintreten.[375]

In *Thake* wies Richter PETER PAIN, wie bereits erwähnt, dieses *public policy*-Argument allerdings entschieden zurück und bestritt nachdrücklich, daß die Gewährung von Schadensersatz dazu führen würde, daß sich das Kind abgelehnt fühle; denn im konkreten Fall erfahre es ein glückliches, wenn auch bescheidenes Familienleben, und dies müsse ihm das Gefühl geben, von seinen Eltern akzeptiert zu werden.[376] Dahinter verbirgt sich die Annahme, daß zumindest in Familien, die nur über bescheidene finanzielle Mittel verfügen, eine totale Versagung von Schadensersatz sowohl dem Kind als auch den Eltern tatsächlich eher schaden würde.[377]

5.2.4.6 Zusammenfassung

Als Ergebnis läßt sich festhalten, daß der Court of Appeal unter Zustimmung der h.L. gegen eine Mindermeinung in der Literatur einen Schadensersatzanspruch der Eltern wegen durchkreuzter Familienplanung anerkennt. Dieser Ansicht sind die unteren Instanzgerichte Englands gefolgt. Anders als in Deutschland haben bei dieser Entscheidung weniger rechtsdogmatische Überlegungen den Ausschlag gegeben. Vielmehr haben sich die englischen Richter offen gefragt, ob rechtspolitische Gründe gegen eine ärztliche Haftung wegen *wrongful conception* spre-

[372] So SPOWART TAYLOR (1985) 15 Fam Law 147 (149).
[373] So HORTON ROGERS (1985) 5 LS 296 (305).
[374] Vgl. *McKay* [1982] 1 QB 1166 (1188F–H), CA.
[375] „Such pronouncement would disrupt families and weaken the structure of society." Vgl. *Udale* [1983] 1 WLR 1098 (1109D), QB.
[376] „[The child] is surrounded by a happy, albeit somewhat poverty-stricken, familiy life. It is this that must make [it] feel wanted and not rejected." Vgl. *Thake* [1986] 1 QB 644 (667B–C), QB.
[377] So i.E. auch MASON & MCCALL SMITH, S. 84f; s.a. die südafrikan. Entscheidung *Edouard v Administrative of Natal* 1989 (2) SALR 368.

chen. Diese Frage haben sie nach anfänglichem Zögern letztlich verneint, wobei ihre Argumentation der ihrer deutschen Kollegen verblüffend ähnelt.

5.2.5 Umfang des Schadensersatzes

Die Berechnung des Schadensersatzes hat in England nicht annähernd so heftige Kontroversen hervorgerufen wie in Deutschland. Nachdem die Rechtsprechung die grundsätzliche Frage der Haftung in *wrongful conception*-Fällen erst einmal positiv beantwortet hatte, wurden zur Bemessung des erlittenen Schadens die allgemeinen Grundsätze herangezogen und konsequent angewandt.[378]

5.2.5.1 Anspruch auf Ersatz des Unterhaltsschadens

Auch in England ist der Unterhaltsschaden regelmäßig der bedeutendste Schadensposten, wenn wegen durchkreuzter Familienplanung geklagt wird. Als vermögenswerte Einbuße bereitet seine Berechnung den Gerichten - anders als in Deutschland - kaum Schwierigkeiten.

Zwar ist zwischenzeitlich - wie im deutschen Recht - die Frage aufgeworfen worden, ob die Kosten der Pflege und Erziehung des ungeplanten Kindes unter Berücksichtigung des Lebensstandards seiner Familie (d.h. konkret-individuell) oder einer Durchschnittsfamilie (d.h. abstrakt-generell) bemessen werden sollten. Hierzu hat sich in der Literatur eine vereinzelt gebliebene Stimme zu Wort gemeldet, welche die Ansicht vertritt, daß zwar bestehende Prinzipien eine konkret-individuelle Berechnung des Unterhaltsschadens nahelegten, aber ein abstrakt-genereller Berechnungsmodus gerechter und deshalb vorzugswürdig sei.[379] Hiervon unbeeindruckt haben die Richter Englands den Unterhaltsschaden weiterhin konkret-individuell bemessen.[380]

Eine dogmatische Begründung hierfür hat bisher jedoch allein die Lehre geliefert:[381] Da Schadensersatz die Wiederherstellung des früheren Zustands durch Geldleistung bedeute, sei nur bei Schäden, die nicht vollständig ersetzt werden könnten (z.B. körperlichen Beeinträchtigungen), Raum für eine abstrakt-generelle Lösung des Problems durch Zahlung einer bloßen Entschädigung. Hier müßten die Gerichte Schätzungen unter Berücksichtigung der herkömmlichen Praxis und der aktuellen Tabellen vornehmen. Dagegen sei ein Unterhaltsschaden rein finanzieller Natur und lasse sich exakt berechnen. Zweck des Schadens-

---

[378] So auch JONES, Negligence I, para. 9.55.

[379] So ROBERTSON (1978) 4 AmJ Law & Med 131 (152).

[380] Vgl. *Udale* [1983] 1 WLR 1098 (1105H–1106A *per* Richter JUPP), QB; *Thake* [1986] 1 QB 644 (668E *per* Richter PETER PAIN), QB; *Allen* [1992] 3 MedLR 257 (264 *per* Richter BROOKE), QB; zust. NORRIE, S. 159; BRAHAMS (1984) 52 MLJ 251 (253); GRUBB, Conceiving, S. 125, 144 FN 31; HORTON ROGERS (1985) 5 LS 296 (307 FN 66); REICHMAN (1982) 10 SydLR 568 (585); SYMMONS (1987) 50 MLR 269 (292f.).

[381] Vgl. NORRIE, S. 159f.

ersatzes sei es, dem konkreten Kläger den tatsächlich erlittenen Verlust zu ersetzen, nicht aber jene Einbußen zu erstatten, die ein vernünftiger oder durchschnittlicher Anspruchsteller normalerweise erleide. Daraus ergebe sich, daß die tatsächlich bereits entstandenen oder künftigen Ausgaben für den Kindesunterhalt die Höhe des zu gewährenden Schadensersatzes in *wrongful conception*-Fällen bestimmten. Dafür spreche auch eine Analogie zu der Klage auf Ersatz des erlittenen Verdienstausfalls wegen Körperverletzung. Hier erhalte der Kläger die Einkommensverluste erstattet, die er tatsächlich erlitten habe. Seien diese unterdurchschnittlich, falle die zugesprochene Summe eben niedrig aus; entsprechendes gelte für den umgekehrten Fall, wenn das Einkommen weit über dem Durchschnitt liege. Im übrigen würden auch sonst im Schadensersatzrecht unterschiedliche Schadensersatzbeträge für im wesentlichen gleiche Rechtsverletzungen zugesprochen, weil die dadurch erlittenen Schäden entsprechend der wirtschaftlichen Situation des Verletzten unterschiedlich hoch ausfielen. Wenn die Gerichte in *wrongful conception*-Fällen anders verfahren sollen, müsse der Gesetzgeber korrigierend eingreifen.

Anders als in Deutschland bemessen die Gerichte Englands den zu erstattenden Kindesunterhalt also mit Rücksicht auf die tatsächlichen Lebensumstände der betroffenen Familie, wobei deren Größe, das Alter der Eltern, ihr Familienstand und ihr Einkommen eine bedeutende Rolle spielen. So unterstrich der Tatrichter in *Thake*, daß das Kind in einen „bescheidenen Haushalt" hineingeboren worden sei und sprach den Klägern einen vergleichsweise niedrigen Betrag für den Unterhaltsschaden zu.[382] Dabei orientierte er sich an den damals geltenden Sozialhilfesätzen, ohne deshalb aber den zu ermittelnden Schadensersatz pauschal zu berechnen. In späteren Entscheidungen wurde entsprechend verfahren. So ging es in *Benarr* vor allem um die Ersatzfähigkeit der Kosten für den Privatunterricht des ungeplanten Kindes, die einen erheblichen Teil des Unterhaltsschadens ausmachten. Der Tatrichter stufte die Familie in die „obere Mittelklasse" ein und hielt die Gebühren für den Besuch einer Privatschule für eine erstattungsfähige Ausgabe, weil die Kläger fest entschlossen seien, das Kind – wie alle anderen Kinder zuvor – privat unterrichten zu lassen.[383] Auf der gleichen Linie liegt die Entscheidung in *Allen*[384], wo der Tatrichter betonte, daß alle Umstände des Einzelfalls berücksichtigt werden müßten, insbesondere die individuellen Lebensbedingungen des Kindes und seine jeweiligen Bedürfnisse, soweit diese angemessen seien. In diesem Fall wurde der künftige Kindesunterhalt in Anlehnung an die von der *NFCA* verwendeten Pflegesätze ermittelt. Dagegen wurde der vorprozessuale Kindesunterhalt nur in Höhe der tatsächlich entstandenen Ausgaben ersetzt, d.h. lediglich insoweit erstattet, als die Klägerin ihn bereits vorgelegt hatte. In *Robinson*[385] wurde der Kindesunterhalt nach den individuellen Einkommensverhältnissen der Familie bemessen, weil mit dem tatsächlichen Familieneinkommen ein konkreter Anhaltspunkt zur Berechnung des

[382] Vgl. Anm. 331. Krit. hierzu WEIR, S. 95; KINGDOM, S. 65f.
[383] Vgl. Anm. 332. Vgl. hierzu auch bereits HORTON ROGERS (1985) 5 LS 296 (307 FN 66).
[384] [1992] 3 Med LR 257, QB.
[385] [1992] 3 Med LR 270, QB.

Unterhaltsanspruchs vorliege und die persönlichen Verhältnisse und das soziale Umfeld der Kläger auch einen Rückgriff auf die in *Allen* herangezogenen Sätze verböten. Auch wurde nicht weiter zwischen den bisherigen Aufwendungen und dem künftigen Bedarf differenziert.

Ein weiterer Unterschied zum deutschen Recht besteht darin, daß der Beklagte den (künftigen) Kindesunterhalt nicht in Form einer monatlichen Geldrente erstatten muß. Stattdessen wird der Betrag kapitalisiert, also den Klägern nur eine einmalige Geldleistung gewährt. Der maßgebliche Betrag wird vom Richter – ähnlich wie in den Fällen einer Körperverletzung – dergestalt ermittelt, daß der durchschnittliche Jahresbedarf *(multiplicand)* mit der Anzahl der Lebensjahre des Kindes bis zu dessen Volljährigkeit *(multiplier)* multipliziert wird. Dabei wird als *multiplicand* phasenweise entsprechend den mit zunehmendem Alter wachsenden Bedürfnissen des Kindes ein höherer Betrag festgesetzt. Dafür wird der *multiplier* meistens etwas niedriger gewählt, um dem Umstand der sofortigen Auszahlung und den Unwägbarkeiten des Lebens angemessen Rechnung zu tragen.[386]

5.2.5.2
Sonstige Schadensposten

Als weitere Schadensposten neben dem Kindesunterhalt kommen auch nach englischem Recht sowohl materielle als auch immaterielle Schäden in Betracht:

Materielle Schäden Anders als im deutschen Recht sind im Fall einer fehlgeschlagenen Sterilisation oder eines mißlungenen Schwangerschaftsabbruchs die aufgewendeten Operationskosten nicht erstattungsfähig. Dieser Unterschied ist jedoch nicht so gravierend, wie es auf den ersten Blick erscheinen mag, denn dafür können die Kosten eines erforderlichen Zweiteingriffs verlangt werden.[387]

Die Erstattungsfähigkeit der durch das ungeplante Kind entstandenen Kosten für die gynäkologische Behandlung und Entbindung hat, soweit ersichtlich, bisher keine nennenswerte Rolle gespielt. Der Grund hierfür ist wohl hauptsächlich darin zu sehen, daß in den meisten Fällen der *NHS* die medizinische Versorgung der Kläger übernommen hatte, so daß keine gesonderten Kosten angefallen waren. Wie im deutschen Recht werden sie jedoch prinzipiell ersetzt.[388]

Der Verdienstausfall wird nach englischem Recht grundsätzlich erstattet. Dabei ist der durch einen eingriffsbedingten Krankenhausaufenthalt oder der durch Schwangerschaft bzw. Geburt unmittelbar verursachte Verdienstausfall in vollem

---

[386] Vgl. DENYER (1992) 89 LS Gaz 19 (20, 28). Manchmal wird dies auch bereits bei der Festlegung des *multiplicand* berücksichtigt, vgl. *Emeh* [1985] 1 QB 1012 (1022B–E *per* Lordrichter WALLER), CA.

[387] So NORRIE, S. 157.

[388] Vgl. statt aller NORRIE, S. 158. – Nach sec. 2 (4) des LAW REFORM (PERSONAL INJURIES) ACT 1948 können die Kosten der med. Ausgaben sogar ersetzt verlangt werden, wenn sich der (privat behandelte) Kläger vom *NHS* kostenlos hätte behandeln lassen können.

Umfang als *special damages* zu ersetzen.[389] Demgegenüber wird die Erstattungsfähigkeit des künftigen Verdienstausfalls als *general damages* zwar prinzipiell bejaht, jedoch begrenzt bis zu dem Zeitpunkt, zu dem der Frau die Wiederaufnahme einer Erwerbstätigkeit zugemutet werden kann; ausschlaggebend hierfür ist das Alter des ungeplanten Kindes.[390] Voraussetzung für die Erstattungsfähigkeit ist allerdings, daß der Verdienstausfall auch durch die planwidrige Geburt des Kindes veranlaßt war.[391]

Dagegen ist – wie im deutschen Recht – der durch das Kind verursachte Mehraufwand an Zeit und Mühen kein ersatzfähiger Schaden.[392] Andernfalls würde im Hinblick auf die Erstattung des Verdienstausfalls der mit der Pflege und Erziehung befaßte Elternteil doppelt entschädigt werden.[393]

Als weitere erstattungsfähige Schadensposten dieser Rubrik kommen die Kosten der Babyausstattung[394], die Kosten des Umbaus bzw. der Vergrößerung des Familienheims[395] oder eventuelle Umzugskosten[396], die Kosten im Zusammenhang mit der zusätzlichen medizinischen Versorgung des ungeplanten Kindes (z.B. Fahrtkosten)[397] sowie die Kosten eines Babysitters bzw. einer Aufsichtsperson oder Haushaltshilfe[398] in Betracht. Dagegen ist der Ersatz der Kosten einer späteren Hochzeit des planwidrig geborenen Kindes abgelehnt worden.[399]

Immaterielle Schäden Wie im deutschen Recht sind die der Mutter während der Schwangerschaft und bei der Geburt entstehenden Beschwerden und Schmerzen sowie die seelische Aufregung über die Vereitelung der Familienplanung i.R.

---

[389] *Sciuragia* (1979) 123 SJ 406, QB; *affd* (unreported) [1980] CA transcript 24 July, CA; *Udale* [1983] 1 WLR 1098, QB; *Thake* [1986] 1 QB 644, QB & CA; *Williams* (1988) PMILL Vol. 4 No. 3, QB; *Allen* [1992] 3 Med LR 257, QB; *Robinson* [1992] 3 Med LR 270, QB; *Cort* [1993] The Times 8 April, QB.

[390] Vgl. hierzu vor allem *Allen ibid*, wo der künftige Verdienstausfall in drei Stufen berechnet wurde; TRIBE & KORGAONKAR (1992) 136 SJ 1141; s.a. NORRIE (S. 161), der in diesem Zusammenhang betont, die Klägerin müsse beweisen, daß die Wiederaufnahme der bisherigen Tätigkeit nicht nur schwieriger, sondern unmöglich geworden sei.

[391] Dies hatte der Tatrichter in *Robinson* ([1992] 3 Med LR 270, QB) für den teilweisen Verdienstausfall des Vaters des ungeplanten Kindes aufgrund des Ergebnisses der Beweisaufnahme verneint.

[392] DENYER (1992) 89 LS Gaz 19 (20); s.a. *Allen* [1992] 3 Med LR 257, QB; a.A. *Cherry v Borsman* [1991] 2 Med LR 396, BC SC (betr. Geburt eines *behindertes* Kindes).

[393] Vgl. *Fish v Wilcox* [1993] The Times 4 March, CA (betr. Geburt eines *behinderten* Kindes); BURROWS, S. 205; CLERK & LINDSELL, para. 5.24; krit. auch bereits LEWIS (1985) 82 LS Gaz 261 (262) zur erstinstanzlichen Entscheidung im Fall *Emeh* (betr. Geburt eines *behinderten* Kindes).

[394] *Udale* [1983] 1 WLR 1098, QB; *Emeh* [1983] The Times 3 January, QB; *revd* [1985] 1 QB 1012, CA; *Allen* [1992] 3 Med LR 257, QB.

[395] *Allen ibid*; a.A. noch *Udale ibid.*

[396] *Benarr* (unreported) [1988] QBD transcript 27 April, QB.

[397] *Robinson* [1992] 3 Med LR 270, QB.

[398] *Allen* [1992] 3 Med LR 257, QB.

[399] *Ibid.*

eines Schadensersatzanspruchs für *pain and suffering* sowie *loss of amenities* erstattungsfähig.[400]

Darüber hinaus können die Eltern für weitere immaterielle Beeinträchtigungen eine Entschädigung verlangen, z.B. für die zusätzlichen Beschwerden und Schmerzen eines erforderlichen Schwangerschaftsabbruchs[401], für eine Entbindung mittels Kaiserschnitt[402], für eine notwendige Wiederholung der erfolglosen Operation[403], für eine Narbenbildung infolge eines solchen Zweiteingriffs[404] oder für eine sonstige Weiterbehandlung[405].

Aufgrund der besonderen Umstände kann im Einzelfall das Schmerzensgeld im Hinblick auf besondere seelische Belastungen höher als üblich ausfallen, z.B. wenn sich die Mutter um die Gesundheit ihres ungeborenen Kindes gesorgt hatte, weil sie zur Bekämpfung der Symptome der Schwangerschaft in Unkenntnis ihres Zustands Medikamente eingenommen hatte[406] oder weil die Gefahr bestanden hatte, daß sich der fehlgeschlagene Eingriff traumatisierend auf den Fötus auswirkt.[407] Gleiches gilt, wenn die Mutter um ihre eigene Gesundheit gefürchtet hatte, z.B. weil sie ihre Schwangerschaft für eine Krebserkrankung gehalten hatte.[408]

Schließlich werden weitere Einbußen entschädigt, deren Ersatz im deutschen Recht nicht beansprucht werden kann, auch wenn sie auf der Durchkreuzung der Familienplanung beruhen, wie die Minderung der Heiratsaussichten,[409] die Beein-

---

[400] *Sciuragia* (1979) 123 SJ 406, QB; *affd* (unreported) [1980] CA transcript 24 July, CA; *Udale* [1983] 1 WLR 1098, QB; *Emeh* [1983] The Times 3 January, QB; *revd* [1985] 1 QB 1012, CA; *Thake* [1986] 1 QB 644, QB & CA; *Jones* (unreported) [1986] QBD transcript 2 July, QB; *Williams* (1988) PMILL Vol. 4 No. 3, QB; *Robinson* [1992] 3 Med LR 270, QB; *Cort* [1993] The Times 8 April, QB; s.a. *Akintubobo v Lewisham HA* (PILS X [1071]), QB.

[401] NORRIE, S. 157, unter Hinweis auf den kan. Fall *Dendaas (Tylor) v Yackel* (1980) 109 DLR 3d 455, BC SC; s.a. *Chaunt* (1982) 132 NLJ 1054, QB.

[402] *Sciuragia* (1979) 123 SJ 406, QB; *affd* (unreported) [1980] CA transcript 24 July, CA; *Jones* (unreported) [1986] QBD transcript 2 July, QB; NORRIE *ibid.*

[403] *Chaunt* (1982) 132 NLJ 1054, QB; *Udale* [1983] 1 WLR 1098, QB; *Emeh* [1983] The Times 3 January, QB; *revd* [1985] 1 QB 1012, CA; *Williams* (1988) PMILL Vol. 4 No. 3, QB; *Robinson* [1992] 3 Med LR 270, QB; *Cort* [1993] The Times 8 April, QB; NORRIE *ibid.*

[404] *Williams ibid*; NORRIE *ibid.*

[405] *Udale* [1983] 1 WLR 1098, QB.

[406] *Ibid.*

[407] *Allen* [1992] 3 Med LR 257, QB. Dies gilt erst recht, wenn das ungeplante Kind tatsächlich *behindert* zur Welt kommt und dieser Umstand die Mutter seelisch schwer belastet, vgl. *Emeh* [1983] The Times 3 January, QB; *revd* [1985] 1 QB 1012, CA. Umgekehrt führen bei der Geburt eines *gesunden* Kindes geringfügige Beeinträchtigungen, z.B. körperliche Unterentwicklung infolge Frühgeburt (vgl. *Robinson* [1992] 3 Med LR 270, QB) oder behebbare Verhaltensstörungen (vgl. *Allen ibid*), nicht zu einem höheren Schmerzensgeldanspruch. – Zum Schmerzensgeldanspruch wegen der traumatischen Erfahrung eines Abbruchs der ungewollten Schwangerschaft vgl. die kan. Entscheidung *Dendaas (Tylor) v Yackel* (1980) 109 DLR 3d 455, BC SC.

[408] *Jones* (unreported) [1986] QBD transcript 2 July, QB; *Cort* [1993] The Times 8 April, QB.

[409] *Sciuragia* (1979) 123 SJ 406, QB; *affd* (unreported) [1980] CA transcript 24 July, CA.

trächtigung des Geschlechtslebens durch Schwangerschaft und Geburt[410] oder allgemein der Verlust an Lebensfreude[411] sowie das Scheitern der Ehe der „Eltern wider Willen“[412].

5.2.5.3 Vorteilsausgleichung

Daß die Eltern mit der Geburt und Existenz des ungeplanten Kindes gewisse Vorteile erlangen, wird auch im englischen Recht i.R. der Vorteilsausgleichung berücksichtigt. Als wichtigster finanzieller Vorteil gilt der Anspruch der Eltern auf staatliches Kindergeld, der vom Unterhaltsschaden abgezogen wird.[413] Daneben sind auch nichtvermögenswerte Vorteile, z.B. die Gesellschaft des Kindes, seine Dienstleistungen, sein (künftiger) Beitrag zum Familienbudget oder auch einfach nur die elterliche Freude über seine persönliche Entwicklung und seine beruflichen Fortschritte von Bedeutung.

Bei der Vornahme der Vorteilsausgleichung nach englischem Recht ist, wie bereits angesprochen, die *same interest rule* zu beachten. Danach können die dem Geschädigten aus einem Schadensereignis erwachsenen Vorteile den zu gewährenden Schadensersatz nur mindern, wenn und soweit sie Schäden derselben Art gegenüber gestellt werden können.[414] Das Verfahren der Vorteilsausgleichung spielte in einigen *wrongful conception*-Entscheidungen eine Rolle:

So hatte bereits Richter JUPP in *Emeh*[415] angedeutet, daß er zwar einen Ersatzanspruch wegen der erforderlichen Erweiterung des Familienheims verneint habe, jedoch die Eltern dafür ein viel wertvolleres Haus hätten als zuvor und diese Wertdifferenz bei der Bemessung des Schadensersatzes zu berücksichtigen gewesen wäre. In *Allen*[416] wurde prompt die durch den Umbau der Garage bewirkte Wertsteigerung angerechnet und deshalb nur ein Teil der Investitionskosten ersetzt. Ähnlich wurde in *Benarr*[417] in Betracht gezogen, den Erlös aus dem Verkauf des Familienheims von den angefallenen Umzugskosten abzuziehen. Letztlich wurde dies nur abgelehnt, weil der Verkaufserlös keine direkte Folge des Schadensereignisses gewesen sei.

---

[410] So NORRIE, S. 160; s.a. *Cataford v Moreau* (1978) 114 DLR 3d 585, Que SC.

[411] Vgl. *Jones* (unreported) [1986] QBD transcript 2 July, QB; s.a. *Emeh* [1983] The Times 3 January, *revd* [1985] 1 QB 1012, CA, für den Fall der Geburt eines *behinderten* Kindes.

[412] So NORRIE, S. 161, der allerdings strenge Anforderungen an den Nachweis der Kausalität stellt.

[413] NORRIE *ibid.* Unklar bleibt nach der Rspr., ob der konkret erlangte oder der anteilige Kindergeldbetrag angerechnet wird. In *Allen* ([1992] 3 Med LR 257, QB) wurde immerhin berücksichtigt, daß die Klägerin einige Zeit lang sogar mehr Kindergeld erhalten wird, nämlich wenn nur noch das ungeplante Kind in ihrem Haushalt lebt.

[414] Vgl. *Parry v Cleaver* [1970] AC 1, HL.

[415] [1983] The Times 3 January, QB.

[416] [1992] 3 Med LR 257, QB.

[417] (Unreported) [1988] QBD transcript 27 April, QB.

Gleichfalls wurde bei der Berechnung des (künftigen) Verdienstausfalls berücksichtigt, daß die Mutter ab einem bestimmten Alter des ungeplanten Kindes ihre Tätigkeit teilweise oder vollständig wieder aufnehmen werde und später auch das Kind selbst (z.B. durch seine Mitarbeit im Haushalt) zum Familienunterhalt beitragen könne.[418]

Allerdings waren es nicht die materiellen, sondern die immateriellen Vorteile, deren Anrechenbarkeit den englischen Gerichten die meisten Schwierigkeiten bereitet hat. Dabei bestand das Hauptproblem darin, von welchen erlittenen Schäden diese Vorteile abgezogen werden sollten:

Das Problem trat zum ersten Mal in *Emeh*[419] auf, wo Lordrichter PURCHAS die Entscheidung *Sherlock v Stillwater Clinic*[420] zitierte, in welcher der immaterielle Wert des Kindes für die Eltern während ihrer voraussichtlichen Lebensdauer von den Unterhaltskosten abgezogen worden war.[421] Im konkreten Fall hielt Lordrichter PURCHAS einen solchen Abzug zwar für unangemessen, weil das betroffene Kind aufgrund seiner angeborenen Behinderungen seine Eltern nie werde entlasten können.[422] Jedoch fühlte sich der Court of Appeal zu der Feststellung veranlaßt, daß die Mutter trotz der Behinderungen ihres Kindes beträchtliche Freude an dessen Existenz habe. Letztlich lehnte das Gericht einen Abzug hierfür nur deshalb ab, weil es das alleinige Verdienst der Klägerin gewesen sei und man sie nicht noch dafür bestrafen wolle.

Am ausführlichsten wurde die Frage der Anrechenbarkeit immaterieller Vorteile bei der Schadensersatzberechnung im Fall *Thake*[423] erörtert. Dort hatte Richter PETER PAIN in erster Instanz festgestellt, daß die Nachricht von Mrs Thake's Schwangerschaft die Kläger seelisch schwer belastet habe. Außerdem habe Mrs Thake im Laufe der Entbindung erhebliche Schmerzen erlitten. Der Tatrichter hatte für Recht erkannt, daß diese immateriellen Beeinträchtigungen durch die Freude über die Geburt eines gesunden Kindes ausgeglichen worden seien. Dagegen könne von materiellen Einbußen wie dem Kindesunterhalt jener immaterielle Vorteil nicht abgezogen werden. Darin stimmte der Court of Appeal zwar überein, ging aber noch weiter und folgte der Ansicht der Kläger, daß die Freude über die Geburt eines gesunden Kindes nur den nachgeburtlichen, mit der Pflege und Erziehung des Kindes verbundenen Problemen, nicht aber den vorgeburtlichen Belastungen, Beschwerden und Beeinträchtigungen gegenüber gestellt werden könne. M.a.W.: Im Rahmen der Vorteilsausgleichung sind die Freuden

---

[418] Vgl. *Gold* [1987] 1 FLR 125, QB; *revd* [1987] 3 WLR 649; s.a. *Allen* [1992] 3 Med LR 257, QB.

[419] [1985] 1 QB 1012, CA.

[420] Vgl. Anm. 336.

[421] „Additionally, parents may recover the reasonble costs of rearing the unplanned child subject to offsetting the value of the child's age, comfort and society during the parents' life expectancy." *Ibid.*

[422] Vgl. *Emeh* [1985] 1 QB 1012 (1028G–H *per* Lordrichter PURCHAS), CA.

[423] [1986] 1 QB 644, QB & CA.

und sonstigen immateriellen Vorteile der Elternschaft nur für die nachgeburtlichen, nicht jedoch für die vorgeburtlichen immateriellen Nachteile relevant.

Diese Grundsätze gelten zwar ausdrücklich nur für das gesunde Kind, sollen aber *a fortiori* zur Anwendung kommen, wenn das ungeplante Kind für seine Eltern keinen oder nur einen erheblich verminderten Vorteil bedeutet, etwa weil es schwerbehindert ist.[424] Abgesehen davon gebe es noch viele andere Fallgestaltungen, wo die Elternschaft wenige oder keine Vorteile mit sich bringe, etwa wenn sich die Eltern zu alt oder auch zu jung fühlten, um dem Kind eine angemessene Pflege und Erziehung angedeihen zu lassen.[425] Dabei gilt es allerdings als sicher, daß die im Einzelfall zur Entscheidung aufgeforderten Richter die bewußte Ablehnung des Kindes durch seine Eltern zum Zwecke der Aufrechterhaltung eines umfassenden Ersatzanspruchs bemerken und eine solche Reaktion nicht in die Berechnung des zu gewährenden Schadensersatzes einfließen lassen würden.[426] Der umgekehrte Fall wird durch die Entscheidung in *Emeh*[427] veranschaulicht, wo sich der Court of Appeal weigerte, die Mutter für den immateriellen Vorteil der Elternschaft durch eine geringere Schadensersatzsumme zu bestrafen, weil sie trotz erheblicher Probleme – letztlich mit Erfolg – versucht hatte, aus ihrer persönlichen Situation einen gewissen emotionalen Nutzen zu ziehen.

5.3 Vergleich

In beiden Rechtsordnungen war und ist nach wie vor umstritten, ob und ggf. in welchem Umfang die Eltern infolge der unerwünschten Geburt eines gesunden Kindes einen ersatzfähigen Schaden erlitten haben. Daß die Mehrheit der Richter beider Länder die grundsätzliche Frage der ärztlichen Haftung wegen durchkreuzter Familienplanung übereinstimmend bejaht haben, kann nicht darüber hinweg täuschen, daß sich Begründung und Ausgestaltung eines elterlichen Schadensersatzanspruchs zum Teil erheblich unterscheiden.

5.3.1 Rechtstechnik

Die Unterschiede beginnen bereits mit der nur im deutschen Recht anzutreffenden, im Ansatz durchaus richtigen Differenzierung zwischen der Existenz des Kindes und der Belastung mit der gesetzlichen Unterhaltspflicht, die man im englischen Recht, jedenfalls in dieser Klarheit und Prägnanz, vergeblich sucht. Stattdessen hat man in England einen völlig andersartigen Lösungsansatz gewählt, nämlich den des *policy approach*[428]. Man hat sich also offen mit der Frage

---

[424] So etwa NORRIE, S. 164.
[425] *Ibid.*
[426] *Ibid.*
[427] [1985] 1 QB 1012, CA.
[428] MARKESINIS/V. BAR, S. 3 m.w.N.

auseinandergesetzt, ob rechtspolitische Erwägungen *(policy considerations)* gegen eine ärztliche Haftung für neues Leben sprechen könnten. Letztlich ging es dabei um die Lösung des Problems, welche der am Schuldverhältnis beteiligten Parteien, der Arzt oder der Patient, bei rechtspolitischer Betrachtung den infolge der durchkreuzten Familienplanung entstandenen Schaden tragen sollte. Da auch nach deutscher Auffassung Vertrags- und Deliktsrecht die Aufgabe haben, zwischen den Parteien eines (vertraglichen oder außervertraglichen) Schuldverhältnisses eine möglichst gerechte Lastenverteilung vorzunehmen, bietet sich aus deutscher Sicht eigentlich ebenso eine unmittelbare Einbeziehung von *public policy*-Faktoren an.

Auf den ersten Blick scheinen die Argumente auf deutscher Seite dagegen durch die unserem Recht innewohnende Systematik und Dogmatik bedingt zu sein. Als Beispiel sei hier etwa der Einwand eines Ausschlusses aus verfassungsrechtlichen Gründen wegen Verletzung der Grundrechte[429] genannt, den das englische Recht, zumindest in dieser Ausprägung, nicht kennt. Bei genauerer Betrachtung finden sich im Länderbericht Deutschland jedoch auch Argumente wieder, die im englischen Recht eindeutig als *policy considerations* gelten, nur nicht als solche vorgebracht werden. Besonders deutlich wird dies etwa an dem Einwand der Gefahr eines „Jugendtraumas"[430] für das planwidrig geborene Kind, das sich im Länderbericht England unter dem Faktor der „Familienstabilität" wiederfindet, wo u.a. das Problem der späteren Konfrontation des Kindes mit der eigenen Unerwünschtheit („emotional bastard")[431] erörtert wird. Aber auch andere Argumente des deutschen Rechts entpuppen sich bei genauerem Hinsehen schnell als rein rechtspolitische Überlegungen, die aus unerfindlichen Gründen nur nicht bei ihrem Namen genannt werden: So verbergen sich etwa hinter den Argumenten der Untrennbarkeit von Wert und Schaden und der Unabwälzbarkeit von Unterhaltsbelastungen letztlich Erwägungen, die im englischen Recht in die erste oder auch zweite Kategorie von *public policy*-Faktoren gehören, nämlich daß eine ärztliche Haftung für neues Leben im Widerspruch zum moralischen und sozialen Ethos der Gesellschaft stünde oder daß den Eltern überhaupt kein Schaden entstanden bzw. der Schaden mit dem Haben eines gesunden Kindes ausgeglichen sei.

Außergesetzliche Bewertungsgrundlagen sind also auch im deutschen Recht in die Entscheidung über Existenz und Ersatzfähigkeit eines Schadens mit eingeflossen und nur durch den Stil oft verschleiert worden. Manchmal ist ihr Einfluß auch bewußt geleugnet oder zumindest verdrängt worden, wie die Reaktion des *BGH* auf den Einwand, dem Geschlechtsverkehr sei die Erzeugung von Leben nun einmal wesenseigen,[432] oder seine Kritik an dem Begriff der „personalen Ganzheit des Kindes"[433] beweisen. Demgegenüber haben sich die englischen

---

[429] Ausf. hierzu Kap. 5.1.2.1 (S. 243ff.), *supra.*
[430] Ausf. hierzu Kap. 5.1.2.1 (S. 237ff.), *supra.*
[431] Ausf. hierzu Kap. 5.2.4.5 (S. 281ff.), *supra.*
[432] *BGH*, BGHZ 76, 249 (254) („außerrechtliche Erwägungen").
[433] *BGH*, BGHZ 76, 249 (253) („juristisch untaugliche Vereinfachung").

Richter ehrlich dazu bekannt, das neuartige Haftungsproblem zumindest *auch* über den *policy approach* zu lösen. Dementsprechend lassen sich die in der Diskussion um die Anerkennung eines elterlichen Schadensersatzanspruchs angeführten Argumente auch vergleichsweise einfacher als *policy considerations* identifizieren. Dies zeigt sich etwa an dem bereits erwähnten Faktor der „Familienstabilität", aber auch an dem Faktor des „öffentlichen Interesses"[434] und vor allem an den vielfältigen Verwaltungsfaktoren[435], unter denen die möglichen Auswirkungen einer ärztlichen Haftung für neues Leben für das Rechtswesen des Landes umschrieben werden.

Gerade an solchen Argumenten wird besonders deutlich, daß *public policy*-Erwägungen auf größere Sachzusammenhänge als die Interessen der unmittelbar am Prozeß Beteiligten Rücksicht nehmen.[436] Übertragen auf das deutsche Recht würde damit das richterliche Denken im Recht der unerlaubten Handlung immerhin ansatzweise eine neue Dimension erlangen, nämlich die Einbeziehung des sozialen Umfelds, in das die Beziehung der beiden Personen eingebettet ist, deren gegenseitige Ansprüche nach der üblichen Anspruchsmethode zu prüfen traditionell die einzige Aufgabe des Zivilrichters ist. Wenn das Zivilrecht seine Gestaltungsaufgabe wahren will,[437] ist eine solche Vorgehensweise bei neuartigen Haftungsproblemen wie der durchkreuzten Famillienplanung besonders zu begrüßen.[438] Mit einem solchen neuen Problemsachverhalt konfrontiert, sollte der Richter sich offen mit den Auswirkungen auseinandersetzen, welche die Entscheidung eines Einzelfalls auf das Rechts- und Wirtschaftsgefüge in seiner Gesamtheit haben könnte. Da er Überlegungen dieser Art ohnehin anstellen muß, darf man von ihm auch verlangen, dies explizit zu tun. Darüber hinaus könnten mit Hilfe des *policy approach*, also einer bewußt rechtspolitisch gefärbten Argumentation die Ergebnisse, die mit Hilfe der gängigen dogmatischen Konstruktionen erzielt worden sind, überprüft und gleichzeitig die bei neuen Problemsachverhalten eigentlich zur Entscheidung anstehenden Fragen didaktisch verständlicher erörtert werden.[439]

5.3.2 Motive

Welches sind nun im einzelnen die *policy considerations*, die dafür sorgen, daß mit Hilfe unterschiedlich strukturierter nationaler Rechtsordnungen und dogmatischer Konzepte immer wieder *dieselben* Ergebnisse erzielt werden, weil in diesen Rechtsordnungen eben auch *dieselben* rechtspolitischen Erwägungen zum Tragen kommen? Bei rechtsvergleichender Betrachtung sind es auf dem Gebiet

[434] Ausf. hierzu Kap. 5.2.4.4 (S. 279ff.), *supra*.
[435] Ausf. hierzu Kap. 5.2.4.3 (S. 274ff.), *supra*.
[436] So auch MARKESINIS/V. BAR, S. 7; krit. dagegen z.B. DICKENS, S. 87f.
[437] Vgl. dazu GROSSFELD, ZivilR, S. 10, 20ff.
[438] So auch MARKESINIS/V. BAR, S. 7.
[439] *Ibid.*

des Haftungsrechts im wesentlichen fünf Gesichtspunkte der *public policy*, die eine Haftung sowohl erweitern als auch begrenzen können:[440]

5.3.2.1
Gefahr einer Ausuferung der Haftung

Als erstes ist die nicht nur in den zahlenmäßig mit weit weniger Richtern auskommenden Ländern des *Common Law* herrschende notorische Furcht der Gerichte zu nennen, sie und die Beklagten könnten von einer Prozeßlawine überrollt werden, mit der weder das nationale Justiz- und Wirtschaftssystem noch die unmittelbar Betroffenen fertig werden könnten, wenn man nicht frühzeitig den Anfängen einer solchen Gefahr wehrte.[441] Allerdings ist die Gefahr einer Klageflut („floodgates")[442] bisher weder in den deutschen noch in den englischen *wrongful conception*-Entscheidungen heraufbeschworen worden, geschweige denn eingetreten. Dagegen hat man das Risiko mißbräuchlicher oder fiktiver Klagen[443] durchaus gesehen, wenn es auch in den bekannten Fallgestaltungen zu Recht als eher gering eingeschätzt worden ist.

5.3.2.2
Übergeordnete Interessen der Rechtsgemeinschaft

Ein weiterer Gesichtspunkt ist der auch „superior value factor"[444] genannte Einfluß einer vorgegebenen gesellschaftlichen „Wertehierarchie"[445], deren Aufstellung in einer Rechtsordnung moralische, religiöse, wirtschaftliche und andere Gesichtspunkte gebieten, mit dem Ziel, daß das Recht höher eingestufte Interessen auch besser schützen und potentielle Gegensätze zwischen verschiedenen Interessen gleichen Rangs lösen kann. Unter diesen *public policy*-Aspekt lassen sich die meisten, aus englischer Sicht gegen eine ärztliche Haftung wegen *wrongful conception* angeführten Argumente einordnen. So haben die englischen Richter in der generellen Befürwortung der Fortpflanzung und dem Höchstwert menschlichen Lebens[446] mehrheitlich keinen Grund gesehen, den klagenden Eltern einen Schadensersatzanspruch gegen den Arzt zu verweigern. Dabei sind sie in ihrer Ansicht dadurch bestätigt worden, daß die Anwendung der erfolglos gebliebenen Methoden der Familienplanung und Geburtenregelung kein Verstoß gegen gesetzliche oder sonstige verbindliche Regelungen[447] bedeutete. Gleichfalls in diese Kategorie fällt der von der englischen Rechtsprechung zutreffend zurückgewiesene Einwand, es fehle in den *wrongful conception*-Fällen an einem Schaden bzw. die Eltern könnten einen eventuellen Schaden durch die rechtzei-

---

[440] MARKESINIS/V. BAR, S. 9.
[441] MARKESINIS/V. BAR, S. 9f.
[442] Ausf. hierzu Kap. 5.2.4.3 (S. 274), *supra*.
[443] Ausf. hierzu Kap. 5.2.4.3 (S. 274f.), *supra*.
[444] MARKESINIS/V. BAR, S. 19.
[445] *Ibid.*
[446] Ausf. hierzu Kap. 5.2.4.1 (S. 271), *supra*.
[447] Ausf. hierzu Kap. 5.2.4.1 (S. 271f.), *supra*.

tige Vornahme eines Schwangerschaftsabbruchs vermeiden oder durch die Freigabe des Kindes zur Adoption wieder ausgleichen[448].

5.3.2.3
Ökonomische Analyse des Rechts[449]

Während sich der vorgenannte Faktor mehr mit moralischen Gesichtspunkten und Werten befaßt, fällt unter den dritten Aspekt die Beeinflussung des Haftungsrechts durch ökonomische Erwägungen, weil eine Haftungsentscheidung durchaus auch wirtschaftliche Konsequenzen für ein einzelnes Unternehmen oder sogar die gesamte Wirtschaft eines Landes haben kann.[450] Solche Überlegungen haben bisher, soweit ersichtlich, weder die deutschen noch die englischen Gerichte in ihren *wrongful conception*-Entscheidungen angestellt, auch wenn in der überwiegenden Zahl der Fälle kommunale Krankenhausträger bzw. nationale Gesundheitsbehörden mit bekanntermaßen knapp bemessenen Budgets verklagt worden waren. Erst recht fehlt es an jeglichen Gedanken über die volkswirtschaftlichen Folgen der einmal getroffenen Haftungsentscheidung, die u.a. die Kommunen bzw. den *NHS* finanziell belastet und damit die durch sie gewährleistete Gesundheitsversorgung der Bevölkerung ernsthaft gefährden könnte.

5.3.2.4
Soziale Entwicklungstendenzen

Beim vierten *public policy*-Faktor handelt es sich um staats- und gesellschaftspolitische Einflüsse, die sich vor allem auch im Bereich der hier angesprochenen Berufshaftung bemerkbar machen.[451] Die Berufshaftung *(professional liability)* ist heute meist „Akademiker-Haftung“[452], erfaßt also vor allem die klassischen Professionen der Ärzte und Apotheker, Rechtsanwälte und Steuerberater, Architekten und Ingenieure u.a.m. Ursprünglich bildeten diese Akademiker eine Elite, die aufgrund ihres Bildungsvorsprungs gegenüber den Laien hohe Autorität genoß und deren Sozialprestige durch Standesorganisationen noch gefördert wurde. Wegen des großen Respekts vor den wissenschaftlichen Berufen bestand eine gewisse psychologische Scheu, einen Arzt auf Schadensersatz zu verklagen.[453] Erst mit dem Voranschreiten des Demokratisierungsprozesses wurden Standesunter-

---

[448] Ausf. hierzu Kap. 5.2.4.2 (S. 272ff.), *supra*. – Auch die unter dem Faktor der „Familienstabilität“ (vgl. Kap. 5.2.4.5, S. 281ff., *supra*) genannten Einwände, nämlich das „emotional bastard“-Problem und die potentielle Störung des Familienlebens, gehören hierher.

[449] Zur aus den USA stammenden „Economic Analysis of Law“, als deren Begründer der Nobelpreisträger RONALD H. COASE sowie GUIDO CALABRESI gelten, vgl. einführend BUROW, JuS 1993, 8ff.

[450] MARKESINIS/V. BAR, S. 29f.; V. BAR, RabelsZ 44 (1980) 455 (482); s.a. BUROW, JuS 1993, 8f.; krit. DEUTSCH (VersR 1995, 609, 612), der u.a. eine andere Ausrichtung des Haftungs- und Schadensrechts befürchtet, wenn die Minimierung des Schadenspotentials im Vordergrund stünde.

[451] MARKESINIS/V. BAR, S. 38.

[452] MERTENS, VersR 1974, 509 (520).

[453] MARKESINIS/V. BAR, S. 40.

schiede dieser Art abgebaut, was auch die Rechtsprechung zu entsprechenden Reaktionen veranlaßte.[454] Inzwischen besteht sogar eine eindeutige Tendenz zur Haftungsverschärfung.[455] Vor diesem Hintergrund wird es verständlich, daß der Einwand, die Annahme einer Haftung für neues Leben bedeutete eine außergewöhnliche Härte für die Ärzteschaft,[456] in keiner der beiden untersuchten Rechtsordnungen auf fruchtbaren Boden gefallen ist. Im Gegenteil: Es wurde gerade die mit dem medizinischen Fortschritt gewachsene Verantwortung der Ärzte betont, die sich auch in einer Haftung für die Folgen der schuldhaften Schlechterfüllung eines (rechtlich erlaubten) Behandlungsvertrags niederschlage.[457] In ähnlicher Weise ist das Argument, daß mit einem Zwang zur Abtreibung die beruflichen Pflichten des Arztes pervertiert würden,[458] abgelehnt worden.

5.3.2.5
Versicherungsaspekte

Als letzter *public policy*-Aspekt ist der Einfluß der Versicherbarkeit eines Haftungsrisikos nicht zu unterschätzen.[459] Gegen das Risiko der Berufshaftpflicht schließen Ärzte regelmäßig eine Berufshaftpflichtversicherung ab. Entsprechend sind die Gerichte geneigt, demjenigen, der besser in der Lage ist, den eingetretenen Schaden zu tragen, auch das Risiko aufzubürden. Dadurch entsteht ein Kreislauf, den v. BAR treffend mit „Versicherungs-Haftungs-Spirale"[460] umschrieben hat. Bis heute wirkt der Versicherungsfaktor jedoch weitgehend im Verborgenen und wird weder im *Common Law* noch auf dem Kontinent offen in gerichtlichen Entscheidungen diskutiert.[461] Als „offizielle" Linie gilt nach wie vor das Trennungsprinzip, dem zufolge das Bestehen einer Haftpflichtversicherung für die eigentliche Haftungsfrage ohne Bedeutung ist.[462] Anders formuliert: Haftung und Versicherung stehen im Verhältnis von Grund und Folge, d.h. die Versicherung folgt der Haftung und nicht umgekehrt. Dementsprechend wird betont, daß erst die Haftung begründet sein muß, bevor auf Fragen der Haftpflichtversicherung einzugehen ist.[463] Auch wenn in den untersuchten *wrongful conception*-Fällen Fragen der Haftpflichtversicherung nicht angesprochen worden sind, kann man nicht mit Sicherheit ausschließen, daß bei der Begründung des elterlichen Schadensersatzanspruchs mehr oder weniger bewußt auch der Versicherungsfaktor eine gewisse Rolle gespielt hat.

---

[454] v. BAR, RabelsZ 44 (1980) 455 (477ff.); s.a. DEUTSCH, Handlungen, Rdnr. 250.
[455] Ausf. hierzu Kap. 2.1.1 (S. 41ff.) (dt. Recht) u. 2.1.2 (S. 58ff.) (engl. Recht), *supra*.
[456] Ausf. hierzu Kap. 5.2.4.4 (S. 279f.), *supra*.
[457] So vor allem zuletzt *BGH*, NJW 1994, 788 (792); NJW 1995, 2407 (2409).
[458] Ausf. hierzu Kap. 5.2.4.4 (S. 280f.), *supra*.
[459] Vgl. hierzu zuletzt MÜLLER, FS Steffen, S. 372, m. Nachw. der Rspr.
[460] v. BAR, RabelsZ 44 (1980) 455 (480).
[461] MARKESINIS/v. BAR, S. 50.
[462] MARKESINIS/v. BAR, S. 44.
[463] MARKESINIS/v. BAR *ibid*; HÜBNER, NJW 1989, 5 (11).

5.3.2.6
Fazit

Hinter den Erwägungen der deutschen und der englischen Gerichte zur ärztlichen Haftung für neues Leben und ihrer Einschränkung oder Erweiterung stekken also letztlich rechtspolitische Entscheidungen der genannten Art. Sie sind dafür verantwortlich, daß die Richter beider Länder weitgehend unabhängig von Methode und Dogmatik im Ergebnis gleiche Urteile erzielt haben (wenn auch stets in dem Bewußtsein, daß die wesentlichen Entscheidungen dem Gesetzgeber bzw. dem ranghöchsten Gericht des Landes vorbehalten sind).[464]

5.3.3
Haftungsumfang

Nur noch von sekundärer Bedeutung erscheint daneben der Unterschied in der Ausgestaltung des elterlichen Schadensersatzanspruchs. Anders als ihre deutschen Kollegen haben die englischen Richter keinen Augenblick gezögert, den Anspruch auf Ersatz des Unterhaltsschadens konkret-individuell zu berechnen (wenn auch manchmal in Anlehnung an bestimmte Sätze, gleichwohl nie pauschalierend). Damit knüpften sie an die bekannten Grundsätze des Arzthaftungs- und Schadensrechts an, ohne sich allerdings weitere Gedanken über den Unterschied zwischen Verdienstausfall und Unterhaltsbedarf sowie den Einfluß des Familienrechts auf das Deliktsrecht zu machen. Demgegenüber gebührt der deutschen Rechtslehre das Verdienst, eine Reihe von Lösungsvorschlägen entwickelt zu haben, von denen sich in der Praxis bisher nur keiner durchsetzen konnte: Leider folgt die Rechtsprechung in Deutschland nach wie vor der abstrakt-generellen Berechnungsweise. Weitere Unterschiede ergeben sich bei bestimmten Einbußen, wie der Minderung der Heiratsaussichten, der Beeinträchtigung des Geschlechtslebens, dem Verlust an Lebensfreude und dem Scheitern der Ehe, die lediglich nach englischem Recht ersatzfähig sind. Insgesamt betrachtet bietet das englische Recht den „Eltern wider Willen“ einen umfassenden Schadensersatzanspruch, während das deutsche Recht im Vergleich dazu lediglich ein „Trostpflaster“ bereithält.

[464] Ebenso REINHART (S. 611) zur dt. und engl. *wrongful life*-Rspr.

Dritter Teil: Folgerungen

Die vorangegangene Studie hat gezeigt, daß trotz unterschiedlicher Begründung beide Rechtsordnungen das Problem der durchkreuzten Familienplanung gleichartig in dem Sinne gelöst haben, daß der Arzt grundsätzlich für die unerwünschte Geburt eines normalen, gesunden Kindes *(wrongful conception)* haftet. Für den Rechtsvergleicher ist diese Gleichartigkeit in der Problembewältigung ein Phänomen, das er bereits aus anderen Haftungsbereichen kennt[1] und für ihn deshalb nicht unerwartet kommt. Es läßt sich im wesentlichen auf die vergleichbaren Verhältnisse in Politik, Wirtschaft und Gesellschaft beider Länder zurückführen, die sich in den rechtspolitischen Erwägungen der deutschen und englischen Richter niederschlagen. Letztlich sind es also dieselben Wertungsgesichtspunkte, die dazu führen, daß die Unterschiede im rechtstechnischen Lösungsweg[2] nicht so erheblich sind, wie man beim ersten Blick auf die Verschiedenheit der Systeme meinen könnte. Damit läßt sich die eingangs aufgestellte These im Prinzip bestätigen.

Allerdings hat die Untersuchung auch ergeben, daß die Ausgestaltung der Haftung im einzelnen überraschenderweise ziemlich konträr ausfällt:

Zusammenfassend läßt sich feststellen, daß nach deutschem Recht den Arzt bei Sterilisationen und Schwangerschaftsabbrüchen zwar umfassendere Sorgfaltspflichten treffen. Die ärztliche Verantwortlichkeit wird also vergleichsweise weit ausgedehnt, mit der Folge, daß die Haftungsschwelle in Deutschland eher erreicht wird als in England. Dafür fällt der Haftungsumfang deutlich geringer aus. Demgegenüber ist nach englischem Recht der Arzt durch die Maßgeblichkeit des medizinischen Standards auch im Bereich der Aufklärung relativ privilegiert. In vielen Fällen führt nämlich die Anwendung des *Bolam*-Tests noch dazu, eine Haftung dem Grunde nach dort zu verneinen, wo sie im deutschen Recht selbstverständlich ist.[3] Eine Trendwende wird erst eintreten, wenn sich ein verantwortungsbewußter Teil der englischen Ärzteschaft zu einer patientenfreundlicheren Einstellung in der Frage der Aufklärung durchringt. Dafür ist die Haftung nicht

---

[1] Vgl. etwa zur Anwaltshaftung SCHWICHTENBERG, ZVglRWiss 91 (1992) 290 (340).

[2] Zu den Unterschieden in Methodik und Stil der engl. Rspr. vgl. ausf. KÖTZ, JA 1991, 257ff.

[3] Deshalb relativiert sich nach Ansicht mancher Vertreter der engl. Lehre (z.B. CLERK & LINDSELL, para. 11-20; FLEMING, Law, S. 169f.) die ziemlich liberale Einstellung der engl. Rspr. zu *wrongful conception*-Klagen in der Praxis wieder.

begrenzt auf den eigentlichen Planungsschaden und umfaßt auch in Deutschland unbekannte Schadensposten, weist also insgesamt ein höheres Niveau auf. Fazit: Nach englischem Recht haftet der Arzt für neues Leben nicht so schnell wie nach deutschem Recht, dafür aber im Ernstfall in voller Höhe.

Damit stellt sich abschließend die Frage, mit welchem Haftungsmodell den „Eltern wider Willen" besser gedient ist:

Für die deutsche Lösung spricht, daß der Arzt gerade in dem sensiblen Bereich von Familienplanung und Geburtenregelung hinsichtlich der Aufklärung des Patienten keinen geringeren Standard schuldet als sonst auch. Dieser Vorteil wird aber, wie gezeigt, durch die Verteilung der Beweislast für eine ärztliche Pflichtverletzung erheblich relativiert. Nur hinsichtlich der übrigen Haftungselemente wirkt sich das Beweisrecht wieder vergleichsweise günstig für den Patienten aus, indem es die Beantwortung medizinischer Fragen einem vom Gericht bestellten Sachverständigen überläßt, der aufgrund seiner Unabhängigkeit ein unparteiisches Fachurteil abgeben kann und damit wesentlich zu einer „gerechten" Urteilsfindung beiträgt. Der wesentliche Nachteil der deutschen Lösung besteht darin, daß die Haftung des Arztes wegen durchkreuzter Familienplanung auf den eigentlichen Planungsschaden beschränkt ist. Statt den Schaden der unfreiwilligen Eltern konkret-subjektiv nach dem Grundsatz der Totalreparation zu berechnen, wird der Haftungsumfang systemwidrig auf einen objektiven Mindestschaden begrenzt; ist der Schaden im Einzelfall höher, geht er zu Lasten der betroffenen Eltern.

Insgesamt weicht das deutsche Haftungsmodell damit in zwei Punkten erheblich vom System des allgemeinen Arzthaftungsrechts ab. Durch diese Inkonsequenz wirkt es dogmatisch nicht besonders überzeugend und läuft auf eine „Billigkeitslösung" hinaus. Im Ergebnis gewährleistet dieses Modell den Eltern eines planwidrig geborenen Kindes lediglich die Sicherung des Existenzminimums und übernimmt damit eine Funktion, die eigentlich dem Sozialrecht obliegt, aber dem auf Ausgleich von Schäden gerichteten Haftungsrecht fremd ist: Ein rechtspolitisch vertretbarer, aber rechtlich „fauler" Kompromiß![4]

Dagegen kann die englische Lösung für sich in Anspruch nehmen, daß sie sich weitgehend in das System des allgemeinen Arzthaftungsrechts einfügt und daher dogmatisch konsistenter wirkt. Zwar hinkt sie auf der haftungsbegründenden Seite dem deutschen Haftungsmodell z.Z. noch hinterher. Sobald sich aber erst einmal ein ähnlich hoher Standard der Aufklärung in der Praxis englischer Ärzte durchgesetzt haben wird, bietet sie den unfreiwilligen Eltern einen umfassenden Ersatz ihres Unterhaltsschadens und aller sonstigen, mit der planwidrigen

---

[4] So i.E. auch HAGEN, SchlHA 229 (1982) 2 (5); ZIMMERMANN, JZ 1981, 86 (89); s.a. GIESEN, JR 1984, 221 (222); a.A. DEUTSCH, SGb 1981, 78 (79).

Geburt ihres Kindes einhergehenden materiellen und immateriellen Einbußen. Andererseits werden sich spätestens dann die englischen Richter die Frage stellen müssen, ob eine solche umfassende Haftung den Ärzten auf Dauer zuzumuten ist[5] und deshalb sinnvoll eingeschränkt werden sollte. In diesem Zusammenhang sei vor allem auf den Aspekt der Versicherbarkeit des Berufshaftpflichtrisikos hingewiesen. In Deutschland hatte die Anerkennung einer Haftung von Gynäkologen wegen *wrongful conception* und *wrongful birth* jedenfalls spürbare Folgen für die betroffenen Versicherungsnehmer: Viele Versicherer reagierten mit einer erheblichen Anpassung der Versicherungsprämien, der Einführung von Selbstbehalten bzw. deren Erhöhung und einer restriktiven Zeichnungspraxis, teilweise sogar mit einem Rückzug aus der Sparte der Ärzte und Krankenhäuser.[6] Deshalb ist nicht auszuschließen, daß die von der deutschen Rechtsprechung vorgenommenen Einschränkungen der „Haftung für neues Leben" sowohl auf der Tatbestands- als auch auf der Rechtsfolgenseite auch auf diesen „Versicherungsnotstand" zurückzuführen sind, weil sie das Risiko eingrenzen und damit seine Versicherbarkeit erleichtern. Es bleibt abzuwarten, wie die Versicherungswirtschaft jenseits des Kanals auf die weitere Entwicklung der englischen Rechtsprechung zu diesem komplexen Themenkreis reagieren wird[7] und welche Konsequenzen die Richter Englands wiederum aus einer evtl. eintretenden „Krise" der Arzthaftpflichtversicherung in ihrem Land ziehen werden.[8]

---

[5] Krit. zur geltenden Rechtslage äußern sich z.B. WEIR im Vorwort seines Casebook; GLAZEBROOK 51 [1992] CLJ 226 (228) im Anschluß an die *wrongful birth*-Entscheidungen *Rance v Mid-Downs HA* ([1990] 2 WLR 159, QB) u. *Salih v Enfield AHA* ([1989] The Times 7 December, QB; *revd* [1991] 3 AllER 400, CA).

[6] Vgl. hierzu DEUTSCH, EG-Recht, S. 282; DERS., VersR 1995, 609 (615f.); FRANZKI, ZaeF 1995, 676. Zur vergleichsweise kritischeren Lage der Geburtshelfer vgl. ausf. ENGELMOHR, Ärzteztg. v. 18.5.1994, S. 3; s.a. KOCHS, ZaeF 1995, 575 (579) mit Angaben zur Schaden- und Prämienentwicklung. – Eine weitere, bislang wenig beachtete Folge der Rechtsprechung ist eine zunehmende Verlagerung risikoreicher ambulanter Leistungen in den stationären Bereich mit entsprechender Kostensteigerung im Gesundheitswesen, vgl. DIERKS, Ärzteztg. v. 04.09.1996, S. 12.

[7] ALDRED ([1996] Business Insurance 2 September) berichtet bereits von steigenden Prämien angesichts eines sich stetig verschlechternden Schadenverlaufs in der einschlägigen Haftpflichtsparte. Vor diesem Hintergrund gewinnt für Ärzte und Krankenhäuser in England – wie übrigens auch in Deutschland (vgl. hierzu ausf. ULSENHEIMER/STAIB/MARTIN, VW 1996, 1280ff.) – das Instrument des Risk-Managements immer mehr an Bedeutung.

[8] Insgesamt optimistisch zum Fortbestand der geltenden Rechtslage äußern sich etwa CLERK & LINDSELL, para. 10-21; MASON, S. 89.

Literaturverzeichnis

Abortion Law Reform Association: A Guide to the Abortion Act 1967, 2. Aufl. London 1969 (zit.: ALRA)

ADOMEIT, KLAUS: Die besondere Entscheidung: Die mißglückte Sterilisation. Zu BGH v. 18.3.1980, NJW 1980, 1450 u. 1452 = Schlosser, JK, BGB § 249/5, Jura 1981, 196

AK/Bearbeiter: Alternativkommentar zum Bürgerlichen Gesetzbuch in sechs Bänden, Bd. 2, Allgemeines Schuldrecht (§§ 241–432), Neuwied/Darmstadt 1980 (Reihe Alternativkommentare)

ALDRED, CAROLYN: U.K. medical liability premiums jump, [1996] Business Insurance 2 September

ALKEN, PETER: Sterilisation beim Mann, in: Eser, Albin/Hirsch, Hans A. (Hrsg.), Sterilisation und Schwangerschaftsabbruch. Eine Orientierungshilfe zu medizinischen, psychologischen und rechtlichen Fragen, Stuttgart 1980, S. 40 (Recht und Medizin; Bd. 10)

ALT, FRANZ: Liebe ist möglich, München 1985

ANKERMANN, ERNST: Haftung für fehlerhaften oder fehlnden ärztlichen Rat, in: Der Schadensersatz und seine Deckung, FS für Erich Steffen zum 65. Geburtstag am 28. Mai 1995. Hrsg. von Erwin Deutsch, Ernst Klingmüller und Hans Josef Kullmann, Berlin/New York 1995, S. 1

ARGENT, V.P.: Failed Female Sterilization and the Law, (1985) 25 MedSci & Law 136

ARNDT, CLAUS/ERHARD, BENNO/FUNCKE, LISELOTTE (Hrsg.): Der § 218 StGB vor dem Bundesverfassungsgericht. Dokumentation zum Normenkontrollverfahren wegen verfassungsrechtlicher Prüfung des Fünften Strafrechtsreformgesetzes (Fristenregelung), Heidelberg/Karlsruhe 1979 (Motive, Texte, Materialien; Bd. 7)

ARZT, GUNTHER/WEBER, ULRICH: Strafrecht Besonderer Teil. Ein Lehrbuch in fünf Heften. LH 1: Delikte gegen die Person, 3. Aufl. Bielefeld 1988

BACKHAUS, R.: Inwieweit darf die Unterhaltspflicht für ein Kind als Schaden bewertet werden?, MedR 96, 201ff

BAPPERT, LIESELOTTE: Arzt und Patient als Rechtssuchende. Das Vertrags- und Haftungsrecht des Arztes in Grundsatz-Entscheidungen bundesdeutscher Gerichte 1969–1980, Reinbek bei Hamburg 1980

BAR, CHRISTIAN VON: Unentgeltliche Investitionsempfehlungen im Wandel der Wirtschaftsverfassungen Deutschlands und Englands. Ein Beitrag zur Ersatzfähigkeit reiner Vermögensschäden, RabelsZ 44 (1980) 455

BARNIKEL, WILHELM: Schadensersatz wegen fehlgeschlagener Sterilisation?, GFHK 37 (1977) 881

–Ist die Sterilisation ein Dienstvertrag?, GFHK 37 (1977) 888

BAUMGÄRTEL, GOTTFRIED/WITTMANN, ARNO: Die Beweislastverteilung im Arzthaftungsprozeß, JA 1979, 113

BELL, ANDREW P.: The Doctor and the Supply of Goods and Services Act 1982, (1982) 4 LS 175

BELLING, CLAUS: Ist die Rechtfertigungsthese zu § 218a StGB haltbar? Zur Rechtsnatur der sogenannten indizierten Abtreibung, Berlin/New York 1987. Zugl. Diss. jur. Tübingen

BENDER, S.: Failed Sterilization, (1983) 3 Lit 8

–Failed Termination of Pregnancy, (1984) 134 NLJ 952

BETTLE, JANET: Suing Hospitals Direct: Whose Tort was it Anyhow?, (1987) 137 NLJ 573

BIENWALD, WERNER: Zur Beteiligung des Mannes bei der Entscheidung über den straffreien Schwangerschaftsabbruch seiner Ehefrau, – Bemerkungen zum Beschluß des AmtsG Köln vom 15.3.1984, FamRZ 1985, 519 –, *ibid* 1096

BK/HEGNAUER: Berner Kommentar zum scheizerischen Privatrecht, hrsg. von Arthur Meier-Hoyoz, Bd. II: Das Familienrecht, 2. Abt.: Die Verwandtschaft, 1. Teilbd.: Die Entstehung des Kindesverhältnisses (Art. 252–269c ZGB). Erl. von Cyril Hegnauer, 4. Aufl. Bern 1984

BLACKSTONE, WILLIAM: Commentaries on the Laws of England, Vol. 1, 17th ed. by Edward Christian and others, London 1830

BLASBALG, JENNY: Ausländische und deutsche Gesetze und Gesetzesentwürfe über Unfruchtbarmachung, ZStW 52 (1932) 477

BLOXHAM, S., LEE, R. & MCGEE, A.: Wrongful Birth – The English Conception, PN 1 (1985) 126

BOEHMER, GUSTAV: Zur Ehestörungsklage. Ein Rechtsgutachten, AcP 155 (1956) 181

BÖHR, KARL: Die Unfruchtbarmachung nach geltendem und künftigem Recht, Diss. jur. Köln 1933

BOSCH, FRIEDRICH: Redaktionelle Anmerkung zu LG Itzehoe 21.11.1968, FamRZ 1969, 91

BRAHAMS, DIANA: Birth of Handicapped Child after Negligent Sterilisation, (1984) 52 MLJ 250

–„Informed" Consent – the Thin End of the Wedge, (1985) 135 NLJ 201

–Damages for Unplanned Babies – A Trend to be Discouraged?, (1983) 133 NLJ 643

–What Damages Should Be Payable for the Birth of an Unplanned Baby?, (1983) 51 MLJ 65

–Damages Awarded for Births Following Negligent Abortion and Sterilisation. Birth of Healthy Infant after Negligent Abortion, (1983) 51 MLJ 118

–Damages Awarded for Failed Vasectomy, (1984) 52 MLJ 251

–Inexperience is no Defence to Negligent Medical Treatment, (1987) 137 NLJ 60

–Handicapped Infant Born after Negligent Sterilisation, (1983) 51 MLJ 119

–Healthy Infant Born after Negligent Sterilisation, (1983) 51 MLJ 120

BRASCHOS, FRANZ-JOSEPH: Der Ersatz immaterieller Schäden im Vertragsrecht, Köln/Berlin/Bonn/München 1979. Zugl. Diss. jur. Bonn

BRAUN, W./SPANN, W.: Sterilisation: Juristische Probleme, GynPrax 1 (1977) 395

BRAZIER, MARGARET: Medicine, Patients and the Law. An Up-to-Date and Informative Guide, Harmondsworth 1987

–NHS indemnity: the implications for medical litigation, PN 6 (1990) 88

–Patient Autonomy and Consent to Treatment: the Role of the Law?, (1987) 7 LS 169

BRÜGGEMEIER, GERT: Deliktsrecht, Baden-Baden 1986

BUCKLEY, R.A.: The Modern Law of Negligence, 2nd ed. London/Dublin/Edinburgh 1993

Statistisches Bundesamt (Hrsg.): Fachserie 12 (Gesundheitswesen), Reihe 3: Schwangerschaftsabbrüche, 1977ff.

Bundesministerium für Jugend, Familie und Gesundheit (Hrsg.): Bericht des Ausschusses über die Auswirkungen des Gesetzes über den Schwangerschaftsabbruch in England (Lane-Report) (Deutsche Ausgabe), Stuttgart/Berlin/Köln/Mainz 1975 (Schriftenreihe des Bundesministers für Jugend, Familie und Gesundheit; Bd. 32) (zit.: Lane-Report)

BUNTE, HERMANN-JOSEF: Gedanken zum Krankenhausvertrag – de lege lata – de lege ferenda, JZ 1982, 279

BUROW, PATRICK: Einführung in die ökonomische Analyse des Rechts, JuS 1993, 8

BURROWS, ANDREW S.: Remedies for Torts and Breach of Contract, 2nd ed. London/Dublin/Edinburgh 1994

CHARLESWORTH, JOHN & PERCY, R.A.: On Negligence, 8th ed. by R.A. Percy, London 1990 (The Common Law Library; No. 6)

CLEMENTS, LINDA M.: Self-Determination and 'Informed Consent' to Medical Treatment. A Review of Sidaway v. Bethlem Royal Hospital Governors, PN 1 (1985) 136

CLERK, JOHN F. & LINDSELL, WILLIAM H. B.: On Torts, London, 16th ed. 1989, 4th Cumulative Supplement 1994 (The Common Law Library; No. 3)

COESTER-WALTJEN, DAGMAR: Zivilrechtliche Probleme künstlicher Befruchtungen, Jura 1987, 629

–Der Schwangerschaftsabbruch und die Rolle des künftigen Vaters, NJW 1985, 2175

COKE, EDWARD: The First Part of the Institutes of the Laws of England: or, a Commentary upon Littleton, Vol. 1, 18th. ed. by Charles Butler, London 1823

Royal Commission: Report of the Royal Commission on Civil Liability and Compensation for Personal Injury (Cmnd. 7054)(Chairman: Lord Pearson), Vol. 1, London 1978 (zit.: The Pearson Report)

CORNISH, GORDON: Personal Injuries: Some Recent Developments in English Law, in: 25 Jahre Karlsruher Forum, Jubiläumsausgabe 1983, Beiträge zum Haftungs- und Versicherungsrecht. Hrsg. von Fritz Hauß, Wolfgang Freiherr Marschall von Bieberstein und Fritz Reichert-Facilides, S. 11 (Sonderheft Versicherungsrecht – Juristische Rundschau für die Individualversicherung) (zit.: Cornish, Injuries)

–„Public Policy" und das ungewollte Kind – Entwicklungen in der englischen Rechtsprechung, VersR 1983, 1117

–„Public Policy" und das ungewollte Kind – Neuere Entwicklungen in der englischen Rechtsprechung, VersR 1985, 898

COWNIE, FIONA: Medical negligence – a question of policy?, PN 3 (1987) 95

CROSS, RUPERT & JONES, PHILIP A.: Introduction to Criminal Law, 11th ed. by Richard Card, London 1988

CRUZ, S.P. DE: Abortion, C v S and the Law, (1987) 17 Fam Law 319

DANIELS, JÜRGEN: Probleme des Haftungssystems bei stationärer Krankenhausbehandlung, NJW 1972, 305

DANNEMANN, GERHARD: Arzthaftung für die unerwünschte Geburt eines Kindes, VersR 1989, 676

DEBO, ARNO: Der unterbliebene Schwangerschaftsabbruch als zivilrechtlicher Haftungsgrund, München 1986. Zugl. Diss. jur. München

DENYER, RODERICK L.: Medical negligence: the price to pay, (1992) 89 LS Gaz 19

Ständige Deputation des Deutschen Juristentages (Hrsg.): Verhandlungen des Fünfundvierzigsten Deutschen Juristentages, Karlsruhe 1964, Bd. II (Sitzungsberichte), München/Berlin 1965 (zit.: Sitzungsbericht)

DEUCHLER, WOLFGANG: Die Haftung des Arztes für die unerwünschte Geburt eines Kindes („wrongful birth"), Frankfurt a.M./Bern/New York/Nancy 1984 (Recht und Medizin; Bd. 9). Zugl. Diss. jur. Göttingen

DEUTSCH, ERWIN: Anm. zu BGH, Urt. v. 18.3.1980 (VI ZR 247/78), SGb 1981, 78

–Anm. zu BGH, Urt. v. 27.11.1984 - VI ZR 43/83 (KG Berlin), NJW 1985, 674

–Anm. zu BGH, Urt. v. 28.3.1995 - VI ZR 356/93 (Bremen), LM § 249 BGB (A) Nr. 108

–Anm. zu OLG Celle, Urt. v. 8.5.1978 - 1 U 37/77 (LG Verden), und OLG Bamberg, Urt. v. 6.2.1978 - 4 U 141/77 (LG Würzburg), JZ 1978, 532

–Arztrecht und Arzneimittelrecht, 2. Aufl. Berlin/Heidelberg/New York 1991 (zit.: Deutsch, ArztR)

–Neue Aufklärungsprobleme im Arztrecht, NJW 1982, 2585

–Unerwünschte Empfängnis, unerwünschte Geburt und unerwünschtes Leben verglichen mit wrongful conception, wrongful birth und wrongful life des anglo-amerikanischen Rechts, MDR 1984, 793

–Medizinische Fahrlässigkeiten, NJW 1976, 2289

–Die Haftung für Ärzte und Krankenhäuser in den Ländern der Europäischen Gemeinschaft nach zu erwartendem EG-Recht, in: Haftung der Dienstleistungsberufe – Natürliche Vielfalt und europäische Vereinheitlichung. Hrsg. von Erwin Deutsch und Jochen Taupitz, Heidelberg 1993, S. 275 (Mannheimer rechtswissenschaftliche Abhandlungen; Bd. 14) (zit.: Deutsch, EG-Recht)

–Haftungsrecht, Erster Band: Allgemeine Lehren, Köln/Berlin/Bonn/München 1976 (zit.: Deutsch, HaftungsR)

–Unerlaubte Handlungen, Schadensersatz und Schmerzensgeld, 2. Aufl. Köln/Berlin/Bonn/München 1993 (zit.: Deutsch, Handlungen)

–Das Kind oder sein Unterhalt als Schaden – Eine methodische Grundfrage des geltenden Rechts, VersR 1995, 609

–Das therapeutische Privileg des Arztes: Nichtaufklärung zugunsten des Patienten, NJW 1980, 1305

–Schadensrecht und Verfassungsrecht: Akt II (Besprechung zu BGH, NJW 1994, 788) – Unterhalt oder Kind als Schaden: Der BGH unterscheidet Fallgruppen und weicht vom BVerfG ab, NJW 1994, 776
–Schutzbereich und Tatbestand des unerlaubten Heileingriffs im Zivilrecht, NJW 1965, 1985
–Neues Verfassungszivilrecht: Rechtswidriger Abtreibungsvertrag gültig – Unterhaltspflicht aber kein Schaden, NJW 1993, 2361
DEUTSCH, ERWIN/GEIGER, MICHAEL: Medizinischer Behandlungsvertrag: Empfiehlt sich eine besondere Regelung der zivilrechtlichen Beziehung zwischen dem Patienten und dem Arzt im Bürgerlichen Gesetzbuch?, in: Gutachten und Vorschläge zur Überarbeitung des Schuldrechts. Hrsg. vom Bundesministerium der Justiz, Bd. 2, Köln 1981, S. 1049
DEUTSCH, ERWIN/MATTHIES, KARL-HEINZ: Arzthaftungsrecht. Grundlagen, Rechtsprechung, Gutachter- und Schlichtungsstellen, 3. Aufl. Köln 1988 (Recht, Wirtschaft und Steuern; Bd. 148)
DEUTSCH, R.L.: Medical Negligence Reviewed, (1983) 57 ALJ 674
DIAS, R.W.M. & MARKESINIS, BASIL S.: Tort Law, 2nd ed. Oxford 1989
DICKENS, BERNARD: Wrongful Birth and Life, Wrongful Death before Birth, and Wrongful Law, in: Legal Issues in Human Reproduction. Ed. by Sheila McLean, Aldershot/Hants. 1989, S. 80 (Medico-Legal Series)
DIEDERICHS, PETER: Zur seelischen Verarbeitung des Schwangerschaftsabbruchs, in: Eser, Albin/Hirsch, Hans A. (Hrsg.), Sterilisation und Schwangerschaftsabbruch. Eine Orientierungshilfe zu medizinischen, psychologischen und rechtlichen Fragen, Stuttgart 1980, S. 100 (Recht und Medizin; Bd. 10)
DIEDERICHSEN, UWE: Die Haftung des Warenherstellers, München/Berlin 1967
–Die nichteheliche Lebensgemeinschaft im Zivilrecht, NJW 1983, 1017
–Unterhaltskosten als Vermögensschaden, VersR 1981, 693
DIERKS, CHRISTIAN: Risikoreiche Leistungen werden zunehmend in die Kliniken verlagert, Ärzteztg. v. 04.09.1996, S. 12
DÖRING, G.K.: Empfängnisverhütung, 4. Aufl. Stuttgart 1969
DOUGLAS, GEOFFREY: Damages for Unwanted Births, (1982) 126 SJ 58
DREHER, EDUARD/TRÖNDLE, HERBERT: Strafgesetzbuch und Nebengesetze, Kommentar, 46. Aufl. München 1993
DUGDALE, ANTHONY M. & STANTON, KEITH M.: Professional Negligence, 2nd ed. London/Edinburgh 1989
DUNCAN, ARCHIBALD S., DUNSTAN, GORDON R. & WELBOURN, RICHARD B. (Ed.): Dictionary of Medical Ethics, 2nd ed. London 1981 (zit.: DME)
DUNZ, WALTER: Anm. zu BGH 18.3.1980 - VI ZR 105/78 (Bamberg) und 18.3.1980 - VI ZR 247/78 (Karlsruhe), LM § 276 BGB (Fc) Nr. 7 u. 8
–Aktuelle Fragen zum Arzthaftungsrecht unter Berücksichtigung der neueren höchstrichterlichen Rechtsprechung, Köln 1980 (zit.: Dunz, Fragen)
–Zur Praxis der zivilrechtlichen Arzthaftung, Karlsruhe 1974 (zit.: Dunz, Praxis)
EBERHARDT, DIETRICH: Selbstbestimmungsrecht des Patienten und ärztliche Aufklärungspflicht im Zivilrecht Frankreichs und Deutschlands, Karlsruhe 1968 (Beiträge zum Privat- und Wirtschaftsrecht; H. 8). Zugl. Diss. jur. Freiburg i.Br.
–Zivilrecht und Sozialrecht in der Beziehung von Kassenarzt und Kassenpatient – Zugleich ein Beitrag zu Inhalt und Bedeutung des § 368d IV RVO –, AcP 171 (1971) 289
EBERHARDT, WULF: Zur Apothekerhaftpflicht – kann die Verabreichung der „falschen Pille“ zur Ersatzpflicht führen?, ZfV 1969, 227
EHLERS, ALEXANDER P.F.: Behandlungsfehler in der Gynäkologie – Rechtsprechung in der neuesten Vergangenheit, Der Frauenarzt 1989, 223
ELSEY, ROGER: Medical Negligence: Onus of Proof on the Practitioner?, (1983) 2 Lit 319
EMMERICH, VOLKER: Anm. zu BGH, Urt. v. 9.7.1985 - VI ZR 244/83, JuS 1986, 154 Nr. 5
–Anm. zu BGH, Urt. v. 27.6.1995 - VI ZR 32/94 (Frankfurt a.M.), JuS 1996, 71 Nr. 5
ENGELHARDT, HANNO: Kind als Schaden?, VersR 1988, 540

ENGELMOHR, INES: Haftpflichtbeiträge treiben Frauenärzte aus der Geburtshilfe, Ärzteztg. v. 18.5.1994, S. 3

ENGISCH, KARL: Die Strafwürdigkeit der Unfruchtbarmachung mit Einwilligung, in: Beiträge zur gesamten Strafrechtswissenschaft, FS für Hellmuth Mayer zum 70. Geburtstag am 1. Mai 1965. Hrsg. von Friedrich Geerds und Wolfgang Naucke, Berlin 1966, S. 399

ENNECCERUS, LUDWIG/NIPPERDEY, HANS CARL: Allgemeiner Teil des Bürgerlichen Rechts, Bd. 1, 2. Halbbd., 15. Aufl. Tübingen 1960

ERMAN, WALTER/WESTERMANN, HARM PETER: Handkommentar zum Bürgerlichen Gesetzbuch in zwei Bänden, 9. Aufl. Münster 1993 (zit.: Erman/Bearbeiter)

ESER, ALBIN: Indikation zum Schwangerschaftsabbruch, in: Eser, Albin/Hirsch, Hans A. (Hrsg.), Sterilisation und Schwangerschaftsabbruch. Eine Orientierungshilfe zu medizinischen, psychologischen und rechtlichen Fragen, Stuttgart 1980, S. 150 (Recht und Medizin; Bd. 10) (zit.: Eser, Indikation)

–Das neue Schwangerschaftsabbruchstrafrecht auf dem Prüfstand, NJW 1992, 2913

–Sterilisation in rechtlicher und rechtspolitischer Sicht, in: Eser, Albin/Hirsch, Hans A. (Hrsg.), Sterilisation und Schwangerschaftsabbruch. Eine Orientierungshilfe zu medizinischen, psychologischen und rechtlichen Fragen, Stuttgart 1980, S. 55 (Recht und Medizin; Bd. 10) (zit.: Eser, Sterilisation)

ESER, ALBIN/KOCH, HANS-GEORG: Aktuelle Rechtsprobleme der Sterilisation, MedR 1984, 6

–Schwangerschaft nach fehlgeschlagener Sterilisation: Wofür muß der Arzt haften? Erläuterungen zu aktuellen Urteilen des Bundesgerichtshofes, DÄBl. 78 (1981) 1673

ESSER, JOSEF/SCHMIDT, EIKE: Schuldrecht I, Allgemeiner Teil, Teilbd. 2: Durchführungshindernisse und Vertragshaftung, Schadensausgleich und Mehrseitigkeit beim Schuldverhältnis, 7. Aufl. Heidelberg 1993

ESSER, JOSEF/WEYERS, HANS-LEO: Schuldrecht II, Besonderer Teil, 7. Aufl. Heidelberg 1991

ESSER, WERNER: Zur Legalität der Abtreibungshilfe durch die gesetzlichen Krankenkassen (§ 200f RVO), SGb 1987, 453

FAHRENHORST, IRENE C.: Anm. zu BGH, Urt. v. 22.11.1983 (VI ZR 85/92), JR 1984, 417

–Sterilisation, Abortion and the Unwanted Child. Developments in English, West German and American Law, (1986) 11 ILP 33 (Part I: The Healthy, Unwanted Child), 62 (Part II: The Defective Child)

FEHN, BERND J.: Die Menschenwürde des nichtehelichen Kindes im Spannungsfeld zwischen Unterhalts- und Deliktsrecht – BGH, NJW 1986, 2043, JuS 1988, 602

FELLMANN, WALTER: Schadenersatz für den Unterhalt eines unerwünschten Kindes, ZBJ 123 (1987) 317

FENG, TAN KENG: Failure of Medical Advice: Trespass or Negligence?, (1987) 7 LS 149

FIKENTSCHER, WOLFGANG: Schuldrecht, 8. Aufl. Berlin/New York 1992

FINCH, JOHN D.: Gold v. Haringey Area Health Authority: Whither Bolam? The Way Forward in Standards of Medical Care, (1987) 3 PMILL No. 5, 39

–Health Services Law, London 1981

–No Wrongful Life, (1982) 132 NLJ 235

FISCHER, GERFRIED: Anm. zu BGH, Urt. v. 10.3.1991 - VI ZR 202/79, JR 1981, 501

–Arzthaftung wegen fehlerhafter Schwangerschaftsberatung, Anmerkung zu BGH, Urt. v. 22.11.1983 (VI ZR 85/82), MedR 1985, 93

–„Wrongful life“: Haftung für die Geburt eines behinderten Kindes – BGHZ 86, 240 (Urt. v. 18.1.1983 - VI ZR 114/81), JuS 1984, 434

–Schadensersatz wegen unterbliebener Abtreibung. Zugleich eine Besprechung von OLG München, NJW 1981, 2012, *ibid* 1991

FLATTEN, JÖRG: Die Arzthaftpflichtversicherung – Ein Überblick, VersR 1994, 1019

FLEMING, John G.: An Introduction to the Law of Torts, 2nd ed. Oxford 1985 (Clarendon Law Series) (zit.: Fleming, Introduction)

–The Law of Torts, 8th ed. Sydney 1992 (zit.: Fleming, Law)

–Comparative Law of Torts. A review of F.H. Lawson & B.S. Markesinis, Tortious Liability for Unintentional Harm in the Common Law and Civil Law (Cambridge Studies in International and Comparative Law, Cambr. Univ. Press 1982), (1984) 4 OJLS 235

FLESCH, CARL F.: England: Marktchancen der Rechtsschutzversicherung durch den Abbau von Legal Aid, VW 1996, 1452

FLETA: seu commentarius juris anglicani sic nuncupatus sub Edwardo rege primo ... accedit forumulis gallicanus, Fet asssavoir dictus. Subjungitur etiam Joan. Seldeni ad Fletam dissertatio historica, 2nd ed. revised London 1685

FORTIN, JANE E.S.: Is the „Wrongful Life" Action Really Dead?, [1987] JSWL 306

FRANZKI, HARALD: Neue Dimensionen in der Arzthaftung: Schäden bei der Geburtshilfe und Wrongful life als Exponenten einer Entwicklung?, VersR 1990, 1181

–Haftung bei mißlungener Sterilisation aus juristischer Sicht, ZaeF 1995, 676

–Leitfaden für Arzthaftungsprozesse, DRiZ 1977, 36

FRANZKI, HARALD/FRANZKI, DIETMAR: Waffengleichheit im Arzthaftungsprozeß, NJW 1975, 2225

FRICK-BRUDER, VIOLA: Sterilisation: Psychologische Probleme, in: Eser, Albin/Hirsch, Hans A. (Hrsg.), Sterilisation und Schwangerschaftsabbruch. Eine Orientierungshilfe zu medizinischen, psychologischen und rechtlichen Fragen, Stuttgart 1980, S. 47 (Recht und Medizin; Bd. 10)

FUCHS, MAXIMILIAN: Deliktsrecht, Berlin/Heidelberg/New York/Tokyo 1995

–Die zivilrechtliche Haftung des Arztes aus der Aufklärung über Genschäden, NJW 1981, 610

GAUPP, ROLF DIETRICH: Beweisfragen im Rahmen ärztlicher Haftungsprozesse, Diss. jur. Tübingen 1969

GEIGEL, REINHART*: Der Haftpflichtprozeß. Hrsg. von Günter Schlegelmilch, München, 17. Aufl. 1979, 21. Aufl. 1993 (zit.: Geigel/Bearbeiter)

GEIGER, WILLI: Abtreibung und Rechtsordnung, Jura 1987, 60

GEISS, KARLMANN: Arzthaftpflichtrecht, 2. Aufl. München 1993 (Seminarschriften der Deutschen Anwaltsakademie; Bd. 18)

GERNHUBER, JOACHIM/COESTER-WALTJEN, DAGMAR: Lehrbuch des Familienrechts, 4. Aufl. München 1994

GIESEN, DIETER: Anm. zu BGH, Urt. v. 27.11.1984 (VI ZR 43/83), JZ 1985, 334

–Arzthaftungsrecht. Die zivilrechtliche Haftung aus medizinischer Behandlung in der Bundesrepublik Deutschland, in Österreich und der Schweiz, Tübingen 1990 (Zugl. 3. Aufl. der „Wandlungen des Arzthaftungsrechts") (JZ-Schriftenreihe; H. 1) (zit.: Giesen, Wandlungen)

–Arzthaftungsrecht im Umbruch (III) – Beweisrechtsprobleme in der Rechtsprechung seit 1974 –, JZ 1982, 448

–Arzthaftungsrecht – Die zivilrechtliche Verantwortlichkeit des Arztes in rechtsvergleichender Sicht – Medical Malpractice Law. A Comparative Study of Civil Responsibility Arising from Medical Care, Bielefeld 1981 (Industrie, Gesellschaft und Recht; Bd. 15) (zit.: Giesen, ArzthaftungsR)

–Geburt eines ungewollten Kindes – Wertverwirklichung oder Schadensereignis? Zur Problematik einer Gerichtsentscheidung über die Abgrenzung zwischen unmittelbarem und mittelbarem Schaden, FamRZ 1970, 565

–Grundzüge der Anwaltshaftung im amerikanischen Recht, ZVglRWiss 91 (1992) 43

–Grundzüge der zivilrechtlichen Arzthaftung, Jura 1981, 10

–Civil Liability of Physicians, in: Deutsche zivil-, kollisions- und wirtschaftsrechtliche Beiträge zum X. Internationalen Kongreß für Rechtsvergleichung in Budapest 1978. Hrsg. vom Max-Planck-Institut für Ausländisches und Internationales Privatrecht, Tübingen 1978 (Materialien zum Ausländischen und Internationalen Privatrecht; Bd. 29), S. 403 (zit.: Giesen, Liability)

–International Medical Malpractice Law. A Comparative Law Study of Civil Liability Arising from Medical Care, Tübingen/Dordrecht/Boston/London 1988 (zit.: Giesen, MML)

–Recht und medizinischer Fortschritt. Höchstrichterliche Entscheidungen zur Arzthaftung im Zeitalter der Entfaltung neuer biomedizinischer Technologien, JR 1984, 221

–Schadenbegriff und Menschenwürde. Zur schadenrechtlichen Qualifikation der Unterhaltspflicht für ein ungewolltes Kind, JZ 1994, 286

GIESEN, DIETER/GIESEN, ANGELIKA: „Enzynorm statt Eugynon" und die Folgen aus § 254 BGB. Zu LG Itzehoe, FamRZ 1969, 90 und Mertens, FamRZ 1969, 251, *ibid* 319
GITTER, WOLFGANG/WENDLING, GERHARD: Anspruch gegen Arzt, Krankenhaus oder Krankenkassen?, in: Eser, Albin/Hirsch, Hans A. (Hrsg.), Sterilisation und Schwangerschaftsabbruch. Eine Orientierungshilfe zu medizinischen, psychologischen und rechtlichen Fragen, Stuttgart 1980, S. 198 (Recht und Medizin; Bd. 10)
GLAZEBROOK, P.R.: What Care must be Taken of an Unborn Baby?, 52 [1993] CLJ 20
–Capable of being, but no Right to be, Born Alive?, 50 [1991] CLJ 241
–Unseemliness Compounded by Injustice, 51 [1992] CLJ 226
GÖPPINGER, HORST/WAX, PETER (Hrsg.): Unterhaltsrecht, 6. Aufl. Bielefeld 1994 (zit.: Göppinger-Wax/Bearbeiter)
GRAEF, RALPH: Zur Zulässigkeit von Erfolgshonoraren im englischen Recht, RIW 1995, 549
GRITSCHNEDER, OTTO: So haften Apotheker, Dt. ApZtg. 1969, 1226
–Des Apothekers Sohn. Die vielschichtigen Konsequenzen einer Anti-Baby-Pillen-Panne, in: Rhein. Merkur v. 3.1.1969, S. 9
–Schadensersatz wegen mißglückter Sterilisation?, GFHK 43 (1983) 469
GROPP, WALTER: Der straflose Schwangerschaftsabbruch. Die rechtliche Einordnung der Straffreiheit zu § 218 StGB, Tübingen 1981 (Juristische Studien; Bd. 68). Zugl. Diss. jur. Tübingen
GROSSFELD, BERNHARD: Macht und Ohnmacht der Rechtsvergleichung, Tübingen 1984 (zit.: Großfeld, Macht)
–Zivilrecht als Gestaltungsaufgabe, Heidelberg/Karlsruhe 1977 (Juristische Studiengesellschaft Karlsruhe. Schriftenreihe, H. 130) (zit.: Großfeld, ZivilR)
GRUBB, ANDREW: Contraceptive Advice and Doctors – A Law unto themselves?, 47 [1988] CLJ 12
–Causation and Medical Negligence, 47 [1988] CLJ 350
–Conceiving – A New Cause of Action?, in: Medicine, Ethics and the Law. Ed. by M.D.A. Freeman, London 1988, S. 121 (Current Legal Problems) (zit.: Grubb, Conceiving)
–The Emergence and Rise of Medical Law and Ethics. A Review of P.D.G. Skegg, Law, Ethics and Medicine: Studies in Medical Law, Oxford University Press (1985), (1987) 50 MLR 241
–Medical Law –„Informed Consent" to Medical Treatment: Who Decides – the Patient or the Doctor?, 44 [1985] CLJ 199
–Medical Law – Doctor's Advice and the Reasonable Man: Do We Need a Second Opinion?, 43 [1984] CLJ 240
–Medical Law – Failure of Sterilisation – Damages for „Wrongful Conception", 44 [1985] CLJ 30
–Failed Sterilisation: Is a Claim in Contract or Negligence a Guarantee of Success?, 45 [1986] CLJ 197
–A Survey of Medical Malpractice Law in England: Crisis? What Crisis?, (1985) 1 JContHealthL & Pol'y 75
GRÜNHUT, MAX: Das englische Strafrecht, in: Mezger, Edmund/Schönke, Adolf/Jeschek, Hans-Heinrich (Hrsg.), Das ausländische Strafrecht der Gegenwart. Dritter Band: Chile, England, Griechenland, Österreich, Berlin 1959, S. 133
GRUNSKY, WOLFGANG: „Kind als Schaden", Jura 1987, 82
–Neue höchstrichterliche Rechtsprechung zum Schadensersatzrecht, JZ 1983, 372; 1986, 170
GRUPP, KLAUS: Die Beschränkung von Schwangerschaftsabbrüchen durch Kreistagsbeschlüsse, NJW 1977, 329
HAAN, KEVIN DE: Medical Negligence Litigation: A Better Way?, (1986) 136 NLJ 506
HACKS, SUSANNE/RING, AMELI/BÖHM, PETER: Schmerzensgeld-Beträge, 16. Aufl., Stand: Februar 1993, München 1993 (ADAC-Handbuch)
HAGEN, HORST: Ethische Aspekte des Schadensersatzes, SchlHA 229 (1982) 2
HALL, JEAN GRAHAM & SMITH, GORDON D.: Court appointed experts: have they a future?, (1993) 137 SJ 38 (Suppl. „Expert Witnesses" – June 1993)
HALSBURY'S: Laws of England, 4th ed. London, Vol. 11 (1) (1990), Vol. 30 (1992), Vol. 33 (1982)

HAMANN, RUDOLF: Methoden und Problematik der Schadensberechnung, München 1972 (Das Wissenschaftliche Taschenbuch. Abteilung Rechts- und Staatswissenschaften)
HANACK, ERNST WALTER: Anm. zu BGH, Urt. v. 27.10.1964 - 5 StR 78/64 (LG Hannover), JZ 1965, 221
–Die strafrechtliche Zulässigkeit künstlicher Unfruchtbarmachungen, Diss. jur. Marburg 1957
HARLAND, W.A. & JANDOO, R.S.: The Medical Negligence Crisis, (1984) 24 MedSci & Law 123
HARRER, HERBERT: Neue Ansätze bei der Berechnung des Schadens bei fehlgeschlagener Familienplanung, FuR 1990, 206
–Die Beweislast bezüglich des Vorliegens der Indikationslage beim Schwangerschaftsabbruch, MedR 1989, 178
–Zivilrechtliche Haftung bei durchkreuzter Familienplanung, Frankfurt a.M./Bern/New York/ Paris 1989 (Recht und Medizin; Bd. 19). Zugl. Diss. jur. München 1989
–Das Recht auf Familienplanung als sonstiges Recht im Sinne von § 823 I BGB, DAVorm 63 (1990) 509
–Die Rechtsnatur der Indikationen des § 218a StGB, Jura 1990, 353
HART, H.L.A. & HONORÉ, TONY: Causation in the Law, 2nd ed. Oxford 1985
HAVARD, J.D.J.: The Influence of the Law on Clinical Decisions Affecting Life and Death, (1983) 23 MedSci & Law 157
HAWKINS, CLIFFORD: Mishap or Malpractice?, London 1985
HECK, PHILIPP: Grundriß des Schuldrechts, Tübingen 1929
HELDRICH, ANDREAS: Schadensersatz bei fehlgeschlagener Familienplanung – LG Itzehoe, FamRZ 1969, 90 (Urt. v. 21.11.1968 - 6 O 66/68), JuS 1969, 455
HELLE, ERNST: Boykott und Meinungskampf, NJW 1964, 1497
HENRICH, DIETER: Einführung in das englische Privatrecht, 2. Aufl. Darmstadt 1993 (zit.: Henrich, Einführung)
–Fälle und Lösungen nach höchstrichterlichen Entscheidungen, BGB – Familienrecht, Karlsruhe 1969 (zit.: Henrich, Fälle)
HILLIARD, LEXA: „Wrongful Birth“: Some Growing Pains, (1985) 48 MLR 224
HINDELL, KEITH & SIMMS, MADELEINE: Abortion Law Reformed. With a Foreword by David Steel, M.P., London 1971 (Contemporary Issue Series; 3)
HIPPEL, EIKE VON: Wenn die Ausnahme zur Regel wird, hat der Staat seine Pflicht versäumt. Der Schwangerschaftsabbruch in rechtsvergleichender Sicht, in: FAZ v. 1.6.1988, S. 9
–Schadensersatz für unwünschte Kinder?, FamRZ 1971, 409
HIRSCH, HANS A.: Chirurgische Methoden, in: Eser, Albin/Hirsch, Hans A. (Hrsg.), Sterilisation und Schwangerschaftsabbruch. Eine Orientierungshilfe zu medizinischen, psychologischen und rechtlichen Fragen, Stuttgart 1980, S. 80 (Recht und Medizin; Bd. 10) (zit.: Hirsch, Methoden)
–Schwangerschaften nach fehlgeschlagener Tubensterilisation. Häufigkeit, Ursachen, Vermeidbarkeit, DÄBl. 78 (1981) 1669
–Sterilisation bei der Frau: Methode – Zuverlässigkeit – Komplikationen, in: Eser, Albin/Hirsch, Hans A. (Hrsg.), Sterilisation und Schwangerschaftsabbruch. Eine Orientierungshilfe zu medizinischen, psychologischen und rechtlichen Fragen, Stuttgart 1980, S. 24 (Recht und Medizin; Bd. 10) (zit.: Hirsch, Sterilisation)
–Operative Verfahren zur Sterilisation der Frau. Sicherheit – Komplikationen, GFHK 37 (1977) 297
HODGE, J.B.: Damages for Unwanted Births, (1982) 126 SJ 96
HODGKINSON, TRISTRAM: Medical Treatment: Information and Negligence, [1985] PL 232
–Medical Treatment: Informing Patients of Material Risks, [1984] PL 414
HOLDSWORTH, W.S.: A History of English Law in Sixteen Volumes, Vol. 3, Vol. 8, 3rd ed. London 1923
HORTON, K.C.: Negligent Sterilisation: Two Conflicting German Cases, (1979) 9 Fam Law 156
HORTON ROGERS, W.V.: Legal Implications of Ineffective Sterilization, (1985) 5 LS 296

HOWIE, ROBERT B.M.: The Standard of Care in Medical Negligence. The Importance of Evidence of Adherence to Common or Similar Practice: A Comparison of the Laws of England and Scotland, 28 [1983] JR 193
HUBER, BARBARA: Großbritannien, in: Eser, Albin/Koch, Hans-Georg (Hrsg.), Schwangerschaftsabbruch im internationalen Vergleich. Rechtliche Regelungen – Soziale Rahmenbedingungen – Empirische Grunddaten, Teil 1: Europa, Baden-Baden 1988, S. 623 (Rechtsvergleichende Untersuchungen zur gesamten Strafrechtswissenschaft; Folge 3, Bd. 21)
HÜBNER, JÜRGEN: Schadenszurechnung nach Risikosphären. Eine Studie zur schadensgeneigten Arbeit selbständig Tätiger am Beispiel der privatrechtlichen Haftung des Seelotsen, Berlin 1974 (Berliner Juristische Abhandlungen; Bd. 27). Zugl. Diss. jur. Berlin 1973
HÜBNER, ULRICH: Die Berufshaftung – ein zumutbares Berufsrisiko?, NJW 1989, 5
HUDSON, A.H.: Mitigation and Refusal of Medical Treatment: Reasonableness and Onus of Proof, (1983) 46 MLR 754
–Refusal of Medical Treatment, (1983) 3 LS 50
HÜFFER, UWE: Vorteilsausgleich und Schmerzensgeld, VersR 1969, 500
–Nochmals: Vorteilsausgleich und Schmerzensgeld, VersR 1970, 209
HUTCHISON, DALE/ZIMMERMANN, REINHARD: Murphy's Law. Die Ersatzfähigkeit reiner Vermögensschäden innerhalb des „negligence“-Tatbestands nach englischem Recht, ZVglRWiss 94 (1995) 42
ISENSEE, JOSEF: Abtreibung als Leistungstatbestand der Sozialversicherung und der grundgesetzliche Schutz des ungeborenen Lebens, NJW 1986, 1645
JACKSON, RUPERT M. & POWELL, JOHN L.: Professional Negligence, 3rd ed. London 1992 (The Common Law Library; No. 12)
JACOB, JOSEPH M.: Lawyers Go to Hospital, [1991] PL 255
JAKOBS, HORST HEINRICH: Die zahnärztliche Behandlung als Werkleistung, NJW 1975, 1437
JAUERNIG, OTHMAR (Hrsg.): Bürgerliches Gesetzbuch, Kommentar, 7. Aufl. München 1994 (zit.: Jauernig/Bearbeiter)
JAYME, ERIK: Die Familie im Recht der unerlaubten Handlungen, Frankfurt a.M./Berlin 1971 (Schriftenreihe der Wissenschaftlichen Gesellschaft für Personenstandswesen und verwandte Gebiete m.b.H., Neue Folge; Bd. 9)
JONES, MICHAEL A.: The rising cost of medical malpractice, PN 3 (1987) 43
–Doctor Knows Best?, (1984) 100 LQR 355
–Medical Negligence, London 1991 (zit.: Jones, Negligence I)
–Medical Negligence, in: Doctors, Patients, and the Law. Ed. by Clare Dyer, London/Oxford/Edingburgh u.a. 1992, S. 1 (zit.: Jones, Negligence II)
–Medical Negligence – the Burden of Proof, (1984) 134 NLJ 7
–Textbook on Torts, 3rd ed. London 1992 (zit.: Jones, Textbook)
KAHN-FREUND, O.: Servants and Independant Contractors, (1951) 14 MLR 504
KAISER, GÜNTHER: Eugenik und Kriminalwissenschaft heute. Die Frage nach der strafrechtlichen Zulässigkeit der Unfruchtbarmachung und des Schwangerschaftsabbruchs aus eugenischer Indikation, NJW 1969, 538
KELLER, ALFRED: Die Behandlung des Haftpflichtfalles durch die Versicherung, in: Arzt und Recht. Hrsg. von Wolfgang Wiegand, Bern 1985, S. 125 m. Disk. S. 140 (Rechts- und Staatswissenschaftliche Fakultät der Universität Bern, Berner Tage für die juristische Praxis 1984)
KENNEDY, IAN MCCOLL: Consent to Treatment: The Capable Person, in: Doctors, Patients and the Law. Ed. by Clare Dyer, London/Oxford/Edinburgh u.a. 1992, S. 44 (zit.: Kennedy, Consent)
–Husband Denied a Say in Abortion Decision, (1979) 42 MLR 324
–The Patient on the Clapham Omnibus, (1984) 47 MLR 454
KENNEDY, IAN & GRUBB, ANDREW: Medical Law: Text and Materials, London 1988
KEOWN, JOHN: Gold, Kay and the Limits of Medical Liability, PN 4 (1988) 1
–„Miscarriage“: A Medico-Legal Analysis, [1984] CrimLR 604
KERN, BERND-RÜDIGER: Die Haftpflicht des beamteten Arztes aus § 839 BGB, VersR 1981, 316

KERN, BERND-RÜDIGER/LAUFS, ADOLF: Die ärztliche Aufklärungspflicht. Unter besonderer Berücksichtigung der richterlichen Spruchpraxis, Berlin/Heidelberg/New York 1983 (Recht und Medizin)

KERN, GÜNTHER: Gynäkologie, 4. Aufl. von Jörg Baltzer und Harald Mickan, Stuttgart/New York 1985

KHAN, A.N.: Award of Damages and Public Policy, (1984) 128 SJ 215

–Informed Medical Consent, (1985) 4 Lit 267

–Damages and Inflation, (1985) 129 SJ 198

–Wrongful Entry into Life, (1983) 127 SJ 500

–Medical Negligence: Some Recent Trends, (1985) 14 Anglo-Am 155

KINGDOM, ELIZABETH F.: The Right to Reproduce, in: Medicine, Ethics and the Law. Association for Legal and Social Philosophy. Thirteenth Annual Conference at Leeds, 4th–6th April 1986. Ed. by Mark Ockelton, Stuttgart 1987, S. 55 (Archiv für Rechts- und Sozialphilosophie; Beiheft 32)

KLEINEWEFERS, HERBERT/WILTS, WALTER: Die vertragliche Haftung bei gespaltenem Arzt-Krankenhaus-Vertrag, NJW 1965, 332

–Vertragliche Schadenersatzansprüche des Patienten bei gespaltenem Arzt-Krankenhaus-Vertrag, VersR 1964, 201

KLIMKE, MANFRED: Kann die Geburt eines Kindes ein Schadensereignis sein?, VersR 1975, 1083

–Kann die Geburt eines unerwünschten Kindes Schadensersatzansprüche gegen Dritte auslösen?, ZfV 1979, 699; 1980, 18

–Vorteilsausgleich im immateriellen Bereich, VersR 1969, 111

–Nochmals: Vorteilsausgleich im immateriellen Bereich, VersR 1969, 785

KLINGMÜLLER, ERNST (Hrsg.): Karlsruher Forum 1992: Aspekte für ein europäisches Haftungsrecht – Versuch einer kritischen, dogmatischen Bestandsaufnahme (Sonderheft Versicherungsrecht – Juristische Rundschau für die Individualversicherung) (zit.: Klingmüller (Hrsg.), Karlsruher Forum 1992)

–Karlsruher Forum 1963: Zur Haftung des Warenherstellers (Beiheft Versicherungsrecht – Juristische Rundschau für die Individualversicherung) (zit.: Klingmüller (Hrsg.), Karlsruher Forum 1963)

KLOSTERHALFEN, H.: Die Sterilisation des Mannes, MMW 148 (1976) 907

KLUTH, WINFRIED: Der rechtswidrige Schwangerschaftsabbruch als erlaubte Handlung – Anmerkungen zum zweiten Fristenurteil des Bundesverfassungsgerichts –, FamRZ 1993, 1382

KOCH, HANS-GEORG: Bundesrepublik Deutschland, in: Eser, Albin/Koch, Hans-Georg (Hrsg.), Schwangerschaftsabbruch im internationalen Vergleich. Rechtliche Regelungen – Soziale Rahmenbedingungen – Empirische Grunddaten, Teil 1: Europa, Baden-Baden 1988, S. 17 (Rechtsvergleichende Untersuchungen zur gesamten Strafrechtswissenschaft; Folge 3, Bd. 21)

KOCHS, BERNHARD: Ärztliche Haftung aus der Sicht des Versicherers, ZaeF 1995, 575

KODWO BENTIL, J.: Rejection of Husband's Claim to Stop Wife's Abortion, (1984) 128 SJ 288

KOEHLER, P.A.: Die Patientenversicherungen in Dänemark, Finnland, Norwegen und Schweden, ZIAS 1994, 175

KOFFKA, ELSE: Wie soll die freiwillige Sterilisation künftig gesetzlich geregelt werden?, in: Ehrengabe für Bruno Heusinger. Hrsg. von Roderich Glanzmann unter Mitwirkung von Joachim Faller, München 1968, S. 355

KÖHLER, WOLFGANG: Schadensersatzpflicht bei fehlgeschlagener Sterilisation. Geburt eines Kindes und dadurch begründete Unterhaltslast als Schaden, VersR 1979, 700

Kommission: Bericht der „Kommission zur Auswertung der Erfahrungen mit dem reformierten § 218 StGB", BT-Drs. 8/3630 (zit.: Kommissionsbericht)

KÖNDGEN, JOHANNES: Haftpflichtfunktionen und Immaterialschaden am Beispiel von Schmerzensgeld bei Gefährdungshaftung, Berlin 1976 (Schriften zum Bürgerlichen Recht; Bd. 30). Zugl. Diss. jur. Tübingen 1975

KÖNIG, PAUL A.: Praktischer Stellenwert der Methoden zur Geburtenregelung, in: Eser, Albin/Hirsch, Hans A. (Hrsg.), Sterilisation und Schwangerschaftsabbruch. Eine Orientierungshilfe

zu medizinischen, psychologischen und rechtlichen Fragen, Stuttgart 1980, S. 3 (Recht und Medizin; Bd. 10)
KÖSTER, CHRISTIAN: Anm. zu BGH, Urt. v. 25.6.1985 (VI ZR 270/83), JZ 1986, 586
KÖTZ, HEIN: Deliktsrecht, 6. Aufl. Frankfurt a.M. 1995 (Juristische Lehrbücher; Bd. 8)
–Justiz in Deutschland und England: Ein Stilvergleich, JA 1991, 257
KRAHL, MATTHIAS: Abtreibung und § 218 StGB – Zur rechtspolitischen Diskussion der Neuregelung des Schwangerschaftsabbruchs –, Jura 1992, 393
KREBS, DIETER (Hrsg.): Reproduktion – Störungen der Frühgravidität, 2. Aufl. München/Wien/Baltimore 1985 (Klinik der Frauenheilkunde und Geburtshilfe; Bd. 3) (zit.: Krebs/Bearbeiter)
KRIELE, MARTIN: „Stand der medizinischen Wissenschaft" als Rechtsbegriff, NJW 1976, 355
LACKNER, KARL: Die Neuregelung des Schwangerschaftsabbruchs. Das 15. Strafrechtsänderungsgesetz, NJW 1976, 1233
–Strafgesetzbuch, Kommentar, 20. Aufl. München 1993
LAMMICH, SIEGFRIED: Deutsche Demokratische Republik, in: Eser, Albin/Koch, Hans-Georg (Hrsg.), Schwangerschaftsabbruch im internationalen Vergleich. Rechtliche Regelungen – Soziale Rahmenbedingungen – Empirische Grunddaten, Teil 1: Europa, Baden-Baden 1988, S. 325 (Rechtsvergleichende Untersuchungen zur gesamten Strafrechtswissenschaft; Folge 3, Bd. 21)
LANGE, HERMANN: Anm. zu BGH 16.11.1993 - VI ZR 105/92 (Stuttgart), LM § 823 BGB (Aa) Nr. 154
–Schadensersatz, 2. Aufl. Tübingen 1990 (Handbuch des Schuldrechts; Bd. 1)
LANKERS, WILFRIED: Zur Abwälzung von Unterhaltskosten, FamRZ 1969, 384
LARENZ, KARL: Lehrbuch des Schuldrechts, Bd. 1, Allgemeiner Teil, 14. Aufl. München 1987 (zit.: Larenz, SchR I)
–Lehrbuch des Schuldrechts, Bd. 2, Besonderer Teil, Halbbd. 1, 13. Aufl. München 1986 (zit.: Larenz, SchR II/1)
LAUFHÜTTE, HEINRICH/WILKITZKI, PETER: Zur Reform der Strafvorschriften über den Schwangerschaftsabbruch (Das Fünfzehnte Strafrechtsänderungsgesetz), JZ 1976, 329
LAUFS, ADOLF: Arztrecht, 5. Aufl. München 1993 (NJW-Schriftenreihe; H. 29)
LAUFS, ADOLF/UHLENBRUCK, WILHELM (Hrsg.): Handbuch des Arztrechts, München 1992 (zit.: Laufs-Uhlenbruck/Bearbeiter)
Law Commission of England and Wales: The Law Commission (LawCom No. 60). Report on Injuries to Unborn Children. Advice to the Lord Chancellor under Section 3 (1)(E) of the Law Commissions Act 1965 (Cmnd. 5709), London 1974 (zit.: Law Commission Report)
LEAHY TAYLOR, JOHN: The Doctor and Negligence, London 1971 (zit.: Leahy Taylor, Doctor)
–Medical Negligence, in: Medical Malpractice. Ed. by. J. Leahy Taylor, Bristol 1980, S. 28 (zit.: Leahy Taylor, Negligence)
LEE, ROBERT G.: The Liability of Hospital Authorities for the Negligence of their Staff – A History, (1979) 8 Anglo-Am 313
–To Be or Not to Be: Is that the Question? The Claim of Wrongful Life, in: Birth-rights: Law and Ethics at the Beginnings of Life. Ed. by Robert Lee and Derek Morgan, London/New York 1989, S. 172 (zit.: Lee, Question)
LEE, SIMON: Operating under Informed Consent, (1985) 101 LQR 316
–A Reversible Decision on Consent to Sterilisation, (1987) 103 LQR 513
–Review of the Year, 2. Judges, Human Rights and the Sources of Medical Law, in: Health, Rights and Resources: King's College Studies 1987–8. Ed. by Peter Byrne, King Edward's Hospital Fund for London 1988, S. 35 (zit.: Lee, Review)
LEHMANN, V.: Operative Sterilisierung der Frau, MedKlin 1980, 747
LEINEMANN, WOLFGANG: Der Begriff Freiheit nach § 823 I BGB, Marburg 1969 (Beiträge zum Arbeitsrecht; Bd. 5)
LENCKNER, THEODOR: Schwangerschaftsabbruch, in: Evangelisches Staatslexikon. Hrsg. von Roman Herzog, Hermann Kunst, Klaus Schlaich und Wilhelm Schneemelder, 3. Aufl. in 2 Bd., Bd. II (N–Z), Stuttgart 1987, Sp. 3083

LENZ, KARL-FRIEDRICH: Recht auf Leben und Pflicht zum Abbruch der Schwangerschaft, VersR 1990, 1209
LEWIS, CHARLES J.: Damages for the Unplanned Baby, (1985) 82 LS Gaz 261
–Damages for Wrongful Birth, (1981) 78 LS Gaz 827
–Damages for Wrongful Birth (1983), (1983) 80 LS Gaz 1045
–Medical Negligence: the Difficulties of Proof, (1983) 80 LS Gaz 1647
–Medical Negligence. A Practical Guide, London 1992
–Medical Negligence Update, (1987) 84 LS Gaz 3089
–Medical Negligence Update 1986, (1986) 83 LS Gaz 2493
–Consenting to an Operation: the Surgeon's Duty of Disclosure, (1983) 80 LS Gaz 2667
–The Quality of Life. Wrongful Birth, (1982) 79 LS Gaz 839
–Sterilisation and the Surgeon's Duty of Disclosure, PN 2 (1986) 38
–The Surgeon's Duty of Disclosure, (1985) 82 LS Gaz 2645
–The Surgeon's Duty of Disclosure: Recent Developments, (1984) 81 LS Gaz 1827
LIETZMANN, HEINRICH: In England gibt es keine Schadensersatzklage wegen mißbilligter Geburt, DRiZ 1983, 68
LINDEMANN, H.-J.: Die Sterilisationsmethoden der Frau. Möglichkeiten der hysteroskopischen Sterilisation, MMW 118 (1976) 903
LIPPERT, THEODOR H.: Medizinische Methoden des Schwangerschaftsabbruchs nach der 12. Schwangerschaftswoche, in: Eser, Albin/Hirsch, Hans A. (Hrsg.), Sterilisation und Schwangerschaftsabbruch. Eine Orientierungshilfe zu medizinischen, psychologischen und rechtlichen Fragen, Stuttgart 1980, S. 91 (Recht und Medizin; Bd. 10)
LISZT, FRANZ VON: Die Deliktsobligationen im System des bürgerlichen Gesetzbuchs, Berlin 1898 (Das Recht des Bürgerlichen Gesetzbuchs in Einzeldarstellungen; H. 8)
LK/Bearbeiter: Leipziger Kommentar zum Strafgesetzbuch, Großkommentar, hrsg. von Hans-Heinrich Jescheck, Wolfgang Ruß und Günther Willms, 5. Bd. (§§ 185–262), 10. Aufl. Berlin/New York 1989
LOEWENHEIM, ULRICH: Probleme der Produktenhaftung. Betrachtungen zum Urteil des LG Limburg v. 18.6.1969, NJW 1969, 1754
LORENZ, EGON: Immaterieller Schaden und „billige Entschädigung in Geld": eine Untersuchung auf der Grundlage des § 847 BGB, Berlin 1981 (Schriften zum bürgerlichen Recht; Bd. 65)
LORENZ, WERNER: Beweisprobleme bei der Produzentenhaftung, AcP 170 (1970) 367
LÖWE, WALTER: Anm. zu LG Itzehoe, Urt. v. 21.11.1968 (6 O 66/68), VersR 1969, 573
–Anm. zu LG München I, Urt. v. 27.2.1970 (17 O 771/69), VersR 1970, 430
LUIG, KLAUS: Der Arztvertrag, in: Vertragsschuldverhältnisse (ohne Kaufrecht). Mit Beiträgen von Wolfgang Gitter, Dieter Huhn, Siegbert Lammel, Klaus Luig, Norbert Reich, Otto Tempel und Hans-Leo Weyers, München 1974, S. 225
LYON, CHRISTINA M. & BENETT, GEOFFREY J.: Abortion – Whose Decision?, (1979) 9 Fam Law 35
–Abortion – The Female, the Foetus and the Father, (1979) 32 CLP 217
MAGNUS, ULRICH: Schaden und Ersatz: eine rechtsvergleichende Untersuchung zur Ersatzfähigkeit von Einbußen, Tübingen 1987 (Beiträge zum ausländischen und internationalen Privatrecht; Bd. 51)
MARKESINIS, BASIL S.: A Comparative Introduction to the German Law of Torts, 2nd ed. Oxford 1990
–Litigation-Mania in England, Germany and the USA: Are We So Very Different?, 49 [1990] CLJ 233
MARKESINIS, BASIL S./BAR, CHRISTIAN VON: Richerliche Rechtspolitik im Haftungsrecht. Eine methodenvergleichende Untersuchung, Tübingen 1981 (Recht und Staat in Geschichte und Gegenwart; Bd. 502/503)
MARTIN, CHARLES R. A.: Law Relating to Medical Practice, 2nd ed. Tunbridge Wells 1979
MASON, J.K.: Medico-Legal Aspects of Reproduction and Parenthood, Aldershot/Hants. 1990 (Medico-Legal Series)

MASON, J.K. & MCCALL SMITH, R.A.: Butterworths' Medico-Legal Encyclopedia, London 1987 (zit.: BMLE)
–Law and Medical Ethics, 3rd ed. London/Dublin/Edinburgh 1991
MAURACH, REINHART/SCHROEDER, FRIEDRICH-CHRISTIAN/MAIWALD, MANFRED: Strafrecht, Besonderer Teil, Teilbd. 1: Straftaten gegen Persönlichkeits- und Vermögenswerte, 7. Aufl. Heidelberg 1988
MCGREGOR, HARVEY: On Damages, 15th ed. London 1988 (The Common Law Library; No. 9)
–Mitigation and Refusal of Medical Treatment: Reasonableness and Onus of Proof, (1983) 46 MLR 758
MEDICUS, DIETER: Bürgerliches Recht. Eine nach Anspruchsgrundlagen geordnete Darstellung zur Examensvorbereitung, 16. Aufl. Köln/Berlin/Bonn/München 1993 (zit.: Medicus, BR)
–Schadensersatz und Billigkeit, VersR 1981, 593
–Schuldrecht II, Besonderer Teil, 5. Aufl. München 1992 (zit.: Medicus, SchR II)
–Zivilrecht und werdendes Leben, München 1985 (zit.: Medicus, ZivilR)
MENDE, W.: Forensisch-psychiatrische Aspekte der Sterilisation, MMW 118 (1976) 909
MERTENS, HANS-JOACHIM: Begriff des Vermögensschadens im Bürgerlichen Recht, Stuttgart 1967
–Berufshaftung. Haftungsprobleme alter Professionen, VersR 1974, 509
–Ein Kind als Schadensfall? Betrachtungen zum Urteil des LG Itzehoe vom 21.11.1968 - FamRZ 1969, 90, *ibid* 251
MICHALSKI, LUTZ: Des Apothekers Kind, JA 1979, 186
MITTENZWEI, INGO: Die Rechtsstellung des Vaters zum ungeborenen Kind, AcP 187 (1987) 247
MK/Bearbeiter: Münchener Kommentar zum Bürgerlichen Gesetzbuch, hrsg. von Kurt Rebmann und Franz Jürgen Säcker, Bd. 1, Allgemeiner Teil (§§ 1–240) - AGB-Gesetz, 3. Aufl. 1993; Bd. 2, Schuldrecht - Allgemeiner Teil (§§ 241–432), 3. Aufl. 1994; Bd. 3, Schuldrecht - Besonderer Teil, 1. Halbbd. (§§ 433–651k), AbzG, Gesetz über den Widerruf von Haustürgeschäften und ähnlichen Geschäften, Gesetz zur Regelung der Miethöhe, 2. Aufl. 1988, 2. Halbbd. (§§ 652–853), 2. Aufl. 1986; Bd. 7, Familienrecht I (§§ 1297–1588), VAHRG, VAÜG, EheG, 3. Aufl. 1993; Bd. 8, Familienrecht II (§§ 1589–1921), KJHG, 3. Aufl. 1992, München
MÖLLER, KARL-DIETER: Kind als Schaden?, DRiZ 1993, 409
MONTGOMERY, JONATHAN: Suing Hospitals Direct: What Tort?, (1987) 137 NLJ 703
–Power/Knowledge/Consent: Medical Decisionmaking, (1988) 51 MLR 245
MORGAN, P.J.: Claims for Damages: Actuarial Evidence, (1985) 129 SJ 199
MÜLLER, GERDA: Zum Ausgleich des immateriellen Schadens nach § 847 BGB, VersR 1993, 909
–Fortpflanzung und ärztliche Haftung, in: Der Schadensersatz und seine Deckung, FS für Erich Steffen zum 65. Geburtstag am 28. Mai 1995. Hrsg. von Erwin Deutsch, Ernst Klingmüller und Hans Josef Kullmann, Berlin/New York 1995, S. 355 (zit.: Müller, FS Steffen)
MÜLLER, JOACHIM: Sterilisation und Gesetzgebung bis 1933, Diss. med. Mainz 1983 (Abhandlungen zur Geschichte der Medizin und der Naturwissenschaften; H. 49)
MÜNCH, INGO VON/KUNIG, PHILIP (Hrsg.): Grundgesetz-Kommentar, Bd. 1 (Präambel bis Art. 20), 4. Aufl. München 1992 (zit.: von Münch/Bearbeiter)
MUNKMAN, JOHN: Damages for Personal Injury and Death, 8th ed. London 1989
NAAF, SIEGFRIED: Schwangerschaftskonfliktberatung, in: Evangelisches Soziallexikon. Hrsg. von Theodor Schober, Martin Honecker und Horst Dahlhaus, 7. Aufl. Stuttgart/Berlin 1980, Sp. 1120
NARR, HELMUT: Ärztliches Berufsrecht. Ausbildung, Weiterbildung, Berufsausübung, 2 Teile, 2. Aufl. Köln 1989 (Loseblattsammlung, Stand: September 1989)
NATHAN, P.C., LORD: Medical Negligence. Being the Law of Negligence in Relation to the Medical Profession and Hospitals, London 1957
NELSON-JONES, RODNEY & BURTON, FRANK: Medical Negligence Case Law, London 1990
NEUBAUER, REINHARD: Schwangerschaftsabbruch, in: Evangelisches Soziallexikon. Hrsg. von Theodor Schober, Martin Honecker und Horst Dahlhaus, 7. Aufl. Stuttgart/Berlin 1980, Sp. 1118

NEUMAYER, HEINZ: Aufgaben der Rechtsvergleichung, in: David, René/Grasmann, Günther (Hrsg.), Einführung in die großen Rechtssysteme der Gegenwart, 2. dt. Aufl. auf der Grundlage „les grands systèmes de droit contemporains", von René David und Camille Jauffret Spinosi, 8. Aufl. Paris 1982, S. 31

NEUNER, ROBERT: Interesse und Vermögensschaden, AcP 133 (1931) 277

NEWTON, CLIVE R.: General Principles of Law, 3rd ed. London 1983 (Concise College Texts)

NIEBLING, JÜRGEN: Ärztliche Formularaufklärung und AGB-Gesetz, MDR 1982, 193

NIEPER, FRANZ: Mißglückte Sterilisation des Mannes, Schmerzensgeld für die Frau und ‚Kind als Schaden' – BGH, Urteil vom 27.6.1995, A & V 1996, 88

NORRIE, KENNETH MCK.: The Actionability of Birth, 1983 SLT 121

–Wrongful Birth and the Supreme Court of South Africa, (1991) 40 ICLQ 437

–Informed Consent and the Duty of Care, 1985 SLT 289

–Damages for the Birth of a Child, 1985 SLT 69

–Family Planning Practice and the Law, Aldershot/Hants. 1991 (Medico-Legal Series)

–Liability for Failed Sterilisation, 1986 SLT 145

–Wrongful Life in Scots Law: No Right, no Remedy, 35 [1990] JR 205

–Medical Malpractice: the Scope of Informed Consent in Negligence, (1983) 32 ICLQ 229

–Medical Negligence: Who Sets the Standard?, (1985) 11 JME 135

–Standards of Disclosure. When Does Consent Become „Informed"?, 1984 SLT 237

NÜSSGENS, KARL: Zwei Fragen zur zivilrechtlichen Haftung des Arztes. Zugleich ein Beitrag zum Grenzbereich der Haftung für eigenmächtigen ärztlichen Eingriff und Beeinträchtigung des Persönlichkeitsrechts sowie zur Haftungsverlagerung durch beweisrechtliche Mittel, in: FS für Fritz Hauß zum 70. Geburtstag. Hrsg. von Ernst v. Caemmerer, Robert Fischer, Karl Nüßgens und Reimer Schmidt, Karlsruhe 1978, S. 287

O'NEILL, C. JAMES: Damages and the Unwanted Child, (1985) Auckland ULR 180

OFTINGER, KARL: Schweizerisches Haftpflichtrecht. Erster Band: Allgemeiner Teil, 4. Aufl. Zürich 1975

OTT, WERNER EDUARD: Voraussetzungen der zivilrechtlichen Haftung des Arztes, Zürich 1978 (Züricher Studien zum Privatrecht; Bd. 3). Zugl. Diss. jur. Zürich 1978

PALANDT, OTTO*: Bürgerliches Gesetzbuch, Kommentar, München, 53. Aufl. 1994, 54. Aufl. 1995 (zit.: Palandt/Bearbeiter)

PETERSEN, PETER: Die seelische Verarbeitung der chirurgischen Kontrazeption bei Mann und Frau, MMW 118 (1976) 917

PEYSNER, JOHN: Medical Negligence – a Trojan horse?, (1991) 135 SJ 1316

PHILIP, WOLFGANG: Dürfen Krankenkassen die Rechtmäßigkeit des Schwangerschaftsabbruchs durch einen Arzt unterstellen?, NJW 1987, 2275

PICKER, EDUARD: Schadensersatz für das unerwünschte Kind („wrongful birth") – Medizinischer Fortschritt als zivilisatorischer Rückschritt?, AcP 195 (1995) 483ff

– Schadensersatz für das unerwünschte eigene Leben – „Wrongful life", Tübingen 1995 (Tübinger rechtswissenschaftliche Abhandlungen; Bd. 80)

PLUM, WERNER: Schwangerschaftsbetreuende Medizin vor neuen Haftpflichtrisiken, – Rechtstatsächliches zu OLG München VersR 1981, 757 –, VersR 1982, 722

POWER, MICHAEL J. & HARRIS, NIGEL H.: Medical Negligence, London/Edinburgh 1990

PRITCHARD, JOHN M.: Person Injury Litigation, 5th ed. London 1986

PROSSER, W.L. & KEETON, W.P.: The Law of Torts, 5th ed. by W. Page Keeton, Dan B. Dobbs, Robert E. Keeton and David G. Owen, St Paul, Minnesota 1984

Medical Protection Society: Annual Report and Accounts 1977, London 1977 (zit.: MPS)

QUICK, CHRIS: Doctors go on defensive over negligence claims, Lloyd's List v. 05.11.1996, S. 5

QUINLAN, STEPHEN G.: Damages for Wrongful Birth: Some Recent Cases, (1985) 15 Queensland LSJ 333

RABEL, ERNST: Die Haftpflicht des Arztes, Leipzig 1904

RATAJCZAK, THOMAS/STEGERS, CHRISTOPH-M.: Medizin-Haftpflichtschäden. Ausgewählte Entscheidungen und Hinweise für die praktische Fallbearbeitung, Heidelberg 1989 (Recht in der Praxis)

RATZEL, R.: Die Sterilisation im Spiegel der neueren zivilgerichtlichen Rechtsprechung, Der Frauenarzt 1989, 789
REICHMAN, ANNE C.: Damages in Tort for Wrongful Conception – Who Bears the Cost of Raising the Child?, (1982) 10 SydLR 568
REINELT, EKKO: Schadensersatz beim Kauf empfängnisverhütender Mittel. Zugleich eine Besprechung von LG München I, FamRZ 1970, 314, *ibid* 572
REINHART, GERT: Rechtsvergleichung und richterliche Rechtsfortbildung auf dem Gebiet des Privatrechts, in: Richterliche Rechtsfortbildung. Erscheinungsformen, Auftrag und Grenzen. FS der Juristischen Fakultät zur 600-Jahr-Feier der Ruprecht-Karl-Universität Heidelberg. Hrsg. von den Hochschullehrern der Juristischen Fakultät der Universität Heidelberg, Heidelberg 1986, S. 599
REYNOLDS, MICHAEL P./RINDERKNECHT, SUSANNE: Die Rolle des Sachverständigen in England und in Deutschland, ZVglRWiss 92 (1993) 215
RGRK/Bearbeiter: Reichtsgerichtsrätekommentar. Das Bürgerliche Gesetzbuch mit besonderer Berücksichtigung der Rechtsprechung des Reichsgerichts und des Bundesgerichtshofs, Kommentar, hrsg. von den Mitgliedern des Bundesgerichtshofs, Bd. II, 5. Teil: §§ 812–831 (Anh. nach § 823: I. Verletzung des Persönlichkeitsrechts, II. Arzthaftungsrecht), bearb. von Walter Dunz, Georg Heimann-Trosien, Karl Nüßgens und Erich Steffen, 12. Aufl. Berlin/New York 1989
RIEGER, HANS-JÜRGEN: Haftung des Arztes für die Folgen einer fehlgeschlagenen Sterilisation, DMW 20 (1980) 1141
–Lexikon des Arztrechts, Berlin/New York 1984
ROBERTSON, GERALD B.: Informed Consent to Medical Treatment, (1981) 97 LQR 102
–Damages for Failed Abortion, (1981) 44 MLR 215
–Damages for the Birth of a Child – Some Possible Policy Barriers, (1983) 23 MedSci & Law 2
–Civil Liability Arising from „Wrongful Birth“ Following an Unsuccessful Sterilization Operation, (1978) 4 AmJ Law & Med 131
–Wrongful Life, (1982) 45 MLR 697
–Negligence and the Unborn Child, [1979] 2 BMJ 1008
ROTH, ANDREAS: Zivilrechtliche Folgerungen aus dem Urteil des BVerfG vom 28.5.1993 zum Schwangerschaftsabbruch, FuR 1994, 305
–Kindesunterhalt als Schaden, Besprechung von BGH, Urt. v. 28.3.1995 - VI ZR 356/93, NJW 1995, 1609, und BGH, Urt. v. 27.6.1995 - VI ZR 32/94, NJW 1995, 2407, *ibid* 2399
–Unterhaltspflicht für ein Kind als Schaden?, Besprechung von BGH, Urt. v. 16.11.1993 - VI ZR 105/92, NJW 1994, 788 m. Besprechung Deutsch, NJW 1994, 776, *ibid* 2402
ROTH-STIELOW, KLAUS: Ersatzansprüche für den Lebensbedarf eines ungewollten Kindes – eine Lücke im Gesetz?, MDR 1971, 265
ROXIN, CLAUS: Verwerflichkeit und Sittenwidrigkeit als unrechtsbegründende Merkmale im Strafrecht, JuS 1964, 373
RÜMELIN, MAX: Haftung im klinischen Betrieb, Tübingen 1913
SALMOND, JOHN, SIR: Salmond and Heuston on the Law of Torts, 19th ed. by R.F.V. Heuston and R.A. Buckley, London 1987 (zit.: Salmond & Heuston)
SAMUELS, ALEC: Contraception, Pregnancy, Childbirth – When Things Go Wrong, (1986) 26 MedSci & Law 39
–Medical Negligence Today – An Appraisal, (1983) 23 MedSci & Law 31
–Medical Negligence: A Review, (1985) 129 SJ 819 (Part I), 843 (Part II)
–Update on Medical Negligence, (1987) 131 SJ 1500
SAX, WALTER: Der verbrechenssystematische Standort der Indikationen zum Schwangerschaftsabbruch nach § 218a StGB, JZ 1977, 326
SCHACK, HAIMO: Der Schutzzweck als Mittel der Haftungsbegrenzung im Vertragsrecht, JZ 1986, 305
SCHAER, ROLAND: Grundzüge des Zusammenwirkens von Schadensausgleichsystemen, Basel/Frankfurt a.M. 1984
SCHELLHAMMER, KURT: Zivilprozeß. Gesetz – Praxis – Fälle, 6. Aufl. Heidelberg 1994

SCHIEMANN, GOTTFRIED: Anm. zu BGH 27.6.1995 - VI ZR 32/94 (Frankfurt a.M.), LM § 249 BGB (A) Nr. 109
–Der freie Dienstvertrag, JuS 1983, 649
–Schmerzensgeld für fehlgeschlagene Sterilisation – OLG Braunschweig, NJW 1980, 643 (Beschl. v. 11.9.1979 - 2 W 82/79), JuS 1980, 709
SCHINDLER, ADOLF E.: Medikamentöse Methoden der postkoitalen Kontrazeption, in: Eser, Albin/Hirsch, Hans A. (Hrsg.), Sterilisation und Schwangerschaftsabbruch. Eine Orientierungshilfe zu medizinischen, psychologischen und rechtlichen Fragen, Stuttgart 1980, S. 71 (Recht und Medizin; Bd. 10)
SCHIRREN, C./SCHOLZ-JORDAN, D.: Die Sterilisation als Methode der Antikonzeption. Ergebnisse von Beratungsgesprächen bei Wunsch nach Vasektomie, MMW 118 (1976) 899
SCHLUND, GERHARD H.: Anm. zu BGH, Urt. v. 18.3.1980 (VI ZR 105/78), JR 1980, 369
–Anm. zu BGH, Urt. v. 2.12.1980 (VI ZR 175/78), JR 1981, 237
–Anm. zu OLG Bamberg 6.2.1978, JR 1978, 335
–Haftungsfragen bei der mißglückten freiwilligen Sterilisation, GFHK 37 (1977) 906
–„Planwidrig" geborenes Kind – ein Haftungstatbestand für den Gynäkologen, GFHK 40 (1980) 893
–Rechtsfragen bei der Sterilisation mittels Tubenkoagulation, GFHK 44 (1984) 692
–Stehen einem durch Röteln geschädigten Kind und seinen Eltern wegen nicht erfolgter Schwangerschaftsunterbrechung Schadensersatzansprüche gegenüber dem Arzt zu?, ArztR 1982, 64
SCHMIDT, KURT: Die strafrechtlichen Grundlagen der Unfruchtbarmachung. Eine Darstellung nach geltendem und zukünftigem deutschen Strafrecht unter Berücksichtigung der ausländischen einschlägigen Gesetzgebung, Diss. jur. Hamburg o.J.
SCHMIDT-BLEIBTREU, BRUNO/KLEIN, FRANZ: Kommentar zum Grundgesetz für die Bundesrepublik Deutschland, 7. Aufl. Neuwied/Frankfurt a.M 1980
SCHMIDT-MATTHIESEN, HEINRICH: Gynäkologie und Geburtshilfe, 5. Aufl. Stuttgart/New York 1982
SCHMITT, RUDOLF: § 226a StGB ist überflüssig, in: Gedächtnisschrift für Horst Schröder. Hrsg. von Walter Stree, Theodor Lenckner, Peter Cramer und Albin Eser, München 1978, S. 263
SCHNEIDER, JÖRG/KAULHAUSEN, HELMUT (Hrsg.): Lehrbuch der Gynäkologie und Geburtsmedizin, Stuttgart/Berlin/Köln/Mainz 1986 (zit.: Schneider-Kaulhausen/Bearbeiter)
SCHÖNKE, ADOLF/SCHRÖDER, HORST: Strafgesetzbuch, Kommentar, bearb. von Theodor Lenckner, Peter Cramer, Albin Eser und Walter Stree, 24. Aufl. München 1991 (zit.: Schönke-Schröder/Bearbeiter)
SCHRAMM, STEFAN: Der Schutzbereich der Norm im Arzthaftungsrecht, Karlsruhe 1992 (Beiträge zum Privat- und Wirtschaftsrecht; H. 79). Zugl. Diss. jur. Göttingen 1991
SCHREIBER, HANS-LUDWIG: Der Spielraum des Gesetzgebers bei der Neuregelung des Schwangerschaftsabbruchs. Gleichzeitig eine Stellungnahme zu den Entwürfen in Bundestags-Drucks. 7/4128 und 7/4211, FamRZ 1975, 669
SCHRÖMBGENS, GERHARD E.: Die Fruchtschadensindikation zum Schwangerschaftsabbruch, Diss. jur. Heidelberg, um 1976
SCHÜNEMANN, HERMANN: Schadensersatz für mißgebildete Kinder bei fehlerhafter genetischer Beratung Schwangerer? – Zugleich Anmerkung zum Urteil des OLG München vom 27.2.1981, JZ 1981, 586 (5 U 2993/80), *ibid* 574
SCHWAB, JÜRGEN: Ehestörungsklage und Schadensersatzansprüche wegen Ehestörung (Koreferat), JuS 1961, 142
SCHWALM, GEORG: Kastration, Sterilisation und Einwilligung in strafrechtlicher Sicht, in: Mergen, Armand (Hrsg.), Die juristische Problematik in der Medizin, Bd. III: Die Verantwortung des Arztes, München 1971, S. 200
SCHWARTZ, ROBERT & GRUBB, ANDREW: Why Britain can't Afford Informed Consent, (1985) 15 Hastings Center Report 19
SCHWICHTENBERG, ASTRID: Anwaltshaftung im Niemandsland zwischen Vertrag und Delikt. Ein rechtsvergleichender Beitrag zur Anwaltshaftung gegenüber Dritten im englischen und deutschen Recht, ZVglRWiss 91 (1992) 290

SCOTT, J.R.: Mitigation of Damages and the Burden of Proof, (1984) 3 CJQ 2
SELB, WALTER: Eltern wider Willen. Geburtenplanung und Schadensersatzrecht, JZ 1971, 201
–Schadensbegriff und Regreßmethoden, Heidelberg 1963
SHAW, JOSEPHINE: Informed Consent: A German Lesson, (1986) 35 ICLQ 864
SIEGER, JÜRGEN: Zum Schadensersatzanspruch wegen unterbliebener Abtreibung im englischen Recht, VersR 1982, 735
SIGEL, WALTER: Anm. zu OLG Bamberg, Urt. v. 6.2.1978 - 4 U 141/77 (n.r.) und OLG Celle, Urt. v. 8.5.1978 - 1 U 37/77, NJW 1978, 1685, 1688, *ibid* 2340
–Zivilrechtliche Haftung bei fehlgeschlagener Sterilisation, Diss. jur. Tübingen 1978
SILVESTER, STEVE: Contract and Tort, (1986) 20 Law Teacher 204
SIMMS, MADELEINE: Report on Non-Medical Abortion Counselling, 4th ed. London 1977 (Birth Control Trusts)
SK/Bearbeiter: Systematischer Kommentar zum Strafgesetzbuch, hrsg. von Hans-Joachim Rudolphi, Eckhard Horn und Erich Samson (Gesamtredaktion: Hans-Joachim Rudolphi), Bd. II, Besonderer Teil: §§ 80–358, 5. Aufl. Neuwied/Kriftel/Berlin, Stand: Juni 1993
SKEGG, P.D.G.: Law, Ethics and Medicine: Studies in Medical Law, Oxford 1984
–Medical Procedures and the Crime of Battery, [1974] CrimLR 693
SLADE, MICHAEL: The Death of Wrongful Life: A Case for Resuscitation?, (1982) 132 NLJ 874
SMITH, JOHN C. & HOGAN, BRIAN: Criminal Law, 7th ed. London/Dublin/Edinburgh 1992 (zit.: Smith & Hogan, Law)
–Criminal Law: Cases and Materials, 2nd ed. London 1980 (zit.: Smith & Hogan, Cases)
SOERGEL-SIEBERT: Bürgerliches Gesetzbuch mit Einführungsgesetz und Nebengesetzen, Bd. 2, Schuldrecht I (§§ 241–432), 12. Aufl. 1990; Bd. 3, Schuldrecht II (§§ 516–704), 11. Aufl. 1980; Bd. 4, Schuldrecht III (§§ 705–853), 11. Aufl. 1985, Stuttgart/Berlin/Köln/Mainz (zit.: Soergel/Bearbeiter)
SPANN, W.: Zur besonderen Problematik der Sterilisation aus sozialer Indikation und der Gefälligkeitssterilisation, GFHK 36 (1976) 197
–Rechtsgrundlagen der operativen Sterilisation beim Mann und bei der Frau in der Bundesrepublik Deutschland, GFHK 35 (1975) 501
SPELLER, SYNDEY R.: Law of Doctor and Patient, London 1973
SPOWART TAYLOR, ANNE: Compensation for Unwanted Children, (1985) 15 Fam Law 147
STADLER, C./HARDT, W.: Traumatischer Verlust des linken Arms bei einem Frühgeborenen als Folge eines mißlungenen Schwangerschaftsabbruchs, GFHK 36 (1976) 685
STANTON, KEITH M.: The Decline of Tort Liability for Professional Negligence, (1991) 44 CLP 83
–Note on Gold v Haringey Health Authority, (1987) Fam Law 17
–A Failed Vasectomy: The Nature of Doctor/Patient Contracts, PN 1 (1985) 49
STAUDINGER, JULIUS VON: Kommentar zum Bürgerlichen Gesetzbuch mit Einführungsgesetz und Nebengesetzen, Zweites Buch, Recht der Schuldverhältnisse, §§ 243–254 (1983), §§ 611–615 (1989), §§ 823–832 (1986), 12. Aufl. Berlin, (zit.: Staudinger/Bearbeiter)
STEFFEN, ERICH: Neue Entwicklungslinien der BGH-Rechtsprechung zum Arzthaftungsrecht, 6. Aufl. Köln 1995 (Recht, Wirtschaft und Steuern; Bd. 137) (zit.: Steffen, Entwicklungslinien)
–Grundlagen und Entwicklung der Rechtsprechung des Bundesgerichtshofs zur Arzthaftpflicht, ZVersWiss 1990, 31
–Sitzungsbericht, in: Verhandlungen des Zweiundfünfzigsten Deutschen Juristentages, Wiesbaden 1978. Hrsg. von der Ständigen Deputation des Deutschen Juristentages, Bd. II, Teil I, München 1978, S. I 8 (zit.: Steffen, Sitzungsbericht)
STEGNER, HANS-E.: Gynäkologie und Geburtshilfe, 4. Aufl. Stuttgart 1986 (Enke-Reihe zur AO, Ä)
STEPHEN, JAMES F.: A Digest of the Criminal Law (Crimes and Punishments), London 1877
STIEGLITZ, SUSANNE: Die Wrongful birth- und Wrongful life-Problematik im deutschen Deliktsrecht, München 1989 (Rechtswissenschaftliche Forschung und Entwicklung; Bd. 196). Zugl. Diss. jur. Bremen 1988
STOLL, HANS: Begriff und Grenzen des Vermögensschadens, Karlsruhe 1973 (zit.: Stoll, Begriff)

–Die Beweislastverteilung bei positiven Vertragsverletzungen, in: FS für Fritz von Hippel zum 70. Geburtstag. Hrsg. von Josef Esser und Hans Thieme, Tübingen 1967, S. 517 (zit.: Stoll, FS v. Hippel)
–Haftungsfolgen im bürgerlichen Recht. Eine Darstellung auf rechtsvergleichender Grundlage, Heidelberg 1993 (Freiburger rechts- und staatswissenschaftliche Abhandlungen; Bd. 58) (zit.: Stoll, Haftungsfolgen)
STREET, HARRY: Street on Torts, 9th ed. by Margaret Brazier, London 1993
STRIEGLER, ARNDT: Rationierung medizinischer Leistungen treibt Briten in teure Privatpolicen, Ärzteztg. v. 13.10.1994, S. 2
STRÖFER, JOACHIM: „Beratungspflicht" und Haftung beim Sterilisationsvertrag –„neue" Wege im Arzthaftungsrecht?, VersR 1981, 796
STRUTZ, EBERHARD: Die sog. Ethische Indikation. Die Beseitigung verbrecherisch aufgezwungener Schwangerschaften, Diss. jur. Bochum 1970
STÜRNER, ROLF: Zur Gerechtigkeit richterlicher Schadenszuweisung, VersR 1984, 297
–Schadensersatz für mißglückte Abtreibung – ein Problem der Schadenszurechnung? Zugleich zu BGH, Urteile v. 25.6.1985 - VI ZR 270/83 und v. 9.7.1985 - VI ZR 244/83 = JZ 1986, 137 u. 140, *ibid* 122
–Der Schutz des ungeborenen Kindes im Zivilrecht, Jura 1987, 75
–Das nicht abgetriebene Wunschkind als Schaden, FamRZ 1985, 753
SYMMONS, CLIVE R.: The Duty of Care in Negligence: Recently Expressed Policy Elements, (1971) 34 MLR 394 (Part I), 528 (Part II)
–The Function and Effect of Public Policy in Contemporary Common Law, (1977) 51 ALJ 185
–Policy Factors in Actions for Wrongful Birth, (1987) 50 MLR 269
–The Problem of 'Informed Consent' in the 'Wrongful Birth' cases, PN 3 (1987) 56
TAUPITZ, JOCHEN: Europarechtliche Rahmenbedingungen des Vorschlags für eine Dienstleistungsrichtlinie, in: Haftung für Dienstleistungsberufe – Natürliche Vielfalt und europäische Vereinheitlichung. Hrsg. von Erwin Deutsch und Jochen Taupitz, Heidelberg 1993, S. 1 (Mannheimer rechtswissenschaftliche Abhandlungen; Bd. 14)
TEDESCHI, G.: On Tort Liability for „Wrongful Life", (1966) 1 IsrLR 513
TEFF, HARVEY: The Action for „Wrongful Life" in England and the United States, (1985) 34 ICLQ 423
–Consent to Medical Procedures: Paternalism, Self-Determination or Therapeutic Alliance?, (1985) 101 LQR 432
TEMPEL, OTTO: Inhalt, Grenzen und Durchführung der ärztlichen Aufklärungspflicht unter Zugrundelegung der höchstrichterlichen Rechtsprechung, NJW 1980, 609
TIEDTKE, KLAUS: Die Bedeutung des § 1593 BGB bei der Geltendmachung von Schadensersatzansprüchen, FamRZ 1970, 232
TIETZE, FELIX: England und die Frage der Sterilisation, VEE 4 (1929) 5
TRIBE, DIANA M.R. & KORGAONKAR, GILL J.A.: Damages for Wrongful Birth, 136 (1992) SJ 1141
–Right to Sue for Pre-natal Injuries, 136 (1992) SJ 696
TRÖNDLE, HERBERT: „Soziale Indikation" – Rechtfertigungsgrund?, Jura 1987, 66
–Gibt die Rechtsprechung den Schutz des ungeborenen Lebens vollends preis? Anmerkungen aus verfassungs- und strafrechtlicher Sicht zum Urteil des VI. Zivilsenats des Bundesgerichtshofs vom 9. Juli 1985 - VI ZR 244/83, MedR 1986, 31
–Das Schwangeren- und Familienhilfeänderungsgesetz, NJW 1995, 3009
UHLENBRUCK, WILHELM: Beweisfragen im ärztlichen Haftungsprozeß, NJW 1965, 1057
–Die vertragliche Haftung von Krankenhaus und Arzt für fremdes Verschulden, NJW 1964, 2187
ULMER, PETER/BRANDNER, ERICH/HENSEN, HORST-DIETHER: AGB-Gesetz, Kommentar, 6. Aufl. Köln 1990
ULSENHEIMER, KLAUS: Stellung und Funktion des gynäkologischen Sachverständigen im Zivil- und Strafprozeß, Der Frauenarzt 1989, 673

ULSENHEIMER, KLAUS/STAIB, INGOLF/MARTIN, KLAUS: Ist die Schadenentwicklung im Krankenhaus-Bereich noch zu stoppen? Schadenprophylaxe durch Risk-Management, VW 1996, 1280ff.

UNDERWOOD, ASHLEY: Underwood and Holt's Professional Negligence. 2nd ed. by Hilton Harrop-Griffiths and Jane Bennington, Consulting Editor: Ashley Underwood, London 1985 (zit.: Underwood & Holt)

URBANCZYK, LOTHAR: Sind freiwillige Sterilisationen strafbar?, NJW 1964, 425

WAIBL, KATHARINA: Kindesunterhalt als Schaden („wrongful birth"). Vertragliche Ansprüche der Eltern im Falle fehlgeschlagener Familienplanung, NJW 1987, 1513

–Kindesunterhalt als Schaden: Fehlgeschlagene Familienplanung und heterologe Insemination – Zugleich ein Beitrag zum Arzthaftungsrecht, München 1986 (Rechtswissenschaftliche Forschung und Entwicklung; Bd. 104). Zugl. Diss. jur. München 1986

WEBER, DIETER: Arzthaftpflicht für Nachkommenschaftsschäden?, Berlin/Heidelberg/New York/ London/Paris/Tokyo 1988 (Schriftenreihe Medizinrecht). Zugl. Diss. jur. Tübingen 1987

WEIMAR, PETER: Anm. zu BezG Arbon (Kanton Thurgau), Urt. v. 16.10.1985, SJZ 82 (1986) 46, *ibid* 48

–Schadensersatz für den Unterhalt des unerwünschten Kindes?, in: FS für Cyril Hegnauer zum 65. Geburtstag. Hrsg. von Hans Michael Riemer, Hans Ulrich Walder und Peter Weimar, Bern 1986, S. 641 (zit.: Weimar, FS Hegnauer)

WEIR, TONY: A Casebook on Tort, 7th ed. London 1992

–Wrongful Life – Nipped in the Bud, 41 [1982] CLJ 225

WEISS, AXEL: Anm. zu BGH 16.11.1993 - VI ZR 105/92 (Stuttgart), JR 1994, 461

WESSELS, JOHANNES: Strafrecht Besonderer Teil – 1. Straftaten gegen Persönlichkeits- und Gemeinschaftswerte, 16. Aufl. Heidelberg 1992 (Schwerpunkte; Bd. 8)

WEYERS, HANS-LEO: Empfiehlt es sich, im Interesse der Patienten und Ärzte ergänzende Regelungen für das ärztliche Vertrags- (Standes-) und Haftungsrecht einzuführen? Gutachten A für den 52. Deutschen Juristentag, in: Verhandlungen des Zweiundfünfzigsten Deutschen Juristentages, Wiesbaden 1978. Hrsg. von der Ständigen Deputation des Deutschen Juristentages, Bd. I (Gutachten) Teil A, München 1978, S. A 1

WEYERS, HANS-LEO/MIRTSCHING, WOLFRAM: Zum Stand des Arzthaftungsrechts, JuS 1980, 317

WIESENBERG, KLAUS: Die Rechtsprechung der Erbgesundheitsgerichte Hanau und Giessen zu dem „Gesetz zur Verhütung erbkranken Nachwuchses" vom 14. Juli 1933, ergänzt durch eine Darstellung der heutigen Rechtslage zur Unfruchtbarmachung, Diss. jur. Frankfurt a.M. 1986

WIESNER, JOHANNES: Das personale Menschenbild des Grundgesetzes und seine Verformung in ausgewählten Politikfeldern, in: Luyten, N./Scheffczyk (Hrsg.), Veränderungen im Menschenbild, Freiburg 1987, S. 81

WILKENS, ERWIN: Schwangerschaftsabbruch, in: Evangelisches Staatslexikon. Hrsg. von Roman Herzog, Hermann Kunst, Klaus Schlaich und Wilhelm Schneemelder, 3. Aufl. in 2 Bd., Bd. II (N–Z), Stuttgart 1987, Sp. 3090

WILKITZKI, PETER/LAURITZEN, CHRISTIAN: Schwangerschaftsabbruch in der Bundesrepublik Deutschland, Heidelberg 1981

WILLE, R.: Katamnestische Untersuchungen an sterilisierten Frauen, MMW 118 (1976) 913

WILLE, R./ALBRECHT, K.: Die Rechtmäßigkeit der einverständlichen Sterilisation, GFHK 36 (1976) 293

WILLIAMS, GLANVILLE: Consent and Public Policy, [1962] CrimLR 74, 154

–The Sanctity of Life and the Criminal Law, New York 1957 (zit.: Williams, Sanctity)

–Textbook of Criminal Law, 2nd ed. London 1983 (zit.: Williams, Textbook)

WILLIAMS, GLANVILLE & HEPPLE, B.A.: Foundations of the Law of Tort, 2nd ed. London 1984

WILLIAMS, KEVIN: Informed Consent or a Duty to Inform?, (1985) 129 SJ 195

–Pre-Operative Consent and Medical Negligence, (1985) 14 Anglo-Am 169

WINFIELD, PERCY H.: Duty in Tortious Negligence, (1934) 34 Columbia LR 41

–The History of Negligence in the Law of Torts, (1926) 42 LQR 184

WINFIELD, P.H. & JOLOWICZ, J.A.: Winfield and Jolowicz on tort, 13th ed. by W.V.H. Rogers, London 1989

WOLF, ERNST: Das Recht am eingerichteten und ausgeübten Gewerbebetrieb, in: FS für Fritz von Hippel zum 70. Geburtstag. Hrsg. von Josef Esser und Hans Thieme, Tübingen 1967, S. 665

WULFHORST, TRAUGOTT: Wäre eine Strafbarkeit der freiwilligen Sterilisation verfassungswidrig?, NJW 1967, 649

ZEPOS, PANAYOTIS J. & CHRISTODOULOU, PHOEBUS: Professional Liability, in: Tunc, André (Ch. Ed.), Torts, Tübingen/Dordrecht/Boston/Lancaster 1983, Pt. 1, Ch. 6 (International Encyclopedia of Comparative Law; Vol. XI) (zit: XI IECL)

ZIMMERMANN, REINHARD: Schadensbemessung nach Billigkeit: die Entscheidungen des BGH zum Ladendiebstahl und zur fehlgeschlagenen Familienplanung, JZ 1981, 86

ZWEIGERT, KONRAD/KÖTZ, HEIN: Einführung in die Rechtsvergleichung auf dem Gebiet des Privatrechts, Bd. I: Grundlagen, Bd. II: Institutionen, 2. Aufl. Tübingen 1984

o.V.: Entschließung des 94. Deutschen Ärztetages zur geplanten Arzthaftung nach EG-Recht, MedR 1991, 165

– Britische PKV darf bis zum Jahr 2000 auf 1,8 Millionen Neu-Kunden hoffen, Ärzteztg. v. 07.11.1996, S. 10

–Zwischen die Steine. Der Bundesgerichtshof widersprach dem Bundesverfassungsgericht: Ärzte haften auch für Behandlungsfehler bei der Schwangerschaft, in: DER SPIEGEL v. 22.11.1993, S. 79

Hinweis: Soweit im Textteil nicht anders vermerkt, sind die mit einem hochgestellten Stern (*) versehenen Werke in der jeweils aktuelleren Auflage zitiert.

Table of Cases

ACC v Auckland HB [1980] 2 NZLR 748, HC AD
Akintubobo v Lewisham HA (PILS X [1071]), QB
Allen v Bloomsbury HA and Another [1993] 1 AllER 651, [1992] 3 Med LR 257, QB
Anns v London Borough of Merton [1978] AC 728, [1977] 2 WLR 1024, [1977] 2 AllER 492, HL

Barnett v Chelsea and Kensington HMC [1969] 1 QB 428, [1968] 2 WLR 422, [1968] 1 AllER 1068, N-J & B 158, QB
Batty v Metropolitan Property Realisations Ltd [1978] QB 554, [1978] 2 WLR 500, [1978] 2 AllER 445, CA
Beal v East Surrey HA (unreported) 1 October 1991, QB
Bell v Basildon & Thurrock HA [1996] The Daily Telegraph 23 July, settlement
Benarr and Another v Kettering HA (unreported) [1988] QBD transcript 27 April, (1988) 138 NLJ LR 179, N-J & B 161, QB
Bolam v Friern HMC [1957] 1 WLR 582, [1957] 2 AllER 118, N-J & B 166, QB
Bonnington Castings Ltd v Wardlaw [1956] AC 613, [1956] 2 WLR 707, [1956] 1 AllER 615, HL
Bravery v Bravery [1954] 1 WLR 1169, [1954] 3 AllER 59, CA
British Transport Commn v Gourley [1956] AC 185, [1956] 2 WLR 41, [1955] 3 AllER 796, HL
Buckland v Palmer [1984] 3 AllER 554
Burton v Islington HA [1990] 2 WLR 501, [1991] 1 AllER 825, [1991] 1 Med LR 137, QB; *affd* [1992] 3 WLR 637, [1992] 3 AllER 833, CA

C and Another v S and Others [1988] 1 QB 135, [1987] 2 WLR 1108, [1987] 1 AllER 1230, [1987] 2 FLR 505 u. 518, N-J & B 174, FamD, CA & HL
Canterbury v Spence and Washington HC (1972) 150 App DC 263, 464 F 2d 772, N-J & B 175, DC Cir
Caparo Industries plc v Dickman and Others [1989] 1 AllER 798, CA; *revd* [1990] 2 AC 605, [1990] 2 WLR 358, [1990] 1 AllER 568, HL
Cassidy v Ministry of Health [1951] 2 KB 343, [1951] 1 AllER 574, N-J & B 176, CA
Cataford v Moreau (1978) 114 DLR 3d 585, (1978) 7 CCLT 241, Que SC
Chatterton v Gerson and Another [1981] 1 QB 432, [1980] 3 WLR 1003, [1981] 1 AllER 257, N-J & B 178, QB
Chaunt v Hertfordshire AHA (1982) 132 NLJ 1054, N-J & B 179, QB
Cherry and Another v Borsman (1991) 5 CCLT (2d) 243, [1991] 2 Med LR 396, BC SC
Christensen v Thornby (1934) 192 Minn 133
Clark v MacLennan [1983] 1 AllER 416, N-J & B 180, QB
Claver v South West Middlesex HMC [1972] The Times 24 January, QB
Cobbs v Grant (1972) 8 Cal 3d 299, 104 Cal Reptr 505, 502 P 2d 1
Cort v Lambeth HA [1993] The Times 8 April, QB
Crawford v Board of Govns of Charing Cross Hosp [1953] The Times, 8 December, [1953] CLY 2518, N-J & B 188, CA
Cronin v Islington AHA [1987] 1 The Lancet 638, N-J & B 190, QB
Custodio v Bauer (1967) 251 Cal App 2d 303, 59 Cal Reptr 463

Danns v Dept of Health [1992] The Guardian 8 October, QB
Dendaas (Tylor) v Yackel (1980) 109 DLR 3d 455, [1980] 5 WWR 272, (1980) 12 CCLT 147, BC SC
Doiron v Orr (1978) 86 DLR 3d 719, (1978) 20 OR 2d 71, HC

Donughue v Stevenson [1932] AC 562, HL (Sc)
Dunlop Pneumatic Tyre v Selfridge & Co [1915] AC 847, HL
Dutton v Bognor Regis Urban DC [1972] 1 QB 373, [1972] 2 WLR 299, [1972] 1 AllER 462, CA

Edouard v Administrative of Natal 1989 (2) SALR 368
Edwards v Mallan [1908] 1 KB 1002, N-J & B 204, CA
Ellis v Wallsend District Hosp (1989) 17 NSWLR 553, [1990] 2 Med LR 103, NSW CA
Emeh v Kensington, Chelsea and Westminster AHA and Others [1983] The Times 3 January, (1983) 133 NLJ 352, QB; *revd* [1984] The Times 26 July, [1985] 1 QB 1012, [1985] 2 WLR 233, [1984] 3 AllER 1044, N-J & B 205, CA
Esso Petroleum Co Ltd v Mardon [1976] QB 801 [1976] 2 WLR 583, [1976] 2 AllER 5, CA
Evans v Liverpool Corp [1906] 1 KB 160, KBD
Eyre v Measday (unreported) 3 July 1984, QB; *affd* [1985] The Times 23 October, [1986] 1 AllER 488, (1986) 136 NLJ LR 91, N-J & B 207, CA

F v R (1983) 33 SASR 189, FC
Fish v Wilcox [1993] The Times 4 March, 13 BMLR 134, CA
Fitter v Veal (1701) 12 Mod Rep 542, 88 Eng Rep 1506, KBD
Fredette v Wiebe (1986) 29 DLR 4th 534, [1986] 5 WWR 233, (1986) 37 CCLT 106, BC SC
Freeman v Home Office [1984] QB 524, [1984] 2 WLR 130, [1983] 3 AllER 589, QB; *affd* [1984] 2 WLR 802, [1984] 1 AllER 1036, N-J & B 211, CA

Gardiner v Mounfield and Lincolnshire AHA [1990] 1 Med LR 205, 5 BMLR 1, QB
Gold and Another v Essex County Council [1942] 2 KB 293, [1942] 2 AllER 237, N-J & B 218, CA
Gold v Haringey HA [1986] The Times 17 June, [1986] CLY 2275, [1987] 1 FLR 125, QB; *revd* [1987] The Times 15 April, [1987] 3 WLR 649, [1987] 2 AllER 888, N-J & B 219, CA; *leave to appeal to House of Lords refused* [1988] 1 WLR 462, HL
Goodwill v British Pregnancy Advisory Services [1996] The Times 29 January, [1996] The Independant 19 January, [1996] The Daily Telegraph 18 January, [1996] The Guardian 18 January, CA
Gowton v New Cross Hosp [1994] The Daily Telegraph 10 March, QB
Greaves & Co (Contractors) Ltd v Baynham, Meikle & Partners [1974] 1 WLR 1261, QB *affd* [1975] 1 WLR 1095, [1975] 3 AllER 99, [1975] 1 Lloyd's Rep 31, CA
Gregory and Gregory v Pembrokeshire HA (unreported) [1989] CA transcript 31 January, [1989] 1 Med LR 81, N-J & B 222, CA
Grey v Webster (1984) 14 DLR 4th 706, (1984) 57 NBR 2d 396, (1984) 148 AR 396, NB QB

H West & Son Ltd v Shephard [1964] AC 326, [1963] 2 AllER 625, HL
Hadley v Baxendale (1894) 9 Exch 341, 156 Eng Rep 145
Hartke v McKelway (1981) 526 F Supp 97, DC; *affd* (1983) 707 F 2d 1544, DC Cir
Hedley Byrne & Co Ltd v Heller & Partners Ltd [1964] AC 465, [1963] 3 WLR 101, [1963] 2 AllER 575, HL
Hills v Potter and Another [1984] 1 WLR 641, [1983] 3 AllER 716, N-J & B 233, QB
Hillyer v St Bartholomew's Hosp [1909] 2 KB 820, CA
Home Office v Dorset Yacht Co Ltd [1970] AC 1004, [1970] 2 WLR 1140, [1970] 2 AllER 294, HL
Hotson v East Berkshire AHA [1987] AC 750, [1987] 2 WLR 287, [1987] 1 AllER 210, CA; *revd* [1987] AC 750, [1987] 3 WLR 232, [1987] 2 AllER 909, N-J & B 240, HL
Hughes v Lord Advocate [1963] AC 837, [1963] 2 WLR 779, [1963] 1 AllER 705, HL
Hunter v Hanley 1955 SC 200, 1955 SLT 213, N-J & B 243, Scotland, First Division

Jackson v Horizon Holidays Ltd [1975] 1 WLR 1468, CA
Jones v Berkshire AHA (unreported) [1986] QBD transcript 2 July, [1986] The Times 3 July, N-J & B 246, QB
Jones v Lanarkshire HB 1990 SLT 19
Jones v Manchester Corp and Others [1952] 2 KB 852, [1952] 2 AllER 125, N-J & B 247, CA
Junior Books Ltd v Veitchi Co Ltd [1983] AC 520, [1982] 3 WLR 477, [1982] 3 AllER

201, HL (Sc)

Keane v Plymouth HA (1989) PMILL Vol. 5 No. 2, QB
Koufos v C Czarnikow Ltd, The Heron II [1969] 1 AC 350, [1967] 3 WLR 1491, [1967] 3 AllER 686, HL

Lanphier and Wife v Phipos (1838) 8 C & P 475, 173 Eng Rep 581, N-J & B 255
Leslie v Reliable [1915] 1 KB 652, KBD
Lindsay v Greater Glasgow HB [1990] The Scotsman 14 March
Livingstone v Rawyards Coal Co (1880) 5 App Cas 25

Mahon v Osborne [1939] 2 KB 14, [1939] 1 AllER 535, N-J & B 266, CA
Marcroft v Scruttons Ltd [1954] 1 Lloyd's Rep 395, CA
de Martell v Merton and Sutton HA [1992] 3 WLR 637, [1992] 3 AllER 820, [1991] 2 Med LR 209, QB; *affd* [1992] 3 AllER 833, CA
Maynard v West Midlands RHA [1984] 1 WLR 634, [1985] 1 AllER 635, N-J & B 271, HL
McGhee v National Coal Board [1973] 1 WLR 757, [1972] 3 AllER 1008, HL
McKay and Another v Essex AHA and Another [1982] The Times 20 February, [1982] 1 QB 1166, [1982] 2 WLR 890, [1982] 2 AllER 771, N-J & B 265, CA
McLennan v Newcastle HA (unreported) [1991] QBD transcript 24 September, [1992] 3 Med LR 215, (1992) PMILL Vol. 8 No. 4, QB
McLoughlin v O'Brien [1981] 1 QB 599, [1981] 2 WLR 1014, [1981] 1 AllER 809, CA; *revd* [1983] 1 AC 410, [1982] 2 WLR 982, [1982] 2 AllER 298, HL
Midland Bank Trust Co Ltd v Hett, Stubbs & Kemp [1979] Ch 384, [1978] 3 WLR 167, [1978] 3 AllER 571
Morris v South Manchester Private Clinic (unreported) 29 April 1986, QB
Murphy v Brentwood DC [1990] 2 WLR 944, [1990] 2 AllER 269, CA; *revd* [1991] 1 AC 398, [1990] 3 WLR 414, [1990] 2 AllER 908, [1990] 2 Lloyd's Rep 467, HL

Natanson v Kline (1960) 186 Kan 393, 350 P 2d 1093
Ng Chun Pui v Lee Chuen Tat [1988] The Times 25 May, (1988) 132 SJ 1244, PC

Overseas Tankership (UK) Ltd v Morts Dock & Engeneering Co Ltd (The Wagon Mound) [1961] AC 388, [1961] 2 WLR 126, [1961] 1 AllER 404, PC

Palmer and Another v Eadie (unreported) 17 April 1986, QB; *affd* [1987] CA transcript 18 May, N-J & B 282, CA
Parry v Cleaver [1970] AC 1, HL
Paton v British Pregnancy Advisory Service Trustees and Another [1979] 1 QB 276, [1978] 3 WLR 687, [1978] 2 AllER 987, N-J & B 285, QB
Paton v United Kingdom [1980] 3 EHRR 408
Pattison and Another v Dr Hobbs (unreported) [1985] CA transcript 11 November, [1985] The Times 11 November, CA
Pfizer Corp v Minister of Health [1965] AC 512, HL
Polemis & Furness Withy & Co, Re, [1921] 3 KB 560, CA
Pollock v Lanarkshire HB [1987] The Times 6 January

R v Bateman (1925) 94 LJKB 791, N-J & B 292, CCA
R v Bergman and Ferguson (1948) 1 BMJ 1008, CCC
R v Bourne [1939] 1 KB 687, [1938] 3 AllER 615, CCC
R v Coney (1882) 8 QBD 534
R v Cowburn [1959] The Times 12 May, [1959] CrimLR 590, CCA
R v Donavan [1934] 2 KB 498, [1934] 1 AllER 207, CCA
R v Newton and Stungo [1958] CrimLR 469
Rance and Another v Mid-Downs HA and Another [1991] 1 QB 587, [1990] 2 WLR 159, [1991] 1 AllER 801, [1990] 2 Med LR 27, 5 BMLR 75, [1990] The Independant 13 February, QB
Reibl v Hughes [1980] SCR 880, (1980) 114 DLR 3d 1, (1980) 14 CCLT 1, N-J & B 297, SCC
Richardson v Redparth, Brown & Co Ltd [1944] AC 62, [1944] 1 AllER 110, HL
Rieck v Medical Protective Co (1974) 219 NW 2d 242
Roberts v Ramsbottom [1980] 1 WLR 823, [1980] 1 AllER 7, QB
Robinson v Harman (1848) 1 Exch 850
Robinson v Salford HA [1992] 3 Med LR 270, QB
Roe v Ministry of Health and Another [1954]

2 QB 66, [1954] 2 WLR 915, [1954] 2 AllER 131, N-J & B 301, CA
Rondell v Worsley [1969] 1 AC 191, HL
Rylands v Fletcher (1868) LR 3HL 330

Saif Ali v Sidney Mitchell & Co [1980] AC 198, HL
Salgo v Leland Stanford Jr University Board of Trustees (1957) 154 Cal App 2d 560, 317 P 2d 170
Salih and Another v Enfield AHA [1989] The Times 7 December, QB; *revd* [1991] 3 AllER 400, [1990] 1 Med LR 333, 7 BMLR 1, CA
Sard v Hardy (1977) A 2d 1014, 281 Md 432
Sciuragia v Powell (1979) 123 SJ 406, [1979] CLY 1882, QB; *revd in part* (unreported) [1980] CA transcript 24 July, N-J & B 312, CA
Scott v The London & St Katherine Docks Co (1865) 3 H & C 596, 195 Eng Rep 665, Exch
Selvanayagam v University of the West Indies [1983] 1 WLR 585, [1983] 1 AllER 824, PC
Sherlock v Stillwater Clinic (1977) 260 NW 2d 169
Sidaway v Board of Govns of the Bethlem Royal Hosp and the Maudsley Hosp and Others [1984] 1 QB 498, [1984] 2 WLR 778, [1985] 1 AllER 1018, CA; *affd* [1985] AC 871, [1985] 2 WLR 480, [1985] 1 AllER 643, N-J & B 314, HL
Smith v Leech Brain & Co Ltd [1962] 2 QB 405, [1962] 2 WLR 148, [1961] 3 AllER 1159, CA
Steele v Robert George & Co (1937) Ltd [1942] AC 497, [1942] 1 AllER 447, HL

Tai Hing Cotton Mill Ltd v Lin Chong Hing Bank Ltd [1986] AC 80, [1985] 3 WLR 317, [1985] 2 AllER 947, PC
Thake and Another v Maurice [1984] The Times 10 April, [1986] 1 QB 644, [1985] 2 WLR 215, [1984] 2 AllER 513, QB; *affd* [1985] The Times 16 December, [1986] 1 QB 644, [1986] 2 WLR 337, [1986] 1 AllER 497, (1986) 136 NLJ LR 92, N-J & B 327, CA; *leave to appeal to House of Lords refused* [1986] QB 688, HL
Tweddle v Atkinson (1861) 1 B & S 393, (1861) 4 LT 468

Udale v Bloomsbury AHA [1983] The Times 18 February, [1983] 1 WLR 1098, [1983] 2 AllER 522, (1983) 133 NLJ LR 494, N-J & B 329, QB

Venner v North East Essex AHA and Another (unreported) [1987] QBD transcript 19 February, [1987] The Times 21 February, [1987] 1 The Lancet 638, N-J & B 332, QB

Walkin v South Manchester HA (unreported) 20 May 1994, QBD; *affd* [1995] The Times 3 July, CA
Waters and Another v Park [1961] The Times 15 July, (1961) 2 BMJ 251, (1961) 2 The Lancet 204, N-J & B 337, QB
Whitehouse v Jordan and Another [1980] 1 AllER 650, CA; *affd* [1981] 1 WLR 246, [1981] 1 AllER 267, N-J & B 341, HL
Wigh & Sullivan v Aliakmon Shipping [1985] 2 AllER 44, CA
Williams v Imrie (1988) PMILL Vol. 4 No. 3, N-J & B 342, QB
Williams v St Helens and District HMC (unreported) 29 April 1977, QB
Wilsher v Essex AHA [1987] 1 QB 730, [1986] 3 AllER 801, CA; *revd* [1988] 2 WLR 557, [1988] 1 AllER 871, (1988) 138 NLJ LR 78, N-J & B 344, HL
Wilson v Colchester Justices [1985] 2 AllER 97, CA
Woodwar Investment Development Ltd v Wimpey Construction UK Ltd [1980] 1 WLR 227, CA
Worster v City and Hackney HA (unreported) [1987] QBD transcript 19 June, [1987] The Times 22 June, [1987] 7 CL 278, (1987) 137 NLJ 581, N-J & B 348, QB

Zimmer v Ringrose (1981) 124 DLR 3d 215, [1981] 4 WWR 75, (1981) 28 AR 69, Alta CA

Hinweis: Die Konkordanzen der Fundstellen sind mir zufällig bekannt geworden und erheben deshalb keinen Anspruch auf Vollständigkeit. Unveröffentlichte („unreported") Entscheidungen, von denen nur ein sog. halboffizielles Protokoll („transcript") existiert, sind erhältlich über die Datenbank LEXIS®. Dies gilt auch für Entscheidungen, die später in die gängigen Sammlungen aufgenommen worden sind. Aus Raumgründen werden im Textteil erwähnte Entscheidungen nur verkürzt zitiert, insbesondere ohne Zusätze wie „and Another" oder „and Others".

Table of Legislation

43 Geo III C. 58 (Lord Ellenborough's Act) (1803)
7 Will IV & 1 Vict C. 85 (1837)
Abortion Act 1967
Abortion Regulations 1968
Abortion (Amendment) Regulations 1976
Conditional Fee Agreements Order 1995
Conditional Fee Agreements Regulations 1995
Congenital Disabilities (Civil Liability) Act 1976
Courts and Legal Services Act 1990
Health Services Act 1980
Human Fertilisation and Embryology Act 1990
Infant Life (Preservation) Act 1929
Law Reform (Personal Injuries) Act 1948
Limitation Act 1980
National Health Service Act 1947
National Health Service Act 1977
National Health Service (Scotland) Act 1978
National Health Service (Family Planning) Act 1967
National Health Service (Family Planning) Amendment Act 1972
National Health Service and Community Care Act 1990
Offences against the Person Act 1861
Rules of the Supreme Court 1965
Supply of Goods and Services Act 1982
Unfair Contract Terms Act 1977

Springer und Umwelt

Als internationaler wissenschaftlicher Verlag sind wir uns unserer besonderen Verpflichtung der Umwelt gegenüber bewußt und beziehen umweltorientierte Grundsätze in Unternehmensentscheidungen mit ein. Von unseren Geschäftspartnern (Druckereien, Papierfabriken, Verpackungsherstellern usw.) verlangen wir, daß sie sowohl beim Herstellungsprozess selbst als auch beim Einsatz der zur Verwendung kommenden Materialien ökologische Gesichtspunkte berücksichtigen.
Das für dieses Buch verwendete Papier ist aus chlorfrei bzw. chlorarm hergestelltem Zellstoff gefertigt und im pH-Wert neutral.

Springer

www.ingramcontent.com/pod-product-compliance
Lightning Source LLC
LaVergne TN
LVHW050624051026
849532LV00002B/269
* 9 7 8 3 5 4 0 6 4 3 0 9 8 *